Wirtschaftsinformatik-Lexikon

von
Dipl.-Ing. Dr. rer. pol. Lutz J. Heinrich
VWI, o. Professor für Betriebswirtschaftslehre
und Wirtschaftsinformatik
an der Universität Linz,

und

Mag. Dr. rer. soc. oec. Friedrich Roithmayr
Betriebsleiter des EDV-Zentrums
der Universität Linz.

Mit 1530 Stichworten, 1176 Verweisstichworten und
61 Abbildungen,
einem Anhang über einschlägige Fachzeitschriften,
Informationsdienste, Kongresse und Messen,
Lehr- und Forschungseinrichtungen, Verbände
und Vereinigungen sowie einem englischsprachigen
und einem deutschsprachigen Index.

R. Oldenbourg Verlag München Wien

CIP-Kurztitelaufnahme der Deutschen Bibliothek

Heinrich, Lutz J.:
Wirtschaftsinformatik-Lexikon / von Lutz J. Heinrich u.
Friedrich Roithmayr. – München ; Wien : Oldenbourg,
1986.
ISBN 3-486-20045-3
NE: Roithmayr, Friedrich; HST

© 1986 R. Oldenbourg Verlag GmbH, München

Das Werk und seine Teile sind urheberrechtlich geschützt. Jede Verwertung in anderen als den gesetzlich zugelassenen Fällen bedarf deshalb der vorherigen schriftlichen Einwilligung des Verlages.

Gesamtherstellung: R. Oldenbourg Graphische Betriebe GmbH, München

ISBN 3-486-20045-3

INHALTSVERZEICHNIS

Einleitung	XI
Sachgebietsdefinitionen	1
Stichwortdefinitionen	31
Fachzeitschriften	454
Informationsdienste	462
Kongresse und Messen	465
Lehr- und Forschungseinrichtungen	468
Verbände und Vereinigungen	474
Englischsprachiger Index	478
Deutschsprachiger Index	494

VORWORT

Die Wirtschaftsinformatik verfolgt nicht nur ein "essentialistisches Wissenschaftsziel" (Popper), sieht also ihre Aufgabe nicht nur darin, das Wesen der sie interessierenden Objekte und Erscheinungen der Realität und der Gedankenwelt in möglichst exakten Definitionen zu erfassen. Sie beweist ihre Leistungsfähigkeit vielmehr (heute) primär dadurch, daß sie sich ihrer Gestaltungsaufgabe annimmt, also solche Modelle, Methoden, Werkzeuge und Hilfsmittel entwickelt, welche den Wirtschaftsinformatiker bei der Lösung der Probleme in der Praxis wirkungsvoll unterstützen. Daß dabei deutlich sichtbare Fortschritte bei der Bewältigung ihrer Erklärungsaufgabe (noch) vermißt werden müssen, mag man ihr wegen der noch kurzen, nicht mehr als zwanzig Jahre umfassenden Entwicklung zugute halten.

Begriffe und Definitionen sind auch für die Wirtschaftsinformatik kein Selbstzweck. Vielmehr sind sie die notwendige Grundlage für theoretische Aussagen (Ursache/Wirkung-Zusammenhänge) und technologische Aussagen (Ziel/Mittel-Zusammenhänge), also für die Bewältigung ihrer Erklärungs- und ihrer Gestaltungsaufgabe gleichermaßen. Mit diesem ersten Lexikon der Wirtschaftsinformatik wollen die Autoren also nicht nur ein für Wissenschaftler, Studenten und Praktiker nützliches Nachschlagewerk schaffen, sondern auch einen Beitrag für die Weiterentwicklung der Wirtschaftsinformatik als Wissenschaft leisten.

Man mag diese Grundposition der Autoren akzeptieren, jedoch einwenden, daß es eine Reihe von Lexika der "Datenverarbeitung", der "EDV", der "Informatik" und Lexika mit ähnlichen Bezeichnungen gibt, daneben auch Lexika der "Betriebswirtschaftslehre", der "Psychologie", der "Soziologie" und anderer Wissenschaftsdisziplinen, die - wenn auch zweifellos nicht jedes für sich, so doch in ihrer Gesamtheit - das Erkenntnisobjekt der Wirtschaftsinformatik abdecken. Daß dies nicht der Fall ist, zeigt bereits ein Vergleich mit einer relativ kleinen Stichprobe aus den Lexika der genannten Disziplinen mit dem vorliegenden Lexikon. Die Autoren haben diese Erfahrung insbesondere in vieljähriger Unterrichtspraxis an Universitäten und in Seminaren mit Praktikern gewonnen; sie war für sie Anlaß und Ausgangspunkt für die Bearbeitung eines Lexikons der Wirtschaftsinformatik.

Diese Erfahrung ist dann nicht überraschend, wenn man das Erkenntnisobjekt der Wirtschaftsinformatik betrachtet und dabei insbesondere nicht von der (falschen) Voraussetzung ausgeht, diese Wissenschaft sei nur eine "Bindestrich-Wissenschaft" aus Wirtschaftswissenschaften und Informatik. Zutreffender ist es, sie als Integrationsdisziplin zu begreifen; sie faßt wesentliche Teile der verschiedenen Sozialwissenschaften und der Informatik zu einer Disziplin mit einem eigenen - das heißt von den anderen Disziplinen nicht oder nicht ausreichend abgedeckten - Erkenntnisobjekt

Vorwort

zusammen und daraus folgend mit eigenen Methoden und auch mit einem eigenen Begriffssystem.

Dies schließt selbstverständlich nicht aus, daß eine Reihe von Begriffen und Definitionen mit denen übereinstimmt oder ihnen zumindest verwandt ist, die in den genannten Disziplinen verwendet werden, wie dies Abbildung 1 schematisch zeigt. Die "Begriffswelt der Wirtschaftsinformatik" besteht also nicht nur aus wirtschaftsinformatik-spezifischen Begriffen und Definitionen, sondern auch aus Begriffen, die in anderen Disziplinen üblich sind, in der Wirtschaftsinformatik aber abweichend definiert werden, sowie schließlich auch aus identischen Begriffen und Definitionen. Eine nahezu selbstverständliche Aussage, die wohl für jede wissenschaftliche Disziplin zutrifft.

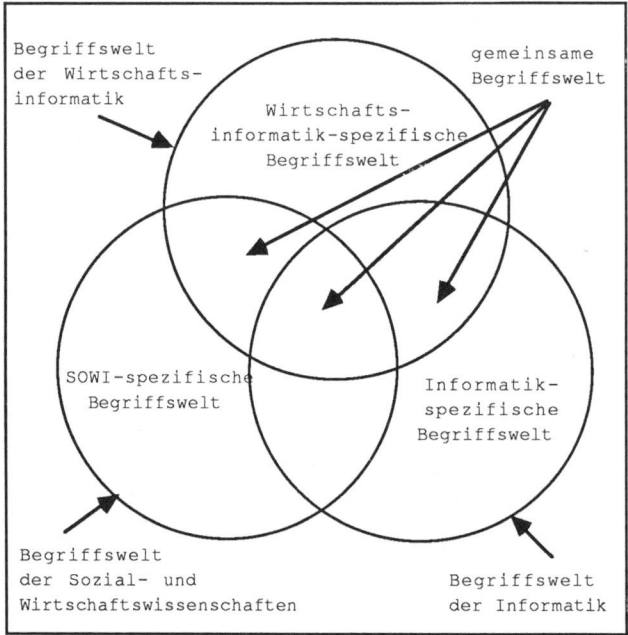

Abb.1: Begriffswelt der Wirtschaftsinformatik

Unabhängig davon sind die Autoren der Auffassung, daß der Bereich der wirtschaftsinformatik-spezifischen Begriffswelt deutlich expandiert, was insbesondere auf die zu beobachtende Ausweitung der Forschungsaktivitäten mit sichtbaren Beiträgen zur Theorieentwicklung der Wirtschaftsinformatik zurückzuführen ist.

Dieser Veröffentlichung liegt folgende Struktur zugrunde:

• Zunächst wird eine Einführung in die Wirtschaftsinformatik als Wissenschaft gegeben; daraus werden die Teilgebiete und

Vorwort

Sachgebiete, nach denen die Stichworte logisch geordnet sind, abgeleitet.

- Zweitens wird die Struktur des Stichwortteils erläutert, und es werden daraus die für den Benutzer erforderlichen Handhabungshinweise abgeleitet. Die Autoren konnten sich bei dieser Aufgabe kurz fassen, weil die Struktur des Stichwortteils so benutzerfreundlich ist, wie man dies heute von einem Lexikon erwarten kann.

- Drittens wird der Stichwortteil wiedergegeben, der zunächst die Stichworte der Sachgebiete, daran anschließend die Stichworte zu den Sachgebieten enthält.

- Viertens enthält das Lexikon einen Anhang, der über einschlägige Fachzeitschriften, Informationsdienste, Kongresse und Messen, Lehr- und Forschungseinrichtungen sowie Verbände und Vereinigungen informiert.

- Schließlich enthält das Lexikon einen englischsprachigen und einen deutschsprachigen Index.

Dort, wo den Autoren Begriffsschöpfungen und Begriffserläuterungen begegnet sind, die ihnen für einen bestimmten Autor typisch erschienen oder die auf diesen Autor zurückgehen, haben sie dessen Namen hinzugefügt.

Der Dank der Autoren gilt zunächst ihren Mitarbeitern und Helfern, die mit Engagement das Werden dieses ersten Wirtschaftsinformatik-Lexikons unterstützt haben: Herr Mag. Dr. J. Höller hat das Sachgebiet "Informationsrecht" bearbeitet; Herr Mag. Th. Hartwig gestaltete den Anhang und fertigte die Abbildungen an; Herr P. Burgholzer verfaßte eine Reihe von Stichworten zum Teilgebiet "Systemplanung". Frau Edtbauer und Frau Stöffler erledigten die mühevolle Erfassung der Manuskripte, wofür ihnen das Softwaresystem DCF von IBM zur Verfügung stand. Frau Dr. Heinrich und Frau Roithmayr besorgten das Korrekturlesen. Dank gilt auch dem Verlag für sein Interesse an diesem Lexikon und die kollegiale Betreuung der Autoren während seiner Entstehungszeit über mehr als ein Jahr.

Die volle Verantwortung für den Inhalt und die bei einer Erstauflage unvermeidlichen Unzulänglichkeiten tragen die Autoren. Sie sind den Benutzern des Lexikons für sachkritische Hinweise, die zu einer Verbesserung der folgenden Auflagen führen können, dankbar.

L. J. Heinrich

F. Roithmayr

EINLEITUNG

Versucht man, die Entwicklung und den gegenwärtigen Stand der Wirtschaftsinformatik als Wissenschaft und wissenschaftliches Studium zu beschreiben und Voraussagen über ihre weitere Entwicklung zu machen, dann ist viel Anpassungsfähigkeit gefragt. Aussagen in dieser Sache sind schon nach relativ kurzer Zeit überholungsbedürftig. Dies weist darauf hin, daß es für die Wirtschaftsinformatik noch kein Paradigma im Sinne einer allgemein akzeptierten Auffassung über ihr Erkenntnisobjekt, ihre Erklärungs- und Gestaltungsaufgabe, ihre Forschungsmethoden und -inhalte und daraus folgend auch nicht über die Ziele, Inhalte und Methoden einer Wirtschaftsinformatik-Ausbildung gibt. Immerhin ist festzustellen, daß Häufigkeit und Intensität der Anpassungsvorgänge abnehmen, so daß im Verlauf des nächsten Jahrzehnts eine Stabilisierung erreicht werden kann, die unter anderem zu einem allgemein akzeptierten Verständnis über die Wirtschaftsinformatik-Ausbildung führt, das Grundlage für die Gestaltung der Wirtschaftsinformatik-Studiengänge ist, und die den Ausbildungserfordernissen aus der Sicht der späteren Berufspraxis der Absolventen entspricht.

Ausbildung in Wirtschaftsinformatik

Wirtschaftsinformatik versteht sich als eine angewandte Wissenschaft; sie ist praxisorientiert. Dies zeigt sich unter anderem an der allgemein üblichen Beteiligung ihrer Fachvertreter an Praxisprojekten, der - wie in den Sozial- und Wirtschaftswissenschaften sonst kaum verbreiteten - empirischen Forschungsorientierung, sowie an dem Umfang, in dem "Praxis" in den Lehrbetrieb eingebracht wird.

Vielfältigkeit und Intensität der Interaktion zwischen Wissenschaft und Praxis haben bislang ein ausreichend gemeinsames Verständnis über die Ausbildungserfordernisse in der Wirtschaftsinformatik gesichert. Dies hat allerdings in den vergangenen drei Jahrzehnten einen Wandel erfahren, wie er nur in so jungen und daher zwangsläufig dynamischen Disziplinen wie der Wirtschaftsinformatik möglich und auch notwendig ist, nämlich den Wandel von einer Techniksystem-orientierten Ausbildung zu einer Ausbildung, welche die Betrachtung der logischen Strukturen und Abläufe von Information und Kommunikation in den Vordergrund rückt.

In der ersten Phase der Ausbildung (etwa Mitte der fünfziger bis Mitte der sechziger Jahre), die als betriebliche oder betriebswirtschaftliche Datenverarbeitung bezeichnet wurde, und die sich im Rahmen der betriebswirtschaftlichen Ausbildung vollzog, stand die Vermittlung von Technikwissen im Vordergrund. Die Ausbildung folgte der Forderung der Praxis, den Absolventen der Betriebswirtschaftslehre "Grundkenntnisse der EDV" zu vermitteln.

Einleitung

Die zweite Phase der Ausbildung (etwa Mitte der sechziger bis Mitte der siebziger Jahre), in welcher sich der Übergang von der Datenverarbeitung zur Wirtschaftsinformatik andeutete, war dadurch gekennzeichnet, daß Technikwissen durch Anwendungswissen ergänzt wurde. Die Praxis erwartete also Absolventen, welche neben "EDV-Grundkenntnissen" auch Kenntnisse über die Nutzung der "EDV" zur Unterstützung betriebswirtschaftlicher Aufgaben mitbrachten.

In der dritten Phase der Ausbildung (etwa Mitte der siebziger bis Mitte der achtziger Jahre) vollzog sich der Übergang von der Datenverarbeitung zur Wirtschaftsinformatik. Die Praxis verlangte jetzt Absolventen, welche in der Lage waren, Informations- und Kommunikationssysteme als Anwendungssysteme zu entwickeln. In dieser Zeit wurden die ersten einschlägigen Studiengänge an verschiedenen Universitäten mit im Detail voneinander abweichenden Ausbildungszielen und teilweise recht unterschiedlichen Ausbildungsinhalten entwickelt. Technikwissen und Anwendungswissen wurden zu "Technologiewissen" integriert und um den Bereich der Methoden und Werkzeuge sowie der systematischen Vorgehensweisen für die Analyse, den Entwurf, die Entwicklung und die Implementierung von Informations- und Kommunikationssystemen ergänzt ("Systemplanung").

Die vierte Phase der Ausbildung schließlich, welche etwa Mitte der achtziger Jahre eingesetzt hat, berücksichtigt die zunehmend erkennbaren Anforderungen, Information und Kommunikation als wirtschaftliches Gut zu sehen und das gesamte Leitungshandeln einer Organisation auf diese neue Sichtweise abzustellen. Folglich sind nun auch solche Kenntnisse der Absolventen gefragt, die ihnen Denken und Handeln im Management von Information und Kommunikation ("Informationsmanagement") ermöglichen.

Wirtschaftsinformatik als Wissenschaft

Ob die Wirtschaftsinformatik eine Wissenschaft ist oder ob sie nur eine Kunstlehre darstellt, ist bislang noch nicht sachverständig diskutiert worden. Vielmehr wird ihr Charakter als Wissenschaft im allgemeinen unterstellt. Ein Blick in sogenannte Wirtschaftsinformatik-Lehrbücher läßt eher Zweifel an der Wissenschaftlichkeit dieses Faches aufkommen, insbesondere dann, wenn sie im wesentlichen eine Sammlung von produktbezogenen Fakten und von Rezepten darstellen. Die Entwicklung anderer Disziplinen (z.B. der Betriebswirtschaftslehre) hat jedoch gezeigt, daß ihr Charakter als Kunstlehre in einem über Jahrzehnte währenden Prozeß zugunsten ihres Charakters als Wissenschaft mehr und mehr in den Hintergrund treten kann. Wenn also der wissenschaftliche Stellenwert der Wirtschaftsinformatik heute relativ gering ist, so kann dies auch auf ihre vergleichsweise kurze Entwicklungszeit zurückgeführt werden.

Unabhängig davon ist die Frage, ob die Wirtschaftsinformatik eine eigenständige Disziplin oder nur Teil anderer Disziplinen ist, nachhaltig diskutiert worden. Dabei stand ihre "Abgrenzung" gegenüber der Betriebswirtschaftslehre einerseits und der Informatik andererseits im Vordergrund. Diese Diskussion kann heute als abgeschlossen betrachtet werden und die gestellte Frage folglich als entschieden gelten. Wirtschaftsinformatik ist eine sozial- und wirtschaftswissenschaftliche Disziplin. Ihre Eigenständigkeit kann insbesondere mit dem ihr eigenen Erkenntnisobjekt begründet werden.

Erkenntnisobjekt der Wirtschaftsinformatik

In der dritten Phase der Ausbildung vollzog sich der Übergang "von der Datenverarbeitung zur Wirtschaftsinformatik". Folglich begann erst Mitte der siebziger Jahre die bewußte Entwicklung der Wirtschaftsinformatik zu einer wissenschaftlichen Disziplin, die zunehmend fähig wurde, eigene Forschungsergebnisse in die Ausbildung einzubringen und die Ausbildungserfordernisse der Praxis über die Vermittlung eines enzyklopädischen Faktenwissens hinaus zu erfüllen. Damit im Zusammenhang stand, deutlich zu machen, welches Phänomen der Wirklichkeit Gegenstand des Erklärens und Gestaltens sein soll. Dies kann, im Ergebnis, wie folgt beschrieben werden: Erkenntnisobjekt der Wirtschaftsinformatik sind Informations- und Kommunikationssysteme im Sinne von "Mensch-Aufgabe-Technik"-Systemen einschließlich der Methoden und Werkzeuge der Systemplanung. Das zeigt schematisch Abbildung 2.

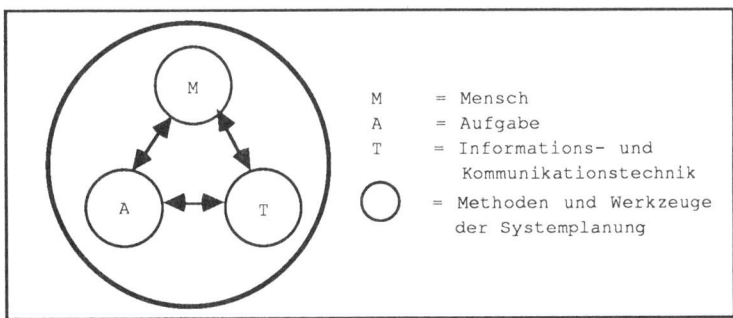

Abb. 2: Struktur eines Informations- und Kommunikationssystems

In einem ersten Schritt der Betrachtung ergeben sich daraus die Komponenten von Informations- und Kommunikationssystemen wie folgt:

Erstens: M = Mensch im Sinne von Einzelpersonen und Gruppen, die in verschiedenen Rollen an der Gestaltung von Informations- und Kommunikationssystemen beteiligt sind (Organisator, Systemplaner, Benutzer, Programmierer usw.), die derartige Systeme betreiben (Management, Anwender, DV-Personal, Benutzer usw.) oder die - ohne selbst unmittel-

Einleitung

bar an deren Gestaltung oder Betrieb beteiligt zu sein - von ihrer Existenz wesentlich berührt werden (Betroffene).

Zweitens: A = Aufgabe im Sinne von Einzelproblemen oder Problembereichen der verschiedenen sozial- und wirtschaftswissenschaftlichen Disziplinen, so beispielsweise die Administrations-, Dispositions- und Planungsaufgaben in den betrieblichen Funktionalbereichen wie Forschung und Entwicklung, Beschaffung und Lagerhaltung, Produktion, Finanz- und Rechnungswesen, Personal und Verwaltung (betriebswirtschaftliche Aufgaben).

Drittens: T = Informations- und Kommunikationstechnik im Sinne von Einzeltechniken (wie Eingabe-, Ausgabe-, Speicher-, Transport-, Bearbeitungs- und Verarbeitungstechnik) sowie im Sinne von integrierten Techniksystemen (wie Bildschirmtext, Computer Aided Design). Gemeint sind dabei Hardware, Software und Sprachen.

Diese Komponenten allein können jedoch nicht als Gegenstand der Wirtschaftsinformatik angesehen werden. (Was selbstverständlich nicht ausschließt, daß sie Grundlagenfächer eines wissenschaftlichen Studiums sind.) Jede der drei Komponenten ist Gegenstand anderer Wissenschaften, und deren bloße Zusammenfassung im Sinne einer Addition unter dem gemeinsamen Dach der Informations- und Kommunikationssysteme ohne jeden eigenen theoretischen Kern würde keine Wissenschaft ausmachen.

In einem zweiten Schritt der Betrachtung richtet sich das Interesse weniger auf die Komponenten als vielmehr auf die Beziehungen der Komponenten zueinander, also auf die Achsen in Abbildung 2, sowie auf die kreisförmige Umhüllung des gesamten Beziehungsgefüges. In diesem Sinne sind Gegenstand der Wirtschaftsinformatik:

- Die Mensch-Aufgabe-Beziehungen,
- die Mensch-Technik-Beziehungen,
- die Aufgabe-Technik-Beziehungen sowie
- die Methoden und Werkzeuge der Planung von Mensch-Aufgabe-Technik-Systemen (Systemplanung).

Folglich sind für den Wirtschaftsinformatiker Informations- und Kommunikationssysteme primär im Sinne dynamischer Systeme von Interesse; sein Hauptaugenmerk richtet sich also auf das, was im Beziehungszusammenhang zwischen den Komponenten dieser Systeme passiert, dies will er erklären und dafür will er Methoden und Werkzeuge der Gestaltung entwickeln. Nur in dieser Weise befaßt sich die Wirtschaftsinformatik mit in der Wirklichkeit zu beobachtenden Phänomenen, die von anderen Wissenschaften bislang nicht abgedeckt werden, zumindest nicht in einer Gesamtsicht, bestenfalls also in Teilausschnitten.

Erweiterung des Erkenntnisobjekts

Die Erweiterung geht von der Tatsache aus, daß Informations- und Kommunikationssysteme lediglich einen Mittelcharakter in der Weise haben, als sie in ihrer Gesamtheit in einer Organisation die Infrastruktur für die Informations- und Kommunikationsfunktion bilden. Diese Funktion umfaßt alle Aufgaben einer Organisation, welche sich mit dem wirtschaftlichen Gut Information und Kommunikation befassen. Dabei handelt es sich weder um eine Grundfunktion (wie z.B. die Beschaffung, die Produktion oder der Absatz in der Betriebswirtschaft), noch um eine Querschnittsfunktion (wie z.B. das Finanz- und Rechnungswesen, das Personalwesen oder die Logistik in einer Betriebswirtschaft). Vielmehr überdeckt diese Funktion sowohl die Grundfunktionen als auch die Querschnittsfunktionen, denn in jeder dieser Funktionen gibt es Aufgaben der Information und Kommunikation. Daher greifen die Aufgaben der Informations- und Kommunikationsfunktion in die Aufgaben aller Funktionen einer Organisation ein.

Die Wirtschaftsinformatik muß in ihrer weiteren Entwicklung über die Erklärung und Gestaltung der Informations- und Kommunikationssysteme hinausgehen und sich der Erklärung und Gestaltung der diesen Systemen zugrunde liegenden Informations- und Kommunikationsfunktion zuwenden. Für die Ausbildung erfordert dies eine noch breitere Perspektive, als sie gegenwärtig schon erforderlich ist, und sie erfordert eine weitere, und zwar drastische Reduzierung der Vermittlung enzyklopädischen Wissens, das sich an gegenwärtig bestehenden Implementierungsformen orientiert ("Bit- und Byte-Orientierung") und das ohnehin in einem vier- bis sechsjährigem Ausbildungszeitraum in wesentlichen Teilen überholt ist.

Die Wirtschaftsinformatik befaßt sich heute vorwiegend mit der Gestaltung von Informations- und Kommunikationssystemen. Dies geschieht auf der Grundlage nur unzureichend vorhandener Erklärungsergebnisse (Theorien). Dabei zeigt sich, daß ihre Gestaltungsempfehlungen vorwiegend an bestimmte Implementierungsformen gebunden sind; sie sind nicht ausreichend frei von mehr oder weniger zufälligen (z.B. an die persönlichen Erfahrungen einzelner Personen gebundenen) "physischen Attributen". Lenkt man das Forschungs- und Lehrinteresse jedoch weg von der Infrastruktur und stärker auf die ihr zugrunde liegende organisatorische Funktion und damit auf Information und Kommunikation als wirtschaftliches Gut, dann ergibt sich daraus zwangsläufig eine stärkere Orientierung von Forschung und Lehre auf die logischen Strukturen und Abläufe. Was also die Wirtschaftsinformatik erklären soll, wofür sie Gestaltungsempfehlungen entwickeln soll und was sie als den wesentlichen Inhalt der Wirtschaftsinformatik-Ausbildung pflegen soll, sollte sich schwerpunktmäßig auf der Ebene der logischen Betrachtung von Information und Kommunikation bewegen und die Ebene der physischen Realisierung nur als kasuistisch vermitteltes Ergänzungswissen umfassen.

Einleitung

Strukturierung der Wirtschaftsinformatik

Damit wird auch ein Hinweis darauf gegeben, wie man eine drastische Reduzierung der heute für erforderlich gehaltenen Ausbildungsinhalte eines Wirtschaftsinformatik-Studiums erreichen kann. Dies ist übrigens eine Entwicklung, die sich auch in anderen Disziplinen auf ihrem Wege von Kunstlehren zu Wissenschaften vollzogen hat. (Wie beispielsweise ein Vergleich guter heutiger betriebswirtschaftlicher Lehrbücher mit denen vor fünfzig Jahren zeigt.) Er bezieht sich vornehmlich auf das sich ständig ändernde Faktenwissen, das durch die Komponente "Technik" in die Wirtschaftsinformatik eingebracht wird.

Ähnlich verhält es sich mit der Komponente "Aufgabe". Wenn die Wirtschaftsinformatik eine sozial- und wirtschaftswissenschaftliche Disziplin ist, dann gehören alle Aufgaben und insbesondere alle Aufgabe-Technik- und Aufgabe-Mensch-Beziehungen sowie - der oben erläuterten Erweiterung ihres Erkenntnisobjekts folgend - die Informations- und Kommunikationsfunktion aller Institutionen, die in den zahlreichen sozial- und wirtschaftswissenschaftlichen Disziplinen Gegenstand der Betrachtung sind, zu ihrem Erkenntnisobjekt. Das sind beispielsweise Haushalte, Wirtschaftsbetriebe und Öffentliche Verwaltungen, und das sind innerhalb der Wirtschaftsbetriebe beispielsweise Banken, Versicherungen, Handels- und Fertigungsbetriebe. Wie soll eine Disziplin diese Vielfalt in Forschung und Ausbildung bewältigen? Dies führt zu der Forderung nach einer sinnvollen Strukturierung der Wirtschaftsinformatik in eine Allgemeine Wirtschaftsinformatik und in eine Reihe von Besonderen Wirtschaftsinformatiken, wie dies Abbildung 3 schematisch zeigt.

Bei der Gliederung der Besonderen Wirtschaftsinformatiken ist es nicht zweckmäßig, sich an idealtypischen Aufgabenklassen zu orientieren, sondern an solchen, die einen engen Bezug zu etablierten Wissenschaften haben. Daher befaßt sich die Betriebsinformatik mit allen Besonderheiten des Erkenntnisobjekts der Wirtschaftsinformatik, welche durch die spezifischen Aufgaben von Betriebswirtschaften bedingt sind, die Verwaltungsinformatik mit denen, welche durch die spezifischen Aufgaben von Öffentlichen Verwaltungen gegeben sind usw. Trotz aller Unterschiedlichkeiten der Aufgaben gibt es eine Reihe von Gemeinsamkeiten, zu denen insbesondere das Informationsmanagement sowie die Methoden und Werkzeuge der Systemplanung zu rechnen sind. Damit wird eine Strukturierung der Wirtschaftsinformatik in der Weise vorgeschlagen, wie sie sich in der Betriebswirtschaftslehre seit einigen Jahrzehnten bewährt hat. Sie ermöglicht nicht nur eine Spezialisierung in der Forschung, sondern auch eine auf die Bedürfnisse der Praxis ausgerichtete Ausbildung, ohne die Absolventen von vornherein auf eng abgegrenzte Berufsfelder festzulegen.

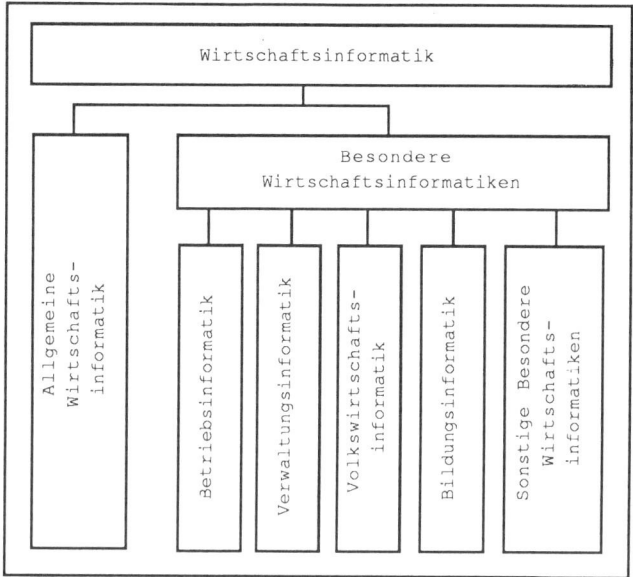

Abb. 3: Strukturierung der Wirtschaftsinformatik in Teildisziplinen

Struktur des Wirtschaftsinformatik-Lexikons

Aus diesen Überlegungen ergibt sich die folgende stoffliche Struktur der Wirtschaftsinformatik mit Teilgebieten und Sachgebieten, die auch die Struktur dieses Wirtschaftsinformatik-Lexikons ist:

Teilgebiet 1: Der Mensch als Komponente von Informations- und Kommunikationssystemen mit seinen Beziehungen zur Aufgabe und zur Informations- urd Kommunikationstechnik, mit folgender Gliederung in Sachgebiete:

- Grundlagen Mensch
- Arbeitsorganisation
- Benutzersystem
- Berufsbild - Tätigkeitsfeld
- Ergonomie
- Partizipation
- Qualifikation
- Verhalten

Teilgebiet 2: Die Aufgabe als Komponente von Informations- und Kommunikationssystemen mit ihren Beziehungen zum Menschen und zur Informations- und Kommunikationstechnik, mit folgender Gliederung in Sachgebiete:

- Grundlagen Aufgabe
- Absatz - Marketing
- Beschaffung
- Büroarbeit

XVII

Einleitung

- Finanz- und Rechnungswesen
- Forschung und Entwicklung
- Führung
- Logistik
- Personalwesen
- Produktion
- Sonstige Aufgabe

Dies zeigt, daß die Gliederung der Aufgabe nach betriebwirtschaftlichen Sachgebieten im Vordergrund steht, so wie heute die Wirtschaftsinformatik stark betriebswirtschaftlich orientiert ist. (Nach Abbildung 3 also die Betriebsinformatik noch im Vordergrund steht.) Soweit die Aufgaben anderer Organisationen (wie z.B. die von Bankbetrieben) in diesem Lexikon behandelt werden, sind sie zum Sachgebiet "Sonstige Aufgabe" zusammengefaßt worden. Es ist die Absicht der Autoren, der Entwicklung der Wirtschaftsinformatik folgend in zukünftigen Auflagen eine stärkere Differenzierung des Teilgebiets Aufgabe vorzunehmen.

Teilgebiet 3: Die Technik (Informations- und Kommunikationstechnik) als Komponente von Informations- und Kommunikationssystemen mit ihren Beziehungen zum Menschen und zur Aufgabe, mit folgender Gliederung in Sachgebiete:

- Grundlagen Technik
- Ausgabetechnik
- Darstellungstechnik
- Eingabetechnik
- Netzwerktechnik
- Programmiersystem
- Speichertechnik
- Transportdienst
- Transporttechnik
- Verarbeitungstechnik

Insbesondere bei diesem Teilgebiet war es das Bestreben der Autoren, die "Sichtweise des Wirtschaftsinformatikers" auf die Informations- und Kommunikationstechnik zu zeigen. Dies schloß eine Behandlung in der Weise aus, wie dies in einem Lexikon der Informatik und/oder der Datenverarbeitung üblich ist. Diese Sichtweise ist insbesondere dadurch gekennzeichnet, Technik als nutzbares Werkzeug zu begreifen ohne jeden Anspruch darauf, diese in ihrer Struktur und Wirkungsweise erklären zu wollen.

Teilgebiet 4: Die Systemplanung als die Menge der Methoden (einschließlich Prinzipien, Grundsätze, Vorgehensweisen) und Werkzeuge zur Erklärung und Gestaltung von Informations- und Kommunikationssystemen, mit folgender Gliederung in Sachgebiete:

- Grundlagen Systemplanung
- Analysemethode
- Darstellungsmethode
- Datensystem
- Entwurfsmethode

Einleitung

- Erhebungsmethode
- Implementierungsmethode
- Methodensystem
- Methodik Systemplanung
- Projektmanagement
- Sicherungssystem
- Systemtechnik
- Testmethode
- Transportsystem

Teilgebiet 5: Das Informationsmanagement als das gesamte Leitungshandeln in einer Organisation bezüglich ihrer Informations- und Kommunikationsfunktion und der für diese entwickelten und implementierten Infrastruktur, mit den Sachgebieten:

- Grundlagen Informationsmanagement
- Anwendungssystemmanagement
- Controlling
- Datenmanagement
- Infrastruktur
- Katastrophenmanagement
- Kosten- und Leistungsrechnung
- Personalmanagement
- Produktionsmanagement

Teilgebiet 6: Sonstiges faßt die Sachgebiete zusammen, welche sich einem der anderen Teilgebiete nicht eindeutig zuordnen lassen, insbesondere deshalb, weil sie für mehrere dieser Teilgebiete von Bedeutung sind. Dazu gehören in dieser Auflage:

- Dienstleistungsmarkt
- Informationsrecht
- Wissenschaftsdisziplin

Jedes Sachgebiet wird zunächst mit einem Sachgebietsstichwort abgehandelt, das auch einen Hinweis auf einschlägige Quellenliteratur bringt. Im Sachgebietsstichwort "Grundlagen" findet sich eine Abhandlung des jeweiligen Teilgebiets. Jedes Sachgebiet wird mit einer Reihe von Stichworten abgehandelt. Dem Sachgebiet "Allgemeine Grundlagen" wurden die Stichworte zugeordnet, die für mehrere Teilgebiete von Bedeutung sind; dafür wurde kein Sachgebietsstichwort angelegt. Die Autoren haben es für zweckmäßig angesehen, die Sachgebietsstichworte zu einem Katalog zusammenzufassen, sie also nicht mit den Stichworten zu den Sachgebieten zu vermischen.

Der Anhang enthält für den Wirtschaftsinformatiker wichtige Informationen über Fachzeitschriften, Informationsdienste, Kongresse und Messen, Lehr- und Forschungseinrichtungen sowie Verbände und Vereinigungen. Das Wirtschaftsinformatik-Lexikon wird abgeschlossen mit einem englischsprachigen sowie einem deutschsprachigen Index.

Einleitung

Handhabung des Wirtschaftsinformatik-Lexikons

Im Abschnitt Sachgebietsdefinitionen ("Sachgebietsstichwort") besteht ein Eintrag aus der deutschen Begriffsbezeichnung, der Übersetzung ins Englische, der Bezeichung des Teilgebiets, dem das Sachgebietsstichwort zugeordnet ist, sowie dem Definitionstext unter Angabe von Quellenliteratur.

Im Abschnitt Stichwortdefinitionen ("Stichwort") wird zwischen Haupteintrag und Nebeneintrag unterschieden. Ein Haupteintrag besteht aus der deutschen Begriffsbezeichnung, der Übersetzung ins Englische, der Bezeichnung des bzw. der (maximal zwei) Sachgebiete, dem bzw. denen das Stichwort zugeordnet ist, sowie dem Definitionstext. Ein Nebeneintrag besteht aus der deutschen Begriffsbezeichnung mit einem ">" auf einen oder mehrere Haupteinträge.

Im Definitionstext wird mit ">" auf Stichworte verwiesen. Handelt es sich dabei um ein Sachgebietsstichwort, wird dies *kursiv* geschrieben, damit der Benutzer auf den Katalog der Sachgebietsstichworte verwiesen wird. Es wird jeweils nur das erste Auftreten eines Sachgebietsstichworts bzw. eines Stichworts hervorgehoben. Im Anhang wurde auf die Erstellung von Stichwortbezügen verzichtet.

Der englischsprachige Index unterscheidet nicht zwischen Sachgebietsstichworten und Stichworten und enthält nur die Haupteinträge.

Der deutschsprachige Index ist zweidimensional aufgebaut. Die übergeordnete Dimension wird durch das Sachgebietsstichwort gebildet, während in der zweiten Dimension die zu diesem Sachgebiet gehörigen Stichworte angeführt sind. Die erste Zahl nach dem Stichwort verweist auf die Seite des Haupteintrags, die folgenden Zahlen auf das Auftreten des Stichworts in Definitionstexten.

Die Autoren haben sich bemüht, in den Definitionstexten möglichst vollständig auf alle im jeweiligen Definitionstext angezogenen Sachgebiete und Stichworte zu verweisen. Für den Leser hat dies den Vorteil, daß er bei jedem Stichwort die volle Information über alle im Lexikon verfügbaren Stichworte bekommt. Er braucht also nicht - wie bei vielen Lexika üblich - beim Auftauchen eines ihm unbekannten Begriffs zu blättern und zu suchen, ob dieser Begriff definiert ist.

Für den Index ist dieses vollständige Verweissystem nicht angestrebt worden. Die Sachgebietsstichworte werden im Index nur mit der Seite nachgewiesen, auf der sich der zugehörige Definitionstext befindet. Stichworte, welche den Charakter von Grundbegriffen für die Wirtschaftsinformatik haben, werden im Index ebenfalls nur mit der Seite nachgewiesen, auf der sich der zugehörige Definitionstext befindet. Dies sind im einzelnen:

Einleitung

Benutzer; Daten; Datenverarbeitungssystem; Funktionseinheit; Information; Informations- und Kommunikationssystem; Organisation; Programm; Software; System; Wirtschaftsinformatik.

Die Umlaute ä, ö, ü, äu werden wie die nichtumgelauteten Vokale a, o, u, au behandelt. Die Zeichen "- " und "-" sind in dieser Reihenfolge vor dem Alphabet eingeordnet, also z.B. "Informations- und Kommunikationsprozeß" vor "Informationsorientierte Unternehmensführung" vor "Informationsart".

SACHGEBIETSDEFINITIONEN

Absatz – Marketing
distribution – marketing
Aufgabe
Absatz beschreibt die Gesamtheit der betrieblichen Aufgaben
(>Grundlagen Aufgabe), deren Zweck die Verwertung der Ergebnisse der Leistungserstellung (>Produktion) im Markt ist. Absatz umfaßt also mehr Aufgaben als den Verkauf von Gütern und Dienstleistungen. Einerseits muß nicht jede Leistungsverwertung in Märkten gegen Entgelt erfolgen, andererseits meint Verkauf in der Regel nur die Aufgaben der rechtlichen und wirtschaftlichen Güterübertragung, während Absatz z.B. auch Werbung, Preispolitik und anderes umfaßt. Marketing wird in umfassender Weise als eine Grundhaltung der Unternehmensführung gesehen, welche die Führungsentscheidungen primär an den gegenwärtigen und zukünftigen Erfordernissen des Marktes ausrichtet. Marketing als Aufgabe umfaßt daher mehr als Absatz und kann sich z.B. auch auf Personal (Personal-Marketing) und Beschaffung (Beschaffungs-Marketing) beziehen. Allen Aufgaben gemeinsam ist die starke Ausrichtung auf die Beschaffung von Informationen über den Markt und die Anwendung von Methoden und Techniken zur Gestaltung des Marktes. Auf diese Aufgaben bezogene >Informations- und Kommunikationssysteme werden meist als >Vertriebs-Informationssysteme bzw. als >Marketing-Informationssysteme bezeichnet. Ein Vertriebs-Informationssystem umfaßt beispielsweise die Aufgaben: Angebotserstellung und -überwachung; Auftragserfassung und -prüfung; Zuteilung; Lieferfreigabe; Versanddisposition; Fakturierung; Gutschriftenerstellung; Packmittelverfolgung; Verkäufersteuerung. Typische Aufgabe eines Marketing-Informationssystems ist die Marktforschung; in diesem Zusammenhang spielen >Methodenbanksysteme eine bedeutende Rolle.
Mertens, P.: Industrielle Datenverarbeitung 1 – Administrations- und Dispositionssysteme. 5. A., Gabler Verlag, Wiesbaden 1983, 26 – 68; THEXIS – Zeitschrift für Interaktion zwischen Theorie und Praxis in Marketing und Distribution, Heft 3/1985

Analysemethode
analysis technique
Systemplanung
Die allgemeine Bedeutung von Analyse ist: Untersuchen eines Ganzen durch Zergliedern in Teile und das genaue Untersuchen dieser Teile. Im Sinne der >Wirtschaftsinformatik meint Analyse auch das kritische Beurteilen des durch Untersuchen Festgestellten; sie ist also zielorientiert (>Ziel). Folglich setzt Analysieren voraus, daß der Analytiker Vorstellungen über einen als erstrebenswert anzusehenden >Sollzustand hat. Eine Methode ist ein auf einem System von Regeln aufbauendes Problemlösungsverfahren (>Problemlösen); dabei kann es sich im Grenzfall um einen >Algorithmus oder um eine >Heuristik handeln. Von einer Analysemethode wird also dann gesprochen, wenn ein derartiges Problemlösungsver-

fahren zur Unterstützung der Aufgabe des Analysierens geeignet ist. Diese Aufgabe hat in der Wirtschaftsinformatik einen Schwerpunkt bei der Systemplanung und hier insbesondere bei der >Istzustandsanalyse.
Heinrich, L. J. und Burgholzer, P.: Systemplanung Bd. 1. 2. A., Oldenbourg-Verlag, München/Wien 1986, insbesondere Kapitel "Methoden der Istzustandsanalyse"

Anwendungssystemmanagement
application system management
Informationsmanagement
Der Teil des Informationsmanagement, dessen Aufgabe die Planung, Steuerung und Überwachung der >Anwendungssysteme einer >Organisation ist, soweit dies nicht Gegenstand der Systemplanung (>Grundlagen Systemplanung) ist. Gegenstand des Anwendungssystemmanagement sind also die implementierten Anwendungssysteme (>Implementierung). Diese sind als Teil der >Infrastruktur der >Informationsfunktion ebenso ein wirtschaftliches Gut wie Daten (>Datenmanagement), Hardware und Systemsoftware (>Produktionsmanagement) oder Personal (>Personalmanagement). Ziel des Anwendungssystemmanagement ist es, den vorhandenen Bestand an Anwendungssystemen in einer Organisation zu optimieren. Dies erfordert nicht nur die traditionellen Aufgaben der "Pflege und Weiterentwicklung" durch >Wartung, sondern darüber hinaus die Beeinflussung der Systemplanung durch die Vorgabe von Planungszielen (>Planungsziel) und durch eine geeignete Projektorganisation (>Projektmanagement). Kennzeichnend für die Denkweise des Anwendungssystemmanagement ist es, ein Anwendungssystem als ein "Produkt" zu betrachten, dessen "Lebenszyklus" geplant, überwacht und gesteuert werden muß (>Lebenszyklusmanagement).
Heinrich, L. J. und Burgholzer, P.: Informationsmanagement. Oldenbourg-Verlag, München/Wien 1987, insbesondere Kapitel "Anwendungssystemmanagement"

Arbeitsorganisation
organization of work
Mensch
Technologisch gesehen ist Arbeitsorganisation das Ergebnis der Kombination von Produktionsfaktoren unter ökonomischen >Zielen bei Beachtung normativer, gesetzlicher Restriktionen. Sie ist häufig durch >Arbeitsteilung gekennzeichnet. Um negative Folgen einer rein technologisch orientierten Arbeitsorganisation zu verhindern oder zu beseitigen, sind insbesondere die Erkenntnisse der >Arbeitswissenschaft bei der Gestaltung der Arbeitsorganisation heranzuziehen. Die Einbeziehung psychologischer Faktoren zielt darauf ab, >Arbeitszufriedenheit zu erzeugen bzw. zu erhöhen. Dabei wird das Wissen über individuelle Verhaltensweisen und soziale Beziehungen berücksichtigt (>Verhalten). Die Fortführung dieses Ansatzes führt zur >Partizipation. Ordnungskomponenten der Arbeitsorganisation sind alle Tatbestände, die einen Zuwachs an Organisiertheit von >Ablauforganisation und >Aufbauorganisation bewirken, nämlich: >Arbeitsinhalt, Arbeitszeit, Arbeitsraum und >Arbeitszuordnung. Jeder dieser Tatbestände tritt in mehreren Präzisierungsschichten auf. Beim Gestalten der Arbeitsorganisation wird entweder von

einer gegebenen Aufbauorganisation ausgegangen und die raumzeitliche Ordnung der Arbeitsvorgänge in diese eingefügt, oder es werden die Arbeitsvorgänge zunächst in ihren räumlichen und zeitlichen Bewegungen geordnet und dann >Aufgabenträgern zugeordnet. Die enge Verknüpfung zwischen Aufbau- und Ablauforganisation verlangt in der Regel ein mehrmaliges Wiederholen dieser organisierenden Arbeitsschritte.
Kosiol, E.: Grundprobleme der Ablauforganisation; Kern, W.: Räumliche Aspekte der Ablauforganisation; Ellinger, Th. und Haupt, R.: Zeitliche Aspekte der Ablauforganisation; Laske, St.: Arbeitsorganisation und Arbeitsqualität; alle in: Grochla, E. (Hrsg.): Handwörterbuch der Organisation. 2. A., Poeschel Verlag, Stuttgart 1980, 1 - 30 und 118 - 126

Ausgabetechnik
output technic
Technik
Bildet die >Schnittstelle zwischen dem >Datenverarbeitungssystem und seiner Umwelt und umfaßt die >Hardware und die >Software für das Ausgeben der verschiedenen >Informationsarten, nämlich >Daten, >Text, >Bild und >Sprache. Sie ist - zusammen mit der >Eingabetechnik - die physikalische Ebene der >Benutzerschnittstelle. Benutzer der Ausgabetechnik ist entweder der Mensch oder ein >Prozeß. Mit anderen Worten: Mit der Ausgabetechnik wird jede Art von Ausgabe mittels akustischer, optischer, magnetischer, mechanischer usw. >Techniksysteme realisiert.
Tafel, H. J. und Kohl, A.: Ein- und Ausgabegeräte der Datentechnik. Hanser Verlag, München/Wien 1982

Benutzersystem
user system
Mensch
Die Sichtweise auf ein >Informations- und Kommunikationssystem als Mensch-Aufgabe-Technik-System unterscheidet sich von einer eher technokratischen (d.h. insbesondere die Technik in den Vordergrund rückenden) Sichtweise durch die Orientierung am Menschen in seiner Funktion als >Benutzer. Benutzersystem meint die Gesamtheit der Phänomene, die mit dem Benutzer als >Aufgabenträger im Zusammenhang stehen, also nicht nur den Benutzer selbst, sondern auch seine Beziehungen zur Aufgabe und zur Technik sowie die Gesamtheit der Mittel und Maßnahmen, die zur Gestaltung dieser Beziehungen dienen. Zentraler Begriff des Benutzersystems ist die >Benutzerschnittstelle, früher als Mensch-Maschine-Schnittstelle und in neuerer Zeit auch als Benutzeroberfläche bezeichnet. Die bislang nur mangelhafte Ausrichtung der >Wirtschaftsinformatik am Benutzersystem (also ihre eher aufgaben- oder sogar technik-orientierte Sichtweise) hat die Entwicklung eines speziellen interdisziplinären Forschungsgebiets begünstigt, dessen Ziel die Gestaltung der Benutzerschnittstelle durch streng am Denken und Handeln (>Benutzerverhalten) des Benutzers orientierte Erklärungen ist (>Mentale-Modelle-Forschung). Weitere zentrale Begriffe des Benutzersystems sind >Anforderung und >Akzeptanz. Während "Anforderung" auch wesentlich durch die Aufgabe bestimmt wird und daher in der

Wirtschaftsinformatik ausreichend Berücksichtigung findet, zeichnet sich bezüglich "Akzeptanz" eine ähnliche Entwicklung ab wie bezüglich der Benutzerschnittstelle: Hier fragt die >Akzeptanzforschung nach den Ursachen der vorhandenen oder mangelnden Bereitschaft des Benutzers, ein ihm angebotenes >Techniksystem zu nutzen. Ziel der Wirtschaftsinformatik sollte es sein, diese auseinanderstrebenden Entwicklungen unter dem Dach ihres ausreichend breit angelegten Erkenntnisobjekts zusammenzufassen.
Grochla, E.: ADV-Systeme – Komponenten und Gestaltung. In: Grochla, E. (Hrsg.): Handwörterbuch der Organisation. 2. A., Poeschel Verlag, Stuttgart 1980, 274 – 292

Berufsbild – Tätigkeitsfeld
career – job
Mensch
Die Anzahl der Berufsbilder und Tätigkeitsfelder, die in einem weiten Sinne der >Wirtschaftsinformatik zuzurechnen sind, ist bemerkenswert groß; etwa 50 Bezeichnungen werden verwendet (wie z.B. ein Blick in einschlägige Stellenanzeigen zeigt). Eine systematische Ordnung kann nach den folgenden Dimensionen vorgenommen werden:
- Nach der Art der Aufgabe, die wahrgenommen wird (Führungsaufgabe, Spezial-/Fachaufgabe, Sachbearbeitungsaufgabe, Unterstützungsaufgabe).
- Nach der Art der Institution, in der diese Aufgabe wahrgenommen wird (beim >Anwender, beim Anbieter als Hersteller, in einem >Softwarehaus oder >Systemhaus, in einer Universität, Fachhochschule oder Schule).
- Nach der Art der Vorbildung, die zur >Qualifikation als Aufgabenträger erforderlich ist (z.B. Universitätsausbildung, Hochschulausbildung, Lehre), oder ob eine berufliche Vorbildung nicht erforderlich ist.

Dieser Systematik lassen sich konkrete Berufsbilder oder Tätigkeitsfelder zuordnen, wie z.B. >Anlagenbediener, >Datentypist, >Anwendungsprogrammierer, >Systemplaner, >Datenadministrator, >Informationsmanager.
Griese, J. et al.: Betriebs- und Wirtschaftsinformatik. 2. A., Verlag Vieweg, Braunschweig/Wiesbaden 1984

Beschaffung
procurement
Aufgabe
Beschaffung bescheibt die Gesamtheit der betrieblichen Aufgaben *(>Grundlagen Aufgabe)*, deren Zweck die Bereitstellung aller für den Prozeß der Leistungserstellung *(>Produktion)* erforderlichen Betriebsmittel, Werkstoffe, Betriebs- und Hilfsstoffe, Arbeitsleistungen, Finanzmittel und >Informationen ist. In einem engeren Sinne werden die Aufgaben der Beschaffung von Finanzmitteln und Arbeitsleistungen nicht zur Beschaffung gerechnet, sondern zum *>Finanz- und Rechnungswesen* bzw. zum >Personalwesen. Die Beschaffung der Werkstoffe sowie der Betriebs- und Hilfsstoffe ist eine kontinuierliche oder zumindest periodisch wiederkehrende Aufgabe, die Beschaffung der Betriebsmittel in der Regel eine aperiodische Aufgabe. Häufig wird die Lagerhaltung für Werkstoffe sowie für Betriebs- und Hilfsstoffe zur Beschaffung gerechnet; eine

andere Zuordnung weist diese Aufgabe der >Logistik zu. Der Begriff "Beschaffungs-Informationssystem" ist für die auf diese Aufgabe bezogenen >Informations- und Kommunikationssysteme nicht üblich. Gebräuchlicher ist die Bezeichnung Einkaufs-Informationssystem, welches nur den Teil der Beschaffungsaufgaben umfaßt, deren Zweck die Versorgung des Betriebs mit Werkstoffen sowie mit Betriebs- und Hilfsstoffen ist. Beispielsweise umfaßt ein Informationssystem im Beschaffungs- und Lagerhaltungsbereich die Aufgaben: Materialbewertung und Lagerbestandsführung; Bedarfsermittlung; Bestelldisposition und -überwachung; Wareneingangsprüfung.
Mertens, P.: Industrielle Datenverarbeitung 1 - Administrations- und Dispositionssysteme. 5. A., Verlag Gabler, Wiesbaden 1983, 69 - 130; Strobel, B.: Organisation der Beschaffung. In: Grochla, E. (Hrsg.): Handwörterbuch der Organisation. 2. A., Poeschel Verlag, Stuttgart 1980, 330 - 340

Büroarbeit
office work
Aufgabe
Zusammenfassende Bezeichnung für die Aufgaben einer >Organisation, welche die Erfassung, die Be- und Verarbeitung, die Speicherung und den Transport der >Informationsarten, Daten, Text, Bild und Sprache - im Unterschied zu materiellen Gütern - zum Gegenstand haben. Die Vielfalt der Aufgaben der Büroarbeit legt es nahe, diese zu >Aufgabentypen zu ordnen, beispielsweise wie folgt:
- Führungsaufgaben, also überwiegend leitende Tätigkeiten, die durch Entscheidung, Koordination und Planung gekennzeichnet sind.
- Spezial-/Fachaufgaben, die überwiegend komplexe, nicht routinemäßig durchführbare Tätigkeiten zur Vorbereitung von Entscheidungen enthalten.
- Sachbearbeitungsaufgaben, die weitgehend strukturiert, an Ablaufregeln gebunden durchgeführt werden und daher kaum innovativ sind.
- Unterstützungsaufgaben, die in unterschiedlich hohem Maße durch "allgemeine" Bürotätigkeiten (wie z.B. Schriftguterstellung, -ablage und -versendung) gekennzeichnet sind.

Die Vielfalt dieser Aufgaben verdeutlicht die Notwendigkeit der Differenzierung der Leistungen eines >Informations- und Kommunikationssystems zur Unterstützung der Büroarbeit.
Picot, A. und Reichwald, R.: Kommunikationstechnik für Anwender. Akzeptanzbarrieren, Bedarfsstrukturen, Einsatzbedingungen. CW-Publikationen, München 1983

Controlling
controlling
Informationsmanagement
Controlling von >Informations- und Kommunikationssystemen (CIKS) als Aufgabe des Informationsmanagements leitet seinen Ursprung aus der generellen Controllingaufgabe des Unternehmens ab. Obwohl sich das CIKS als zentrale Managementaufgabe herauszubilden beginnt, behandelt die Literatur diesen Problemkreis nicht in der notwendigen Tiefe. Die Aufgaben eines CIKS lassen sich wie folgt beschreiben:

Darstellungsmethode

- Grundaufgaben: Setzen von >Zielen; steuerndes Eingreifen, sobald es zwischen Soll- und Istgrößen zu Abweichungen kommt; Kontrollieren, ob die gesetzten Ziele erreicht werden.
- Die Controllingaufgabe bezieht sich nicht nur auf das >*Finanz- und Rechnungswesen*, sondern hat alle betrieblichen >Anwendungssysteme und organisatorischen >Teilsysteme zu durchdringen.
- Das Controlling ist eine Managementaufgabe.
- Die >Koordination und die >Integration.
- Die EDV-Revision ist ein Teilgebiet des Controlling.

Im Gegensatz zum klassischen Controlling, wo die Ergebnisorientierung ein konstituierendes Merkmal bildet, gilt beim CIKS die Zielorientierung als Leitlinie.
Horvath, P.: Controlling. 2. A., Verlag Vahlen, München 1986;
EDV-Controlling, Wirtschaftlichkeit und Sicherheit in der Informationsverarbeitung. CW-Publikationen, München 1983;
EDV-Revision & Controlling. CW-Publikationen, München 1984

Darstellungsmethode
presentation technique
Systemplanung
Häufig auch als "Darstellungstechnik" bezeichnet. Die allgemeine Bedeutung von Darstellen ist: Etwas beschreiben, wiedergeben, schildern; im engeren Sinne ist die Wiedergabe in Bild- oder Symbolform gemeint, also die Übertragung verbaler Beschreibungen in bild- und symbolhafte Beschreibungen. Im Sinne der >Wirtschaftsinformatik ist diese Art Beschreibung gemeint. Die Vorteile der Darstellung sind mehr Klarheit und Verständlichkeit sowie die Möglichkeit, gut strukturierte Darstellungen als Beschreibungen für den Entwurf (>*Entwurfsmethode*) verwenden zu können (siehe beispielsweise das >Datenmodell als Beschreibungsmittel). Der Methodenbegriff (>Methode) ist im Zusammenhang mit Darstellung in dem Sinne passend, daß etwa >Heuristiken kaum Regeln für das bild- und symbolhafte Beschreiben enthalten (z.B. ein >Histogramm), während ein >Algorithmus genaue Vorschriften für das Beschreiben enthält (wie z.B. bei einem >Datenflußdiagramm). Aufgaben des Darstellens gibt es in allen Teilgebieten der Wirtschaftsinformatik, insbesondere bei der Systemplanung.
Heinrich, L. J. und Burgholzer, P.: Systemplanung Bd. 1. 2. A., Oldenbourg-Verlag, München/Wien 1986, insbesondere Kapitel "Darstellungsmethoden"

Darstellungstechnik
presentation technic
Technik
Befaßt sich mit den >Zeichen zur Informationsdarstellung (>Information) und Kapazitätsdarstellung (>Kapazität). Da die Zeichendarstellung in >Datenverarbeitungssystemen unterschiedlich erfolgt, ist die Darstellungstechnik abhängig von der >*Eingabetechnik*, der >*Verarbeitungstechnik*, der >*Speichertechnik*, der >*Transporttechnik*, der >*Netzwerktechnik*, der >*Ausgabetechnik*, dem >*Transportdienst* sowie dem >*Programmiersystem*. Für Problemstellungen der >Wirtschaftsinformatik hat die Darstellungstechnik besondere Bedeutung im Zusammenhang mit der Eingabetechnik und der Ausgabetechnik. Folgende

Strukturierung ist möglich: Physische Ebene (>Signal, >digital, >analog); Logische Ebene (>Code, >Alphabet). DIN (Hrsg.): Informationsverarbeitung 1, Begriffe, Normen. Beuth Verlag, Berlin/Köln 1985

Datenmanagement
data management
Informationsmanagement
Eine Aufgabe der >Informationsfunktion einer >Organisation, welche die Planung, Überwachung und Steuerung des gesamten >Datensystems zum Gegenstand hat, unabhängig davon, ob >Daten computergestützt geführt werden oder nicht. Sie bezieht sich auf alle Ebenen der Datensichten (>Drei-Schema-Konzept). Wichtiges Hilfsmittel des Datenmanagement ist ein >Datenkatalog-System. Die Aufgabe erfordert von den Aufgabenträgern (>Datenadministrator) technische und administrative Fähigkeiten. Die bisherige Entwicklung des Datenmanagement zeigt, daß sich die Aufgabenträger primär zu technik-orientierten Betreuern der >Datenbanksysteme entwickelt haben, und daß sie den Gedanken, Daten als wirtschaftliches Gut zu betrachten, nicht durchsetzen konnten. Es erscheint notwendig, auf dem Wege zu einem Informationsmanagement zunächst das Datenmanagement durchzusetzen. Die bislang mangelhafte Durchsetzung des Datenmanagement wird unter anderem auf die nicht vorhandene Unterstützung durch das Top-Management sowie darauf zurückgeführt, daß klar definierbaren Kosten nur schwer quantifizierbare Leistungen des Datenmanagement gegenüberstehen.
Niedereichholz, J. und Wentzel, Ch.: Voraussetzungen und organisatorische Wirkungen des Informationsmanagement. Angewandte Informatik 7/1985, 284 - 290

Datensystem
data system
Systemplanung
Betrachtet man in einem >Informations- und Kommunikationssystem die Komponente Aufgabe *(>Grundlagen Aufgabe)* näher, so kann man diese weiter strukturieren in die >Daten, welche die Aufgabe benötigt und die sie erzeugt, und in die >Methoden, mit denen die Daten verknüpft werden. Geht man von einer bestimmten Aufgabe oder einer Menge von Aufgaben (>Aufgabensystem) aus und bildet die Elemente des Ausschnitts der Realität, der dieser Aufgabe oder Aufgabenmenge entspricht, ab, dann erhält man die für diese relevanten Daten. Ein >System ist der ganzheitliche Zusammenhang von Teilen, Einzelheiten, Dingen oder Vorgängen, die voneinander abhängig sind, ineinandergreifen oder zusammenwirken, ein sich von der komplexen Umwelt abhebendes Beziehungsgefüge, das durch eine gedankliche Umhüllung abgegrenzt ist. Auch zwischen den Daten einer Aufgabe oder Aufgabenmenge bestehen Beziehungen (>Datenbeziehung), welche das Ineinandergreifen oder Zusammenwirken der Elemente der Realität (oder der Vorstellungswelt des Menschen) beschreiben. Folglich ist ein Datensystem die Abbildung der Realität in der Form von Daten mit den zwischen diesen bestehenden Beziehungen. Man erhält damit eine >Datenstruktur, die man auf der konzeptionellen, der logischen und der physischen Ebene mit einem >Datenmodell beschreibt

("Datenbeschreibungssprache"). Bei der Systemplanung steht das Datensystem im Mittelpunkt und ist Ausgangspunkt des Entwerfens eines Informations- und Kommunikationssystems. Heinrich, L. J. und Burgholzer P.: Systemplanung Bd. 2. 2. A., Oldenbourg-Verlag, München/Wien 1986, insbesondere Kapitel "Entwerfen des Datensystems" und "Entwickeln des Datensystems"

Dienstleistungsmarkt
service market
Sonstiges
Zusammenfassende Bezeichnung für alle Dienstleistungen und Dienstleistungsbetriebe im "EDV-Markt", worunter in einem weiteren und heute gültigen Sinne alles zu verstehen ist, was sich mit der Informations- und Kommunikationstechnik *(>Grundlagen Technik)* und ihrer Anwendung in >Organisationen beschäftigt. Im engeren Sinne sind Dienstleistungen der Bedarfsdeckung Dritter dienende materielle und/oder geistige Prozesse, deren Vollzug und deren Nutzung einen (zeitlichen und räumlichen) synchronen Kontakt zwischen Leistungsgeber und Leistungsnehmer (bzw. dessen Verfügungsobjekt) technisch bedingen und die von der Bedarfsdeckung her erfolgen, z.B. Beratungsdienstleistungen (>Berater) oder Rechenzentrumsdienstleistungen (>Service-Rechenzentrum). In einem weiteren Sinne besteht das Leistungsangebot der Leistungsgeber primär in der Bereitstellung von Sachmittelgesamtheiten, wie z.B. von >Anwendungsprogrammen (>Softwarehaus) oder von schlüsselfertigen Informations- und Kommunikationssystemen (>Schlüsselfertiges System, >Systemhaus). Jede Organisation, die Informations- und Kommunikationstechniken einsetzt, bedient sich des Dienstleistungsmarkts; der Umfang der Inanspruchnahme wird durch Entscheidungen des Informationsmanagement *(>Grundlagen Informationsmanagement)* festgelegt (>Eigenerstellung oder Fremdbezug).
Berekoven, L.: Organisation der Dienstleistungsbetriebe. In: Grochla, E. (Hrsg.): Handwörterbuch der Organisation. 2.A., Poeschel Verlag, Stuttgart 1980, 551 - 558

Eingabetechnik
input technic
Technik
Bildet die >Schnittstelle zwischen dem >Datenverarbeitungssystem und seiner Umwelt und umfaßt die >Hardware und die >Software für das Eingeben der verschiedenen >Informationsarten, nämlich >Daten, >Text, >Bild und >Sprache. Sie ist - zusammen mit der *>Ausgabetechnik* - die physikalische Ebene der >Benutzerschnittstelle. Benutzer der Eingabetechnik ist entweder der Mensch oder ein >Prozeß. Mit anderen Worten: Mit der Eingabetechnik wird jede Art von Erfassung mittels akustischer, optischer, magnetischer, mechanischer usw. >Techniksysteme realisiert.
Tafel, H. J. und Kohl, A.: Ein- und Ausgabegeräte der Datentechnik. Hanser Verlag, München/Wien 1982

Entwurfsmethode
design technique
Systemplanung

Die allgemeine Bedeutung von Entwerfen ist: Etwas in groben Umrissen gestalten. Im Sinne der >Wirtschaftsinformatik geht es darum, bestimmte >Systeme (zunächst) in groben Umrissen zu gestalten, darzustellen (>*Darstellungsmethode*) und zu bewerten und daran anschließend den optimalen Entwurf zu verfeinern ("Entwickeln"). Entwerfen und Entwickeln vollziehen sich dabei nicht planlos, sondern sie orientieren sich an den der Systemplanung vorgegebenen Zielen (>Planungsziel). Eine Methode ist ein auf einem System von Regeln aufbauendes Problemlösungsverfahren (>Problemlösen), das im Grenzfall ein >Algorithmus oder eine >Heuristik ist. Von einer Entwurfsmethode wird dann gesprochen, wenn ein Problemlösungsverfahren zur Unterstützung der Aufgabe des Entwerfens (einschließlich des Entwickelns) geeignet ist. Entwurfsaufgaben haben bei der Systemplanung ihren Schwerpunkt in der >Vorstudie, insbesondere beim Entwerfen von Lösungsalternativen (>Durchführbarkeitsstudie), sowie in der >Grobprojektierung; Schwerpunkt der Entwicklungsaufgaben ist die >Feinprojektierung.
Heinrich, L. J. und Burgholzer, P.: Systemplanung Bd. 2. 2. A., Oldenbourg-Verlag, München/Wien 1986, insbesondere Kapitel "Methoden und Werkzeuge der Grobprojektierung" sowie "Methoden und Werkzeuge der Feinprojektierung"

Ergonomie
ergonomics
Mensch
Im Zusammenhang mit >Informations- und Kommunikationssystemen sind darunter alle Mittel und Maßnahmen zu verstehen, die auf eine optimale Koordinierung von Mensch, Aufgabe sowie Informations- und Kommunikationstechnik ausgerichtet sind. Die klassische Ergonomie als Teilgebiet der >Arbeitswissenschaft beschränkt sich im wesentlichen auf die technische Ebene (>Arbeitsplatzergonomie) und bewirkt daher vornehmlich eine Umsetzung der Elemente des technischen Fortschritts in Informations- und Kommunikationssysteme, die zu einer Verbesserung der physischen Arbeitssituation führen (Anordnung der Arbeitsgeräte, Beleuchtung, Gestaltung von Tastaturen und Bildschirmen). Eine notwendige Ergänzung der Arbeitsplatzergonomie erfolgt durch die >Kommunikationsergonomie, auch als Softwareergonomie bezeichnet. Dazu gehört die Koordinierung der >Benutzerschnittstelle. Ein noch darüber hinausgehender Aktionsbereich der Ergonomie kann als Organisationsergonomie (Krückeberg) bezeichnet werden, welche die Gestaltung der Organisations- und Kommunikationsstrukturen zum Gegenstand hat. Gemeint ist etwa die organisationsstrukturelle Verknüpfung zusammenhängender Aufgabenfelder zum Zwecke der Schaffung einer höheren >Integration von miteinander verknüpften Aufgaben am gleichen Arbeitsplatz.
Berns, T. (Hrsg.): Die ergonomischen Prinzipien der Büroautomation. Der neueste Erkenntnisstand sowie Richtlinien für die Humanfaktoren im Bürobereich. Verlag Ericson Information System AB, Bromma 1984; Zwerina, H. et al.: Kommunikationsergonomie. Hrsg. von der Siemens AG, Berlin und München 1983

Erhebungsmethode
survey technique
Systemplanung
Die allgemeine Bedeutung von Erhebung ist (in diesem Zusammenhang): Ermitteln oder Erfassen von >Daten über jemanden oder über etwas und deren systematische Ordnung und >Dokumentation. Eine Methode ist ein auf einem System von Regeln aufbauendes Problemlösungsverfahren (>Problemlösen), das im Grenzfall ein >Algorithmus oder eine >Heuristik ist. Von einer Erhebungsmethode (Synonym: Erhebungstechnik) wird dann gesprochen, wenn ein Problemlösungsverfahren zur Unterstützung der Aufgabe des Erhebens von Daten geeignet ist. Erhebungsaufgaben haben bei der Systemplanung ihren Schwerpunkt in der >Feinstudie. Mit Hilfe der Erhebungsmethoden werden die für einen bestimmten Untersuchungszweck erforderlichen Eigenschaften der Realität in Daten abgebildet. Breite und Tiefe der Erhebung richten sich nach dem Untersuchungszweck, der sich nicht auf die Erhebung selbst beschränkt, sondern letztlich auf eine Entwurfsaufgabe und die ihr vorgelagerte Analyseaufgabe ausgerichtet ist. Die Vielzahl der verfügbaren Erhebungsmethoden erfordert darüber hinaus eine zweckgerichtete Methodenauswahl; in der Regel wird der >Systemplaner eine Mischung mehrerer Erhebungsmethoden in einer Untersuchung einsetzen. Meist wird er sich aber solcher Methoden bedienen, bei denen Aussagen von Menschen erfaßt werden. Er muß daher mit den typischen menschlichen Schwächen (wie Eitelkeit, Schönfärberei, Vertuschen von Mißerfolgen, Furcht vor Änderungen), welche die Erfassung der Realität erschweren, fertig werden.
Heinrich, L. J. und Burgholzer, P.: Systemplanung Bd. 1. 2. A., Oldenbourg-Verlag, München/Wien 1986, insbesondere Kapitel "Istzustandserfassung"

Finanz- und Rechnungswesen
finance and accounting
Aufgabe
Zusammenfassende Bezeichnung für alle Aufgaben *(>Grundlagen Aufgabe)*, die Geld- oder Zahlungsmittelvorgänge zum Gegenstand haben (Finanzwesen), also die Nominalgüterströme in einer >Organisation, sowie für alle Aufgaben, welche die mengen- und wertmäßige Erfassung und Kontrolle der Nominal- und Realgüterströme zum Gegenstand haben (Rechnungswesen). Der Umfang der durch Informations- und Kommunikationstechnik *(>Grundlagen Technik)* im Finanzwesen unterstützbaren Aufgaben ist relativ gering; er umfaßt z.B. die Planung und Überwachung der Liquidität (Liquiditätsprognose) und die Verwaltung und Disposition von Wertpapierbeständen. Die zunehmende Integration (>Zwischenbetriebliche Integration) läßt eine wachsende Bedeutung des Finanzwesens für die Planung von >Informations- und Kommunikationssystemen vermuten (>Cash-Management-System). Wesentlich umfassender sind die mit Informations- und Kommunikationssystemen unterstützten Aufgaben des Rechnungswesens, die grob wie folgt zu Teilaufgaben (die alle wieder eine Reihe von Unteraufgaben enthalten) strukturiert werden können: Finanzbuchhaltung; Kosten- und Leistungsrechnung; Statistik und Vergleichsrechnung; Planungsrechnung. Die beispielhafte Aufzählung der Aufgaben

eines Informationssystems im Rechnungswesen umfaßt: Kosten- und Leistungsrechnung mit Stellen- und Trägerrechnung; Rechnungskontrolle; Hauptbuchhaltung; Debitorenbuchhaltung; Kreditorenbuchhaltung; Anlagenbuchhaltung.
Mertens, P.: Industrielle Datenverarbeitung 1 - Administrations- und Dispositionssysteme. 5. A., Verlag Gabler, Wiesbaden 1983, 232 - 260

Forschung und Entwicklung
research and development
Aufgabe
Neben das Bemühen, vorhandenes >Wissen in einer >Organisation optimal zu nutzen, tritt die Suche nach neuen Kenntnissen und neuartigen Anwendungen vorhandener Kenntnisse. Erfolgt die Suche nach neuen Kenntnissen und neuartigen Anwendungsmöglichkeiten systematisch, so handelt es sich um Forschung und Entwicklung (F&E). Dabei zielt Forschung auf den Erwerb neuer Kenntnisse ab, während Entwicklung auf die neuartige Anwendung von Kenntnissen gerichtet ist. Erfolgt die Suche nach Kenntnissen vor dem Hintergrund definierter Anwendungsmöglichkeiten, dann spricht man von angewandter Forschung. Grundlagenforschung liegt vor, wenn ein solcher Anwendungsbezug nicht vorhanden ist. Gegenstand der F&E-Planung sind Gewinnung, Verwertung und Schutz neuer Kenntnisse. Inhalt ist die Planung der F&E-Ziele (>Ziel) sowie der Mittel und Maßnahmen zur Erreichung dieser Ziele. Für die >Wirtschaftsinformatik von Interesse wird der F&E-Bereich durch das Eindringen von >Techniksystemen zur Unterstützung von Forschungs- und Entwicklungsaufgaben, wie z.B. >CAE und >CAD, sowie durch die wünschenswerte >Integration der Aufgabendurchführung.
Mertens, P. und Griese, J.: Industrielle Datenverarbeitung 2 - Informations- und Planungssysteme. 4. A., Verlag Gabler, Wiesbaden 1984, 86 - 94; Schröder, H.-H.: Forschung und Entwicklung. In: Kern, W. (Hrsg.): Handwörterbuch der Produktionswirtschaft. Poeschel Verlag, Stuttgart 1984, 627 - 642

Führung
management
Aufgabe
Führung im Sinne der >Wirtschaftsinformatik beschreibt folgende Aufgaben in einer >Organisation: Die zweckorientierte und zielorientierte Harmonisierung des arbeitsteiligen, sozialen Systems Organisation (>Arbeitsteilung), um die Erfüllung der >Organisationsziele zu sichern (originäre Aufgaben der Führung); die Aufgaben, welche die Aufgabenerfüllung durch die Mitarbeiter in einem sach-rationalen Sinne begünstigen und die sich in Aktionen der Bildung, Durchsetzung und Sicherung eines Führungswillens niederschlagen, sowie im sozio-emotionalen Sinne die Aufgaben, welche die >Motivation der Mitarbeiter im Hinblick auf die Aufgabenerfüllung zum Gegenstand haben (derivative Aufgaben der Führung). Diese Beschreibung der Führungsaufgaben verdeutlicht, warum die "Konzeption" der Management-Informationssysteme (>MIS) scheitern mußte. Sie sah die für die Bewältigung der Führungsaufgaben erforderlichen Kommunikationsprozesse (>Kommu-

Grundlagen Aufgabe

nikation) - wenn überhaupt - nur als ein technisches Problem an, und es verblieb kein Raum für die Möglichkeit inhaltlicher >Konflikte zwischen den Kommunikationspartnern. Empirische Untersuchungen haben ergeben, daß zwischen 60% und 90% der Arbeitszeit eines Managers für kommunikative >Tätigkeiten verwendet werden. Daher setzen Systeme zur Unterstützung von Führungsaufgaben primär bei der Unterstützung der Kommunikation durch >Kommunikationstechniken an ("Computergestütztes Kommunikationssystem"). Dies darf jedoch nicht dazu verleiten, nunmehr den Aspekt der >Information nicht ausreichend zu berücksichtigen; vielmehr sollten beide - Information und Kommunikation - mit ihren gegenseitigen Abhängigkeiten durch ein >Informations- und Kommunikationssystem unterstützt werden.

Bleicher, K.: Führung. In: Grochla, E. (Hrsg.): Handwörterbuch der Organisation. 2. A., Poeschel Verlag, Stuttgart 1980, 729 - 744; Beckurts, K. H. und Reichwald, R.: Koorperation im Management mit integrierter Bürotechnik - Anwendererfahrungen. Verlag CW-Publikationen, München 1984, insbesondere Kapitel "Die Arbeitssituation des Managers und seine Einbindung in Kooperationsbeziehungen"

Grundlagen Aufgabe
basics task
Aufgabe
Aufgaben sind die aus dem Leistungsprogramm einer >Organisation (Gesamtaufgabe) abgeleiteten Teilleistungen ihrer >Struktureinheiten bzw. der in diesen tätigen >Aufgabenträger. Eine Aufgabe läßt sich durch die folgenden sechs Merkmale vollständig beschreiben (Kosiol):
• Die Verrichtung, welche die Erfüllung der Aufgabe bewirkt.
• Das Objekt (die Objekte), an dem (denen) sich die Verrichtung vollziehen soll.
• Der Aufgabenträger, der die Verrichtung durchführt.
• Die nicht selbsttätigen Hilfsmittel, die den Aufgabenträger unterstützen.
• Der Raum, in dem die Erfüllung der Aufgabe erfolgt.
• Die Zeit, welche die Dauer und die Wiederholung der Aufgabenerfüllung kennzeichnet.

Aufgaben werden nach verschiedenen Gesichtspunkten zu >Aufgabentypen und/oder >Aufgabensystemen geordnet. Eine Auseinandersetzung mit der Aufgabe spielt in der Systemplanung (>*Grundlagen Systemplanung*) bereits in der >Vorstudie eine entscheidende Rolle, wenn es um die Vorgabe der Aufgaben geht, für die ein >Anwendungssystem entwickelt werden soll. Dabei ist nicht nur die Betrachtung der Aufgabe als ein Systemelement von Bedeutung, sondern auch ihre Beeinflussung des Menschen und der Informations- und Kommunikationstechnik sowie insbesondere ihre Beeinflussung durch den Menschen und die Informations- und Kommunikationstechnik (>Aufgabenwandel).

Hoffmann, F.: Aufgabe. In: Grochla, E. (Hrsg.): Handwörterbuch der Organisation. 2. A., Poeschel Verlag, Stuttgart 1980, 200 - 207

Grundlagen Informationsmanagement
basics information resource management
Informationsmanagement
Informationsmanagement als Konstrukt aus >Information, >Kommunikation und Management (>Managementlehre) meint das Leitungshandeln in einer >Organisation in Bezug auf den Produktionsfaktor Information und Kommunikation (>Informationsfunktion), also alle die Informationsfunktion betreffenden Führungsaufgaben. Im einzelnen sind dies:
- Das Bestimmen der strategischen Rolle von Information und Kommunikation, das von einer Analyse der strategischen >Ziele der Organisation ausgeht.
- Die Infrastrukturentwicklung *(>Infrastruktur)* für die Informationsfunktion sowie die Entwicklung der darauf aufbauenden Realisierungspläne.
- Das Ressourcenmanagement bezüglich der Daten, der Anwendungssysteme, der Betriebsmittel und des Personals.

>Sachziel des Informationsmanagement ist die Verknüpfung zwischen den strategischen Zielen der Organisation, insbesondere denen, welche die kritischen Wettbewerbsfaktoren ansprechen (>Wettbewerbsanalyse), und der Entwicklung und Nutzung der Infrastruktur der Informationsfunktion. >Formalziele sind z.B. >Akzeptanz, >Effektivität, >Effizienz, >Integration, >Kompatibilität, >Sicherheit, >Zuverlässigkeit. Die Methodik des Informationsmanagement ist gekennzeichnet durch Systemdenken, Leistungsdenken und Kostendenken.
Heinrich, L. J. und Burgholzer, P.: Informationsmanagement. Oldenbourg-Verlag, München/Wien 1987

Grundlagen Mensch
basics man
Mensch
"Man weiß heute, daß eine gute Datenverarbeitung dann gegeben ist, wenn die Zusammenarbeit zwischen dem Menschen und der Maschine möglichst eng ist." (K. Zuse, 1970). Trotzdem ist festzustellen, daß die >Wirtschaftsinformatik vornehmlich technik- und aufgabenorientiert ist, wogegen die dritte Komponente eines >Informations- und Kommunikationssystems vernachlässigt wird. Dabei wird verkannt, daß derartige Systeme letztlich auf die Absichten des Menschen zurückzuführen sind, und daß Menschen eine ihrer wesentlichsten, wenn nicht sogar die wichtigste Komponente sind. Der Mensch im Informations- und Kommunikationssystem darf daher nicht als "Human-Peripherie" und als "Lückenbüßer der Technik" verstanden werden, sondern - neben der Aufgabe und der Technik - als ein den Entwurf bestimmendes Subsystem. Bei einer solchen Betrachtung "steuert der Mensch die Technik" (anthropozentrischer Ansatz) und nicht umgekehrt (technozentrischer Ansatz), wobei die verschiedenen Sichtweisen auf den Menschen nicht isoliert zu betrachten, sondern miteinander zu verbinden sind. Derartige Sichtweisen sind:
- Verrichtungs- und zielorientierte Sichtweise, die den Menschen als Instrument sieht.
- Ergonomische Sichtweise, die den Menschen als biologischen Organismus sieht.

Grundlagen Systemplanung

- Psychologische Sichtweise, die den Menschen als Individuum sieht.
- Soziologische Sichtweise, die den Menschen im sozialen Kontext sieht.
- Pädagogische Sichtweise, die den Menschen als Lernenden sieht.

Heinrich, L. J. und Hartwig, Th.: Mensch und Informationssystem. Oldenbourg-Verlag, München/Wien 1987 (in Vorbereitung)

Grundlagen Systemplanung
basics systems planning
Systemplanung
Generell wird unter >System der ganzheitliche Zusammenhang von Teilen, Einzelheiten, Dingen oder Vorgängen, die voneinander abhängig sind, ineinander greifen oder zusammenwirken, verstanden. Ein System besteht also aus einer Menge von Elementen, die in bestimmter Weise miteinander in Beziehung stehen (miteinander interagieren). Der Beziehungszusammenhang dieser Elemente ist deutlich dichter als der zu anderen Elementen, sodaß sich Systeme von ihrem Umsystem (>Systemgrenze) abgrenzen lassen. Systeme unterliegen in der Regel bestimmten Zwecken, die durch ajektivische Begriffszusätze ausgedrückt werden. So verdeutlichen die Zusätze >Information und >Kommunikation, daß ein >Informations- und Kommunikationssystem den Zweck hat, Handlungspotential durch die datenmäßige Abbildung der Realität *(>Datensystem)* und durch Verknüpfung dieser Daten *(>Methodensystem)* sowie durch Informationsaustausch zwischen Kommunikationspartnern dem Handelnden zur Verfügung zu stellen. Unter >Planung wird jedes vorausschauende, in die Zukunft gerichtete Handeln verstanden. Die Planung eines Informations- und Kommunikationssystems ist eine komplexe Aufgabe, die durch einen definierbaren Anfang und durch einen definierbaren Abschluß gekennzeichnet ist, und die den Einsatz von Produktionsfaktoren für die einzelnen, miteinander verbundenen und voneinander abhängigen >Tätigkeiten erfordert, um die der Aufgabenerfüllung (>Projekt) vorgegebenen >Ziele zu erreichen. Planung wird hierbei als vorausschauendes, systematisches Durchdenken und Formulieren von Zielen, Verhaltensweisen und Handlungsalternativen, als die Auswahl optimaler Alternativen sowie die Festlegung von Anweisungen zur Realisierung optimaler Alternativen verstanden. Das Konstrukt "Systemplanung" meint also eine so verstandene Vorgehensweise in bezug auf Informations- und Kommunikationssysteme.

Heinrich, L. J. und Burgholzer, P.: Systemplanung 2 Bände. 2. A., Oldenbourg-Verlag, München/Wien 1986

Grundlagen Technik
basics technic
Technik
Technik als Element von >Informations- und Kommunikationssystemen im Sinne von Einzeltechniken *(>Eingabetechnik, >Ausgabetechnik* usw.), aber auch im Sinne von integrierten Techniksystemen (>BTX, >CAD), ist zunächst der >Informatik zuzuordnen. Erst die Technik mit ihrer Beeinflussung des Menschen *(>Grundlagen Mensch)* und der Aufgabe *(>Grundlagen*

Aufgabe) sowie durch den Menschen und durch die Aufgabe macht den hier gewählten Blickwinkel aus. Dies erfordert eine Betrachtungsweise der Technik, die dieser Beeinflussung gerecht wird. Somit wird unter Technik jener Teil der Einzeltechnik bzw. des integrierten Techniksystems verstanden, welcher die >Schnittstelle zum Menschen bzw. zur Aufgabe bildet. So sind Begriffe wie Schaltvariable, Schaltfunktion, Speicherglied, Flipflop usw. nicht von Bedeutung, sondern das die Aufgabe und den Menschen beeinflussende Gebilde der >Funktionseinheit. Wegen ihrer Bedeutung für das Gesamtverständnis der Technik werden auch grundlegende Technikbegriffe, wie z.B. >Bit, definiert. Technik als Element von Informations- und Kommunikationssystemen ist >Hardware und >Software und deren Zusammenwirken.

Hussain, D. und Hussain, K. M.: Information Processing Systems for Management. Verlag Richard D. Irwin, Inc., Homewood/Ill., 1981

STRUKTURIERUNGSMERKMALE	IMPLEMETIERUNGSARTEN
Sachlich	Gesamtumstellung (Totalumstellung)
	Schrittweise Umstellung (Teilumstellung)
Zeitlich	Stichtagsumstellung (Direktumstellung)
	Parallelumstellung
Qualitativ	Sofortige Umstellung auf den Sollzustand
	Stufenweise Umstellung auf den Sollzustand

Abbildung Implementierungsmethode

Implementierungsmethode
implementation method
Systemplanung
Im weiteren Sinne jede planmäßige, systematische, einheitliche und damit grundsätzlich wiederholbare Vorgehensweise bei der >Implementierung. Im engeren Sinne eine >Methode als ein Problemlösungsverfahren (z.B. ein >Algorithmus), die zur Unterstützung von Aufgaben der Implementierung zur Verfügung steht. Betrachtet man das Objekt, welches Gegenstand einer Implementierungsaufgabe ist, kann zwischen Implementierungsmethoden unterschieden werden, welche sich auf ein >Anwendungssystem als Ganzes beziehen und solchen, die >Teilprojekte von Anwendungssystemen zum Gegenstand haben. Die Implemetierungsmethoden der ersten Gruppe werden auch als "Vorgehensweisen bei der Implementierung" bezeichnet. Sie erhalten ein bestimmtes Maß an Strukturierung und Formalisierung dadurch, daß man die Implementierung nach sachlichen, zeitlichen und qualitativen Merkmalen zu >Implementierungsarten strukturiert, die Implementierungsarten definiert und diese durch zweckmäßige Kombination einer sachlichen, einer zeitlichen und einer qualitativen Imple-

mentierungsart zu Implementierungsmethoden aggregiert. Die Abbildung zeigt die Strukturierung der Implementierung nach Implementierungsarten. Die Implementierungsmethoden der zweiten Gruppe beziehen sich auf Objekte wie das Datensystem (>Datenkonvertierung) oder das Methodensystem (>Programmadaption).

Heinrich, L. J. und Burgholzer, P.: Systemplanung Bd. 2. Oldenbourg-Verlag, München/Wien 1986, insbesondere Kapitel "Ziele, Aufgaben und Methoden der Implementierung"

Informationsrecht
information law
Sonstiges

Unter Informationsrecht werden alle Rechtsfragen zusammengefaßt, die sich im Zusammenhang mit der rechtlichen Beurteilung von Tatbeständen ergeben, die für die >Wirtschaftsinformatik spezifisch sind. Die Bezeichnung läßt sich daher nicht mit der juristischen Einteilung in Verfassungsrecht, Privatrecht, Handelsrecht, Strafrecht usw. vergleichen. Informationsrecht ist in diesem Sinne nicht ein neues juristisches Teilgebiet; vielmehr ist es die Zusammenfassung verfassungsrechtlicher, verwaltungsrechtlicher, privatrechtlicher, handelsrechtlicher usw. Fragen, die sich im Zusammenhang mit der Anwendung von Informations- und Kommunikationstechniken ergeben. Vielfach wird für solche Fragen der diesen Zusammenhang explizit ausdrückende Titel "EDV & Recht" verwendet. Am Anfang der Entwicklung stand die Entstehung des >Datenschutzes, der zwar in einzelnen Gesetzen auch schon vorher geregelt war, der aber erst mit dem zunehmenden Einsatz von Computern in Wirtschaft und Verwaltung auch das Interesse der Gesetzgeber fand. Heute ist in fast jedem europäischen Staat ein >Datenschutzgesetz erlassen. Eine ähnliche Entwicklung erlebt >BTX. Obwohl BTX nicht den in den Anfangsjahren prophezeiten Erfolg aufweisen kann, sind doch die rechtlichen Rahmenbedingungen dafür vorhanden (Bundesrepublik Deutschland: >BTX-Staatsvertrag und die entsprechenden Ländergesetze) bzw. im Entstehen (Österreich: >BTX-Gesetz). Auch wenn sonst keine besonderen Gesetzeswerke für diesen Bereich erlassen wurden, bedeutet dies nicht, daß andere Rechtsmaterien nicht betroffen wären. Gerichte hatten sich schon vielfach mit Fragen der >Mitbestimmung, insbesondere bei der Einführung eines >Personalinformationssystems, mit Fragen der rechtlichen Schutzmöglichkeiten von Software (>Softwareschutz) und einer Vielzahl anderer solcher Fragen zu beschäftigen. Teilweise hat sich hier bereits eine gefestigte Spruchpraxis entwickelt, teilweise besteht aber auch noch große Rechtsunsicherheit. Auch weite Bereiche der Verwaltung, insbesondere der Finanz- und Sozialverwaltung, sind heute ohne EDV-Unterstützung kaum denkbar. Dafür sind die entsprechenden rechtlichen Grundlagen notwendig. Allerdings entstehen auch durch den Technikeinsatz selbst neue Rechtsfragen, die der Klärung bedürfen. Nicht zuletzt entsteht mit der Verbreitung des Technikeinsatzes auch die Gefahr der mißbräuchlichen Verwendung (>Computerkriminalität). Hier zeigt sich, daß die derzeit bestehenden Rechtsvorschriften strafrechtlicher Natur nicht ausreichen, das gesamte Spektrum der Mißbrauchsmöglichkeiten abzudecken.

Burhenne, E. und Perbrand, K. (Hrsg.): EDV-Recht. Erich Schmidt Verlag, Berlin 1970 (Loseblattsammlung); Kühne, J. (Hrsg.): Software und Recht. Orac Verlag, Wien 1986; Sieber, U.: Computerkriminalität und Strafrecht. Carl Heymann Verlag, Köln 1977

Infrastruktur
infrastructure
Informationsmanagement
Im volkswirtschaftlichen Sinne die Gesamtheit der für eine Volkswirtschaft erforderlichen Einrichtungen und Anlagen, die nicht unmittelbar der Produktion dienen, wie Verkehrswege, Nachrichtenverbindungen und soziale Einrichtungen. Im Sinne der >Wirtschaftsinformatik ist die Infrastruktur einer >Organisation die Gesamtheit der für die >Informationsfunktion erforderlichen "Einrichtungen und Anlagen", welche die Voraussetzungen für die "Produktion" von >Information und >Kommunikation schaffen. Zur Infrastruktur gehören in erster Linie >Hardware und >Software, hier insbesondere die >Systemsoftware. >Anwendungssoftware ist zumindest so weit Teil der Infrastruktur, als es sich dabei um Software für >Basisanwendungen handelt. Zur Infrastruktur zählen weiter das Personal, das professionell mit der Planung und dem Betrieb von >Informations- und Kommunikationssystemen befaßt ist, sowie die Gesamtheit der Methoden und Werkzeuge der Planung und des Betriebs derartiger Systeme. Schließlich sind auch die struktur- und ablauforganisatorischen Regelungen (>Aufbauorganisation, >Ablauforganisation), soweit sie sich auf die Informationsfunktion beziehen, Gegenstand der Infrastruktur (so z.B. die >Abteilung Informations- und Kommunikationssysteme). Die ganzheitliche Betrachtung der Infrastruktur der Informationsfunktion ist aus der Sicht des Informationsmanagement dringend erforderlich, wird bislang kaum praktiziert und ist auch wissenschaftlich noch kaum beleuchtet worden.
Heinrich, L. J. und Burgholzer, P.: Informationsmanagement. Oldenbourg-Verlag, München/Wien 1987

Katastrophenmanagement
disaster management
Informationsmanagement
Die allgemeine Bedeutung von Katastrophe ist ein Ereignis oder ein Geschehen mit verheerenden Folgen, die Bedeutung von Management ist das Leitungshandeln in >Organisationen (>Managementlehre). Im Zusammenhang mit Informationsmanagement meint Katastrophe ein Ereignis oder ein Geschehen mit verheerenden Folgen für die *>Infrastruktur* der >Informationsfunktion einer Organisation und Management das Leitungshandeln, welches darauf abzielt, eine Katastrophe für die Infrastruktur zu verhindern bzw. für den Fall ihres Eintretens durch geeignete Maßnahmen dafür zu sorgen, daß Gefahren und Schäden von der Organisation möglichst abgewendet werden. Die Ausbreitung der Informations- und Kommunikationstechnik *(>Grundlagen Technik)* in Organisationen durch die Implementierung umfassender, viele Aufgaben *(>Grundlagen Aufgabe)* unterstützender >Informations- und Kommunikationssysteme hat auch dazu geführt, daß die Funktionsfähigkeit der

Organisationen, im Grenzfall sogar ihr Überleben im Markt, von der Funktionsfähigkeit ihrer Informations- und Kommunikationssysteme abhängig geworden ist; diese ist nicht mehr gegeben, wenn die Infrastruktur durch eine Katastrophe (z.B. durch Brand, Terroristenanschlag, Erdbeben) in wesentlichen Teilen zerstört ist und wenn sie nicht unverzüglich wieder funktionsfähig gemacht werden kann. Damit geht das Katastrophenmanagement weit über die funktionsbeeinträchtigenden Ereignisse und Geschehen hinaus, welche heute üblicherweise durch Sicherungsmaßnahmen abgefangen werden können (>*Sicherungssystem*).
Heinrich, L. J. und Burgholzer, P.: Informationsmanagement. Oldenbourg-Verlag, München/Wien 1987, insbesondere Kapitel "Katastrophenmanagement"

Kosten- und Leistungsrechnung
cost accounting
Informationsmanagement
Die Betrachtung der Kosten- und Leistungsrechnung einer >Organisation, wie sie in der >Betriebswirtschaftslehre üblich ist, führt zu ihrer Einordnung als >Anwendungsaufgabe, die Komponente eines >Informations- und Kommunikationssystems ist. Aus der Sicht des Informationsmanagement ist die spezifische Ausrichtung der Kosten- und Leistungsrechnung auf die >Informationsfunktion der Organisation von Interesse. Zwecke der Kosten- und Leistungsrechnung für die Informationsfunktion sind die Planung und die Kontrolle ihrer >*Infrastruktur*, welche Leistungen als >Information und >Kommunikation erbringt und >Kosten verursacht. Ein systematischer Aufbau der Kosten- und Leistungsrechnung in diesem Sinne existiert bislang nicht. Die Praxis beschränkt sich weitgehend auf eine >Kostenartenrechnung; teilweise werden Kosten bestimmten Vorantwortungsbereichen zugeordnet (>Kostenstellenrechnung). Die zunehmende Verbreitung einer ganzheitlichen Sichtweise auf Information und Kommunikation als wirtschaftliches Gut sowie die steigende kostenwirtschaftliche Bedeutung der Infrastruktur für die Organisation verstärken das praktische und auch das wissenschaftliche Interesse an einer Kosten- und Leistungsrechnung für die Informationsfunktion.
Heinrich, L. J. und Burgholzer, P.: Informationsmanagement. Oldenbourg-Verlag, München/Wien 1987, insbesondere Kapitel "Kosten- und Leistungsrechnung"

Logistik
logistics
Aufgabe
Eine betriebliche Querschnittsfunktion, welche alle Aufgaben umfaßt, die durch die raum-zeitliche Transformation von Material und Waren und die damit im Zusammenhang stehenden Transformationen hinsichtlich der Mengen, der Sorten, der Handhabungseigenschaften sowie der logistischen Determiniertheit von Material und Waren geplant, gesteuert, realisiert und kontrolliert werden. Durch die >Integration soll ein >Material- und Warenfluß in Gang gesetzt werden, der einen Lieferpunkt mit einem Empfangspunkt möglichst effizient (>Effizienz) verbindet. Die Logistik hat also dafür zu sorgen, daß ein Empfangspunkt gemäß seines Bedarfs von einem

Lieferpunkt mit dem richtigen Produkt (in Menge und Sorte) im richtigen Zustand zur richtigen Zeit am richtigen Ort zu den dafür minimalen Kosten versorgt wird. Die Aufgaben der Logistik greifen daher in die Aufgaben anderer Funktionsbereiche ein, insbesondere in die der >Beschaffung und die des Absatzes (>Absatz - Marketing), aber auch in die der >Produktion, insbesondere der Produktionsplanung und -steuerung (>PPS). >Informations- und Kommunikationssysteme, deren Zweck die Unterstützung von Logistikaufgaben ist, werden im allgemeinen als >Logistik-Informationssysteme bezeichnet.
Heinrich, L. J.: Logistik-Organisation und Logistik- Informationssysteme in mittelständischen Unternehmen - Ergebnisse einer empirischen Untersuchung. In: Albach, H. und Held, Th. (Hrsg.): Betriebswirtschaftslehre mittelständischer Unternehmen. Poeschel Verlag, Stuttgart 1984, 243 - 257; Pfohl, H.-Ch.: Logistiksysteme. Betriebswirtschaftliche Grundlagen. Springer-Verlag, Berlin et al. 1985

Methodensystem
method system
Systemplanung
Betrachtet man in einem >Informations- und Kommunikationssystem die Komponente Aufgabe *(>Grundlagen Aufgabe)* näher, so kann man diese weiter strukturieren in die >Daten, welche die Aufgabe benötigt und die sie erzeugt, und in die >Methoden, mit denen die Daten verknüpft werden. Geht man von einer bestimmten Aufgabe oder einer Menge von Aufgaben (>Aufgabensystem) aus und untersucht deren >Strukturierbarkeit im Sinne der Abbildbarkeit der Aufgabendurchführung durch eine Menge von Ablaufschritten, dann hat man in dem einen Grenzfall nicht oder schlecht strukturierbare Aufgaben, die methodisch nur durch >Heuristiken unterstützt werden können, in dem anderen Grenzfall gut strukturierbare Aufgaben, welche durch Algorithmen (>Algorithmus) unterstützt werden können. Häufig ist auch eine Aufgabe strukturierbar, ein Algorithmus steht aber nicht zur Verfügung oder kann wirtschaftlich nicht angewendet werden. Manchmal ist eine Aufgabe strukturierbar und es steht ein wirtschaftlich anwendbarer Algorithmus zur Verfügung, der aber aus arbeitsorganisatorischen Gründen nicht verwendet werden soll *(>Arbeitsorganisation)*. Diese und weitere Überlegungen führen zu dem Ergebnis, daß es notwendig ist, die für eine Aufgabe oder Aufgabenmenge einzusetzenden Methoden festzulegen. Methoden stehen zueinander in Beziehungen; so können z.B. für eine Aufgabe mehrere alternative Methoden zur Verfügung stehen, oder mehrere Methoden schließen sich gegenseitig in ihrer Anwendung für eine Aufgabe aus. Derartige Methodenbeziehungen sind in einem >Methodenverwaltungssystem, wie es verschiedene >Planungssprachen bieten, zu berücksichtigen, um die Methodenauswahl zu unterstützen und Methodenverbote zu ermöglichen. Ein Methodensystem beschreibt also die Gesamtheit der in einem Informations- und Kommunikationssystem verfügbaren Problemlösungsverfahren. Seine Struktur kann - in Analogie zum Datensystem - in einem Methodenmodell auf der konzeptionellen, der logischen und der physischen Ebene beschrieben werden.
Heinrich, L. J. und Burgholzer, P.: Systemplanung Bd. 2. 2. A., Oldenbourg-Verlag, München/Wien 1986, insbesondere Kapi-

tel "Entwerfen des Methodensystems" und "Entwickeln des Methodensystems"

Methodik Systemplanung
methodology systems planning
Systemplanung
Generell ist unter Methodik die Lehre von den >Methoden und ihrer planmäßigen, wissenschaftlichen Anwendung zu verstehen. Im betriebswirtschaftlichen Sinne (>Betriebswirtschaftslehre) kann darunter eine Arbeitsweise verstanden werden, die bezüglich der Art des Vorgehens systematisiert und festgelegt ist. Die Methodik der Systemplanung regelt das planmäßige Vorgehen bei der Gestaltung von >Informations- und Kommunikationssystemen. Sie ist der prinzipielle Leitfaden zur systematischen Lösung dieser Aufgabe. Eine allgemein akzeptierte, wissenschaftlich begründete, leistungsfähige und praktisch anwendbare Methodik der Systemplanung existiert nicht. Der diesbezüglich zu beobachtende Methodenstreit, in den immer "neue" Ansätze eingebracht werden, ist auf zwei Mißverständnisse zurückzuführen. Erstens darauf, daß angenommen wird, es könnte die eine Methodik der Systemplanung geben; vielmehr ist die Methodik der Systemplanung eine Mischung verschiedener methodischer Ansätze. Zweitens darauf, daß unterstellt wird, der Gegenstand der Systemplanung in der Praxis sei so gleichartig, daß diese eine Methodik immer angebracht sei; vielmehr bedarf es in Abhängigkeit vom jeweiligen Kontext, in dem sich Systemplanung vollzieht, unterschiedlicher Varianten ihrer Methodik. Folgende Ansätze, die sich zum Teil widersprechen, können in eine Methodik der Systemplanung eingehen: >Systemansatz, >Vorgehensmodell, >Istzustands-orientierter Ansatz, >Sollzustands-orientierter Ansatz, >Outside-In-Ansatz, >Inside-Out-Ansatz, >Modellbildender Ansatz, >Daten-orientierter Ansatz, Ansatz, der zwischen logischen Modellen (>Logisches Modell) und physischen Modellen (>Physisches Modell) unterscheidet, >Objekttypen-Ansatz.
Heinrich, L. J. und Burgholzer, P.: Systemplanung Bd. 1. 2. A., Oldenbourg-Verlag, München/Wien 1986, insbesondere Kapitel "Ziele, Aufgaben und Methodik der Systemplanung"

Netzwerktechnik
network technic
Technik
Bildet die physikalische Ebene für die Aufgaben der *>Transporttechnik*. Sie umfaßt die Übertragung von analogen (>analog) und digitalen (>digital) >Signalen über ein physikalisches Medium (z.B. >Koaxialkabel, >Lichtwellenleiter), die Interpretation der Signale auf der >Leitung, den Verbindungsaufbau und den Verbindungsabbau sowie die >Wegwahl durch das >Netz. Die Komponenten eines Netzes sind >Knoten und Leitungen. Folgende Strukturierung ist möglich: Nach Bereichen (>Fernnetz, >LAN); nach der >Topologie; nach der Vermittlungsart (>Leitungsvermittlung, >Speichervermittlung).
Banes, P.: Lokale Netze mit Lichtwellenleitern. In: Informatik-Spektrum 8/1985, 260 - 272

Partizipation
participation
Mensch
Ein umfassender Begriff zur Bezeichnung der verschiedenen Ansätze der Teilnahme der Betroffenen (>Betroffener) an gesamt- und einzelwirtschaftlichen >Entscheidungen. Dabei sind insbesondere zwei Ansätze zu unterscheiden, welche die Art der Partizipationsgrundlage (>Partizipationsdimension) kennzeichnen, nämlich die informale Partizipation (>Benutzerbeteiligung) und die formale Partizipation (>Mitbestimmung). Während erstere auf dem Konsens der Betroffenen beruht, basiert die zweite auf kodifizierten Regeln, insbesondere gesetzlichen Regeln, aber auch auf Betriebsvereinbarungen, kollektivvertraglichen Vereinbarungen und - als Grenzfall zwischen beiden Gruppen - auf Führungsrichtlinien und Unternehmensverfassungen. Die globale Begründung für Partizipation lautet: Da der Mensch gesellschaftlich bestimmt ist und er andererseits die Gesellschaft mitbestimmt, er sich also dem sozialen Kontext nicht entziehen kann, ist Partizipation die notwendige Bedingung menschlicher Existenz (Kappler). Bezüglich der Partizipationsansätze bei der Planung von >Informations- und Kommunikationssystemen ist zwischen dem konsens-orientierten Ansatz (>Konsens-orientierter Ansatz) und dem gewerkschaftlich orientierten Gegenmachtansatz (>Gewerkschaftlicher Gegenmachtansatz) zu unterscheiden. Ersterer strebt einen Interessensausgleich zwischen technischen, ökonomischen und sozialen >Zielen, der zweite strebt die Verwirklichung wirtschaftlicher Demokratie an.
Kappler, E.: Partizipation. In: Grochla, E. (Hrsg.): Handwörterbuch der Organisation. 2. A., Poeschel Verlag, Stuttgart 1980, 1845 - 1855; Mambrey, P. und Opermann, R. (Hrsg.): Beteiligung von Betroffenen bei der Entwicklung von Informationssystemen. Campus Verlag, Frankfurt/New York 1983

Personalmanagement
personnel management
Informationsmanagement
Der Teil des Informationsmanagement, der die Führungsaufgaben des >Personalwesens umfaßt, soweit es sich dabei um das Personal der >Infrastruktur der >Informationsfunktion einer >Organisation handelt. Entsprechend der ganzheitlichen Sichtweise des Informationsmanagement auf die Informationsfunktion und ihre Infrastruktur erweitert sich der Aufgabenumfang des Personalmanagement gegenüber der herkömmlichen Betrachtung, die sich auf die Führungsaufgaben des "DV-Personals" beschränkt. So wie >Betriebsmittel (wie >Hardware und >Software), >Anwendungssysteme oder Räume, in denen z.B. Hardware installiert ist, Ressourcen der Informationsfunktion und Teile ihrer Infrastruktur sind, gilt dies auch für das gesamte Personal, welches Aufgaben der Informationsfunktion wahrnimmt. Damit ist zunächst das Personal der >Abteilung Informations- und Kommunikationssysteme (wie z.B. >Anwendungsprogrammierer, >Datentypist, >Organisator, >Systemplaner und >Systemprogrammierer) Objekt des Personalmanagement; darüber hinaus aber auch - in Abstimmung mit dem Management der Fachabteilungen und Werke - die Mitarbeiter der Fachabteilungen und Werke, welche bei der Systemplanung

Personalwesen

(>Grundlagen Systemplanung) mitwirken und implementierte Anwendungssysteme nutzen (z.B. >DV-Koordinator und >Benutzer). Aufgaben des Personalmanagement sind Personalbeschaffung, >Personalentwicklung und Personaleinsatz.
Heinrich, L. J. und Burgholzer, P.: Informationsmanagement. Oldenbourg-Verlag, München/Wien 1987, insbesondere Kapitel "Personalmanagement"

Personalwesen
personnel management
Aufgabe
Die Gesamtheit der Aufgaben *(>Grundlagen Aufgabe)*, welche die menschlichen Tätigkeiten und Beziehungen in einer >Organisation umfaßt. Ihr Gegenstand ist der Mensch in der Organisation, der in rechtlich und organisatorisch geordneter Weise gemeinsam mit anderen Arbeit leistet. Für das Personalwesen spielt also nicht nur der Aspekt der betrieblichen Aufgabe sondern auch der menschlich-soziale und der rechtliche Aspekt eine Rolle. Die Aufgaben des Personalwesens können zunächst in Kernaufgaben, Uraufgaben und Einwirkaufgaben gegliedert werden. Kernaufgaben sind das Ermitteln des Personalbedarfs, das Beschaffen, Einsetzen, Erhalten, Entwickeln und Freistellen des Personals. Uraufgaben sind Datenfindungsaufgaben für die Kernaufgaben (z.B. Gestalten der *>Arbeitsorganisation,* Führen von Mitarbeitergesprächen, Erforschen des Arbeitsmarktes). Einwirkaufgaben beschreiben die Aufgaben zur aktiven Beeinflussung der Uraufgaben (z.B. beim Ermitteln des Leistungsprogramms), anderer betrieblicher Aufgaben (z.B. aus dem Bereich der *>Produktion)* sowie das Beeinflussen der betrieblichen Umwelt (z.B. Einwirken auf die Ausbildungspläne der Universitäten). Auf diese Aufgaben bezogene >Informations- und Kommunikationssysteme werden im allgemeinen als >Personalinformationssysteme bezeichnet. Ihre besondere Stellung im Vergleich zu anderen Teilsystemen erlangen sie daraus, daß viele Aufgaben des Personalwesens nicht oder nur schlecht strukturierbar sind (>Strukturierbarkeit), und daß die Objekte und die Attribute des *>Datensystems* Individuen mit ihren Eigenschaften beschreiben (>Datenschutz).
Heinrich, L. J. und Pils, M.: Betriebsinformatik im Personalbereich - Die Planung computergestützter Personalinformationssysteme. Physica-Verlag, Würzburg/Wien 1979, Nachdruck 1984; Hentschel, B. et al. (Hrsg.): Personaldatenverarbeitung in der Diskussion. PIS-Sammelband 2, Datakontext-Verlag, Köln 1986

Produktion
production
Aufgabe
Die Gesamtheit der Aufgaben *(>Grundlagen Aufgabe),* welche - im Gegensatz zur Konsumption - jede Art werteschaffender Erzeugung (Leistungserstellung) umfaßt. In einem weiten Sinne rechnet man dazu auch die *>Beschaffung.* Produktion meint nicht nur die Erzeugung von Gütern, sondern auch die von Dienstleistungen. Kernaufgabe der Produktion ist im betriebswirtschaftlichen Sinne die Produktionsplanung und -steuerung (>PPS); daher werden in der Regel auch >Informations- und Kommunikationssysteme zur Unterstützung von Auf-

gaben der Produktion als Produktionsplanungs- und -steuerungssysteme bezeichnet; jedenfalls ist der Begriff "Produktionsinformationssystem" unüblich. Weitere Kernaufgaben sind >Anlageninstandhaltung und >Qualitätssicherung. Aufgaben der Produktion, die eher auf der technischen Seite liegen, wie Werkzeugmaschinensteuerung (>NC), >Prozeßsteuerung und >Robotik, müssen mit zunehmender Automatisierung der Produktion mit den betriebswirtschaftlichen Aufgaben geschlossen betrachtet werden (>Integration). Wenn auch die Produktionsplanung und -steuerung logisch dem Aufgabenbereich Produktion zugeordnet wird, so wird sie zumindest in der Praxis institutionell häufig als zur >*Logistik* gehörend betrachtet. Unabhängig davon kann beispielhaft der Funktionsumfang eines Informationssystems im Produktionsbereich mit folgenden Aufgaben beschrieben werden: Bedarfsplanung und -terminierung; Produktionsauftrags-Auswahlplanung; Produktions- Terminplanung; Fertigungsveranlassung/Werkstattsteuerung; Fertigungsfortschrittskontrolle und >Betriebsdatenerfassung; Qualitätssicherung; Anlageninstandhaltung.
Mertens, P.: Industrielle Datenverarbeitung 1 - Administrations- und Dispositionssysteme. 5. A., Verlag Gabler, Wiesbaden 1983, 131 - 230

Produktionsmanagement
production management
Systemplanung
Der Teil des Informationsmanagement, dessen Aufgabe die Planung, Steuerung und Überwachung der >Betriebsmittel der >*Infrastruktur* der >Informationsfunktion einer >Organisation ist. Dazu gehören insbesondere die >Basissysteme (>Hardware und >Systemsoftware), während die >Anwendungssysteme für das Produktionsmanagement als von ihm nicht zu gestaltendes Betriebsmittel gelten; sie sind Gegenstand des >*Anwendungssystemmanagement*. Mit anderen Worten kann die Aufgabe des Produktionsmanagement - aus heutiger Sicht und in Analogie zur Produktion materieller Güter - mit Produktionsplanung und -steuerung (>PPS) umschrieben werden, welche eine Menge von Aufgaben der Planung, Steuerung und Überwachung der Produktion von >Information und >Kommunikation zum Gegenstand hat. Ihr >Ziel ist es, die vorhandenen Betriebsmittel für die Abarbeitung des Produktionsprogramms, also für die Durchführung der Aufträge (>Auftrag) der >Benutzer, optimal zu nutzen. Dabei sind Benutzer nicht nur die Mitarbeiter der Fachabteilungen und Werke, sondern z.B. auch >Anwendungsprogrammierer. Die Erreichung dieses Ziels setzt eine angemessene Möglichkeit der Gestaltung der Betriebsmittel voraus, also eine Einflußnahme auf ihre Beschaffung und die Änderung ihrer >Konfiguration, z.B. auf der Grundlage der Ergebnisse des >Monitoring. Diese Überlegungen deuten auf die Notwendigkeit eines logistischen Denkens (>Logistikdenken) beim Informationsmanagement hin, also insbesondere auf die >Integration von Produktionsmanagement, >*Datenmangement* und Anwendungssystemmanagement.
Heinrich, L. J. und Burgholzer, P.: Informationsmanagement. Oldenbourg-Verlag, München/Wien 1987, insbesondere Kapitel "Produktionsmanagement"

Programmiersystem
programming system
Technik
Eine oder mehrere >Programmiersprachen und alle in diesen abgefaßte >Programme für ein bestimmtes >Datenverarbeitungssystem. Folgende Strukturierung ist möglich: >Betriebssysteme; >Kompilierer; >Systemprogramme wie >Datenverwaltungssysteme; >Anwendungsprogramme. Programmiersysteme bauen Softwareumgebungen stufenweise auf, indem sie Eigenschaften der unteren Stufen verdecken und durch neue, "höhere" Konstruktionen ersetzen, welche sich besser als Grundlage für die weiteren Stufen eignen.
Pratt, T. W.: Programming Languages. Design and Implementation. Verlag Prentice-Hall, London 1984

Projektmanagement
project management
Systemplanung
Ein >Projekt ist ein zielgerichtetes (>Ziel), klar definiertes, zeitlich begrenztes, durch Größe, Bedeutung, Komplexität, Neuartigkeit und Einmaligkeit, Kosten und Risiko aus dem üblichen Geschehen einer >Organisation herausragendes Vorhaben. Im Sinne der >Wirtschaftsinformatik sind solche Vorhaben von Interesse, deren Ziel die Planung eines >Anwendungssystems bzw. - in einem umfassenden Sinne - die Planung eines >Informations- und Kommunikationssystems ist (in der Praxis häufig als "EDV-Projekt" bezeichnet). Derartige Projekte sind durch folgende Merkmale gekennzeichnet: Relativ geringe Laufzeit; geringer Projektfreiheitsgrad, da die >Planungsziele, z.B. bezüglich der Termine und Kosten, vorgegeben sind; das Ergebnisrisiko ist gering (derartige Projekte bringen in der Regel eine zumindest brauchbare Lösung); das Zeitrisiko (Termineinhaltung) und das Kostenrisiko (Kosteneinhaltung) sind erfahrungsgemäß hoch; sie sind meist nicht isoliert zu sehen, sondern haben >Schnittstellen zu anderen Projekten oder zu den vorhandenen Anwendungssystemen und Basissystemen (>*Infrastruktur);* sie müssen um die Ressourcen für die Projektabwicklung (Personal und >Betriebsmittel) mit anderen Projekten konkurrieren. Aus dieser Kennzeichnung ergeben sich die Aufgaben des Projektmanagement und deren Ausgestaltung im Detail: Die Ableitung der Projektziele aus den vom Informationsmanagement (>*Grundlagen Informationsmanagement)* vorgegebenen Planungszielen; Ableiten der Projektanforderungen; Projektplanung; Projektsteuerung; Projektdokumentation.
Heilmann, H. (Hrsg.): Planung und Kontrolle von EDV-Projekten. Forkel-Verlag, Stuttgart/Wiesbaden 1978

Qualifikation
qualification
Mensch
Die Gesamtheit des >Wissens und des Könnens (Fähigkeiten, Fertigkeiten) einer Person oder Gruppe (z.B. eines bestimmten Typs von Benutzern, >Benutzertyp). Im zweiten Fall werden Personen mit gleichartiger Qualifikation zu Qualifikationsgruppen geordnet. In der >Wirtschaftsinformatik ist der Qualifikationsbegriff im Zusammenhang mit dem Wissen und Können

von Bedeutung, über das Personen verfügen müssen, um mit >Information und >Kommunikation als wirtschaftliches Gut umgehen zu können (insbesondere >Informationsmanager); um >Informations- und Kommunikationssysteme planen zu können (insbesondere >Systemplaner); um die in derartigen Systemen verwendeten >Techniksysteme nutzen zu können (insbesondere >Benutzer). Das erforderliche Wissen und Können, also die Qualifikationsanforderungen, sind für die verschiedenen Qualifikationsgruppen unterschiedlich. Die Qualifizierung zum Informationsmanager und zum Systemplaner setzt heute - neben praktischer Erfahrung - ein akademisches Studium voraus, etwa das der Wirtschaftsinformatik oder das der >Informatik mit einem starken, z.B. betriebswirtschaftlichen Anwendungsbezug (>Betriebswirtschaftslehre), während die Qualifizierung als Benutzer in der Regel durch >Benutzerschulung im konkreten Anwendungsbezug erreicht werden kann. Dessen ungeachtet sehen verschiedene Studiengänge an Universitäten auch die Ausbildung ihrer Absolventen zu sachkundigen Benutzern vor, die darüber hinaus in der Lage sind, sachverständig an der Planung von Informations- und Kommunikationssystemen mitzuwirken (>Partizipation).
Heinrich, L. J. und Hartwig, Th.: Mensch und Informationssystem. Oldenbourg-Verlag, München/Wien 1987 (in Vorbereitung)

Sicherungssystem
security system
Systemplanung
Sichern bedeutet allgemein, etwas vor Gefahr schützen. Dieses "etwas" ist in einem weiteren Sinne die Gesamtheit aller Einrichtungen, Mittel, Maßnahmen, Personen usw., welche Bestandteile der *>Infrastruktur* der >Informationsfunktion einer >Organisation sind. Die Gefahr, vor der diese Infrastruktur zu schützen ist, geht von unterschiedlichen Quellen aus, insbesondere einerseits von der Unzuverlässigkeit (>Zuverlässigkeit) der Bestandteile der Infrastruktur selbst und andererseits - in neuerer Zeit in zunehmendem Maße - von deliktischen Handlungen von Personen (sowohl eigene Mitarbeiter als auch Dritte), die als >Computerkriminalität bezeichnet werden. Ein >System ist in diesem Zusammenhang eine aufeinander abgestimmte Menge von Mitteln und Maßnahmen, deren Zweck die Erreichung einer bestimmten Sicherheit der Infrastruktur der Informationsfunktion ist, also ein bestimmtes Ausmaß an Schutz vor Unzuverlässigkeit und vor deliktischen Handlungen. "Absolute Sicherheit" läßt sich - wie in anderen Lebensbereichen auch - nicht oder jedenfalls nicht mit einem vertretbaren wirtschaftlichen Aufwand erreichen. So muß jede Organisation das von ihr gewollte Ausmaß an Schutz planen, realisieren und kontrollieren, das in der Regel so festzulegen ist, daß keine nicht kalkulierbaren Risiken für die Organisation insgesamt durch Unzuverlässigkeit der bzw. durch deliktische Handlungen gegen die Infrastruktur der Informationsfunktion entstehen. Dies führt bei einem zunehmenden Einwirken (insbesondere) durch deliktische Handlungen (wie z.B. >Hacker, >Computerspionage, >Computersabotage, >Datendiebstahl, >Raubkopie) zu einer Erhöhung dieses Ausmaßes an Schutz, also zu mehr und umfassenderen Sicherungsmaßnahmen. Eine Beschränkung auf >Daten geht - trotz der zentralen Be-

Speichertechnik

deutung des >*Datensystems* - am Problem vorbei; vielmehr sind alle Bestandteile der Infrastruktur der Informationsfunktion in das Sicherungssystem einzubeziehen, eingeschlossen das Personal. Siehe auch: >*Katastrophenmanagement*.
Heilmann, W. und Reusch, G. (Hrsg.): Datensicherheit und Datenschutz. Forkel-Verlag, Stuttgart/Wiesbaden 1986; Heinrich, L. J. und Burgholzer, P.: Systemplanung Bd. 2. 2. A., Oldenbourg-Verlag, München/Wien 1986, insbesondere Kapitel "Entwerfen des Sicherungssystems" und "Entwickeln des Sicherungssystems"; Heinrich, L. J. und Burgholzer, P.: Informationsmangement. Oldenbourg-Verlag, München/Wien 1987, insbesondere Kapitel "Katastrophenmanagement"

Speichertechnik
storage technic
Technik
Die über die >*Eingabetechnik* zur Verfügung gestellten >Informationsarten Daten, Text, Bild und Sprache, die von der >*Verarbeitungstechnik* zur Verfügung gestellten bzw. benötigten Informationsarten sowie die an die >*Ausgabetechnik* bereitzustellenden Informationsarten bedürfen der temporären oder permanenten Speicherung (>Speicher). Die dafür benötigte >Hardware und >Software faßt man unter dem Begriff der Speichertechnik zusammen. Folgende Strukturierung ist möglich: Nach der Art des >Zugriffs; nach der Art des verwendeten >Speichers; nach der Zugriffsberechtigung der >Zentraleinheit; nach der Lese-Schreibberechtigung (>RAM, >ROM).

Systemtechnik
systems engineering
Systemplanung
Eine auf bestimmten Denkmodellen und Prinzipien (>Prinzip) beruhende Vorgehensweise zur zweckmäßigen und zielgerichteten Gestaltung komplexer >Systeme. Sie stellt damit eine allgemeine Methodik dar, die für den einzelnen Anwendungsfall konkretisiert werden muß. Dazu ist seitens des Anwenders ein wirkungsvolles Zusammenspiel von Fachwissen, Situationskenntnis, Methodik und auch Planungsethik erforderlich. Systemtechnik wird angewendet, wenn ein Problem im Sinne einer Differenz zwischen dem >Istzustand und einem angestrebten >Sollzustand vorliegt, wobei es sich um ein gegenwärtiges oder erst für die Zukunft erwartetes Problem handeln kann. Sie beruht auf einer Reihe von Postulaten und Arbeitshypothesen (>Hypothese). Im Zentrum der Methodik steht der Problemlösungsprozeß (>Problemlösen), der die beiden Komponenten Systemgestaltung als eigentliche konstruktive Arbeit und >*Projektmanagement*, also die Fragen der Organisation des Problemlösungsprozesses, enthält. Die Abbildung zeigt die Grundstruktur des systemtechnischen Planungsprozesses (Quelle: Zangemeister).
Daenzer, W. F.: Systems Engineering - Leitfaden zur methodischen Durchführung umfangreicher Planungsvorhaben. Peter Hanstein Verlag und Verlag Industrielle Organisation, Köln/Zürich 1976/77

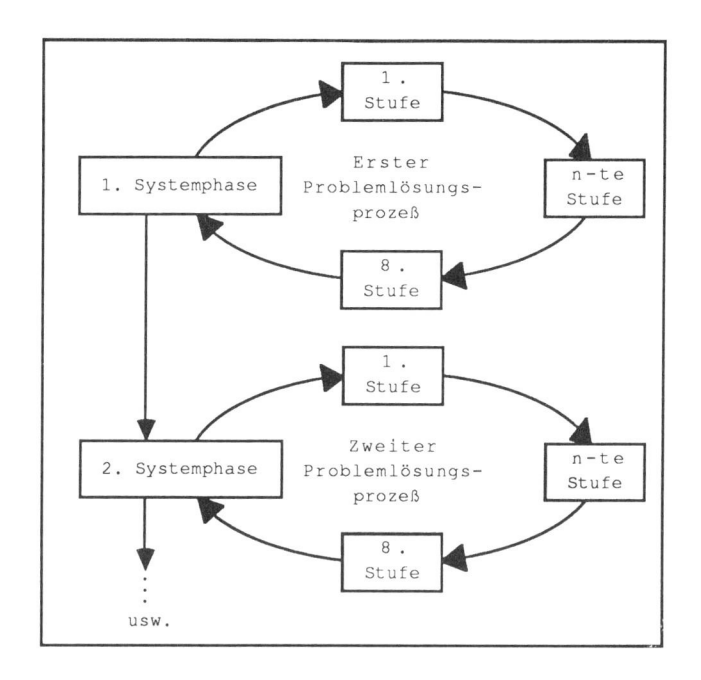

Abbildung Systemtechnik

Testmethode
testing technique
Systemplanung
Unter >Testen versteht man das Prüfen der korrekten Funktionsweise jeder Art von Entwurfs- und Entwicklungsergebnissen der Systemplanung, also von beliebigen >Testobjekten. Unter einer Methode versteht man ein auf einem System von Regeln aufbauendes Problemlösungsverfahren (>Problemlösen); dabei kann es sich im Grenzfall um einen >Algorithmus oder um eine >Heuristik handeln. Von einer Testmethode wird dann gesprochen, wenn ein derartiges Problemlösungsverfahren zur Unterstützung der Aufgabe des Testens von Entwurfs- und Entwicklungsergebnissen der Systemplanung geeignet ist. Man unterscheidet zwei Gruppen von Testmethoden: Beim "logischen Testen" versucht man, die Richtigkeit der Funktionsweise des Testobjekts durch gedankliches Nachvollziehen unter Verwendung von >Testdaten zu überprüfen, wobei man die Systemumgebung, in welcher das Testobjekt später eingesetzt wird, simulieren oder von ihr abstrahieren muß. Beim "empirischen Testen" wird das Testobjekt auf einem >Testsystem implementiert. Da eine umfassende Testtheorie nicht exisiert, kann man die Fehlerfreiheit (>Fehler) eines Testobjekts durch Testen nicht beweisen.
Heinrich, L. J. und Burgholzer, P.: Systemplanung Bd. 2. 2. A., Oldenbourg-Verlag, München/Wien 1986, insbesondere Kapitel "Testen der Software" und "Systemintegration"

Transportdienst
transport service
Technik
Die >*Netzwerktechnik* und die >*Transporttechnik* bilden die Voraussetzungen für den Transportdienst. Dieser ist dem >Anwendungssystem zuzurechnen. Da jeglicher Transport von >Nachrichten durch die Netzwerktechnik und die Transporttechnik garantiert wird, geht es hier um die >Kommunikation zwischen >Benutzern. Zu den Aufgaben des Transportdienstes zählen: Die Autorisierung der Benutzer (>Benutzerberechtigung); die Sicherung der >Datenintegrität; die Datendarstellung (>*Darstellungstechnik)*. Die Datendarstellung bezieht sich insbesondere auf den Ausgleich unterschiedlicher >Codes, unterschiedlicher >Datenformate und unterschiedlicher Steuersprachen (>Kommandosprache).
Franzelius, W. und Hegenbarth, B.: Höhere Kommunikationsprotokolle am Beispiel Bildschirmtext. In: Informatik-Spektrum 8/1985, 126 - 137. Schindler, S.: Offene Kommunikationssysteme - Heute und Morgen. In: Informatik-Spektrum 4/1981, 213 - 228

Transportsystem
transport system
Systemplanung
Jede Aufgabe (>*Grundlagen Aufgabe)* kann in Anlehnung an den Ablauf eines >Informations- und Kommunikationsprozesses in die Funktionen Eingeben, Speichern, Transportieren, Bearbeiten, Verarbeiten und Ausgeben zerlegt werden (>Aufgabenfunktion). Die allgemeine Bedeutung von Transportieren ist, etwas zu bewegen oder weiter zu bewegen, wobei meist an materielle Güter oder an Personen gedacht wird. Transportgut im Sinne der >Wirtschaftsinformatik sind die >Informationsarten Bild, Daten, Sprache und Text. Während in konventionellen, also vornehmlich manuell geführten und mit mechanischen Hilfsmitteln unterstützten >Informations- und Kommunikationssystemen Information überwiegend mit dem Trägermedium Papier transportiert wurde, folgt der Verbreitung der >Techniksysteme zur Informationsverarbeitung ein starkes Ansteigen der Kommunikationsanforderungen (>Kommunikation), die durch öffentliche und private >Netze befriedigt werden können, deren Angebot zunehmend breiter und leistungsfähiger wird. Diese Überlegungen verdeutlichen die zunehmende Notwendigkeit, sich bei der Systemplanung auch explizit mit dem Phänomen des Transportierens zu befassen. Sie werden beispielsweise deutlich bei weltweit agierenden Flugbuchungssystemen, bei denen 90% der >Antwortzeit Transportzeit im Netz ist und deren >Kosten zu 25% Telefon- und Datenübertragungskosten sind.
Heinrich, L. J. und Burgholzer, P.: Systemplanung Bd. 2. 2. A., Oldenbourg-Verlag, München/Wien 1986, insbesondere Kapitel "Entwerfen des Transportsystems" und "Entwickeln des Transportsystems"

Transporttechnik
transport technic
Technik

Baut auf der >Netzwerktechnik auf. Ihre Aufgabe besteht darin, die >Daten auf dem zweckmäßigsten Wege von der >Datenquelle zur >Datensenke zu befördern. Im einzelnen geht es dabei um folgende Aufgaben: Aufbau, Aufrechterhaltung und Abbau der netzwerkunabhängigen (>Netz) >Verbindung, Zuordnung der >Betriebsmittel für die >Datenübertragung und Sicherung der Datenübertragung (>Sicherungssystem). Auf der Transporttechnik baut der >Transportdienst auf.
Franzelius, W. und Hegenbarth, B.: Höhere Kommunikationsprotokolle am Beispiel Bildschirmtext. In: Informatik-Spektrum 8/1985, 126 - 137. Schindler, S.: Offene Kommunikationssysteme - Heute und Morgen. In: Informatik-Spektrum 4/1981, 213 - 228

Verarbeitungstechnik
processing technic
Technik
Sie umfaßt die >Hardware und die >Software, welche die über die >Eingabetechnik bzw. über die >Speichertechnik bereitgestellten >Informationsarten Daten, Text, Bild und Sprache nach den im >Programmiersystem vorgegebenen Regeln verarbeitet. Das Ergebnis wird direkt oder indirekt über die >Ausgabetechnik der Umwelt zur Verfügung gestellt. Folgende Strukturierung ist möglich: Nach der >Betriebsart; nach Rechnergrößenklassen (>Personal Computer, Kleinrechner, Großrechner); nach Einsatzmöglichkeiten (Arbeitsplatzcomputer, Bürocomputer, Universalcomputer, >Prozeßrechner, Spezialcomputer). Siehe auch: >von-Neumann-Rechner.

Verhalten
behaviour
Mensch
Im allgemeinsten Sinne eine Bezeichnung für jede Art von Aktivität oder Reaktion eines Organismus. In der >Wirtschaftsinformatik interessiert insbesondere das Verhalten von Personen oder Gruppen, welches eine Reaktion auf das Verhalten anderer Personen oder Gruppen ist und dieses wiederum beeinflussen kann (Sozialverhalten). Gemeint sind damit sowohl instinktive, durch bestimmte Auslöser gesteuerte Reaktionen als auch solche, welche durch eingeübte Verhaltensweisen erklärt werden können. Daneben sind Verhaltensweisen zwischen Personen oder Gruppen und anderen Phänomenen von Interesse, wie z.B. das Verhalten eines Individuums in Entscheidungssituationen (>Entscheidungsverhalten), die Reaktion eines Individuums auf >Information (>Informationsverhalten) oder die Reaktionen von Kommunikationspartnern im Kommunikationsprozeß (>Kommunikationsverhalten). Diese Beispiele verdeutlichen, in welchem Maße die Wirtschaftsinformatik auf die Zulieferung von Erkenntnissen aus anderen Wissenschaftsdisziplinen, z.B. der >Soziologie, angewiesen ist, sollen ihre Erklärungen und ihre Gestaltungshinweise für >Informations- und Kommunikationssysteme nicht ein Torso bleiben.
Heinrich, L. J. und Hartwig, Th.: Mensch und Informationssystem. Oldenbourg-Verlag, München/Wien 1987 (in Vorbereitung)

Wissenschaftsdisziplin
scientific discipline
Sonstiges
Ein mehr oder weniger in sich abgeschlossenes Gebiet der Wissenschaft, das ein durch Forschung, Lehre und Schrifttum geordnetes, begründetes und als sicher erachtetes >Wissen umfaßt. Die Zweckmäßigkeit und Notwendigkeit der "Abgeschlossenheit" einzelner Disziplinen ist nicht unbestritten, wenn man davon ausgeht, daß viele Probleme, mit deren Lösung sich Wissenschaft beschäftigt, mit der Sichtweise nur einer Disziplin nicht gelöst werden können. Andererseits besteht bei einem Aufgeben disziplinärer Grenzen die Gefahr des Dilettantismus. Folglich ist eine disziplinäre Arbeitsteilung notwendig, die jedoch dann aufgegeben werden sollte, wenn durch disziplinäre Abgrenzungen wichtige Probleme nicht mehr erfolgreich bearbeitet werden können. Das Entstehen der >Wirtschaftsinformatik als Wissenschaft kann in diesem Sinne verstanden werden: Durch das Eindringen von Informations- und Kommunikationstechniken (>*Grundlagen Technik*) in die Betriebswirtschaften und deren drastische Ausbreitung entstanden Probleme, die von anderen Wissenschaftsdisziplinen wie der >Betriebswirtschaftslehre oder der >Informatik nicht mehr ausreichend bearbeitet werden konnten. Die Wirtschaftsinformatik ist eine Integrationsdisziplin, welche versucht, die Forschungsmethoden und die Erkenntnisse einer Reihe von anderen Wissenschaftsdisziplinen zu nutzen und diese unter dem gemeinsamen Dach ihres Erkenntnisobjekts zusammenzuführen.
Heinrich, L. J.: Wirtschaftsinformatik als Wissenschaft; Entwicklung, Stand und Perspektiven. In: Heinrich, L. J. und Lüder, K. (Hrsg.): Angewandte Betriebswirtschaftslehre und Unternehmensführung. Verlag Neue Wirtschaftsbriefe, Herne/Berlin 1985, 35 - 59

STICHWORTDEFINITIONEN

A

A Programming Language >APL

ABC-Analyse
inventory analysis
Analysemethode
Kennzeichnet Objekte im Gegensatz zu einem >Nummernsystem durch ein Kriterium und erzielt damit eine eindeutige Rangfolge zwischen den Objekten, sofern diese unterschiedlichen Klassen zugeordnet wurden. Im allgemeinen werden drei Klassen unterschieden und mit A, B und C bezeichnet. Sie folgt damit einem häufig zu beobachtenden >Entscheidungsverhalten, indem sie die Aufmerksamkeit des Entscheidungsträgers auf Engpässe lenkt. Besonders häufige Anwendung in der >*Logistik*. Beispielsweise verlagert man die Methode der Bedarfsermittlung umso mehr von einer Verbrauchssteuerung zu einer Bedarfssteuerung, je höher ein Bedarfsobjekt im Range einer Klassifizierung nach seinem Wert steht.

Abbildungsspeicher >Bildspeicher

Abbruch >Programmabbruch

Abfrage >Transaktion

Abfragesprache
query language
Programmiersystem
Eine Sprache für den direkten Zugang zu Datenbasen (>Datenbasis) in >Datenbanksystemen durch den >Benutzer. Merkmale dieser Sprache sind:
- Der Benutzer benötigt keine Programmierkenntnisse (>Programmiersprache).
- Kenntnisse über die >Datenstrukturen sind in geringerem Umfang notwendig als bei einer >Datenbanksprache.
- Für den Benutzer besteht keine Möglichkeit, >Daten im >Dialog zu ändern.

Eine Abfragesprache enthält keine Elemente zur Datendefinition.

Ablaufbeobachtung >Monitoring

Ablaufdiagramm
flowchart
Darstellungsmethode
Dient dazu, komplexe Aussagen über die Funktionsweise und die dynamischen Eigenschaften von >Systemen bzw. der darin laufenden Prozesse zu verdeutlichen. Ablaufdiagramme basieren auf den Symbolen der Graphentheorie. Zwei Arten werden unterschieden:

Ablauforganisation

- Lineare Ablaufdiagramme zur Darstellung von Prozeßabläufen als Folgen von Tätigkeiten, Zuständen und Bearbeitungsstationen in ihrem zeitlichen Ablauf.
- Zyklische Ablaufdiagramme, die keine Aussagen über den zeitlichen Ablauf enthalten.

Siehe auch: >Datenflußdiagramm, >Struktogramm.

Ablauforganisation
process organization
Grundlagen Aufgabe/Arbeitsorganisation
Im Unterschied zur >Aufbauorganisation der Teil der >Organisation, welcher die raum-zeitliche Strukturierung der zur Aufgabenerfüllung erforderlichen Arbeitsgänge zum Gegenstand hat. Dazu gehören: Die Bestimmung der Arbeitsgänge, ihre Zusammenfassung zu Arbeitsgangfolgen, die Leistungsabstimmung, die Regelung der zeitlichen Belastungen der >Aufgabenträger und die Bestimmung der Durchlaufwege. Siehe auch: >Aufgabenanalyse, >Aufgabensynthese.

Ablauf-orientierter Ansatz >Modellbildender Ansatz

Ablaufsteuerung
sequential control
Programmiersystem
Die >Steuerung eines >Programms durch das Weiterschalten von einem >Befehl zu dem logisch folgenden in Abhängigkeit von bestimmten >Bedingungen. Man unterscheidet zwischen zeitabhängiger und prozeßabhängiger Steuerung.

Abnahmetest
acceptance test
Testmethode
Ein Test (>Testen), den Auftraggeber und Auftragnehmer vereinbaren, um zu überprüfen, ob die übergebenen Produkte die zugesicherten, z.B. in einem >Pflichtenheft definierten Eigenschaften bezüglich der >Funktionen und bezüglich der >Leistungen erbringen. Siehe auch: >Funktionstest, >Leistungstest.

Abrechnungsroutine >Abrechnungssystem

Abrechnungssystem
accounting system
Kosten- und Leistungsrechnung
Eine Standardfunktion von >Betriebssystemen (oft als Abrechnungsroutine bezeichnet) zum Sammeln von >Daten über die Inanspruchnahme und zeitliche Belegung von >Betriebsmitteln durch Aufträge (>Auftrag).

Abrufauftrag >Fortschrittszahlensystem

Abrufbetrieb
polling
Verarbeitungstechnik
Ein Betrieb (>Betriebsart) eines >Datenverarbeitungssystems, bei dem eine >Zentraleinheit nach einer festgelegten Vor-

schrift >Daten von >Benutzerstationen abruft (vgl. >Anforderungsbetrieb).

Abschirmung
shielding
Sicherungssystem/Katastrophenmanagement
Die zumeist elektronischen Produkte der Informations- und Kommunikationstechnik *(>Grundlagen Technik)* strahlen elektromagnetische Wellen ab (z.B. ein >Bildschirm) und können durch elektromagnetische Wellen gestört werden (z.B. ein magnetischer >Speicher). Auf Grund dieser Tatsache können sowohl >Daten "abgehört" als auch zerstört werden (z.B. durch eine Katastrophe, durch die elektromagnetische Wellen ausreichender Stärke erzeugt werden). Abschirmung umfaßt die Gesamtheit der Mittel und Maßnahmen, welche die elektronischen >Betriebsmittel der *>Infrastruktur* einer >Organisation so abschirmt, daß keine elektromagnetischen Wellen mit ausreichender Stärke zur Rekonstruktion bzw. Zerstörung von Daten nach außen oder nach innen dringen können. Eine Problemlösung besteht beispielsweise in der Verwendung von Geweben, die mit Nickel metallisiert sind.

Abstand
distance
Grundlagen Systemplanung
Bezeichnet den Unterschied zwischen der Sprache des >Benutzers ("Benutzersprache") und der Sprache des >Basissystems ("Maschinensprache") bzw. einer >Programmiersprache, welche der >Systemplaner durch die Entwurfs- und Entwicklungsarbeit der Systemplanung überbrücken muß. Die Art und Weise, wie ein Systemplaner diesen Abstand überbrückt, kann als Gütekriterium für seine Arbeit dienen.

Abstrakter Datentyp >Datentyp

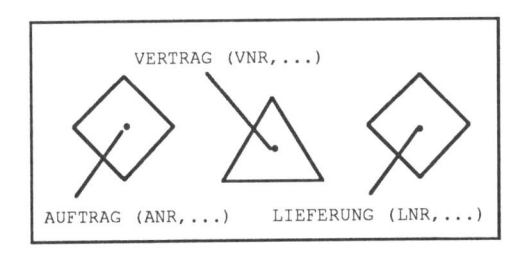

```
        VERTRAG (VNR,...)
       ◇         △         ◇
AUFTRAG (ANR,...)   LIEFERUNG (LNR,...)
```

Abbildung Abstraktion

Abstraktion
abstraction
Entwurfsmethode
Eine Methode zur Einführung neuer Objekte (>Entität) beim Entwerfen des *>Datensystems,* indem auf bereits eingeführte Objekte zurückgegriffen wird und diesen ein neuer, besonderer und eingeschränkter Gebrauch gegeben wird. In dem in der Abbildung gezeigten Beispiel wurde VERTRAG durch Abstraktion

Abstraktionsebene

erzeugt. Siehe auch: >Komposition, >Entitäten-Struktur-Diagramm.

Abstraktionsebene >Prinzip der Abstraktion

Absturz >Programmabbruch

Abteilung Datenverarbeitung/Organisation >Abteilung Informations- und Kommunikationssysteme

Abteilung Informations- und Kommunikationssysteme
information systems department
Infrastruktur
Ausgehend von einer ganzheitlichen Betrachtung werden alle Aufgaben (>Grundlagen Aufgabe) der >Informationsfunktion definiert, im Sinne einer >Aufgabenanalyse gegliedert und auf Stellen und >Aufgabenträger zugeordnet. Diese Zuordnung beginnt mit der Entscheidung darüber, welche Aufgaben der Abteilung Informations- und Kommunikationssysteme bzw. welche den Fachabteilungen zugeordnet werden. Sie wird fortgesetzt mit der Entscheidung darüber, welche Aufgaben der Informationsfunktion innerhalb der ersteren wie zu Stellen zusammengefaßt und innerhalb der Stellen auf Aufgabenträger zugeordnet werden. Die Abbildung zeigt beispielhaft die Struktur einer IKS-Abteilung (Quelle:IBM). Sie kann entweder als Stabsabteilung der Unternehmensleitung oder als Hauptabteilung geführt werden.

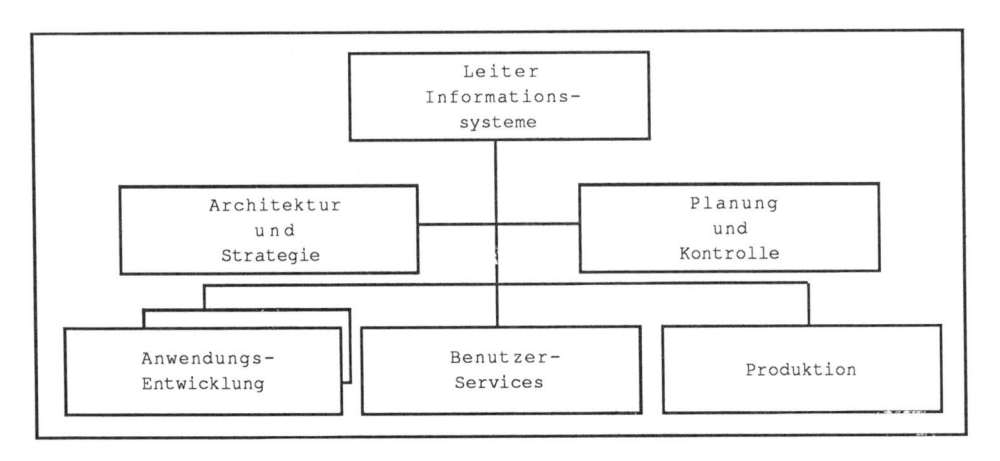

Abbildung Abteilung Informations- und Kommunikationssysteme

Abteilungs-orientierte Feinstudie
structure-oriented detailed analysis
Methodik Systemplanung
Eine methodische Vorgehensweise zur Durchführung der >Feinstudie. >Istzustandserfassung und >Istzustandsanalyse erfolgen dabei nach >Struktureinheiten, wie sie aus dem >Organigramm der zu untersuchenden >Organisation ersichtlich sind. Dabei werden die Struktureinheiten zwangsläufig als

mehr oder weniger in sich abgeschlossen betrachtet, was das Erkennen von logischen Zusammenhängen zwischen den Aufgaben (>Grundlagen Aufgabe) erschwert. Empfohlen werden daher andere Vorgehensweisen wie die >Datenfluß-orientierte Feinstudie oder die kombinierte Feinstudie (>Kombinierte Feinstudie).

Abweichung >Prinzip der Nettoabweichung

Abweichungsbericht >Bericht

ACS >Advanced Communications Service

ADA
ADA
Programmiersystem
Benannt nach Ada Augusta, The Countess of Lovelace, der Tochter von Lord Byron. Eine im Auftrag des US-Verteidigungsministeriums entwickelte >Programmiersprache, von der man sich sowohl bei der Systemprogrammierung (>Systemprogramm) als auch bei der Anwendungsprogrammierung (>Anwendungsprogramm) für künftig zu erwartende Hardwareentwicklungen (>Hardware) große Nutzeffekte erwartet. Hervorhebenswert sind folgende Merkmale: Konsequente Strukturierung der Programme (>Strukturierte Programmierung) bei modularem Aufbau; es besteht die Möglichkeit, Programmmoduln einzeln in eine ablauffähige Form zu übersetzen, ohne daß dies für den gemeinsamen Ablauf mehrerer >Moduln Nachteile hat, da der ADA-Compiler (>Kompilierer) die Einhaltung der Schnittstellenkonventionen prüft; die >Programmbibliothek ist integraler Bestandteil der Sprache selbst; eigene Sprachelemente unterstützen die Programmierung von Realzeitsystemen (>Realzeitbetrieb). Die Spezifikation von ADA besteht nicht nur aus der Programmiersprache, sondern definiert auch Werkzeuge zur Entwicklung von Programmen (>Software-Werkzeug). Diese Programmierumgebung wird APSE (ADA Programming Support Environment) genannt. Sie besteht aus drei Komponenten: Einer Datenbank als >Projektbibliothek; einer Benutzer- und Systemschnittstelle (>Schnittstelle) mit einer einheitlichen >Kommandosprache; einer Sammlung von Software-Werkzeugen.

Ad-hoc-Abfrage >Freie Abfrage

Adaptierbare Schnittstelle >Wissensbasierte Benutzerschnittstelle

Administratives Ziel
adminstrative objective
Grundlagen Informationsmanagement
Administrative >Ziele haben Zielinhalte, welche wesentliche Teile der *>Infrastruktur* der >Informationsfunktion einer >Organisation betreffen (>Anwendungssystem, >Basissystem). Sie sind vom Informationsmanagement zu setzen und zu kontrollieren. Beispiele für administrative Ziele sind: Architekturen des *>Datensystems* und des *>Methodensystems* >Benutzerschulung; >Wirtschaftlichkeit und >Produktivität der Systemplanung (*>Grundlagen Systemplanung*) Kosten und

Termine der Systemplanung. Siehe auch: >Strategisches Ziel, >Operatives Ziel.

Adresse
address
Grundlagen Technik
Die einzelnen Plätze bestimmter >Speicher werden gekennzeichnet. Diese Platznummern ermöglichen den >Zugriff auf die Inhalte dieser Plätze. Durch Adressen wird die Verbindung zwischen dem >Programm und den abgespeicherten >Daten hergestellt. Das Adresskonzept ist bei heutigen >Datenverarbeitungssystemen die Grundlage des Zugriffs auf Daten, im Gegensatz zum noch nicht ausgereiften Konzept der >Assoziationsspeicher. Unter einer realen Adresse (physikalische Adresse) versteht man den Platz einer gespeicherten Information im Realspeicher (>Zentralspeicher). Unter einer virtuellen Adresse versteht man die für das Auffinden eines Speicherplatzes in einem virtuellen Speicher (>Virtueller Speicher) benötigte Adresse. Vor der Befehlsausführung werden alle virtuellen Adressen in reale Adressen umgerechnet. Unter einer numerischen Adresse wird eine symbolische Adresse verstanden, deren Identität durch eine Zahlenangabe charakterisiert ist. Die symbolische Adresse ist eine Adresse, deren Identität durch eine frei eingeführte Angabe charakterisiert ist.

ADU >Analog-Digital-Umsetzer

ADV-System = Automatisches Datenverarbeitungssystem
>Datenverarbeitungssystem

Advanced Communications Service
advanced communications service
Transportdienst
Ein >Value Added Network in den USA von AT&T (abgekürzt: ACS). ACS ist ein öffentliches Datenvermittlungsnetz (>Vermittlungsstelle) zur rechnergesteuerten Nachrichtenübertragung nach dem Paketvermittlungsverfahren (>Paketvermittlung). Es ermöglicht den Datenverkehr zwischen nichtkompatiblen >Datenstationen, >Textautomaten, >Datenverarbeitungssystemen und Datenbanken (>Datenbanksystem). Man schätzt die Anzahl der anschließbaren Terminal-Varianten auf 450 Typen, die von mehr als 100 Herstellern kommen.

Aggregierung >Informationsselektion

Agressive Strategie >Entwicklungsstrategie

AI = Artificial Intelligence >Künstliche Intelligenz

AIDA
AIDA
Sicherungssystem
Ein vom Betriebswirtschaftlichen Institut der Deutschen Kreditgenossenschaften entwickeltes System der Ende-zu-Ende Sicherung. Das "Apparate zu Identifikation und Autorisierungssystem" besteht aus zwei Hardware-Einheiten, der

AIDA-Box beim BTX-Teilnehmer (>BTX) und dem AIDA-Modul bei der Bank, die einen symmetrischen Verschlüsselungsalgorithmus (>Verschlüsselungssystem) und eine automatisierte Schlüsselverwaltung enthalten. Die AIDA-Box basiert auf einem Taschenrechner mit speziellen >Funktionen. Das AIDA-Modul ist ein ausfallsicheres Doppelprozessor-System mit speziellen Verschlüsselungs-Chips (>Integrierte Schaltung). Das AIDA-Modul ist über >Kanal oder Datenfernübertragung (>Datenübertragung) an den >Host angeschlossen (vgl. >COPYTEX).

Aktions-orientierte Datenverarbeitung >Auslösendes Ereignis, >Vorgangs-orientiertes System

Aktionscode-Technik >Dialogtechnik

Aktivationsfehler >Benutzerfehler

Aktualität
topicality
Datensystem
Eine Eigenschaft von >Daten, welche ihren Zustand im Datensystem im Vergleich zum Zustand der durch sie abgebildeten Phänomene der Realität zum Ausdruck bringt.

Akustik-Cursor >Sprachannotationssystem

Akustikkoppler >Akustischer Koppler

Akustische Anzeige
audible alarm
Ausgabetechnik
Akustische Signal- oder Alarmanzeige, die dem >Benutzer bestimmte Systemzustände auch dann zur Kenntnis bringt, wenn er gerade nicht am >Arbeitsplatz ist. Diese Anzeige kann bei den meisten Datensichtstationen (>Bildschirm) als Option verfügbar gemacht werden.

Akustischer Koppler
acoustic coupler
Netzwerktechnik
Eine >Funktionseinheit in einer >Datenübertragungseinrichtung, die den Handapparat eines Fernsprechapparats benutzt, um die Kopplung zur >Übertragungsleitung mittels akustischer Schwingungen herzustellen (vgl. DIN 44302).

Akzeptanz
acceptance
Benutzersystem
Beschreibt die Eigenschaft eines Systems, die Zustimmungsbereitschaft bei den Betroffenen (>Betroffener) zu finden; eine Quantifizierung ist schwierig. Eine engere Sichtweise versteht Akzeptanz als die Bereitschaft des >Benutzers, das in einer konkreten Anwendungssituation vom >Informations- und Kommunikationssystem angebotene Nutzungspotential zur Lösung seiner Aufgaben in Anspruch zu nehmen. Primäre Einflußgrößen dieser Akzeptanz sind die Eigenschaften des Systems, die sich

im Urteil des Benutzers als >Benutzerfreundlichkeit und als >Aufgabenbezogenheit niederschlagen.

Akzeptanzanalyse
analysis of acceptance
Analysemethode/Benutzersystem
Untersucht die Bedingungen, Formen und Konsequenzen von Entwurfsentscheidungen, welche das Benutzersystem betreffen. Sie kann in die >Konsequenzanalyse der >Durchführbarkeitsstudie eingeordnet werden. Dabei sind nicht nur Konsequenzen zu erfassen bzw. zu prognostizieren, sondern es ist auch zu untersuchen, mit welchen Maßnahmen die >Akzeptanz des >Benutzers verbessert werden kann (z.B. Maßnahmen, welche die Motivationsstruktur des Benutzers beeinflussen).

Akzeptanzforschung
acceptance research
Wissenschaftsdisziplin
Eine Teildisziplin der >Wirtschaftsinformatik, die das Phänomen der >Akzeptanz primär vom Menschen her kommend untersucht, also aus der Sicht des >Benutzers. Sie fragt nach den Ursachen der vorhandenen oder mangelnden Bereitschaft des Benutzers, ein ihm angebotenes >Techniksystem zu nutzen. Ihr Ziel ist es, auf der Basis so gewonnener Erklärungen die Entwicklung der Techniksysteme in der Weise zu beeinflussen, daß unerwünschte Akzeptanzeffekte vermieden werden. Weil dabei sowohl ökonomische als auch soziale >Ziele verfolgt werden, ist ein integrierter betriebswirtschaftlicher und arbeitswissenschaftlicher Ansatz erforderlich. Siehe auch: >Arbeitswissenschaft, >Betriebswirtschaftslehre.

Allgemeine EDV-Vergaberichtlinien >AVR

Allgemeine Wirtschaftsinformatik
generell economic informatics
Wissenschaftsdisziplin
Erkenntnisobjekt der >Wirtschaftsinformatik sind Mensch-Aufgabe-Technik-Systeme oder kurz: >Informations- und Kommunikationssysteme. Betrachtet man das Systemelement Aufgabe (*>Grundlagen Aufgabe*) näher, dann stellt sich die Frage, um welche Art von wirtschaftlicher Aufgabe es sich dabei handelt (z.B. betriebswirtschaftliche, volkswirtschaftliche). Aufgrund der Unterschiedlichkeit dieser Klassen von Aufgaben wird die Zweckbestimmung eines Informations- und Kommunikationssystems differenziert (so wird z.B. von betrieblichen Informations- und Kommunikationssystemen gesprochen). Daraus ergibt sich auch eine Differenzierung des Erkenntnisobjekts der Wirtschaftsinformatik in spezifische Erkenntnisobjekte, mit denen sich die einzelnen Besonderen Wirtschaftsinformatiken befassen (z.B. die >Betriebsinformatik oder die >Verwaltungsinformatik). Die allen Besonderen Wirtschaftsinformatiken gemeinsamen Probleme sind Gegenstand der Allgemeinen Wirtschaftsinformatik.

ALGOL
ALGOL
Programmiersystem

Algorithmic Language ist eine problemorientierte Programmiersprache (>Problemorientierte Programmiersprache) für mathematisch-wissenschaftliche Anwendungen. Sie lehnt sich stark an die mathematisch-formale Ausdrucksweise an. Eingeschränkt sind dagegen die Ein- und Ausgabeproceduren (>Procedur). Dies ist der Grund für die geringe Verbreitung bei kommerziellen Anwendungen. Die modernste Form von ALGOL ist das Sprachkonzept nach ALGOL 68.

ALGOL 68 >ALGOL

Algorithmic Language >ALGOL

Algorithmische Programmiersprache
algorithmic language
Programmiersystem
Eine Kunstsprache, geschaffen zur sprachlichen Fixierung von Algorithmen (>Algorithmus) mit dem Ziel ihrer Ausführung auf einem >Datenverarbeitungssystem. Die Lösung eines Problems wird in einzelne Schritte aufgelöst, die sich in den Konstrukten der verwendeten >Programmiersprache ausdrücken lassen. Das Spektrum algorithmischer Programmiersprachen erstreckt sich von >Maschinensprachen über >Assemblersprachen bis zu höheren Programmiersprachen (>Höhere Programmiersprache).

Algorithmus
algorithm
Methodensystem
Ein Problemlösungsverfahren (>Problemlösen) für eine Klasse gleichartiger Aufgaben, bestehend aus einer eindeutig definierten, endlichen Folge von Operationen. Siehe auch: >Datenverarbeitungssystem.

ALOHA-Protokoll >Satellitenverbindung

ALPHA >Datenbanksprache

Alphabet
alphabet
Darstellungstechnik
Ein in vereinbarter Reihenfolge geordneter Zeichenvorrat (>Zeichen). Das aus Buchstaben bestehende Alphabet ist ein Sonderfall (vgl. DIN 44300).

Alphabetische Daten >Daten

alphanumerisch
alphanumeric
Darstellungstechnik
Sich auf einen Zeichenvorrat (>Zeichen) beziehend, der mindestens aus den Dezimalziffern und den Buchstaben des gewöhnlichen >Alphabets besteht. Siehe auch: >numerisch.

Alphanumerische Daten >Daten

Alphanumerische Tastatur >Tastatur

Alternativenbewertung
evaluation of alternatives
Analysemethode
Die systematische Vorgehensweise zur Beurteilung der Zweckmäßigkeit oder Wünschbarkeit einer Menge von Alternativen auf der Grundlage eines gemeinsamen >Zielsystems mit der Absicht, die optimale (z.B. nutzenmaximale oder kostenminimale) Alternative zu bestimmen. Siehe auch: >Nutzwertanalyse, >Wirtschaftlichkeitsanalyse.

analog
analog
Grundlagen Technik
Im Gegensatz zu >digital eine Darstellungsweise durch eine dem darzustellenden Wert entsprechende physikalische Größe (z.B. eine Zahl wird durch ein elektrisches Feld entsprechender Stärke dargestellt).

Analog-Digital-Umsetzer
analog-digital converter
Eingabetechnik/Ausgabetechnik
Eine Einrichtung, die analoge (>analog) >Signale in digitale (>digital) Signale umsetzt (Abkürzung: ADU). Eine Einrichtung zur Umsetzung digitaler in analoge Signale heißt Digital-Analog-Umsetzer.

Analoge Daten
analog data
Darstellungstechnik
>Daten, die nur aus kontinuierlichen Funktionen bestehen (vgl. DIN 44300). Siehe auch: >Digitale Daten.

Analogiemethode
analogy method
Kosten- und Leistungsrechnung
Eine >Methode zur Kalkulation von >Projekten für die Entwicklung von >Anwendungssystemen. Man geht von dem >Leistungsprofil für ein geplantes Projekt aus und arbeitet nach folgenden Schritten:
1. Suchen nach einem bereits durchgeführten Projekt, das in den Ausprägungen des Leistungsprofils und den Einflußfaktoren für die >Kosten dem geplanten Projekt ähnelt.
2. Ermitteln der Unterschiede in den Ausprägungen des Leistungsprofils und den Einflußfaktoren der Kosten zwischen dem "Analogieprojekt" und dem geplanten Projekt.
3. Man schließt von den Kosten des "Analogieprojekts" auf die Kosten des geplanten Projekts, wobei man die ermittelten Unterschiede durch Anpassungen zu berücksichtigen versucht.
Siehe auch: >Aufwandschätzung.

Analogrechner
analog computer
Verarbeitungstechnik
Im Gegensatz zum >Digitalrechner werden die Ausgangswerte, die Verarbeitung und das Ergebnis einer Aufgabe nicht als Einstellungen mechanischer bzw. elektronischer Zähler dargestellt, sondern als physikalische Größe (z.B. Spannung,

Widerstand). Ein Analogrechner ist dann besonders geeignet, wenn sich die zu lösende Aufgabe physikalisch gut abbilden läßt (z.B. die Meßwerte fallen in analoger (>analog) Form an). Die mit ihm erreichbare Genauigkeit hängt von der erreichbaren Meßgenauigkeit ab und ist damit im Vergleich zu der des Digitalrechners stets begrenzt. Siehe auch: >Hybridrechner.

Analysieren des Istzustands >Istzustandsanalyse

Analytisches Modell >Modell, >Methode der Leistungsmessung

Anbieterunterstützung
supplier's support
Dienstleistungsmarkt
Eine >Anforderung, welche eine Alternative (z.B. eine >Standardsoftware) bezüglich bestimmter Leistungen des Anbieters beschreibt. Beispiele für derartige Leistungen sind Organisationsunterstützung und Personalschulung.

Änderungsdienst
change management
Anwendungssystemmanagement/Produktionsmanagement
Der Prozeß der >Planung, der >Koordination und der Verfolgung von Veränderungen an den >Betriebsmitteln. >Ziel des Änderungsdienstes ist es, Änderungen so zu implementieren (>Implementierung), daß der Service für den >Benutzer nicht beeinträchtigt wird.

Änderungsrate
rate of alteration
Grundlagen Systemplanung
Die Meßgrößen >Übersetzungsrate und >Testrate sagen nichts über die Konzentration und Sorgfalt aus, mit der ein Programmierer (>Anwendungsprogrammierer, >Systemprogrammierer) ein >Programm erstellt hat; dies kann mit der Änderungsrate erfolgen, die als Quotient aus "Anzahl der Programmänderungen" zu "endgültige Programmlänge" definiert ist. Empirische Untersuchungen zeigen, daß im Mittel eine Änderung für je zwei >Anweisungen des endgültigen Programms erforderlich ist (nach Kraft). Basili hat durch >Experimente nachgewiesen, daß die Änderungsrate stark von der Organisationsform des Programmierteams (>Organisationsform Programmierteam) abhängig ist. Siehe auch: >Programmierverhalten.

Anforderung
requirement
Grundlagen Aufgabe/Benutzersystem
Eine Aussage über die von einem >System gewünschte >Leistung bezüglich quantitativer oder qualitativer Eigenschaften. Die Anforderungen an ein >Informations- und Kommunikationssystem werden zunächst in der >Vorstudie erhoben und zu einer >Grundkonzeption verarbeitet. Dies wird durch Methoden der >Anforderungsanalyse, insbesondere durch Methoden zur Beschreibung und Modellierung (>Beschreibungsmittel) unterstützt. Eine Präzisierung der Anforderungen erfolgt dann durch die Ergebnisse der >Feinstudie und setzt sich über die

Anforderungsanalyse

>Grobprojektierung bis in die >Feinprojektierung fort. Kernproblem bei der Erhebung der Anforderungen ist, daß dieser Prozeß nicht als abgeschlossen betrachtet werden kann, weil sich die Anforderungen mit fortschreitender Präzisierung der Planungsergebnisse verschieben, und weil sich das reale System im Planungszeitraum verändert. Eine permanente Pflege der erhobenen Anforderungen und deren Überprüfung bezüglich ihrer Auswirkungen auf den Systementwurf ist daher wünschenswert. Anforderungen können gegliedert werden in Anforderungen der Aufgaben (aufgabenbezogene, objektive Anforderungen) und Anforderungen der >Benutzer (Benutzeranforderungen, subjektive Anforderungen). Beim Gestalten der Grundkonzeption ist bezüglich der Anforderungen darauf Bedacht zu nehmen, daß veränderte oder neue Aufgaben und >Aufgabenträger berücksichtigt werden müssen, über die keine auf Erfahrung basierenden Anforderungen erhoben werden können.

Anforderungsanalyse
requirements engineering
Erhebungsmethode/Analysemethode
Für den Entwurf der >Grundkonzeption sind unter anderem die >Anforderungen an das zu schaffende >Anwendungssystem zu erheben, zu beschreiben und daraufhin zu prüfen, ob sie logisch (d.h. dem >Beschreibungsmittel entsprechend) und sachlich (d.h. den tatsächlich gewünschten Systemeigenschaften entsprechend) abgebildet sind. Dieser Prozeß der Durchführung der Anforderungsanalyse ist zu planen und nach Durchführung daraufhin zu kontrollieren, ob die Ergebnisse für den Entwurf der Grundkonzeption freigegeben werden können. Die Notwendigkeit einer methodischen Unterstützung der Anforderungsanalyse ergibt sich insbesondere aus der Verlagerung des Schwergewichts der Systemplanung von der >Systementwicklung (insbesondere der Entwicklung der Anwendungssoftware) in die >Systemanalyse, weil hier die grundsätzliche Weichenstellung für den Systementwurf erfolgt. Die heute bestehende Gesamtsituation bezüglich der Methoden der Anforderungsanalyse ist unbefriedigend. Für die Erhebung der Anforderungen kann nur auf die bekannten Methoden der >Istzustandserfassung verwiesen werden. Für die Beschreibung und die Prüfung der erhobenen Anforderungen werden eine Reihe von Methoden eingesetzt, ohne daß diese speziell auf die Beschreibung von Anforderungen ausgerichtet sind (>HIPO-Methode, >SADT), sowie Werkzeuge, die explizit für diesen Zweck entwickelt wurden (>PSL, >PSDA, >REVS). Keine dieser Methoden kann nach dem heutigen Stand voll befriedigen. Gegenwärtige Entwicklungen versuchen, ein zielorientiertes, regelgesteuertes und rechnergestütztes Vorgehen in einer systematischen Werkzeugarchitektur zu vereinen.

Anforderungsbetrieb
request to
Verarbeitungstechnik
Die >Betriebsart eines >Datenverarbeitungssystems, bei der eine >Zentraleinheit von einer >Benutzerstation zur Übernahme angebotener >Daten veranlaßt wird (vgl. DIN 44300). Siehe auch: >Abrufbetrieb.

Anforderungsprofil
requirements specification
Darstellungsmethode
Das Ergebnis der >Anforderungsanalyse, das die erhobenen, beschriebenen, auf formale und sachliche Unzulänglichkeiten überprüften und für den Entwurf der >Grundkonzeption freigegebenen Aussagen über die gewünschten Systemeigenschaften in quantitativer und qualitativer Hinsicht enthält.

Anfrage-Technik >Dialogtechnik

Angebotsanalyse
offer analysis
Analysemethode
Im Anschluß an eine >Ausschreibung findet die Analyse und Bewertung der eingegangenen Angebote statt. Dazu werden Auswahlverfahren eingesetzt, die auf Grund von Bewertungskriterien (>Kriterienkatalog) aus den Angeboten das optimale objektiv bestimmen sollen. Alle im >Pflichtenheft gestellten >Anforderungen und Fragen werden in der Angebotsanalyse an diesen Kriterien gemessen.

Angewandte Informatik >Informatik

Anlagenbediener
operator
Berufsbild - Tätigkeitsfeld
Eine Person, welche ein >Datenverarbeitungssystem bedient, steuert und überwacht.

Anlagenbuchhaltung
property accounting
Finanz- und Rechnungswesen
Ein >Anwendungssystem mit folgendem >Funktionsumfang: Budgetüberwachung von >Projekten, Investitionsplanung sowie Ermittlung der Abschreibungen (bilanziell, steuerrechtlich, kalkulatorisch) mit der Ermittlung der Vermögenswerte (Teilwerte). Die >Stammdaten der Anlagenbuchhaltung werden von einer Reihe anderer Anwendungssysteme benötigt, so z.B. von der Kosten- und Leistungsrechnung, der >Finanzbuchhaltung und der >Anlageninstandhaltung.

Anlageninstandhaltung
equipment maintenance
Produktion
Die Gesamtheit der Aufgaben *(>Grundlagen Aufgabe)*, welche der Erhaltung und der Wiederherstellung der Funktionsfähigkeit von Betriebsmitteln dient. Ein >Anwendungssystem der Anlageninstandhaltung umfaßt z.B. folgende >Funktionen: Terminierung, Ablaufplanung und Überwachung der Instandhaltung. Enge Verbindung zu Anwendungssystemen der Produktionsplanung und Produktionssteuerung (>PPS) und der Qualitätssicherung (>Qualitätssicherungssystem).

Anlieferungszeit
delivery time
Benutzersystem

Anpassungs-Wartung

An einer >Benutzerstation die Zeitspanne zwischen dem Ende einer Aufgabe (>Auftrag) und dem Ende der Übertragung der vollständigen Antwort darauf von der >Zentraleinheit her (vgl. DIN 44300).

Anpassungs-Wartung >Wartung

Anpassungseinrichtung >Schnittstelle

Anpassungsmethode >Customizing

Anpassungsrechner >Protokollanpassung

Anschlußzeit
connect time
Grundlagen Technik
Die Zeitdauer, in der zwei >Datenverarbeitungssysteme oder andere >Funktionseinheiten miteinander verbunden sind.

ANSI-COBOL >COBOL

Anthropozentrischer Ansatz >Grundlagen Mensch

Antwortzeit
response time
Benutzersystem
Die Zeitspanne zwischen dem Zeitpunkt der Beendigung einer Benutzereingabe für eine Aufgabenstellung und dem Zeitpunkt, zu dem das erste >Zeichen der Antwort dazu vorliegt (vgl. DIN 66233). Aus der Sicht des >Benutzers und der des >Arbeitsablaufs am Benutzerarbeitsplatz sollte die Antwortzeit möglichst klein und stabil (d.h. mit geringer Streuung) sein, um sie prognostizierbar zu machen. Die zweckmäßige Länge der Antwortzeit ist daraus abzuleiten, was der Benutzer auf Grund seiner Erfahrung in der Mensch-Mensch-Kommunikation erwartet; sie kann mit durchschnittlich etwa 2 sec. angenommen werden. Dieser Wert ist jedoch vor dem Hintergrund der Aufgabe zu relativieren. Für einfache Dateneingaben ist er zu lang, für komplexe Aufgaben dagegen zu kurz (z.B. für eine Abfrage aus einem großen Datenbestand). Das Verhältnis zwischen den genannten Einflußgrößen kann so beschrieben werden: Je geringer die Streuung der Antwortzeit ist, desto längere Antwortzeiten werden vom Benutzer akzeptiert (>Akzeptanz). Es liegt auf der Hand, daß diese Aussage nur bis zu einem bestimmten Grenzwert nach oben zutrifft, dessen Größe primär von der Art der Aufgabe abhängig ist.

Antwortzeitverhalten
response time behaviour
Benutzersystem
Die Verteilung der >Antwortzeit für eine Menge gleicher oder ähnlicher >Transaktionen über der Zeit (Antwortzeiten/Zeitabschnitt), oder die Häufigkeit der Transaktionen über der Antwortzeit, wie dies die Abbildung beispielhaft zeigt.

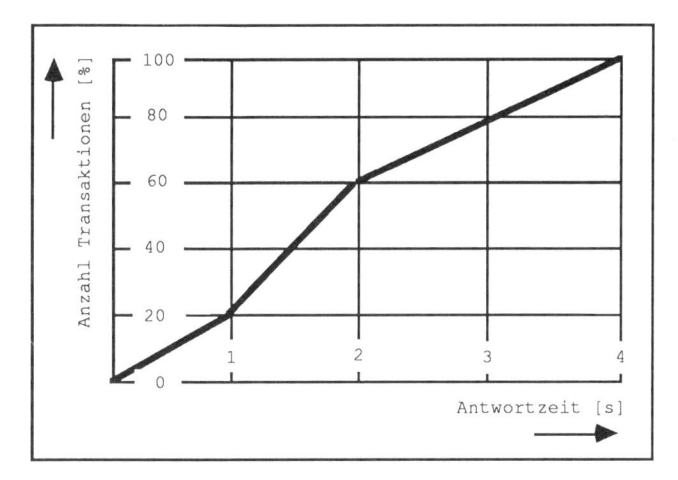

Abbildung Antwortzeitverhalten

Anweisung
statement
Programmiersystem
Eine in einer beliebigen >Programmiersprache abgefaßte Arbeitsvorschrift, die im gegebenen Zusammenhang wie auch im Sinne der benutzten Sprache abgeschlossen ist (vgl. DIN 44300). Eine Klassifikation nach Art der Arbeitsvorschriften ergibt folgendes: Arithmetische Anweisung (z.B.: A=B+C); Verzweigungsanweisung (z.B.: IF A>10 THEN ...); Sprunganweisung (z.B.: GOTO 7); Transportanweisung (z.B.: MOVE); Bool'sche Anweisung (z.B.: A AND B); Eingabe-/Ausgabeanweisung (z.B.: READ (8,10)A).

Anweisungs-Technik >Dialogtechnik

Anwender
user
Grundlagen Aufgabe
Eine >Organisation, die ein >Informations- und Kommunikationssystem zur Unterstützung der ihr zugeordneten Aufgaben einsetzt oder einzusetzen beabsichtigt. Unter "Organisation" sind dabei auch Teilorganisationen zu verstehen, wie etwa die Abteilungen einer Unternehmung.

Anwendungsaufgabe
application task
Grundlagen Aufgabe
Eine Aufgabe *(>Grundlagen Aufgabe)*, die von einem >Techniksystem als >Aufgabenträger durchgeführt wird oder (häufiger) ein Teil eines technikgestützten >Informations- und Kommunikationssystems ist.

Anwendungsinformatik >Informatik

Anwendungsprogramm
application program
Methodensystem/Programmiersystem
Im Gegensatz zum >Systemprogramm die vom Anwender eines >Datenverarbeitungssystems eingesetzten produktiven >Programme (z.B. Programme der Finanzbuchhaltung, der Auftragsabwicklung). Es handelt sich dabei nicht um ausschließlich vom Anwender selbst entwickelte, sondern auch um vom Anlagenhersteller, von Softwarehäusern (>Softwarehaus) oder von Systemhäusern (>Systemhaus) angebotene Programme. Siehe auch: >Anwendungsprogrammierer, >Anwendungssoftware-System, >Software.

Anwendungsprogrammierer
application programmer
Berufsbild - Tätigkeitsfeld
>Aufgabenträger für die Aufgaben *(>Grundlagen Aufgabe)* Anwendungsprogramm-Entwicklung (>Anwendungsprogramm) nach Programmiervorgaben einschließlich Programmtest (>Testen) und Programmdokumentation (>Dokumentation) sowie Optimieren implementierter Anwendungssysteme (>Monitoring).

Anwendungsrückstau >Entwicklungsrückstau

Anwendungsschicht >ISO-Schichtenmodell

Anwendungssoftware
application software
Methodensystem/Programmiersystem
Die Gesamtheit der >Software, die aus >Anwendungsprogrammen besteht, häufig als allgemeiner Oberbegriff verwendet. Im engeren Sinne eine Anzahl aufeinander abgestimmter Anwendungsprogramme zur Lösung einer >Anwendungsaufgabe. Im Unterschied dazu: >Systemsoftware.

Anwendungssoftware-System
application software system
Grundlagen Systemplanung
Zusammenfassende Bezeichnung für eine >Architektur mit den Komponenten >Betriebssystem, >Anwendungssystem und >Endbenutzersystem. Ihre globalen Beziehungen zueinander stellt man in einem Schalen- oder Zwiebelmodell dar.

Anwendungssystem
application system
Grundlagen Aufgabe/Infrastruktur
Teilsystem eines >Informations- und Kommunikationssystems, wobei die Gliederung in Teilsysteme meist einer funktionalen Aufgabengliederung folgt (z.B. >Personalinformationssystem).

APL
APL
Programmiersystem
A Programming Language ist eine für mathematische Anwendungen konzipierte problemorientierte Programmiersprache (>Problemorientierte Programmiersprache). Sie ist für die interaktive Programmentwicklung (>Interaktive Programmierung) durch den

mit der mathematischen >Notation vertrauten >Benutzer geeignet. Das Sprachkonzept zeichnet sich durch besondere Stärken bei der Feldmanipulation und bei der Algorithmendefinition (>Algorithmus) aus.

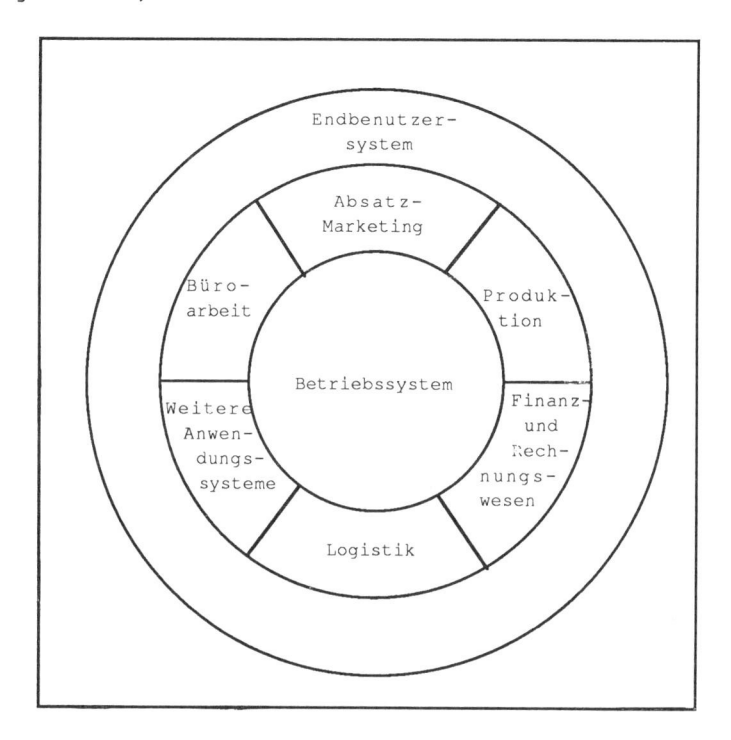

Abbildung Anwendungssoftware-System

Appetenzkonflikt >Konflikt

APSE = ADA Programming Support Environment >ADA

APT
APT
Programmiersystem
Automatic Programming for Tools ist eine >Programmiersprache zur numerischen Steuerung von Werkzeugmaschinen. Mit APT können >Programme für ein-, zwei- und dreidimensionale Bearbeitung eines Werkstücks, also z.B. räumliche Krümmungen, beschrieben werden. Siehe auch: >EXAPT, >CAM, >CNC, >NC.

Arbeitsablauf
process of work
Arbeitsorganisation
Die raum-zeitliche Strukturierung der zur Aufgabenerfüllung (>Grundlagen Aufgabe) erforderlichen >Tätigkeiten. Siehe auch: >Ablauforganisation.

Arbeitsanforderung
job demand
Arbeitsorganisation
Die körperlichen und geistigen Belastungen, die auf einen Menschen beim Ausführen einer bestimmten Arbeitsaufgabe (>Grundlagen Aufgabe) einwirken.

Arbeitsbereicherung >Aufgabenbereicherung

Arbeitserweiterung >Aufgabenerweiterung

Arbeitshypothese >Hypothese

Arbeitsinformation >Maskengestaltung

Arbeitsinhalt
substance of work
Arbeitsorganisation
Besteht aus materiellen oder immateriellen Objekten (z.B. >Information auf einem >Datenträger) und den sie bewirkenden Verrichtungen (z.B. Lesen, Schreiben). Eine Arbeitsaufgabe enthält in der Regel lediglich die Beschreibung des gewünschten Endobjekts, das aus einer Reihe von Vorobjekten besteht. Da diese entweder mit der Arbeitsaufgabe nicht explizit genannt oder höchstens als Bestandteil des zu erbringenden Objekts verlangt werden, ist die Objektstruktur des Arbeitsinhalts weitgehend offen und bietet für den >Systemplaner einen >Handlungsspielraum für eine zweckmäßige Gestaltung. Siehe auch: >Arbeitsstrukturierung.

Arbeitslast
workload
Produktionsmanagement
Die Art und Menge der Aufträge (>Auftrag), die von einem >Techniksystem in einem bestimmten Zeitabschnitt abgearbeitet werden soll. Siehe auch: >Benchmarking, >Überlastung.

Arbeitslast-Prognose
workload forecast
Produktionsmanagement
Die Vorhersage von Auswirkungen absehbarer, zukünftiger Lastveränderungen auf das Leistungsverhalten von >Datenverarbeitungssystemen. Über Systemprotokolle (>Protokoll) oder >Monitore lassen sich eine Vielzahl von >Kennzahlen zum Istbelastungsgrad eines Datenverarbeitungssystems ermitteln. Diese Größen korrelieren je nach Auslastungsgrad eines Datenverarbeitungssystems mehr oder weniger stark. Stellt man die Frage nach dem zukünftigen Leistungsverbrauch, so ergibt sich eine Beschränkung auf wenige Meßgrößen (>Meßgröße für Leistung). Gleichzeitig läßt sich der Zeitrahmen, welcher der Arbeitslast-Prognose zugrunde gelegt wird, ableiten. Die Veränderungen der >Arbeitslast resultieren aus zusätzlichen >Anwendungssystemen, die - periodisch wiederkehrend - auf dem Datenverarbeitungssystem abgewickelt werden.

Arbeitsplaner >CAP

Arbeitsplatz
working space
Grundlagen Aufgabe
Kleinste Einheit einer >Organisation innerhalb einer >Struktureinheit (synonym: Stelle). Jeder Arbeitsplatz ist gekennzeichnet durch die ihm zugeordnete Aufgabe, den oder die >Aufgabenträger und die ihm zugeordneten >Sachmittel. Adjektivische Zusätze kennzeichnen beispielsweise die Art der dem Arbeitsplatz zugeordneten Aufgaben (z.B. Büroarbeitsplatz, dem als >*Büroarbeit* bezeichnete Aufgaben zugeordnet sind).

Arbeitsplatzbeschreibung >Stellenbeschreibung

Arbeitsplatzergonomie
ergonomics of working space
Ergonomie
Der Teil der Ergonomie, der sich mit der optimalen Abstimmung des >Arbeitsplatzes an die physiologischen Anforderungen des Menschen beschäftigt (in Ergänzung dazu: >Kommunikationsergonomie). Sie soll dem >Benutzer eines >Informations- und Kommunikationssystems die Aufgabenerfüllung erleichtern sowie zu seinem persönlichen Wohlbefinden und zur Steigerung von >Motivation und >Effizienz beitragen. Gestaltungsobjekt ist der Arbeitsplatz mit seinen Komponenten Aufgabe *(>Grundlagen Aufgabe)*, Benutzer und >Sachmittel (insbesondere die der Informations- und Kommunikationstechnik, >*Grundlagen Technik)* sowie die Arbeitsplatzumgebung (visuelle, akustische und thermische Umgebung); diese sind aufeinander abzustimmen. Einzelheiten sind der im Sachgebiet genannten Literatur zu entnehmen.

Arbeitsplatzumgebung >Arbeitsplatzergonomie

Arbeitsqualität
quality of work
Arbeitsorganisation
Technologisch gesehen ist Arbeitsorganisation die Kombination von Produktionsfaktoren unter ökonomischen >Zielen und unter Beachtung normativer, gesetzlicher Restriktionen. Sie ist häufig durch >Arbeitsteilung gekennzeichnet. Die Einbeziehung psycho-sozialer Faktoren in das Gestalten der Arbeitsorganisation zielt darauf ab, subjektive >Arbeitszufriedenheit zu erzeugen bzw. zu erhöhen. Dabei wird das Wissen über individuelle Verhaltensweisen *(>Verhalten)* und soziale Beziehungen berücksichtigt.

Arbeitsspeicher >Hauptspeicher, >Zentralspeicher

Arbeitsstrukturierung
work structuring
Arbeitsorganisation
Eine Menge von Maßnahmen zur Gestaltung der Arbeitsorganisation unter Berücksichtigung kognitiver Mechanismen (>kognitiv), die zur erfolgreichen Bewältigung von >Tätigkeiten eingesetzt werden. Arbeitsstrukturierungsmaßnahmen sind die >Aufgabenerweiterung, die >Aufgabenbereicherung und

die teilautonome Gruppe (>Teilautonome Gruppe); teilweise wird auch der >Aufgabenwechsel als arbeitsstrukturierende Maßnahme angesehen. Arbeitsstrukturierung sollte nicht nur als korrektive >Strategie verstanden, sondern im Sinne einer präventiven Strategie zum Gestalten der Arbeitsorganisation bereits in der Entwurfsphase berücksichtigt werden, also zu den Zeitpunkten, an denen im Gestaltungsprozeß die >Aufgabenzuordnung auf Menschen und >Sachmittel erfolgt.

Arbeitstagebuch
work journal
Erhebungsmethode
Eine >Methode zur Ermittlung des Zeitbedarfs für die Durchführung von >Tätigkeiten, bei der die Aufschreibung durch die Mitarbeiter erfolgt, welche die Tätigkeiten durchführen (>Selbstaufschreibung). Voraussetzung für die Anwendung dieser Methode ist das Vorhandensein eines >Tätigkeitenkatalogs für den untersuchten >Arbeitsplatz. Im Arbeitstagebuch aufgezeichnet werden die - zweckmäßigerweise benummerten - durchgeführten Tätigkeiten mit ihren Beginn- und Ende-Uhrzeiten. Beim Auswerten wird der Zeitbedarf je Tätigkeit als Differenz zwischen Beginn- und Ende-Uhrzeit, summiert über die Anzahl der Verrichtungen je Tätigkeit, ermittelt. Bei der Beurteilung der Zweckmäßigkeit des Arbeitstagebuchs sind insbesondere zu berücksichtigen: Die Länge des Zeitraums, über den ein Arbeitstagebuch zur Erreichung einer ausreichenden >Genauigkeit geführt werden muß (bei stark durchmischten Arbeitsplätzen bis zu mehreren Wochen); die geringen Kosten für die Vorbereitung, Durchführung und Auswertung (etwa 10% verglichen mit der >Zeitmessung); die gute >Akzeptanz der Ergebnisse durch die Mitarbeiter.

Arbeitsteilung
work breakdown structur
Arbeitsorganisation
Die Zerlegung einer Aufgabe *(>Grundlagen Aufgabe)* in gleichartige oder ähnliche >Tätigkeiten und deren Zuordnung auf einzelne >Aufgabenträger (Menschen oder >Sachmittel). Zwangsläufige Folge der Arbeitsteilung ist die >Koordination zwischen den Aufgabenträgern. Die Wirkungen der Arbeitsteilung sind unter ökonomischen und sozialen >Zielen zu beurteilen. So ist beispielsweise die mit der Arbeitsteilung einhergehende Spezialisierung unter ökonomischen Zielen als vorteilhaft zu bewerten, da sie zu mehr >Produktivität und >Wirtschaftlichkeit führt. Unter sozialen Zielen kann diese Maßnahme zu psychischen und physischen Ermüdungserscheinungen führen und die >Arbeitszufriedenheit mit der Folge von Fluktuation und Absenzen negativ beeinflussen. Anzustreben ist eine optimale Arbeitsteilung, die sowohl unter ökonomischen als auch unter sozialen Zielen erfolgt. Zur Bekämpfung der negativen Folgen einer übermäßigen Arbeitsteilung bzw. zu deren Verhinderung sind die verschiedenen Maßnahmen der >Arbeitsstrukturierung heranzuziehen.

Arbeitsverfassungsgesetz >Mitbestimmung

Arbeitswissenschaft
labor economics
Wissenschaftsdisziplin
Erforscht die Formen menschlicher Arbeit mit dem >Ziel des ökonomischen Einsatzes menschlicher Arbeit unter Berücksichtigung der körperlichen und seelischen Eigenschaften des Menschen. Siehe auch: >*Ergonomie.*

Arbeitszufriedenheit
job satisfaction
Grundlagen Mensch
Ein emotional erlebter Zustand des Bewußtseins, der mit der Erfüllung von Erwartungen bzw. mit der Hoffnung auf deren Erfüllung zusammenhängt. Der Begriff ist im allgemeinen auf die Erfüllung von Aufgaben (>*Grundlagen Aufgabe)* durch menschliche >Aufgabenträger in einer >Organisation ausgerichtet und im wesentlichen durch die Unterbegriffe Wohlbefinden und >Motivation gekennzeichnet. Als arbeitswissenschaftlich (>Arbeitswissenschaft) gesichert gilt (nach Rühl) die Strukturierung der Arbeitszufriedenheit in folgende Dimensionen:
- Wunsch nach Geborgenheit im System. Hierzu gehören vor allem die Einbettung in das soziale und technologische System und die Geborgenheit in der Institution. Derartige >Parameter tragen zum Wohlbefinden bei, rufen aber keine Leistungsantriebe hervor.
- Arbeitsmotivation (>Motivation), das Streben nach handelnder Selbstverwirklichung, die leistungsbezogene Arbeitszufriedenheit. In diese Kategorie gehören die Wichtigkeit der Aufgabe, die Verstärkung der Interessiertheit an der Aufgabe sowie die Einsatzbereitschaft für die Aufgabe.

Auf Basis dieser Strukturierung wurde ein Modell der Arbeitszufriedenheit entwickelt, das aus den vier Moduln G = Geborgenheit (befriedigende Einbettung in das technologische und soziale System), A = Aufgabenwirkung (Einbezogenheit in die Aufgabe), V = Verstärkung (Verstärkung der Interessiertheit durch Rückmeldung, Erwartungsspannung, Verantwortung und Erfolgserlebnisse), E = Entfaltungsbereitschaft (Persönlichkeitseigenschaft, die stark von den Umweltbedingungen geprägt ist und verändert werden kann) besteht. Diese Moduln können als meßbare Größen der Arbeitszufriedenheit verstanden werden.

Arbeitszuordnung >Aufgabenzuordnung

Architektur
architecture
Allgemeine Grundlagen
Im allgemeine Sprachgebrauch die Wissenschaft (>*Wissenschaftsdisziplin)* von der Baukunst. In der >Wirtschaftsinformatik bezeichnet man die Struktur eines >Informations- und Kommunikationssystems, also die Art und die Anzahl seiner Komponenten und die Beziehungszusammenhänge zwischen ihnen, als Architektur. Aus der Architektur, die kompliziert und unübersichtlich oder klar und einfach sein kann, kann man Rückschlüsse auf die Erreichung bestimmter >Formalziele zie-

Archivierung

hen, wie beispielsweise >Wirtschaftlichkeit oder >Zuverlässigkeit.

Archivierung
archiving
Büroarbeit
Die Ablage von >Text, von Textbausteinen (>Textverarbeitung), die Verwaltung der >Zugriffsberechtigungen, das Sperren und Entsperren des Archivs, das Anlegen, Anzeigen und Drucken von Inhaltsverzeichnissen.

Arithmetische Operation >Operation

ARPANET
ARPANET
Transportdienst
Eines der ältesten paketvermittelnden >Netze (>Paketvermittlung) mit einem auf 56-k-Baud-Standleitungen (>Baud, >Standleitung) beruhenden, separaten Transportsystem (sog. Backbone), in dem die Dienste >Electronic Mail, File Transfer (>Dateitransfer) und >Dialogbetrieb verfügbar sind.

ASCII = American Standard Code for Information Interchange >Code

ASME-Symbolik
ASME symbolocs
Darstellungsmethode/Transportsystem
Von der American Society of Mechanical Engineers (ASME) entwickelte Methode zur detaillierten Darstellung von Belegflüssen und den sie untereinander verbindenden Beziehungen. Von den verwendeten Symbolen sind fünf in die tägliche Organisationspraxis eingegangen: Bearbeitung (Kreis), Kontrolle (Rechteck), Transport (Pfeil), Verzögerung ("D" für Delay) sowie Lagerung/Ablage (auf der Spitze stehendes Dreieck).

Assembler >Assemblierer

Assemblersprache
assembly language
Programmiersystem
Eine Kunstsprache algorithmischer Prägung (>Algorithmische Programmiersprache), welche die Formulierung eines >Programms in Konstrukten vorsieht, die zumindest strukturäquivalent zu den >Befehlen eines bestimmten >Datenverarbeitungssystems sind. Im Gegensatz zur >Maschinensprache des Datenverarbeitungssystems sieht die Assemblersprache die Verwendung symbolischer >Adressen vor. Der Gebrauch der Assemblersprache erfordert die Verfügbarkeit eines >Assemblierers.

Assemblierer
assembler
Programmiersystem
Ein >Übersetzer, der in einer maschinenorientierten Programmiersprache (>Maschinenorientierte Programmiersprache) abgefaßte Quellanweisungen (>Übersetzer) in Zielanweisungen der zugehörigen >Maschinensprache umwandelt (assembliert); (vgl.

DIN 44300). Im weiteren Sinne: Eine maschinenorientierte Programmiersprache (>Maschinenorientierte Programmiersprache).

Assoziationsspeicher
content adressable memory
Speichertechnik
Ein >Speicher, bei dessen Adressierung (>Adresse) ein Anteil von >Daten verwendet wird, der möglicherweise auch in einer Speicherzone vorkommt, wobei dieser Anteil mit den Inhalten aller Speicherzonen verglichen wird. Im Falle einer Übereinstimmung werden alle Daten der betreffenden Speicherzone ausgelesen (vgl. DIN 44476). Ist eine solche Übereinstimmung in mehr als einer Speicherzone möglich, dann wird gewöhnlich der Inhalt der Speicherzone mit der niedrigsten Adresse ausgelesen.

Assoziationstyp
type of association
Datensystem
Assoziationstypen werden zur Beschreibung der Beziehungen zwischen Entitätsmengen verwendet. Eine Assoziation gibt an, wieviele >Entitäten der Entitätsmenge A einer Entität der Entitätsmenge B zugeordnet sind. Jede Beziehung wird also durch zwei Assoziationstypen beschrieben. Daraus ergeben sich bei beispielsweise vier Assoziationstypen sechzehn mögliche Beziehungstypen, deren wichtigste sind:
- 1 : 1-Beziehung, d.h. jedem Element aus A ist genau ein Element aus B zugeordnet.
- 1 : m-Beziehung, d.h. jedem Element aus A sind m Elemente aus B zugeordnet.
- m : n-Beziehung, d.h. jedem Element aus A sind n Elemente aus B und jedem Element aus B sind m Elemente aus A zugeordnet.

Entitätsmengen und ihre Beziehungen bilden die Struktur einer >Datenbasis. Siehe auch: >Datenstruktur.

Assoziativspeicher >Assoziationsspeicher

asynchron
asynchronous
Grundlagen Technik
Nicht gleichzeitig (im Gegensatz zu >synchron). Mehrere Vorgänge sind in ihrem zeitlichen Ablauf nicht starr verbunden.

Asynchronbetrieb
asynchronous working
Transporttechnik
Der Betrieb von >Funktionseinheiten nach der asynchronen Arbeitsweise (>asynchron). Der Start-Stop-Betrieb (auch als Asynchronbetrieb bezeichnet) ist ein bei der >Datenübertragung gebräuchliches Verfahren zur Synchronisierung (>synchron) von >Sendestation und Empfangsstation. Kennzeichnend für dieses Verfahren ist, daß der Synchronismus durch ein jedes >Zeichen einleitendes Startbit (>Bit) hergestellt und

durch ein jedes Zeichen abschließendes Stopbit wieder aufgegeben wird.

ATM = Automated Teller Machine >Bankautomat

Attribut
attribute
Datensystem
Die Beschreibung einer Eigenschaft der >Entitäten einer Entitätsmenge; es definiert auch die Funktion, die ihr Wertebereich in der Beschreibung der Entitätsmenge spielt. Unter dem Wertebereich versteht man dabei die Menge der Werte, die ein Attribut annehmen kann (z.B. alle Wochentage beim Attribut Wochentag).

Attribute-Spezifikationstabelle
list of attributes
Darstellungsmethode
Eine beim >Objekttypen-Ansatz verwendete Darstellungsmethode, die in Form einer Tabelle je Objekttyp deren >Attribute mit Namen, Kurzbezeichnung, Typ (z.B. ob es sich um ein Schlüsselattribut handelt, >Schlüssel), Format, Beispiel, Quelle und Bemerkungen angibt.

Audiovisuelle Kommunikation >Bildfernsprechen

Auditive Rückmeldung
auditive feedback
Benutzersystem
Eine akustische Meldung über das Auslösen einer Aktion, z.B. das Klicken als auditiv erkennbares Signal bei der Aktivierung einer Taste (>Tastatur). Siehe auch: >Taktile Rückmeldung.

Aufbauorganisation
structure of organization
Grundlagen Aufgabe/Arbeitsorganisation
In der deutschsprachigen >Organisationslehre wird üblicherweise zwischen Aufbauorganisation und >Ablauforganisation unterschieden. Der Begriff Aufbauorganisation beinhaltet alle Aspekte der Gliederung einer >Organisation in Subsysteme ("Stellenbildung"). Im Zusammenhang mit dem Informationsmanagement *(>Grundlagen Informationsmanagement)* sind die Aufgaben der >Informationsfunktion Ausgangspunkt und Mittelpunkt der aufgabenmäßigen Gliederung einer Organisation. Ausgehend von einer Definition dieser Aufgaben sind durch >Aufgabenanalyse und >Aufgabensynthese zweckmäßige Subsysteme der Aufbauorganisation der Informationsfunktion zu schaffen. Siehe: >Abteilung Informations- und Kommunikationssysteme.

Aufgabe >Grundlagen Aufgabe

Aufgaben der Systemplanung >Phasenmodell

Aufgabenanalyse
analysis of tasks
Entwurfsmethode
Komplexe Aufgaben *(>Grundlagen Aufgabe)*, wie sie z.B. durch das >Sachziel einer >Organisation beschrieben sind, müssen für das Gestalten der *>Arbeitsorganisation* in Teilaufgaben und diese bis hinunter in >Tätigkeiten zerlegt werden (>Arbeitsteilung, >Dekomposition, >Subsystembildung). Dabei wird weitgehend davon abstrahiert, wie die Aufgaben zu erfüllen sind. Es wird also mit der Aufgabenanalyse zunächst nur der Möglichkeitsraum der Zerlegung bestimmt. Die verschiedenen Prinzipien (>Prinzip) der Zerlegung orientieren sich an den Komponenten einer Aufgabe, also entweder am Objekt der Aufgabe oder an der Art der Verrichtung der Aufgabe oder am Zielobjekt der Aufgabe. Siehe auch: >Aufgabensynthese.

Aufgabenbereicherung
job enrichment
Arbeitsorganisation
Eine Maßnahme der >Arbeitsstrukturierung, die darin besteht, verschiedenartige >Tätigkeiten zu einer Arbeitsaufgabe zusammenzufassen (vertikale Dimension des Aufgabeninhalts); auch als vertikale Arbeitsstrukturierung oder als Arbeitsbereicherung bezeichnet. Die Arbeitsaufgabe sollte insbesondere kognitive Elemente (>kognitiv) im Sinne von Denkleistungen mit antizipatorischen Anforderungen einschließen. Forschungsbefunde weisen darauf hin, daß eine Erhöhung der >Arbeitszufriedenheit durch Aufgabenbereicherung bewirkt werden kann. Aufgabenbereicherung wirkt über die Veränderung der >Ablauforganisation hinaus und bewirkt auch eine Veränderung der >Aufbauorganisation.

Aufgabenbezogenheit
application-task ratio
Grundlagen Systemplanung
Beschreibt, welche Aufgaben *(>Grundlagen Aufgabe)* eine Informations- und Kommunikationstechnik *(>Grundlagen Technik)* an einem bestimmten >Arbeitsplatz unterstützen kann; sie gibt damit die potentiellen Nutzungsmöglichkeiten beim >Anwender an. Eine Quantifizierung ist schwierig.

Aufgabenerweiterung
job enlargement
Arbeitsorganisation
Eine Maßnahme der >Arbeitsstrukturierung, die darin besteht, mehrere gleiche oder ähnliche >Tätigkeiten zu einer Arbeitsaufgabe zusammenzufassen (horizontale Dimension des Aufgabeninhalts); auch als horizontale Arbeitsstrukturierung oder als Arbeitserweiterung bezeichnet. Forschungsbefunde weisen darauf hin, daß eine Erhöhung der >Arbeitszufriedenheit durch Aufgabenerweiterung allein nicht erreicht werden kann. Aufgabenerweiterung wirkt ausschließlich auf eine Veränderung der >Ablauforganisation.

Aufgabenfunktion
function of task
Grundlagen Aufgabe

Aufgabenstrukturierung

Jede Aufgabe kann in Anlehnung an den Ablauf eines >Informations- und Kommunikationsprozesses in Funktionen zerlegt werden, an denen sich der Systementwurf orientieren kann. Diese Funktionen sind: Eingeben, Speichern, Transportieren, Bearbeiten, Verarbeiten und Ausgeben. Jede Entwurfsentscheidung unter den verschiedenen >Entwurfsdimensionen, wie sie z.B. beim Systementwurf in der >Durchführbarkeitsstudie erforderlich sind, orientiert sich für jede Aufgabe an den genannten Funktionen als Entwurfsobjekte.

Aufgabenstrukturierung >Strukturierbarkeit

Aufgabensynthese
synthesis of tasks
Entwurfsmethode
Diese setzt bei den Ergebnissen der >Aufgabenanalyse an und faßt Teilmengen des ermittelten Möglichkeitsraums der Aufgabenzerlegung zu Arbeitsaufgaben zusammen, wobei die Bedingungen der Aufgabenerfüllungssituation berücksichtigt werden; sie bedient sich u.a. der Maßnahmen der >Arbeitsstrukturierung. Die Aufgabensynthese zielt auf die Gestaltung der >Aufbauorganisation und der >Ablauforganisation ab.

Aufgabensystem
system of tasks
Grundlagen Aufgabe
Ein >System, dessen Elemente Aufgaben oder >Aufgabentypen und dessen Beziehungen zueinander vom Zweck der Systembetrachtung abhängig definiert sind. Beim Entwurf eines Aufgabensystems, dessen Zweck die Vorgabe von Aufgabentypen für die Planung eines >Informations- und Kommunikationssystems ist (>Vorstudie), wird man die Systemelemente als Aufgabentypen und die Beziehungen zwischen ihnen als >Datenbeziehungen definieren. Beim Entwurf eines Aufgabensystems in der >Grobprojektierung wird man die Systemelemente feiner, z.B. als Aufgaben oder Teilaufgaben, definieren und die Beziehungen zwischen diesen präziser beschreiben (z.B. auch durch Datenmengen, Art der Datenträger, Frequenz der Datenübertragung). Bei der >Feinprojektierung wird man die Aufgaben bis auf die Ebene von >Tätigkeiten herunterbrechen und deren Beziehungen zueinander detailliert beschreiben.

Aufgabenträger
subject of task
Grundlagen Aufgabe
Die traditionelle >Organisationslehre sieht als Aufgabenträger nur den Menschen als die Insititution, der eine Aufgabe verantwortlich zur Aufgabenerfüllung übertragen werden kann. Zur Unterstützung der Aufgabenerfüllung kann er sich des >Sachmittels bedienen, das lediglich die Funktion eines Hilfsmittels hat. Durch den Einsatz von Informations- und Kommunikationstechniken *(>Grundlagen Technik)* ist die Aufgabenerfüllung teilweise auf das Sachmittel als Aufgabenträger übergegangen, sodaß der Mensch beispielsweise nur noch eine auslösende Bedienungsfunktion hat. Nach dieser erweiterten und heute als herrschend anzusehenden Auffassung sind Aufgabenträger also entweder Menschen (Einzelpersonen oder Grup-

pen) oder Mensch-Technik-Kombinationen. Eine darüber hinaus gehende Auffassung betrachtet zusätzlich auch Technik allein als Aufgabenträger (>Aufgabenwandel).

Aufgabentyp
type of task
Grundlagen Aufgabe
Die Vielfalt der Aufgaben legt es nahe, diese zu systematisieren und daraus Aufgabentypen zu bilden. Für die Vorgabe der Aufgabentypen in der >Vorstudie der Systemplanung (>*Grundlagen Systemplanung*) kann es hilfreich sein, von den idealtypischen Systematisierungen der Wissenschaften (>*Wissenschaftsdisziplin*) auszugehen, zu deren Erfahrungsobjekt die Aufgaben gehören, die Objekte der Systemplanung sind. Aufgabentypen der >Betriebswirtschaftslehre knüpfen z.B. an die Merkmale Wiederholungshäufigkeit und Formalisierung (>Strukturierbarkeit) an, sodaß etwa zwischen repetitiv-formalisierten, repetitiv-nicht formalisierten, nicht repetitiv-formalisierten und nicht repetitiv-nicht formalisierten Aufgabentypen unterschieden wird. Eine inhaltliche Unterscheidung und hierarchische Ordnung kommt in einer Typologie zum Ausdruck, die z.B. zwischen strategischen, administrativen und operativen Aufgaben unterscheidet. Weiter wird auf Unterscheidungen hingewiesen, wie sie zur Systemgliederung in >Teilsysteme bzw. in >Datenverarbeitungskomplexe verwendet wird. Wie das Beispiel der >Büroarbeit zeigt, lassen sich präzisere Aufgabentypen angeben, wenn man von einem abgegrenzten Aufgabenbereich ausgeht. Daran wird auch die Zweckmäßigkeit einer mehrstufigen, hierarchischen Gliederung (>Hierarchie) zu Aufgabentypen, Aufgaben und >Tätigkeiten sichtbar, wie sie für die Systemplanung letztlich erforderlich ist.

Aufgabenwandel
change of tasks
Arbeitsorganisation
Aus der Beschreibung des Erkenntnisobjekts der >Wirtschaftsinformatik und seiner Charakterisierung als dynamisches System (>Dynamisches System) läßt sich die Bedeutung der Phänomene ableiten, die die Beziehungen zwischen den Elementen ausmachen. Die Beziehungen zwischen den Systemelementen Mensch und Aufgabe sowie insbesondere zwischen Aufgabe und Technik haben dazu geführt, daß sich Aufgaben inhaltlich verändert haben, und daß darüber hinaus Aufgaben entstanden sind, die ohne das Vorhandensein einer bestimmten Technik gar nicht denkbar wären. Dies hat u.a. zu einer Erweiterung des Begriffs >Aufgabenträger geführt. Dieses Phänomen ist für die Systemplanung (>*Grundlagen Systemplanung*) bereits in der >Vorstudie von Bedeutung, wenn es um die Vorgabe der >Aufgabentypen geht, für die ein >Anwendungssystem entwickelt werden soll.

Aufgabenwechsel
job rotation
Arbeitsorganisation
Eine Maßnahme der >Arbeitsstrukturierung, bei welcher die Zuordnung von Aufgaben (>*Grundlagen Aufgabe*) auf >Aufgaben-

Aufgabenzuordnung

träger verändert wird (auch als Tätigkeitswechsel bezeichnet). Entweder erfolgt der Aufgabenwechsel auf Grund organisatorischer Regelungen, oder aber auf Grund von Entscheidungen der Betroffenen (>Betroffener) in einer teilautonomen Gruppe (>Teilautonome Gruppe).

Aufgabenzuordnung
assignment of tasks
Arbeitsorganisation
Die Zuordnung von Aufgaben *(>Grundlagen Aufgabe)* auf >Aufgabenträger. Man unterscheidet Einzelzuordnung und Gruppenzuordnung. Bei ersterer erfolgt die eindeutige Zuordnung der Aufgabe auf den einzelnen Aufgabenträger, während bei der zweiten Form die Aufgabe auf soziale Einheiten (bei Menschen als Aufgabenträger) oder auf Einheiten von >Techniksystemen erfolgt, die Einzelzuordnung dann also "autonom" innerhalb dieser Einheiten durchgeführt wird. Siehe auch: >Teilautonome Gruppe.

Aufgeteilte Datenhaltung
partitioned data base
Speichertechnik/Transporttechnik
Der gesamte Bestand an >Daten ist auf die lokalen Datenbasen (>Datenbasis) der einzelnen >Datenverarbeitungssysteme verteilt; ein bestimmtes Datum ist nur auf einem der >Hosts zu finden. Siehe auch: >Mehrfache Datenhaltung.

Auftrag
job
Produktionsmanagement
Die Anweisung an ein >Techniksystem zur Erbringung einer >Leistung. Eine präzisere Definition hängt von der Art der Aufgabe *(>Grundlagen Aufgabe)* und der des Techniksystems ab. Im >Dialogbetrieb spricht man von Dialogauftrag, der in der Regel aus mehreren >Transaktionen besteht, im >Stapelbetrieb von Stapelauftrag. Im Mehrprogrammbetrieb (>Mehrprogrammverarbeitung) werden mehrere Aufträge zeitlich verzahnt abgewickelt. Jeder Auftrag kann einen oder mehrere >Prozesse und >Zugriffe auf Datenbestände (>Datenbasis) initiieren.

Auftraggeber
employer
Informationsrecht
Jener Rechtsträger, der personenbezogene Daten (>Personenbezogene Daten) im Sinne des >DSG selbst verarbeitet oder deren Verarbeitung veranlaßt. Im öffentlichen Bereich (>Öffentlicher Bereich) ist darunter das örtlich und zeitlich zuständige Organ eines Rechtsträgers zu verstehen (siehe § 3 Z. 3 DSG). Das >BDSG verwendet dafür den Begriff "Speichernde Stelle" (siehe § 2 Abs. 3 Z. 1 BDSG). Auch wenn es aus diesem Begriff nicht eindeutig hervorgeht, ist damit die Stelle gemeint, die für die Verarbeitung verantwortlich ist, sie aber nicht selbst durchführen muß. Siehe auch: >Verarbeiter.

Auftragsferneingabe
remote job entry
Verarbeitungstechnik

Eine >Betriebsart eines >Datenverarbeitungssystems, die es erlaubt, Aufträge (>Auftrag) von einer >Datenstation aus einzugeben. Aus der Sicht des >Benutzers gibt es keinen Unterschied zum >Stapelbetrieb. Siehe auch: >Datenfernverarbeitung.

Auftragsrechnung
product cost measurement
Kosten- und Leistungsrechnung
Zurechnungsobjekt der Kosten der Abteilung >Informations- und Kommunikationssysteme sind die Aufträge (>Auftrag) der >Benutzer, welche die Leistungen dieser Abteilung in Anspruch nehmen. Als Verrechnungsmethode werden >Kostenumlage und >Verrechnungspreis angewendet. Bei der Auswahl der Verrechnungsmethode und ihrer Gestaltung im Detail ist von folgenden >Zielen auszugehen:
- Der Benutzer soll mit den Kosten belastet werden, die er verursacht hat.
- Dem Benutzer sollen Anreize gegeben werden, die Arbeitsaufgabe und deren Durchführung unter ökonomischen Gesichtspunkten optimal zu gestalten (>Wirtschaftlichkeit).
- Die Beanspruchung der Leistung soll in Abhängigkeit von der Verfügbarkeit der Ressourcen gesteuert werden.
- Die Verrechnung soll für den Benutzer nachvollziehbar sein.
- Alle Kosten sollen den Aufträgen zugerechnet werden.

Auftragssteuerung >Auftragsverwaltung, >Betriebssystem

Auftragsverwaltung
job management
Produktionsmanagement
Komfortable Multiprogramming-Betriebssysteme (>Mehrprogrammverarbeitung, >Betriebssystem) verarbeiten ohne manuellen Eingriff nicht nur einzelne >Programme, sondern ganze Programmketten. Die Überwachung freier bzw. frei gewordener >Betriebsmittel, die Auswahl der zu ladenden Programme sowie das Starten der ausgewählten Programme sind Aufgaben der Auftragsverwaltung. Die Leistungsfähigkeit einer Auftragsverwaltung ist in hohem Ausmaß von der ihr zugrunde liegenden >Prioritätensteuerung abhängig.

Aufwandschätzung
estimate of costs
Kosten- und Leistungsrechnung
Zusammenfassende Bezeichnung für die Verfahren (auch als "Methoden" oder "Modelle" bezeichnet) zur Kalkulation von >Projekten für die Entwicklung von >Anwendungssystemen; häufig in einem engeren Sinne nur auf den Projektteil anwendbar, der die Entwicklung von >Software zum Gegenstand hat. Die Verfahren unterscheiden sich bezüglich Einsatzzeitpunkt und Wirkungsbereich; meist dienen sie der Ermittlung von Plangrößen für die >Projektplanung. Siehe im einzelnen: >Analogiemethode, >COCOMO, >Function-Point-Verfahren, >Gewichtsmethode, >INVAS, >Methode der parametrischen Schätzgleichungen, >Multiplikatormethode, >Prozentsatzmethode, >Relationenmethode, >Shell.

Aufwärts-Kompatibilität >Kompatibilität

Aufzeichnen
logging
Speichertechnik/Controlling
Jede über einen beliebigen Zeitraum hin bleibende Unterbringung von >Daten auf einem >Speicher. In diesem Sinne ist unter Aufzeichnen ebenso z.B. das Niederschreiben von Daten auf Papier zu verstehen wie das Speichern von Daten in einem Speicher eines >Datenverarbeitungssystems.

Aufzeichnungsdichte
density
Speichertechnik
Gibt an, wieviel >Bits, >Bytes, >Zeichen oder >Worte pro Flächeneinheit eines >Datenträgers untergebracht werden können. Auch für die >Kapazität des Datenträgers ist die Aufzeichnungsdichte von Bedeutung. Bei >Speichern mit Direktzugriff (>Direkter Zugriff) ist die Kapazität nicht auf Längen- oder Flächeneinheiten, sondern auf den gesamten Trägerkörper, d.h. beispielsweise auf den Plattenstapel (>Magnetplattenspeicher), bezogen. Bei >Magnetbandspeichern wird die Aufzeichnungsdichte mit Bit per Inch (>BpI) angegeben, wobei sich diese Angabe auf eine >Spur bezieht. Niedrigste Aufzeichnungsdichte ist heute 800 BpI (dies ergibt ca. 320 Zeichen/cm). Übliche Aufzeichnungsdichten sind 1600 BpI (640 Zeichen/cm), 6250 BpI (2480 Zeichen/cm), 38000 BpI (15200 Zeichen/cm).

Ausfallsicherheit >Verfügbarkeit, >Zuverlässigkeit

Ausfallzeit
fault time
Sicherungssystem
Die Zeit, in der ein >Datenverarbeitungssystem bzw. einzelne Komponenten wegen eines >Fehlers ausfällt. Fehler können ihre Ursache in der >Hardware und/oder in der >Software haben. Siehe auch: >Verfügbarkeit.

Ausführungsinformation >Informationskategorie

Ausgabe >Ausgabetechnik

Ausgabebeleg >Beleg

Ausgabedaten
output data
Datensystem
Das Ergebnis der Verknüpfung von >Eingabedaten durch einen >Datenverarbeitungsprozeß nach einem bestimmten >Algorithmus. Man gliedert diese in >Benutzerdaten, >Bestandsdaten und >Stammdaten. Benutzerdaten können sowohl Bestandsdaten als auch Stammdaten sein sowie solche Daten, die aus diesen generiert werden, ohne sie in der >Datenbasis zu führen.

Ausgabeeinheit >Ausgabegerät

Ausgabegerät
output device
Ausgabetechnik
Ein der Datenausgabe dienendes Gerät. Folgende Einteilung ist möglich:
- Gerät zum Ausgeben der Ergebnisse auf Papier (z.B. >Drucker, >Plotter).
- Gerät zum Sichtbarmachen der Ergebnisse, z.B. auf einem >Bildschirm.
- Gerät zur Sprachausgabe (z.B. >Sprachausgabesystem).
- Gerät zum Speichern der Ergebnisse (z.B. >Magnetplattenspeicher).

Ausgabewerk >Ausgabegerät

Ausgeben >Ausgabefunktion

Auskunftsrecht
information right
Informationsrecht
Voraussetzung jedes >Datenschutzes ist die Möglichkeit, Kenntnis von den gespeicherten Daten (>Personenbezogene Daten) zu erlangen. Daher sind im >Datenschutzgesetz Bestimmungen enthalten, die jedem Betroffenen (>Betroffener) ein Recht auf Auskunft über die über ihn gespeicherten Daten einräumen. Die Durchsetzung dieses Rechts ist verschieden, je nachdem, ob der >Auftraggeber im öffentlichen oder privaten Bereich tätig ist (>Öffentlicher Bereich, >Privater Bereich; vgl. für die Bundesrepublik Deutschland § 4 Abs. 1, §§ 13,26 und 34 >BDSG, für Österreich § 1 Abs. 3 (Verfassungsbestimmung), §§ 11 und 25 >DSG). Diese Auskunft ist kostenersatzpflichtig. Zwar wurden im öffentlichen Bereich überwiegend Pauschalierungsverordnungen erlassen, die den Kostenersatz in akzeptabler Höhe festsetzen (z.B. 10 DM bzw. 100 ÖS). Vielfach wirkt der verlangte Kostenersatz allerdings so abschreckend, daß das gesetzlich eingeräumte Recht faktisch ausgeschaltet wird. Daher wird ein kostenloses Auskunftsrecht gefordert.

Auskunftssystem >Informationswiedergewinnung

Auslastung >Durchsatz

Auslösendes Ereignis
trigger
Verarbeitungstechnik/Arbeitsorganisation
1. Ein >Ereignis, das einen >Prozeß auslöst, z.B. ein >Signal, das in einer >Zentraleinheit eine arithmetische Operation auslöst.
2. Im organisatorischen Sinne sind Ereignisse >Tätigkeiten, die einen >Arbeitsablauf anstoßen und damit alle in diesem Arbeitsablauf miteinander logisch verbundenen Tätigkeiten aktivieren ("Trigger-Konzept"). Siehe auch: >Vorgangsorientiertes System.

Ausschließliches Nutzungsrecht >Nutzungsrecht

Ausschreibung
tendering
Erhebungsmethode
Der Vorgang der Einholung von Angeboten für >Hardware, >Software und Dienstleistungen (>*Dienstleistungsmarkt*). Basis einer Ausschreibung ist das in der >Grobprojektierung erstellte >Pflichtenheft. Die Empfänger einer Ausschreibung (Anbieter) sind über das >Ziel, den Zweck und die weiteren Bedingungen der Ausschreibung zu informieren. Dazu zählen u.a. die Regelung und die Koordinierung der Zusammenarbeit während der Angebotsphase, der Zeitplan für die >Angebotsanalyse, für die Verhandlungen und für die Vergabe des Auftrags sowie die Folgen, wenn Muß-Kriterien (>Muß-Kriterium) nicht erfüllt werden. Ergänzt werden die Ausschreibungsunterlagen mit Informationen über den Ausschreiber (wie Art, Größe, Struktur der >Organisation, Anzahl der Mitarbeiter) und einen allgemeinen Fragenkatalog. Zur unentgeltlichen Angebotslegung sind gezielt mehrere Anbieter einzuladen; diese sind möglichst bald auf wenige zu reduzieren, um die Angebotsanalyse auf den Umfang und die Bedeutung des zur Ausschreibung gelangenden >Projekts zu beschränken.

Außenkonflikt >**Konflikt**, >**Konfliktmanagement**

Auswahl >**Struktogramm**, >**Strukturierte Programmierung**

Auswahlkriterium >**Zielkriterium**

Ausweich-Rechenzentrum
back-up computing center
Katastrophenmanagement
Die Vorsorge für den Ersatz oder teilweisen Ersatz für ein durch eine Katastrophe (z.B. Brand, Bombenanschlag, Wasserschaden) außer Betrieb gesetztes >Rechenzentrum innerhalb einer bestimmten Zeit und für einen bestimmten Zeitraum. Es ist so zu konzipieren, daß im Falle des Eintritts der Katastrophe die für die >Organisation lebenswichtigen >Anwendungssysteme innerhalb dieser Zeit wieder betriebsbereit sind. Die mit der Errichtung und Unterhaltung eines Ausweich-Rechenzentrums entstehenden >Kosten müssen in einem angemessenen Verhältnis zur geplanten >Sicherheit stehen ("kalkuliertes Risiko"). Folgende Varianten von Ausweich-Rechenzentren sind möglich:
- Für die Entwicklung von Anwendungssystemen wird ein Rechenzentrum in separaten Räumen am gleichen Standort oder an einem anderen Standort eingerichtet, das im Katastrophenfall die Aufgaben des Produktionsbetriebs übernehmen kann.
- Es wird ein zweites Rechenzentrum mit der erforderlichen Mindestausstattung an >Basissystemen ständig parallel verfügbar gehalten.
- Es wird ein "kaltes Rechenzentrum" ständig parallel verfügbar gehalten; es enthält eine Grundausstattung, jedoch keine Basissysteme.
- Ein Ausweich-Rechenzentrum wird gemeinsam mit anderen Organisationen als "Gemeinschafts-Rechenzentrum" verfügbar gehalten.

- Kommerzielle Rechenzentren auf dem >Dienstleistungsmarkt können als Ausweich-Rechenzentrum benutzt werden (z.B. >Service-Rechenzentrum).
- Man verwendet ein transportables "Container-Rechenzentrum" mit vorbereitetem Standort.

Siehe auch: >Sicherungssystem.

Authentifikation
authentification
Sicherungssystem
Die von einem >Datenverarbeitungssystem veranlaßte Überprüfung der Identität eines >Benutzers (Person, Programm), der Zugang zum System haben will. Beispiele sind >Paßworte sowie ein >Dialog zwischen System und Benutzer, in dessen Ablauf der Benutzer anhand bestimmter Merkmale vom System identifiziert wird (>Identifizieren). Beispielsweise geschieht dies beim >Bankomat durch die statistischen Merkmale >PIN und Kontonummer (>Nummer) und durch das dynamische Merkmal Tagesdatum.

Automat
automation
Allgemeine Grundlagen
Ein >Modell, mit dem >Datenstrukturen unter der >Steuerung von >Programmen verarbeitet werden.

Automated Teller Machine >Bankautomat

Automatenmißbrauch
self-service abuse
Informationsrecht
Ein Delikt des Strafgesetzbuchs (§ 265a deutsches StGB bzw. § 149 österreichisches StGB), nach dem bestraft wird, wer sich die (nicht in einer Ware bestehende) Leistung eines Automaten verschafft, ohne das vorgesehene Entgelt zu entrichten (z.B. Münzfernsprecher). Auch wenn die entsprechenden Strafnormen von der Formulierung her eine Anwendung auf den mißbräuchlichen Einsatz von Computern nahelegen, ist diese Bestimmung nach herrschender Ansicht auf Fälle aus dem Bereich der >Computerkriminalität nicht anwendbar.

Automatische Datenerfassung
automated data collection
Datensystem
Eine Form der >Datenerfassung mit direkter Verbindung (>Verbindungsgrad) zwischen realem Prozeß (>Realer Prozeß) und >Datenverarbeitungsprozeß. Geräte zur automatischen Datenerfassung sind technische Einrichtungen z.B. zur Druck-, Temperatur- und Mengenmessung. Die erfaßten Daten werden entweder auf einem >Datenträger zwischengespeichert oder direkt in einen >Prozeßrechner übertragen. Da die Daten zumeist als analoge Signale von den Meßeinrichtungen erfaßt werden, sind >Analog-Digital-Umsetzer erforderlich.

Automatische Programmierung
automatic programming
Programmiersystem

Eine Programmierung, bei der die Beschreibung der Problemlösung automatisch in eine Folge von >Anweisungen einer >Programmiersprache überführt wird. Das Ziel besteht darin, die Beschreibung der Problemlösung in einer dem Menschen angepaßten >Notation abzufassen und die Übertragung in ein >Programm durch ein entsprechendes Programm durchführen zu lassen.

Automatische Spracherkennung
automatic voice recognition
Eingabetechnik
Ihre Aufgabe besteht darin, aus einer >Nachricht die >Information herauszufiltern und so zu beschreiben, daß sie einem Vergleichsmodell zugeordnet und klassifiziert werden kann. Die Erfassung und Bearbeitung der Sprachsignale bedient sich der Methoden der >Mustererkennung und läuft in folgenden Phasen ab: Physikalische Anpassung, Vorbearbeitung, Merkmalsextraktion und Klassifikation; daran anschließend kann die Umwandlung in Maschinencode erfolgen. Wegen der Komplexität des Sprachsignals (das neben Information über den Inhalt auch solche über den Sprecher und seine Stimmung enthält), liegen die entscheidenden Schwierigkeiten der automatischen Spracherkennung bei der Merkmalsextraktion. Ihre Lösung setzt detaillierte Kenntnisse über die Sprachkommunikation voraus (z.B. akustische Artikulation, Segmentierung in Wörter, Semantik, Syntax, Grammatik), über die man heute noch nicht verfügt. Implementierte Systeme sind durch einen relativ kleinen Wortschatz (maximal 500 Wörter) und einen vom Sprecher abhängigen Modus gekennzeichnet. Je sprecherunabhängiger der Modus ist, desto kleiner ist der Wortschatz (etwa bis zu 50 Wörter bei weitgehender Sprecherunabhängigkeit). Siehe auch: >Spracherkennung.

Automatisierungsgrad
degree of automation
Arbeitsorganisation
Ein Maß, das die Zuordnung von >Aufgabenfunktionen auf den Menschen bzw. auf die Informations- und Kommunikationstechnik (*>Grundlagen Technik)* als >Aufgabenträger oder als >Sachmittel angibt. Bei Zugrundelegung der herkömmlichen Sichtweise, welche die Informations- und Kommunikationstechnik nur als Sachmittel sieht, ist Automation nur das relativ selbständige Ausführen von Aufgabenfunktionen durch >Techniksysteme, sodaß ein planmäßiges oder ereignisabhängiges Eingreifen (>Ereignis) des Menschen in jedem Falle erforderlich ist. Unter Zugrundelegung moderner Techniksysteme ist diese Auffassung nicht haltbar, da hier das Techniksystem selbst zum Aufgabenträger wird. Der Automatisierungsgrad ist unter anderem bei der >Durchführbarkeitsstudie als Entwurfsentscheidung von Bedeutung.

Autor-Kritiker-Zyklus
author-reviewer cycle
Testmethode
Eine >Methode zum >Testen jeder Art von Entwurfs- und Entwicklungsergebnissen der Systemplanung *(>Grundlagen Systemplanung),* bei dem diese im >Dialog zwischen "Autor" und

"Kritiker" verbessert werden. Die beiden arbeiten z.B. bei
>SADT wie folgt zusammen: Der Autor erstellt SADT-Diagramme,
der Kritiker sucht und korrigiert Syntaxfehler (>Fehler),
revidiert die Diagramme und übermittelt sie an den Autor zurück; der Dialog wird schriftlich abgewicklet. Der Zyklus
Autor-Kritiker wird so lange wiederholt, bis eine stabile
Beschreibung erreicht ist.

Autorensystem
author support system
Programmiersystem
Ein Programmiersystem, das den Autor bei der Erstellung eines
elektronischen Buches (>Elektronisches Buch) unterstützt.
Neben allgemeinen Editierfunktionen (>Editor) enthält es
beispielsweise >Programme zum Erstellen von Tabellen und Abbildungen, zum Erstellen des Index und zum Generieren (>Generator) von Übungsaufgaben und Kontrollfragen sowie der
zugehörigen Lösungen.

Aversionskonflikt >Konflikt

AVR
AVR
Informationsrecht
Allgemeine EDV-Vergaberichtlinien (AVR), empfohlen vom Arbeitskreis für ökonomische und rechtliche Aspekte von
EDV-Leistungsverträgen der Österreichischen Computergesellschaft als Unterlage für >Ausschreibungen und
Einkaufsanfragen. Angebote für >Hardware und >Software sollen
nach diesen Richtlinien ausgeführt sein. Darüber hinaus gelten in Österreich für Ausschreibungen, Anbotslegung und Vergabe im Bundesbereich die Bestimmungen der ÖNORM A 2050
"Vergabe von Leistungen".

B

Bachmann-Diagramm
Bachmann diagram
Darstellungsmethode
Eine von C.W. Bachmann eingeführte Methode zur graphischen Darstellung der >Datenstruktur, insbesondere für logische >Datenmodelle in der Form von Netzwerkmodellen. Mathematisch gesehen ist ein Bachmann-Diagramm ein gerichteter Graph, dessen Knoten Mengen von Datenobjekten sind (>Entität) und dessen gerichtete Kanten die logischen Beziehungen zwischen diesen wiedergeben.

Balkencode >Strichcode

Balkendiagramm
bar chart
Darstellungsmethode
Ein Hilfsmittel zur Darstellung der Laufzeit und der zeitlichen Anordnung von Vorgängen (>Vorgang) in einem >Projekt. Die logischen Abhängigkeiten der einzelnen Vorgänge sind nicht direkt und eindeutig ersichtlich. Siehe auch: >Netzplan.

Bandbreite
bandwith
Netzwerktechnik
Die Leistungsfähigkeit (>Kapazität) eines >Datenübertragungswegs als Frequenzbereich oder auch in >Bits. Breitbandige (große Frequenzbereiche umfassende) Leitungssysteme sind flexibel in der Art der übermittelten >Signale, schmalbandige lassen nur eine bestimmte Art von Signalen zu (z.B. >Telex). Siehe auch: >Basisband.

Bandgeschwindigkeit
tape speed
Speichertechnik
Die Geschwindigkeit, mit der das >Magnetband beim Schreiben oder Lesen über die Magnetköpfe (>Magnetkopf) bewegt wird (vgl. DIN 66010).

Bankautomat
automated bank machine
Eingabetechnik/Ausgabetechnik
Man unterscheidet Cash Dispenser (CD) und Automated Teller Machines (ATM). An CDs (auch als Bankomat bezeichnet) kann Geld in limitierter Menge abgehoben werden. ATMs übernehmen auch weitere Aufgaben, die im Tagesgeschäft am Bankschalter anfallen, z.B. Geldeinzahlungen, Scheckeinreichungen, Drucken von Kontoauszügen (Kontomat). Der Vorteil der Bankautomaten wird in erheblichen Rationalisierungseffekten (>Rationalisieren), in der flexiblen Standortwahl sowie in der Unabhängigkeit von Banköffnungszeiten gesehen.

Bankautomation
banking automation
Sonstige Aufgabe

Zusammenfassende Bezeichnung für die Nutzung der Informations- und Kommunikationstechnik *(>Grundlagen Technik)* zur Unterstützung der Aufgaben *(>Grundlagen Aufgabe)* von Bankbetrieben (Kreditinstitute). Sie begann in Europa etwa 1970 durch die Automatisierung der Belegverarbeitung und führte zum beleglosen Datenträgeraustausch (Magnetband-Clearing-Verfahren). Eine zweite Automatisierungsphase sieht vor, die Banken durch ein >Netz untereinander zu verbinden und den Übergang in verschiedene Zahlungsnetze zu ermöglichen. Umfassender als die nationalen sind die internationalen Ansätze des Interbankverkehrs (>Electronic Funds Transfer System). Im Bereich der Bank-Kunden-Beziehungen ist die Bankautomation durch die drei Systemgruppen >Bankautomat, Point-of-Sale-Terminal (>POS) und >Electronic Banking (Home Banking) gekennzeichnet.

Banking-POS >POS

Bankomat >Bankautomat

BASIC
BASIC
Programmiersystem
Beginners All Purpose Symbolic Information Code ist eine problemorientierte Programmiersprache (>Problemorientierte Programmiersprache), die durch ihre einfache Struktur Anfängern das Erlernen der Programmiergrundlagen im Vergleich mit anderen problemorientierten Programmiersprachen erleichtert. Als besondere Schwäche von BASIC ist die mangelnde Unterstützung der strukturierten Programmierung (>Strukturierte Programmierung) anzusehen. Im Bereich der >Personal Computer ist die Programmiersprache in vielen >Dialekten verbreitet, was die >Übertragbarkeit erheblich einschränkt. Siehe auch: >Interaktive Programmierung.

Basis-Ereignis >Fehlerbaumanalyse

Basisanwendung
basic application
Infrastruktur
Die >Anwendungssysteme für solche >Anwendungsaufgaben, welche "Grundaufgaben" einer >Organisation abdecken und die in der Regel durch >Standardsoftware gelöst werden können. Beispiele dafür sind in Betriebswirtschaften die >Finanzbuchhaltung, die >Lohn- und Gehaltsverrechnung oder die Materialbewirtschaftung.

Basisband
baseband
Netzwerktechnik
Eine >Übertragungsleitung mit einer bestimmten Frequenz für eine ganz bestimmte Art von >Signalen. Bei der Übertragung über ein Basisbandkoaxialkabel (>Koaxialkabel) werden die >Signale über eine einzige Trägerfrequenz übertragen. Da nur eine einzige Leitung verfügbar ist, müssen die >Nachrichten der Teilnehmer nacheinander gesendet werden. Das Basisband-Konzept wird von ETHERNET dominiert. Siehe auch: >Bandbreite.

Basissoftware
basic software
Programmiersystem
Der Teil eines >Basissystems, der >Software ist, in der Regel die >Systemsoftware.

Basissystem
basic system
Infrastruktur
Ein >Techniksystem, auf dem ein >Anwendungssystem implementiert wird (>Implementierung) oder implementiert ist. Im Zuge der Systemplanung (>Grundlagen Systemplanung) ist unter anderem der >Technikbedarf zu bestimmen, der entweder durch die in der >Organisation vorhandenen Basissysteme als Teil der Infrastruktur der >Informationsfunktion abgedeckt werden kann oder für den Basissysteme zu beschaffen sind. Siehe auch: >Ausschreibung, >Angebotsanalyse.

Basistechnologie >Technologie

Baud
baud
Darstellungstechnik
Einheit der Schrittgeschwindigkeit in der >Datenübertragung (abgekürzt: Bd). Ein Bd entspricht einem Schritt pro Sekunde. Davon zu unterscheiden ist die Datenübertragungsrate gemessen in >Bit/s.

Baueinheit
physical unit
Grundlagen Technik
Ein nach Aufbau oder Zusammensetzung abgrenzbares materielles Gebilde. Ein >System von Baueinheiten kann in einem gegebenen Zusammenhang wieder als eine Baueinheit aufgefaßt werden. Der Baueinheit können eine oder mehrere >Funktionseinheiten entsprechen. Empfohlen wird, bei der Benennung bestimmter Baueinheiten in Zusammensetzungen vorzugsweise zu gebrauchen (in absteigender Reihenfolge):...anlage, ...gerät, ...teil (vgl. DIN 44300).

Baumstruktur
tree structure
Entwurfsmethode
Entsteht, wenn man eine Ganzheit in Teile zerlegt, diese wieder in weitere Teile usw. Die Baumstruktur wird auch als >Hierarchie gesehen, wenn man die Wurzel des Baumes nach oben dreht. Siehe auch: >Aufgabenanalyse, >Datenmodell (hierarchisches), >Subsystembildung, >Strukturierte Programmierung.

Baumtopologie
tree topology
Netzwerktechnik
Die >Topologie eines >Netzes, welche eine Erweiterung der >Bustopologie unter Berücksichtigung der Verhältnisse in verzweigten Gebäuden darstellt. Wie die Abbildung zeigt, ist auf Grund der verzweigten Struktur die Ausfallssicherheit

größer als bei der Bustopologie. Siehe auch: >Sterntopologie, >Ringtopologie.

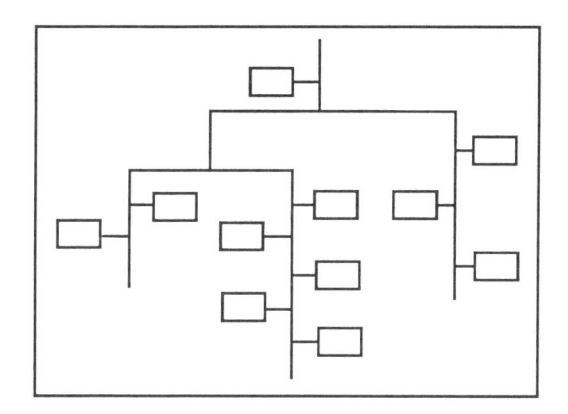

Abbildung Baumtopologie

Bausteinkorrespondenz >Textverarbeitung

Bd >Baud

BDSG
BDSG
Informationsrecht
Kurzbezeichnung für das Gesetz zum Schutz vor Mißbrauch personenbezogener Daten (>Personenbezogene Daten) bei der Datenverarbeitung (Bundesdatenschutzgesetz) der Bundesrepublik Deutschland vom 27.1.1977. Siehe auch: >Datenschutz, >Datenschutzbeauftragter.

Beantwortungszeit
response time
Benutzersystem
An einer >Benutzerstation die Zeitspanne zwischen dem Ende einer Aufgabenstellung und dem Vorliegen der vollständigen Antwort darauf (vgl. DIN 44300). Siehe auch: >Antwortzeit.

Bearbeiten >Aufgabenfunktion

Bearbeitungszeit
operation time
Benutzersystem
In der >Zentraleinheit die Zeitspanne zwischen dem Beginn und dem Ende der Bearbeitung (vgl. DIN 44300).

Bedarfsbericht >Bericht

Bediener >Anlagenbediener

Bedienerführung >Dialogführung

Bedieneroberfläche >Benutzerschnittstelle

Bedingte Anweisung >Bedingung

Bedingung
condition
Allgemeine Grundlagen
Im allgemeinen Sinne eine notwendige Voraussetzung für das Zustandekommen oder für die Entwicklung einer Sache. Im Sinne der >Wirtschaftsinformatik eine Aussage, welche die Wahrheitswerte "wahr" oder "falsch" annehmen kann. Bei einer >Programmiersprache verwendet man den Begriff im Zusammenhang mit einer >Anweisung ("bedingte Anweisung"), die eine Vorschrift zur Prüfung einer Bedingung enthält.

Bedürfnis
need
Verhalten
Die Notwendigkeit, der Wunsch oder die Bereitschaft, einem Mangel abzuhelfen, sich das zur Befriedigung Erforderliche zu beschaffen. Menschliche Bedürfnisse lassen sich (nach Maslow) wie folgt gliedern:
- Physiologische Bedürfnisse wie Nahrung, Kleidung, Unterkunft, die zunächst höchste Priorität genießen. Sind diese befriedigt, wird das Verhalten primär bestimmt durch
- Sicherheitsbedürfnisse, etwa Sicherheit vor Gefahr und Bedrohung, Sicherheit vor wirtschaftlichen Nachteilen. Auf der dritten Ebene unterscheidet man
- soziale Bedürfnisse wie das Streben nach Gruppenzugehörigkeit und -anerkennung und nach Selbstvertrauen. Eine vierte Ebene der Bedürfnisse ist auf die
- Selbstverwirklichung des Individuums gerichtet; sie umfaßt etwa den Wunsch nach Kreativität (>kreativ, >Kreativitätstechnik) sowie nach Erhaltung und Entwicklung von individuellen Fähigkeiten.

Die Kenntnis der menschlichen Bedürfnisse ist für die Systemplanung *(>Grundlagen Systemplanung)* insbesondere im Zusammenhang mit der Vermeidung bzw. der Beseitigung von Widerständen (>Widerstand) bei der Planung und Nutzung von >Informations- und Kommunikationssystemen von Bedeutung. Siehe auch: >Akzeptanz, *>Partizipation.*

Befehl
instruction
Programmiersystem
Eine >Anweisung, die sich in der benutzten >Programmiersprache nicht mehr in Teile zerlegen läßt, die selbst Anweisungen sind (vgl. DIN 44300).

Befehlssprache >Kommandosprache

Beginners All Purpose Symbolic Information Code >BASIC

Begriffskalkül
conception calculus
Entwurfsmethode/Darstellungsmethode
Ein methodisches Hilfsmittel zur Unterstützung des Entwurfs eines semantischen Datenmodells (>Semantisches Datenmodell), das alle für eine Aufgabe *(>Grundlagen Aufgabe)* relevanten

Fachbegriffe eindeutig festlegt, sie von Störungen und Ungenauigkeiten bezüglich ihrer Semantik (>Semiotik) und ihrer >Attribute befreit und durch Objekttypen (>Entität) ersetzt. Dies erfolgt sowohl extensional durch eindeutige Festlegung der Wertebereiche der Attribute als auch intensional durch die Zusammenfassung von Attributen zu Objekttypen. Das Instrumentarium des Begriffskalküls sind Prädikation bzw. Klassifikation, Inklusion, Konnexion und Aggregation.

Begriffssystem
system of entities
Datensystem
Der erste Schritt beim Entwerfen eines >Nummernsystems ist das Herausarbeiten der zu benummernden >Nummerungsobjekte. Dabei kann man nicht vom >Istzustand allein ausgehen, sondern muß auch die zukünftige Entwicklung der Nummerungsobjekte miteinbeziehen. Folgende Begriffssysteme werden unterschieden:
- Begriffssystem ohne Systematik: Die Nummerungsobjekte haben keine Merkmale (>Attribut), die eine Klassifizierung erlauben.
- Begriffssystem mit hierarchischer (untergeordneter, serieller) Gliederung ("Begriffsleiter"): Jedes Merkmal bzw. jede Gruppe von Merkmalen steht in einer eindeutigen Abhängigkeit von anderen Merkmalen oder Merkmalsgruppen.
- Begriffssystem mit nebengeordneter (unabhängiger, paralleler) Gliederung ("Koordinierung"): Die Merkmale der Nummerungsobjekte lassen sich in voneinander unabhängige Klassen ordnen; sie sind gleichrangig.
- Begriffssystem mit kombinierter Gliederung: Mehrere der genannten Begriffssysteme werden gemeinsam verwendet.

Beleg
voucher
Datensystem/Transportsystem
Ein >Datenträger, der vom >Benutzer visuell ausgelesen werden kann. Die Gesamtheit dieser Datenträger einschließlich der Verfahren zu ihrer Erstellung, Weiterleitung und Verwendung wird als Belegsystem bezeichnet. Nach der >Funktion der Belege wird unterschieden in:
- Belege, welche in den realen betrieblichen Prozessen (>Realer Prozeß) verwendet werden, um >Ereignisse zu dokumentieren (>Urbeleg).
- Belege, welche die Verbindung zwischen den realen betrieblichen Prozessen und den >Datenverarbeitungsprozessen herstellen ("Eingabebeleg"), ohne selbst maschinell verarbeitbar zu sein (z.B. ein Materialentnahmeschein), oder die visuell und maschinell auslesbar sind (>Belegleser). Siehe auch: >Datenerfassungsbeleg.
- Belege, welche die Verbindung zwischen den Datenverarbeitungsprozessen und den realen Prozessen herstellen ("Ausgabebeleg"), ohne selbst maschinell verarbeitbar zu sein (z.B. eine Inventurliste), oder die visuell und maschinell auslesbar sind.

Beleggestaltung

- Belege, die zur Planung, Steuerung, Überwachung und Abrechnung der >Datenverarbeitung selbst dienen wie Datenträger-Begleitpapiere und Logbücher als >Hard Copy.

Siehe auch: >Beleggestaltung, >Formular.

Beleggestaltung
voucher design
Grundlagen Systemplanung
Diese hat von den >Anforderungen der Aufgaben *(>Grundlagen Aufgabe),* der >Benutzer und der im >Arbeitsablauf verwendeten >Sachmittel auszugehen sowie auch außerbetriebliche Anforderungen zu berücksichtigen (z.B. Anforderungen von Kunden und Lieferanten, handels- und steuerrechtliche Anforderungen). Die daraus abzuleitenden Gestaltungsanforderungen beziehen sich insbesondere auf:
- Das Belegformat (Größe, Abmessung): Man sollte möglichst genormte, nicht über DIN A 4 hinausgehende Formate verwenden und das Belegformat für geschlossene Ablagen einheitlich gestalten (z.B. Auftragsbestätigung, Lieferschein und Rechnung für die Kundenakte); Formate mit speziellen Anforderungen für den Postversand sollten vermieden werden.
- Das Belegmaterial: Die Bedingungen des Belegumlaufs *(>Transportsystem),* wie die Verschmutzung durch Staub bei maschinell verarbeiteten Belegen (>Belegleser), sind bei der Wahl der Materialart ebenso zu beachten wie die Anzahl der erforderlichen Kopien oder Komfortwünsche der Empfänger.
- Die Beleggliederung: Die Anordnung der >Daten sollte dem Arbeitsablauf beim Erstellen und Verwenden der Belege entsprechen. Siehe auch: >Formular.
- Die Belegfarbe: Diese sollte sich von der Farbe des Druck- oder Schreibmaterials gut abheben (>Lesbarkeit).
- Die Beleganzahl: Dabei ist nicht nur auf Empfängerwünsche, sondern auch auf technisch-wirtschaftliche Tatbestände bei der Belegherstellung und Belegverarbeitung Rücksicht zu nehmen.

Belegleser
document reader
Eingabetechnik
Eine >Funktionseinheit zum Lesen von maschniell lesbaren >Zeichen, die auf einem >Beleg dokumentiert sind. Man unterscheidet:
- Handleser, die von Hand über die zu lesenden Zeichen geführt werden, und stationäre Belegleser, mit denen die Belege stapelweise verarbeitet werden. Hinsichtlich der zu lesenden Zeichen gliedern sich die Belegleser in:
- Markierungsleser, die Markierungen auf Belegen abtasten und in das >Datenverarbeitungssystem übertragen, sowie Klarschriftleser, die in der Lage sind, Klarschrift zu lesen und in das Datenverarbeitungssystem zu übertragen. Bei den Klarschriftlesern gibt es optische Leser und Magnetschriftleser.
- Optische Leser sind Geräte, die Aufzeichnungen auf Belegen mit optischen Abtastverfahren erkennen. Neben dem Abtastverfahren, das die Lichtdurchlässigkeit eines Belegs ausnützt, gibt es das Reflexionsverfahren, bei dem der

Hell-Dunkel-Unterschied ausgewertet wird. Die für das optische Lesen geeigneten >Codes oder Schriften (Handschriften, Maschinenschriften) sind mit einfachen Druckfarben aufzubringen. Da das optische Erkennen von Schriftzeichen vom Kontrast, den diese Zeichen gegen ihren Untergrund aufweisen, abhängt, können Verschmutzungen zu Rückweisungen oder Lesefehlern (>Fehler) führen. Die wichtigste optische Schrift ist >OCR.
- Magnetschriftleser verwenden die magnetische Abtastung. Es werden Schriften vorausgesetzt, die mit einer magnetischen Farbe auf den Beleg aufgedruckt werden. Dies hat den Vorteil, daß Verschmutzungen des Belegs in der Regel die Lesbarkeit nicht beeinträchtigen. Beispiele für Magnetschriften sind die E-13-B-Schrift und die CMC-7-Schrift; sie entsprechen nicht mehr dem Stand der Technik.

Belegsystem >Beleg, >System

Belegverarbeitung
document processing
Finanz- und Rechnungswesen
Eine Form der >Datenverarbeitung, insbesondere in der >Finanzbuchhaltung, die am einzelnen Buchungsbeleg orientiert ist und somit die Möglichkeit gibt, jederzeit einen Zugriff auf den einzelnen Beleg zu haben, im Unterschied zu einer konten-orientierten Verarbeitung.

Benchmark
benchmark
Erhebungsmethode
Die originäre Bedeutung von "bench-mark" ist "a point of reference from which measurements of any sort may be made". Nach E. O. Joslin ist ein Benchmark "a mix (or grouping) of routines to be run on several different computer configurations in order to obtain comparative thruput performance figures on the capabilities of the various configurations to handle the specific applications." Drei wesentliche Merkmale enthält diese Definition:
- Die "routines" werden auf den Bewertungsobjekten abgearbeitet.
- Es wird die >Durchsatzzeit empirisch gemessen.
- Die "routines" repräsentieren eine bestimmte >Arbeitslast.

Während nach Joslin die Benchmarks Teilmengen einer vorhandenen, in >Anwendungsprogrammen realisierten Arbeitslast sind, stellt W. Buchholz auf eine prognostizierte Arbeitslast ab, aus der "synthetische Jobs" mit folgenden Anforderungen entwickelt werden:
- Systemunabhängigkeit.
- Ansprechbarkeit aller Systemteile.
- Hoch zyklisch mit einer Laufzeit, die direkt proportional zur Anzahl der Jobwiederholungen ist.

Eine dritte Version von Benchmark, die noch stärker an der prognostizierten Arbeitslast orientiert ist und darauf abstellt, Arbeitslast und >Techniksystem als ein Bewertungsobjekt zu betrachten, führt zu folgender Definition: "Ein Benchmark ist eine Teilmenge der prognostizierten Arbeitslast

Benchmarking

eines Techniksystems, die zur empirischen Messung von Zielerträgen (>Zielertrag) für auswahlbestimmende Zielkriterien (>Zielkriterium) eines Bewertungsobjekts geeignet ist." Die Abbildung in Anwendungssoftware ist notwendiges, aber nicht primär kennzeichnendes Merkmal. Siehe auch: >Benchmarking, >Benchmarktest.

Benchmarking
benchmarking
Erhebungsmethode
Die systematische Vorgehensweise bei der Planung und Durchführung von >Benchmarktests einschließlich der Auswertung der Meßergebnisse. Dabei können folgende Phasen und Arbeitsschritte innerhalb dieser Phasen unterschieden werden:
1. Planen der Messung: Festlegen der >Meßziele; Bestimmen der Bewertungsobjekte; Ausarbeiten der >Benchmarks; Auswählen des Testpersonals und der Testhilfsmittel (>Testen); Ablaufplanung für die Benchmarktests; Bestimmen der anbieterseitig notwendigen Testvorbereitungen.
2. Durchführen der Messung: Abarbeiten der Benchmarks; Beobachten und Messen; Abschlußarbeiten und Dokumentation.
3. Auswerten der Meßergebnisse: Zusammenführen der Meßergebnisse der verschiedenen Beobachter sowie der Aufzeichnungen des Bewertungsobjekts (z.B. >Abrechnungssystem); Analysieren der Meßergebnisse im Hinblick auf die Meßziele; Zusammenfassen der Meßergebnisse zu Zielerträgen (>Zielertrag).
Die Ergebnisse sind Schnittstellen zur >Angebotsanalyse.

Benchmarktest
benchmark test
Erhebungsmethode
Die Anwendung eines >Benchmarks auf einem Bewertungsobjekt. Da in der Regel eine >Arbeitslast nur durch eine Menge von Benchmarks repräsentativ abgebildet werden kann, werden im Zuge eines Benchmarktests mehrere Benchmarks abgearbeitet und die Zielerträge (>Zielertrag) zu den >Meßzielen werden gemessen.

Benutzer
end-user
Berufsbild - Tätigkeitsfeld
Eine Person oder Personengruppe als Komponente eines >Informations- und Kommunikationssystems ("Mensch-Aufgabe-Technik-System"), die Informations- und Kommunikationstechnik (>Grundlagen Technik) zur Unterstützung bei der Bewältigung ihrer Aufgaben (>Grundlagen Aufgabe) verwendet. Man unterscheidet verschiedene >Benutzertypen, wie z.B. naive Benutzer, Gelegenheitsbenutzer, modellierende Benutzer.

Benutzeradäquanz >Benutzerorientierung

Benutzeranalyse
user analysis
Erhebungsmethode
Die systematische Vorgehensweise bei der Erhebung der >Anforderungen der >Benutzer an die Gestaltung der >Benutzer-

schnittstelle im Zuge der >Grobprojektierung. Dabei orientiert man sich nicht an den Anforderungen des einzelnen Benutzers, sondern an der von >Benutzertypen, woraus auch Aussagen über die >Qualifikation gewonnen werden. Diese Informationen dienen sowohl als Ausgangspunkt für die >Dialoggestaltung als auch für die notwendige >Benutzerschulung.

Benutzeranforderung >Anforderung

Benutzerberatung >Benutzerservice

Benutzerberechtigung >Zugriffsberechtigung

Benutzerbeteiligung
user involvement
Partizipation
Der Bereich der Partizipation, der auf dem Konsens der Beteiligten (>Beteiligter) beruht, also nicht durch kodifizierte Regelungen bedingt ist (>Mitbestimmung). Darüber hinaus wird mit diesem Begriff die Beteiligung einer bestimmten Personengruppe angesprochen, nämlich der >Benutzer. Logisch begründbar ist, daß Benutzerbeteiligung möglichst früh im Systemplanungsprozeß *(>Grundlagen Systemplanung)* einsetzen sollte, nämlich schon an den Punkten, an denen entscheidende Weichenstellungen für den Systementwurf erfolgen (>Durchführbarkeitsstudie). Verschiedene Versuche, die Wirkung von Benutzerbeteiligung auf >Akzeptanz, >Effektivität, >Kosten und Zeit der Systemplanung empirisch nachzuweisen, haben bislang keine befriedigenden Ergebnisse gebracht. Die Hauptkritik an vorliegenden Forschungsergebnissen richtet sich gegen die angewendeten Forschungsmethoden, die durch die ex-post-Erhebung von subjektiv empfundenen Auswirkungen gekennzeichnet sind.

Benutzerdaten
user data
Benutzersystem
Die >Daten eines *>Datensystems,* welche den >Informationsbedarf eines >Benutzers decken sollen. In einem >Berichtssystem, also in der Regel bei Stapelverarbeitung (>Stapelbetrieb), erfolgt dies zu festgelegten Zeitpunkten, unabhängig vom >Informationsverhalten des Benutzers. In einem Dialogsystem (>Dialogbetrieb) steuert der Benutzer selbst den Abruf der Benutzerdaten.

Benutzerdokumentation
user's guide
Darstellungsmethode
Die zusammenfassende Darstellung aller Komponenten eines >Anwendungssystems, welche erforderlich ist, um dieses ohne Zuhilfenahme anderer Dokumente benutzen zu können (auch als >Benutzerhandbuch bezeichnet). Sie enthält:
- Eine vollständige und eindeutige Darstellung der >Funktionen und ihrer Zusammenhänge, also der Benutzeraktionen und Systemreaktionen.
- Eine Liste der Fehlermeldungen, deren Bedeutung und der möglichen Benutzeraktionen (>Fehler, >Benutzerfehler).

Benutzerfehler

- Hinweise auf Benutzerreaktionen bei außergewöhnlichen >Ereignissen (Störung des Basissystems, undefiniertes Verhalten).
- Die Voraussetzungen zur Benutzung (z.B. benötigte >Dateien, technische Ressourcen).

Benutzerfehler
user error
Benutzersystem
Ein Ansatz, mehr Aufschluß über das >Benutzerverhalten zu gewinnen, besteht darin, die >Fehler der >Benutzer systematisch zu erfassen, zu klassifizieren (Fehlerklassifikation) und daraus Regeln zur Fehlervermeidung abzuleiten. Typische Fehlerklassen sind:
- Modusfehler (mode error): Treten auf, wenn der Benutzer im Modus A einen >Befehl für Modus B gibt.
- Beschreibungsfehler (description error): Entstehen durch Unvollständigkeiten oder Verwechslungen und Mehrdeutigkeiten, die zu falschen Aktionen führen.
- Fehler durch fehlende Konsistenz (consistence error): Entstehen, wenn die Vorgehensweise bei einer Operation nicht bekannt ist und versucht wird, eine analoge Vorgehensweise anzuwenden.
- Überlappungsfehler (capture error): Treten auf, wenn sich mehrere >Kommandos überlappen; im Zweifelsfalle wird das mächtigere Kommando verwendet.
- Aktivationsfehler (activation error): Es wird eine falsche Aktion ausgeführt oder eine (richtige) Aktion wird nicht ausgeführt.

Zu den Maßnahmen zur Vermeidung von Benutzerfehlern siehe >Kommunikationsergonomie.

Benutzerforschung
user research
Wissenschaftsdisziplin
Eine Forschungsrichtung innerhalb der >Wirtschaftsinformatik, welche die Erklärung des >Verhaltens von >Benutzern in >Informations- und Kommunikationssystemen zum Gegenstand hat und auf der Grundlage ihrer Erklärungen bestrebt ist, Hinweise zur Gestaltung des >Benutzersystems zu geben. Sie ist interdisziplinär ausgerichtet und darum bemüht, betriebswirtschaftliche, technische, soziologische, psychologische, sozialpsychologische und andere Ansätze zusammenzufassen. Sie bedient sich vorwiegend der Methoden empirischer Sozialforschung (>Methode, >empirisch). Es ist bislang nicht gelungen, die zahlreichen Einzelerklärungen, die teils empirisch begründet, vorwiegend aber noch sehr spekulativ sind, zu einem befriedigenden Gesamtbild zusammenzufassen.

Benutzerfreundlichkeit
user friendliness
Benutzersystem
Umschreibt eine Menge von Eigenschaften, die auf eine einfache, leicht erlernbare und sichere Benutzung eines >Informations- und Kommunikationssystems abzielen; eine Quantifizierung ist teilweise und dann möglich, wenn man den

Begriffsinhalt durch Zergliederung präzisiert. Gemeint sind dann Zustands- und Prozeßmerkmale des >Basissystems (wie Geräteabmessung, Design, Kontrastfähigkeit und Flimmerfreiheit des >Bildschirms, Anordnung von Bedienungselementen) und/oder solche des >Anwendungssystems (wie >Antwortzeitverhalten oder >Benutzerkontrolle).

Benutzerführung >Dialogführung

Benutzergeführter Dialog >Dialogführung

Benutzerhandbuch
user manual
Darstellungsmethode
Eine Unterlage, zumeist in Schriftform, mit der >Information, welche dem >Benutzer den sachgerechten Umgang mit einem >Techniksystem erklärt. Siehe auch: >Benutzerdokumentation.

Benutzerillusion
user illusion
Verhalten
Bezeichnet die vereinfachte, anschauliche Version, die sich ein >Benutzer von einem >Informations- und Kommunikationssystem macht, um dessen Verhalten zu erklären und zu prognostizieren und um sich selbst klar zu machen, was im >Informationsaustauschprozeß als nächstes zu tun ist. Die Benutzerillusion ist also ein >Modell der soziotechnischen Beziehungen und Abläufe im *>Benutzersystem*. Synonyme Bezeichnung: Mentales Modell. Siehe auch: >Mentale-Modelle-Forschung.

Benutzerkontrolle
user control
Benutzersystem
Die vom >Anwendungssystem unterstützte und vom >Betriebssystem durchgeführte Erfassung von >Daten, welche geeignet sind, das >Benutzerverhalten abzubilden mit dem Ziel, dieses zu überwachen und zu steuern.

Benutzermodell >Dialogpartnermodell, >Wissensbasierte Benutzerschnittstelle

Benutzeroberfläche >Benutzerschnittstelle

Benutzerorientierung
user orientation
Benutzersystem
Die angemessene Berücksichtigung physischer und psychischer Eigenschaften des >Benutzers bei der Gestaltung von >Informations- und Kommunikationssystemen. Siehe auch: *>Ergonomie*.

Benutzerprofil >Benutzertyp

Benutzerschnittstelle
man-machine interface
Benutzersystem

Benutzerschulung

Die >Hardware und >Software, mit denen >Informationen über die verschiedenen >Informationsarten zwischen dem Menschen (>Benutzer) und jenen Teilen der Informations- und Kommunikationstechnik *(>Grundlagen Technik)* ausgetauscht werden, welche die Technik zu einem Werkzeug für einen bestimmten Zweck machen. Durch die Verwendung einheitlicher Benutzerschnittstellen (>Schnittstelle) versucht man, für den Benutzer eine anwendungsunabhängige, konsistente Benutzeroberfläche zu schaffen, bei gleichzeitiger Minimierung des Entwicklungsaufwands. Das in der Abbildung gezeigte Modell versucht, in Anlehnung an das >ISO-Schichtenmodell die Benutzerschnittstelle zu strukturieren (Quelle: Bullinger).

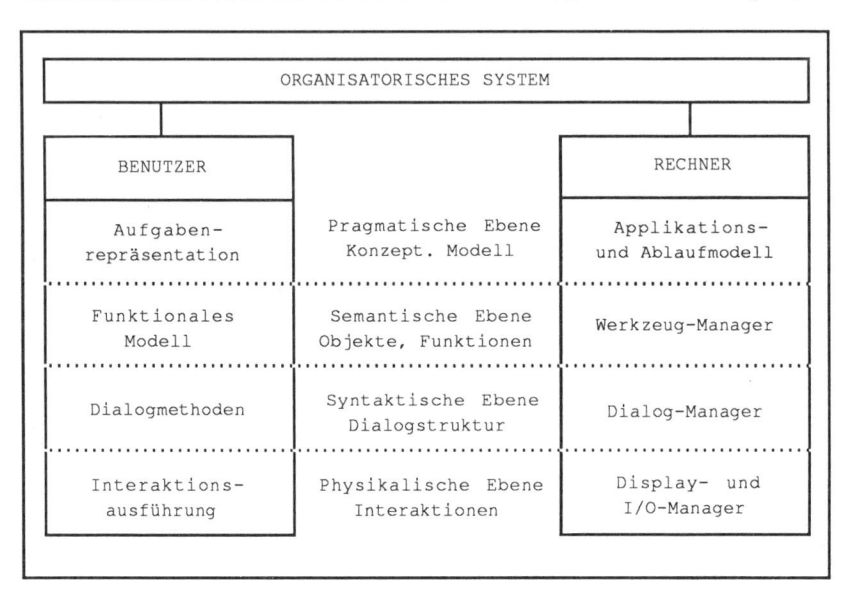

ORGANISATORISCHES SYSTEM		
BENUTZER		RECHNER
Aufgaben-repräsentation	Pragmatische Ebene Konzept. Modell	Applikations- und Ablaufmodell
Funktionales Modell	Semantische Ebene Objekte, Funktionen	Werkzeug-Manager
Dialogmethoden	Syntaktische Ebene Dialogstruktur	Dialog-Manager
Interaktions-ausführung	Physikalische Ebene Interaktionen	Display- und I/O-Manager

Abbildung Benutzerschnittstelle

Benutzerschulung
user training
Qualifikation/Personalmanagement
Eine über den >Benutzerservice hinausgehende Aufgabe, welche die Erhaltung und Verbesserung des Qualifikationspotentials der >Benutzer zum Ziel hat. Sie umfaßt insbesondere die Vermittlung der Kenntnisse und Fähigkeiten, welche Benutzer in die Lage versetzen, >Benutzerbeteiligung zu praktizieren, sowie die Kenntnisse und Fähigkeiten, die für einen sachgerechten Umgang mit >Basissystemen und >Anwendungssystemen erforderlich sind.

Benutzerservice
user service
Infrastruktur/Qualifikation
Eine Aufgabe der >Informationsfunktion, die bei größeren >Organisationen durch eine Stelle der >Abteilung Informations- und Kommunikationssysteme (>Informationszentrum) wahrgenommen wird. Bei kleineren Organisationen ist sie Teil

des Dienstleistungsumfangs eines >Systemhauses oder eines >Softwarehauses. Häufig wird sie nicht oder nicht in einem ausreichenden Umfang wahrgenommen. Sie beinhaltet im wesentlichen die Beratung der Benutzer im Umgang mit den implementierten >Basissystemen und >Anwendungssystemen. Siehe auch: >Benutzerschulung.

Benutzerservice-Zentrum >Informationszentrum

Benutzersicht
user view
Benutzersystem/Datensystem
Eine mit einem Namen bezeichnete Abfrage (>Transaktion), die aus der >Datenbasis genau jenen Teil abgrenzt, der den >Benutzer interessiert (Sichtdaten).

Benutzersprache >Abstand

Benutzerstation
user terminal
Ausgabetechnik/Eingabetechnik
Eine >Funktionseinheit innerhalb eines >Datenverarbeitungssystems, mit deren Hilfe ein >Benutzer mit dem Datenverarbeitungssystem unmittelbar >Daten austauschen kann (vgl. DIN 44300).

Benutzertyp
type of user
Qualifikation/Partizipation
1. Unter dem Gesichtspunkt der persönlichen Fähigkeiten im Umgang mit der Informations- und Kommunikationstechnik *(>Grundlagen Technik)* unterscheidet man zwischen dem geübten >Benutzer ("Experte") und dem gelegentlichen oder naiven Benutzer. Mit zunehmender Ausbreitung der >Informations- und Kommunikationssysteme steigt der Anteil der gelegentlichen Benutzer, mit zunehmender Durchdringung (>Durchdringungsgrad) der Arbeitsaufgaben mit Informations- und Kommunikationstechniken nimmt andererseits die Anzahl der geübten Benutzer zu. Ein Benutzer wird dann als "naiv" bezeichnet, wenn er - insbesondere wegen der nur gelegentlichen Nutzung - für die Arbeitsdurchführung notwendige Details vergißt oder zumindest verdrängt, sodaß der Arbeitsfluß dadurch wesentlich behindert wird. Eine präzisere Fassung des Begriffs mit einer entsprechenden Ordnung von Benutzern zu Benutzertypen ist vor dem Hintergrund einer bestimmten >Hardware und >Software möglich. So kann beim Entwurf von >Methodenbanksystemen von folgenden Typen ausgegangen werden:
- Der Fachmann, der weiß, welche >Methode er zur Lösung seiner Probleme bei gegebenen >Daten braucht. Er kennt das >Methodenbanksystem und das >Datenbanksystem sowie die >Kommandosprache, kann Methodenerweiterungen programmieren und diese in die Methodenbasis einfügen.
- Der Benutzer, der nur einzelne Methoden und die Kommandosprache kennt; er kann auch Methoden zu Modellen zusammenführen ("modellierender Benutzer").
- Der "typische" Benutzer, auf den Methodenbanksysteme in erster Linie zugeschnitten sein sollten. Sein Fachwissen

konzentriert sich auf sein Arbeitsgebiet, sein Methodenwissen ist schwach entwickelt, "EDV-Wissen" hat er fast nicht ("parametrisierender Benutzer").
2. Unter dem Aspekt der >*Partizipation* können folgende Benutzertypen unterschieden werden:
- Benutzer, welche ein neues oder zumindest wesentlich verändertes Informations- und Kommunikationssystem vornehmlich aus ökonomischen Gründen wünschen. Sie wollen eine Systemkonzeption, welche der >Organisation Rationalisierungseffekte (>Rationalisieren) bringt, z.B. in der Form von reduzierten Kosten, schnellerem Informationsfluß, Entscheidungsunterstützung. Ihre Rolle im Systemplanungsprozeß (>*Grundlagen Systemplanung*) besteht häufig in der Beteiligung bei der Festlegung der >Planungsziele.
- Benutzer, deren >Arbeitsplatz wesentlich verändert wird, etwa durch Änderungen des Arbeitsinhalts (>*Arbeitsorganisation*), des >Arbeitsablaufs, der >Sachmittel am Arbeitsplatz. Im Grenzfall handelt es sich um Benutzer, deren Arbeit durch das neue System automatisch kontrolliert wird (>Benutzerkontrolle).
- Benutzer, deren Arbeitsplätze nur einen peripheren Kontakt zur Informations- und Kommunikationstechnik haben, die also z.B. nicht selbst an einem Endgerät arbeiten oder dies nur selten tun.
- Benutzer, die außerhalb der Organisation des >Anwenders mit den Ergebnissen der Datenausgabe (z.B. Kunden mit Rechnungen) oder Vorarbeiten für die Dateneingabe (z.B. Kunden mit Zahlungsbelegen) befaßt werden.

Es ist Aufgabe der >Beteiligungsorganisation, die relevanten Benutzertypen zu identifizieren und sie in den Systemplanungsprozeß in geeigneter Weise einzubinden.

Benutzerunabhängigkeit
user independence
Arbeitsorganisation
Beschreibt den Tätigkeitsspielraum (>Handlungsspielraum), der dem >Benutzer bei einem >Systemzusammenbruch verbleibt.

Benutzerverhalten
user behaviour
Verhalten
Das zu erwartende oder tatsächliche Handeln des >Benutzers bezüglich Aufgabenerfüllung und Leistung. Bei der Systemplanung (>*Grundlagen Systemplanung*) geht es dabei um die Frage, ob das Benutzerverhalten dem der Informations- und Kommunikationstechnik (>*Grundlagen Technik*) angepaßt werden soll oder umgekehrt. In der Regel ist ein Kompromiß zwischen diesen Extremstandpunkten erforderlich.

Beobachtung
observation technique
Erhebungsmethode
Eine >Methode zur Datenerhebung mit dem Ziel der Abbildung der Realität (>Istzustandserfassung) und der nachfolgenden Analyse der Realität anhand dieser Abbildung (>Istzustandsanalyse), die in der Regel im Rahmen eines geeigneten Methodenmix eingesetzt wird. Nach der Beobachtungsdauer wer-

den Dauerbeobachtung und unterbrochene Beobachtung (z.B. >Multimomentstudie) unterschieden. Nachteilig ist die mögliche physische Belastung des Beobachteten sowie eine daraus resultierende Tendenz zur Ungenauigkeit (>Genauigkeit). Siehe auch: >Interviewmethode, >Fragebogenmethode, >Selbstaufschreibung, >Dokumentenauswertung, >Zeiterfassung.

Berater
advisor
Berufsbild - Tätigkeitsfeld
Eine Person oder Personengruppe, die einer >Organisation dort nicht oder nicht ausreichend vorhandenes Spezialwissen zur Verfügung stellt, das sich auf alle Aufgaben der >Informationsfunktion, ihrer >*Infrastruktur* sowie der Systemplanung (>*Grundlagen Systemplanung*) beziehen kann. Übliche Bezeichnungen für diese Rollen sind "EDV-Berater", "Organisationsberater". Einschlägige Beratungsdienstleistungen werden u.a. von Software- und Systemhäusern angeboten (>Softwarehaus, >Systemhaus) sowie von Unternehmensberatungen.

Beratungssystem
consulting system
Büroarbeit
Ein >Expertensystem, das über den üblichen Leistungsumfang der >Diagnose hinausgeht und Therapievorschläge macht.

Berechnungsexperiment >Experiment

Bericht
report
Benutzersystem
Die in der Regel als >Hard Copy dem >Benutzer zur Verfügung gestellte, nach einem bestimmten >Algorithmus aus einer >Datenbasis erzeugte Zusammenstellung von >Informationen. Aus der Sicht des Management unterscheidet man:
- Standardberichte, die zu definierten Zeitpunkten nach einem bestimmten Schema (inhaltlich und formal) für einen in der Regel gleichbleibenden Empfängerkreis erzeugt werden (>Berichtssystem). Sie sollen eine vollständige Berichterstattung gewährleisten und keine >Informationsselektion treffen. Sie können auch auf Abruf in einer Datenbasis zur Verfügung stehen.
- Abweichungsberichte informieren nur in Ausnahmefällen, wenn definierte Vorgabewerte der >Planung und zugeordnete Toleranzen über- bzw. unterschritten werden. Damit erfolgt eine Informationsselektion durch Filterung ("Management by Exception").
- Bedarfsberichte werden fallweise auf Anforderung erstellt, z.B. dann, wenn durch Standard- und Abweichungsberichte der >Informationsbedarf nicht gedeckt wird.

Berichtigungsrecht >Richtigstellungsrecht

Berichtsgenerator >Generator

Berichtssystem
report system
Benutzersystem/Datensystem
Ein >Anwendungssystem, bei dem die Ausgabe der >Benutzerdaten zu vorgeplanten Zeitpunkten, also nicht auf Grund einer vom aktuellen >Informationsbedarf ausgelösten Anforderung durch den >Benutzer, erfolgt.

Beschreibungsfehler >Benutzerfehler

Beschreibungsmittel
description tool
Dastellungsmethode/Entwurfsmethode
Ein >Werkzeug zur Abbildung eines >Systems mit seinen wesentlichen Eigenschaften (>Anforderung), mit einem bestimmten Grad der Formalisierung und mit einer bestimmten Art der Darstellung. Beschreibungsmittel werden zunächst in der >Anforderungsanalyse zur Spezifikation der Anforderungen der Aufgaben *(>Grundlagen Aufgabe)* und >Aufgabenträger eingesetzt und sind damit wichtiges Werkzeug für den Systementwurf (>Grundkonzeption). Ihre durchgängige Verwendung auch für die >Grobprojektierung und die >Feinprojektierung ist wünschenswert, wird aber bisher von keinem der angebotenen Beschreibungsmittel ausreichend geleistet (z.B. >PSL, >SADT, >HIPO-Methode). Die Frage nach dem zweckmäßigen Grad der Formalisierung ist bislang unbeantwortet. Weder erscheint eine rein natürlich-sprachliche, frei formulierbare Beschreibung, noch eine rein formale, etwa mathematische >Notation erstrebenswert, sondern eine durch bestimmte >Beschreibungsregeln formalisierte Notation mit der Möglichkeit informaler Ergänzungen (semi-formale Beschreibung). Bezüglich der Darstellungsart sollten verbale Beschreibungen mit graphischen Beschreibungen verknüpft werden. So erweist sich z.B. die rein verbale Beschreibung in PSL als unübersichtlich (die leichte Lesbarkeit von PSL auf Grund der Anlehnung an die natürliche Sprache dagegen als vorteilhaft). Die Wahl des Beschreibungsmittels ist auch auf die Verhaltensweisen und Fähigkeiten des Benutzers abzustellen *(>Verhalten)*. So wird z.B. ein mathematisch vorgebildeter >Systemplaner eine formale Notation, ein >Sachbearbeiter dagegen eher eine Beschreibung in natürlicher Sprache vorziehen.

Beschreibungsmittel für Datensysteme >Datenmodell

Beschreibungsmodell >Modell

Beschreibungsregel
description rule
Darstellungsmethode/Entwurfsmethode
Eine Vorschrift zur Abbildung von >Anforderungen mit einem bestimmten >Beschreibungsmittel.

Beschreibungstechnik >Beschreibungsmittel

Besichtigungsanalyse
inspection analysis
Erhebungsmethode/Entwurfsmethode

Eine Vorgehensweise zur Datenerhebung und nachfolgenden Datenanalyse, deren Zweck in einem Vorstadium durch bloßes Besichtigen erreicht werden kann (z.B. die Demonstration einer >Standardsoftware auf einer Messe).

Besondere Wirtschaftsinformatik
special economic informatics
Wissenschaftsdisziplin
Der Teil der >Wirtschaftsinformatik, der durch die Ausrichtung seines Erkenntnisobjekts auf die Art der Aufgabe (z.B. betriebswirtschaftliche Aufgabe) gekennzeichnet ist; daraus folgt etwa die Begründung der Besonderen Wirtschaftsinformatiken >Betriebsinformatik und >Verwaltungsinformatik. Die allen Besonderen Wirtschaftsinformatiken gemeinsamen Probleme sind Gegenstand der Allgemeinen Wirtschaftsinformatik (>Allgemeine Wirtschaftsinformatik).

Bestandsdaten
stock data
Datensystem
Die >Daten eines Datensystems, die im >Datenverarbeitungsprozeß durch das Verknüpfen mit anderen Daten (insbesondere mit >Primärdaten) verändert werden und die in einem zeitlich nachfolgendem Ablauf eines Datenverarbeitungsprozesses wieder als Eingabedaten verwendet werden (z.B. die mengen- und wertmäßigen Bestände von Rohstoffen in einem Lagerhaltungssystem).

Bestelldisposition
order disposition
Beschaffung
Der Teil eines >Anwendungssystems, dessen wesentliche >Funktionen die Ermittlung des Bestelltermins und der Bestellmenge sind; dies schließt in der Regel die Funktionen Angebotseinholung und Lieferantenauswahl mit ein.

Bestellüberwachung
order control
Beschaffung
Der Teil eines >Anwendungssystems, dessen wesentliche >Funktion die Überwachung der von der >Bestelldisposition festgelegten Bestelldaten ist. Sie löst z.B. Mahnungen an Lieferanten aus und informiert die Produktionsplanung und -steuerung (>PPS) von möglichen Überschreitungen von Lieferterminen.

Bestreitungsvermerk >Sperrecht

Beteiligtenorientierung
participant orientation
Qualifikation
Personen oder Gruppen, die nicht professionell an der Systemplanung (>*Grundlagen Systemplanung*) beteiligt sind (>Beteiligter), fehlt in der Regel die Fähigkeit, sich beteiligen zu können (>Beteiligungsfähigkeit). Lernprozesse zur Vermittlung dieser Fähigkeit können sich nicht auf die Vermittlung von >Wissen beschränken, vielmehr muß mit den

Beteiligten gelernt werden. Dies setzt voraus, daß diese ihre Erfahrungen in den Lernprozeß einbringen, daß Problemlösungen (>Problemlösen) gemeinsam erarbeitet und Lernformen angewendet werden, welche die Handlungskompetenz (>Kompetenz) entwickeln.

Beteiligter
participant
Partizipation
Person oder Gruppe, die nicht professionell mit der Systemplanung *(>Grundlagen Systemplanung)* betraut ist oder deren Auftraggeber repräsentiert (>Benutzerbeteiligung).

Beteiligungsbereitschaft
user commitment
Partizipation
Der Wille eines >Benutzers, sich am Systemplanungsprozeß *(>Grundlagen Systemplanung)* zu beteiligen (>Benutzerbeteiligung) und vorhandene Handlungschancen zu nutzen. Siehe auch: >Beteiligungsfähigkeit.

Beteiligungsfähigkeit
ability for user involvement
Qualifikation
Das Vermögen eines >Benutzers, sich mit seinen Arbeitsbedingungen konstruktiv auseinanderzusetzen und diese unter Berücksichtigung seiner Interessen zu analysieren und zu gestalten. Im Zusammenhang mit der Systemplanung *(>Grundlagen Systemplanung)* wird insbesondere die Fähigkeit der Benutzer angesprochen, sich am Systemplanungsprozeß beteiligen zu können. Siehe: >Benutzerbeteiligung.

Beteiligungsmotiv
motive of user involvement
Partizipation
Die >Motive, welche den >Benutzer dazu bewegen, sich am Systemplanungsprozeß zu beteiligen, sind unterschiedlich, teilweise situationsabhängig und noch nicht systematisch erforscht (>Benutzerforschung). Als allgemein geltendes Beteiligungsmotiv kann jedenfalls die Absicht angesehen werden, soziale >Ziele in die Planung einzubringen. Siehe auch: >Partizipationsziel.

Beteiligungsorganisation
organization of user involvement
Partizipation
Zur Organisation der >Benutzerbeteiligung können idealtypisch folgende Formen unterschieden werden:
- Eine gemischte >Projektgruppe aus >Systemplanern, Betroffenen (>Betroffener) und Führungskräften der >Abteilung Informations- und Kommunikationssysteme.
- Eine Projektgruppe aus Systemplanern mit Weisungs- und Informationsbeziehungen zu den Führungskräften der Abteilung Informations- und Kommunikationssysteme und mit Beratungsbeziehungen zu den Betroffenen.
- Eine Projektgruppe aus Systemplanern mit Weisungs- und Informationsbeziehungen zu den Führungskräften der Abteilung

Informations- und Kommunikationssysteme und eine getrennte Organisation und Einflußnahme der Betroffenen.
Beispiele für den ersten Organisationstyp finden sich in den Anwendungen von >ETHICS.

Betriebliche Datenverarbeitung >Betriebsinformatik

Betriebliches Informationssystem >Informations- und Kommunikationssystem

Betriebsanweisung >Betriebssystem

Betriebsart
mode of operation
Verarbeitungstechnik
Entsprechend den >Anforderungen der >Benutzer kann der Betrieb eines >Datenverarbeitungssystems unterschiedlich gestaltet werden. Zwischen folgenden Betriebsarten wird unterschieden: >Stapelbetrieb; >Dialogbetrieb; >Realzeitbetrieb. Mit den einzelnen Betriebsarten versucht man unterschiedliche >Ziele zu realisieren. Im Stapelbetrieb versucht man, durch geeignete Verfahren den >Durchsatz zu maximieren; im Dialogbetrieb steht die >Benutzerorientierung im Vordergrund, während man im Realzeitbetrieb primär eine hohe >Verfügbarkeit des Datenverarbeitungssystems anstrebt.

Betriebsdatenerfassung
shop-floor data collection
Produktion/Datensystem
Der Teil der >Datenerfassung, der die Daten über die Mengen und Zeitwerte der Aufträge und Mitarbeiter, die Stillstands- und Ausfallzeiten der Betriebsmittel sowie den Einsatz von Material und Werkzeugen umfaßt und diese in den Produktionsplanungs- und -steuerungsprozeß rückmeldet (vgl. auch DIN 66201). Siehe auch: >PPS.

Betriebsform >Betriebsart

Betriebsinformatik
business informatics
Wissenschaftsdisziplin
Eine >Besondere Wirtschaftsinformatik, der die Probleme der >Wirtschaftsinformatik zugewiesen sind, die sich aus der Besonderheit betrieblicher Aufgaben ergeben. Die allen Besonderen Wirtschaftsinformatiken gemeinsamen Probleme sind Gegenstand der Allgemeinen Wirtschaftsinformatik (>Allgemeinen Wirtschaftsinformatik). Die Betriebsinformatik kann historisch gesehen als Ursprung der Wirtschaftsinformatik bezeichnet werden. Ihre Anfänge sind im Wissenschafts- und Lehrbetrieb zu Beginn der 60-er Jahre unter betriebswirtschaftlich orientierten Bezeichnungen wie Betriebliche oder Betriebswirtschaftliche Datenverarbeitung an verschiedenen deutschsprachigen Universitäten und Hochschulen zu finden (Erlangen-Nürnberg, Linz). Die Fachvertreter waren überwiegend Betriebswirte und Wirtschaftsingenieure. Unter allen Wirtschaftsinformatiken kommt der Betriebsinformatik heute und wohl auch in Zukunft die größte Bedeutung zu, was sich

allein aus dem großen und weiter wachsenden Feld der >Anwender in der Wirtschaft ergibt. Entsprechend groß ist auch der Bedarf an Wirtschaftsinformatikern mit einer besonderen Ausrichtung auf Betriebsinformatik.

Betriebskosten >Kosten

Betriebsmittel
production facility
Infrastruktur
Die einem >Datenverarbeitungssystem zur Erledigung eines >Auftrags zur Verfügung stehende >*Eingabetechnik, >Verarbeitungstechnik,   >Speichertechnik,   >Transporttechnik, >Ausgabetechnik* sowie das verfügbare >*Programmiersystem.*

Betriebssystem
operating system
Programmiersystem
Die Gesamtheit aller >Programme, die, ohne auf eine bestimmte Anwendung Rücksicht zu nehmen, den Betrieb des Datenverarbeitungssystems (>Betriebsart) ermöglichen. Die wesentlichen Funktionen eines Betriebssystems sind: >Auftragsverwaltung, >Prioritätensteuerung, Datenverwaltung (>Datenverwaltungssystem), Systemsicherung (>Sicherheit), >Wiederanlauf. Die Struktur der Betriebssysteme ist bei der jeweils unterschiedlichen >Hardware differenziert; es läßt sich jedoch heute eine gewisse gleichartige Grundstruktur der Betriebssysteme erkennen. Unter dem realen Betriebssystem versteht man ein Betriebssystem, das nur mit Programmen arbeitet, die vollständig im >Zentralspeicher sind. Im Gegensatz dazu sind beim virtuellen Betriebssystem nur jeweils Teile der einzelnen Programme, die das System verarbeitet, im Zentralspeicher, der übrige Teil in einem virtuellen Speicher (>Virtueller Speicher).

Betriebstest
operation test
Testmethode
Ein Test (>Testen) zur Überwachung der Funktions- und Leistungsfähigkeit eines Produkts während der Nutzung im Echtbetrieb durch sporadische Ausführung von Testaktivitäten. Siehe auch: >Abnahmetest, >Funktionstest, >Leistungstest.

Betriebsverfassungsgesetz >Mitbestimmung

Betriebsvergleich >Kennzahl

Betriebswirtschaftliche Datenverarbeitung >Betriebsinformatik

Betriebswirtschaftslehre
business administration
Wissenschaftsdisziplin
Eine Realwissenschaft, die sowohl theoretische wie pragmatische Wissenschaftsziele verfolgt. Ihr Zentralproblem ist das wirtschaftliche Handeln in Betriebswirtschaften. Die Verfolgung dieser Fragestellung führte zur Herausbildung

einer Reihe von Teildisziplinen (Funktionslehren sowie Wirtschaftszweiglehren), in neuerer Zeit auch zur Entwicklung der >Betriebsinformatik. Kennzeichnend für die Betriebswirtschaftslehre ist, daß sie weitgehend Fragestellungen anderer Wissenschaftsdisziplinen einbezieht, so etwa der Rechtswissenschaft, der >Soziologie, der *>Systemtechnik* sowie in neuerer Zeit auch der >Informatik. Eine systematische Ordnung der Einbeziehung von Fragestellungen anderer Disziplinen erfolgte durch verschiedene methodische Ansätze wie den entscheidungsorientierten Ansatz (Heinen) und den systemorientierten Ansatz (Ulrich) sowie in neuerer Zeit den EDV-orientierten Ansatz (Scheer). Ziel des EDV-orientierten Ansatzes ist es, die betriebswirtschaftliche Forschung und Lehre mit den Methoden und Erkenntnissen der >Wirtschaftsinformatik zu durchsetzen, um damit unter anderem bessere Arbeitsvoraussetzungen für die Wirtschaftsinformatik zu schaffen. Ein Schwerpunkt dieser Durchsetzung mit Wirtschaftsinformatik konzentriert sich auf die für die Betriebsinformatik wichtige Gestaltung betrieblicher *>Datensysteme* und *>Methodensysteme*, die beim gegenwärtigen Stand der Betriebswirtschaftslehre vielfach als unausgereift gelten müssen, weil sie die Möglichkeit und Notwendigkeit ihrer Gestaltung mit Informations- und Kommunikationstechniken *(>Grundlagen Technik)* nicht ausreichend berücksichtigen.

Betroffener
affected individual
Grundlagen Mensch/Informationsrecht
1. Umfassender Begriff für Personen und Gruppen, deren Interessen durch Wirkungen von >Informations- und Kommunikationssystemen berührt werden. Dazu gehören zunächst und in einem engerem Sinne die Personen und Gruppen, welche als >Benutzer, Bediener (>Anlagenbediener), >Datentypist o.ä. selbst Teil dieser Systeme sind. Zweitens alle Mitarbeiter einer >Organisation, die >Anwender von Informations- und Kommunikationstechniken ist, weil z.B. Mitarbeiterdaten gespeichert und verarbeitet werden (>Personalinformationssystem). Im weitesten Simme sind auch jene als Betroffene anzusehen, die mit einem Anwender in irgendeiner Beziehung stehen (z.B. als Kunden oder Lieferanten). Siehe auch: >Partizipation.
2. Im Sinne des Datenschutzgesetzes (>Datenschutzgesetz) jene natürlichen Personen, über die personenbezogene Daten (>Personenbezogene Daten) gespeichert und verarbeitet werden. Das >DSG sieht auch juristische Personen und handelsrechtliche Personengesellschaften als Betroffene an und unterstellt sie damit dem Schutz des DSG (siehe § 3 Z. 1 DSG).

Betrug >Computerbetrug

Bewegtbild-Telekonferenz >Konferenztechnik

Bewegungsdaten >Primärdaten

Bewertungskriterium >Zielkriterium

Bewertungsmethode

Bewertungsmethode >Meßmethode

Beziehungsmappe >Mapping

Beziehungstyp >Assoziationstyp

Bibliotheksverwaltungsprogramm >Betriebssystem

BIGFON
BIGFON
Netzwerktechnik
Breitbandiges Integriertes Glasfaser-Fernmelde-Ortsnetz; ein Glasfasernetz (>Lichtwellenleiter) der Post zur Übertragung verschiedener >Informationsarten wie Text, Daten, graphische Vorlagen, Bild, Ton usw. im >Dialog (z.B. >Bildfernsprechen).

Bild
picture
Darstellungstechnik
Eine >Informationsart (neben Daten, Text und Sprache), die als eine Darstellung von Objekten auf einer Fläche beschrieben werden kann. Siehe: >Bildverarbeitung.

Bildabtaster
scanner
Eingabetechnik
Eine >Funktionseinheit zum Umwandeln der in einem >Bild enthaltenen Schwarz-Weiß-Werte, Grauwerte oder Farbwerte in entsprechende >Binärmuster. Siehe auch: >Mustererkennung.

Bildaufbereitungssystem
picture editing system
Programmiersystem
Ein System, mit dessen Hilfe Bilder (>Bild) auf dem >Bildschirm manipuliert werden. Zu dieser Manipulation, bei der z.B. Symbole und Teilbilder direkt erstellt werden können, wird hauptsächlich der >Lichtstift und/oder das Tablett (>Digitalisierer) benutzt. Siehe auch: >Bildverarbeitung.

Bildelement >Bildpunkt

Bildfernsprechen
picture phone
Transportdienst
Eine >Kommunikation, bei der über die Informationsarten >Bild und >Sprache kommuniziert wird. Erfahrungsgemäß behält der Mensch nur etwa 20% der über Sprache vermittelten >Informationen, gesehene Informationen zu etwa 45% und audio-visuell aufgenommene Informationen zu etwa 80%. Anwendungsmöglichkeiten ergeben sich nicht nur in der direkten Kommunikation, sondern auch durch Aufnahme von Bild und Ton über ein Anschlußkabel auf einem Videorecorder. Möglich ist auch die vorherige Aufzeichnung auf einem Videorecorder und die spätere Übermittlung über ein Bildferngespräch. Ein Sonderfall des Bildfernsprechens ist das Bildfernsprech-Interview, durch das z.B. Personen über ihren Bildfernsprechanschluß an

einer Fernsehsendung teilnehmen können. In Verbindung mit anderen Transportdiensten ist der Abruf von Bildern und Filmen aus öffentlich zugänglichen Speichersystemen denkbar.

Bildkommunikation
picture communication
Grundlagen Technik
Eine >Kommunikation, bei der über die Informationsart >Bild kommuniziert wird. Da der Kommunikationspartner bei einer Bildkommunikation nur das sehen kann, was der andere Partner in den Aufnahmebereich seiner Kamera gebracht hat, wird sie im allgemeinen im Zusammenhang mit anderen Kommunikationsarten angewendet (>Bildfernsprechen).

Bildkompression
white line skipping
Transporttechnik
Ein Verfahren zum Herabsetzen der Bitanzahl (>Bit), die zum Übertragen eines stehenden oder bewegten >Bildes erforderlich ist (auch als Redundanz-Reduzierung bezeichnet). Bei Übertragung stehender Schwarz-Weiß-Bilder wird die Vorlage zeilenweise Punkt für Punkt abgetastet, jedoch werden nicht einzelne >Bildpunkte übertragen, sondern jeweils eine Information die angibt, wieviele Bildpunkte in gleicher Farbe hintereinander folgen. Siehe: >Fernkopierer.

Bildmenge >Code

Bildplatte
optical disc
Speichertechnik
Ein kompaktes, analoges Speichermedium (>analog, >Speicher), das vor allem für die >Archivierung und Bereitstellung farbiger Einzelbilder und Bewegtbildsequenzen (>Bild) einschließlich zweier HIFI-Audiokanäle eingesetzt werden kann. Daneben existieren auch digitale optische Systeme (>digital), die vor allem für die Archivierung von Textdokumenten verwendet werden. Weltweit beherrschen drei Bildplattensysteme den Markt, die wegen ihrer unterschiedlichen Technologien und ihrer Ausrichtung auf unterschiedliche Fernsehnormen inkompatibel sind (Laser Vision von Philips, CED von RCA und VHD von JVC).

Bildpunkt
picture element
Grundlagen Technik
Kleinstes Element eines >Bildes auf dem >Bildschirm oder in einer aus Punkten zusammengesetzten Bilddarstellung. Auf einem Rasterbildschirm ist ein Bildpunkt die kleinste darstellbare und adressierbare Einheit.

Bildrecorder
instant camera for screen
Ausgabetechnik
Eine Kombination aus >Bildschirm und Kamera zum programmgesteuerten Umsetzen von Bildschirminhalten in fotografische Sofortbilder oder Sofortdias. Einschaltbare Farbfilter machen

es möglich, auch von einem Schwarz-Weiß-Bildschirm mehrfarbige Papierbilder herzustellen.

Bildschirm
screen
Ausgabetechnik
Nach DIN 44300 als Sichtgerät bezeichnet. Teil einer Baueinheit zur veränderlichen elektro-optischen Anzeige von >Zeichen und >Graphiken. Nach der Art, in der die Darstellung auf dem Bildschirm erzeugt wird, unterscheidet man:
- Zeichenbildschirm (Sichtgerät mit Formelementen). Bei ihm werden aus vorgegebenen Elementen (Punkte, Striche, Bögen, ganze Zeichen) die darzustellenden Daten aufgebaut.
- Der Rasterbildschirm ist ein Bildschirm, mit dem sich auf der Basis eines zum Teil sehr feinen (hochauflösenden) Punktrasters (>Bildpunkt) beliebige Zeichen und Graphiken erzeugen lassen. Es sind keine Formelemente vorgegeben, sondern beliebige Darstellungen lassen sich dadurch erreichen, daß der Elektronenstrahl von einem >Programm geführt wird. Geräte dieser Art haben für die Lösung von technischen Problemen, besonders von Konstruktionsproblemen (>CAD), sowie für die Bürographik Bedeutung.
- Der Plasmabildschirm ist eine Zusammenstellung von kleinen Neonröhren, die in Form einer >Matrix angeordnet sind.

Bildschirmarbeitsplatz
terminal work space
Arbeitsorganisation
Ein >Arbeitsplatz, der mindestens mit einem >Bildschirm und einer >Tastatur ausgestattet ist und damit dem >Benutzer den unmittelbaren Zugriff auf das Nutzungspotential eines >Informations- und Kommunikationssystems ermöglicht. Auch als Bezeichnung für einen Arbeitsplatz zur >Datenerfassung verwendet.

Bildschirmformular >Formular, >Maske

Bildschirmmaske >Maskengestaltung

Bildschirmtext >BTX

Bildschirmtext-Staatsvertrag >BTX-Staatsvertrag

Bildschirmtextgesetz >BTX-Gesetz

Bildspeicher
refresh memory
Speichertechnik
Ein >Speicher, der zum Bereitstellen der auf einem Rasterbildschirm (>Bildschirm) darzustellenden >Daten dient. Jedem >Bildpunkt auf dem Bildschirm sind im Bildspeicher zugeordnet:
- Bei Schwarz-Weiß-Darstellung ein >Bit.
- Bei Darstellung von Grauwerten 2 bis 3 Bits (für 4 oder 8 Graustufen).
- Bei Farbdarstellung 8 Bits (mit denen sich 256 Farben bzw. Farbschattierungen codieren lassen) und mehr.

Jedes >Bild wird zunächst im Bildspeicher bereitgestellt und von dort auf den Bildschirm gebracht. Ebenso finden Änderungen eines Bildes zuerst im Bildspeicher ihren Niederschlag.

Bildtelefon >Bildfernsprechen

Bildverarbeitung
picture processing
Allgemeine Grundlagen
Die Konstruktion und Rekonstruktion von Bildern (>Bild) aus >Daten. Die >Künstliche Intelligenz interessiert sich vor allem für die Analyse und inhaltliche Erfassung von Bildern, also für das Erkennen von bildhaften Objekten. Neben dem Erkennen von Bildern erfordert Bildverarbeitung das Beschreiben und Vergleichen von Mustern (>Mustererkennung) sowie >Strategien, mit denen Bildinhalte verändert (editiert) werden können.

Bildverstehen
image processing
Wissenschaftsdisziplin
Ein Forschungsgebiet der Künstlichen Intelligenz (>Künstliche Intelligenz), das versucht, das menschliche Verstehen von >Bildern auf ein >Datenverarbeitungssystem zu übertragen. Im Ergebnis wird die Repräsentation der Bedeutung eines Bildes angestrebt. Bildverstehen geht damit über >Bildverarbeitung hinaus.

Bildwiederholspeicher >Bildspeicher

Binärmuster
bit pattern
Darstellungstechnik
Eine Folge von >Binärzeichen, die nicht oder nicht mehr als Binärzahl betrachtet und verwendet wird, sondern bei der den >Ziffern der einzelnen Stellen andere Bedeutungen zugeordnet werden. Die Abbildung zeigt als Beispiel die Darstellung des Belegungszustands der Plätze in einem Flugzeug; die sechs Binärstellen rechts sind den Sitzplätzen einer Reihe zugeordnet; die erste Stelle jeder Sitzreihe kennzeichnet den Fensterplatz.

Binärzeichen
binary element
Darstellungstechnik
Jedes der >Zeichen aus einem Zeichenvorrat von zwei Zeichen (vgl. DIN 44300).

Binder
linkage editor
Programmiersystem
Ein >Programm zum Zusammenfügen mehrerer unabhängig voneinander programmierter Programmteile zu einem ladefähigen Programm.

Bionik

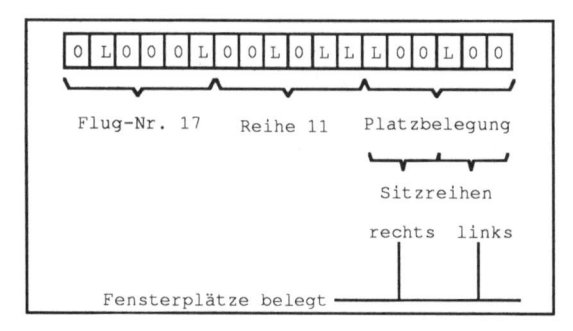

```
┌─────────────────────────────────────────────┐
│ O L O O O L O O L O L L L O O L O O         │
└─────────────────────────────────────────────┘
   _____/    \____/   _____/
   Flug-Nr. 17  Reihe 11  Platzbelegung
                           _____|_____/
                           Sitzreihen
                           rechts  links
                              |      |
   Fensterplätze belegt ──────┘      │
```

Abbildung Binärmuster

Bionik
bionics
Wissenschaftsdisziplin
Kurzwort aus Bio(logie) und (Tech)nik. Bezeichnung für ein interdisziplinäres Forschungsgebiet, das Vorbilder der Natur auf ihre Verwertbarkeit in der Technik überprüft. Daraus folgt die Entwicklung und der Bau von technischen, meist elektronischen >Systemen, die sich in ihrer >Funktion an die biologischen Systeme anlehnen.

Bit
binary digit
Darstellungstechnik
Bezeichnung für ein >Binärzeichen und damit kleinste Darstellungseinheit für Binärdaten. Es kann die Bedeutung binär Null oder binär Eins annehmen.

Bit/s
bit/s
Darstellungstechnik
Einheit für die Datenübertragungsrate (Bit pro Sekunde) oder die Datenübertragungsgeschwindigkeit (vgl. DIN 44300). Siehe auch: >Baud.

Bitfehlerwahrscheinlichkeit
bit error probability
Netzwerktechnik
Bei der >Datenübertragung können >Fehler auftreten, deren Ursache in Mängeln der Datennetze (>Netz) liegen. Es muß damit gerechnet werden, daß >Daten bei der Übertragung verfälscht werden. Aufgrund statistischer Messungen kann für bestimmte Leitungsarten die Wahrscheinlichkeit, mit der einzelne >Bits bei der Übertragung verfälscht werden, angegeben werden. Damit erhält man ein Maß für die Güte des Netzes. Siehe: >Blockfehlerwahrscheinlichkeit, >Zeichenfehlerwahrscheinlichkeit. Die Bitfehlerwahrscheinlichkeit gibt an, wieviele Fehler bei den verschiedenen Übertragungsarten durchschnittlich je Million übertragene Bits zu erwarten sind. Eine Fehlerwahrscheinlichkeit von 50 mal 10 hoch minus 5 bedeutet z.B., daß bei 1 Mio. übertragener Bits mit 0,5 falschen Bits zu rechnen ist. Die Abbildung zeigt Beispiele von öffentlichen Netzen mit ihren unterschiedlichen

Bitfehlerwahrscheinlichkeiten und Übertragungsgeschwindigkeiten (Quelle: Müller et al.).

Bezeichnung des öffentlichen Netzes	Übertragungsgeschwindigkeit	Durchschnittl. Bit-Fehlerwahrscheinlichkeit
Telexnetz	50 Bit/s	1 bis 10.10^{-6}
Datexnetz mit Paketvermittlung	bis 300 Bit/s	etwa 10^{-6}
Datexnetz mit Leitungsvermittlung	300 Bit/s	etwa 10^{-6}
Telefonnetz	bis 1200 Bit/s	2.10^{-4}
Datexnetz mit Paketvermittlung	1200 Bit/s	etwa 10^{-6}
Datexnetz mit Leitungsvermittlung	2400 Bit/s	etwa 10^{-5}
Datexnetz mit Leitungsvermittlung	4800 Bit/s	etwa 10^{-5}

Abbildung Bitfehlerwahrscheinlichkeit

Bitmuster >Binärmuster

BITNET
BITNET
Transportdienst
Ein internationales, von der City University in New York entwickeltes Computer-Netzwerk, in das derzeit 500 >Datenverarbeitungssysteme von nahezu 200 >Organisationen aus dem Bereich der höheren Ausbildung sowie Forschung eingebunden sind. BITNET verfügt über >Gateways zu >CSNET, >ARPANET und >EARN. Das Netzwerk arbeitet nach der >store and forward Technik.

bitparallel
bit parallel
Transporttechnik
Bezeichnung für eine >Datenübertragung, bei der alle >Bits einer größeren Einheit (z.B. >Byte) parallel über eine entsprechende Menge von >Datenübertragungswegen gesendet werden. Bitparallele Übertragung ist schnell, aber aufwendig wegen der hohen Anzahl der notwendigen Datenübertragungswege (z.B. >Leitungen). Insbesondere bei >Speichern wird diese Technik verwendet, um die hohe Geschwindigkeit der eingesetzten Schaltelemente voll nutzen zu können. Siehe auch: >bitseriell. Die Abbildung zeigt die parallele Übertragung von 8 Bits eines Zeichens auf 8 Leitungen (Quelle: Kerner).

bitseriell
bit serial
Transporttechnik
Bezeichnung für eine >Datenübertragung, bei der alle >Bits einer größeren Einheit (z.B. >Byte) nacheinander (seriell) über einen >Datenübertragungsweg gesendet werden. Bitserielle

bitseriell

Übertragung ist langsam, aber nicht aufwendig. Siehe auch: >bitparallel. Die Abbildung zeigt die serielle Übertragung von 8 Bits eines >Zeichens auf einer >Leitung (Quelle: Kerner).

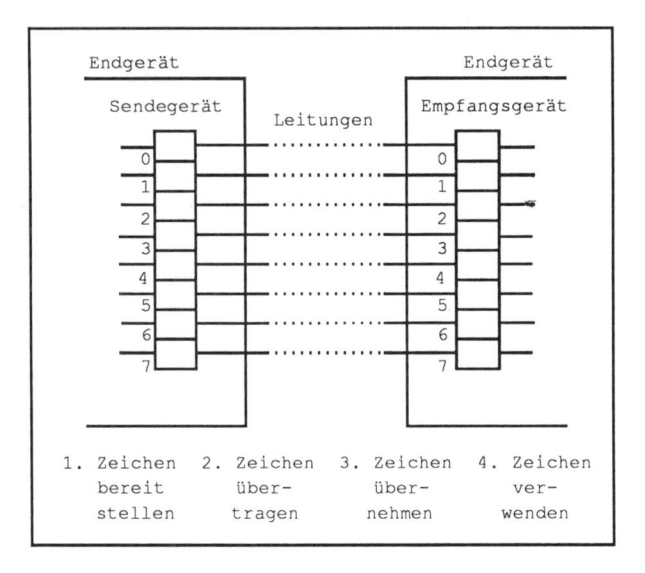

```
        Endgerät                    Endgerät
       Sendegerät                 Empfangsgerät
                     Leitungen
          0  ─────────·········─────────  0
          1  ─────────·········─────────  1
          2  ─────────·········─────────  2
          3  ─────────·········─────────  3
          4  ─────────·········─────────  4
          5  ─────────·········─────────  5
          6  ─────────·········─────────  6
          7  ─────────·········─────────  7

   1. Zeichen   2. Zeichen   3. Zeichen   4. Zeichen
      bereit       über-        über-        ver-
      stellen      tragen       nehmen       wenden
```

Abbildung bitparallel

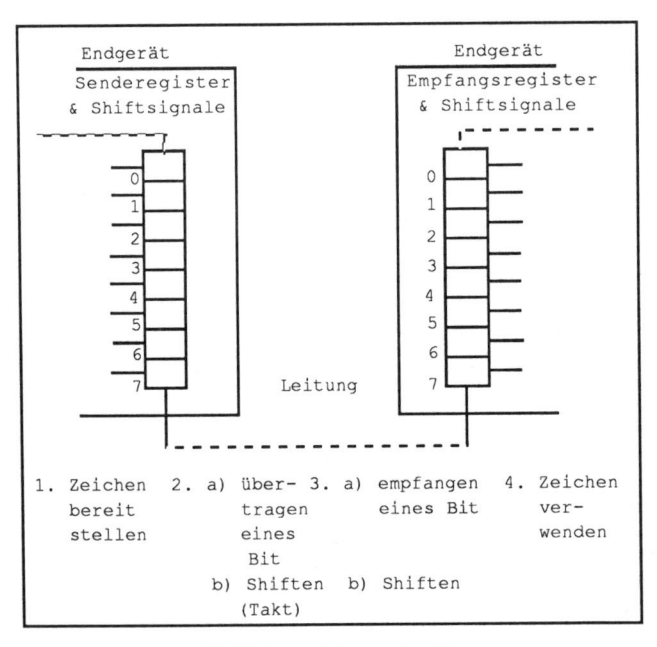

```
        Endgerät                    Endgerät
     Senderegister              Empfangsregister
     & Shiftsignale              & Shiftsignale

          0                            0
          1                            1
          2                            2
          3                            3
          4                            4
          5                            5
          6                            6
          7         Leitung            7

   1. Zeichen  2. a) über-   3. a) empfangen  4. Zeichen
      bereit       tragen         eines Bit       ver-
      stellen      eines                          wenden
                   Bit
               b) Shiften    b) Shiften
                  (Takt)
```

Abbildung bitseriell

Black-Box-Prinzip
black box
Systemtechnik
Das Prinzip des Schwarzen Kastens abstrahiert bei der Betrachtung eines >Systems zunächst von den Vorgängen innerhalb dieses Systems und konzentriert sich auf die wirkungsspezifischen Eingänge und Ausgänge an den >Systemgrenzen, also zwischen dem betrachteten System und seiner Umwelt (Umsystem). Wesentlicher Bestandteil des >Systemansatzes. Siehe auch: >*Methodik Systemplanung*.

Blasenspeicher
bubble store
Speichertechnik
In einem Festkörper rotieren blasenförmige Magnetfelder als Träger von >Daten. Der Zugang zu den Blasen erfolgt über einen dreidimensionalen >Zugriff elektromagnetischer Art. Jeder Punkt des Festkörpers ist ansprechbar, während die Blasen diesen Punkt durchlaufen. Das logische Konzept dieses >Speichers ähnelt dem einer >Magnetplatte, jedoch entfällt hier jegliche mechanische Bewegung. Das schnelle Verschieben der Magnetfelder ersetzt die mechanische Bewegung.

Blindenschrift >Braille-Terminal

Blitzschaden
lightning damage
Sicherungssystem/Katastrophenmanagement
Die Zerstörung von >Betriebsmitteln, insbesondere von elektronischen Komponenten der >Hardware, durch elektrische Entladungen bei Gewittern. Die dadurch kurzfristig auftretenden Spannungsdifferenzen von bis zu einigen 100 Millionen Volt werden z.B. über Blitzableiter oder Kräne auf dem Betriebsgelände oder über die Oberleitung der am Betriebsgelände vorbeiführenden Bahn in das Erdreich geführt, wo sie sich über erhebliche Distanzen ausbreiten und im Erdreich verlegte Datenleitungen (>Daten, >Leitung) erreichen können, welche die Überspannung sowohl in die >Zentraleinheit und ihre >Peripherie als auch in >Datenendgeräte (z.B. in >Bildschirme und >Drucker) weiterleiten. Erfahrungsgemäß kann dies nicht nur zu erheblichen Sachschäden (>Sachversicherung), sondern auch zu Schäden durch Betriebsunterbrechungen führen. Zur Verhinderung derartiger Schäden können Abschirmungen durch Blitzschutzanlagen installiert werden, welche bei Überspannung zu einer Unterbrechung der Verbindung zwischen der Datenleitung auf der einen und der Zentraleinheit sowie den Datenendgeräten auf der anderen Seite führen. Siehe auch: >Abschirmung.

Block
block
Darstellungstechnik
Eine Folge von Elementen, die aus technischen oder funktionellen Gründen zu einer Einheit zusammengefaßt oder als Einheit behandelt werden können (vgl. DIN 44300).

Blockchiffre >DES-Algorithmus

Blockfehlerwahrscheinlichkeit
block error rate
Netzwerktechnik
Ein Maß für die Güte einer >Übertragungsleitung, dargestellt als Quotient aus der Anzahl fehlerhaft übertragener Datenblöcke (>Block) zu der Anzahl der insgesamt übertragenen Blöcke. Siehe auch: >Bitfehlerwahrscheinlichkeit, >Zeichenfehlerwahrscheinlichkeit.

Blockkonzept >Struktogramm

Boolesche Algebra
Boolean algebra
Allgemeine Grundlagen
Eine abstrakte Algebra, deren Variable nur die Werte 1 oder 0 haben können (>Binärzeichen), benannt nach dem englischen Mathematiker G. Boole (1815 - 1864); auch als Schaltalgebra bezeichnet. Die elementaren Verknüpfungen, aus denen durch Verknüpfung alle weiteren Aussagen gewonnen werden, sind Negation (Umkehrverknüpfung), Disjunktion (ODER-Verknüpfung) und Konjunktion (UND-Verknüpfung). Durch das Zusammenfügen dieser elementaren Verknüpfungen lassen sich die >Funktionen Addieren, Vergleichen und Speichern realisieren.

Bottom-Up-Strategie
bottom-up strategy
Entwurfsmethode/Testmethode
Eine >Strategie, bei welcher mit dem Entwurf jener Systemteile begonnen wird, die sich auf der untersten Ebene des hierarchisch gegliederten Systems (>Prinzip der hierarchischen Strukturierung) befinden; diese werden auch unabhängig von den Moduln der übergeordneten Menge ausgetestet (>Testen). Eine präzisere Beschreibung der Strategie hängt vom Entwurfsobjekt ab. Sie kann beispielhaft für den Entwurf des *>Datensystems* bei Verwendung von >Datenverwaltungssystemen folgendermaßen beschrieben werden: Man geht von den benannten und unterschiedenen Gegenständen, Zuständen und Ereignissen der realen Welt der >Anwendungsaufgabe und des >Benutzers aus und entwirft ein konzeptionelles Datenmodell (>Drei-Schema-Konzept). Dieses ist Grundlage für die Entwicklung des logischen und des physischen Datenmodells. Im Unterschied dazu: >Top-Down-Strategie.

Box-Jenkins-Methode
box-jenkins method
Methodensystem
Ein Prognoseverfahren (>Prognose), das in unterschiedlichen Gebieten wie >Prozeßsteuerung, volkswirtschaftliche Vorhersagen oder Dispositionssysteme eingesetzt wird.

BpI
bpi
Darstellungstechnik
Abkürzung für >Bit per Inch. Siehe auch: >Aufzeichnungsdichte.

Braille-Terminal
Braille terminal
Ausgabetechnik
Eine >Datenstation, die Blindenschrift ausgeben kann. Die Brailleschrift wurde von Louis Braille entwickelt.

Brainstorming
brainstorming
Entwurfsmethode
Dient der Ideenfindung zum >Problemlösen, z.B. im Rahmen der >Kreativitätstechnik, wobei auf dem Ergebnis einer Problemdefinition aufgebaut wird, das z.B. durch die >W-Technik ermittelt wurde. Erläutert wird hier das sogenannte Brainstorming mit Osborn-Verfremdung, das in folgenden Schritten abläuft:
1. Es werden Grundregeln des Brainstormings (z.B. die Betonung der Quantität der Ideen, ihre Originalität) vereinbart, gegebenenfalls ergänzt um situationsbezogene Verhaltensregeln (z.B. "Agressionen vermeiden").
2. In einem vom Problem abhängigen, vorgegebenen Zeitraum werden Ideen unter Einhalten der Regeln gedanklich assoziiert, dem Moderator zugerufen und von diesem sichtbar dokumentiert.
3. Die dokumentierten Ideen werden mit Hilfe der Osborn-Technik verfremdet (z.B. durch Kombination von Lösungen oder Teilen von ihnen).
4. Es werden Kriterien festgelegt, mit deren Hilfe die Qualität der Lösungsideen gemessen wird; die optimale Alternative wird ausgewählt (>Alternativenbewertung).
Zur Durchführung des vierten Schrittes siehe: >Nutzwertanalyse.

Breitbandnetz >Bandbreite

Briefkasten
mailbox
Transportdienst
Ein logischer >Speicher zur Hinterlegung von >Nachrichten für >Electronic Mail.

Brook'sches Gesetz
Brook's law
Projektmanagement
Das Hinzuziehen weiterer Bearbeiter zu einem in Terminnot geratenen >Projekt verzögert dieses noch mehr. ("Adding manpower to a later software project makes it later".)

Browsing
browsing
Ausgabetechnik/Eingabetechnik
Das schnelle Durchsehen der gefundenen >Daten am >Bildschirm bei der Bearbeitung einer Datenbankabfrage (>Freie Abfrage).

BTX
BTX
Transportdienst

BTX-Gesetz

Kurzbezeichnung für Bildschirmtext, das in anderen Ländern auch als Videotex bezeichnet wird. Bildschirmtext ist zwar ein "neues Medium", basiert aber im wesentlichen auf einer schon bestehenden Infrastruktur, nämlich dem Telefon und dem Farbfernseher. Über die Telefonleitung werden Informationen aus einer von der Post betriebenen >Datenbasis (=BTX-Zentrale) abgefragt und nach entsprechender Umsetzung der >Signale durch ein >Modem auf dem Fernsehgerät angezeigt. Zur Auswahl der Informationen war die Fernbedienung des Fernsehgerätes vorgesehen. Allerdings hat diese insbesondere für die privaten Haushalte gedachte >Konfiguration nicht den erwarteten Anklang gefunden. Neuere Bestrebungen gehen dahin, BTX verstärkt für kommerzielle Aufgaben zu nutzen. Dazu ist mindestens ein intelligentes BTX-Gerät (wie z.B. ein >MUPID mit alphanumerischer >Tastatur) bzw. ein mit BTX als Zusatzfunktion ausgerüsteter >Personal Computer notwendig. Auch wird >Software angeboten, die es ermöglicht, ein dem Postsystem entsprechendes BTX-System auf dem eigenen >Datenverarbeitungssystem zu installieren (BTX-Inhouse-System). Andererseits kann auch anderen BTX-Teilnehmern über eine BTX-Zentrale der Zugang zum unternehmenseigenen Rechner ermöglicht werden ("Externer Rechner"). Die Abbildung zeigt den Aufbau des BTX-Systems.

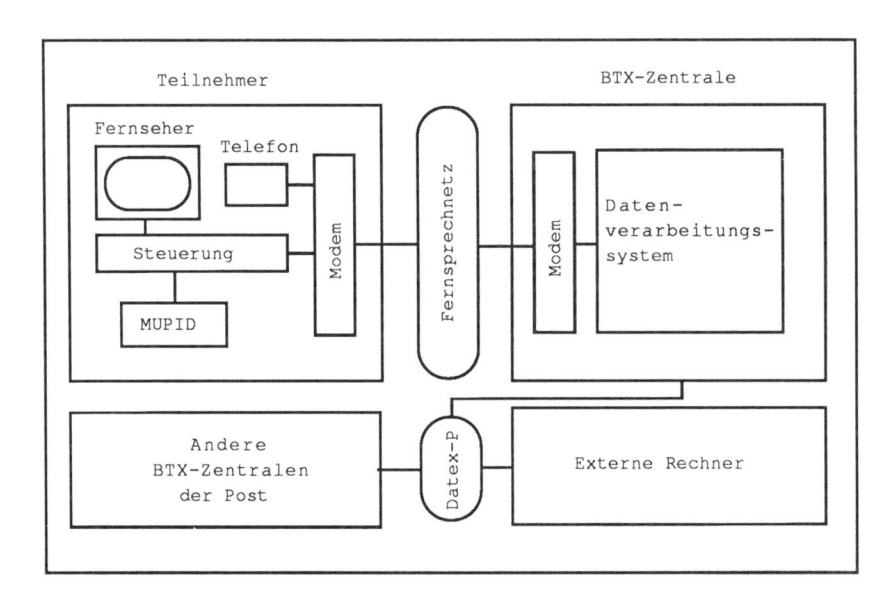

Abbildung BTX

BTX-Gesetz
BTX act
Informationsrecht
Während in der Bundesrepublik Deutschland bereits die entsprechenden gesetzlichen Bestimmungen erlassen wurden, bestehen in Österreich bis heute keine gesetzlichen Regelungen für >BTX, das im Rahmen der Privatwirtschaftsverwaltung der Post durchgeführt wird. Nach einem im Auftrag des Bundesmi-

nisteriums für Wissenschaft und Forschung erstellten Rechtsgutachten ist dies nur solange verfassungsrechtlich unbedenklich, als BTX aufgrund seiner erkennbaren Zielsetzung und Teilnehmeranzahl als betriebsinterner Postversuch und nicht als öffentlicher Telekommunikationsdienst (>Telekommunikation) anzusehen ist. Insbesondere die Möglichkeit von Warenbestellungen und des Home-Banking (>Electronic Banking) führten zu massiven Angriffen von seiten der Arbeiterkammer und zu kurzfristig verfügten Einschränkungen des Betriebs durch die Post. Vom derzeit in Verhandlung stehenden BTX-Gesetz ist eine positive Klärung dieser Streitfragen zu erwarten.

BTX-Inhouse >BTX

BTX-Recht
BTX law
Informationsrecht
>BTX bereitet als vom System her gänzlich neues Medium besondere verfassungsrechtliche Einordnungsprobleme. Es ist einerseits Massenkommunikationsmittel und damit dem Rundfunk ähnlich; andererseits trägt es aber auch unübersehbare Züge eines Individualkommunikationsmittels. Zur einheitlichen Regelung wurde daher in der Bundesrepublik Deutschland ein Bildschirmtext-Staatsvertrag (>BTX-Staatsvertrag) abgeschlossen. In Österreich ist aufgrund der Kompetenzlage jedenfalls ausschließlich der Bund für die Regelung zuständig; ein >BTX-Gesetz ist für die nächste Zukunft zu erwarten.

BTX-Staatsvertrag
BTX treaty
Informationsrecht
Staatsvertrag über Bildschirmtext (>BTX), Beschluß der Länder der Bundesrepublik Deutschland vom 18. März 1983 (Bildschirmtext-Staatsvertrag). Er enthält eine Begriffsbestimmung in Artikel 1. Danach ist "Bildschirmtext ein für jeden als Teilnehmer und als Anbieter zur inhaltlichen Nutzung bestimmtes Informations- und Kommunikationssystem, bei dem Informationen und andere Dienste für alle Teilnehmer oder Teilnehmergruppen (Angebote) und Einzelmitteilungen elektronisch zum Abruf gespeichert, unter Benutzung des öffentlichen Fernmeldenetzes und von Bildschirmtextvermittlungsstellen oder vergleichbaren technischen Vermittlungseinrichtungen individuell abgerufen und typischerweise auf dem Bildschirm sichtbar gemacht werden". Daneben wird z.B. die Beteiligung an BTX (Art. 2), die Möglichkeit, für Angebote Entgelt zu verlangen (Art. 3) sowie die Art, wie ein Anbieter sein Angebot kennzeichnen muß (Art. 5), geregelt. Presseähnliche Vorschriften enthalten die beiden folgenden Artikel. Sie normieren eine Sorgfaltspflicht für nachrichtenähnliche Angebote (Art. 6) und das Recht der Gegendarstellung (Art. 7). Art. 8 normiert eine Kennzeichnungspflicht für Angebotsseiten, die nur Werbezwecken dienen. Art. 9 enthält Sonderbestimmungen für den >Datenschutz. Eine besondere Regelung erfuhr auch die Abwicklung von Meinungsumfragen via BTX (Art. 11).

Buchstabe
alphabetic letter
Darstellungstechnik
Ein >Zeichen aus dem Zeichenvorrat des gewöhnlichen >Alphabets.

Bundesdatenschutzbeauftragter >Datenschutzbeauftragter

Bundesdatenschutzgesetz >BDSG

Büroanalyse >Büroarbeit, >Analysemethode

Büroarbeitsplatz >Arbeitsplatz, >Büroarbeit

Büroautomation
office automation
Büroarbeit
Zusammenfassende Bezeichnung für eine Menge von benutzerorientierten Anwendungen (>Benutzerorientierung) der Informations- und Kommunikationstechnik *(>Grundlagen Technik)* für Büroarbeiten mit dem Ziel, die >Effizienz der Büroarbeit zu verbessern.

Bürocomputer >Bürotechnik

Bürofernschreiben >Teletex

Bürokommunikationssystem >Informations- und Kommunikationssystem

Bürotechnik
office technics
Grundlagen Technik
Der Teil der Informations- und Kommunikationstechnik, der zur Unterstützung der >*Büroarbeit* eingesetzt wird ("Bürodruckmaschine", "Bürokopierer", "Bürofernschreiber"). Mit der zunehmenden Multifunktionalität der >Techniksysteme sowie der Zweckmäßigkeit und Notwendigkeit der >Integration ist Bürotechnik zunehmend als "für Büroarbeit eingesetzte Technik" zu verstehen (>Dediziertes System) und nicht als spezifischer >Techniktyp.

Bussystem
bus system
Transporttechnik
Ein aus mehreren funktionsmäßig zusammengehörenden >Signalleitungen bestehendes System, mit dem ein sequentieller Austausch von >Signalen, >Daten und/oder >Nachrichten zwischen mehreren >Funktionseinheiten möglich ist (vgl. DIN 19237). Von der >Architektur her ist das Bussystem der Mittelpunkt eines >Datenverarbeitungssystems, da seine Komponenten wie >Zentraleinheit, >Eingabegerät usw. an das Bussystem angeschlossen werden. Siehe auch: >Kanal.

Bustopologie
bus topology
Netzwerktechnik

Die >Topologie eines >Netzes, bei der alle Stationen einen gleichberechtigten Zugang zu einem gemeinsam zu benutzenden Übertragungsmedium haben; der Zugang wird durch verschiedene Zuteilungsverfahren geregelt. Die >Nachrichten werden direkt von der Quellstation zur Zielstation übertragen. Vorteile: Hohe Modularität; leichte Implementierung; >Latenzzeit ist nicht proportional zur Anzahl der Stationen; Ausfall einer Station hat keine Konsequenzen für das übrige Netz. Nachteile: Totalausfall bei Ausfall des Übertragungsmediums. Siehe auch: >Sterntopologie, >Ringtopologie, >Baumtopologie.

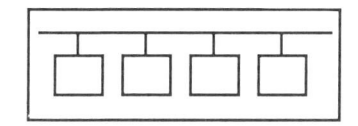

Abbildung Bustopologie

BVB
special contract condition
Informationsrecht
Besondere Vertragsbedingungen für die Miete, den Kauf usw. von EDV-Anlagen und -Geräten. Diese sind eine Art von Allgemeinen Geschäftsbedingungen, welche die öffentliche Hand in der Bundesrepublik Deutschland ausgearbeitet hat. Damit soll jeder >Anwender im Bereich der öffentlichen Hand EDV-Leistungen zu den gleichen Bedingungen einkaufen. Die BVB haben nicht den Charakter eines Gesetzes. Sie gelten daher nicht aufgrund hoheitsrechtlicher Normen, sondern bedürfen - als Einkaufsbedingungen einer Vertragspartei - der Einbeziehung in den Vertrag.

Byte
byte
Darstellungstechnik
Eine Folge von zusammen betrachteten >Binärzeichen, meist 8, die zur Darstellung eines >Zeichens im >Datenverarbeitungssystem verwendet werden. Die Codierung (>Code) kann auf verschiedene Weise erfolgen.

C

C
C
Programmiersystem
Eine >Programmiersprache, die vor allem unter >UNIX für >Datenverarbeitungssysteme mit 16- und 32-Bit-Struktur eingesetzt wird. C eignet sich eher für den >Systemprogrammierer als für den >Anwendungsprogrammierer.

CA-Technologie = Computer-Aided-Technologie >CAD, >CAE, >CAI, >CAM, >CAP, >CAQ, >CAR, >CIM, >CNC, >DNC

Cache-Speicher >Pufferspeicher

CAD
CAD
Forschung und Entwicklung
Computer Aided Design unterstützt den Konstrukteur bei der Konstruktion und der Zeichnungserstellung. Zeichnungen vorhandener Teile können aus einer >Datenbasis abgerufen, verändert oder mit anderen Zeichnungen zu neuen Zeichnungen zusammengesetzt werden. Nach der Geometrie der Darstellung unterscheidet man zwei- und dreidimensionale Systeme. Bei letzteren können Körper in der Form von Draht-, Flächen- oder Volumenmodellen gespeichert und dargestellt werden. Weitere Leistungen eines CAD-Systems sind: Unterstützung von Berechnungen (z.B. Methode der finiten Elemente), Zeichnungsdokumentation, Ableiten von Stücklisten aus Zeichnungen. Damit besteht ein enger Zusammenhang zwischen CAD und Produktionsplanung und -steuerung (>PPS).

CAE
CAE
Forschung und Entwicklung
Computer Aided Engineering geht bezüglich der Unterstützung von Ingenieurtätigkeiten (>Tätigkeit) über >CAD hinaus und unterstützt den Entwurf von Prototypen für Teile, Baugruppen und Erzeugnisse. Mit Simulationsmodellen (>Simulation) können diese auf technische Eigenschaften hin untersucht werden, ohne daß das Objekt real existiert.

CAI
CAI
Produktion/Büroarbeit
Computer Aided Industry, die zusammenfassende Bezeichnung für die >Integration von Fertigungsautomation (>CIM) und Automation der Büroarbeit (>Büroautomation) in der Industrie. Umfaßt sowohl die Nutzung der Informations- und Kommunikationstechnik *(>Grundlagen Technik)* in Entwicklung (>CAE), Konstruktion (>CAD) sowie Produktionsplanung und -steuerung (>PPS) als auch zusätzlich für die betriebswirtschaftlichen Aufgaben der >Beschaffung, des Absatzes *(>Absatz - Marketing)* des >Personalwesens, des >Finanz- und Rechnungswesens und der >Logistik. Die Entwicklung von CAI ist ein evolutionärer Prozeß, der auf Teillösungen in den genannten Bereichen aufbaut und schrittweise eine höhere Inte-

gration des >Informations- und Kommunikationssystems anstrebt.

Call Wartung
call service
Sicherungssystem
Eine spezielle Form der >Wartung ohne Wartungsvertrag. Im Fehlerfall (>Fehler) wird das Wartungspersonal aktiviert, und es sind die zur Fehlerbehebung anfallenden Kosten nicht wie bei der Wartung nach dem Wartungsvertrag als Pauschale zu bezahlen, sondern in der Höhe des eingetretenen Aufwands. Diese Wartungsform wird meist dann gewählt, wenn man über entsprechende Ersatzteillager von >Funktionseinheiten verfügt. Siehe auch: >Fernwartung.

CAM
CAM
Produktion
Computer Aided Manufacturing bezeichnet die automatische Steuerung von Werkzeugmaschinen (sog. NC-Maschinen, NC = Numerical Control). Die Informationen zur Steuerung einer NC-Maschine und zur Bewegung der Werkstücke sind auf einem automatisch auslesbaren >Datenträger gespeichert. Zur Erstellung des Steuerungsprogramms werden spezielle Programmiersprachen (z.B. >EXAPT, >APT) verwendet. Da dazu auf die Geometriedaten der Werkstücke zurückgegriffen werden muß, eröffnet die >Integration von CAM mit >CAD erhebliche Rationalisierungspotentiale (>Rationalisieren). Siehe auch: >CNC.

CAP
CAP
Produktion
Computer Aided Planning unterstützt die Arbeitsaufgaben des Arbeitsplaners, indem es im >Dialog die Zeiten für Arbeitsvorgänge und Rüstvorgänge sowie Leistungs- und Kostendaten der Betriebsmittel zur Verfügung stellt. Daraus werden die Vorgabewerte für die Arbeitsvorgänge ermittelt sowie die Zuordnung von Arbeitsvorgängen auf Betriebsmittel durchgeführt.

CAQ
CAQ
Produktion
Computergestützte >Informations- und Kommunikationssysteme, deren Aufgabe primär in der >Qualitätssicherung besteht, werden unter dem Begriff Computer Aided Quality Assurance zusammengefaßt. Als >Basissystem werden meist verteilte Systeme (>Distribuierung) mit Mikrorechnern vor Ort, dezentralen mittleren Computersystemen und Hauptrechnern verwendet. Voraussetzung für die wirtschaftliche Nutzung derartiger Systeme ist eine Fertigung in größeren Serien. Qualitätsdaten werden zunehmend on-line erfaßt (>On-line). Als wichtigstes Problem für die Zukunft derartiger Systeme ist deren >Integration mit >CAD und >CAM anzusehen. Siehe auch: >CAI. Die Entwicklung von >Expertensystemen für die Qualitätssicherung zeichnet sich ab. Siehe auch: >Qualitätssicherungssystem.

CAR

CAR = Computer Aided Robotics >Robotik

Cash Dispenser >Bankautomat

Cash-Management-System
cash management system
Finanz- und Rechnungswesen
Ein >Anwendungssystem zur Kunden-Selbstbedienung im Bankbereich (>Electronic Banking) für Firmenkunden. Es unterstützt:
- Die Informationsübermittlung für Kontostandsabfragen, über Darlehens- und Geldmarktgeschäfte, Wechsel- und Dokumentengeschäfte usw.
- Die Transaktion von Zahlungsmitteln wie Überweisungen und Umbuchungen, Überweisungs- und Scheckeinzahlungen, Währungszahlungen, Einrichtung und Ausführung von Daueraufträgen usw.
- Die Finanzplanung und -kontrolle durch Erstellen von Einnahmen-/Ausgabenprognosen (>Prognose), Investitionsrechnungen, Kapitalbedarfsrechnungen, Cash-Flow-Analysen usw.
- Das Währungs- und Devisenmanagement durch Fälligkeitsanalysen von Devisentermingeschäften, Übersichten über Devisen- und Sortenkurse, Analyse von Risiken (z.B. Transferrisiken), internationale Devisen- und Währungsstatistiken usw.

CD = Cash Dispenser >Bankautomat

CECUA-Modellvertrag >Modellvertrag

Centronics-Schnittstelle
centronics interface
Grundlagen Technik
Eine parallele >Schnittstelle zum Anschluß von >Druckern an >Mikrocomputer.

Checkliste >Prüfliste

Chef-Programmierer-Team
chief programmer team
Projektmanagement
Ein Konzept, bei dem versucht wird, die Nachteile klassischer Projektmodelle zu vermeiden. Der >Projektleiter ist dabei nicht nur für alle Arbeiten verantwortlich, sondern führt sie zum größten Teil allein durch; die anderen Projektmitglieder assistieren ihm dabei. Ein nach diesem Konzept organisiertes >Projekt soll nicht mehr als zehn Mitarbeiter umfassen. Der Kern des Teams besteht aus:
- Dem Chefprogrammierer als Projektverantwortlichem. Er entwirft das System und implementiert dessen wesentliche Teile selbst; er hat Einblick in das gesamte System und kontrolliert den Projektfortschritt.
- Dem Projektassistenten: Arbeitet mit dem Chefprogrammierer bei allen wesentlichen Entscheidungen zusammen; er vertritt den Chefprogrammierer.
- Dem Projektsekretär: Er verwaltet die Projektergebnisse.

CHILL
CHILL
Programmiersystem
CCITT High Level Language ist eine weltweit im Bereich der >Telekommunikation angewandte >Realzeit-Programmiersprache. Das Einsatzgebiet hat sich mittlerweile auf viele Bereiche der Prozeß- und Anlagensteuerung (>Prozeßsteuerung) erweitert. Die Sprache verfügt über universelle Synchronisationsmechanismen.

Chip >Integrierte Schaltung

Chipkarte
smart card
Eingabetechnik/Speichertechnik
Ein >Datenträger, in den ein Chip (>Integrierte Schaltung) eingebaut ist. Die funktionellen Möglichkeiten des Chips erweitern den Anwendungsbereich ganz wesentlich gegenüber der klassischen Form der >Magnetkarte. Ähnlich wie Magnetkarten werden mit Chipkarten bestimmte Funktionen in mit Ausweislesern verbundenen >Funktionseinheiten ausgelöst (z.B. >PIN; Zugangskontrolle). Siehe auch: >COPYTEX, >AIDA.

CIM
CIM
Produktion
Computer Integrated Manufacturing, die zusammenfassende Bezeichnung für ein integriertes >Anwendungssystem (>Integration) mit den Komponenten >CAD, >CAM und >PPS.

CIO = Chief Information Officer >Informationsmanager

CLG
CLG
Entwurfsmethode
Command Language Grammar ist eine Methode zum Beschreiben und Entwerfen der >Benutzerschnittstelle unter Verwendung einer >Top-Down-Strategie mit schrittweiser Verfeinerung (>Schrittweise Verfeinerung). Ausgangspunkt ist die vom >Benutzer zu lösende Aufgabe (Aufgabenebene, semantische Ebene), die zur Gestaltung der "konzeptionellen Komponente" führt. Diese wird mit Hilfe der >Kommandosprache auf der syntaktischen Ebene und der Interaktionsebene implementiert ("Kommunikationskomponente"). Schließlich folgt die Gestaltung der "physikalischen Komponente", also die konkrete Gestaltung der >Kommunikation von Ein-/Ausgabeinformationen und der dafür verwendeten Dialogmedien (>Dialogmedium). Konzeptionelle Komponente und Kommunikationskomponente werden in der >Notation von CLG beschrieben.

Clusteranalyse
cluster analysis
Analysemethode
Man hat eine Menge von Untersuchungsobjekten, die durch p Merkmale charakterisiert sind; jedes Untersuchungsobjekt ist als ein Punkt im p-dimensionalen Merkmalsraum dargestellt. Es kann Teilmengen mit homogenen Entstehungsbedingungen ge-

CNC

ben, die sich von denen anderer Teilmengen unterscheiden. Ziel der Clusteranalyse ist es, solche Teilmengen ausfindig zu machen. Dazu definiert man einen wie auch immer festgelegten Abstand zwischen allen Paaren von Punkten (z.B. den euklidischen Abstand). Ein Kriterium für das Auffinden eines Clusters ("Klumpen") ist es dann, alle Punkte zusammenzufassen, deren wechselseitiger Abstand kleiner ist als der zwischen den Punkten irgend eines anderen Clusters.

CNC
CNC
Produktion
Weiterentwicklung des >CAM. Beim Computerized Numerical Control werden Werkzeugmaschine und Werkstück on-line (>On-line) von einem Rechner gesteuert. Dies führt gegenüber CAM zu mehr >Flexibilität, z.B. bezüglich der >Anforderung, einzelne Arbeitsgänge mehrmals zu wiederholen. Siehe auch: >DNC. Ein Beispiel für ein CNC-System ist SINUMERIK 810 von Siemens, das bis zu vier Achsen und eine Hauptspindel steuern kann und speziell auf kleine Werkzeugmaschinen ausgelegt ist.

COBOL
COBOL
Programmiersystem
Common Business Oriented Language ist die verbreitetste problemorientierte Programmiersprache (>Problemorientierte Programmiersprache) für kommerzielle Anwendungen. Die Sprache wird im Rahmen von CODASYL ständig gepflegt und erweitert. Neben dem Standard-COBOL hat sich eine neue Form, die inzwischen als Norm des ANSI gilt, nämlich das ANS-COBOL oder ANSI-COBOL entwickelt. ANSI-COBOL zeichnet sich durch seine Ausrichtung auf kommerzielle Probleme aus und verfügt über eine umfangreiche und differenzierte Eingabe und Ausgabe sowie über eine differenzierte Dateiverknüpfungstechnik. Ein COBOL-Programm ist stark formalisiert, was eine hohe Dokumentationswirkung hat; auf der anderen Seite wird der Programmieraufwand erhöht. Zur Erleichterung der Programmierung werden in der ANSI-COBOL-Form Hilfsmittel, wie z.B. >Generatoren, eingesetzt.

COCOMO
COCOMO
Kosten- und Leistungsrechnung
Constructive-Cost-Model, eine von B. W. Boehm entwickelte >Methode zur Kalkulation von >Projekten für die Entwicklung von >Anwendungssystemen. Mit Hilfe der >Korrelationsanalyse wurde durch empirische Untersuchungen (>empirisch) ein funktionaler Zusammenhang zwischen der Größe eines Anwendungssystems (gemessen in Anzahl >Befehle) und den >Kosten ermittelt. Daraus wurden die folgenden Beziehungen für die Schätzung der für eine Neuentwicklung benötigten Mannmonate (MM) abgeleitet (mit QUAN = Anzahl der Befehle/1000, QUAL = Qualitätsfaktor und PROD = Produktivitätsfaktor):
- Für Anwendungssysteme im >Stapelbetrieb: MM = 2,4 QUAN hoch 1,05 mal QUAL mal PROD.
- Für Anwendungssysteme im On-line-Betrieb (>On-line): MM = 3,0 QUAN hoch 1,12 mal QUAL mal PROD.

- Für Anwendungssysteme im >Realzeitbetrieb: MM = 3,6 QUAN hoch 1,20 mal QUAL mal PROD.

Der Qualitätsfaktor (>Qualität) und der Produktivitätsfaktor (>Produktivität) sind projektabhängig festzulegen. Siehe auch: >Aufwandschätzung.

Code
code
Darstellungstechnik
Eine Vorschrift für die eindeutige Zuordnung (Codierung) der >Zeichen eines Zeichenvorrats zu denjenigen eines anderen Zeichenvorrats (Bildmenge; vgl. DIN 44300). Beispiele für Codes sind: ASCII, EBCDIC.

Code-Prüfung
code checking
Sicherungssystem
Ein Verfahren, einen >Code auf Richtigkeit oder Gültigkeit zu prüfen.

Codierte Daten >Code, >Daten

COM
comfilm
Ausgabetechnik/Speichertechnik
Computer-Output-Mikrofilm. Mikrofilme dienen dem Speichern, dem Verteilen und dem Archivieren (>Archivierung) von >Daten, deren Ursprung >Datenverarbeitungssysteme sind, wobei die Daten ohne einen >Datenzwischenträger (z.B. Papier) direkt auf Mikrofilm übertragen und dort aufgezeichnet werden (vgl. DIN 19065). Im englischen Sprachgebrauch wird unter COM das Verfahren (Computer-Output-Microfilming), die Anlage (Computer-Output-Microfilmer) und der Film (Computer-Output-Microfilm) verstanden.

Command Language Grammar >CLG

Common Business Oriented Language >COBOL

Compiler >Kompilierer

Computation Availability >Leistungsbereitschaft

Computation Reliability >Leistungsbereitschaft

Computer >Datenverarbeitungssystem, >Digitalrechner, >von-Neumann-Rechner, >Analogrechner, >Optischer Computer

Computer Aided Design >CAD

Computer Aided Engineering >CAE

Computer Aided Industry >CAI

Computer Aided Manufacturing > CAM

Computer Aided Production Planning >PPS

Computer Aided Quality Assurance >CAQ

Computer Integrated Manufacturing >CIM

Computer-Output-Mikrofilm >COM

Computerbetrug
computer fraud
Informationsrecht
Ein wesentliches Tatbestandsmerkmal des Betrugs liegt in der Verursachung eines (der Täuschungshandlung entsprechenden) Irrtums. Nach dem Motto "Computer können nicht irren" kann Tatobjekt einer Täuschungshandlung nur ein Mensch sein. Das normale Delikt des Betrugs kommt daher nur in jenen Fällen in Betracht, in denen ein Mensch getäuscht wird, der dann seinerseits die falschen Eingaben vornimmt. Wird beispielsweise ein Computer veranlaßt, Geld auf ein anderes Konto zu überweisen, so ist der Betrugstatbestand nicht anwendbar. Daher sind sowohl in der Bundesrepublik Deutschland (§ 263a StGB) als auch in Österreich (§ 147a StGB) entsprechende Gesetzesbestimmungen in Vorbereitung.

Computerbewertung >Methode der Leistungsmessung

Computergeführter Dialog >Dialogführung

Computergeneration
computer systems generation
Grundlagen Technik
Die allgemein übliche Bedeutung von Generation ist ein Zeitraum von etwa 30 Jahren, "ein Menschenalter". Im Zusammenhang mit der Entwicklung der Computertechnik orientiert man sich weniger an einem Zeitraum, als vielmehr an technischen und funktionellen Merkmalen, die als besonders typisch angesehen werden. Die Abbildung zeigt die Zuordnung dieser Merkmale zu den üblicherweise unterschiedenen fünf Generationen. Siehe auch: >Bildverarbeitung, >Datenverarbeitung, >Sprachverarbeitung, >Wissensverarbeitung.

Computerized Numerical Control >CNC

Computerkriminalität
computer crime
Informationsrecht
Die Summe aller deliktischen Handlungen, die an oder mit Hilfe von Computern begangen werden. Computer ist dabei als pars pro toto für die Gesamtheit der Informations- und Kommunikationstechniken *(>Grundlagen Technik)* anzusehen. Man versteht darunter aber nicht nur diejenigen Handlungsweisen, die nach derzeit bestehenden Gesetzen strafbar sind, sondern auch jene, die als strafwürdig anzusehen sind. Im Strafrecht gilt allgemein der Grundsatz "nulla poena sine lege". Das bedeutet, daß ohne ausdrückliche gesetzliche Strafdrohung keine Strafe verhängt werden darf. Damit ist auch die Möglichkeit ausgeschlossen, die durch die technische Entwicklung aufgeworfenen Rechtslücken durch Interpretation und Analogie zu schließen. Es gibt daher im Bereich der deliktischen

Handlungen sehr viele Sachverhalte, die nicht unter die "konventionellen" Straftatbestände fallen. Vielfach sind dies Handlungen (>Computerbetrug, >Zeitdiebstahl), die deswegen als strafwürdig angesehen werden, weil sie strafbar wären, würden sie mit einem anderen Hilfsmittel begangen. Auch sie sollen vom Begriff Computerkriminalität erfaßt sein. Während in den USA bereits in mehreren Staaten eigene Gesetze zur Abdeckung der Computerkriminalität erlassen wurden, wird in der Bundesrepublik Deutschland und in Österreich an der Verbesserung der Situation noch gearbeitet. Die möglichen deliktischen Handlungen werden in der Regel danach untergliedert, ob der Computer Ziel der Handlung ist oder als Werkzeug verwendet wird.

Generation	Technisches Merkmal	Funktionelles Merkmal
1.	Relais	numerische Datenverarbeitung
2.	Elektronenröhre	Verarbeitung großer Datenbestände
3.	Transistor	Kommunikationsfähigkeit (Fernverarbeitung, Vernetzung)
4.	Integrierte Schaltkreise	Erfassung der Umwelt (Sprach- und Bilderkennung)
5.	VLSI	Wissensverarbeitung

Abbildung Computergeneration

Computerlinguistik >Linguistische Datenverarbeitung

Computermanipulation
computer manipulation
Informationsrecht
Die partielle Veränderung von >Daten mit dem Ziel, das ordnungsgemäße Arbeitsergebnis zu beeinflussen, um sich einen Vermögensvorteil zu verschaffen. Dies kann einerseits durch Eingabe falscher Daten (Inputmanipulation), Störung der Verarbeitung (Programmanipulation) oder nachträgliche Veränderung des Outputs (Outputmanipulation) erfolgen. Die Strafbarkeit hängt wesentlich davon ab, wie die Manipulation durchgeführt wird. Siehe auch: >Computerbetrug.

Computermißbrauch
computer abuse
Informationsrecht
Da der Begriff >Computerkriminalität sprachlich unrichtig sei und außerdem eine Diskriminierung der >Datenverarbeitung darstelle, wurde vor etwa zehn Jahren eine Ersetzung durch den Terminus "Computermißbrauch" diskutiert. Allerdings hat

sich, wie die Vergangenheit bewiesen hat, der sprachlich unrichtige Begriff durchgesetzt.

Computermißbrauch-Versicherung
computer abuse insurance
Sicherungssystem/Katastrophenmanagement
Eine Versicherung, die zur Abdeckung der Schäden dienen soll, welche durch >Computermißbrauch verursacht werden können. Sie bietet Schutz gegen einige wichtige Risiken und bildet zusammen mit der >Sachversicherung und der >Vertrauensschaden-Versicherung einen ausreichenden Schutz gegen >Computerkriminalität.

Computersabotage
computer sabotage
Informationsrecht/Katastrophenmanagement
Die Vernichtung von >Daten, >Hardware und >Software. Die Besonderheit der Computersabotage bei der Hardware liegt weniger im rechtlichen Bereich (Sabotageakte sind als Sachbeschädigung oder Diebstahl strafbar), als vielmehr in der wirtschaftlichen Bedrohung einer >Organisation. Zur Verhinderung von Sabotageakten sind geeignete Schutzmaßnahmen zu ergreifen, weil durch die Strafdrohung allein die gravierenden wirtschaftlichen Folgen nicht abgedeckt werden können. Bei der Verarbeitung personenbezogener Daten (>Personenbezogene Daten) sind Schutzmaßnahmen auch gesetzlich vorgeschrieben, die vor allem Zugangskontrollen beinhalten (>Zugriffsberechtigung). Darüber hinaus sind jedoch auch bauliche Schutzmaßnahmen gegen Sabotage (z.B. Bombenanschläge) nötig. Ebenso wirtschaftlich bedrohlich ist die Zerstörung von Software und Daten. Bei fehlender >Datensicherung kann ein Sabotageakt (wie z.B. ein >Computervirus oder eine >Logische Bombe) die Existenz einer Organisation gefährden. Eine Bestrafung als Sachbeschädigung scheidet aus, weil Daten nicht als Sachen im strafrechtlichen Sinne angesehen werden.

Computerspionage
computer spying
Informationsrecht
Zusammenfassende Bezeichnung für Delikte, deren Tathandlung auf die unberechtigte Erlangung und Verwertung von EDV-mäßig gespeicherten >Daten gerichtet ist. Diese stellen durch die Anknüpfung am Tatobjekt "EDV-Daten" Sonderfälle der allgemeinen Wirtschaftsspionage dar, wobei allerdings der EDV auch Unterstützungsfunktion bei der Ausübung zukommen kann. Siehe auch: >Datendiebstahl.

Computertomographie
computerized tomography
Verarbeitungstechnik
Tomographie ist die Abbildung einer dünnen Schicht eines dreidimensionalen Körpers. Unter Computertomographie versteht man in der medizinischen Technik ein bildgebendes System, auf der Basis digitaler Meßsignale und computergestützter numerischer Verarbeitung. Röntgen, Magnetische Resonanz und Ultraschall sind drei Systeme der Com-

putertomographie, die Schnittbilder des zu untersuchenden Objekts (>Entität) mit hoher Qualität, Auflösung und Aussagekraft liefern.

Computerunterstützte Konstruktion >CAD

Computerunterstützter Unterricht
computer aided instruction
Sonstige Aufgabe
Die Ausgestaltung des programmierten Unterrichts (>Programmierter Unterricht) durch Informations- und Kommunikationstechniken *(>Grundlagen Technik),* bei dem die Schüler und das Unterrichtsprogramm Aufgaben des Lehrers übernehmen ("aufgebender Unterricht"). Er enthält die Phasen Stoffvermittlung, Lernzielkontrolle und individuelle Wiederholung und Erläuterung, die durch die Struktur des Unterrichtsprogramms realisiert werden. Die notwendigen Leistungen eines >Programms sind aus den pädagogisch-methodischen und organisatorischen >Anforderungen an diese Unterrichtsform abzuleiten.

Computerunterstütztes Publizieren >Autorensystem, >Elektronisches Buch

Computervirus
computer virus
Informationsrecht/Katastrophenmanagement
Ein >Programm, das eine Kopie von sich selbst erstellen und dieses Duplikat in ein anderes Programm einfügen kann. Man bezeichnet diesen Vorgang als Infizieren. Das infizierte Programm kann nun seinerseits wieder weitere Programme infizieren, sodaß innerhalb kürzester Zeit ein ganzes *>Datensystem* bzw. >Netz verseucht sein kann. Das eigentliche Sicherheitsrisiko liegt darin, daß nicht gesagt werden kann, was dieser Virus im Wirtsprogramm verursacht. Im einfachsten Fall werden sofort mit der Infektion Auswirkungen sichtbar, wie z.B. falsche Rechenergebnisse. Es ist aber auch denkbar, daß der Virus "schläft", bis er durch eine besondere Konstellation zum Leben erweckt wird, sodaß unerklärliche >Fehler auftreten, und zwar zu ganz verschiedenen Zeitpunkten in den einzelnen infizierten Programmen.

CONCURRENT PASCAL >Realzeit-Programmiersprache

Constantine-Methode >Software-Entwurfsmethode

Constructive-Cost-Model >COCOMO

Container-Rechenzentrum >Ausweich-Rechenzentrum

Controller
controller
Berufsbild - Tätigkeitsfeld
Die Ausbreitung der Informations- und Kommunikationstechnik *(>Grundlagen Technik)* in Wirtschaft und Verwaltung hat zu einer Reihe zusätzlicher oder neuer Aufgaben *(>Grundlagen Aufgabe)* der >Informationsfunktion geführt; mit ihrer Erfüllung sind erhebliche finanzielle Konsequenzen verbunden (z.B.

Copyright

die Entwicklung oder Beschaffung von >Anwendungsprogrammen, die Beschaffung der >Basissysteme). Dies erfordert unter anderem eine entsprechende Ausweitung des Rechnungswesens (>Kosten- und Leistungsrechnung). Aufgabe des Controllers für die Informationsfunktion ist die Steuerung der Informationsfunktion. Dies erfordert seine Mitwirkung bei der >Planung, die Überwachung der gesetzten >Ziele und das Aufspüren von >Schwachstellen. Er arbeitet im engsten Kontakt mit der >Abteilung Informations- und Kommunikationssysteme und den Fachabteilungen der >Anwender und sollte unmittelbar an die Geschäftsleitung berichten.

Copyright >Urheberrecht

COPYTEX
COPYTEX
Sicherungssytem
Ein Sicherungssystem für den Betrieb von >BTX. COPYTEX besteht aus einem Schreib- und Lesegerät für die vorgesehenen >Datenträger und den kartenförmigen Datenträgern (>Plastikkarte) selbst, welche als Speichermedium einen Magnetstreifen oder Halbleiterchip (>Integrierte Schaltung) besitzen. Statt künstliche Echtheitsmerkmale auf den Datenträger (Karte) zu bringen, macht sich das COPYTEX-Verfahren die natürliche, individuelle materielle Struktur des Datenträgers zu Nutze. Gemessene Strukturwerte werden digitalisiert (>digital) und als Echtheitsprotokoll im Speichermedium des speziellen Datenträgers (Karte) hinterlegt. Die Echtheitsprüfung erfolgt in Form eines Soll/Ist-Vergleichs zwischen dem gespeicherten Echtheitsprotokoll als Referenz und aktuellen Meßwerten der strukturellen Beschaffenheit des Datenträgers. Diese werden bei jeder Datenträgerbenutzung neu ermittelt. Der gemessene, aktuelle Ist-Zustand wird als neue Soll-Vorgabe bzw. Referenz für die nächste Echtheitsprüfung dem Datenträger eingespeichert. Veränderungen der Struktur, wie sie sich im Gebrauch der Datenträger ergeben können, werden somit vom System innerhalb bestimmter Grenzen akzeptiert und fortgeschrieben. Siehe auch: >AIDA.

CORAL66 >Realzeit-Programmiersprache

CP/M
CP/M
Programmiersystem
Control Program for Microprocessors ist das >Betriebssystem für alle >Personal Computer und >Heimcomputer mit 8-Bit-Prozessoren (>Bit, >Prozessor). Wegen der großen Verbreitung und Tradition von CP/M existieren für die verschiedenen Geräte mit den Prozessoren Z80 (Zilog), 8080 und 8085 (beide Intel) für viele Anwendungen umfangreiche Software-Pakete. Die Weiterentwicklung CP/M86 (Intel 8086 und 8088) eignet sich für Systeme mit 16-Bit-Prozessoren. Für das Mehrplatzsystem (>Mehrbenutzersystem) wurde MP/M entwickelt.

CPM
CPM
Darstellungsmethode/Entwurfsmethode

Methode des kritischen Wegs (Critical Path Method); häufigste Anwendungsart eines >Netzplans (1956/57 von Dupont entwickelt). Es werden Vorgänge beschrieben und durch Pfeile dargestellt (Vorgangspfeilnetzplan). Siehe auch: >Netzplantechnik.

Critical Path Method >CPM

Cross-Compiler
cross compiler
Programmiersystem
Ein >Kompilierer, der auf einem >Datenverarbeitungssystem für andere Datenverarbeitungssysteme bestimmte >Maschinenprogramme erzeugt.

Cross-Impact-Analyse
cross-impact analysis
Analysemethode
Ein >Werkzeug, mit dessen Hilfe eine Menge von >Szenarios, also von möglichen zukünftigen Entwicklungen, computergestützt generiert werden kann. Ein Beispiel dafür ist INTERAX (Interactive Model for Studying Future Business Environments).

CSL = Computer Simulation Language >Simulationssprache

CSMA/CD >LAN

CSMP >Simulationssprache

CSNET
CSNET
Transportdienst
Das Computer Science Net ist ein logisches internationales Netzwerk (>Netz) für Wissenschaft und Forschung, das sich der physischen Netzwerke >ARPANET, und >PHONENET bedient. Die Netzübergänge sind für den Benutzer transparent. Das Netz arbeitet nach der Straight-Foreward-Technik (>store and foreward). Es besteht auch ein >Gateway zum >BITNET. Zur Einbindung nationaler Netzwerke in CSNET ein Gateway-Rechner notwendig. Für die Bundesrepublik Deutschland wird der CSNET-Gateway-Rechner von der Universität Karlsruhe betrieben.

CPU-Zeit >Laufzeit

Cursor
cursor
Eingabetechnik
Ein auf dem >Bildschirm sichtbares >Zeichen, das die Stelle angibt, an der Daten eingegeben, gelöscht oder verändert werden können. Bewegt wird der Cursor über die >Tastatur oder durch besondere Steuergeräte wie >Maus und >Rollkugel. Da bei der Dateneingabe über Tastatur der Cursor gleichzeitig den Platz für das nächste zu schreibende Zeichen angibt, bewegt er sich automatisch mit dem Eingeben neuer Zeichen in der Zeile sowie beim Bedienen der Leertaste, Rücktaste und

Customizing

Zeilenschaltung weiter. Die Steuerung der Cursorbewegung über >Programme ist ebenfalls möglich.

Customizing
customizing
Anwendungssystemmanagement/Datenmanagement
Die Anpassung von >Anwendungssoftware (>Anwendungsprogramm) an die >Anforderungen des >Anwenders, insbesondere die Anpassung von >Standardsoftware. Anpassungsmaßnahmen beziehen sich auf folgende Objekte: Die Anpassung der Programmfunktionen an die Aufgaben *(>Grundlagen Aufgabe)*; die Anpassung von Namen und Bezeichnungen, Feldlängen und Satzaufbauten, der >Zugriffsberechtigungen und anderem an das organisatorische Umfeld des Anwenders; die Anpassung der >Benutzerschnittstelle an den >Benutzertyp; die Anpassung des Anwendungsprogramms an die vorhandenen >Basissysteme. Folgende Anpassungsmethoden werden angewendet:
- Die Erzeugung eines anwenderspezifischen >Codes (manuell oder maschinell unterstützt).
- Die Ablage der Customizing-Informationen als Daten, die zur Programmlaufzeit abgefragt werden.

Optimales Customizing setzt voraus, daß bestimmte Customizing-Anforderungen bereits bei der Softwareentwicklung beachtet werden. Erfahrungsgemäß erleichtert insbesondere die strikte Trennung der Programmfunktionen von der Ablaufsteuerung, den Datenzugriffen, den Ein- und Ausgaben und dem Layout von Bildschirmmasken und Listen das spätere Customizing.

CUU >Computerunterstützter Unterricht

D

DAM = Direct Access Method >Gestreute Dateiorganisation

Data Description Language >Datenbanksprache

Data Dictionary >Datenkatalog

Datei
file
Datensystem
Eine Zusammenfassung von Sätzen (>Datensatz), die in einem verarbeitungstechnischen Zusammenhang stehen. Die Zusammenfassung ist mit einem Dateinamen gekennzeichnet. Der Aufbau einer Datei ist in Umfang und Inhalt frei bestimmbar. Eine Datei kann einen >Datenträger ganz oder zum Teil oder mehrere Datenträger belegen (vgl. DIN 66010A1). Siehe auch: >Dateiorganisation.

Dateiaufbereiter >Editor

Dateigenerierung >Dateiverwaltung

Dateikatalog >Datenkatalog, >Datenkatalog-System

Dateiorganisation
file organization
Speichertechnik/Datensystem
Beschreibt die Anordnung der >Daten auf einem >Datenträger. (Synonym: Datenorganisation). Sie ist abhängig vom Datenträger, von den erwarteten Veränderungen im Datenbestand und der gewünschten Zugriffsmethode (>Zugriff). Siehe auch: >Sequentielle Dateiorganisation, >Indizierte Dateiorganisation, >Gestreute Dateiorganisation; >Gekettete Dateiorganisation, >Gekettete Dateiorganisation.

Dateiserver >Server

Dateitransfer >Datenübertragung

Dateiübertragung >Datenübertragung

Dateiverwaltung
file management
Datenmanagement/Datensystem
Umfaßt alle Arbeiten, die außer der Verwendung von >Dateien durch >Programme durchzuführen sind, um die eigentliche Dateibenutzung zu ermöglichen. Im einzelnen zählen dazu:
- Der Aufbau der Dateien (Dateigenerierung).
- Das Löschen von Dateien.
- Das formale Ändern (wie z.B. der Satzaufbau; >Datensatz).
- Das Führen der >Datenkataloge, aus denen die Merkmale der Datei, also Speicherort, Aufbau usw. ersichtlich sind.
- Das Überwachen der >Zugriffsberechtigung.

Daten
data
Datensystem/Darstellungstechnik
1. Die Abbildung von Elementen der Realität oder der Vorstellungswelt des Menschen. In einem >Informations- und Kommunikationssystem ist Abbildungsgrundlage für Daten der Ausschnitt der Realität, der durch die Aufgabenstellung (*>Grundlagen Aufgabe*) abgegrenzt wird. Entsprechend dem Umfang und der Bedeutung der Daten unterscheidet man eine Anzahl von Datenbegriffen, die wie folgt systematisiert werden können (nach HMD 1/1982, 103):
- Nach der Beziehung zum Erhebungszweck: Gezielt für einen bestimmten Zweck erhobene Daten (>Primärdaten) und Daten, die zusätzlich zum ursprünglichen Zweck für andere Aufgaben verwendet werden ("Sekundärdaten").
- Nach dem Entstehungsort: Daten, die außerhalb des betrachteten Systems entstehen ("Externe Daten") und Daten, die innerhalb des betrachteten Systems entstehen ("Interne Daten").
- Nach der >Funktion: Daten, welche veranlassen, daß etwas geschieht ("Steuerungsdaten", "Programmdaten"); Daten, mit denen etwas geschieht, die bearbeitet, verarbeitet und untersucht werden ("Passiv-Daten"), die entweder zum Ordnen, >Identifizieren und Sortieren dienen ("Ordnungs-Daten", "Identifikations-Daten") oder die geordnet, sortiert, klassifiziert, identifiziert, verarbeitet werden ("Mengen-Daten", "Wert-Daten").
- Nach der Stellung im Verarbeitungsprozeß: >Eingabedaten, >Ausgabedaten.
- Nach der Veränderbarkeit: Daten, die sich verändern können ("Variable Daten"), und Daten, die sich nicht verändern können ("Fixe Daten").
- Nach der zeitlichen Gültigkeit: >Stammdaten, >Bestandsdaten.

2. >Zeichen oder kontinuierliche Funktionen, die aufgrund von bekannten oder unterstellten Abmachungen und vorrangig zum Zwecke der Verarbeitung >Informationen darstellen (vgl. DIN 44300). Unter dem Gesichtspunkt der Datendarstellung können Daten wie folgt systematisiert werden:
- Nach der Art der zur Darstellung verwendeten Zeichen: Daten, die aus >Ziffern und >Sonderzeichen bestehen ("Numerische Daten"); Daten, die aus Buchstabenzeichen bestehen ("Alphabetische Daten"); Daten, die aus Ziffern, Sonder- und Buchstabenzeichen bestehen ("Alphanumerische Daten"); Daten, die aus Bildzeichen bestehen ("Ikonische Daten", >ikonisch).
- Nach der Darstellungsform: >Analoge Daten, >Digitale Daten.
- Nach der Formatierung: Daten, für welche Struktur und Länge innerhalb eines >Datensatzes vorgegeben sind ("Formatierte Daten") bzw. nicht vorgegeben sind ("Unformatierte Daten").
- Nach der Verschlüsselung: Daten, die von einer Zeichenfolge in eine andere umgesetzt (codiert) wurden ("Verschlüsselte Daten", "Codierte Daten") bzw. die in der ursprünglichen Zeichenfolge unverschlüsselt vorliegen ("Unverschlüsselte Daten").

Daten-Bauart
data type
Darstellungstechnik
Eine Gattung von digitalen Daten (>Digitale Daten), die nach ein und demselben Bildungsgesetz aufgebaut sind. Digitale Daten, deren Aufbau dem Bildungsgesetz einer Daten-Bauart genügt, werden Ausprägungen (instance) dieser Bauart genannt. Je zwei Ausprägungen derselben Daten-Bauart können in allen Einzelheiten übereinstimmen oder nicht; dementsprechend heißen sie gleiche bzw. unterschiedliche Ausprägungen (vgl. DIN 44300A2).

Daten-Direkteingabe >Verbindungsgrad

Daten-orientierter Ansatz
data-oriented approach
Methodik Systemplanung/Entwurfsmethode
1. Ansatz als Bestandteil einer Methodik der Systemplanung, (>Grundlagen Systemplanung), der dadurch gekennzeichnet ist, daß der Entwurf des >Datensystems zum Ausgangspunkt der Systementwürfe zu den Teilprojekten >Methodensystem, >Transportsystem, >Sicherungssystem und >Arbeitsorganisation gemacht wird. Entscheidende Begründung für diese Orientierung am Datensystem ist die Tatsache, daß >Information die wichtigste informationswirtschaftliche Ressource ist, und daß das Datensystem das Hilfsmittel zur Bereitstellung dieses wirtschaftlichen Gutes darstellt. Siehe auch: >Datenmanagement.
2. Im engeren Sinne eine Entwurfsmethode, bei der die Anforderungen an den Systementwurf in einer >Datenbasis nach >Entitäten und >Relationen erfaßt und daraus Systementwürfe generiert werden. Ein typischer Vertreter ist >PSL. Im Unterschied dazu: >Modellbildender Ansatz.

Datenabstraktion
data abstraction
Entwurfsmethode
Nach dieser Idee werden die >Programme schon auf abstraktem Niveau so weit wie möglich formalisiert und dabei unabhängig von speziellen Datenrepräsentationen entworfen. Dies steht im Gegensatz zur >Jackson-Methode.

Datenadministrator
data administrator
Berufsbild - Tätigkeitsfeld/Datenmanagement
>Aufgabenträger für die Aufgabe Datenmanagement in einer >Organisation. Er ist der >Abteilung Informations- und Kommunikationssysteme zugeordnet. Bisher in der Praxis kaum verbreitet.

Datenbank >Datenbanksystem

Datenbankabfragesprache >Abfragesprache, >Datenbanksprache

Datenbankadministrator >Datenadministrator

Datenbankbeschreibung >Datenmodell

Datenbankbeschreibungssprache >Datenbanksprache

Datenbankmanagementsystem >Datenverwaltungssystem

Datenbankmaschine >Datenbankrechner

Datenbankrechner
data bank computer
Verarbeitungstechnik
Ein >Datenverarbeitungssystem, das für den Einsatz eines >Datenbanksystems besonders geeignet ist. Die Belastung eines Datenverarbeitungssystems durch Datenbanksysteme ist so groß, daß mit einer Beeinträchtigung des Mehrbenutzerbetriebs (>Mehrbenutzersystem) gerechnet werden muß. Diese Nachteile lassen sich vermeiden, wenn das Datenbanksystem in ein eigenes Datenverarbeitungssystem (Datenbankrechner) ausgelagert wird. Von einer Datenbankmaschine spricht man dann, wenn der Datenbankrechner über eine >Architektur der >Hardware verfügt, die für das Datenbanksystem besonders geeignet ist. Siehe auch: >Dediziertes System.

Datenbankschema
data bank scheme
Darstellungsmethode
Die Abbildung eines >*Datensystems* mit einem bestimmten >Datenmodell, ergänzt durch eine Visualisierung, welche die >Daten und das zwischen ihnen bestehende Beziehungsgefüge sichtbar macht. Siehe auch: >Drei-Schema-Konzept.

Datenbanksprache
data base language
Programmiersystem
Aus der Sicht des >Benutzers besteht eine Datenbanksprache aus den Komponenten Datenbankbeschreibungssprache (Data Description Language = DDL) und Datenmanipulationssprache (Data Manipulation Language = DML). Mit Hilfe der DDL wird das Schema vom Benutzer formuliert und mit Hilfe der DML werden dem Benutzer Sprachelemente zur >Kommunikation mit dem >Datenbanksystem zur Verfügung gestellt. Die DML ist die wichtigste >Benutzerschnittstelle des Datenbanksystems. Nach der Art, wie >Daten bei einer Abfrage (>Transaktion) ausgewählt werden, wird zwischen prozeduralen und deskriptiven Sprachen unterschieden (>Prozedurale Sprache, >Deklarative Sprache). Bei der für relationale Datenbanksysteme (>Datenmodell) entwickelten deskriptiven Sprache SEQUEL können mit drei >Befehlen komplizierte Abfragen formuliert werden. DML können in >Programmiersprachen eingebettet oder selbständig (z.B. ALPHA) sein. Sie können freie Abfragen (>Freie Abfrage) oder nur standardisierte Abfragen (>Vorprogrammierte Abfrage) zulassen. Siehe auch: >Abfragesprache, >Gastsprache.

Datenbankstrukturdiagramm >Datenbankschema

Datenbanksystem
data base system
Datensystem/Programmiersystem

Datenelement

Zusammenfassende Bezeichnung für ein Gebilde aus >Datenbasis und >Datenverwaltungssystem, zweckmäßigerweise ergänzt um eine >Methodenbasis mit einem >Methodenverwaltungssystem.

Datenbankverwaltungssystem >Datenverwaltungssystem

Datenbankzugriff >Datenbanksystem, >Zugriff

Datenbasis
data base
Datensystem
Eine Menge von >Daten, auf die innerhalb eines >Systems oder Teilsystems durch einen >Datenverarbeitungsprozeß zugegriffen wird.

Datenbeschreibungssprache >Datenmodell

Datenbeziehung
data relationship
Datensystem
1. Die Tatsache, daß die >Ausgabedaten einer Aufgabe (>*Grundlagen Aufgabe*) ganz oder teilweise >Eingabedaten einer anderen Aufgabe sind (vice versa). Bedeutsam in Verbindung mit verschiedenen Formen der >Integration.
2. Die Zuordnung von >Entitäten aus zwei oder mehr Entitätsmengen. Siehe auch: >Assoziationstyp.

Datenblock >Block

Datenchiffrierender Schlüssel >Schlüssel

Datendefinitionssprache >Datenbanksprache

Datendiebstahl
data theft
Informationsrecht
>Daten bieten den Vorteil, daß ihre Wegnahme sehr leicht und schnell vor sich geht, u.U. kann der Täter sogar aus der Ferne arbeiten. Beim Diebstahl einer normalen Sache merkt der Besitzer die Wegnahme sofort, beim Datendiebstahl wird an den Orginaldaten nichts verändert. Daten sind daher auch nicht vom Sachbegriff der einschlägigen Bestimmungen über Diebstahl erfaßt; Datendiebstahl ist daher kein Diebstahl im rechtlichen Sinne. Es gibt keine generelle Strafbestimmung für Datendiebstahl. Allerdings stehen für den Bereich der personenbezogenen Daten (>Personenbezogene Daten) das >Datenschutzgesetz, für den Bereich der sachbezogenen Daten eine Reihe von Bestimmungen in Einzelgesetzen sowie allgemeine Geheimnisschutzbestimmungen als Strafbarkeitsnormen zur Verfügung.

Datenelement
data element
Darstellungstechnik
In gegebenem oder unterstelltem Zusammenhang als nicht mehr zerlegbar anzusehende digitale Daten (>Digitale Daten, vgl. DIN 44300A).

Datenendeinrichtung
data terminal equipment
Netzwerktechnik
Eine Einrichtung (abgekürzt: DEE), die aus einer >Fernbetriebseinheit und einer oder mehreren der folgenden Einheiten besteht: >Eingabegerät; >Ausgabegerät; >Rechenwerk; >Leitwerk; >Speicher; gegebenfalls >Fehlerüberwachungseinheit und >Synchronisiereinheit. Siehe auch: >Datenübermittlungssystem.

Datenendgerät
data processing terminal equipment
Eingabetechnik/Ausgabetechnik
Gerät zur Datenein- und/oder Datenausgabe mit einer Steuerungseinheit für die >Datenübertragung (abgekürzt DEG). Datenendgeräte können speziell für die Übermittlung von >Daten entwickelt oder aus >Datenverarbeitungssystemen und/oder Fernmeldegeräten entstanden sein. An Datenendgeräte können periphere Geräte (>Peripherie) angeschlossen sein (vgl. DIN 9762). Das Datenendgerät ist die bauliche Zusammenfassung der >Funktionseinheiten einer >Datenendeinrichtung nach DIN 44302.

Datenerfassung
data collection
Datensystem
Eine Menge von Operationen zur Verbindung eines >Datenverarbeitungsprozesses mit dem ihm zugrundeliegenden realen Prozeß (>Realer Prozeß).

Datenerfassungsbeleg
data collection sheet
Datensystem/Transportsystem
Ein >Beleg für die >Datenerfassung; er ist entweder >Urbeleg oder >Datenzwischenträger. Siehe auch: >Verbindungsgrad.

Datenfeld >Datensatz

Datenfernverarbeitung
teleprocessing
Allgemeine Grundlagen
Zusammenfassende Bezeichnung für >Datenverarbeitung und >Datenübertragung unter Benutzung fernmeldetechnischer Dienste.

Datenfluß
data flow
Datensystem
Der Weg von >Daten durch ein >System mit seinen sachlichen und zeitlichen Zusammenhängen, insbesondere mit seinen Zusammenhängen mit >Datenverarbeitungsprozessen und Datenbasen (>Datenbasis). Eine typische Darstellungsform für Datenflüsse ist das >Datenflußdiagramm.

Datenfluß-orientierte Feinstudie
data-flow-oriented detailed analysis
Methodik Systemplanung

Eine methodische Vorgehensweise zur Durchführung der >Feinstudie. >Istzustandserfassung und >Istzustandsanalyse erfolgen dabei nach dem >Datenfluß entweder innerhalb von >Datenverarbeitungskomplexen oder von >Teilsystemen. Im Unterschied zur abteilungs-orientierten Feinstudie (>Abteilungs-orientierte Feinstudie) werden dabei nur die >Struktureinheiten untersucht, die an der Bearbeitung von Aufgaben (>Grundlagen Aufgabe) innerhalb der definierten Datenverarbeitungskomplexe bzw. Teilsysteme beteiligt sind. Innerhalb dieser Struktureinheiten werden nur die Aufgaben untersucht, die zu den definierten Datenverarbeitungskomplexen bzw. Teilsystemen gehören. Die Verbindung der Vorteile beider Varianten der datenfluß-orientierten Feinstudie führt zu einer methodischen Vorgehensweise, die als kombinierte Feinstudie (>Kombinierte Feinstudie) bezeichnet wird.

Datenflußdiagramm
data flow diagram
Darstellungsmethode
Netzwerkähnliche Abbildung eines >Systems in Form der Systemkomponenten mit den zwischen diesen bestehenden >Schnittstellen. Die Systemabbildung erfolgt primär aus der Sicht der >Daten. Die Elemente eines Datenflußdiagramms sind gerichtete und bezeichnete Pfeile zur Darstellung des >Datenflusses, Kreise zur Darstellung von >Datenverarbeitungsprozessen, gerade Linien zur Darstellung von Datenbasen (>Datenbasis) sowie Rechtecke zur Darstellung von >Datenquellen bzw. >Datensenken. In der Abbildung fließen die Daten X aus der Datenquelle S, werden durch den Datenverarbeitungsprozeß P1 - der einen Zugriff auf die Datenbasis D erfordert - zu Y, diese durch den Datenverarbeitungsprozeß P2 zu Z verarbeitet. Siehe auch: >Logisches Datenflußdiagramm, >Physisches Datenflußdiagramm.

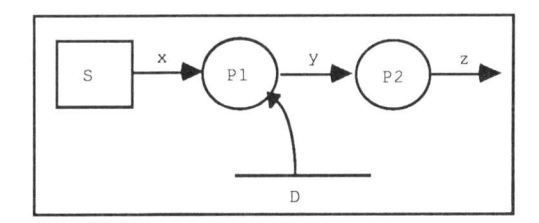

Abbildung Datenflußdiagramm

Datenflußrechner
data flow machine
Verarbeitungstechnik
Wegen seines überlegenen Organisationsprinzips bei der Kontrolle der Parallelarbeit wird er als Rechner der 5. Generation (>Computergeneration) bezeichnet. Die >Daten sind hier nicht nur passive Werte-Repräsentanten, sondern zugleich Synchronisationsmarken (>synchron), die eine Aktivität 'starten' können. Datenflußrechner sind durch folgende Merkmale ausgezeichnet:

Datenformat

- Die einzelnen Berechnungsaktivitäten werden ausschließlich durch verfügbar gewordene Datenwerte ausgelöst und nicht wie beim >von-Neumann-Rechner durch den Stand des Befehlszeigers.
- Sie sind nur mit einer Datenflußsprache bzw. einer funktionalen Programmiersprache (>Funktionale Programmiersprache) programmierbar.
- Die Daten dürfen nur einmal während der Berechnungsphase als Operandenwert verwendet werden (einmalige Wertzuweisung).

Die >Hardware besteht aus mehreren Verarbeitungseinheiten und mehreren intelligenten Speichereinheiten (>Speicher), die durch ein Netzwerk (>Netz) verbunden sind.

Datenformat
format
Darstellungstechnik
Beschreibt den Aufbau von >Daten bzw. deren Anordnung. Beim festen Format ist diese Anordnung vorgegeben. Beim freien Format wird diese Anordnung in gewissen Grenzen dem >Benutzer überlassen.

Datengeheimnis
data secret
Informationsrecht
Jene Personen, die beruflich mit der Verarbeitung personenbezogener Daten (>Personenbezogene Daten) beschäftigt sind, dürfen diese nur auf Grund und im Umfang der Anordnungen des >Auftraggebers weitergeben. Es ist ihnen untersagt, diese Daten anderen Personen zu übermitteln (vgl. § 5 >BDSG; § 20 >DSG). Alle Personen, die mit solchen Tätigkeiten beschäftigt sind, sind vor Aufnahme ihrer Tätigkeit zur Einhaltung des Datengeheimnisses ausdrücklich zu verpflichten. Zum Nachweis empfiehlt sich die Schriftform, auch wenn dies nicht explizit gefordert ist. Die Pflicht zur Wahrung des Datengeheimnisses besteht auch nach Beendigung der Tätigkeit.

Datengitter
relation chart
Darstellungsmethode
Eine spezifische Methode zur Sichtbarmachung und Dokumentation von >Datenstrukturen als semantischer Verbund (>Semiotik) in Form einer >Graphik, welche die Entitätsmengen (>Entität) und die zwischen ihnen bestehenden Beziehungen angibt. Die Abbildung zeigt ein exemplarisches Datengitter und seine Verallgemeinerung (Quelle: Wendt). Siehe auch: >Entitäten-Struktur-Diagramm.

Datenintegration >Organisatorische Integration

Datenintegrität
data integrity
Datensystem
Zusammenfassende Bezeichnung für >Datenkonsistenz, >Datensicherheit und >Datenschutz.

Datenkapsel >Datentyp

Datenkatalog
data dictionary
Datensystem/Datenmanagement
Eine >Datenbasis über >Entitäten, die sich auf alle Bereiche einer >Organisation beziehen und die >Daten, >Prozesse, Elemente von >Techniksystemen usw. beschreiben; ein Datenkatalog größeren Umfangs kann selbst mit Datenbankmethoden verwaltet werden. Siehe: >Datenkatalog-System.

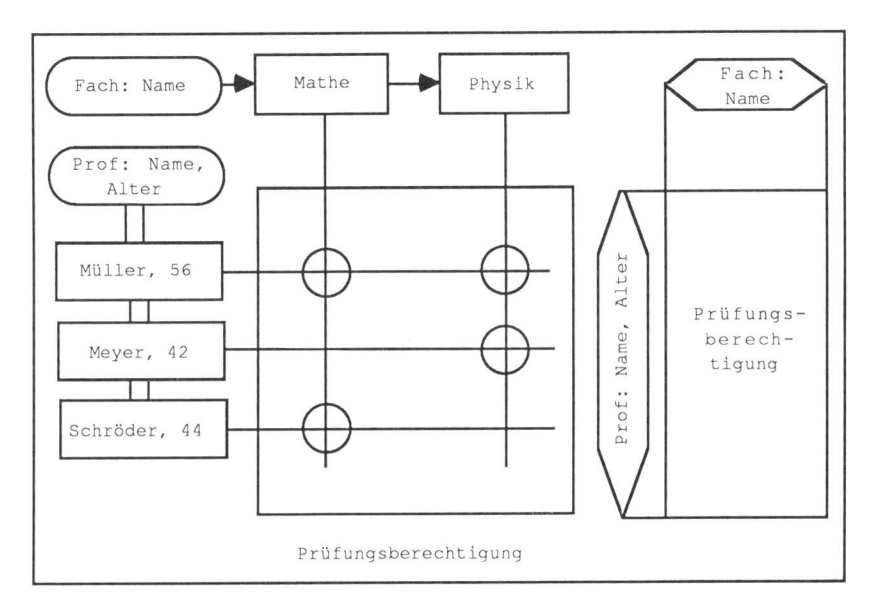

Abbildung Datengitter

Datenkatalog-System
data dictionary system
Programmiersystem/Datenmanagement
Ein Softwaresystem zur Verwaltung von Daten über >Entitäten, die sich auf alle Bereiche einer >Organisation beziehen und die >Daten, Prozesse (>Prozeß), >Benutzer, Elemente von >Techniksystemen usw. beschreiben. Daten über diese Entitäten können als Meta-Entitäten oder Meta-Daten bezeichnet werden. Diese werden über >Schnittstellen anderer Softwaresystemen zur Verfügung gestellt, um beispielsweise die Anwendungsprogrammierung (>Anwendungsprogramm) zu unterstützen. Ein Datenkatalog-System wird als primär charakterisiert, wenn es explizit auf Datenkatalog-System-Funktionen ausgelegt ist; sind diese nur Teil eines anderen Softwaresystems, nennt man es sekundär. Ein Datenkatalog-System ist unabhängig, wenn es ohne Unterstützung eines anderen >Datenverwaltungssystems voll ablauffähig ist, sonst bezeichnet man es als abhängig. Es ist aktiv, wenn es mit anderen Softwaresystemen integriert ist (in-line) und Änderungen der Meta-Daten automatisch durchgeführt werden; hat es lediglich Unterstützungsfunktion und wird nicht automatisch aktualisiert, dann nennt man es passiv. Ein Datenkatalog-System dient in erster Linie der Unterstützung des Systementwurfs,

Datenkonsistenz

da es die für den Entwurf notwendigen Meta-Daten zur Verfügung stellt. Da es aber auch Aussagen darüber macht, welche Anwendungssoftware von welchen Benutzern mit welchen Daten usw. verwendet wird, ist es ein brauchbares Werkzeug für das >Controlling.

Datenkonsistenz
data consistency
Datensystem
Die logische Richtigkeit (>Genauigkeit) der >Daten, die im konzeptionellen Schema (>Drei-Schema-Konzept) beschrieben sind und die in eine >Datenbasis aufgenommen werden sollen. Was logisch richtig ist, muß beim Entwurf des konzeptionellen Schemas festgelegt werden. Da hier primär die Frage der Bedeutung der Daten (Semantik) angesprochen wird, bezeichnet man Datenkonsistenz auch als semantische Datenintegrität. Eine konsistente Datenbasis darf nur mit konsistenzerhaltenden Operationen (>Transaktion) bearbeitet werden. Inkonsistenzen können z.B. durch einen >Programmabbruch entstehen; sie müssen beim >Wiederanlauf durch entsprechende Maßnahmen beseitigt werden.

Datenkonvertierung
data conversion
Implementierungsmethode/Datensystem
Eine Aktivität der programmtechnischen Vorbereitung (>Programmtechnische Vorbereitung). Sie ist dann erforderlich, wenn die >Daten in einer Darstellungsform vorliegen, die mit der nicht übereinstimmt, welche von den >Basissystemen verlangt wird, auf denen das Datensystem implementiert werden soll (>Implementierung). Dies ist z.B. der Fall, wenn die Daten maschinell nicht verarbeitbar sind (weil sie auf Karteien geführt werden), wenn ein anderer >Datenträger verwendet werden soll oder wenn der Satzaufbau (>Datensatz) verändert wird. Man unterscheidet zwei Vorgehensweisen der Datenkonvertierung:
- Datenkonvertierung zu einem Stichtag; das gesamte Datensystem wird in einem Zug umgestellt.
- Permanente Datenkonvertierung; die Daten werden jeweils zu dem Zeitpunkt konvertiert, zu dem sie durch >Primärdaten "bewegt" werden.

Datenkonzept
data concept
Datenmanagement
Die bewußte Planung, Überwachung und Steuerung des >Datensystems einer >Organisation, die als ein den Wettbewerb bestimmender Erfolgsfaktor (>Wettbewerbsanalyse) angesehen wird; insbesondere verwendet für die Beurteilung der Erfolgspotentiale von Bankbetrieben. Siehe auch: >Datenorientierter-Ansatz.

Datenmanipulation >Transaktion

Datenmanipulationssprache >Abfragesprache, >Datenbanksprache

Datenmodell
data model
Darstellungsmethode
Zur Beschreibung von >*Datensystemen* braucht man geeignete Beschreibungsmittel ("Datenbeschreibungssprache"); ein Datenmodell ist eine Datenbeschreibungssprache. Drei Datenmodelle haben sich als brauchbar erwiesen:
- Hierarchisches Datenmodell, das die Struktur eines Datenbestandes baumartig abbildet (>Baumstruktur); mehrere einfache >Hierarchien können zu mehrstufigen Hierarchien zusammengefügt werden. Eine rationelle und klare (sequentielle) Datenorganisation ist möglich, doch können in der Praxis wichtige >Datenstrukturen (z.B. m:m-Beziehungen) nicht abgebildet werden.
- Netzwerkmodell, das im Gegensatz zum Baum mehrere Wurzelelemente haben kann, weil eine >Entität mehreren Hierarchien angehören kann. Damit können Datensysteme mit größerer Realitätsnähe beschrieben werden (z.B. auch mit m:m-Beziehungen).
- Relationales Modell, das die Tabelle als Datenstruktur verwendet und auf die explizite Darstellung von Beziehungen zwischen diesen verzichtet. Seine wesentlichen Vorteile liegen in der Klarheit der Darstellung und in der Entkoppelung von der konkreten Anwendung.

Angenommen, es soll ein Datensystem für die Aufgabe Wasserstandsmessungen entworfen werden; die Abbildungen zeigen die Beschreibung des Systementwurfs mit den drei genannten Datenmodellen (Quelle: Zehnder).

Datenmodellentwurf
data model design
Entwurfsmethode
Für den Entwurf eines logischen Datenmodells (>Logisches Datenmodell) werden in der Literatur als entwurfsunterstützende >Heuristiken vorgeschlagen:
- Anwendungsorientierte Vorgehensweise, die von den >Daten des implementierten >*Datensystems* ausgeht.
- Bedarfsorientierte Vorgehensweise, die vom >Informationsbedarf der zukünftigen >Benutzer des implementierten Datensystems ausgeht.
- Gemischt anwendungs- und bedarfsorientierte Vorgehensweise, die von einer anwendungsorientierten Datenanalyse ausgeht und diese durch eine bedarfsorientierte Datenanalyse ergänzt.

Zur methodischen Unterstützung werden quadratische Beziehungsmatrizen verwendet, welche die Ordnung der >Attribute zu >Entitäten erleichtern sowie Hinweise auf >Datenbeziehungen geben. Daraus wird ein >Datenbankschema entwickelt, das mit Hilfe der Informationen einer Beziehungsmatrix Attribute/Abfragen optimiert wird, wobei auch Daten des >Mengengerüsts berücksichtigt werden.

Datenobjekt
data object
Darstellungstechnik
Zusammenfassung von digitalen Daten (>Digitale Daten) zu einer Einheit. Diese Zusammenfassung folgt einer bekannten

Datenorganisation

oder als bekannt unterstellten >Daten-Bauart. Ein Datenobjekt kann aus nur einem oder mehreren Datenelementen bestehen aber auch aus Datenobjekten und Datenelementen zusammen (vgl. DIN 44300A2).

Datenorganisation >Dateiorganisation

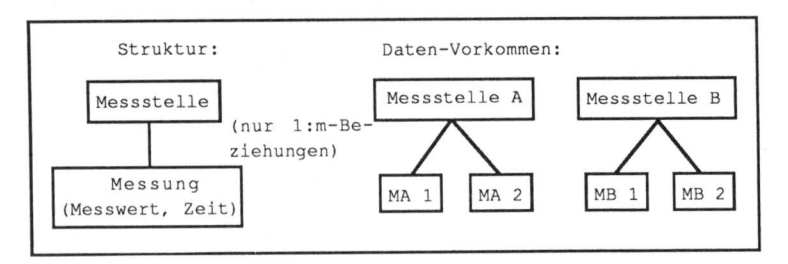

Abbildung Datenmodell: Hierarchisches Modell

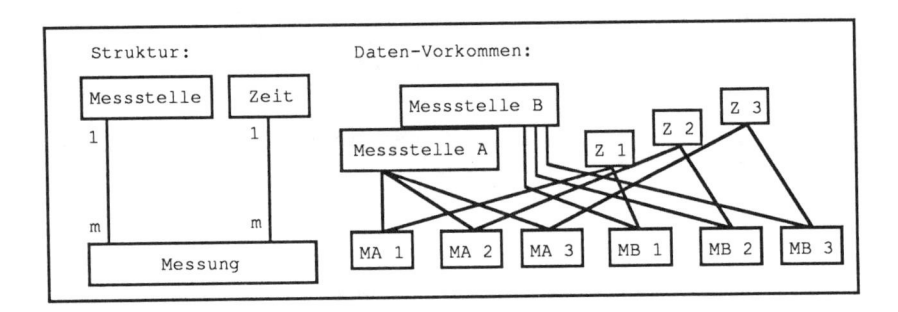

Abbildung Datenmodell: Netzwerkmodell

Abbildung Datenmodell: Relationales Modell

Datenorientierung >Daten-orientierter Ansatz

126

Datenpaket >Paket

Datenquelle
data source
Transporttechnik
Eine >Funktionseinheit, die >Daten sendet. Siehe auch: >Datensenke.

Datenreduktionsprogramm >Hardware-Monitoring, >Software-Monitoring

Datensatz
data record
Datensystem/Darstellungstechnik
Eine >Informationseinheit, die durch ihren Inhalt bestimmt ist (logischer Satz). Die Größe des Datensatzes ist von seinem Inhalt abhängig. Der Datensatz besteht aus Datenfeldern, die sich aus >Zeichen zusammensetzen; mehrere Datenfelder werden zu einem Segment zusammengefaßt. Eine >Datei besteht aus Datensätzen. Neben dieser logischen Hierarchie gibt es eine physische Hierarchie. Der Datenblock (>Block) der physischen Hierarchie steht in Beziehung zum Datensatz. Kann ein Datensatz genau in einem Datenblock untergebracht werden, so spricht man von ungeblockten Sätzen. Synome Bezeichnung nach DIN 66010A1: Satz. Siehe auch: >Satz fester Länge, >Satz variabler Länge.

Datenschutz
data privacy
Informationsrecht
Der im deutschen Sprachraum übliche Begriff "Datenschutz" ist ungenau, weil nicht nur >Daten und >Datenträger (dieser Teilaspekt wird allgemein als >Datensicherung bezeichnet) geschützt werden sollen, sondern vor allem >Informationen über einen bestimmten Lebensbereich. Dieses sich auf das Grundrecht auf Schutz der Privatsphäre (siehe Art. 8 der Europäischen Menschenrechtskonvention) berufende Anliegen muß gegenüber den >Datenbanksystemen der öffentlichen Hand seine Grenzen finden an anderen Staatszwecken; gegenüber den privaten Verarbeitern ist rechtspolitisch eine Abgrenzung zu den Grundrechten der Erwerbsfreiheit und der Informationsfreiheit (Art. 10 leg. cit.) sowie zu den technischen Möglichkeiten und Gegebenheiten zu suchen. Datenschutz bedeutet primär Datenverwendungskontrolle, nicht Datenverbot; mögliche Rationalisierungen (>Rationalisieren) sollen nicht verhindert werden. Die Erlassung von Datenschutzgesetzen ist daher das Ergebnis einer rechtspolitischen Interessensabwägung zwischen dem individuellen Persönlichkeitsrecht des einzelnen und den kollektiven Interessen von Staat und privater Wirtschaft. Siehe auch: >Datenschutzgesetz.

Datenschutzbeauftragter
data protection officer
Berufsbild - Tätigkeitsfeld/Informationsrecht
1. Der >Aufgabenträger für die in § 29 >BDSG genannten Aufgaben, dessen Bestellung in § 28 BDSG geregelt ist. Aufgaben des Datenschutzbeauftragten sind:

Datenschutzgesetz

- Das Führen einer Übersicht über die Art der gespeicherten personenbezogenen Daten (>Personenbezogene Daten) und über die Geschäftszwecke und Ziele, zu deren Erfüllung die Kenntnis dieser Daten erforderlich ist, über deren regelmäßige Empfänger sowie über die Art der eingesetzten >Datenverarbeitungssysteme.
- Überwachung der ordnungsmäßigen Anwendung der >Programme, mit deren Hilfe personenbezogene Daten verarbeitet werden sollen.
- Vertrautmachen der bei der Verarbeitung personenbezogener Daten beschäftigten Personen mit den Vorschriften des BDSG sowie anderen Vorschriften über den Datenschutz und die sich daraus ergebenden Konsequenzen für den Datenschutz durch geeignete Maßnahmen.
- Beratende Mitwirkung bei der Auswahl der in der Verarbeitung personenbezogener Daten tätigen Personen.

Bei den zur Erfüllung dieser Aufgaben erforderlichen Fähigkeiten stellt das Gesetz in erster Linie auf Fachkunde und Zuverlässigkeit ab.

2. Für den öffentlichen Bereich (>Öffentlicher Bereich) wird ebenfalls ein Datenschutzbeauftragter bestellt. Die Bestellung dieses Bundesbeauftragten für den Datenschutz wird in § 17, seine Rechtsstellung in § 18 >BDSG festgelegt. Zu seinen Aufgaben, die in § 19 BDSG genau beschrieben sind, gehört insbesondere die Kontrolle der Einhaltung der Vorschriften nach dem BDSG.

Datenschutzgesetz
data privacy act
Informationsrecht
Die Diskussion um den >Datenschutz begann Ende der sechziger Jahre im anglo-amerikanischen und skandinavischen Rechtsbereich. Dementsprechend stammen auch die ersten Gesetze aus diesen Ländern. In den USA wurde 1979 der Fair Credit Reporting Act (nur >Privater Bereich) und 1974 der Privacy Act (>Öffentlicher Bereich) verabschiedet. Schweden verabschiedete bereits 1973 ein allgemeines Datenschutzgesetz (Datalag vom 11. Mai 1973). In der Bundesrepublik Deutschland wurde ebenfalls etwa zu diesem Zeitpunkt ein Entwurf eines Bundesdatenschutzgesetzes beraten. In Kraft trat das >BDSG am 1. Jänner 1978. Dazu ist aber anzumerken, daß in einigen Bundesländern bereits vorher (Landes-)Datenschutzgesetze in Kraft waren. In Österreich stammt die erste Regierungsvorlage für ein Datenschutzgesetz vom Dezember 1975. Das >DSG wurde am 18. Oktober 1978 verabschiedet und trat am 1. Jänner 1980 in Kraft. In der Schweiz existiert noch kein bundesweites Datenschutzgesetz, allerdings sind einige entsprechende kantonale Regelungen schon seit mehr als zehn Jahren gültig.

Datenschutzkommission
data privacy commission
Informationsrecht
Ein Kontrollorgan (siehe auch >Datenschutzrat) des >DSG. Sie ist als "quasi-richterliches" Organ mit mindestens einem Richter zu besetzen, der den Vorsitz führt. Auch die übrigen Mitglieder sind aufgrund einer besonderen Verfassungsbestim-

Datensicherung

mung (§ 40 DSG) weisungsfrei. Die Aufgaben der Datenschutzkommission sind in § 36 aufgezählt. Dazu gehört insbesondere die Abwicklung aller Beschwerdeverfahren, soweit sie den öffentlichen Bereich (>Öffentlicher Bereich) betreffen.

Datenschutzrat
data privacy council
Informationsrecht
Ein Kontrollorgan (siehe auch >Datenschutzkommission) des >DSG. Während die Datenschutzkommission eher als rechtliches Kontrollinstrument anzusehen ist, bildet der Datenschutzrat das politische Instrument. Dies ergibt sich insbesondere aus der Zusammensetzung (§ 43 DSG). So wird der Großteil der Mitglieder von politischen Parteien bzw. Interessensvertretungen entsandt. Die Aufgaben des Datenschutzrats sind in § 42 DSG genannt. Insbesondere sind dies Aufgaben der Beobachtung der Auswirkungen der Informationsverarbeitung bzw. Anregungen zur Verbesserung des Datenschutzgesetzes.

Datensenke
data sink
Transporttechnik
Eine >Funktionseinheit, die übermittelte >Daten empfängt. Siehe auch: >Datenquelle.

Datensicherheit
data integrity
Datensystem/Sicherungssystem
Das >Ziel der >Datensicherung im Sinne eines Ergebnisses oder Zustands, das bzw. der erreicht werden soll (geplante Datensicherheit) bzw. erreicht ist (tatsächliche Datensicherheit). Gemeint ist lediglich die >Sicherheit des Datensystems. (Wegen der weitergehenden Bedeutung der Sicherheit für das >Informations- und Kommunikationssystem insgesamt siehe das Sachgebietsstichwort "Sicherungssystem"). Verletzungen der Datensicherheit offenbaren sich zunächst in einem realen Schaden (z.B. der Diebstahl eines >Datenträgers). Dieser zieht in der Regel einen wirtschaftlichen Schaden nach sich, indem er zu ungeplanten, zusätzlichen >Kosten und/oder zu ungeplanten Ertragsausfällen führt. Man bezeichnet die Möglichkeit eines realen Schadens als Gefahr, die Möglichkeit eines daraus resultierenden wirtschaftlichen Schadens als Risiko. Siehe auch: >Datenintegrität.

Datensicherung
data security
Datensystem/Sicherungssystem
Aufgabe der Datensicherung ist es, ein geplantes Ausmaß an >Datensicherheit mit minimalen >Kosten zu verwirklichen. Datensicherung meint also eine technisch-organisatorische Aufgabe, die im einzelnen durch geeignete >Datensicherungsmaßnahmen gelöst wird. Insbesondere soll die Datensicherung gewährleisten:
- Der >Zugriff zu >Daten soll nur berechtigten Personen möglich sein (>Zugriffsberechtigung).

Datensicherungsmaßnahme

- Es soll keine unerwünschte bzw. unberechtigte Verarbeitung von Daten erfolgen.
- Daten sollen bei der Verarbeitung nicht verfälscht werden.
- Daten sollen reproduzierbar sein.

>Formalziele, nach denen sich das Gestalten der Datensicherung vollziehen sollte, sind:

- Sicherung der >Datenkonsistenz und des >Datenschutzes.
- Sicherung der >Verfügbarkeit der Daten, d.h. ihre Bereitstellung immer dann, wenn sie benötigt werden.
- Sicherung der Vertraulichkeit der Daten, das heißt ihre Nutzbarmachung für den einzelnen >Benutzer nur dann, wenn dies zur Erfüllung der ihm übertragenen Aufgaben (>*Grundlagen Aufgabe*) erforderlich ist.

Datensicherungsmaßnahme
data security measure
Datensystem/Sicherungssystem
Eine Maßnahme, deren sich die >Datensicherung bedient, um >Datensicherheit zu verwirklichen. Es gibt eine Vielzahl von Datensicherungsmaßnahmen, die in einem ganzheitlichen Konzept der Datensicherung sinnvoll aufeinander abgestimmt sein müssen. Bezüglich der Ursachen für die Verletzung der Datensicherheit (ob diese also durch >Fehler oder durch >Computerkriminalität verursacht wird) unterscheiden sich Datensicherungsmaßnahmen häufig nicht, das heißt eine bestimmte Datensicherungsmaßnahme wirkt sowohl gegen Fehler als auch gegen deliktische Handlungen. Eine Systematisierung der Datensicherungsmaßnahmen kann nach technisch-organisatorischen Gesichtspunkten erfolgen:

- Nach zeitlichen Gesichtspunkten in vorbeugende, kontrollierende und korrigierende Datensicherungsmaßnahmen.
- Nach den verwendeten Hilfsmitteln in hardwaremäßige (>Hardware) und softwaremäßige (>Software) Datensicherungsmaßnahmen; auch als physische bzw. logische Datensicherungsmaßnahmen bezeichnet.
- Nach dem Gegenstand, auf den sich die Datensicherungsmaßnahme im einzelnen bezieht, in materielle, formale und zeitliche Datensicherungsmaßnahmen.

Datensichtgerät >Bildschirm

Datensichtstation >Bildschirm

Datenspeicher >Speicher

Datenspiegelung
shadowing
Speichertechnik
Die spiegelbildliche Darstellung von >Daten auf mehreren voneinander physikalisch unabhängigen >Datenträgern. Durch den ständigen "Spiegel" (Parallelaufzeichnung) ist die >Datenbasis jederzeit körperlich gesichert, zusätzlich kann die >Ausfallsicherheit des >Datenverarbeitungssystems erhöht werden. Besondere Algorithmen (>Algorithmus) steuern den Lesevorgang dergestalt, daß dieser auf jenem Datenträger durchgeführt wird, bei dem der >Lese-/Schreibkopf zu den gesuchten Daten am günstigsten steht. Dadurch können gegenüber

der nicht gespiegelten Datenspeicherung Zeitgewinne von bis zu 25% erreicht werden.

Datenstation
data station
Eingabetechnik/Ausgabetechnik
Eine Einrichtung, die aus >Datenendeinrichtung und >Datenübertragungseinrichtung besteht. In Sonderfällen besteht die Datenstation aus einer Datenendeinrichtung und einer Anschalteinheit an die >Übertragungsleitung.

Datensteuerung >Betriebssystem

Datenstruktur
data structure
Darstellungstechnik/Datensystem
1. Eine >Daten-Bauart zusammen mit ausgewählten >Operationen, die Ausprägungen dieser Bauart wieder in Ausprägungen derselben Bauart überführen. Die ausgewählten Operationen heißen strukturdefinierende Operationen; mindestens eine muß vorhanden sein (vgl. DIN 44300A2). Die Menge der strukturdefinierenden Operationen ist Bestandteil der Datenstruktur. Unterschiedliche Datenstrukturen können dieselbe Bauart haben.
2. Das Ergebnis der Abbildung eines Ausschnitts der Realität in ein Datensystem mit einem Datenmodell (>Datenstrukturierung). Man unterscheidet:
- Konzeptionelle Datenstruktur, die der Definition der Semantik (>Semiotik) des betrachteten Realitätsausschnitts dient und die Grundlage ist für verschiedene logische und physische Datenstrukturen, die alle semantisch äquivalent sind.
- Logische Datenstruktur, die sich an der >Anwendungsaufgabe und am >Benutzer orientiert; sie berücksichtigt z.B. nicht die >Effizienz, sondern primär die Qualität der >Benutzerschnittstelle ("Benutzeroberfläche").
- Physische Datenstruktur, also die Struktur der gespeicherten Daten, die insbesondere unter Effizienzgesichtspunkten gestaltet wird, z.B. durch geeignete >Zugriffspfade.

Siehe auch: >Assoziationstyp, >Drei-Schema-Konzept.

Datenstrukturierung
data structuring
Entwurfsmethode
Die Vorgehensweise bei der Abbildung der Realität in ein >*Datensystem,* die entweder einem Modellierungsansatz (>Datenmodellentwurf) oder einem Konstruktionsansatz (>Semantisches Datenmodell) folgt. Während der erste von einem Ausschnitt der Realität ausgeht und die semantische Zweckmäßigkeit der Begriffe und ihrer Beziehungen zueinander (>Semiotik) unterstellt, fordert der zweite einen Konstruktionsprozeß auf der semantischen Ebene, d.h. also auf der Ebene des aufgabenspezifischen Sachverständnisses.

Datentechnische Vorbereitung
data preparation
Grundlagen Systemplanung/Datenmanagement
Der Teil der Aufgaben der >Implementierungsvorbereitung, der zum Ziel hat, das entwickelte >*Datensystem* auf den dafür vorgesehenen >Speichern für alle >Anwendungsprogramme verfügbar zu machen. Dabei stehen die Aufgaben des Sammelns und Erfassens der Daten sowie die Überprüfung der Richtigkeit der >Datenerfassung im Vordergrund. Diese sind besonders dann problematisch und zeitaufwendig, wenn das geplante Datensystem gegenüber dem bestehenden erhebliche inhaltliche Lücken aufweist und wenn es in einer physischen Realisierungsform vorliegt, auf die ein maschineller Zugriff nicht möglich ist. Siehe auch: >Datenkonvertierung.

Datenträger
data medium
Speichertechnik
Das Material, in bzw. auf dem >Daten gespeichert werden (>Speicher; vgl. DIN 44300). Beispiele für Datenträger (Speichermedium) sind: >Diskette, >Magnetband, >Magnetplatte.

Datenträgeraustausch >Zwischenbetriebliche Integration

Datentyp
data type
Datensystem
Eine Menge M und eine Folge von Relationen R1, ..., Rn in M wird als Gebilde bezeichnet; sind die Relationen eines Gebildes Operationen, dann bezeichnet man diese als (abstrakte) Datentypen oder als Datenkapseln. Mit ihrer Hilfe sind Programmoduln (>Modul) so zu gestalten, daß auf deren Daten von außerhalb des Moduls nur mit den Operationen dieses Datentyps zugegriffen werden kann ("Zugriffsfunktion"). Die interne Realisierung der Zugriffsfunktion, welche die Daten bereitstellt, ist nach außen hin verborgen. Damit sind die Daten gegenüber solchen >Proceduren, die ohne Benutzung der Zugriffsfunktion auf sie zugreifen wollen, geschützt. Die programmiertechnische Bedeutung (abstrakter) Datentypen liegt also in einer Verbesserung der >Software-Qualität, insbesondere bezüglich des >Qualitätsmaßes >Zuverlässigkeit.

Datentypist
data typist
Berufsbild - Tätigkeitsfeld
>Aufgabenträger für die Aufgabe *(>Grundlagen Aufgabe)* der >Datenerfassung bei indirektem >Verbindungsgrad. Die Arbeitsaufgabe ist gekennzeichnet durch Interaktionen (>interaktiv) mit dem >Techniksystem nach festen Mustern ("Masken") und in häufiger Wiederholung. Für die *>Arbeitsorganisation* wichtig sind eine gute >Maskengestaltung, deutliche Kennzeichnung von Fehlersituationen (>Fehler, >Fehlerart) sowie keine Behinderung bei der Dateneingabe in hoher motorischer Geschwindigkeit.

Datenübermittlungssystem
data communication system
Netzwerktechnik
Ein oder mehrere >Übermittlungsabschnitte mit den zugeordneten >Datenquellen und >Datensenken. Die Abbildung zeigt die einzelnen Komponenten und ihr Zusammenwirken (Quelle: DIN 44302).

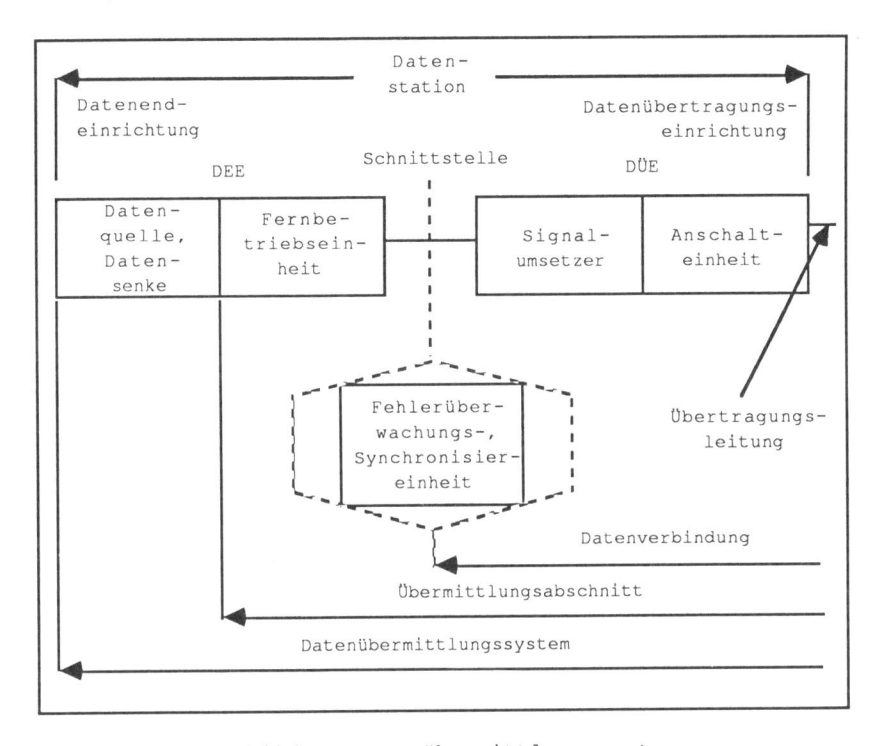

Abbildung Datenübermittlungssystem

Datenübertragung
data transmission
Transporttechnik
Bezeichnet einerseits Vorgänge und Techniken, durch die >Daten von einem peripheren Gerät (>Peripherie) in eine >Zentraleinheit gebracht werden (vice versa), andererseits versteht man darunter auch eine Übertragung zwischen mehreren Zentraleinheiten. Unter dem Duplexbetrieb versteht man das gleichzeitige Übertragen von Daten auf einer >Übertragungsleitung in beiden Richtungen. Ist dies zu einem bestimmten Zeitpunkt wahlweise nur in einer der beiden Richtungen möglich, spricht man von Halbduplexbetrieb oder Wechselbetrieb. Im Gegensatz dazu versteht man unter dem Simplexbetrieb das Übertragen von Daten auf einer Übertragungsleitung in einer Richtung. Die Datenübertragung einer >Datei wird als Dateitransfer bezeichnet. Siehe auch: >Datenfernverarbeitung.

133

Datenübertragungseinrichtung
data transmission equipment
Netzwerktechnik
Eine Einrichtung (abgekürzt: DÜE), die aus folgenden Einheiten bestehen kann: Signalumsetzer, Anschalteinheit, >Fehlerüberwachungseinheit und >Synchronisiereinheit. Jede dieser Einheiten kann bestehen aus: Sendeteil, Empfangsteil und Schaltteil. Der Signalumsetzer bringt a) die von der >Datenendeinrichtung angelieferten Datensignale in eine für die Übertragung geeignete Form und/oder b) die von der >Übertragungsleitung empfangenen Datensignale in die für die >Schnittstelle vorgesehene Form (vgl. DIN 44302). Siehe auch: >Datenübermittlungssystem.

Datenübertragungsgeschwindigkeit >Bit/s

Datenübertragungsrate >Bit/s

Datenübertragungsweg
transmission line
Netzwerktechnik
Technische Einrichtungen und Verfahren zur >Datenübertragung. Datenübertragungswege stehen in Europa – soweit sie öffentliches Gut berühren – unter der Hoheit der Postverwaltung. Siehe auch: >Übertragungsleitung.

Datenunabhängigkeit
data independence
Datensystem
Eine >Anforderung an den Entwurf einer >Datenbasis, die sich auf die Trennung zwischen der logischen >Datenstruktur und ihrer physischen Realisierung bezieht (>Drei-Schema-Konzept). Sie ist dann erfüllt, wenn Änderungen des logischen Modells (des physischen Modells) ohne Änderungen des physischen Modells (des logischen Modells) möglich sind. Man unterscheidet zwischen logischer Datenunabhängigkeit und physischer Datenunabhängigkeit.
- Logische Datenunabhängigkeit ist gegeben, wenn das >Datenbankschema geändert werden kann, ohne daß die >Anwendungsprogramme geändert werden müssen (z.B. wenn neue >Entitäten und damit neue >Datenbeziehungen eingefügt werden).
- Physische Datenunabhängigkeit ist gegeben, wenn die >Dateiorganisation geändert werden kann, ohne daß die Anwendungsprogramme geändert werden müssen (z.B. wenn der >Zugriff geändert wird).

Datenverarbeitung
data processing
Allgemeine Grundlagen
Ein Begriff, der – im Unterschied zur >Wissensverarbeitung – durch folgende Merkmale gekennzeichnet ist:
- Ein bekannter, geschlossener Lösungsalgorithmus (>Algorithmus).
- Explizite Informationsdarstellung in der >Datenbasis.
- Massendaten.
- Vollständigkeit der >Information.
Siehe auch: >Datenverarbeitungssystem.

Datenverarbeitung außer Haus >Service Rechenzentrum, >Time-Sharing-Rechenzentrum

Datenverarbeitungsabteilung
department for data processing
Infrastruktur
Die >Struktureinheit einer >Organisation, deren Aufgabe die Entwicklung von >Informations- und Kommunikationssystemen sowie der Betrieb der >Basissysteme ("Rechenzentrum") ist. Mit dem Übergang zu einer ganzheitlichen Betrachtung der >Informationsfunktion und zum Informationsmanagement (*>Grundlagen Informationsmanagement*) erfolgt ihre Einbindung in den umfassenderen Aufgabenbereich einer >Abteilung Informations- und Kommunikationssysteme.

Datenverarbeitungsanlage >Datenverarbeitungssystem

Datenverarbeitungskomplex
complex of data transformation
Grundlagen Systemplanung
Eine Menge von Aufgaben (*>Grundlagen Aufgabe*), deren Elemente bezüglich ihrer Phase gleichartig, bezüglich ihres Sachcharakters aber unterschiedlich sind. Phasen werden beispielsweise auf Grund des zeitlichen Bezugs der Aufgabe zu den die Aufgabe auslösenden realen Ereignissen (>Realer Prozeß, >Ereignis) gebildet (Abrechnungsaufgabe, Steuerungsaufgabe, Planungsaufgabe). Bedeutsam bei der Planung der Methodik der >Feinstudie (*>Erhebungsmethode, >Analysemethode*). Im Gegensatz zu Datenverarbeitungskomplex: >Teilsystem.

Datenverarbeitungsprozeß
process of data transformation
Grundlagen Systemplanung
Der Vorgang der Verknüpfung von >Eingabedaten zu >Ausgabedaten mit arithmetischen und/oder logischen Operationen (z.B. durch einen >Algorithmus).

Datenverarbeitungssystem
data processing system
Grundlagen Aufgabe/Grundlagen Technik
1. Im logischen Sinne der Durchführung einer Aufgabe ein >System zur Problemlösung für strukturierbare Aufgaben (>Strukturierbarkeit), das einen >Algorithmus verwendet, also ein eindeutiges Problemlösungsverfahren. Das System erwartet die Vorgabe einer Aufgabe aus der durch den Algorithmus beschriebenen Aufgabenklasse (Dateneingabe), löst dann das Problem durch Ausführen der >Anweisungen des Algorithmus (Datenverarbeitung) und liefert nach endlich vielen Schritten das Ergebnis (Datenausgabe). Im Unterschied dazu: >Problemverarbeitungssystem.
2. Eine >Funktionseinheit zur Verarbeitung von >Daten, nämlich zur Durchführung mathematischer, umformender, übertragender und speichernder >Operationen (vgl. DIN 44300). Siehe auch: >von-Neumann-Rechner.

Datenverarbeitungsregister
data processing register
Informationsrecht
Ein vom Österreichischen Statistischen Zentralamt geführtes Register, in dem die Verarbeitungen von personenbezogenen Daten (>Personenbezogene Daten) registriert sind. Abgesehen von der Verarbeitung für eigene Zwecke (§ 22 >DSG), bei der ein Wahlrecht zwischen der Unterrichtung aller Betroffenen (>Betroffener) und einer Registrierung besteht, sind alle Verarbeitungen vorher dort anzumelden. Für jeden >Auftraggeber wird eine Registriernummer vergeben. Diese Datenverarbeitungsregisternummer (DVR-Nummer) ist bei der >Übermittlung von Daten und bei Mitteilungen an den Betroffenen anzugeben. Das >BDSG kennt kein zentrales Register aller Verarbeitungen. Der Bundesbeauftragte für den Datenschutz (>Datenschutzbeauftragter) führt ein "Register der automatisch betriebenen Dateien" (siehe § 19 Abs. 4 BDSG) für seinen Zuständigkeitsbereich. Meldepflichtig sind auch die Verarbeitungen nicht-öffentlicher Stellen für fremde Zwecke (siehe § 39 BDSG). Diese Meldungen gehen an die nach dem jeweiligen Landesrecht zuständige Aufsichtsbehörde.

Datenverbund
data sharing
Speichertechnik/Transporttechnik
Ein >Verbund, dessen Hauptmotivation die gemeinsame Benutzung von Datenbasen (>Datenbasis) ist.

Datenverwaltung >Datenverwaltungssystem

Datenverwaltungssystem
data base management system
Programmiersystem
Ein Werkzeug zur Verwaltung großer Datenbestände (>Datenbasis), dessen wesentliche Merkmale wie folgt beschrieben werden können:
- Datenintegration (>Organisatorische Integration), d.h. die zusammenfassende Verwaltung aller >Daten einer >Organisation und die Fähigkeit, für beliebige >Anwendungsaufgaben die erforderlichen Daten bereitzustellen.
- Anwendungsbezogene >Datenstrukturierung, also die Fähigkeit, aus der Sicht des >Benutzers Daten so strukturiert anzubieten, wie dies seiner Sichtweise entspricht, unabhängig von der physischen Realisierung der Datenstrukturierung auf den >Speichern (>Benutzersicht).
- >Datenkonsistenz, also die Fähigkeit, Konsistenzbedingungen zu formulieren und deren Einhaltung während des Systembetriebs zu überwachen.
- Mehrbenutzerbetrieb (>Mehrbenutzersystem), also die Fähigkeit, bei der Bearbeitung der Datenbasis gleichzeitig durch mehrere Benutzer die >Datenintegrität zu erhalten.
- >Datensicherung durch Mechanismen, die bei >Fehlern der >Hardware, >Software, Bedienung und Verwendung die Unverletzlichkeit der Datenbasis sicherstellen.
- >Datenunabhängigkeit, indem die strukturelle Definition der Daten Bestandteil der Datenbasis ist und nicht der einzelnen >Anwendungsprogramme.

Es realisiert alle Funktionen der Datenbeschreibung (>Datenmodell) und der Datenmanipulation (>Transaktion) und enthält Dienstfunktionen für das Laden, Ausgeben und Restrukturieren der Datenbasis.

Datenzwischenträger
intermediate data medium
Datensystem/Transportsystem
Ein im Prozeß der >Datenerfassung verwendeter >Datenträger, dessen >Funktion ausschließlich oder vornehmlich nur der Datentransformation von einer im realen Prozeß (>Realer Prozeß) verwendeten, nicht maschinell verarbeitbaren Form der Darstellung in eine vom >Datenverarbeitungsprozeß geforderte, maschinell verarbeitbare Form der Darstellung dient, also bei indirekter Verbindung (>Verbindungsgrad), z.B. eine >Diskette oder ein >Magnetband.

Datex
Datex
Transportdienst
Für die >Datenübertragung geschaffener, öffentlicher Dienst. Man unterscheidet zwischen Datex-L für die leitungsvermittelte Datenübertragung (>Leitungsvermittlung) und Datex-P für paketvermittelte Datenübertragung (>Paketvermittlung).

Datex-L >Datex

Datex-P >Datex

Dauerbeobachtung >Beobachtung

DDL = Data Description Language >Datenbanksprache

DDP = Distributed Data Processing >Distribuierung, >Verteiltes Datenverarbeitungssystem

DDS = Data Dictionary System >Datenkatalog-System

Debitorenbuchhaltung >Finanzbuchhaltung

Dediziertes System
dedicated system
Grundlagen Systemplanung
Ein >Techniksystem, das auf Grund seiner spezifischen Ausstattung mit >Hardware und >Software nur zur Unterstützung einer bestimmten >Anwendungsaufgabe und nur für diese eingesetzt wird. Siehe auch: >Datenbankrechner, >Textverarbeitungssystem, >Vorrechner.

Deduktion >Deduktionssystem, >Wissensverarbeitung

Deduktionssystem
deduction system
Sonstige Aufgabe
Ein >Problemverarbeitungssystem, das einem >Expertensystem sehr ähnlich ist. Während letzteres über eine relativ umfangreiche >Wissensbasis verfügt, aus der nur wenige Schlüsse

Defensive Strategie

gezogen werden (>Schlußfolgern), ist dies bei ersteren umgekehrt. Anwendungen solcher Systeme finden sich in der Mathematik, wo sie zum "automatischen Beweisen" eingesetzt werden. Eine Anwendung in der >Wirtschaftsinformatik ist das Nachweisen der >Korrektheit von >Programmen, die nach dem Prinzip der strukturierten Programmierung (>Strukturierte Programmierung) entworfen wurden.

Defensive Strategie >Entwicklungsstrategie

Deklarative Sprache
declarative language
Programmiersystem
Mit deklarativ ist eine Eigenschaft von höheren Programmiersprachen (>Höhere Programmiersprache) gemeint, die wie folgt umschrieben werden kann: Die Art und Weise, wie die Aufgabe vom >Anwendungsprogramm gelöst wird, ist vollständig getrennt von der Art und Weise, wie die Aufgabe vom >Datenverarbeitungssystem gelöst wird. Deklarative Sprachen sind >LISP und >PROLOG.

Deklarative Wissensrepräsentation >Wissensrepräsentation

Dekomposition
decomposition
Systemtechnik
Methodisches Zerlegen (Zergliedern) eines >Systems in Subsysteme. Siehe auch: >Subsystembildung.

Dekonzentration >Dezentralisierung

Deliktische Handlung >Computerkriminalität

Delphi-Methode >Ratingmethode

DES-Algorithmus
DES algorithm
Sicherungssystem
Wurde zwischen 1968 und 1975 von IBM entwickelt und arbeitet mit einem 64-Bit-Schlüssel (davon 8 >Prüfbit). Aus einem 64-Bit-Eingabeblock und dem >Schlüssel wird mittels eines komplexen mathematischen >Algorithmus ein 64-Bit-Ausgabedatenblock erzeugt; dabei werden jeweils 8 >Byte Klartext unabhängig voneinander verarbeitet (sog. Blockchiffre). Bei der Blockchiffre mit Blockverkettung wird der Eingabedatenblock mit dem Ausgabedatenblock des zuletzt behandelten >Blocks logisch verknüpft (z.B. mit XOR-Funktion) und dann erst dem Algorithmus als Eingabedaten (jeweils 8 Byte) unterworfen. Der verschlüsselte Text wird damit gegenüber Häufigkeitsanalysen wesentlich unempfindlicher. Siehe auch: >Kryptographische Methode, >Verschlüsselungssystem.

Deskriptor >Indexieren

deterministisch
deterministic
Allgemeine Grundlagen

Die Eigenschaft eines >Prozesses, daß die Reihenfolge verschiedener Zustände im Prozessablauf eindeutig festliegt und damit mit Sicherheit vorhersagbar ist.

Deutsches Forschungsnetz >DFN

Dezentrale Datenerfassung >Einfügungsgrad

Dezentrale Konzentration
decentralized concentration
Entwurfsmethode
Ein >Prinzip, das eine Organisationsform zwischen >Dezentralisierung und >Zentralisierung beschreibt, wobei die Dezentralisierung im Vordergrund steht. Seine Anwendung erweist sich z.B. beim >Problemlösen als zweckmäßig: Statt alle Beteiligten (>Beteiligter) zu einer Gruppe zusammenzufassen oder jeden einzelnen für sich an einer Problemlösung arbeiten zu lassen, werden jeweils mehrere Beteiligte zu einer Gruppe geordnet, die etwa mit Hilfe der >Kreativitätstechnik Problemlösungen entwirft. Nach diesem Prinzip wird z.B. auch die *>Infrastruktur* der >Informationsfunktion einer >Organisation bezüglich ihrer räumlichen Verteilung organisiert. Siehe auch: >Distribuierung.

Dezentrale Programmierung >Werkstattprogrammierung

Dezentralisation >Dezentralisierung

Dezentralisierung
decentralization
Entwurfsmethode
Die Ausrichtung oder das Streben von einem Mittelpunkt (einem Zentrum) weg, also das Verteilen von "etwas", z.B. von Aufgaben *(>Grundlagen Aufgabe)* auf >Aufgabenträger oder von >Betriebsmitteln auf >Struktureinheiten. Synonome Bezeichnungen sind: Dezentralisation, Dekonzentration, Verteilung. Dezentralisierung umfaßt immer die folgenden drei Aspekte:
• Ein Objekt, das ausgerichtet wird.
• Ein >Formalziel, nach dem ausgerichtet wird.
• Ein >Sachziel oder einen Zweck, der die Ausrichtung begründet.
Im Unterschied dazu: >Zentralisierung. Siehe auch: >Distribuierung.

Dezimalziffer >Ziffer

DFN
DFN
Transportdienst
Das Deutsche Forschungsnetz (abgekürzt: DFN) will auf der Basis des >ISO-Schichtenmodells und der Verwendung von CCITT-Techniken einen flächendeckenden Verbund zwischen >Datenverarbeitungssystemen jedweder Struktur herstellen. Dadurch soll es jedem Wissenschaftler an Hochschulen und Forschungseinrichtungen der Bundesrepublik Deutschland möglich werden, DV-technische Funktionen aus >Datenbanksystemen und >Methodenbanksystemen aller beteiligten Institutionen –

Diagnose

soweit er dazu autorisiert ist - abzurufen und mit anderen Wissenschaftlern zu kommunizieren. Für den Datentransport setzt DFN Datex-P (>Datex) ein. Funktional unterscheidet man im DFN: >Dialogbetrieb, >Dateitransfer, Fern-Stapelverarbeitung (>Datenfernverarbeitung), Nachrichtenübermittlung (>Datenübertragung). International stehen dem DFN vergleichbare Einrichtungen wie JANET in England, SUNET in Schweden, FUNET in Finnland, OSIRIDE in Italien oder >CSNET in den USA gegenüber.

Diagnose
diagnosis
Allgemeine Grundlagen
Das Erkennen, Feststellen oder Bezeichnen von Abweichungen der tatsächlichen Funktionsweise (>Funktion) eines >Systems von einer geplanten Funktionsweise einschließlich der für diese Abweichungen verantwortlichen Ursachen. Siehe auch: >Schwachstellenanalyse.

Diagnosemappe >Mapping

Diagnoseregel >Regel

Diagramm
diagram
Darstellungsmethode
Die graphische Darstellung von Abhängigkeiten zwischen zwei oder mehreren Größen mit dem Ziel der besseren Veranschaulichung und Erkennbarkeit der Zusammenhänge. Siehe z.B.: >Datenflußdiagramm, >Entitäten-Struktur-Diagramm, >Kommunikationsdiagramm.

Dialekt
subset
Programmiersystem
Bezeichnung für Abarten bzw. Weiterentwicklungen einzelner >Programmiersprachen. So gibt es zahlreiche Dialekte für >FORTRAN, >BASIC, >PASCAL.

Dialog
dialog
Benutzersystem/Transportsystem
1. Der direkte Austausch von Fragen und Antworten zwischen Mensch (*>Grundlagen Mensch)* und >Techniksystem.
2. Ständig die Richtung des Informationsflusses wechselnder Nachrichtenverkehr zwischen zwei physikalischen oder logischen Elementen. Hierbei läuft der Informationsfluß zu jedem Zeitpunkt vom Sender zum Empfänger, die Quittungen laufen in umgekehrter Richtung.

Dialogauftrag >Auftrag

Dialogbetrieb
conversational mode
Verarbeitungstechnik

Eine >Betriebsart eines >Datenverarbeitungssystems, bei der Aufträge (>Auftrag) im Wechsel zwischen dem Stellen von Teilaufträgen und den Anworten darauf ausgeführt werden.

Dialogfähigkeit >Dialogisierungsgrad

Dialogflexibilität
dialog flexibility
Benutzersystem
Die Eigenschaft eines >Dialogs, auf Änderungen des >Kommunikationsverhaltens des >Benutzers reagieren zu können.

Dialogführung
dialog control
Benutzersystem
Eine >Strategie, die festlegt, in welcher Folge eine Menge von Datenfeldern (>Datensatz) im >Dialog behandelt werden. Bei der festen Feldfolge bestimmt das >Anwendungsprogramm den Dialog durch die Aufforderung zur Dateneingabe Feld für Feld ("computergeführter Dialog"). Bei der völlig wahlfreien Feldfolge bestimmt der >Benutzer den Dialog, soweit dies im Rahmen der Bedingungen des gegebenen >Datenmodells erlaubt ist ("benutzergeführter Dialog"). Zwischen diesen beiden Extremen gibt es eine Reihe von Varianten (z.B. verschiedene Menüselektionstechniken, >Menüsteuerung). In beiden Fällen werden die Integritätsbedingungen (>Datenintegrität) unabhängig vom Dialog und erst dann geprüft, wenn die >Information zu ihrer Prüfung vollständig vorliegt; eine Integritätsbedingung wird also als Ganzes statisch betrachtet. Eine Zwischenform ist die "integritätsbestimmte Dialogführung" (Wedekind), die jedoch lediglich als konzeptionelle Vorstellung existiert und vermutlich mit "klassischen" >Datenverarbeitungssystemen nicht realisierbar ist. Siehe auch: >Dialogpartnermodell.

Dialoggestaltung
design of dialog
Arbeitsorganisation/Benutzersystem
Die Tätigkeit des Gestaltens eines >Dialogs mit einem bestimmten >Dialogmedium und unter Verwendung der Erkenntnisse der >Kommunikationsergonomie. DIN 66234 Teil 8 behandelt Grundsätze der Dialoggestaltung bei Bildschirmarbeitsplätzen (>Bildschirmarbeitsplatz) strukturiert nach Aufgabenangemessenheit, Selbsterklärungsfähigkeit, Steuerbarkeit, Verläßlichkeit sowie Fehlertoleranz und Fehlertransparenz.

Dialogisierungsgrad
degree of interaction
Arbeitsorganisation
Ein Maß, das die Zuordnung von >Aufgabenfunktionen auf die Nutzungsform >Dialogbetrieb angibt. Unter anderem ist im Rahmen der >Durchführbarkeitsstudie der Dialogisierungsgrad als Entwurfsentscheidung von Bedeutung. Dabei wird jede Aufgabe *(>Grundlagen Aufgabe)* auf ihre Dialogfähigkeit hin untersucht und unter Berücksichtigung der Dialogeignung der verfügbaren >Techniksysteme festgelegt, ob Aufgabenfunktionen im Dialog abgewickelt werden sollen oder nicht und welche

Dialogkellerung

Dialogform (>Dialogführung, >Dialogtechnik) gegebenfalls anzuwenden ist. Beispielsweise ist die Aktualität der Aufgabendurchführung ein Element der Dialogfähigkeit der Aufgabe und das >Antwortzeitverhalten des verfügbaren Techniksystems ein Element der Dialogeignung.

Dialogkellerung
dialog stacking
Entwurfsmethode
Eine Technik der >Dialoggestaltung, die es dem >Benutzer ermöglicht, den >Dialog zu verlassen (der vorübergehend in einem Kellerspeicher abgelegt wird), in einen Nebendialog zu gehen und anschließend im ursprünglichen Dialog fortzufahren. Die Dialogkellerung kann sich über mehrere Stufen erstrecken. Sonderfall des parallelen Dialogs (>Paralleler Dialog).

Dialogmedium
dialog medium
Eingabetechnik/Ausgabetechnik
Das Mittel zum Zweck der Eingabe und Ausgabe von >Daten in einem >Dialog. Die am weitesten verbreiteten Medien sind die >Tastatur für die Dateneingabe und der >Bildschirm für die Datenausgabe (>Bildschirmarbeitsplatz). Bei der >Dialoggestaltung spielt die Wahl des zweckmäßigen Dialogmediums eine entscheidende Rolle. Empirische Untersuchungen haben gezeigt, daß das Problemlösungsverhalten (>Problemlösen) des >Benutzers vom Dialogmedium entscheidend beeinflußt wird (z.B. Carlisle).

Dialogoberfläche >Benutzeroberfläche

Dialogpartnermodell
dialog partner model
Benutzersystem
Das >Wissen über Ziele, Pläne und Überzeugungen (über die Intentionen) des menschlichen Dialogpartners, mit dem ein Computer-Dialogsystem ausgestattet ist; Voraussetzung für ein kooperatives Dialogsystem oder ein System mit kooperativem Dialogverhalten. Es kann als ausgeschlossen gelten, mit Hilfe der "klassischen" Dialogsysteme (>Datenverarbeitungssystem) Dialogpartnermodelle aufzubauen. Dies ist nur möglich auf der Basis umfangreicher Voraussetzungen, insbesondere der Repräsentation von Weltwissen (>Wissensrepräsentation) und dem Vorhandensein allgemeiner Planungsmechanismen. Natürliche >Sprache wird nicht als Voraussetzung angesehen. Aufgrund der Tatsache, daß in natürlicher Sprache formulierte Dialogbeiträge durch Sprachpartikel und syntaktische Formen häufig Hinweise auf Meinungen, Erwartungen und Ziele des Dialogpartners haben, ist die natürliche Sprache aber eine wichtige Quelle für den Aufbau von Dialogpartnermodellen. Siehe auch: >Künstliche Intelligenz.

Dialogsprache
dialog language
Programmiersystem
Eine höhere, algorithmische Programmiersprache (>Höhere Programmiersprache, >Algorithmische Programmiersprache) zur Ab-

laufsteuerung und Programmentwicklung (>Programm) in einer interaktiven Umgebung (>Interaktive Programmierung). Sie umfaßt neben den Ausdrucksmitteln üblicher >Programmiersprachen einen Kommandoteil (>Kommandosprache) und einen Editierungsteil (>Editor), um die Aufbereitung des Programms während der Programmentwicklungsphase bewerkstelligen zu können. Beispiele für Dialogsprachen sind >APL, >BASIC.

Dialogsteuerung >Dialogführung

Dialogsystem
dialog system
Verarbeitungstechnik
Eine für den >Dialogbetrieb entwickelte >Funktionseinheit. Meist versteht man darunter die für den Dialogbetrieb geeignete >Hardware und/oder geeignete >Software.

Dialogtechnik
dialog technique
Benutzersystem
Das konkrete Instrument der Gestaltung des Mensch-Maschine-Dialogs (>Dialogführung). Entsprechend der Systematisierung der Formen der Dialogführung in "benutzergeführter Dialog", "computergeführter Dialog" und "hybrider Dialog" unterscheidet man:
- Benutzergeführte Dialogtechniken wie: Ja/Nein-Technik, Anweisungs-Technik, Menüselektions-Technik, Formular-Technik.
- Computergeführte Dialogtechniken wie: Abfrage-Technik, Schlüsselwort-Technik, Aktionscode-Technik, Technik, welche programm-ähnliche >Anweisungen verwendet.
- Hybride Dialogtechniken, die aus Elementen der beiden zuerst genannten Techniken bestehen, wie: >Direkte Manipulation sowie der natürlich-sprachliche Dialog, dessen Entwicklung ein wesentliches Arbeitsgebiet der Künstlichen Intelligenz ist (>Künstliche Intelligenz).

Die benutzergeführten und die computergeführten Dialogtechniken haben korrespondierende Vor- und Nachteile, deren Beurteilung nur vor dem Hintergrund der Anforderungen des Benutzers (>Benutzertyp) möglich ist. Hybride Dialogtechniken, insbesondere der natürlich-sprachliche Dialog, würden gleichermaßen für den Gelegenheitsbenutzer und für den Experten von Nutzen sein.

Dialogwechsel >Dialogkellerung, >Paralleler Dialog

Diameter >Kommunikationsmatrix

DIANE
DIANE
Transportdienst
Direct Information Access Network for Europe ist das europäische Online-Informationsnetz (>On-line, >Netz). Mit diesem Netz trägt die Kommission der Europäischen Gemeinschaften dem wachsenden Bedürfnis nach >Information und neuen Informationstechnologien innerhalb der Gemeinschaft Rechnung. Das Netz steht in den Mitgliedsländern der Gemeinschaft zur Ver-

Dienstintegrierendes Digitalnetz

fügung und wird durch >Knotenrechner in den beteiligten Ländern und Verbindungsleitungen mit einer >Kapazität von 48 K Bit/s gebildet.

Dienstintegrierendes Digitalnetz >ISDN

Dienstprogramm >Betriebssystem

Differenzierter Verrechnungspreis >Verrechnungspreis

Digigraphic
digigraphic
Eingabetechnik
Eingabe graphischer Formen (Graphik) mit Hilfe eines >Lichtstifts auf speziell dafür vorgesehenen >Bildschirmen.

digital
digital
Grundlagen Technik
Im Gegensatz zu >analog werden zur Begriffs- bzw. Zahlendarstellung ganze Einheiten (diskrete physikalische Größen) verwendet. Siehe auch: >Digitalrechner.

Digital-Analog-Umsetzer >Analog-Digital-Umsetzer

Digitale Daten
digital data
Darstellungstechnik
>Daten, die nur aus >Zeichen bestehen (vgl. DIN 44300). Siehe auch: >Analoge Daten.

Digitale Vermittlungstechnik
circuit switching
Netzwerktechnik
Die >analog ankommende >Sprache wird am Eingang der Vermittlungsanlage digitalisiert (>digital) und als Bitstrom weitergeleitet. Digitale Vermittlunssysteme werden von >Datenverarbeitungssystemen gesteuert. Die Fernmeldeverwaltungen stellen derzeit ihre Vermittlungssysteme auf digitale Vermittlungstechnik um. Nach einem Übergangszeitraum sollen ab 1990 in der Bundesrepublik Deutschland ausschließlich derartige Systeme angeschafft werden. Die wesentlichen Vorteile sind: Kleiner, billiger, weniger Wartungsaufwand und als >Ziel ein einziges durchgängiges >Netz zur >Integration verschiedener Dienste. Siehe auch: >ISDN.

Digitaler optischer Computer >Optischer Computer

Digitalisierer
digitizer
Eingabetechnik
Dient zur Direkteingabe von graphischen Informationen (>Graphik) in ein >Datenverarbeitungssystem (Synonyme: Graphiktablett, Tablett). Es werden die analogen Positionen (>analog) auf dem Tablett in digitale (>digital) Werte umgesetzt. Die Positionen werden durch Antippen mit einem Griffel oder durch ein Fadenkreuz bestimmt.

Digitalrechner
digital computer
Verarbeitungstechnik
Im Gegensatz zum >Analogrechner werden die Ausgangswerte, die Verarbeitung und die Ausgabe in digitaler (>digital) Form durchgeführt. Die Rechengenauigkeit ist beliebig vergrößerbar. Die heute kommerziell eingesetzten >Datenverarbeitungssysteme sind ausschließlich Digitalrechner. Siehe auch: >Hybridrechner, >von-Neumann-Rechner.

Direct Numerical Control >DNC

Direktabfrage >Freie Abfrage

Direktdatennetz >Datex

Direkte Manipulation
direct manipulation
Benutzersystem
Eine >Dialogtechnik, deren Grundidee in der Visualisierung der Arbeitsumgebung des >Benutzers und der darin zur jeweiligen Arbeitssituation interessierenden Objekte (>Entität) in symbolischer oder mnemotechnischer Form (>Mnemo) auf einem geeigneten >Dialogmedium (z.B. einem Rasterbildschirm, >Bildschirm) besteht. Charakteristisch für diese Form der Dialogführung ist die Abbildung einer spezifischen, eng abgegrenzten >Benutzersicht, auf der >Transaktionen schnell und schrittweise ausgeführt werden können, deren Wirkungen auf die betroffenen Objekte sofort sichtbar werden und reversibel sind.

Direkte Partizipation >Partizipationsdimension

Direkte Verbindung >Verbindungsgrad

Direkte Wissensrepräsentation >Wissensrepräsentation

Direkteingabe >Verbindungsgrad

Direkter Zugriff
random access
Programmiersystem
Jene Form des >Zugriffs auf einen >Speicher, bei dem mit Hilfe einer >Adresse die gesuchte >Information ohne vorheriges Durchsuchen der >Datei gefunden wird. Im Unterschied dazu: >Serieller Zugriff.

Direktruf
direct call
Netzwerktechnik
Eine im >Fernmeldedienst verfügbare >Funktion, die den Verbindungsaufbau auf "Knopfdruck" automatisch durchführt. Siehe auch: >Kurzwahl.

Direktumstellung >Stichtagsumstellung

Direktzugriffsspeicher >Direkter Zugriff, >Speicher

Disjunktion

Disjunktion >Boolesche Algebra

Diskette
flexible disk cartridge
Speichertechnik
Ein auswechselbarer >Datenträger, bestehend aus flexibler >Magnetplatte und Hülle (vgl. DIN 66010A1).

Distribuierung
distribution
Entwurfsmethode
Der Vorgang des Zuordnens von Aufgaben (*>Grundlagen Aufgabe*) der >Informationsfunktion auf der strategischen, der administrativen und der operativen Ebene auf >Struktureinheiten, >Aufgabenträger und >Sachmittel (siehe auch: >Distribuierungsgrad). Zur Unterstützung des Entwurfsprozesses kann das >Entscheidungsmodell von Rockart et al. verwendet werden. Es zerlegt die Informationsfunktion (>Dekomposition) in die Prozesse Systementwicklung, Systembetrieb und Systemmanagement, die logischen Gruppen von Anwendungsaufgaben und die organisatorischen Teilsysteme und führt die Distribuierung als eine Menge von Distribuierungsentscheidungen für die Komponenten der Informationsfunktion durch, die anschließend zu einem Distribuierungskonzept aggregiert werden. Wichtigstes >Werkzeug für die Distribuierungsentscheidungen ist die Faktorentabelle, welche empirisch ermittelte Zentralisierungs- und Dezentralisierungstendenzen systembestimmender Faktoren auf die Komponenten der Informationsfunktion angibt. Das Modell ist verschiedentlich empirisch getestet worden und hat seine prinzipielle Brauchbarkeit bewiesen. Eine Reihe von grundsätzlichen und modellspezifischen Anpassungen sind jedoch ebenso notwendig wie einige Anpassungen an die Situation, in der das Modell angewendet werden soll.

Distribuierungsgrad
degree of centralization/decentralization
Grundlagen Systemplanung
Ein Maß, das die Zuordnung von Aufgaben (*>Grundlagen Aufgabe*) der >Informationsfunktion auf der strategischen, der administrativen und der operativen Ebene auf >Struktureinheiten, >Aufgabenträger und >Sachmittel zum Ausdruck bringt. Unter anderem ist in der >Durchführbarkeitsstudie der Distribuierungsgrad als Entwurfsentscheidung von Bedeutung, indem für jeden Prozeß und für jede Ressource der Informationsfunktion festgelegt wird, wo und durch wen (Aufgabenträger und Sachmittel) die Aufgabe geplant, durchgeführt bzw. kontrolliert wird.

Distributed Numerical Control >DNC

Divergierender Entscheidungsstil >Entscheidungsstil

Divisionsrest-Verfahren >Prüfziffernrechnung

DML = Data Manipulation Language >Datenbanksprache

Systementwicklung:

- Systemplanung
- Detailplanung und Programmierung
- Einführung
- Wartung
- Entwicklungspersonal

Systembetrieb:

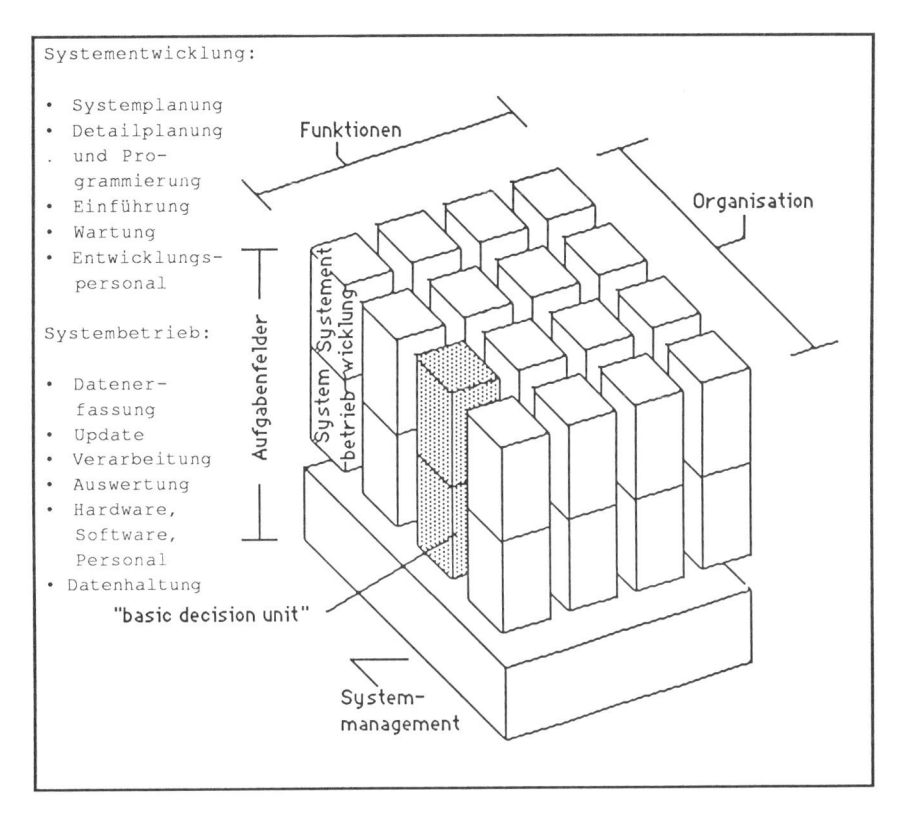

- Datenerfassung
- Update
- Verarbeitung
- Auswertung
- Hardware, Software, Personal
- Datenhaltung

Abbildung Distribuierung

DNC
DNC
Produktion
Weiterentwicklung des >CNC. Beim Direct Numerical Control (oder: Distributed Numerical Control) werden mehrere CNC-gesteuerte Werkzeugmaschinen über ein >Datenverarbeitungssystem miteinander verbunden, das in diesem Netzwerk (>Netz) übergeordnete Arbeitsaufgaben übernimmt und damit die Rechner an den Werkzeugmaschinen entlastet. Siehe auch: >Distribuierung.

Dokument
document
Darstellungsmethode
Eine Aufzeichnung in Form eines Schriftstücks, das als Grundlage für weitere Arbeiten dienen kann; im engeren Sinne eine Urkunde oder ein Zeugnis. Im Sinne der >Wirtschaftsinformatik ist unter Dokument jede Art schriftlich fixierter >Information zu verstehen.

Dokumentation
documentation
Darstellungsmethode

147

Dokumentationssystem

Das Sammeln, Erfassen, Beschreiben, Darstellen und Ordnen von >Dokumenten der Systemplanung *(>Grundlagen Systemplanung)* und deren Bereitstellung für Zwecke der >Information. Sie bezieht sich auf folgende Objekte:
- Auf die Systemplanung selbst, also auf deren Aufträge und >Ziele vor und während der Durchführung von >Projekten, auf die Grundlagen und >Bedingungen für >Entscheidungen, auf Besprechungsprotokolle und Unterlagen aller Phasen der Systemplanung (z.B. >Testdokumentation), auf die Zeit- und Kostenplanung (>Kosten, >Planung).
- Auf die Ergebnisse der Systemplanung, soweit sie als Arbeitsunterlagen in die >Implementierung übergehen sowie für den Betrieb des entwickelten >Anwendungssystems erforderlich sind (z.B. >Programmdokumentation, auch als "Systemdokumentation" bezeichnet).
- Auf den Systembetrieb, also auf die aus den Planungsergebnissen abgeleiteten Anweisungen an die >Benutzer (>Benutzerdokumentation) und >Anlagenbediener.

Mit der Dokumentation werden neben dem >Sachziel der Wiederauffindung von Information (z.B. für die >Revision) eine Reihe von >Formalzielen verfolgt wie >Sicherheit (z.B. die Rekonstruktion von Anwendungssystemen im Katastrophenfall, siehe: *>Katastrophenmanagement)* und die >Wartbarkeit. Die Notwendigkeit einer Dokumentation geht auch aus rechtlichen Regelungen hervor (z.B. Anlage zu § 6 Z. 10 und § 29 Z. 2 >BDSG).

Dokumentationssystem
documentation system
Darstellungsmethode
Die Gesamtheit der Anforderungen und Regeln zur >Dokumentation jeder Art von >Systemen, im Sinne der >Wirtschaftsinformatik insbesondere von >Informations- und Kommunikationssystemen. Diese sind aus dem generellen >Sachziel und den verschiedenen >Formalzielen an der Dokumentation abzuleiten und umfassen zumindest:
- Sicherung der Personenunabhängigkeit der Dokumentation, vor allem der Unabhängigkeit von den Personen, welche das System entwickelt haben.
- Übersichtlichkeit, um einen schnellen Zugriff auf die benötigten >Informationen zu sichern (z.B. durch Inhalts- und Stichwortverzeichnisse).
- Anschaulichkeit der Informationsdarstellung durch Verwendung geeigneter Darstellungsmethoden (wie z.B. >HIPO-Methode und >Entscheidungstabellen).
- Einheitlichkeit, >Genauigkeit, Vollständigkeit, >Aktualität, >Benutzerfreundlichkeit, Anpassungsfähigkeit (>Flexibilität) und >Wirtschaftlichkeit.

Zu regeln ist auch die Frage, wann dokumentiert werden soll. Man unterscheidet:
- Vorwärtsdokumentation: Es wird vor der jeweiligen Projektphase (>Projekt) dokumentiert.
- Simultandokumentation. Während des Systemplanungsprozesses werden gleichzeitig die notwendigen Dokumentationsunterlagen erstellt.
- Nachträgliche Dokumentation: Erst wenn bestimmte Phasen abgeschlossen sind, wird dokumentiert.

Der Simultandokumentation - auch als projektbegleitende Dokumentation bezeichnet - ist der Vorzug zu geben. Der Einsatz von >Textverarbeitungssystemen und >Datenkatalog-Systemen kann die Erstellung der Dokumentation wesentlich erleichtern und beschleunigen.

Dokumenteauswertung
document analysis
Erhebungsmethode
Eine >Methode zur Datenerhebung mit dem >Ziel der Abbildung der Realität (>Istzustandserfassung) und der nachfolgenden Analyse der Realität anhand dieser Abbildung (>Istzustandsanalyse), die in der Regel im Rahmen eines geeigneten Methodenmix eingesetzt wird. Sie greift auf die den >Istzustand abbildenden Dokumente zurück. Als vergleichsweise vorteilhaft sind ein geringer Erfassungsaufwand bei Nichtbeeinträchtigung der >Aufgabenträger, als vergleichsweise nachteilig die notwendige inhaltliche Konsistenzprüfung der Dokumente mit der Realität anzusehen. Anwendungsschwerpunkt ist die Vorinformation für weiter reichende Datenerhebungen mit anderen Methoden. Siehe auch: >Interviewmethode, >Fragebogenmethode, >Beobachtung, >Selbstaufschreibung.

Dokumentieren
process of documentation
Grundlagen Systemplanung
Der Vorgang der systematischen, in der Regel schriftlichen Darstellung der Produkte der Systemplanung unter Verwendung einer bestimmten Form der >Dokumentation.

Dokumentverarbeitung
document processing
Allgemeine Grundlagen
Die inhaltliche Erschließung natürlich-sprachlicher (>Sprache) Dokumente; ein bevorzugtes Forschungsgebiet der Künstlichen Intelligenz (>Künstliche Intelligenz), für das die Linguistik die Terminologie und die grundlegenden >Methoden liefert (z.B. das Erkennen sinngleicher Worte). Aufgaben der Dokumentverarbeitung sind etwa das Erstellen von Kurzfassungen und Schlagwortlisten, die textkritische Literaturanalyse sowie die Sprachübersetzung.

Doppelt gekettete Dateiorganisation >Gekettete Dateiorganisation

Drei-Schema-Konzept
three-level concept
Datensystem/Entwurfsmethode
Die Tatsache, daß die unterschiedliche Sichtweise der Aufgabe (>Grundlagen Aufgabe), des >Benutzers, des >Systemplaners, des Informatikers oder eines >Datenverarbeitungssystems auf >Daten zu unterschiedlichen Interpretationen führt, macht es notwendig, je nach dem zu lösenden Problem festzulegen, auf welcher Ebene Daten betrachtet werden. Während sich z.B. der Benutzer für die Eigenschaften der Daten als >Information interessiert, besteht das Interesse des Informatikers in der Eigenschaft der Daten als physische Datensätze (>Datensatz)

und >Dateien. Beide Sichtweisen treffen sich auf der logischen Ebene. Ausgehend von diesen Überlegungen entwickelte das ANSI-SPARC-Comittee das Drei-Schema-Konzept:
- Das konzeptionelle Schema (conceptual scheme) ist der Entwurf des Datensystems auf der logischen Ebene; es gibt einen Überblick und ist Grundlage für den Entwurf der beiden anderen Schemata.
- Das Datensystem wird verschiedenen Benutzern zugänglich gemacht; jede >Benutzersicht entspricht einem externen Schema (external scheme).
- Im internen Schema (internal scheme) werden die Strukturen der physischen Datenspeicherung abgebildet.

Die Abbildung zeigt das Drei-Schema-Konzept und deutet den Verantwortungsbereich des >Datenadministrators an (Quelle: Zehnder).

Dreidimensionales System >CAD

Drucker
printer
Ausgabetechnik
Ein Gerät für die Ausgabe von >Daten auf Papier. Entsprechend den unterschiedlichen >Anforderungen wie Druckqualität, Geschwindigkeit, Geräuschentwicklung, Zeichenvorrat, Kosten, Platzbedarf gibt es eine große Anzahl von Druckern, die sich insbesondere durch die Art der verwendeten >Druckwerke unterscheiden. Siehe auch: >Mechanisches Druckwerk, >Nichtmechanisches Druckwerk.

Druckserver >Server

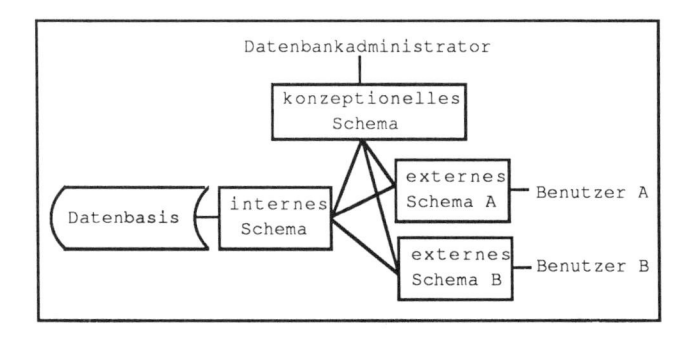

Abbildung Drei-Schema-Konzept

Druckwerk
printing device
Ausgabetechnik
Der Teil eines >Druckers, der die Ausgabe von >Daten durch Erzeugung visuell erkennbarer >Zeichen aus einem Zeichenvorrat auf Papier durchführt. Einrichtungen, mit denen Zeichen, auch in geprägter Form, vorwiegend zum Lesen erzeugt werden (z.B. Blindenschriftmaschinen), sind ebenfalls Druckwerke (>Braille-Terminal). Einrichtungen, die vorwiegend dazu dienen, geprägte Zeichen zur Verwendung als Druckform zu er-

zeugen (Prägeterminal), sind keine Druckwerke. Druckwerke können wie folgt systematisiert werden:
- Nach der Art des Zeichenabdrucks je Zeile (>Paralleldruckwerk, >Serialdruckwerk und >Zeilendruckwerk).
- Nach der graphischen Zeichenerzeugung (>Ganzzeichendruckwerk, >Matrixdruckwerk).
- Nach der physikalischen Art der Zeichenerzeugung (>Mechanisches Druckwerk, >Nicht-mechanisches Druckwerk).
- Nach der Art der Farbübertragung zur Sichtbarmachung der Zeichen (mit Farbband, durch Tintenstrahl usw.) bzw. ohne Farbübertragung (z.B. präpariertes Papier oder mechanische Verformung des Papiers).
- Nach der Art der Relativbewegung zwischen dem Papier und dem die Zeichen erzeugenden Teil des Druckwerks während der Zeichenerzeugung (ruhender Abdruck bzw. fliegender Abdruck).

DSG
DSG
Informationsrecht
Amtliche Abkürzung für das österreichische Bundesgesetz vom 18. Oktober 1978 über den Schutz personenbezogener Daten (>Personenbezogene Daten) (Datenschutzgesetz - DSG), BGBl. Nr. 565. Artikel 1 enthält als Verfassungsbestimmung das Grundrecht auf Datenschutz. Als Besonderheit ist anzuführen, daß dieses Grundrecht nicht nur - wie die anderen Grundrechte - gegenüber dem Staat (>Öffentlicher Bereich), sondern auch gegen Private (>Privater Bereich) durchsetzbar ist. Man bezeichnet dies als Grundrecht mit Drittwirkung. Außerdem wird durch eine weitere Verfassungsbestimmung dem Bund die Gesetzgebungskompetenz für die Datenschutzgesetzgebung eingeräumt. Siehe auch: >Datenschutz, >Datenschutzgesetz.

DSS = Decision Support System
>Entscheidungsunterstützungssystem

Dualziffer >Ziffer

Duplexbetrieb >Datenübertragung

Durchdringungsgrad
degree of penetration
Grundlagen Informationsmanagement
Eine >Meßgröße zur Beschreibung des Umfangs, in welchem die Aufgaben *(>Grundlagen Aufgabe)* einer >Organisation durch >Techniksysteme unterstützt werden, also welche Art und Anzahl von >Anwendungssystemen vorhanden sind. Wegen der Unterschiedlichkeit der Anwendungssysteme in ihrem Umfang und in ihrem Beitrag zur Unterstützung kritischer Wettbewerbsfaktoren (>Wettbewerbsanalyse) ist eine Quantifizierung des Durchdringungsgrades sehr schwierig. Eine einfache und folglich auch nur wenig aussagekräftige, in der Praxis jedoch häufig verwendete Meßgröße ist das Verhältnis von Bildschirmgeräten (>Bildschirm) zu Arbeitsplätzen (>Arbeitsplatz).

Durchführbarkeitsstudie
feasibility study
Analysemethode/Entwurfsmethode
Eine Aufgabe der >Vorstudie, deren Zweck es ist, eine Menge von alternativen Lösungen des Systementwurfs zu erarbeiten, mit Hilfe der >Konsequenzanalyse zu beurteilen und eine optimale Alternative als >Grundkonzeption zur Verfügung zu stellen, welche den nachfolgenden Phasen der Systemplanung (*>Grundlagen Systemplanung*) zugrunde gelegt wird. Die Komplexität des Systemplanungsprozesses macht es erforderlich, beim Systementwurf von einer relativ abstrakten Ebene auszugehen und eine mit >Rückkopplungen durchsetzte, phasenweise Konkretisierung anzustreben. Der Grundkonzeption als Ergebnis der Durchführbarkeitsstudie kommt damit eine entscheidende Weichenstellung für die Systemplanung zu. Die Schritte der Durchführbarkeitsstudie sind:
1. Informationsgewinnung durch >Anforderungsanalyse und >Technikanalyse.
2. Generierung und Beschreibung von Lösungsalternativen, welche den durch die >Planungsziele definierten Bedarf decken.
3. >Konsequenzanalyse, also die Ermittlung der Wirkungen der Lösungsalternativen je Zielinhalt der Planungsziele.
4. >Alternativenbewertung und Auswahl der optimalen Alternative, also das Bestimmen der Grundkonzeption.

Durchführen der Implementierung
execution of implementation
Grundlagen Systemplanung
Der Teil der Implementierungsaufgaben (>Implementierung), der nach Abschluß aller Vorbereitungsmaßnahmen (>Vorbereiten der Implementierung) das Einfügen der Ergebnisse der Systemplanung in die *>Infrastruktur* der >Informationsfunktion vervollständigt, sodaß das entwickelte System produktiv genutzt werden kann. Dies beinhaltet folgende Aufgaben:
- Start der Verarbeitung nach der neuen *>Arbeitsorganisation* einschließlich des Abschlusses der Verarbeitung nach der bestehenden Arbeitsorganisation.
- Bewerten der tatsächlichen Funktionsweise des implementierten Systems im Vergleich zur geplanten Funktionsweise entsprechend den >Planungszielen (>Funktionstest, >Leistungstest), einschließlich der notwendigen Anpassungen.
- Durchführen verschiedener Abschlußarbeiten, welche die Übergabe des Systems durch das >Projektteam an das Informationsmanagement (*>Grundlagen Informationsmanagement*) bzw. an die >Benutzer betreffen.

Durchführungsinformation >Informationskategorie

Durchlaufzeit
throughput time
Grundlagen Systemplanung
Der Zeitraum, den ein Objekt für die Zurücklegung eines bestimmten Weges benötigt. Eine präzisere Definition hängt von der Art des betrachteten Objekts ab sowie vom >Ziel der Untersuchung, mit der Durchlaufzeiten betrachtet werden. Für bürowirtschaftliche Leistungsprozesse (*>Büroarbeit*) kann die

Durchlaufzeit als Zeitraum zwischen dem Zeitpunkt des Prozeßanstoßes (>Ereignis) und dem Zeitpunkt der Fertigstellung der Informationsleistung (>Information) definiert werden. Siehe auch: >Laufzeit.

Durchsatz
throughput
Grundlagen Technik
Eine >Meßgröße für die Beschreibung der >Leistung von >Funktionseinheiten, z.B. von >Datenverarbeitungssystemen. Dabei wird Leistung im allgemeinen beschrieben mit Anzahl der Aufträge (>Auftrag) je Zeiteinheit. Bezieht man Durchsatz auf eine Sollgröße (z.B. auf die maximal mögliche Anzahl der Aufträge je Zeiteinheit), dann spricht man von Auslastung.

Durchsatzzeit
throughput time
Benutzersystem
Die Zeit, die ein Objekt (z.B. ein >Auftrag) in einem >System verbringt, gemessen vom Zeitpunkt des Eintritts in das System (z.B. Auftragsannahme) bis zum Zeitpunkt des Austritts aus dem System (z.B. Auftragsauslieferung). Sie umfaßt Bearbeitungszeit, Transportzeit und Liegezeit. Bei >Stapelbetrieb wird sie in Aufträgen/Zeiteinheit (>Auftrag), bei >Dialogbetrieb in Transaktionen/Zeiteinheit (>Transaktion) ausgedrückt.

DV-Ausschuß >Lenkungsausschuß

DV-Koordinator >Koordinator

DV-Manager
DP manager
Berufsbild - Tätigkeitsfeld
Eine überwiegend informationstechnisch ausgerichtete Führungskraft *(>Führung),* die spezifische Aufgaben *(>Grundlagen Aufgabe)* der >Informationsfunktion wahrnimmt, z.B. der Leiter eines >Rechenzentrums. Die dafür erforderliche *>Qualifikation* haben DV-Manager in der Regel ausschließlich auf Grund langjähriger Berufserfahrung gewonnen. Mit der zunehmenden Orientierung der >Organisation von der >Datenverarbeitung zum Informationsmanagement *(>Grundlagen Informationsmanagement)* verliert der DV-Manager an Bedeutung. Siehe auch: >Informationsmanager.

DV-Revisor >Systemrevisor

DVR >Datenverarbeitungsregister

DVR-Nummer = Datenverarbeitungsregister-Nummer
>Datenverarbeitungsregister

Dynamische Instrumentierung >Instrumentierungstechnik

Dynamischer Speicher
dynamic memory
Speichertechnik

Dynamisches Sitzen

Ein >Speicher, bei dem der Speicherinhalt eines Elements nur durch wiederholtes Anlegen von Kontrollsignalen (Auffrischungssignalen) erhalten bleibt (vgl. DIN 44476).

Dynamisches Sitzen
dynamic sitting
Ergonomie/Arbeitsorganisation
Beschreibt im Unterschied zum statischen Sitzen eine sich ändernde Arbeitshaltung, die erfahrungsgemäß einer Verbesserung der Arbeitsorganisation dient.

Dynamisches System
dynamic system
Systemtechnik
Ein >System, in dem durch die Interaktion (>Wechselbeziehung) seiner Elemente Phänomene entstehen, an denen der Betrachter interessiert ist. Beispielsweise entstehen diese Phänomene in >Informations- und Kommunikationssystemen durch die Interaktionen von Menschen mit Aufgaben (*>Grundlagen Aufgabe)*, Menschen mit >Techniksystemen und Aufgaben mit Techniksystemen.

DYNAMO >Simulationssprache

E

E/A-Gerät >Eingabetechnik, >Ausgabetechnik

EAN
EAN
Darstellungstechnik/Absatz - Marketing
Europaeinheitliche Artikelnummer , die von den Herstellern in maschinenlesbarer Form (>Strichcode) auf die Packungen aufgedruckt wird (vergleichbar mit dem Universal Code UPC in den USA). Sie besteht aus dreizehn Stellen (von links nach rechts): Zwei Stellen Länderkennzeichen, fünf Stellen Betriebsnummer des Herstellers, fünf Stellen Artikelnummer, eine Stelle Prüfziffer (>Prüfziffernrechnung). Sie ist vergleichbar mit dem Universal Product Code (UPC) in den USA.

EARN
EARN
Transportdienst
European Academic and Research Network ist ein für Universitäten, Ausbildungsstätten, akademische und nichtkommerzielle Forschungseinrichtungen in Europa, im mittleren Osten und Afrika offenes Netzwerk (>Netz). Die Struktur des Netzwerks besteht aus nationalen Netzen, die über >Knotenrechner miteinander verbunden sind. EARN stellt folgende >Funktionen zur Verfügung: Mail System, worunter die >Protokolle für >Electronic Mail verstanden werden; Dateiübertragung (>Dateitransfer), >Zentrale Netzwerkinformation. >Gateways zu anderen Netzwerken, wie z.B. zum >BITNET, sind realisiert. Das Netzwerk arbeitet nach der >store and foreward Technik.

Easiest-First Strategie
easiest-first strategy
Entwurfsmethode
Eine >Strategie, die davon ausgeht, daß zunächst jene Aufgaben bearbeitet werden, die keine großen Probleme beinhalten und daher schnell abgearbeitet werden können. Der Einsatz dieser Strategie bietet sich an, wenn gewährleistet werden soll, daß möglichst viele Teile eines >Systems in einem begrenzten Zeitraum realisiert werden. Dadurch wird vermieden, daß für schwierige, aber nicht besonders wesentliche Teile zu viel Zeit aufgewendet wird, sodaß bei Projektende (>Projekt) für einfach zu realisierende Aufgaben keine Zeit mehr übrig bleibt. Im Unterschied dazu: >Hardest-First-Strategie.

EBCDIC = Extended Binary Coded Decimals Interchange Code
>Code

Echtzeit-Programmiersprache >Realzeit-Programmiersprache

Echtzeitbetrieb >Realzeitbetrieb

ECMA-Symbolik
ECMA symbolics
Darstellungsmethode

Editor

Von der European Computer Manufacturers Association (ECMA) entwickelte Symbole und Techniken, die weitgehend der DIN 66001 entsprechen.

Editor
editor
Programmiersystem
Ein >Programm zur Bearbeitung von >Daten und >Texten im >Dialogbetrieb (z.B. Einfügen, Löschen, Kopieren, Verschieben von Sätzen).

EDV = Elektronische Datenverarbeitung >Datenverarbeitung

EDV-Berater >Berater

EDV-Heimarbeit >Telearbeit

EDV-orientierter Ansatz >Betriebswirtschaftslehre

EDV-Sachverständiger
EDP expert
Berufsbild - Tätigkeitsfeld
Die Bezeichnung für einen >Aufgabenträger, dessen Aufgaben (>*Grundlagen Aufgabe*) wie folgt umschrieben werden können (eine allgemein anerkannte Definition liegt noch nicht vor): Erstattung von partei-unabhängigen Gutachten für ein Gericht im Zuge der Abwicklung von Gerichtsverfahren in EDV-Angelegenheiten. Dabei ist unter "EDV" der Gesamtbereich der Anwendung von Informations- und Kommunikationstechniken zu verstehen. So wie jede Gutachtertätigkeit, ist auch die des EDV-Sachverständigen primär darauf ausgerichtet, die Qualität von >Leistungen zu beurteilen (z.B. die >Software-Qualität), das heißt, tatsächliche Leistung zu "messen" und diese mit einer (z.B. vertraglich zugesagten oder dem Stand der Technik entsprechenden) Leistung vergleichend zu beurteilen. Der "programmierte Streitfall", der ein Gutachten und einen gutachterlichen Sachvortrag vor Gericht erfordert, ist erfahrungsgemäß die Anschaffung von >Hardware und/oder >Software. Im Gutachten geht es primär darum, angebotene und vertraglich vereinbarte Leistungen mit tatsächlich erbrachten Leistungen vergleichend zu beurteilen. Die Bestellung des EDV-Sachverständigen erfolgt in Österreich auf Antrag beim Präsidenten des Landesgerichts, der bei Vorliegen bestimmter qualitativer Voraussetzungen und bei Bedarf den Antragsteller als Sachverständigen anerkennt und gerichtlich beeidet; er wird dann in einer Sachverständigenliste beim Landesgericht geführt. Auf die Namen dieser Liste wird im Bedarfsfall von einem Richter zurückgegriffen und im Einvernehmen mit beiden Parteien jemand als Sachverständiger für dieses Verfahren beigezogen; ihm werden je nach Sachlage bestimmte gutachterliche Aufträge erteilt. In einem weiteren Sinne wird jeder gutachterlich tätige Experte auf dem Gebiet der "EDV" als EDV-Sachverständiger bezeichnet, unabhängig davon, ob er gerichtlich beeidet und bei Gericht tätig ist oder nicht.

EDVA = Elektronische Datenverarbeitungsanalage
>Datenverarbeitungssystem

Effektivität
effectiveness
Allgemeine Grundlagen
Die von einem >Informations- und Kommunikationssystem erbrachten >Leistungen werden daran gemessen, inwieweit sie zur Erreichung gesetzter >Ziele beigetragen haben (z.B. die Sicherung einer geplanten >Verfügbarkeit). Eine bestimmte Effektivität kann durch unterschiedliche Maßnahmen und damit auch mit unterschiedlichem Mitteleinsatz erreicht werden. Siehe auch: >Effizienz.

Effizienz
efficiency
Allgemeine Grundlagen
Beschreibt das Verhältnis zwischen den erbrachten >Leistungen eines >Informations- und Kommunikationssystems und den dafür eingesetzten Mitteln bei einem gegebenen Grad der Erreichung eines >Ziels. Sie kann nach technischen Kriterien im Sinne von >Produktivität und nach ökonomischen Kriterien im Sinne von >Wirtschaftlichkeit beurteilt werden.

EFTS >Electronic Funds Transfer System

EHKP
EHKP
Transportdienst
Einheitliche Höhere Kommunikationsprotokolle für die Öffentliche Verwaltung. Im Bereich der Öffentlichen Verwaltung werden zunehmend durch Informations- und Kommunikationstechnik (>Grundlagen Technik) gestützte Verbundprojekte (>Verbund) verwirklicht, die einen offenen, technisch nicht behinderten Informationsaustausch zwischen den Teilnehmern voraussetzen, unabhängig von ihrem Standort und den im Einzelfall eingesetzten >Datenverarbeitungssystemen. Da die internationale Normung der Kommunikationsschnittstellen und -protokolle (>Schnittstelle, >Protokoll) mit dem Ziel, Einrichtungen unterschiedlicher Hersteller zu befähigen, miteinander zu kommunizieren, in absehbarer Zeit noch keine Ergebnisse erwarten ließ, wurden als Zwischenlösung die EHKP geschaffen. Mit der weiter fortschreitenden Normung beim >ISO-Schichtenmodell treten die EHKP in den Hintergrund.

Eigenerstellung oder Fremdbezug
make or buy
Grundlagen Informationsmanagement
Die verschiedenen Bereitstellungswege für Leistungen, also ob eine Leistung mit den Ressourcen einer >Organisation selbst erbracht oder ob sie von anderen Organisationen bezogen wird. Für das Informationsmanagement insbesondere wichtig bezüglich der Programmierleistungen. Siehe auch: >Standardsoftware, >Individualsoftware.

Ein-/Ausgabeprozessor
input-output processor
Eingabetechnik/Ausgabetechnik
Eine >Funktionseinheit in einem >Datenverarbeitungssystem, welche die >Datenübertragung zwischen der >Peripherie und dem

Einfach gekettete Dateiorganisation

>Zentralspeicher selbständig steuert und dabei die >Daten gegebenenfalls modifiziert.

Einfach gekettete Dateiorganisation >Gekettete Dateiorganisation

Einfacher Entscheidungsstil >Entscheidungsstil

Einfaches Nutzungsrecht >Nutzungsbewilligung

Einfachfehler >Fehlerart

Einfügung >Implementierung

Einfügungsgrad
degree of adaption
Datensystem/Arbeitsorgansiation
Beschreibt die Art der Anpassung der >Datenerfassung an den realen Prozeß (>Realer Prozeß), also an den Arbeitsinhalt der Aufgabe (>Grundlagen Aufgabe), aus welcher >Daten entnommen werden. Die beiden Extreme der Gestaltungsmöglichkeit sind einerseits die vollständige räumliche und personelle Identität zwischen dem >Aufgabenträger und der Person (>Datentypist), welche die Datenerfassung durchführt (dezentrale Datenerfassung), sowie andererseits die vollständige räumliche und personelle Trennung zwischen beiden (zentrale Datenerfassung).

Einführungszeit >Implementierungszeit

Eingabe >Eingabetechnik

Eingabebeleg >Beleg

Eingabedaten
input data
Datensystem
Die >Daten, die zur Erzeugung bestimmter >Ausgabedaten durch einen >Datenverarbeitungsprozeß nach einem bestimmten >Algorithmus erforderlich sind. Man gliedert sie in >Primärdaten, >Bestandsdaten und >Stammdaten. Beim Entwerfen des Datensystems versucht man, den Umfang der Primärdaten zu minimieren (>Datenerfassung), also möglichst viele Daten als Stamm- und Bestandsdaten in der >Datenbasis zu führen. Beide haben auch die Funktion von Ausgabedaten.

Eingabeeinheit >Eingabegerät

Eingabegerät
input device
Eingabetechnik
Eine >Funktionseinheit innerhalb eines >Datenverarbeitungssystems, mit der das System >Daten von außen aufnimmt (vgl. DIN 44300). In einer Eingabeeinheit eine >Baueinheit, durch die Daten in ein Datenverarbeitungssystem eingegeben werden können (vgl. DIN 44300). Eine Funktionseinheit innerhalb eines >Digitalrechners, die das Übertragen von Daten von

Eingabeeinheiten oder peripheren >Speichern in die >Zentraleinheit steuert und dabei die Daten gegebenenfalls modifiziert (vgl. DIN 44300).

Eingabewerk >Eingabegerät

Eingeben >Aufgabenfunktion

Einheitliche Artikelnumerierung >EAN

Einkaufsdisposition >Fortschrittszahlensystem

Einprogrammverarbeitung >Mehrprogrammverarbeitung

Einzelinterview >Interviewmethode

Einzelplatzsystem >Mehrbenutzersystem

Einzelworterkennung >Sprachverarbeitung

Einzelzeitmessung >Zeitmessung

Einzelzuordnung >Aufgabenzuordnung

ELAN
ELAN
Programmiersystem
Educational LANguage ist eine neuere, in der Bundesrepublik Deutschland entwickelte >Programmiersprache, die leicht erlernbar und selbstdokumentierend ist. Der Verbreitungsgrad ist bisher gering.

Elastizität
elasticity
Allgemeine Grundlagen
Die Fähigkeit eines >Systems, auf unterschiedliche Impulse (>Ereignis, >Vorgang) differenziert reagieren zu können. Die negative Folge dieser Fähigkeit kann Labilität sein.

Electronic Banking
electronic banking
Sonstige Aufgabe
Ein >Anwendungssystem zur Kunden-Selbstbedienung im Bankbereich, wobei die Nutzung durch den Kunden von seinem Standort aus erfolgt; daher auch als Home Banking bezeichnet. Im Privatkundenbereich werden *>Transportdienste* wie >BTX verwendet; im Firmenkundenbereich sind umfassendere Systeme entwickelt worden (>Cash-Management-System).

Electronic Funds Transfer System
electronic funds transfer system
Sonstige Aufgabe
Ein weitgehend beleg- und datenträgerloses Abwicklungssystem für den internationalen Zahlungsverkehr. Die Zahlungsverkehrsdaten werden einmal erfaßt und zum Empfängerinstitut übertragen (>Datenübertragung).

Electronic Mail
electronic mail
Transportdienst
Die Übermittlung von Briefen auf elektrischen >Übertragungsleitungen (>Teledienst, >Telefax, >Teletex). Verstärkt gelangt Electronic Mail für die Versendung von Dokumenten in lokalen Netzen (>LAN) zur Anwendung (vgl. >Briefkasten).

Elektrofotografischer Drucker >Nicht-mechanisches Druckwerk

Elektronische Post >Briefkasten, >Electronic Mail

Elektronischer Briefkasten >Briefkasten, >Electronic Mail

Elektronischer Kalender >Kalendermanagement

Elektronischer Konferenzraum >Konferenztechnik

Elektronischer Papierkorb
electronic wastebasket
Büroarbeit
Die Löschung eines >Textes in einem elektronischen Briefkasten (>Electronic Mail).

Elektronisches Buch
electronic book
Sonstige Aufgabe
Ein auf einem >Datenverarbeitungssystem implementiertes Buch, das ein nicht-sequentielles Lesen ermöglicht. Es besteht aus folgenden Komponenten:
- Ein Verwaltungssystem, welches das "Navigieren" innerhalb des Buches unterstützt und die >Informationen und >Methoden miteinander verknüpft.
- Eine >Datenbasis, welche das Inhaltsverzeichnis, den Index, die Tabellen und Abbildungen des Buches enthält.
- Eine >Methodenbasis, welche die Methoden und >Modelle des Buches enthält.

Das elektronische Buch wird nicht als Alternative, sondern als Ergänzung zum konventionellen Buch gesehen. Die Ergänzung der beiden Implementierungsformen wird vom elektronischen Buch z.B. dadurch unterstützt, daß sich der Leser beliebige Teile des Buches über einen >Drucker verfügbar machen kann. Siehe auch: >Autorensystem.

Elektrostatisches Druckwerk
electrostatic print unit
Ausgabetechnik
Ein >Druckwerk, bei dem die >Zeichen durch Einwirkung eines elektrostatischen Feldes gebildet und anschließend durch Toner auf Papier sichtbar gemacht oder übertragen werden. Siehe auch: >Nicht-mechanisches Druckwerk.

Elementarblock
elementary block
Programmiersystem

Ein Programmschritt, der auf der betrachteten Entwurfsebene nicht weiter zerlegt werden soll (z.B. ein Proceduraufruf) oder nicht weiter zerlegt werden kann (z.B. eine >Anweisung).

Elementarer Objekttyp >Objekttypen-Ansatz

Elementarer Verteilungsschlüssel >Verteilungsschlüssel

Empfangsschlüssel >Offenes Verschlüsselungssystem

Empfangsstation >Sendestation

Empfindlichkeitsanalyse
sensibility analysis
Analysemethode/Entwurfsmethode
Mit der Empfindlichkeitsanalyse soll aufgezeigt werden, welche Wirkung geringfügige Änderungen der >Parameter auf das prognostizierte Ergebnis haben (>Prognose). Je weniger das Ergebnis dadurch verändert wird, desto geringer ist das Entscheidungsrisiko. Siehe auch: >Nutzwertanalyse.

empirisch
empiric
Erhebungsmethode
Eine Vorgehensweise zur Datenermittlung, die auf möglichst exakter Messung beruht. Siehe: >Meßmethode.

Empirisches Testen >Testen

Emulation >Emulator, >Programmadaption

Emulator
emulator
Programmiersystem
Eine >Funktionseinheit, realisiert durch >Programmbausteine und >Baueinheiten, die Eigenschaften einer Rechenanlage A (>Datenverarbeitungssystem) auf einer Rechenanlage B derart nachbildet, daß >Programme für A auf B laufen (emuliert werden) können, wobei die >Daten für A von B akzeptiert und die gleichen Ergebnisse wie auf A erzielt werden. Bei Aufwärtskompatibilität (>Kompatibilität) braucht ein Emulator nicht notwendigerweise zu interpretieren (>Interpretierer, vgl. DIN 44300).

End-to-End-Verschlüsselung
>Integriertes Verschlüsselungssystem

Endbenutzersystem
end-user system
Programmiersystem/Benutzersystem
Zusammenfassende Bezeichnung für alle Komponenten eines >Datenverarbeitungssystems oder eines >Problemverarbeitungssystems, welche dem "Endbenutzer" im Sinne eines >Benutzers ohne besondere Kenntnisse und Fähigkeiten im Umgang mit der Informations- und Kommunikationstechnik (>Benutzertyp) zur weitgehend selbständigen Gestaltung der Unterstützung der

Entität
entity
Datensystem
Ein individuelles Exemplar der realen Welt oder der Vorstellungswelt des Menschen (>Daten) oder eine Beziehung zwischen zwei Entitäten, wenn diese eine Bedeutung hat. Entitäten mit gleichen oder ähnlichen Merkmalen (>Attribut) werden zu einer Entitätsmenge zusammengefaßt.

Entitäten-Struktur-Diagramm
entity relationship diagram
Darstellungsmethode
Eine >Methode zur Darstellung von Entwurfsergebnissen der >Datenstrukturierung, welche die >Entitäten mit ihren >Attributen sowie die zwischen den Entitäten bestehenden Beziehungen ausweist. Als Primärschlüssel (>Schlüssel) verwendete Attribute werden unterstrichen. Man vgl. die Abbildungen zu >Abstraktion und >Komposition.

Entitätsmenge >Entität

Entity-Relation-Prinzip
entity relation principle
Entwurfsmethode
Ein >Software-Entwurfsprinzip, das in Analogie zur Beschreibung des >Datensystems davon ausgeht, daß in der >Organisation materielle und immaterielle Objekte (>Entität), insbesondere also >Daten vorhanden sind, die mit >Programmen verarbeitet werden. Die zwischen den Entitäten bestehenden Beziehungen ermöglichen es dem >Systemplaner, zu einer integrierten Sicht auf Daten und >Funktionen zu gelangen.

Entscheidung
decision
Allgemeine Grundlagen
Der Prozeß der Systemplanung (>Grundlagen Systemplanung) ist durch eine Menge von Entscheidungen gekennzeichnet, die sich durch alle Planungsphasen zieht. Unter Entscheidung wird dabei die Auswahl einer Handlungsalternative aus einer Menge von Handlungsalternativen verstanden. Eine Entscheidung ist als Prozeß zu verstehen, also als >Arbeitsablauf, der zu einem Ergebnis führt, das mit Entscheid oder Entschluß bezeichnet wird. Üblicherweise gliedert man diesen Prozeß in die Phasen Problemidentifikation, Informationsgewinnung, Alternativenentwurf, Alternativenbewertung und Auswahl der optimalen Alternative. Die Art der Entscheidungen im Systemplanungsprozeß ist sehr unterschiedlich. Häufig handelt es sich jedoch um "echte" Entscheidungen, die also keinen Routinecharakter haben. Zahlreiche Entscheidungen sind auch als Unternehmensentscheidungen zu verstehen, die das Unternehmen als Ganzes betreffen und deren Konsequenzen langfristig wirksam sind *(>Grundlagen Informationsmanagement)*.

Entscheidungsinformation >Informationskategorie

Entscheidungskonferenz >Konferenztechnik

Entscheidungsmodell
decision model
Allgemeine Grundlagen
Die formale Abbildung eines Entscheidungsproblems durch eine Alternativenmenge und eine Zielfunktion (Grundmodell eines Entscheidungsmodells). Man unterscheidet deterministische Entscheidungsmodelle (>deterministisch) mit einer oder mit mehreren Zielfunktionen und stochastische Entscheidungsmodelle (>stochastisch). Bei ersteren wird unterstellt, daß die Konsequenzen der Alternativen eindeutig prognostiziert werden können (>Prognose), bei letzteren wird eine Wahrscheinlichkeitsverteilung der Konsequenzen der Alternativen angenommen. Die Vielfältigkeit relativ neuartiger Entscheidungsprobleme bei der Systemplanung *(>Grundlagen Systemplanung)* und beim Informationsmanagement *(>Grundlagen Informationsmanagement)* macht die Entwicklung brauchbarer Entscheidungsmodelle zu einem wesentlichen Arbeitsschwerpunkt der >Wirtschaftsinformatik. Teilweise können Modelle aus anderen Anwendungsbereichen adaptiert werden. Der gegenwärtige Erkenntnisstand und die Verfügbarkeit brauchbarer Entscheidungsmodelle ist aber noch gering.

Entscheidungsprozeß >Entscheidung

Entscheidungsregel
decision rule
Allgemeine Grundlagen
Eine Vorschrift, die für eine bestimmte Entscheidungssituation angibt, wie aus einer Menge von >Zielwerten für eine Menge von Handlungsalternativen die gewichteten Zielwerte zum Gesamtnutzen aggregiert werden. Siehe: >Nutzwertanalyse.

Entscheidungsspielraum >Handlungsspielraum

Entscheidungsstil >Entscheidungsverhalten

Entscheidungstabelle
decision table
Darstellungsmethode
Ein "tabellarisches Beschreibungsmittel für formalisierte Entscheidungsprozesse" (DIN 66221). Ihre formale Struktur entspricht einer >Matrix, in deren Zeilen die Bedingungen (oberer Teil) und die Aktionen (unterer Teil) und in deren Spalten die Regeln angeordnet werden. Die Eintragungen in den Feldern der Matrix beschreiben die Bedingungen bzw. die Aktionen und damit die Regeln. Die Abbildung zeigt die Grundstruktur einer Entscheidungstabelle. Die Bedingungen sind im allgemeinen mit UND verknüpft; die Reihenfolge der Aktionen ist durch ihre Anordnung gegeben. Ein Vergleich mit einer verbalen Beschreibung oder mit einer Darstellung in Programmablaufplänen (>Programmablaufplan) oder >Datenflußdiagrammen macht deutlich, daß mit Entscheidungstabellen bei gleichem logischen Gehalt eine wesentlich übersichtlichere und kompaktere Darstellung zu erreichen ist.

163

Entscheidungstabellentechnik

	Tabellenbezeichnung	Bezeichnung der Entscheidungsregeln	
		R1 R2 R3 .....Rp	
Bezeichnung der Bedingungen	B 1 B 2 . Bm Bedingungen	Bedingungsanzeiger	
Bezeichnung der Aktionen	A 1 A 2 . An Aktionen	Aktionsanzeiger	Entscheidungsregeln

Abbildung Entscheidungstabelle

Entscheidungstabellentechnik
decision table technique
Darstellungsmethode/Entwurfssmethode
Geht von der Erkenntnis aus, daß Abläufe (z.B. ein >Arbeitsablauf) dann unübersichtlich werden, wenn die auszuführenden Aktionen (z.B. die >Tätigkeiten) nicht sequentiell aufeinander folgen, sondern als Voraussetzung für ihre Ausführung zunächst geprüft werden muß, ob bestimmte >Bedingungen erfüllt sind oder nicht. Sie verwendet als Grundelement die >Entscheidungstabelle. Je nach Umfang und Komplexität des darzustellenden bzw. zu entwerfenden Ablaufs werden einige bis viele Entscheidungstabellen verknüpft. Die Entscheidungstabellentechnik beschreibt die für die Erstellung der Entscheidungstabellen und ihre Verknüpfung anzuwendenden Verfahren.

Entscheidungsunterstützungssystem
decision support system
Führung
Ein >Problemverarbeitungssystem zur Unterstützung teilweise strukturierbarer Aufgaben (>Strukturierbarkeit), wie dies insbesondere >Entscheidungen als Führungsaufgaben sind. Derartige Systeme sollen den Entscheidungsträger bei der Beurteilung von Handlungsalternativen unterstützen. Sie ermitteln keine optimale Alternative, stellen also lediglich >Heuristiken dar.. Teilweise strukturierbare Aufgaben ermöglichen es, Teile als Aufgabenlösung zu modellieren (>Modellieren), sodaß >Datenbanksysteme und >Methodenbanksysteme eingesetzt werden können. Für die nicht strukturierbaren Teile der Aufgabe wird die Problemlösung mit meist qualitativen oder intuitiven Problemlösungspotentialen vom Entscheidungsträger eingebracht (>Problemlösen). Die Komponenten eines Entscheidungsunterstützungssystems sind: Interaktionskomponente, Datenbanksystem und Methodenbanksystem. Siehe auch: >Expertensystem.

Entscheidungsverhalten
decision behaviour
Verhalten

Kenntnisse über das Entscheidungsverhalten von Individuen sind insbesondere für den Entwurf von >Entscheidungsunterstützungssystemen wichtig. Jeder Mensch hat seinen individuellen Entscheidungsstil. Folgende Merkmale sind für die Erklärung von Entscheidungsstilen von Bedeutung:
- Komplex/einfach: Ein komplexer Entscheidungsstil ist dadurch gekennzeichnet, daß bei der Urteilsbildung relativ viele >Informationen nachgefragt werden, viele Alternative generiert werden, und damit viel Zeit für die >Entscheidung erforderlich ist. Das Vertrauen in fertige Urteile oder Problemlösungen ist gering.
- Feldunabhängig/feldabhängig: Feldunabhängig ist ein Entscheidungsstil, wenn das Individuum die Fähigkeit hat, schnell relevante Informationen aus ihrem Kontext herauszulösen (analytisch und abstrakt zu denken). Eigene Interpretationen von Detailinformationen werden gegenüber aufbereiteten, globalen Informationen bevorzugt. Feldabhängig ist ein Entscheidungsstil, wenn eher qualitative Informationen bevorzugt werden, welche "das Wesentliche" wiedergeben.
- Konvergierend/divergierend: Ein Entscheidungsstil ist konvergierend, wenn sich das Individuum auf Probleme konzentriert, die rasch in den Kategorien "richtig" und "falsch" getestet und damit gelöst werden können. Ein divergierender Entscheidungsstil ist durch die Zuwendung des Individuums zu offenen, nicht klar definierten Problemen gekennzeichnet. Im Vordergrund steht das Bemühen um die ganzheitliche Erfassung des Lösungsraums und die Berücksichtigung auch nicht quantifizierbarer >Ziele.

Auch wenn einzelne Eigenschaften kognitiver Stile (>kognitiv) gemessen werden können, so gibt es doch bislang kein verläßliches Meßsystem, das die Erfassung der Entscheidungsstile insgesamt als Grundlage für den Entwurf von >Entscheidungsunterstützungssystemen ermöglichen würde.

Entschlüsselung >Kryptoanalyse, >Verschlüsselungssystem

Entwicklungsdatenbank >Software-Entwicklungssystem

Entwicklungsrückstau
backlog
Anwendungssystemmanagement
Nicht abgearbeitete Systemplanungsaufgaben, deren Erledigung auf Grund der Bedarfe der >Anwender erforderlich ist. Dieser Rückstau ist in vielen >Organisationen zu einem Problem geworden, häufig dadurch hervorgerufen, daß die >Wartung implementierter Anwendungssysteme die Entwicklungskapazität übermäßig in Anspruch nimmt (Schätzungen sprechen von einem Verhältnis von 80:20 für Wartung und Entwicklung).

Entwicklungsstrategie
development strategy
Grundlagen Informationsmanagement
Die Planung der *Infrastruktur* der *Informationsfunktion* kann unterschiedlich ausgeprägten *Strategien* folgen (Szyperski):
- Momentum-Strategie, die davon ausgeht, daß die in Entwicklung befindlichen oder implementierten Systeme auch zu-

künftigen strategischen Anforderungen entsprechen können. Diese eher konservative und gegenüber der Entwicklung der >Techniksysteme abwartende Haltung wird durch das Einsetzen einer "Information Technology Research Group" beantwortet.
- Agressive Strategie, die durch das gezielte Streben gekennzeichnet ist, als >Anwender an der vordersten Front zu operieren und die Entwicklung sogar selbst voranzutreiben. Eigene Budgets für informations- und kommunikationstechnische Entwicklungen werden vorgesehen. Diese Strategie kennzeichnet den "Information Resource Frontier".
- Moderate Strategie, die zwischen den beiden anderen liegt. Sie ist durch Pilotprojekte auf der Basis und in Begleitung von strategischen Analysen sowie von Wirkungs- und Implementierungsstudien begleitet (>Wirkungsanalyse).
- Schließlich eine defensive oder gar destruktive Strategie, welche versucht, den Einfluß der Informations- und Kommunikationstechnik in der >Organisation zurückzudrängen.

Alle an der Planung der Informationsfunktion Beteiligten sollten ihre Strategie offenlegen, damit eine strategische Grundhaltung der Organisation erarbeitet werden kann. Siehe auch: >Individualziel, >Organisationsziel.

Entwurfsdimension
design catagory
Entwurfsmethode
Ein Maß, mit dessen Hilfe wichtige Eigenschaften eines Systementwurfs (z.B. im Zuge der >Durchführbarkeitsstudie) abgebildet werden können. Entwurfsdimensionen sind beispielsweise >Automatisierungsgrad, >Dialogisierungsgrad, >Distribuierungsgrad, >Koordinierungsgrad, >Strukturierungsgrad.

Entwurfsinspektion
design review
Entwurfsmethode
Die Überprüfung eines Systementwurfs nach einem systematischen Verfahren in einer Teambesprechung. Diese Vorgehensweise ist vor allem beim Programmentwurf bekannt (z.B. >Structured Walk Through). An den Stellen des Systemplanungsprozesses (>Grundlagen Systemplanung), an denen Arbeitsergebnisse als Zwischenergebnisse vorliegen, auf die weitere Planungsphasen aufbauen, werden diese in einer Teambesprechung (>Systemplaner, >Benutzer, >Sachbearbeiter) präsentiert (>Präsentationstechnik). Im Falle der >Vorstudie bedeutet dies z.B., daß die alternativen >Grundkonzeptionen zur Diskussion gestellt werden. Eine straffere Vorgehensweise regelt das High Level Design Inspection, das vorsieht, wie die Vorbereitung für die Inspektion, ihre Durchführung, die Überarbeitung der Entwürfe und die sich daran anschließende Arbeit zu erfolgen haben. Es legt die Zusammensetzung des Inspektionsteams fest und schreibt vor, welche Unterlagen bereitzustellen sind. Zur methodischen Unterstützung der Inspektion werden >Prüflisten verwendet. Empirische Untersuchungen haben erhebliche Kostensenkungen der Systemplanung durch systematische Entwurfsinspektion festgestellt.

Entwurfsmatrix
design matrix
Entwurfsmethode
Eine >Matrix, welche in den Zeilen die >Aufgabenfunktionen und in den Spalten die >Entwurfsdimensionen enthält. Unter Verwendung der Entwurfsmatrix kann in der >Durchführbarkeitsstudie für jede Aufgabe *(>Grundlagen Aufgabe)* eine Menge alternativer Lösungen im Sinne von neuen oder zumindest veränderten Kombinationen von Aufgabenfunktionen generiert werden. Die Felder der Matrix enthalten dann die Entwurfsentscheidungen je Aufgabe für jede Funktion und jede Entwurfsdimension.

Aufgaben-funktionen \ Entwurfs-dimensionen	Distribuierungsgrad	Dialogisierungsgrad	Strukturierungsgrad	Koordinierungsgrad	Automatisierungsgrad	weitere Entwurfsdimensionen
Eingabe						
Ausgabe						
Speicherung						
Transport						
Bearbeitung						
Verarbeitung						

Abbildung Entwurfsmatrix

ER-Diagramm = Entity-Relationship-Diagramm
>Entitäten-Struktur-Diagramm

Ereignis
event
Arbeitsorganisation/Produktionsmanagement
Im allgemeinen Sinne ein Geschehnis, ein Vorkommen, eine Begebenheit. Eine Präzisierung kann unter Berücksichtigung des Kontext, in dem es eintritt oder geschieht, erfolgen:
- Im Sinne der Arbeitsorganisation ist darunter ein Vorgang zu verstehen, der einen >Arbeitsablauf aktiviert und der zu einer Veränderung des Zustands des Systems führt, der dem Arbeitsablauf zugrunde liegt (z.B. ein Kundenauftrag). Synonym: Trigger.
- Im Sinne des Produktionsmanagement ist darunter ein Vorgang zu verstehen, der zu einer Unterbrechung des Betriebsablaufs an einem Datenverarbeitungssystem führt (z.B. eine >Programmunterbrechung).

167

Ereignisaufzeichnung

- Im Sinne der Wahrscheinlichkeitstheorie sind (zufällige) Ereignisse die Mengen von möglichen Ergebnissen eines Zufallsexperiments (>Experiment); die Menge aller >Ereignisse eines Zufallsexperiments wird als Ereignismenge bezeichnet.
- Im Zusammenhang mit bestimmten >*Darstellungsmethoden* und >*Entwurfsmethoden* werden unterschiedliche Ereignisbegriffe verwendet, so z.B. beim >Petri-Netz. Nach DIN 69900 das Eintreten eines definierten Zustands in einem Ablauf.

Im Unterschied dazu: >Vorgang.

Ereignisaufzeichnung
logging
Sicherungssystem
Bezeichnung für das Aufzeichnen sämtlicher oder besonders definierter >Ereignisse während eines Verarbeitungsvorgangs. Die Aufzeichnung erfolgt entweder auf >Magnetband oder >Magnetplatte. Die Datensätze (>Datensatz) werden in einer >Datei (Log-Datei) aufgezeichnet. Nach einem >Systemzusammenbruch kann bei komplexen Systemen (>Dialogsystem, >Datenbanksystem) der lückenlose und fehlerfreie >Wiederanlauf nur mit Hilfe der Log-Datei durchgeführt werden (>Datenintegrität). Log-Dateien spielen auch im >*Controlling* eine wesentliche Rolle.

Ereignisknotennetzplan >PERT

Ereignismessung >Monitoring-Verfahren

Erfassen des Istzustands >Istzustandserfassung

Erfassungsbeleg >Datenerfassungsbeleg

Erfolgsfrühwarnung >Frühwarnsystem

Erforschendes Prototyping >Exploratives Prototyping

Erhaltungsziel >Individualziel

Erheben der Anforderungen >Anforderungsanalyse

Erheben des Istzustands >Istzustandserfassung

Erkennungsexperiment >Experiment

Erklärungsmodell >Modell

Erwartung >Arbeitszufriedenheit

ETHICS
ETHICS
Partizipation
Kurzbezeichnung für Effective Technical and Human Implementation of Computer-based Systems, eine von E. Mumford (Manchester Business School) entwickelte Methode. Sie folgt einem soziotechnischen Ansatz (>Konsens-orientierter Ansatz) der >Benutzerbeteiligung bei der Systemplanung (>*Grundlagen Systemplanung*). Die geringe Unterstützung des Methodenan-

wenders durch methodenspezifische oder angepaßte >Werkzeuge schränkt ihre praktische Brauchbarkeit entscheidend ein.

Euklidischer Abstand >Clusteranalyse

EUNET
EUNET
Transportdienst
Ein auf >UNIX basierendes Netzwerk (>Netz), welches in der Bundesrepublik Deutschland derzeit ca. 20, in Europa ca. 230 Institutionen umfaßt. Eine Verbindung zum US-amerikanischen USENET ist gegeben. Die >Datenübertragung erfolgt mittels >store and foreward. Als Übertragungsmedium wird in den meisten Fällen das öffentliche Fernsprechnetz verwendet, in letzter Zeit auch zunehmend Datex-P (>Datex).

EUNET DIANE >DIANE

Europaeinheitliche Artikelnummer >EAN

Europan Academic and Research Network >EARN

EUS >Entscheidungs-Unterstützungs-System

Event-Driven-Monitoring >Monitoring-Verfahren

Evolutionäres Prototyping
evolutionary prototyping
Entwurfsmethode
Eine Art des >Prototyping, bei welcher der Prototyp nicht nur als Entwurfsmethode eingesetzt wird, sondern selbst Produkt der Systemplanung *(>Grundlagen Systemplanung)* ist, das sukzessive verbessert wird. Siehe auch: >Exploratives Prototyping, >Experimentelles Prototyping.

Evolutionstheorie >Stufenkonzept

Ex-post-facto-Experiment >Experiment

EXAPT
EXAPT
Programmiersystem
Zur numerischen Steuerung von Werkzeugmaschinen (>NC) wurde von deutschen Hochschulinstituten in Zusammenarbeit mit der Industrie diese >Programmiersprache entwickelt. Sie beschränkt sich auf die zweieinhalbdimensionale Steuerung des Werkzeugs und berücksichtigt im Gegensatz zu >APT technologische Gegebenheiten bei Werkzeug und Werkstoff. Siehe auch: >CAM.

Experiment
experiment
Erhebungsmethode
Ein wissenschaftlicher Versuch zur Aufstellung, Bestätigung oder Widerlegung von >Hypothesen, der in der >Wirtschaftsinformatik zwar nicht unmöglich, aber schwierig durchzuführen

Experimentelles Prototyping

ist (im Unterschied zu den Naturwissenschaften). Man unterscheidet:
- Laborexperiment, bei dem der Experimentator in die Realität eingreift, die er im Laborversuch bei vollständiger Beherrschung oder Kontrollierbarkeit aller Variablen so verändert, daß er damit seine Hypothesen testen kann.
- Feldexperiment, das in der Praxis stattfindet und bei dem der Experimentator nicht alle ihn interessierenden Variablen isoliert beeinflussen kann und diese nicht vollständig unter Kontrolle hat.
- Ex-post-facto-Experiment, bei dem die Variablen nicht vom Experimentator selbst verändert werden; dieser muß sich vielmehr im wesentlichen auf die Beobachtung beschränken, um Hypothesen verifizieren oder falsifizieren zu können ("Zielgerichtete Beobachtung").

Eine andere Systematik gliedert nach Erkennungs-, Identifikations-, Berechnungs- und Optimierungsexperiment:
- Mit einem Erkennungsexperiment wird der Umfang und die generelle Struktur des Simulationsmodells (>Modelltyp, >Simulation) eruiert.
- Ein Identifikationsexperiment führt zur quantifizierten, d.h. mit >Parametern belegten Modellformulierung (>Modellieren).
- Mit einem Berechnungsexperiment verdichtet man aufgrund von "Ausrechnungen" und der Generierung konkreter Zustandsgeschichten des Systems das dynamische Modellverhalten.
- Im Optimierungsexperiment werden alternative Parameterkombinationen so ausgewählt und angewendet, daß sich das Modellergebnis gemäß der vorgegebenen Zielfunktion sukzessiv verbessert.

Experimentelles Prototyping
experimental prototyping
Entwurfsmethode
Eine Art des >Prototyping, bei welcher der >Benutzer versuchen soll, im Wege eines >Experiments seine >Anforderungen zu detaillieren; gleichzeitig erhält der >Systemplaner einen Einblick in die >Anwendungsaufgabe, sodaß er die Realisierbarkeit der angestrebten Lösung (>Grundkonzeption) einschätzen kann. Siehe auch: >Exploratives Prototyping, >Evolutionäres Prototyping.

Expertensystem
knowledge-based system
Sonstige Aufgabe
Ein >Problemverarbeitungssystem zur Lösung nicht oder nur schlecht strukturierbarer Aufgaben (>Strukturierbarkeit). Eine präzisere, allgemein akzeptierte Begriffsbestimmung steht noch aus, obwohl es bereits einige produktiv arbeitende Systeme gibt (z.B. DENDRAL, MYCIN). Sie sollen in bestimmten Bereichen vorhandenes Expertenwissen abbilden und zum >Problemlösen heranziehen; sie sollen also - vereinfacht ausgedrückt - die Routineaufgaben qualifizierter Fachleute übernehmen und diese auch dann (möglicherweise schneller, billiger und zuverlässiger) ausführen, wenn sie von Nicht-Fachleuten verwendet werden. Der Systemkern besteht aus Komponenten, in denen das Expertenwissen abgebildet ist

(>Wissensbasis), und die durch gezieltes, schlußfolgerndes Verknüpfen (Inferenz) die Nutzung dieses Wissens ermöglichen (>Schlußfolgern). Im allgemeinen ist das Wissen in der Form von WENN-DANN-Regeln (Produktionsregeln) aufgebaut (>Regel): WENN: logischer Ausdruck (wahr ist) DANN: Maßnahme(n) durchführen. Weiter sind Komponenten für den Wissenstransfer zum System und vom System erforderlich; sie haben folgende Aufgaben:
- Unterstützung für das Beschaffen, Eingeben und Modifizieren des Expertenwissens (Wissenserwerbskomponente), was nicht nur organisatorische, sondern wegen des Urheberrechtsschutzes (>Urheberrecht) auch rechtliche Probleme aufwirft (>Wissensakquisition).
- Interaktives Bearbeiten der zu lösenden Probleme und Ergebnisdarstellung (Dialogkomponente).
- Erklärung und Begründung der Schlußfolgerungen und Entscheidungen (Erklärungskomponente).

Die Abbildung zeigt die Struktur eines Expertensystems (Quelle: Siemens).

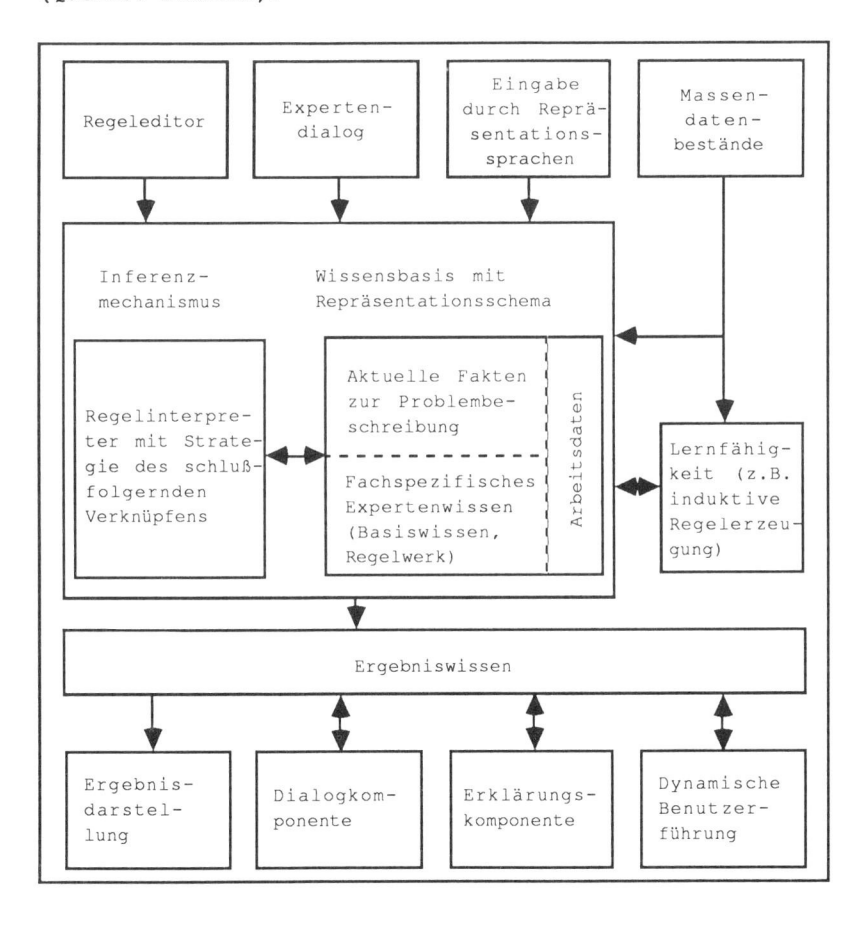

Abbildung Expertensystem

Exploratives Prototyping
explorativ prototyping
Entwurfsmethode
Eine Art des >Prototyping, bei der das Problem und seine grundsätzliche Lösung gesucht werden. Ausgehend von den ersten Vorstellungen des >Benutzers werden die >Anforderungen ermittelt, wobei verschiedene Lösungskonzepte (>Grundkonzeption) zur Diskussion stehen sollten, um den Lösungsraum nicht zu früh auf nur eine Alternative einzuengen. Siehe auch: >Experimentelles Prototyping, >Evolutionäres Prototyping.

Exponentielle Glättung >Prognose

Externe Daten >Daten

Externe Revision >Revision

Externer Rechner >BTX

Externes Schema >Drei-Schema-Konzept

Externer Wiederanlauf >Wiederanlauf

Extremalkriterium
unlimited goal
Grundlagen Systemplanung
Ein >Zielkriterium, das hinsichtlich des Ausmaßes der Zielerreichung unbegrenzt formuliert ist (maximale oder minimale Zielerreichung, z.B. maximale >Leistung oder minimale >Kosten).

F

Fachaufgabe >Büroarbeit

Fachzeitschrift
specialized journal
Dienstleistungsmarkt
Eine Zusammenstellung ausgewählter Fachzeitschriften, die geeignete Informationsquellen für den Wirtschaftsinformatiker sind, findet sich im Anhang "Fachzeitschriften".

Factory of the Future >CAI

Faktorentabelle >Distribuierung

Farbstrahldruckwerk
color jet printer
Ausgabetechnik
Ein >Druckwerk, das >Zeichen durch einen Farbstahl oder mehrere Farbstrahlen erzeugt, wobei die Farbe entweder zusammenhängend oder in Tropfen übertragen wird.

FCS
FCS
Transporttechnik/Sicherungssystem
Frame Check Sequence ist eine Folge von >Bits am Ende eines >Pakets und dient der Fehlererkennung (>Fehler).

Fehler
error
Allgemeine Grundlagen
Die Abweichung einer Größe von einem geplanten (z.B. theoretisch exakten) Wert. Eine genauere Beschreibung hängt zunächst von der Art der Größe ab. So ist z.B. zu unterscheiden zwischen Fehlern an >Daten, Methodenfehlern (>Methode), Entwurfsfehlern, Fehlern bei der Festlegung von >Parametern usw. An diesen Größen können unterschiedliche >Fehlerarten auftreten. Die >Prognose der Größen, an denen Fehler auftreten können, die Art der Fehler und ihre Häufigkeit sind Grundlagen für die Gestaltung des *>Sicherungssystems*. In Anlehnung an DIN 40041/2 und DIN 55350 ist ein Fehler die Verletzung von mindestens einer Eigenschaft, die von einem System gefordert wird.

Fehleranalyse
analysis of faults
Analysemethode
Geht von den festgestellten Fehlerursachen (>Fehler, >Fehlerart) eines >Systems aus und bewertet diese hinsichtlich ihrer Auswirkungen auf die geforderte >Zuverlässigkeit. Bei der Aufbereitung der Daten der Fehleranalyse erweist sich die Anwendung der >ABC-Analyse als hilfreich, deren Grundgedanke aus der Abbildung ersichtlich wird (Quelle: Dreger).

Fehlerart
kind of fault
Allgemeine Grundlagen

173

Fehlerart

Die Beschaffenheit eines >Fehlers, die in Abhängigkeit von dem betrachteten >System näher charakterisiert werden kann. So unterscheidet man beispielsweise bei der >Datenerfassung zwischen den Fehlerarten: Ein Zeichen zuviel, ein Zeichen zu wenig, ein Zeichen falsch, zwei Zeichen falsch, zwei Zeichen vertauscht ab nach ba, zwei Zeichen vertauscht abcd nach adcb usw. sowie Einfachfehler (einer der genannten Fehler) und Mehrfachfehler (mehrere der genannten Fehler). Nach verschiedenen empirischen Untersuchungen sind Einfachfehler mit etwa 90% der von der Datenerfassungskraft (>Datentypist) nicht erkannten Fehler am häufigsten, unter ihnen dominiert der Fehler "ein Zeichen falsch" mit etwa 70%. Derartige Erkenntnisse liefert eine >Fehleranalyse. An ihren Ergebnissen hat sich die Entwicklung von Datensicherungsmaßnahmen (>Sicherungssystem) zu orientieren.

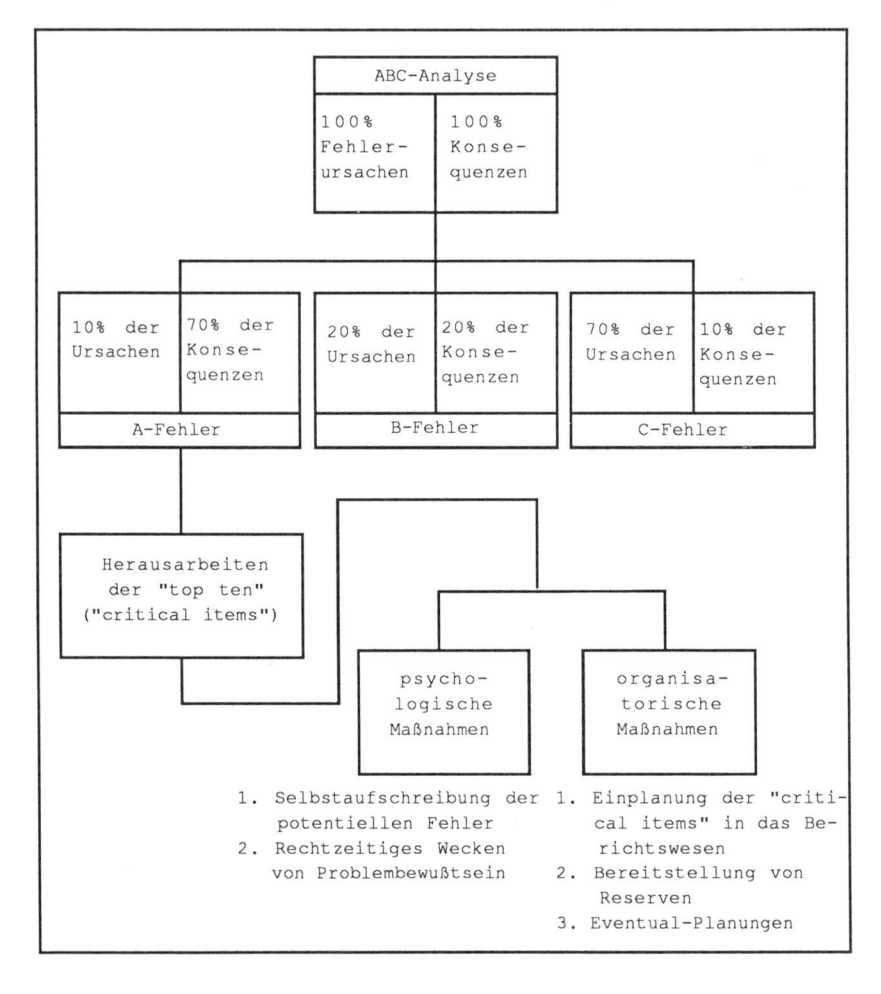

```
                    ┌─────────────────────┐
                    │    ABC-Analyse      │
                    │ 100%    │   100%    │
                    │ Fehler- │   Konse-  │
                    │ ursachen│   quenzen │
                    └─────────────────────┘
                              │
        ┌─────────────────────┼─────────────────────┐
   ┌────────┬────────┐   ┌────────┬────────┐   ┌────────┬────────┐
   │10% der │70% der │   │20% der │20% der │   │70% der │10% der │
   │Ursachen│Konse-  │   │Ursachen│Konse-  │   │Ursachen│Konse-  │
   │        │quenzen │   │        │quenzen │   │        │quenzen │
   ├────────┴────────┤   ├────────┴────────┤   ├────────┴────────┤
   │    A-Fehler     │   │    B-Fehler     │   │    C-Fehler     │
   └─────────────────┘   └─────────────────┘   └─────────────────┘
            │
   ┌─────────────────┐
   │ Herausarbeiten  │
   │  der "top ten"  │
   │("critical items")│
   └─────────────────┘
                          ┌──────────────┬──────────────┐
                    ┌─────────────┐  ┌─────────────┐
                    │  psycho-    │  │ organisa-   │
                    │ logische    │  │ torische    │
                    │ Maßnahmen   │  │ Maßnahmen   │
                    └─────────────┘  └─────────────┘
```

1. Selbstaufschreibung der potentiellen Fehler
2. Rechtzeitiges Wecken von Problembewußtsein

1. Einplanung der "critical items" in das Berichtswesen
2. Bereitstellung von Reserven
3. Eventual-Planungen

Abbildung Fehleranalyse

Fehlerbaum
fault tree
Darstellungsmethode/Analysemethode
Die graphische Darstellung (>Graphik) des logischen Zusammenwirkens von Ausfällen einzelner Komponenten eines >Systems für ein definiertes, unerwünschtes Ereignis (>Fehler) als Ergebnis einer systemtechnischen Untersuchung *(>Systemtechnik)*. Fehlerbäume werden manuell oder automatisch erzeugt und können bei Kenntnis über die Zuverlässigkeitsdaten (>Zuverlässigkeit) numerisch ausgewertet werden.

Fehlerbaumanalyse
fault tree analysis
Analysemethode/Controlling
Eine Methode zur Ermittlung der >Zuverlässigkeit und der >Sicherheit komplexer >Systeme. In den letzten Jahren gewinnt die Methode zunehmend an Bedeutung für die Risikoabschätzung von >Informations- und Kommunikationssystemen. Die Wurzel des >Fehlerbaums wird durch das Top-Ereignis (top event) gebildet und beschreibt den Katastrophenfall. Die Basis-Ereignisse (basic events) sind durch eine Fehlersituation (>Fehler) einzelner Komponenten im Fehlerbaum gekennzeichnet und können zu einem Top-Ereignis führen.

Fehlerdiagnose >Fehler, >Diagnose

Fehlererkennung >Fehlererkennungscode

Fehlererkennungscode
error detecting code
Darstellungstechnik/Sicherungssystem
Ein >Code, bei dem die >Zeichen nach solchen Gesetzen gebildet werden, die es ermöglichen, durch >Störungen verursachte Abweichungen (>Fehler) von diesen Gesetzen zu erkennen. Solche Codes gehören zu den redundanten Codes (vgl. DIN 44300). Es ist möglich, daß durch Störungen aus einem Zeichen ein anderes entsteht, das diesen Gesetzen genügt und deshalb nicht als fehlerhaft erkannt wird. Siehe auch: >Fehlerkorrekturcode.

Fehlerklassifikation >Benutzerfehler

Fehlerkorrekturcode
error correcting code
Darstellungstechnik/Sicherungssystem
Ein >Fehlererkennungscode, bei dem die Teilmenge der gestörten >Zeichen aufgrund der Bildungsgesetze (ohne Rückfrage) korrigiert werden kann (vgl. DIN 44300).

Fehlerrate
error rate
Sicherungssystem
Häufigkeit des Auftretens von >Fehlern bei der >Datenübertragung zwischen >Datenquelle und >Datensenke bezogen auf die übermittelten >Bits (>Verlustrate). Siehe auch: >Fehlererkennungscode, >Fehlerkorrekturcode.

Fehlertolerantes System >Fehlertoleranz

Fehlertoleranz
fault tolerance
Sicherungssystem
Systeme, die auch mit einer begrenzten Anzahl fehlerhafter Subsysteme ihre spezifizierte >Funktion erfüllen und fähig sind, >Fehler selbst zu erkennen und zu lokalisieren. Fehlertoleranz kann nur durch Verwendung von >Redundanz erreicht werden. Die wichtigsten Anwendungen für fehlertolerante Systeme sind: Zeitkritische Anwendungen; Anwendungen, die eine lange Systemlebensdauer erfordern; Anwendungen, die eine hohe >Verfügbarkeit erfordern; Anwendungen, in denen außerplanmäßige >Wartungen nicht durchführbar sind.

Fehlerüberwachungseinheit
error control unit
Sicherungssystem/Netzwerktechnik
Eine Einrichtung zum Erkennen und gegebenfalls Beseitigen von >Fehlern, die während der >Datenübertragung entstanden sind. Siehe auch: >Datenübermittlungssystem.

Fehlerunempfindlichkeit
error indifference
Grundlagen Systemplanung
Ein >Ziel bei der Entwicklung eines >Anwendungssystems, das möglichst bereits zum Zeitpunkt der >Implementierung durch systematische Entwicklungsarbeit und umfassendes >Testen sichergestellt sein sollte. Dabei ist davon auszugehen, daß >Benutzer >Fehler machen, sodaß insbesondere durch die >Dialoggestaltung Fehler erkannt und abgefangen werden können, etwa durch folgende Regeln:
- Erschwerung der Durchführung nur schwierig reversibler >Transaktionen, damit sie nicht "versehentlich" ausgelöst werden (z.B. >Funktionstastensicherung).
- Eindeutigkeit von Fehlermeldungen (>Maskengestaltung), die im Klartext anzugeben sind und Hinweise auf die Fehlerbeseitigung liefern.
- Umfassende >Plausibilitätskontrollen.
- Erkennbarkeit der ordnungsgemäß abgeschlossenen Transaktionen bei einem >Systemabbruch.

Fehlfarbenverarbeitung
off-shade processing
Allgemeine Grundlagen
Eine besondere Form der Verarbeitung von >Bildern, bei der Bildern zur besseren Darstellung von Kontrasten falsche Farben unterlegt werden. Sie wird beispielsweise bei Satellitenaufnahmen verwendet, um nicht sichtbare Wellenbereiche des Lichts (z.B. Infrarot) auf Landkarten sichtbar zu machen. Daraus werden z.B. >Prognosen über das Vorhandensein von Bodenschätzen oder Ernteprognosen abgeleitet. Siehe auch: >Bildverarbeitung.

Feinprojektierung
detailed systems design
Grundlagen Systemplanung

Phase der Systemplanung (>Phasenmodell), deren >Sachziel wie folgt beschrieben werden kann: Ausgehend von den Systementwürfen der >Grobprojektierung, die im wesentlichen als logische Modelle vorliegen (>Logisches Modell), werden unter konsequenter Orientierung auf die >Techniksysteme, auf denen das System implementiert werden soll (>Basissystem), die Systementwürfe verfeinert, untereinander abgestimmt und zusammengefügt (>Systemintegration). Mit anderen Worten: Es werden die logischen Modelle der Grobprojektierung in physische Modelle (>Physisches Modell) bis zur Implementierungsreife überführt (>Implementierung). Die Methodik der Feinprojektierung folgt primär dem >Inside-Out-Ansatz. Ausgehend von dieser Zielsetzung und unter Berücksichtigung dieses methodischen Ansatzes ergeben sich folgende Aufgaben der Feinprojektierung:
- Entwickeln des Systems innerhalb der >Teilprojekte, wie sie im wesentlichen bereits in der Grobprojektierung definiert wurden, unter Verwendung dafür brauchbarer >Methoden.
- Zusammenführen der Entwicklungsergebnisse der Teilprojekte zu den einzelnen >Anwendungssystemen bzw. – wenn mehrere Anwendungssysteme Gegenstand der Systemplanung sind – zum gesamten >Informations- und Kommunikationssystem (Systemintegration).

Das >Testen und Dokumentieren (>Dokumentation) der Entwicklungsergebnisse sind Querschnittsaufgaben, die in diese beiden Aufgaben jeweils eingebunden sind.

Feinstudie
detailed survey
Grundlagen Systemplanung
Phase der Systemplanung (>Phasenmodell), deren >Sachziel wie folgt beschrieben werden kann: In dem durch die >Vorstudie abgegrenzten Untersuchungsbereich (>Grundkonzeption) wird die Gesamtheit der organisatorischen Regelungen des bestehenden >Informations- und Kommunikationssystems so weit im Detail erfaßt (>Istzustandsanalyse), wie >Informationen über den >Istzustand für die Systementwicklung erforderlich sind. Die Methodik der Feinstudie folgt also primär einem >Istzustands-orientierten Ansatz. Sie verfolgt diesen jedoch nur im Rahmen der Grundkonzeption; sie ist also insoweit auch Sollzustands-orientiert. Damit ist die Istzustandsorientierung auf die vorgegebenen >Planungsziele ausgerichtet, ergänzt die Sollzustandsorientierung der Vorstudie sinnvoll und stellt insbesondere sicher, daß die durch den Kontext der Systemplanung gegebenen Projektierungsbedingungen aufgedeckt werden. Die aus dieser Zielsetzung abgeleiteten Aufgaben der Feinstudie sind: >Istzustandserfassung; >Istzustandsanalyse; >Istzustandsoptimierung; Anpassen der >Grundkonzeption. Das Sachziel der Feinstudie besteht also darin, die aus der Vorstudie übernommene Grundkonzeption vor dem Hintergrund des Istzustands zu evaluieren und damit die Projektierungsbedingungen für die >Systementwicklung zu präzisieren.

Feld >Datensatz

Feldabhängiger Entscheidungsstil >Entscheidungsstil

Feldexperiment >Experiment

Feldprogrammierbarer Festwertspeicher
field-programmable read-only memory
Speichertechnik
Ein Festwertspeicher (>ROM), bei dem nach der Herstellung des Speicherinhalts jedes Element verändert werden kann (vgl. DIN 44476).

Feldrechner
array processor
Verarbeitungstechnik
Arbeitet im Gegensatz zum >von-Neumann-Rechner mit einer Vielzahl von >Rechenwerken. Die Rechenwerke verarbeiten nach einem einheitlichen >Programm gleichzeitig eine Vielzahl von Datenströmen. Feldrechner haben eine Programmsteuerung und interpretieren somit zu jedem Zeitpunkt ein einziges (gemeinsames) Programm, das auf alle Komponenten eines Vektors gleichzeitig angewandt wird. Z.B. kann für eine Anzahl von Bankkunden (ihre Anzahl ist gleich der Zahl der vorhandenen Rechenwerke) gleichzeitig die Haben-Zins-Berechnung durchgeführt werden. Die angelsächsische Literatur bezeichnet oft auch Rechner, die reguläre >Datenstrukturen (Vektoren, Matrizen usw.) nach dem >Pipeline-Konzept sehr beschleunigt nacheinander verarbeiten, als 'array processors'.

Feldunabhängiger Entscheidungsstil >Entscheidungsstil

Fenster
window
Ausgabetechnik
Vergrößerter Ausschnitt eines graphischen Objekts (>Graphik) am >Bildschirm oder >Plotter.

Fern-Stapelverarbeitung
remote job entry
Transporttechnik
Die Übertragung von Stapelaufträgen von einem >Datenendgerät zu einem abgesetzten >Host mit Rückübertragung der Ergebnisse an den Absender oder einen dritten >Teilnehmer.

Ferndiagnosesystem >Fernwartung

Fernbetriebseinheit
communication control
Netzwerktechnik
Eine Einrichtung, welche die >Datenübertragung von der >Datenquelle zu der >Datensenke entsprechend einer Übermittlungsvorschrift steuert.

Fernkopierer
tele copy printer
Eingabetechnik/Ausgabetechnik
Ein Gerät zur Übertragung von >Graphiken, Zeichnungen, >Diagrammen, >Texten, Dokumenten und dergleichen. Hierfür stellen die Fernmeldeverwaltungen >Fernmeldedienste zur Verfügung. Nach dem CCITT-Standard werden drei Gruppen von Fernkopierern

unterschieden (vgl. die Abbildung). Da es sich um eine digitale Übertragung handelt, ist auch eine Speicherung des Bildinhalts möglich. Dies bietet noch keinen Zugang zur Verarbeitung der in der Fernkopie enthaltenen >Daten, jedoch die Möglichkeit, den Bildinhalt auf einem Sichtgerät (>Bildschirm) oder einem Graphikdrucker (>Drucker) auszugeben. Fernkopierer bieten die Möglichkeit, den Abtastvorgang auf die Teile des Orginals zu beschränken, die tatsächlich Schrift oder graphische Darstellungen enthalten. Dies führt zu einer Verminderung der Übertragungszeit und damit auch zu einer Verringerung der Übertragungskosten. Siehe: >Telefax, >Bildkompression.

```
Gruppe 1
Übertragungsdauer      4 bis 6 min/Seite DIN A 4
Auflösungsvermögen     2,5 bis 3,8 Linien/mm
Vorlagengröße          DIN A 4
Übertragungsart        analog, Kopie tonwertrichtig
                       mit Grauwertabstufungen
Empfangspapier         beschichtet
Gruppe 2
Übertragungsdauer      3 min/Seite DIN A 4
                       (Standard des Telefax-Dienstes)
Auflösungsvermögen     3,8 Linien/mm
Vorlagengröße          DIN A 4 oder kleiner
Übertragungsart        analog
Empfangspapier         beschichtet
Gruppe 3
Übertragungsdauer      max. 1 min/Seite DIN A 4
Auflösungsvermögen     3,85 Linien/mm,
                       7,7 Linien/mm bei doppelter
                       Übertragungsdauer
Vorlagengröße          bis 216 mm breit, Länge variabel
Übertragungsart        digital
Empfangspapier         beschichtet
```

Abbildung Fernkopierer

Fernmeldedienst
tele communication service
Transportdienst
Eine Reihe genormter >Protokolle und >Funktionen betrieblicher und möglicherweise kommerzieller Leistungsmerkmale, die zusammen ein spezifisches Fernmeldebedürfnis befriedigen. Dazu gehören derzeit der >Trägerdienst und der >Teledienst; in der Zukunft können sich weitere Typen entwickeln.

Fernnetz
long-distance network
Netzwerktechnik
Ein >Netz zur Verbindung von Bereichen. Innerhalb des Bereichs wird ein >Teilnehmer von allen anderen Teilnehmern

Fernschreiben

desselben Bereichs durch Wahl der gleichen Ziffernfolge (Rufnummer) erreicht.

Fernschreiben >Telex

Fernwartung
remote maintenance
Produktionsmanagement
Ein Verfahren bei der Überwachung, Fehlerdiagnose (>Fehler, >Diagnose) und >Wartung von >Hardware und >Software von >Datenverarbeitungssystemen, die mit Hilfe der >Datenfernverarbeitung über geographisch entfernt liegende Wartungszentralen durchgeführt wird. Bei der Fernwartung geht man von der Überlegung aus, daß nicht alle Wartungsaufgaben die Anwesenheit des Wartungstechnikers beim Datenverarbeitungssystem erfordern. So können über entfernte Wartungszentralen Prüfprogramme (>Prüfsoftware) gestartet werden, die das Datenverarbeitungssystem routinemäßig prüfen und die vom >Wartungsprozessor gesammelten Daten abfragen und analysieren. Auf diese Weise lassen sich >Fehler früher erkennen und eingrenzen. Daraus ergeben sich konkrete Anhaltspunkte für erforderliche Wartungsmaßnahmen und deren Dringlichkeit sowie für die Auswahl der geeigneten Techniker.

Fernwirkungssystem
remote control system
Eingabetechnik
Elektronisches System zur Meßwerterfassung, >Steuerung und >Regelung räumlich entfernter >Funktionseinheiten.

Festbildkommunikation
picture communication
Allgemeine Grundlagen
Die Übertragung von stehenden >Bildern über ein >Netz. Ein Beispiel dafür ist >Telefax.

Festplattenspeicher
fixed disc drive
Speichertechnik
Ein oder mehrere >Magnetplattenspeicher sind im Laufwerk fix montiert. Es gibt auch Ausführungen, bei denen Festplatten mit wechselbaren Platten kombiniert sind. Siehe auch: >Wechselplattenspeicher.

Festprogrammierter Festwertspeicher >ROM

Festspeicher >ROM

Festwertspeicher >ROM

File Server >Server

Filterung >Informationsselektion

Finanzbuchhaltung
financial accounting
Finanz- und Rechnungswesen

Ein >Anwendungssystem mit folgendem >Funktionsumfang:
- Grundfunktionen >Stammdatenpflege, Prüfen und Buchen der Belege sowie Verwalten offener Posten.
- Debitorenbuchhaltung mit Mahnwesen, Bankeinzug, Wechselgeschäft und Anzahlungen.
- Führen der Sachkonten, Kontenabschlüsse (Bilanz und Gewinn- und Verlustrechnung), Saldenvortrag ins Folgejahr und Dauerbuchungen.
- Kreditorenbuchführung mit Zahlungsverkehr, Zahlungsvorschläge, Geldbedarfsdispositionen, Zahlungsmittel (Wechsel und Schecks).
- Standardauswertungen wie Kontoauszüge, Saldenlisten, Kontenschreibung und Offene-Posten-Liste.

Siehe auch: >Belegverarbeitung, >Mandantensystem.

Firmware >Mikroprogrammierung

Fixe Kosten >Kosten

Fixe Daten >Daten

Fixpunkt
checkpoint
Sicherungssystem
Besonders gekennzeichnete Stelle in einem >Programm oder einer >Datei. Fixpunkte werden bei >Fehlern, die zu einem >Programmabbruch geführt haben, als Wiederanlaufpunkt (>Wiederanlauf) verwendet. Dies führt zu Laufzeiteinsparungen bei Programmwiederholungen. So werden beispielsweise nach jedem 500. >Datensatz einer sequentiellen Datei (>Sequentielle Dateiorganisation) Fixpunktsätze eingeschoben und als solche gekennzeichnet. Erreicht die Verarbeitung einen solchen Datensatz, zeichnet das Fixpunktkontrollprogramm alle wesentlichen Verarbeitungszustände auf. Fällt das System aus, so kann nach der Fehlerbehebung beim letzten aufgezeichneten Fixpunkt der Wiederanlauf gestartet werden.

Flexibilität
flexibility
Allgemeine Grundlagen
Beschreibt die Eigenschaft eines >Systems, auf Änderungen der Aufgabenstellung reagieren zu können; eine Quantifizierung ist schwierig.

Flexible Automation >Robotik

Flexible Magnetplatte >Magnetplatte, >Diskette

Flickarbeit
maintenance by patching
Anwendungssystemmanagement
Die Erhaltung der Funktionsfähigkeit eines >Anwendungssystems durch eine Form der >Wartung, die durch das schnelle Beseitigen von >Fehlern ohne ausreichende Analyse und die darauf aufbauenden Entwurfsänderungen gekennzeichnet ist.

Flimmern
flicker
Ergonomie/Ausgabetechnik
Eine Form der Instabilität der auf einem >Bildschirm dargestellten >Zeichen, die durch das vom Menschen wahrnehmbare Abklingen und erneute Aufhellen der entsprechend der Bildwiederholfrequenz erneuerten Bildanzeige verursacht wird.

Fließsprache >Sprachverarbeitung

Floppy Disk >Diskette

Floyd's Methode >Methode der induktiven Zusicherung

Flüchtiger Speicher
volatile memory
Speichertechnik
Ein >Speicher, bei dem der Speicherinhalt verloren geht, wenn die Versorgungsspannung ausfällt (vgl. DIN 44476).

Flugsicherungssystem >Zieldatenverarbeitung

Flußdiagramm >Datenflußdiagramm

Font
font
Darstellungstechnik
Die Bezeichnung des Schriftvorrats eines >Druckers (Multifontdrucker) oder >Beleglesers (Multifontleser). So stehen beispielsweise bei leistungsfähigen Druckern mehr als 100 unterschiedliche Fonts zur Verfügung.

Formale Notation >Beschreibungsmittel

Formale Partizipation >Partizipationsdimension

Formale Spezifikationsmethode >LOTOS

Formalisierung >Strukturierbarkeit

Formalproblem >Optimalplanung

Formalziel
formal objective
Allgemeine Grundlagen
Formalziele haben Zielinhalte, welche die Qualität oder Güte definieren (>Ziel). Beispiele sind: >Wirtschaftlichkeit, >Produktivität, >Sicherheit, >Verfügbarkeit, >Zuverlässigkeit, >Akzeptanz, >Benutzerfreundlichkeit. In Ergänzung dazu: >Sachziel.

Format >Datenformat

Formatierte Daten >Daten

Formatierung
formatting
Speichertechnik
Das Schreiben der Kontrollinformation, durch welche unter anderem bei >Speichern die >Spuren eingerichtet und die >Adressen bestimmt werden (vgl. DIN 66010A1).

Formular
table
Benutzersystem/Datensystem
1. Eine arbeitsvorbereitende Drucksache, deren unveränderlicher inhaltlicher Teil ("Vordruck") mit veränderlichen >Daten und >Text vom >Aufgabenträger zu ergänzen ist. Die vorgedruckten Leitdaten und Leittexte erfragen die einzutragenden Angaben und ergeben zusammen mit diesen den Informationsgehalt (>Information) des Formulars.
2. Ein auf eine bestimmte Aufgabe *(>Grundlagen Aufgabe)* hin strukturiertes Layout der >Benutzerschnittstelle an einem >Bildschirm oder an einem >Drucker. Siehe auch: >Maske.

Formular-Technik >Dialogtechnik

Formular Translator >FORTRAN

FORTH
FORTH
Programmiersystem
>Problemorientierte Programmiersprache für systemnahe und zeitkritische Anwendungen, die 1969 in den USA entwickelt wurde. Die Sprache hat einen geringen Verbreitungsgrad.

FORTRAN
FORTRAN
Programmiersystem
Formula Translator ist eine problemorientierte Programmiersprache (>Problemorientierte Programmiersprache) für den mathematisch-wissenschaftlich-technischen Bereich. Besser als bei >ALGOL ist im Sprachkonzept die Ein- und Ausgabe gelöst, was auch einen gelegentlichen Einsatz für kommerzielle Anwendungen, insbesondere im Zusammenhang mit technischen Berechnungen, bewirkt. Die modernste Form von FORTRAN ist das Sprachkonzept nach FORTRAN 77. Die Programmiersprache findet auch bei >Personal Computern Verwendung.

FORTRAN 77 >FORTRAN

Fortschrittszahl
accumulate figure
Datensystem/Produktion
Eine Größe in der Dimension Menge/Zeit (z.B. Stück/Tag), also eine Mengen-Zeit-Beziehung, die für ein Objekt (z.B. Teil, Baugruppe oder Endprodukt) den geplanten (Soll-Fortschrittszahl) bzw. den erreichten (Ist-Fortschrittszahl) Produktionsfortschritt beschreibt und auf den Zeitpunkt der Übergabe des Objekts an den Empfänger bezogen ist.

Fortschrittszahlensystem
accumulate figure system
Datensystem/Produktion
Ein Beispiel für die Datenintegration (>Organisatorische Integration) bei der Integration zwischen verschiedenen >Organisationen (>Zwischenbetriebliche Integration), hier zwischen einem Industriebetrieb und seinen Zulieferern. Man versteht darunter einen Datenstrom, der sich vom Auftragseingang bis zur Auslieferung durchzieht. Die Anwendungssysteme der Beteiligten beschränken sich auf die >Kommunikation der die Lieferbeziehungen betreffenden >Daten, aus denen dann z.B. die Entwicklung der Abrufaufträge, die Einkaufsdisposition und die Auslieferungen ermittelt werden können. Insbesondere in der Automobilindustrie anzutreffen.

Fortschrittszeitmessung >Zeitmessung

Fragebogenmethode
questionaire technique
Erhebungsmethode
Eine Methode zur Datenerhebung mit dem Ziel der Abbildung der Realität (>Istzustandserfassung) und der nachfolgenden Analyse der Realität anhand dieser Abbildung (>Istzustandsanalyse), die in der Regel im Rahmen eines geeigneten Methodenmix eingesetzt wird. Nach der Art der Antwortvorgabe werden Fragebögen mit freien Antwortvorgaben und solche mit Auswahlantworten unterschieden. Vergleichsweise Vorteile zu anderen Methoden sind die Verfügbarkeit schriftlich dokumentierter >Daten und - insbesondere bei einer großen Anzahl von Befragten - die geringen Einheitskosten. Wesentliche Nachteile sind die schwierige Steuerung der Rücklaufquote, die fehlende Dialogmöglichkeit (>Dialog) sowie - insbesondere bei freien Antwortvorgaben - die aufwendige Datenauswertung. Die Methode eignet sich daher vor allem bei einer großen Anzahl geographisch verteilter >Aufgabenträger bei einem einfachen, gleichförmigen Datenbedarf. Siehe auch: >Interviewmethode, >Beobachtung, >Selbstaufschreibung, >Dokumenteauswertung.

Frame Check Sequence >FCS

Freie Abfrage
open query
Benutzersystem/Datensystem
Im Unterschied zur vorprogrammierten Abfrage (>Vorprogrammierte Abfrage) eine Abfrage, welche der >Benutzer selbst definiert. Dazu muß das >Datenverwaltungssystem eine spezielle Sprachkomponente zur Verfügung stellen. Der Benutzer muß gute Kenntnisse über die >Datenstruktur haben, weshalb freie Abfragen nicht für jeden >Benutzertyp geeignet sind. Sie können auch oft zu Effizienzproblemen führen (>Effizienz). Siehe auch: >Transaktion, >Datenbanksprache.

Freie Daten
liberal data
Informationsrecht
Begriff für die in § 24 Abs. 2 >BDSG genannten >Daten (Name, Titel, akademische Grade, Geburtsdatum, Berufs-, Branchen-

oder Geschäftsbezeichnung, Anschrift und Rufnummer), deren Speicherung, Verarbeitung und Übermittlung ohne Beschränkung dann zulässig ist, wenn kein Grund zur Annahme besteht, daß dadurch schutzwürdige Belange des Betroffenen (>Betroffener) verletzt werden. Im >DSG existiert keine vergleichbare Bestimmung.

Freiheitsspielraum >Handlungsspielraum

Fremdsoftware >Standardsoftware

Frühwarnsystem
early warning system
Führung
Der Teil eines >Informations- und Kommunikationssystems, der die Aufgabe (>Grundlagen Aufgabe) der Früherkennung von Krisen für die >Organisation unterstützt. Die Entwicklung der logischen Modelle (>Logisches Modell) betrieblicher Frühwarnsysteme ist ein Arbeitsschwerpunkt der >Betriebswirtschaftslehre, ihre zweckmäßige Implementierung ist ein Arbeitsschwerpunkt der >Betriebsinformatik. Die Praxis zeigt, daß mit derartigen Systemen durch rechtzeitige Problemkenntnis der Entscheidungsspielraum (>Handlungsspielraum) der Unternehmensführung wesentlich verbessert werden kann.

Führungs-Informationssystem
management information system
Führung
Der Teil eines >Informations- und Kommunikationssystems, dessen Anwendungsschwerpunkt die Aufgaben der Führung einer >Organisation ist; eine "neue Bezeichnung" für Management-Informationssystem (>MIS). Häufig auch als "Strategisches Informationssystem" bezeichnet.

Führungsaufgabe >Büroarbeit

Füllzeichen
filler
Darstellungstechnik
Ein >Zeichen, das in einem gegebenen Zusammenhang ausschließlich zum Ausfüllen einer >Stelle dient und verhindern soll, daß diese Stelle absichtlich oder irrtümlich benutzt wird (vgl. DIN 44300). Bei Angabe des Betrages ****418.- auf einem Zahlungsbeleg stellen die Sterne Füllzeichen dar.

Function-Point-Verfahren
function point model
Kosten- und Leistungsrechnung
Ein von IBM entwickeltes und seit 1981 eingesetztes Verfahren zur Kalkulation von >Projekten für die Entwicklung von >Anwendungssystemen. Dabei werden die >Kosten für ein Projekt von seinem Umfang und seinem Schwierigkeitsgrad abgeleitet. Diese werden durch die Summe der "Function Points" ausgedrückt. Man ermittelt sie, indem man das geplante Projekt nach verschiedenen Kriterien (>Zielkriterium) auf bestimmte Merkmale ("Funktionen") hin untersucht und bewertet (>Funk-

Funktion

tion). Außerdem werden vierzehn Faktoren, die erfahrungsgemäß einen wesentlichen Einfluß auf die Kosten haben, entprechend ihrer Wirkung auf das geplante Projekt bewertet. Mit dem Ergebnis "Anzahl der Function Points" kann man aus einer Tabelle den Aufwand in Mann-Monaten ablesen und dann mit Kosten bewerten. Siehe auch: >Aufwandschätzung.

Funktion
function
Allgemeine Grundlagen
Eine Komponente eines >Systems (z.B. eines >Anwendungsprogramms), die eine bestimmte >Anwendungsaufgabe oder einen Teil einer Anwendungsaufgabe, im Grenzfall eine einzelne >Tätigkeit, realisiert (z.B. die "Rollung" bei der >Lohn- und Gehaltsverrechnung).

Funktionale Programmierung
functional programming
Programmiersystem
Ein Programmierstil, der die Beziehungen zwischen >Eingabedaten und >Ausgabedaten durch mathematische Ausdrücke beschreibt, welche aus elementaren Ausdrücken unter Verwendung von drei Basisfunktionen (Aneinanderketten, Iterieren und Rekursion) gebildet werden, die in hierarchischer Weise neue Ausdrücke ("funktionale Programme") aus bereits gegebenen Ausdrücken aufbauen. Funktionale Programmiersprachen kennen keine Wertzuweisung an Variable wie dies z.B. bei >FORTRAN und >PASCAL der Fall ist. In der historischen Entwicklung ist >LISP die erste funktionale >Programmiersprache. Siehe auch: >Sprachgeneration.

Funktions-orientiertes System
function-oriented system
Grundlagen Systemplanung
Ein >Informations- und Kommunikationssystem, das dem >Benutzer unter einem einheitlichen >Betriebssystem mehrere spezialisierte >Funktionen (z.B. Texteditor (>Editor), >Electronic Mail, >Zugriff auf eine >Datenbasis) an einem multifunktionalen Arbeitsplatz (>multifunktional) anbietet. Derartige Systeme sind zweckmäßig, wenn die Arbeitsweise des Benutzers funktionsorientiert ist und daher nur selten einen Wechsel zwischen den Funktionen erfordert, oder wenn das System nur gelegentlich benutzt wird (>Benutzertyp). Im Gegensatz dazu: >Vorgangs-orientiertes System.

Funktionseinheit
functional unit
Grundlagen Technik
Ein nach Aufgabe oder Wirkung abgrenzbares Gebilde. Ein >System von Funktionseinheiten kann in einem gegebenen Zusammenhang wieder als eine Funktionseinheit aufgefaßt werden. Der Funktionseinheit können eine oder mehrere >Baueinheiten und/oder >Programmbausteine entsprechen. Empfohlen wird, bei Benennungen bestimmter Funktionseinheiten in Zusammensetzungen vorzugsweise zu gebrauchen (in absteigender Rangfolge): ...system, ...werk, ...glied, ...element (vgl. DIN 44300).

Funktionsintegration >Organisatorische Integration

Funktionspunkt >Function-Point-Verfahren

Funktionssicherung
function guaranty
Sicherungssystem
Die Gesamtheit der Mittel und Maßnahmen, welche den Zweck haben, die Funktionsfähigkeit (>Funktion) der *>Infrastruktur* zu gewährleisten. Dazu gehören z.B.: Eine unterbrechungsfreie Stromversorgung durch Notstromaggregate; eine störungsfreie Klimatisierung; die Überwachung der Temperatur und der Luftfeuchtigkeit im Maschinenraum des >Rechenzentrums; eine bedarfsgerechte Bevorratung mit Material (z.B. Endlospapier und >Datenträger).

Funktionstaste
function key
Eingabetechnik
Eine Taste, die durch Betätigung eine >Funktion auslöst. Bei CAD-Systemen (>CAD) werden durch Funktionstasten z.B. das Zeichnen von Linien, Kreisen usw. ausgelöst. Bei >Textautomaten werden mittels Funktionstasten Textverarbeitungsfunktionen wie Suchen, Ersetzen, Löschen usw. ausgelöst. Siehe auch: >Tastatur.

Funktionstastatur >Tastatur

Funktionstastensicherung
check keying
Ergonomie/Sicherungssystem
Eine Einrichtung an der >Tastatur, bei der zwei oder mehr Tasten gleichzeitig betätigt werden müssen, um eine >Transaktion aktivieren zu können. Wird zur Verhinderung fehlerhafter Aktivierung (>Fehler) von kritischen Transaktionen verwendet.

Funktionstest
function test
Testmethode
Ein Test im Rahmen des >Abnahmetests, der nachweisen soll, daß das Produkt bezüglich der >Funktionen die zugesicherten Eigenschaften erfüllt. Siehe auch: >Leistungstest, >Integrationstest.

Funktionstrennung
function separation
Arbeitsorganisation/Sicherungssystem
Die Zuordnung von Aufgaben *(>Grundlagen Aufgabe)* auf >Aufgabenträger in der Weise, daß für die >Organisation lebenswichtige >Funktionen auch dann aufrecht erhalten werden können, wenn ein einzelner Aufgabenträger seine Aufgaben nicht sachgerecht wahrnimmt; gleichzeitig ein Mittel zur gegenseitigen Kontrolle.

187

Funktionsumfang
scope of functions
Allgemeine Grundlagen
Die Art und die Anzahl der Aufgaben (>*Grundlagen Aufgabe*), die durch ein >Anwendungssystem abgedeckt werden.

Funktionsverbund >**Verbund,** >**Verteiltes Datenverarbeitungssystem**

G

GANTT-Diagramm
GANTT diagram
Darstellungsmethode
Ein einfaches >Balkendiagramm, benannt nach Henry Laurence Gantt, das zur Terminplanung eine graphische Darstellung (>Graphik) verwendet. Über die Zeitachse werden die Vorgänge (>Vorgang) entsprechend ihrer zeitlichen Dauer abgetragen.

Ganzzeichendruckwerk
character printer
Ausgabetechnik
Ein >Druckwerk, in dem die >Zeichen des Zeichenvorrates erhaben (als Type), vertieft oder als Durchbruch (Schablone) in voller Kontur vorhanden sind (vgl. DIN 9784).

Gastrechner >Verarbeitungsrechner

Gastsprache
host language
Programmiersystem
Der >Benutzer greift auf eine >Datenbasis mit Hilfe eines >Anwendungsprogramms zu. Zur Realisierung des >Zugriffs ist eine Verknüpfung zwischen der für die Anwendungsprogrammierung verwendeten >Programmiersprache und dem >Datenverwaltungssystem erforderlich. Diese wird dadurch hergestellt, daß in die Programmiersprache "Datenbankbefehle" (>Datenbanksystem, >Befehl) eingebaut sind; die Programmiersprache dient als "Gastgeber" für die Datenbankbefehle. Der Benutzer kann freie Abfragen (>Freie Abfrage) nur dann formulieren, wenn er die Gastsprache beherrscht. Siehe auch: >Abfragesprache, >Datenbanksprache.

Gateway
gateway
Netzwerktechnik
Ein >Datenverarbeitungssystem, welches in der Regel als >Host an zwei oder mehrere >Netze (z.B. >EARN, >BITNET) angeschlossen ist und die Aufgabe hat, jedes der Netze vom jeweils anderen aus zugänglich zu machen und die hierfür nötigen Protokoll-, Format- und Codetransformationen durchzuführen (>Protokoll, >Code).

Gbit = Gigabit >Kapazität

Gbyte = Gigabyte >Kapazität

GCS
generally accepted principles of computer security
Controlling/Sicherungssystem
Die wachsende Abhängigkeit der >Organisationen von funktionsfähigen >Informations- und Kommunikationssystemen und die Zunahme der >Computerkriminalität haben zur Herausbildung von "Grundsätzen für Computersicherheit" geführt. Siehe auch: >GoB, >GoS, >GoDS.

Gebrauchsnutzen >Wertanalyse

Gefangenendilemma
prisoner's dilemma
Verhalten
Ein spieltheoretisches >Modell zur Erklärung von >Interdependenz. In seiner einfachsten Form läßt es sich in einer Matrix, wie in der Abbildung gezeigt, darstellen: Zwei Partner A und B haben je zwei Handlungsalternativen a1 und a2 bzw. b1 und b2. Die Konsequenzen der Alternativen sind beiden Partnern bekannt. Da sie aber ihre >Entscheidung ohne die Möglichkeit zur >Kommunikation treffen müssen bzw. ohne die Fähigkeit zur Kommunikation (mangelndes Vertrauen) treffen, wird die Auswegslosigkeit der Situation deutlich. Zwar ist im Beispiel der Abbildung beiden Partnern klar, daß a1/b1 die optimale Alternative ist; fehlt jedoch das gegenseitige Vertrauen, so ist die rationale (sicherste) Entscheidung a2/b2, die beide Partner zu Verlierern macht. Derartige Situationen bestehen bei der Systemplanung *(>Grundlagen Systemplanung)* häufig, etwa zwischen "EDV-Leuten" und >Benutzern oder zwischen Vorgesetzten und Mitarbeitern. Es kann als wesentliches Ziel zweckmäßiger >Partizipation angesehen werden, durch Kommunikation und Vertrauen die Situation des Gefangenendilemmas zu vermeiden.

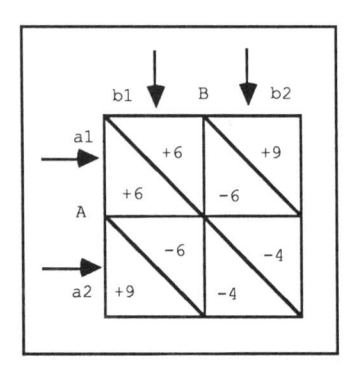

Abbildung Gefangenendilemma

Geheimbotschaft >Kryptologie

Geheimnisprinzip
information hiding principle
Entwurfsmethode
Ein >Prinzip, nach dem die Zerlegung eines >Systems in Moduln (>Modul) erfolgen soll, insbesondere die Zerlegung eines Softwaresystems (>Software). Danach soll die interne Konstruktion eines Moduls, einschließlich der verwendeten >Datenstruktur, der Umgebung verborgen bleiben. Eine Menge zusammenhängender, änderungswahrscheinlicher Details wird als "Geheimnis" betrachtet und in einem Modul verborgen, dessen >Schnittstellen für den >Benutzer nur die Eigenschaften wiedergeben, die für die Funktionsweise des Moduls wesentlich sind. Über Detailkenntnisse verfügt nur der >An-

wendungsprogrammierer. Siehe auch: >Modularisierungsprinzip.

Gekettete Dateiorganisation
linked file organization
Speichertechnik/Datensystem
Eine Form der >Dateiorganisation, bei der die Elemente einer >Datenbasis durch >Zeiger adressiert werden. Man unterscheidet die einfach gekettete und die doppelt gekettete Dateiorganisation. Bei der einfach geketteten Dateiorganisation wird die Speicherstelle des Elements e(k) einer Datenbasis durch einen Zeiger von seinem Vorgänger e(k-1) adressiert. Bei der doppelt geketteten Dateiorganisation wird das Element e(k) durch einen Zeiger von seinem Vorgänger e(k-1) und durch einen Zeiger von seinem Nachfolger e(k+1) adressiert.

Gelegentlicher Benutzer >Benutzertyp

Geltungsnutzen >Wertanalyse

Gemeinschafts-Rechenzentrum >Ausweich-Rechenzentrum

Genauigkeit
accuracy
Allgemeine Grundlagen
Die Übereinstimmung der Ergebnisse der Abbildung der Realität mit der Realität selbst.

Generalisierung
generalization
Grundlagen Systemplanung
Die Fähigkeit eines >Informations- und Kommunikationssystems, einer Vielzahl unterschiedlicher >Informationsbedarfe entsprechen zu können, ohne dabei grundlegende Modifikationen am System durchführen zu müssen. Eine Anforderung, die im allgemeinen an eine >Standardsoftware gestellt wird, aber nur schwer zu verwirklichen ist, weil dies die >Prognose der Informationsbedarfe der potentiellen >Benutzer voraussetzt. Man strebt daher eher >Flexibilität an.

Generator
generator
Programmiersystem
Ein >Programm, das in einer bestimmten >Programmiersprache abgefaßte Programme oder Folgen von >Anweisungen oder andere >Daten erzeugt (generiert). Bei der Softwareproduktion, aber auch bei Abfragen (>Transaktion), gibt es viele Teilaufgaben, die sich in den Grundsätzen gleichen und von Fall zu Fall nur geringfügig voneinander abweichen. Es liegt deshalb nahe, dafür ein allgemein gehaltenes Grundprogramm (Generator) zu erstellen, das in einem vordefinierten Rahmen die leichte Möglichkeit der Anpassung an den speziellen Fall bietet. Diese Anpassung geschieht mit Hilfe von >Parametern, mit denen die benötigte Softwarefunktion festgelegt wird. Siehe auch: >RPG.

Geometrisches Modelliersystem
geometric modelling system
Methodensystem
Ein computerunterstütztes >System zur Erstellung, Darstellung und Modellierung von geometrischen Objekten (Bauwerke, Fahrzeuge, Schiffskörper usw.). Dabei wird die Objektdarstellung wie folgt aufgebaut: Zunächst wird das reale Objekt in einem >Modell durch die mathematische Beschreibung seiner geometrischen Eigenschaften (d.h. der Koordinaten der geometrischen Elemente wie Linien und Punkte) und seiner topologischen Eigenschaften (d.h. der Zuordnung der Elemente aufeinander) abgebildet. In einem zweiten Schritt wird die rechnerinterne Darstellung abgebildet, die aus Symbolstrukturen besteht, zunächst als logisches Modell (>Logisches Modell), dann als physisches Modell (>Physisches Modell), also in einer bestimmten >Implementierungssprache. Um auf den >Datenstrukturen bestimmte >Operationen ausführen zu können (wie Drehen, Vergrößern von Ausschnitten), müssen entsprechende Algorithmen (>Algorithmus) entwickelt werden. Siehe auch: >CAD.

Geräteschein >Spezifikationsschein

Gerätetechnische Vorbereitung
technical preparation
Grundlagen Systemplanung
Der Teil der Aufgaben der >Implementierungsvorbereitung, der die Verfügbarmachung der >Basissysteme zum Gegenstand hat. Er umfaßt das Aufstellen der Geräte und das >Testen ihrer Funktionsweise (>Funktionstest).

Gesamtumstellung
total changeover
Implementierungsmethode
Eine >Implementierungsart nach sachlichen Merkmalen, bei der alle >Teilprojekte mit allen in diesen enthaltenen >Anwendungsaufgaben in vollem Umfang "gleichzeitig" implementiert werden. Dabei bezieht sich "gleichzeitig" sinnvollerweise nicht auf einen Zeitpunkt, sondern auf Grund des Arbeitsumfangs immer auf einen Zeitraum, der allerdings so kurz wie möglich gehalten wird und in dem die Implementierungsaufgaben ohne planmäßige Unterbrechung abgewickelt werden. Der Gesamtumfang der Teilprojekte und der in diesen enthaltenen Anwendungsaufgaben bezieht sich auf den gesamten Umfang des gegenständlichen Systemplanungsprozesses *(>Grundlagen Systemplanung)*.
- Vorteile der Gesamtumstellung sind: Vorhandene >Basissysteme werden "sofort" im geplanten Umfang produktiv genutzt, Leerkosten werden minimiert; es sind keine Implementierungsvorkehrungen erforderlich, welche die Verflechtungen zwischen den einzelnen Teilprojekten und Anwendungsaufgaben berücksichtigen müssen (>Integration).
- Nachteile der Gesamtumstellung sind: Punktuell hohe Anforderungen an die Implementierungsressourcen, insbesondere an das Unterstützungspersonal der >Abteilung Informations- und Kommunikationssysteme. Belastung der >Benutzer durch massiv auftretende Implementierungsaufgaben, die neben den

laufenden Arbeitsaufgaben bewältigt werden müssen; die sukzessive Einarbeitung von Benutzern durch Benutzer ist kaum möglich (>Partizipation); es liegen keine systematisch aufbereiteten Erfahrungen der Implementierung umfangreicher Gesamtsysteme vor, die zur Vermeidung von Implementierungsschwierigkeiten planmäßig genutzt werden können.
Im Gegensatz dazu: >Schrittweise Umstellung.

Geschlossene Benutzergruppe
closed user group
Transportdienst
Ein Sonderdienst im >Fernmeldedienst, mit dem innerhalb des öffentlichen Wähldatennetzes (>Datex) Sondernetze von >Teilnehmern gebildet werden können.

Geschlossene Entscheidung
closed decision
Allgemeine Grundlagen
Eine >Entscheidung, bei der eine aus mehreren Handlungsalternativen unter der Voraussetzung zu wählen ist, daß alle möglichen Handlungsalternativen, die Algorithmen (>Algorithmus) zur Problemlösung (>Problemlösen) und alle möglichen Handlungsergebnisse bekannt sind. Siehe auch: >Offene Entscheidung.

Geschlossenes System
closed system
Systemtechnik
Ein >System ohne Umwelt. Im Unterschied dazu: >Offenes System.

Gestaltpsychologie >Informationsblock, >Kommunikationsergonomie

Gestaltungsziel >Individualziel

Gestreute Dateiorganisation
random file organization
Speichertechnik/Datensystem
Eine Form der >Dateiorganisation bei der die >Adresse eines Satzes (>Datensatz) mit dem Ordnungsbegriff (>Schlüssel) identisch ist oder mit Hilfe eines Umrechnungsverfahrens aus dem Ordnungsbegriff ermittelt wird. Im Unterschied zur indizierten Dateiorganisation (>Indizierte Dateiorganisation) geht man hier davon aus, daß das Errechnen der Adresse aus dem Ordnungsbegriff schneller erfolgt als das Suchen aus der Indextabelle.

Gewerkschaftlicher Gegenmachtansatz
union-controlled approach
Partizipation
Ein Partizipationsansatz bei der Systemplanung (>Grundlagen Systemplanung), der - im Unterschied zum konsens-orientierten Ansatz (>Konsens-orientierter Ansatz) - die herrschenden Machtverhältnisse im Betrieb nicht akzeptiert. Strebt nicht nur den Interessensausgleich zwischen technischen und be-

Gewichtete Quersumme

triebswirtschaftlichen >Zielen einerseits und sozialen Zielen andererseits an, sondern darüber hinaus die Verwirklichung wirtschaftlicher Demokratie. Der >Systemplaner soll sein Wissen so einbringen, daß die Planung "arbeitnehmerorientierteter >Informations- und Kommunikationssysteme" ermöglicht wird. Damit soll letztlich erreicht werden, daß die Arbeitnehmer selbst die Ziele der Systemplanung definieren.

Gewichtete Quersumme >Prüfziffernrechnung

Gewichtungsmethode
weight ratio method
Kosten- und Leistungsrechnung
Eine >Methode zur Kalkulation von >Projekten für die Entwicklung von >Anwendungssystemen. Man bestimmt zunächst eine Menge von Einflußfaktoren auf die >Kosten, wie z.B. die Personalqualität als subjektiver Faktor und bestimmte Projektbedingungen als objektive Faktoren. Den Ausprägungen dieser Faktoren sind bestimmte Kostenwerte zugeordnet, die nach einer von der Gewichtungsmethode vorgegebenen mathematischen Verknüpfung die Gesamtkosten des Projekts ergeben sollen. Siehe auch: >Aufwandschätzung.

GKS >Graphisches Kernsystem

Glasfaserkabel >Lichtwellenleiter

GoB
generally accepted accounting principles
Controlling/Finanz- und Rechnungswesen
Die Grundsätze ordnungsmäßiger Buchführung (abgekürzt: GoB) beinhalten Regelungen, nach denen Buchhaltungssysteme gestaltet, benutzt und gepflegt werden. Vgl: Stellungnahme der FAMA 1/75 sowie die Fachgutachten Nr. 58 und 62 der Österreichischen Kammer der Wirtschaftstreuhänder. Siehe auch: >GoS, >GoDS, >GCS.

GoDS
GoDS
Controlling/Informationsrecht
Nahezu alle westlichen Demokratien verfügen heute über >Datenschutzgesetze (z.B. >BDSG). Betreffen die >GoB durchwegs >Daten, die aus der Sicht des Datenschutzgesetzes nicht schutzbedürftig sind, so werden in den "Grundsätzen ordnungsmäßigen Datenschutzes" (abgekürzt: GoDS) ausschließlich personenbezogene, schutzwürdige Daten behandelt. Siehe auch: >GCS, >GoS, >Personenbezogene Daten.

GoS
generally accepted accounting principles
Controlling/Finanz- und Rechnungswesen
Die Grundsätze ordnungsmäßiger Speicherbuchführung (abgekürzt: GoS) beinhalten Regelungen, nach denen Buchhaltungssysteme bei Verzicht auf eine Dokumentenausgabe gestaltet, benutzt und gepflegt werden. Siehe auch: >GoB, >GoDS, >GCS.

GPSS = General Purpose Systems Simulator >Simulationssprache

Graphik
graphic
Darstellungstechnik
Die zeichnerische, schematisierende, schaubildliche Darstellung von >Informationen; eine vereinfachte Form eines >Bildes. Siehe auch: >Graphische Datenverarbeitung.

Graphiktablett >Digitalisierer

Graphische Datenverarbeitung
graphical data processing
Allgemeine Grundlagen
Eine >Datenverarbeitung, welche die Umwandlung von >Daten in >Graphik und umgekehrt zum Gegenstand hat.

Graphische Beschreibung >Beschreibungsmittel

Graphisches Kernsystem
graphical kernel system
Darstellungstechnik
Das Graphische Kernsystem (abgekürzt: GKS) ermöglicht es, die graphische Ein-/Ausgabe in logischer Form, d.h. peripherieunabhängig, durchzuführen. Verschiedene Normenausschüsse haben beschlossen, GKS als Norm für die graphische Datenverarbeitung zu übernehmen (z.B. DIN, ISO, ANSI). Die im GKS verwendeten Ausgabe-Grundelemente sind: Polygon, Polymarke, Text, Füllgebiet, Zellmatrix und das verallgemeinerte Darstellungselement, mit dem Ausgabefähigkeiten von Geräten angesprochen werden können, die durch die anderen Ausgabe-Grundelemente nicht abgedeckt werden. Für diese Ausgabe-Grundelemente stehen zwei Arten von Attributen zur Verfügung: Globale (wie z.B. Linienort, Polygonfarbindex, Zeichenhöhe, Schreibrichtung) und arbeitsplatzspezifische. GKS ist ein ausgereiftes Modell für die Funktionalität graphischer Systeme mit definierten >Schnittstellen zur Anwendung und zur graphischen E/A-Peripherie. Eine zentrale Bedeutung hat das GKS vor allem bei >CAD erlangt.

Graphisches Modell >Modelltyp

Grobprojektierung
system design
Grundlagen Systemplanung
Phase der Systemplanung (>Phasenmodell), deren >Sachziel wie folgt beschrieben werden kann: Ausgehend von der >Grundkonzeption, die in der >Vorstudie entworfen und in der >Feinstudie angepaßt wurde, ist ein in sich geschlossener Entwurf des >Informations- und Kommunikationssystems mit dem Detaillierungsgrad zu erarbeiten, der eine rationale >Entscheidung über die einzusetzenden >Basissysteme ermöglicht und damit die Grundlagen für die Systementwicklung in der >Feinprojektierung bis zur Implementierungsreife schafft (>Implementierung). Die Methodik der Grobprojektierung folgt primär einem >Inside-Out-Ansatz. Ausgehend von dieser Zielsetzung und unter Berücksichtigung dieses methodischen Ansatzes ergeben sich folgende Aufgaben der Grobprojektierung:

- Gliedern des in der Grundkonzeption abgebildeten Gesamtsystems in >Teilprojekte.
- Entwerfen des Systems innerhalb dieser Teilprojekte unter Anwendung dafür brauchbarer Entwurfsmethoden und Entwurfsprinzipien (Systementwurf).
- Bestimmen des >Technikbedarfs für den Systementwurf.
- Dokumentieren der Entwurfsergebnisse im >Pflichtenheft.
- Durchführen der >Ausschreibung und der >Angebotsanalyse, Auswahl und Entscheidung über die einzusetzenden >Basissysteme einschließlich Abschließen von Verträgen mit Herstellern, Softwarehäusern (>Softwarehaus), Systemhäusern (>Systemhaus) usw.

Group Code Reading >Strukturiertes Gruppengespräch

Grundfunktion
functional primitiv
Grundlagen Systemplanung
Ein >Datenverarbeitungsprozeß auf der untersten Ebene einer Menge von >Datenflußdiagrammen, der selbst nicht sinnvoll in ein Datenflußdiagramm zerlegt werden kann.

Grundkonzeption
preliminary design
Grundlagen Systemplanung
Die umrißartige, grobe Beschreibung des zu planenden >Informations- und Kommunikationssystems anhand seiner wichtigsten Eigenschaften im Zuge der >Durchführbarkeitsstudie. Sie soll das zu schaffende System auf einer globalen Ebene vollständig beschreiben, die Realisierungswege im einzelnen aber offen lassen. Die Grundkonzeption zeichnet sich unter anderem dadurch aus, daß sie sich nicht an den Grenzen von Funktionsbereichen orientiert (z.B. an den Abteilungsgrenzen einer >Organisation), daß also alle >Aufgabenfunktionen untereinander abgestimmt sind, ebenso wie die Aufgaben des >Aufgabensystems. Die Forderung nach Abstimmung gilt auch für die geplanten >Techniksysteme. Dies setzt eine ausreichende Klärung des Sachzusammenhangs voraus, wie er in der >Anforderungsanalyse und in der >Technikanalyse geleistet wird. Aus dem Gesagten ergibt sich, daß die Grundkonzeption nicht "technikfrei" ist, also kein rein logisches Modell (>Logisches Modell) darstellt. Damit begrenzt sie nicht nur den nachfolgenden logischen Entwurf, sondern sie steckt auch den Rahmen ab, in dem die physische Realisierung erfolgen soll (>Physisches Modell).

Grundsatzkritik >Schwachstellenanalyse

Gruppeninterview >Interviewmethode

Gruppenzuordnung >Aufgabenzuordnung, >Teilautonome Gruppe

Gutachten >EDV-Sachverständiger

Gutachter >EDV-Sachverständiger

H

Hacker
hacker
Informationsrecht
Ein eingedeutschter Begriff für Personen, die sich sehr intensiv mit Computern auseinandersetzen. Die erste Generation der Hacker entstand in den frühen sechziger Jahren an Forschungseinrichtungen wie dem MIT oder dem Xerox Palo Alto Research Center. Die zweite Generation waren die sogenannten "Hardware-Hacker", die maßgeblich an der Entwicklung der >Personal Computer beteiligt waren (z.B. Steven Wozniak und Steve Jobs als Gründer der Fa. Apple). Die dritte Generation der Hacker ist damit beschäftigt, >Software für Personal Computer zu schreiben. Im amerikanischen, vor allem aber im deutschsprachigen Raum bekommt der Begriff einen zweiten, eher negativen Inhalt: Man versteht danach unter Hackern Personen, die in >Datenverarbeitungssysteme eindringen und damit Schaden stiften, wobei in aller Regel gesetzliche Regelungen ignoriert werden.

Halbdirekte Verbindung >Verbindungsgrad

Halbduplexbetrieb >Datenübertragung

Halbdynamische Instrumentierung >Instrumentierungstechnik

Halbierungsmethode >Zuverlässigkeitsgrad

Handauflage
hand rest
Ergonomie/Arbeitsorganisation
Eine Stützfläche zum Auflegen und Entspannen der Hände beim Arbeiten an einer >Tastatur, insbesondere während sog. Mikropausen.

Handhabungssystem >Robotik

Handleser >Belegleser

Handlungsspielraum
latitude to act
Arbeitsorganisation
Müller-Böling hat nachgewiesen, daß der Begriff des Handlungsspielraums mehrdimensional zu interpretieren ist. Unter organisationstheoretischen Aspekten (>Organisationstheorie) meint er Entscheidungsspielraum als das Ausmaß der Freiheit von organisatorischen Regelungen oder die Möglichkeiten des >Aufgabenträgers, nicht vorhandene organisatorische Regelungen durch eigene >Entscheidungen zu ersetzen. Unter technischen Aspekten meint er Tätigkeitsspielraum (>Tätigkeit), d.h. das Ausmaß der Freiheit des Aufgabenträgers von technisch (z.B. durch Informations- und Kommunikationstechnik) bedingten Regelungen oder das Ausmaß an repitiven Verrichtungen von Tätigkeiten. Unter sozial-psychologischen Aspekten meint er Freiheitsspielraum, also das Ausmaß der Freiheit des Aufgabenträgers von betrieblichen sozialen Normen. Die Ab-

Handschriftenleser

bildung zeigt den Handlungsspielraum als Konstrukt aus Entscheidungs-, Tätigkeits- und Freiheitsspielraum (Quelle: Müller-Böling).

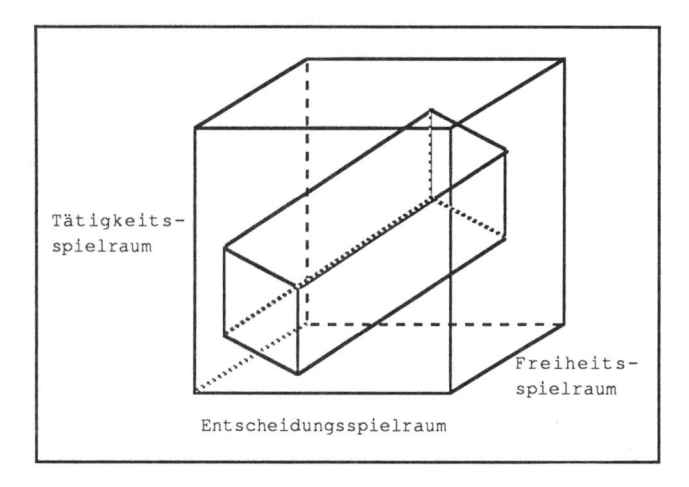

Abbildung Handlungsspielraum

Handschriftenleser >Belegleser

Hard Copy
hard copy
Ausgabetechnik
Die Ausgabe einer Kopie des Bildschirminhalts (>Bildschirm) auf Papier über ein >Druckwerk.

Hardest-First-Strategie
hardest-first strategy
Entwurfsmethode
Eine >Strategie, die davon ausgeht, daß jene Aufgaben als erste bearbeitet werden, welche die größten Schwierigkeiten beinhalten. Diese Strategie wird vor allem dann angewendet, wenn die Funktionsfähigkeit des Systems ohne die Lösung dieser Aufgaben nicht gegeben ist. Im Unterschied dazu: >Easiest-First Strategie.

Hardware
hardware
Grundlagen Technik
Sammelbezeichnung für die physischen Bestandteile eines >Datenverarbeitungssystems. Sie besteht aus miniaturisierten Halbleiterelementen (>Integrierte Schaltung), die je nach Bedarf zu Systemen zusammengestellt werden und die den elektronischen Teil von >Funktionseinheiten bilden. Die Realisierung gewisser >Funktionen ist teilweise durch Hardware, teilweise durch >Software möglich.

Hardware-Kompatibilität >Kompatibilität

Hardware-Konfiguration >Konfiguration

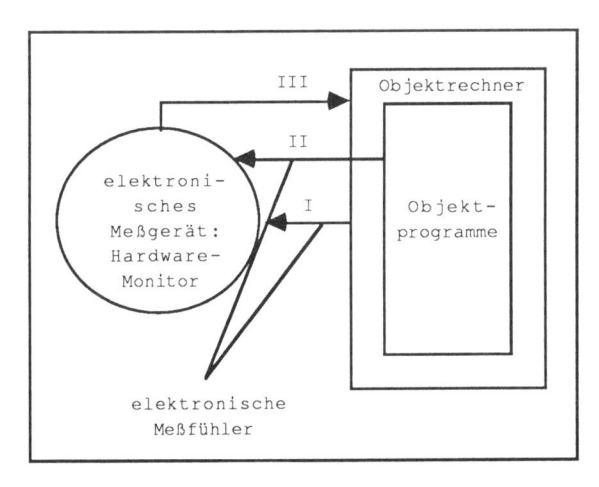

Hardware-Monitoring
hardware monitoring
Anwendungssystemmanagement
Bei dieser Form des >Monitoring werden von einem elektrischen Meßgerät aus Meßfühler an das Objektsystem gelegt, die Zustände des Objektsystems in Form elektrischer >Signale erfassen. Die Abbildung zeigt die Konfiguration beim Hardware-Monitoring (Quelle: Klar). Weg I kennzeichnet jene Meßfühler, die reine Hardwarezustände des Objektsystems erfassen. In einigen Fällen ist es gelungen, Meßfühler an Hardware-Meßpunkte anzuschließen, die Rückschlüsse auf die >Software des Objektsystems zulassen (Weg II). Mit Weg III wird eine >Rückkopplung vorgeschlagen, um adaptiven >Betriebssystemen mit den Meßgergebnissen Entscheidungshilfen zu geben. Im Hardware-Monitor werden die Meßwerte entsprechend den vorgegebenen >Meßzielen verarbeitet und an Akkumulatoren weitergegeben, um Vorgänge (>Vorgang) und >Ereignisse zu messen. Der Inhalt der Akkumulatoren wird periodisch auf einen >Speicher ausgelesen und mit einem Datenreduktionsprogramm ausgewertet.

Abbildung Hardware-Monitoring

Hauptprogramm
main program
Programmiersystem
Derjenige Programmteil, der die >Ablaufsteuerung in einem >Programm durchführt. Das Hauptprogramm steuert den Eingabeteil, den Verarbeitungsteil und den Ausgabeteil. Siehe auch: >Unterprogramm.

Hauptspeicher
main storage
Speichertechnik
Ein >Speicher, der aus >Speicherzellen besteht, deren Inhalt jeder für sich entnommen und unmittelbar verarbeitet werden kann. Siehe auch: >Zentralspeicher.

HDLC
HDCL
Transporttechnik
High Level Data Link Control Protocol ist ein breitbandorientiertes Steuerungsverfahren in der >Datenübertragung. Typische Anwendungen: Text- und Dateiübertragung zwischen zwei >Datenendeinrichtungen, z.B. zwischen >Datenverarbeitungssystemen in Datenfernverarbeitungsnetzen, Wählnetzen, Speichervermittlungsnetzen, Direktrufnetzen bzw. über Punkt-zu-Punkt- oder Mehrpunktverbindungen. Vom Ablauf her werden folgende Protokollphasen unterschieden:
1. Aufbau des >Übermittlungsabschnitts.
2. Datenübertragung und Fehlerkorrektur durch Wiederholung.
3. Abbau des Übermittlungsabschnitts.
HDLC-Normen entstanden in enger Zusammenarbeit zwischen den Normungsgremien, Fernmeldebehörden und Anwendern in den Jahren 1970 bis 1977.

Head Crash
head crash
Grundlagen Technik
Die unmittelbare Berührung zwischen >Magnetkopf und >Magnetplatte während des Betriebs eines >Magnetplattenspeichers, die z.B. durch Verunreinigung verursacht wird und die zu einer physischen Zerstörung der Magnetplatte führt.

Heimarbeit >Telearbeit

Heimcomputer
home computer
Verarbeitungstechnik
Ein einfacher >Personal Computer für den privaten Gebrauch, meist mit einer großen Auswahl an Computerspielen und einfachen >Programmen ausgestattet.

Help-Funktion >Hilfsinformation

Herunterladen
download
Transporttechnik
Übertragen von >Programmen oder >Daten aus einem fremden >Datenverarbeitungssystem in das eigene. Der umgekehrte Vorgang wird als Hinaufladen (upload) bezeichnet. Der Vorgang des Herunterladens findet beim Betrieb von lokalen Netzen (>LAN) Anwendung. So werden beispielsweise >Kompilierer nur am >Server bereitgehalten, um sich den mehrfachen Pflegeaufwand zu sparen. Der >Benutzer lädt sich bei Bedarf den Kompilierer vom Server über das >Netz in seinen eigenen >Personal Computer.

Heuristik
heuristic
Methodensystem
Eine >Methode, die mit der Hoffnung auf, aber ohne Garantie von Erfolg zur Lösung einer komplexen, nicht oder nur schlecht strukturierbaren Aufgabe (>Strukturierbarkeit) eingesetzt wird, für die eine strengere Methode nicht zur Ver-

fügung steht (z.B. ein >Algorithmus) oder wo deren Anwendung nicht zweckmäßig (z.B. nicht wirtschaftlich) ist. Heuristik kann mit "Trick" oder "Faustregel" umschrieben werden.

Heuristisches Suchen
heuristic seeking
Methodensystem
Die Eliminierung von Teilen eines Zustandsraums durch >Heuristiken mit dem >Ziel, einen sehr großen Zustandsraum möglichst schnell zu reduzieren. Eine grundlegende Technik der Künstlichen Intelligenz (>Künstliche Intelligenz).

hexadezimal >Ziffer

Hierarchie
hierarchy
Allgemeine Grundlagen
Eine stufenmäßig aufgebaute Ordnung der Elemente eines >Systems, häufig in der Form einer Rangordnung mit von oben nach unten abnehmender Bedeutung. So ordnet man z.B. >Speicher zu einer >Speicherhierarchie, die >Schlüssel in einem >Verschlüsselungssystem zu einer Schlüsselhierarchie. Siehe auch: >Prinzip der hierarchischen Strukturierung.

Hierarchiediagramm >HIPO-Methode

Hierarchisch strukturierte Prüfliste >Prüfliste

Hierarchisches Datenmodell >Datenmodell

Hierarchisches Netz
hierarchical network
Netzwerktechnik
Ein >Netz von >Vermittlungsstellen mit fester Rangordnung und eindeutig vorgeschriebenen Wegen für die Verkehrsabwicklung (vgl. DIN 44301). Siehe auch: >Netzebene.

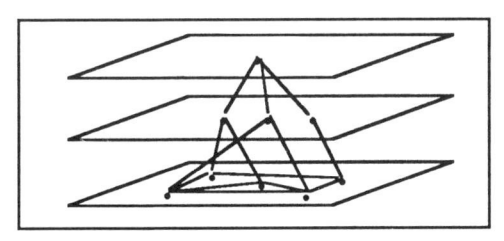

Abbildung Hierarchisches Netz

Hierarchy plus Input, Process and Output >HIPO-Methode

High Level Design Inspection >Entwurfsinspektion

Hilfsinformation
help information
Arbeitsorganisation/Benutzersystem

Hilfsprogramm

Es gibt Situationen bei der >Mensch-Maschine-Kommunikation, in denen insbesondere ungeübte Benutzer (>Benutzertyp) Hilfen benötigen, um den >Dialog aufgabengerecht fortführen zu können. Will man Rückfragen oder ein >Benutzerhandbuch vermeiden, ist Hilfsinformation über das verwendete >Dialogmedium anzubieten. Die Anwahl der Hilfsinformation sollte leicht erlernbar und durchführbar sein. Idealerweise sollte dem Benutzer genau die Information angeboten werden, die er gerade benötigt; dies ist auch mit großem Aufwand nicht möglich. Üblicherweise gestaltet man die Hilfsfunktion wie folgt:
- Eingabe eines "?" in einem beliebigen Datenfeld (>Datensatz).
- Nach Auslösen der Übergabetaste (Eingabetaste) erscheint auf dem Dialogmedium ein >Menü zur Anwahl von >Masken mit Hilfsinformation.
- Auswahl der gewünschten Hilfsmaske und Entnahme der Hilfsinformation.
- Nach Auslösen der Übergabetaste (Eingabetaste) erscheint wieder die Maske, von der aus die Hilfsinformation ausgewählt wurde.

Hilfsprogramm >Betriebssystem

Hinaufladen >Herunterladen

Hintergrund
background
Verarbeitungstechnik
Niedere Priorität in der >Mehrprogrammverarbeitung. >Programme im Hintergrund können erst abgearbeitet werden, wenn sich Programme höherer Priorität (>Vordergrund) im Unterbrechungszustand befinden. Siehe auch: >Programmunterbrechung.

HIPO-Methode
HIPO
Darstellungsmethode/Entwurfsmethode
Hierarchy plus Input-Process-Output unterstützt die graphische Darstellung (>Graphik) von >Funktionen, die von einem >System ausgeführt werden. Die Methode wurde von Th. Wolfe eingeführt, der im Auftrag der IBM die Arbeitsweise von Entwicklungsingenieuren untersuchte, um daraus Erkenntnisse für eine Verbesserung der methodischen Vorgehensweise bei der Systemplanung *(>Methodik Systemplanung)* zu gewinnen, insbesondere bei der Entwicklung von >Software. Er fand heraus, daß der Entwicklungsingenieur zunächst möglichst genau festlegt, welche Funktionen ein Bauelement erfüllen und welche Leistungen es erbringen soll, bevor er daraus die Anforderungen an das benötigte Material und die erforderlichen Bearbeitungsgänge ableitet. HIPO überträgt diesen Gedanken auf die Systemplanung *(>Grundlagen Systemplanung)*. Ausgehend von den gewünschten Ergebnissen ("Ausgaben") wird festgelegt, mit welchen Verarbeitungsschritten diese erzeugt werden sollen. Dann werden die für die Verarbeitungsschritte notwendigen "Eingaben" festgelegt. HIPO macht Aussagen darüber, "was das System tut", beschreibt jedoch nicht dessen Aufbau und Logik. Die >Dokumentation besteht aus folgenden Komponenten:

- Einer funktionellen Gesamtübersicht ("Hierarchiediagramm").
- Einer Menge von Übersichtsdiagrammen zur Beschreibung der "Hauptfunktionen".
- Den Detailprogrammen ("Input-Process-Output-Diagramm").

Die Abbildung zeigt den Aufbau eines Input-Process-Output-Diagramms (abgekürzt: IPO-Diagramm). Die Säule auf der linken Seite dient zur Darstellung der Eingaben für die einzelnen Funktionen (Verarbeitungsschritte). Pfeile verbinden die Eingaben mit den Verarbeitungsschritten. Die rechte Säule enthält die Daten, welche von den Verarbeitungsschritten erzeugt oder verändert werden. Pfeile verbinden die Verarbeitungsschritte mit den Ausgaben.

Abbildung HIPO-Methode

Histogramm
histogram
Darstellungsmethode
Die graphische Darstellung (>Graphik) einer Häufigkeitsverteilung in Form von Rechtecken gleicher Breite und einer die Häufigkeit kennzeichnenden Höhe.

Historische Mappe >Mapping

Höhere Programmiersprache
high level language
Programmiersystem
Eine >Programmiersprache (Kunstsprache), welche die Formulierung eines >Programms in einer abstrakten, von einem Bedeutungsmodell (Semantik) geprägten Weise erlaubt und keine umkehrbar eindeutige Zuordnung ihrer Konstrukte (>Syntax) zu >Befehlen von >Datenverarbeitungssystemen verlangt (Maschinenferne). Der Bezug auf das Bedeutungsmodell bietet eine Orientierung am jeweiligen Problem. Zur Beschreibung einer höheren Programmiersprache gehört die Angabe der Aufbauregeln für ihre Konstrukte. Wegen der Maschinenferne erfordert ihre Verwendung die Verfügbarkeit eines >Kompilierers, mit dessen Hilfe das Programm in ein ausführbares >Maschinenprogramm umgewandelt wird. Siehe auch: >Niedere Programmiersprache.

Holografie >Hologramm

Holografischer Speicher
holographic memory
Speichertechnik
Auf den Eigenschaften von >Hologrammen beruhender optischer Speicher (>Optischer Speicher). Die Holografie ermöglicht nicht nur das Herstellen dreidimensionaler Fotos von Gegenständen, sondern läßt sich wegen ihres hohen Auflösungsvermögens auch zum optischen Speichern von >Daten benutzen. Ein Hologramm zeichnet mit dem von einem Laser gelieferten Licht in Form eines Interferenzmusters die Lichtfront auf, die von einem Gegenstand ausgeht. Auf der Fläche des Hologramms ergeben sich zahlreiche "übereinanderliegende Bilder" des zu speichernden Gegenstands. Dieser Effekt wird zur digitalen Speicherung verwendet. Jedem zu speichernden >Bit wird ein mit Hilfe von zwei kohärenten Lichtquellen gebildetes Interferenzmuster zugeordnet. Das >Muster verteilt sich über die gesamte Hologrammfläche. Dies hat den Vorteil, daß Störungen in der Fläche normalerweise nicht zu einer Verfälschung der Aufzeichnung führen. Durch Übereinanderlegen von Interferenzmustern (entsprechend den verschiedenen Ansichten des Gegenstands bei der Photographie) kann man bei einem Flächenhologramm eine theoretische Speicherdichte von 10^6 Bit/mm2 erreichen.

Hologramm
hologram
Speichertechnik
Optische Abbildung von Gegenständen in einer fotografischen Schicht. Durch optische Bedingungen bleibt die Dreidimensionalität des abgebildeten Gegenstands erhalten. Das holografische >Bild ist bei normaler Betrachtung nicht erkennbar; dazu bedarf es spezieller Einrichtungen zur Kenntlichmachung. Im Gegensatz zur Photographie ist beim Hologramm die Zuordnung der Gegenstandspunkte zu >Bildpunkten nicht eindeutig. Jedes Flächenelement der Abbildung enthält die vollständige Information des Gegenstands. Demnach ist eine hohe >Redundanz gegeben. Das Hologramm hat vor allem wegen seiner hohen Fälschungssicherheit bei Ausweissystemen eine Bedeutung erlangt. Siehe auch: >Holografischer Speicher.

Home Banking >Electronic Banking

Horizontale Arbeitsstrukturierung >Aufgabenerweiterung

Host
host
Verarbeitungstechnik
Ein >Datenverarbeitungssystem, dessen (primäre) Aufgabe es ist, Benutzer- und Dienstleistungsprozesse für lokale und entfernte >Benutzer ablaufen zu lassen. Einzelne Hosts übernehmen auch Netzverwaltungsaufgaben (z.B. die Netzsteuerung) oder Vermittlungsaufgaben (z.B. Gateway-Rechner (>Gateway) zwischen zwei >Netzen).

Humanisierung
quality of working life
Grundlagen Mensch

Ein umfassender Begriff, der alle Bestrebungen meint, die Arbeit "menschengerecht" zu gestalten. Siehe: >Arbeitszufriedenheit, >Arbeitsstrukturierung. Für die Systemplanung (>Grundlagen Systemplanung) ist die Einbringung von Humanisierungszielen in die >Planungsziele einer der wichtigsten Ansatzpunkte. Siehe auch: >Partizipation.

Hybride Dialogführung >Dialogführung, >Dialogtechnik

Hybridrechner
hybrid computer
Verarbeitungstechnik
Ein >Datenverarbeitungssystem, das die Arbeitsweise von >Analogrechnern mit der von >Digitalrechnern vereinigt. Die Hauptanwendungsgebiete des Hybridrechners sind: Rand- und Eigenwertprobleme; Variationsprobleme; >Simulation komplexer, dynamischer Systeme (>Dynamisches System); Modellierung von >Prozeßsteuerungen u.ä. (>Modellieren).

Hypothese
hypothesis
Allgemeine Grundlagen
Eine spekulative bis wissenschaftlich fundierte (auf wissenschaftlicher Erkenntnis beruhende) Annahme zur Erklärung und Begründung sowie auch zur Gewinnung neuer Erkenntnisse ("Arbeitshypothese"). In der Systemplanung (>Grundlagen Systemplanung) ist es häufig zweckmäßig, teilweise mangels anderer Lösungsansätze notwendig, Arbeitshypothesen zu bilden. So wird z.B. bei der >Schwachstellenanalyse von der Arbeitshypothese ausgegangen, daß jede tatsächliche oder vermutete Veränderung zwischen "Ist" und "Ist-Nicht" Ursache für die Veränderung des Ist nach Ist-Nicht sei, und es wird getestet (>Testen), ob das Ist-Nicht durch diese Ursache tatsächlich in das Ist transformiert werden kann. Hauptsächlich dafür eingesetzte Methoden sind >Experiment und >Simulation.

I

IC >Integrierte Schaltung

Identifikationsexperiment >Experiment

Identifikationsschlüssel >Schlüssel

Identifizieren
identify
Datensystem
Ein >Nummerungsobjekt innerhalb eines Geltungsbereichs mit Hilfe der erforderlichen Merkmale eindeutig und unverwechselbar erkennen, bezeichnen oder ansprechen. Daraus abgeleitet: Identifikationsnummer (Identnummer). Im Unterschied dazu: >Klassifizieren. Siehe auch: >Nummer.

Identifizierungsnummer >Nummer

Identnummer >Nummer

IGES >Initial Graphical Exchange Specification

ikonisch
iconic
Benutzersystem/Darstellungsmethode
Bildhaft, bildlich, anschaulich. Eine Gestaltungsmaßnahme der >Kommunikationsergonomie, die darin besteht, verbalsprachliche Begriffe durch bildhafte Darstellungen (>Bild, >Graphik) zu ersetzen. Mit Hilfe ikonischer Zeichen wird versucht, die Erfahrungswelt des >Benutzers besser faßbar abzubilden. Entsprechende Darstellungsformen heißen Ikonogramm oder >Piktogramm. >Experimente mit ikonischen Dialogformen haben ergeben, daß selbst "Computerexperten" ihre Leistungsfähigkeit steigern konnten.

Ikonische Daten >ikonisch, >Daten

IKS >Informations- und Kommunikationssystem

IKS-Abteilung >Abteilung Informations- und Kommunikationssysteme

IMP = Interface Message Processor >Knotenrechner

Imperative Programmierung
imperative programming
Programmiersystem
Algorithmen (>Algorithmus) werden durch Folgen von >Befehlen (Anweisungen) ausgedrückt. Siehe auch: >Procedurale Sprache, >Funktionale Programmierung.

Implementierung
implementation
Grundlagen Systemplanung
Phase der Systemplanung (>Phasenmodell), deren >Sachziel wie folgt beschrieben werden kann: Die Ergebnisse des Planungs-

prozesses sind in die bestehende >*Infrastruktur* der >Informationsfunktion so einzufügen, daß sie den definierten >Anforderungen entsprechen und produktiv verwendet werden können. Damit wird in der Regel ein bestehendes System überflüssig gemacht, sodaß auch dieses "überflüssig machen" ein Merkmal der Implementierung im Sinne der Systemplanung ist. Da in der Regel die Systemplanungsergebnisse nicht das gesamte Informations- und Kommunikationssystem einer >Organisation betreffen und folglich überflüssig machen, sind sie in ein vorhandenes System einzufügen, sodaß auch der Integrationsaspekt (>Integration) für die Klärung des Implementierungsbegriffs von Bedeutung ist. Im Ergebnis kann diese Einfügung so beschrieben werden, daß die Produkte der Systemplanung aus der Verantwortung eines >Projekts in die Verantwortung des Informationsmanagement *(>Grundlagen Informationsmanagement)* übergehen, so wie zu Beginn der Systemplanung die Planungsaufgabe aus der Verantwortung des Informationsmanagement in die des Projekts übergegangen ist. Die Abbildung verdeutlicht diesen Zusammenhang zwischen Informationsmanagement und Systemplanung. Die Unterschiedlichkeit der Implementierungsaufgaben führt zu ihrer Ordnung in die Aufgaben >Vorbereiten der Implementierung und >Durchführen der Implementierung.

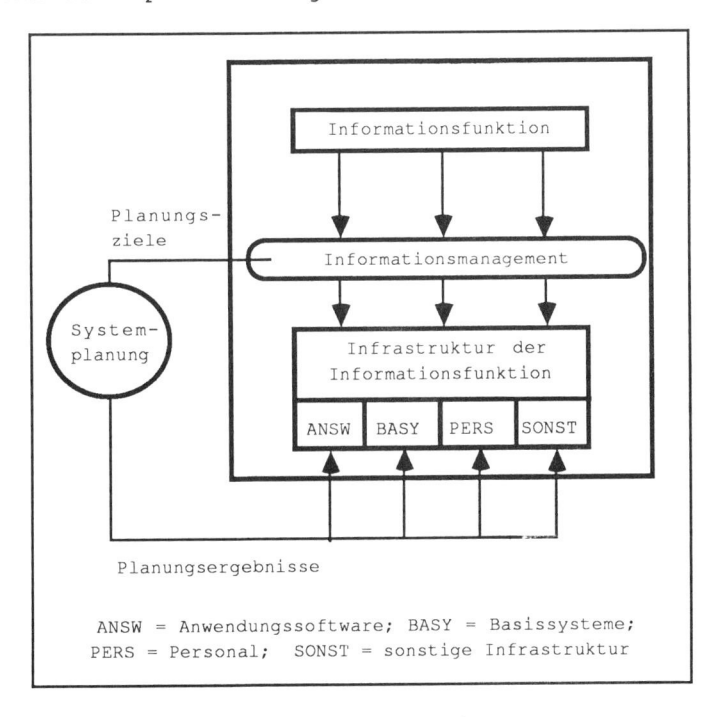

Abbildung Implementierung

Implementierungsart
kind of implementation
Implementierungsmethode

Implementierungsreihenfolge

Die Strukturierung der >Implementierung nach sachlichen, zeitlichen und qualitativen Merkmalen. Sachliche Merkmale charakterisieren das Verhältnis des in die Implementierung einbezogenen Systemteils zum Gesamtsystem (>Gesamtumstellung, >Schrittweise Umstellung). Zeitliche Merkmale charakterisieren das Verhältnis zwischen dem Zeitpunkt des Außerkraftsetzens des >Istzustands und dem Inkrafttreten des >Sollzustands (>Stichtagsumstellung, >Parallelumstellung). Qualitative Merkmale charakterisieren die Art des Übergangs vom Istzustand zum Sollzustand (>Sofortige Umstellung, >Stufenweise Umstellung).

Implementierungsreihenfolge
sequence of changeover
Implementierungsmethode
Bei schrittweiser Umstellung (>Schrittweise Umstellung) hat man das Problem der Festlegung der Reihenfolge, in der die Systemteile umgestellt werden. Dieses nimmt mit dem Umfang der >Integration der >Anwendungsaufgaben zu. Für die Festlegung der Implementierungsreihenfolge sind folgende Hinweise von Bedeutung:
- Systemteile, deren Funktionsfähigkeit vom Vorhandensein anderer Systemteile abhängt, können erst nach diesen implementiert werden.
- Die Implementierung sollte zeitlich so festgelegt werden, daß zwischen den Systemteilen eine Konsolidierungsphase liegt, in der >Fehler erkannt und beseitigt werden können.
- Wo möglich, sollte von der >Easiest-First Strategie Gebrauch gemacht werden, um schnell Implementierungserfahrungen sammeln zu können.

Implementierungssprache
implementation language
Programmiersystem
Eine >Programmiersprache für das Erstellen von zeit- und speicheroptimalen >Systemprogrammen. Beispiele sind >Assemblierer und >C.

Implementierungsvorbereitung >Vorbereiten der **Implementierung**

Implementierungszeit
implementation time
Grundlagen Systemplanung
Der Zeitpunkt der >Implementierung oder der Zeitraum zwischen dem Beginn und dem Ende der Implementierung eines >Anwendungssystems, gemessen als Kalendertag bzw. in Zeiteinheiten (z.B. Tage). In der Regel ein Ziel, das dem >Projektleiter vom Informationsmanagement vorgegeben wird (>Planungsziel).

Indexieren
indexing
Grundlagen Systemplanung
Der Vorgang der Beschlagwortung eines >Dokuments mit Deskriptoren so, daß es mit einer gezielten Recherche wiedergefunden werden kann. Ein brauchbares automatisches Ver-

fahren des Indexierens hat sich bislang nicht durchsetzen können. Die entscheidenden Schwierigkeiten sind (nach Knorz):
- Verschiedene Darstellungen gleicher Sachverhalte sind auf eine gemeinsame Repräsentation abzubilden (>Wissensrepräsentation).
- Es soll eine Verdichtung der >Information im Sinne einer Beschränkung auf das Wesentliche erreicht werden (>Informationsselektion).

Indexsequentielle Dateiorganisation >Indizierte Dateiorganisation

Indirekte Partizipation >Partizipationsdimension

Indirekte Wissensrepräsentation >Wissensrepräsentation

Individualsoftware
individual software
Methodensystem/Programmiersystem
Eine >Anwendungssoftware, die auf der Grundlage der >Anforderungen eines einzelnen >Anwenders für diesen mit eigenem Personal (Eigenentwicklung) oder durch ein >Softwarehaus oder >Systemhaus fremd entwickelt wird (Fremdentwicklung). Siehe auch: >Eigenfertigung oder Fremdbezug.

Individualziel
objective of individuals
Grundlagen Mensch
>Ziele sind sowohl Individualziele als auch >Organisationsziele. Individualziele sind die Ziele einzelner Personen oder Gruppen, die Mitglieder der >Organisation sind. Sie können in Verwertungsziele (Sicherheit des Arbeitsplatzes, angemessene Entlohnung, Status bzw. Prestige), Erhaltungsziele (ausgewogene psychische und physische Beanspruchung, Erhaltung und Weiterentwicklung vorhandener *>Qualifikationen)* und Gestaltungsziele (individuelle Autonomie, Gruppenautonomie, soziale Beziehungen) gegliedert werden. Ein >Zielsystem kann sich nur dann bewähren, wenn es gelingt, die Organisationsziele und die Individualziele insgesamt so zu gestalten, daß sie sich letztlich komplementär verhalten. Siehe auch: *>Partizipation.*

Individuelle Datenverarbeitung
personal computing
Allgemeine Grundlagen
Eine >Datenverarbeitung am >Arbeitsplatz des >Benutzers, mit der eine arbeitsplatzspezifische >Anwendungsaufgabe unmittelbar unterstützt wird oder die >Werkzeuge zur Verfügung stellt, mit denen der Benutzer selbst ein Anwendungssystem entwickeln kann. Die Leistungen dieser Werkzeuge (z.B. ein >Editor) gehen über die klassischen >Programmiersprachen hinaus und erfordern vom Benutzer keine professionellen "EDV-Kenntnisse".

Individuelles Rating >Ratingmethode

INDUSTRIAL REALTIME BASIC
INDUSTRIAL REALTIME BASIC
Programmiersystem
Eine problemorientierte Programmiersprache (>Problemorientierte Programmiersprache) mit Sprachelementen zur Realzeit-Programmierung (>Realzeit-Programmiersprache) auf der Basis von >BASIC.

Indizierte Dateiorganisation
indexed file organization
Speichertechnik/Datensystem
Eine Form der >Dateiorganisation, bei der die Sätze (>Datensatz) physisch und logisch fortlaufend gespeichert werden (Synonym: Indexsequentielle Dateiorganisation oder ISAM = Indexed Sequential Access Method). Dabei wird der höchste Ordnungsbegriff einer >Spur zusammen mit der Spuradresse (>Adresse) in der Indextabelle festgehalten. Damit ist es möglich, aus dem Index auf den Datensatz zu schließen, der den gesuchten Ordnungsbegriff enthält.

Industrieroboter
roboter
Verarbeitungstechnik
Universell einsetzbarer Bewegungsautomat mit mehreren Achsen, deren Bewegungen hinsichtlich Bewegungsfolge und Wege bzw. Winkel frei programmierbar und gegebenenfalls sensorgeführt (>Sensor) sind. Siehe auch: >Robotik.

Inferenz >Schlußfolgern

Infizieren >Computervirus

Informale Partizipation >Partizipationsdimension

Informatik
computer science
Wissenschaftsdisziplin
Die "Wissenschaft vom Computer" und seinem Anwendungsraum, die insoweit als eine selbständige Disziplin anzusehen ist, als sie sich primär mit der Informations- und Kommunikationstechnik *(>Grundlagen Technik)* befaßt ("Theoretische Informatik"), während die anwendungsbezogenen Fragen, die sich mit den Phänomenen anderer Fachdisziplinen beschäftigen (z.B. Betriebswirtschaft, Recht, Technik) nicht als "Angewandte Informatik", sondern vielmehr als die "Anwendungsinformatiken" wie >Wirtschaftsinformatik, >Rechtsinformatik usw. zu verstehen sind.

Informatikabteilung >Abteilung Informations- und Kommunikationssysteme

Informatikdienst >Infrastruktur

Information
information
Grundlagen Aufgabe

Generell wird unter Information eine Auskunft, Aufklärung oder Belehrung verstanden. Zur Vorbereitung wirkungsvoller Handlungen gehört >Wissen. Je mehr man über Handlungsalternativen weiß, desto besser wird im allgemeinen das Handeln in Bezug auf die gegebenen >Ziele sein. Wissen meint also solches mit dem Zweck, das Handeln optimal zu gestalten. Information im Sinne der >Betriebswirtschaftslehre ist "zweckorientiertes Wissen" (Wittmann). Im Sinne der >Wirtschaftsinformatik soll unter Information "handlungsbestimmende Kenntnis über historische, gegenwärtige oder zukünftige Zustände der oder Vorgänge in der Realität" verstanden werden. Der Zweck eines >Informations- und Kommunikationssystems ist es, dieses Handlungspotential durch die datenmäßige Abbildung der Realität im *>Datensystem* und durch die Abbildung der Verknüpfung dieser Daten im *>Methodensystem* dem Handelnden zur Verfügung zu stellen. Information und >Kommunikation stellen zwei Aspekte ein und desselben Objekts dar: Ohne Information keine Kommunikation vice versa. Der "siamesche Zwillingscharakter" (Szyperski) beider macht es notwendig, sie in einem System miteinander verbunden zu betrachten.

Informations- und Kommunikationsfunktion >Informationsfunktion

Informations- und Kommunikationsprozeß
process of information and communication
Allgemeine Grundlagen
Ein >Prozeß ist eine Folge von Systemzuständen, beginnend mit einem definierten Anfangszustand und endend mit einem definierten Endzustand. Aufgrund des "Zwillingscharakters" von >Information und >Kommunikation sind Informationsprozeß und Kommunikationsprozeß gemeinsam zu betrachten (>Informations- und Kommunikationssystem). Dieser kann durch die >Funktionen Eingeben, Ausgeben, Speichern, Transportieren, Bearbeiten sowie Verarbeiten von Daten, Text, Bild und Sprache (>Informationsart) beschrieben werden. Daraus ergibt sich die in der Abbildung dargestellte Grundstruktur des Informations- und Kommunikationsprozesses.

Informations- und Kommunikationssystem
information system
Grundlagen Systemplanung
Jedes >System unterliegt in der Regel einer oder mehreren Zweckbestimmungen, die durch adjektivische Begriffszusätze zum Ausdruck gebracht werden (z.B. Verkehrssystem, Versorgungssystem, soziales System). Die Zusätze >Information und >Kommunikation, die zwei Aspekte ein und desselben Objekts darstellen, und die es folglich notwendig machen, sie in einem Informations- und Kommunikationssystem miteinander verbunden zu betrachten, drücken also die Zwecke dieses spezifischen Systems aus. Die Elemente – bzw. auf einer sehr generellen Betrachtungsebene die Komponenten – eines Informations- und Kommunikationssystems sind Mensch *(>Grundlagen Mensch)*, Aufgabe *(>Grundlagen Aufgabe)* sowie Informations- und Kommunikationstechnik *(>Grundlagen Technik)*. Die Beziehungen der Elemente zueinander beschreiben ihre gegenseitige

Informations- und Kommunikationstechnologie

Beeinflussung. Die Gesamtheit aller Bemühungen, in einem gegebenen Kontext aus diesen Elementen und ihren Beziehungen zueinander ein Informations- und Kommunikationssystem zu gestalten, wird als Systemplanung bezeichnet. Je nachdem, welche Art von Aufgabe (z.B. betriebswirtschaftliche Aufgabe) Komponente eines Informations- und Kommunikationssystems ist, werden weitere Zusätze zur Kennzeichnung ihrer spezifischen Zwecksetzung verwendet (z.B. betriebliches Informations- und Kommunikationssystem). Siehe auch: >Kommunikationssystem.

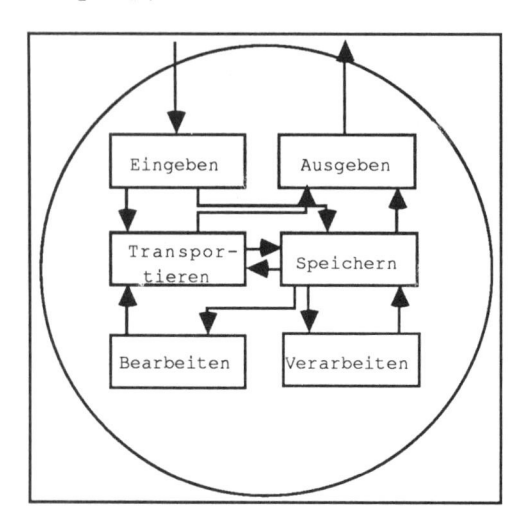

Abbildung Informations- und Kommunikationsprozeß

Informations- und Kommunikationstechnologie >Technologie

Informations-Infrastruktur >Infrastruktur

Informations-Modellierung
information modelling
Entwurfsmethode/Datensystem
Jede rationale >Entscheidung basiert auf der Selektion und der Verdichtung (>Informationsselektion) von >Information.
 Dies zwingt zu einer Strukturierung der in einer >Organisation vorhandenen Information und zu ihrer Verknüpfung über bestimmte >Relationen. Informations-Modellierung bezeichnet diesen Prozeß der Strukturierung von Information und ihrer Verknüpfung durch Relationen (>Modellieren). Das Ergebnis wird als "Informationsmodell" der Organisation bezeichnet. Da es losgelöst ist von bestimmten >Attributen und Werten zu Attributen, ist es ein Informationsmodell über ein Informationsmodell ("Meta-Modell"). Siehe auch: >meta, >Modell, >Logisches Modell.

Informations-orientierte Unternehmensführung
information-oriented business management
Führung
Eine Form der Unternehmensführung, die >Information und >Kommunikation als wirtschaftliches Gut betrachtet, deren

marktorientierter Einsatz den Wettbewerb nachhaltig beeinflussen kann und die insbesondere in solchen >Organisationen von Bedeutung ist, in denen die >Informationsfunktion ein nennenswertes Leistungspotential darstellt. Siehe auch: >Wettbewerbsanalyse.

Informationsart
kind of information
Darstellungstechnik
Bezüglich der Art, in welcher handlungsbestimmendes Wissen (>Information) dargestellt und von einem Sender zu einem Empfänger übermittelt werden kann, unterscheidet man zwischen >Daten (>Datenverarbeitung), >Text (>Textverarbeitung), >Bild (>Bildverarbeitung) und >Sprache (>Sprachverarbeitung).

Informationsaustauschprozeß
process of information exchange
Ergonomie
Das Gestaltungsobjekt der >Kommunikationsergonomie, welches den Vorgang des Austauschs von >Informationen zwischen Menschen als >Benutzer und dem >Techniksystem beschreibt. Ziel seiner Gestaltung ist es, gute Arbeitsbedingungen zu schaffen *(>Arbeitsorganisation),* eine hohe >Akzeptanz zu erreichen und gleichzeitig eine hohe Arbeitsproduktivität (>Produktivität) zu sichern. Der Informationsaustausch vollzieht sich über die menschlichen Effektoren (Sprache, Hand- und Fußmotorik) und Rezeptoren (Sehsinn, Hörsinn, Tastsinn), denen entsprechende Eigenschaften des Techniksystems gegenüberstehen.

Informationsbedarf
information requirement
Benutzersystem
Die Nachfrage nach >Information, die für eine bestimmte Aufgabe *(>Grundlagen Aufgabe)* von einem >Aufgabenträger zur Aufgabenerfüllung gebraucht wird. Die Feststellung des Informationsbedarfs ist für die Systemplanung *(>Grundlagen Systemplanung)* in der >Anforderungsanalyse von erheblicher Bedeutung, weil letzlich >Informations- und Kommunikationssysteme auf den Informations- und Kommunikationsbedarf der Aufgabenträger ausgelegt werden. Wenn Aufgabe und Aufgabenträger feststehen, ist es theoretisch möglich, den Informations- und Kommunikationsbedarf zu bestimmen. Praktisch scheitert dies daran, daß er sich erst im Verlaufe des Planungsprozesses feststellen läßt, daß einzelne Aufgabenträger nicht in der Lage sind, ihn zu artikulieren, oder daß ohne ausreichende >Benutzerbeteiligung versucht wird, den Bedarf durch den >Systemplaner festzulegen. Häufig stehen jedoch Aufgabe und Aufgabenträger zum Zeitpunkt der Anforderungsanalyse nicht fest, sodaß der Bedarf prognostiziert werden muß (>Prognose).

Informationsbedürfnis
information desire
Verhalten

Informationsblock

Beschreibt im Unterschied zum >Informationsbedarf die vom >Aufgabenträger für erforderlich gehaltene >Information; das Informationsbedürfnis muß also nicht mit dem Informationsbedarf übereinstimmen. Ist z.B. das Informationsbedürfnis geringer als der Informationsbedarf, dann ist eine optimale Problemlösung nicht möglich (>Problemlösen).

Informationsblock
information block
Ergonomie
Die Zusammenfassung logisch zusammengehöriger >Informationen in einer Bildschirmmaske (>Maskengestaltung) zur Verbesserung der Übersichtlichkeit innerhalb der einzelnen Informationsklassen. Dabei bilden die "Gesetze" der Gestaltpsychologie die Gestaltungsgrundlage:
- Gesetz der Nähe: Informationen, die nahe beisammen sind, werden als zu einem Block gehörig empfunden.
- Gesetz der Nähe und der Symmetrie: Die Blockbildung wird durch die symmetrische Anordnung der Informationen verstärkt.
- Gesetz der Nähe, der Symmetrie und der Gleichartigkeit: Die symmetrischen Blöcke bilden durch die Anordnung gleichartiger Elemente "prägnante Figuren".

Informationsdienst
information services
Dienstleistungsmarkt
Eine Zusammenstellung ausgewählter Informationsdienste, die geeignete Informationsquellen für den Wirtschaftsinformatiker sind, findet sich im Anhang "Informationsdienste".

Informationseinheit
unit of information
Datensystem
Eine bestimmte Menge zusammenhängender >Zeichen oder >Daten. Der Zusammenhang kann durch den logischen Gehalt der Daten bestimmt werden (>Datensatz). Die kleinste logische Informationseinheit ist das >Bit. Alle größeren Informationseinheiten setzen sich aus einer Mehrzahl von Bits zusammen.

Informationsfunktion
information function
Grundlagen Aufgabe
Zusammenfassende Bezeichnung für alle Aufgaben einer >Organisation, welche sich mit >Information und >Kommunikation als wirtschaftliches Gut (als Produktionsfaktor) befassen. Dabei handelt es sich weder um eine der typischen Grundfunktionen wie >Beschaffung oder >Produktion, noch um eine der typischen Querschnittsfunktionen wie >Finanz- und Rechnungswesen, >Personalwesen oder >Logistik. Vielmehr überdeckt die Informationsfunktion sowohl die Grund- als auch die Querschnittsfunktionen, denn in jeder dieser Funktionen gibt es Aufgaben der Information und Kommunikation, also >Informations- und Kommunikationsprozesse; sie bestehen auch zwischen diesen Funktionen sowie zwischen einer Organisation als Ganzes und ihrer Umwelt. Aufgabenträger für die Aufgaben der

Informationsfunktion ist das Informationsmanagement (>Grundlagen Informationsmanagement). Daraus folgt die Notwendigkeit einer breiten Perspektive des >Informationsmanager. Analoges, wenn auch in eingeschränktem Maße, gilt für die Systemplanung (>Grundlagen Systemplanung) und somit auch für den >Systemplaner. Siehe auch: >Wirtschaftsinformatik.

Informationskategorie
category of information
Grundlagen Aufgabe
Die >Betriebswirtschaftslehre klassifiziert >Informationen nach der Art der Aufgabe (>Grundlagen Aufgabe) in Planungs-, Entscheidungs-, Durchführungs- und Kontrollinformationen, die in jeder >Organisation, unabhängig von ihren konkreten Zwecken und Zielen, vorliegen:
- Planungsinformationen (>Planung) umfassen neben den >Zielen die >Prognosen über die Entwicklung strategischer Größen (wie Produkte, Märkte, Finanzierung) sowie Informationen aus dem Kontrollbereich über Ergebnisse von Soll-Ist-Vergleichen.
- Entscheidungsinformationen (>Entscheidung), die eine Aktion hinsichtlich eines zu erreichenden Zwecks oder Ziels auslösen.
- Durchführungsinformationen (Ausführungsinformationen) dienen der >Steuerung des betrieblichen Geschehens; sie haben in der Regel Anweisungscharakter.
- Kontrollinformationen geben Aufschluß über mögliche Ziel- und Planabweichungen und ermöglichen eine >Rückkopplung zur Planung; sie können sowohl die Ausführung als auch die Auswirkung einer Entscheidung überprüfen.

Informationsklasse >Maskengestaltung

Informationslogistik
information logistics
Logistik
Zusammenfassende Bezeichnung für alle logistischen Aufgaben (>Grundlagen Aufgabe), deren Zweck die raum-zeitliche Transformation von >Information in einer >Organisation ist.

Informationsmanagement >Grundlagen Informationsmanagement

Informationsmanager
information manager
Berufsbild - Tätigkeitsfeld
Im Unterschied zum überwiegend informationstechnisch ausgerichteten >DV-Manager eine Führungskraft (>Führung) mit breiter Perspektive, die Führungsaufgaben der >Informationsfunktion einer >Organisation wahrnimmt. Der Informationsmanager sieht die Informationsfunktion als wesentlich für den Erfolg oder Mißerfolg einer Organisation an und entwickelt daher klare Vorstellungen von den kritischen Wettbewerbsfaktoren (>Wettbewerbsanalyse) sowie von dem erforderlichen Leistungsbeitrag der >Infrastruktur zur Beeinflußung der kritischen Wettbewerbsfaktoren. Er sollte direkt an das Top-Management berichten. Die erforderliche >Qualifikation setzt die Absolvierung eines einschlägigen Studiums (z.B.

>Wirtschaftsinformatik) sowie eine mehrjährige praktische Berufserfahrung voraus.

Informationsprozeß >Informations- und Kommunikationsprozeß

Informationsschock >Informationsverhalten

Informationsselektion
selection of information
Grundlagen Aufgabe
Die Anpassung der >Information an den >Informationsbedarf der >Benutzer. Dabei sind drei Aspekte zu unterscheiden:
- Die Aggregierung von Information, also die Zusammenfassung zu übergeordneten Informationsklassen.
- Die Filterung von Information, also die Beseitigung von Information, die als unbedeutend eingeschätzt wird.
- Die Komprimierung von Information mit Wahrscheinlichkeitscharakter durch statistische Verfahren, etwa Mittelwert und Streuung.

Da sowohl eine "Überproduktion" von Information als auch eine "Überselektion" zu vermeiden sind, ergibt sich das organisatorische Problem, an welcher Stelle und von wem Informationsselektion durchgeführt werden soll.

Informationssystem >Informations- und Kommunikationssystem

Informationstheorie >Informationswissenschaft

Informationsverhalten
information behaviour
Verhalten
Einflußfaktor, der das >Informationsbedürfnis eines menschlichen >Aufgabenträgers bestimmt. Fähigkeit und Bereitschaft, >Information aufzunehmen, sind von Mensch zu Mensch unterschiedlich und auch von der Art der Aufgabe (*>Grundlagen Aufgabe*) abhängig. Informationsverhalten beschreibt die Reaktion des Empfängers auf mehr oder weniger Information bei einem gegebenen Informationsstand (inhaltliches Informationsverhalten), auf die Form des Informationsangebots (etwa die Art des >Datenträgers oder >Dialogmediums, auf die Zeitpunkte und Zeitdauer des Informationsangebots (>Antwortzeitverhalten) und anderes. Beispielsweise können in einer Situation der subjektiv empfundenen Deckung des Informationsbedarfs weitere Informationen einen "Informationsschock" auslösen. Kenntnisse über das Informationsverhalten der >Benutzer sind für die Systemplanung (*>Grundlagen Systemplanung*) von erheblichem Nutzen. Die dazu vorliegenden Erkenntnisse sind jedoch derzeit recht unbefriedigend und häufig rein spekulativ.

Informationsverlust
information loss
Allgemeine Grundlagen
Die Verminderung des Wertes einer Information (>Informationswert) durch eine unsachgemäßige Verarbeitung von >Daten.

Informationswert
value of information
Allgemeine Grundlagen
Der Nutzen, den ein Entscheidungsträger einer >Information zumißt. Die in der Literatur dargestellten Methoden oder Modelle zur Ermittlung des Informationswertes erwecken den Anschein, als sei die Bewertungsproblematik von Informationen gelöst. Sie gehen meist von einer deduktiv-theoretischen Analyse aus, die auf folgenden Ansatz von Marschak zurückzuführen ist: Für eine Problemlösungssituation wird der maximale Erwartungswert mit und ohne Berücksichtigung einer Information ermittelt; die Differenz der Erwartungswerte wird als Informationswert bezeichnet. Derartige Ansätze implizieren eine Reihe von Voraussetzungen, die in realen Bewertungssituationen nicht gegeben sind. Andererseits berücksichtigen sie wesentliche Tatsachen nicht, wie z.B. die, daß auch verhaltensbedingte Aspekte in die Bewertungssituation einfließen. Siehe: >Informationsverhalten.

Informationswiedergewinnung
information retrieval
Benutzersystem/Datensystem
1. Das zielgerichtete, zweckbestimmte Suchen von >Information in einer >Datenbasis mit manuellen, mechanischen, elektronischen oder optischen Verfahren je nach der Art des >Speichers, auf dem die Datenbasis geführt wird.
2. Zusammenfassende Bezeichnung für das Gebiet, das sich mit der systematischen Erschließung, Ordnung und Speicherung von Information beschäftigt und die dafür erforderlichen >Methoden und >Werkzeuge entwickelt.

Informationswirtschaftliche Integration >Organisatorische Integration

Informationswissenschaft
information science
Wissenschaftsdisziplin
Ursprünglich eine Disziplin, die sich mit den Problemen der >Information im Zusammenhang mit der Dokumentation sowie mit der Klassifikation von Wissensgebieten befaßt hat. Mit der drastischen Verbreitung der Informations- und Kommunikationstechnik *(>Grundlagen Technik)* hat sie ihr Augenmerk auf >Informations- und Kommunikationssysteme verlagert. (Vgl. z.B. die Umbenennung des American Documentation Institute in American Society of Information Science im Jahre 1968). In ihren Mittelpunkt ist damit das Phänomen der Information gerückt, das unter heutigen Erkenntnissen explizit um das der >Kommunikation zu ergänzen ist. So kann ihr heutiges Ziel damit beschrieben werden, daß sie bestrebt ist, den >Informations- und Kommunikationsprozeß (>Aufgabenfunktion) zu erklären und zu gestalten, und zwar unabhängig von der Art der >Aufgabensysteme. Aus dieser Sicht kann die >Wirtschaftsinformatik als eine Spezialdisziplin der Informationswissenschaft verstanden werden, die insbesondere im Bereich der Allgemeinen Wirtschaftsinformatik (>Allgemeine Wirtschaftsinformatik) ein hohes Maß an Deckungsgleichheit mit dieser Art von Informationswissenschaft aufweist.

Informationszentrum
information center
Infrastruktur
Eine >Struktureinheit der >Abteilung Informations- und Kommunikationssysteme, deren Hauptaufgabe in der Beratung und Betreuung der >Benutzer besteht.

INFORMIX
INFORMIX
Programmiersystem
Ein dialogorientiertes (>Dialog), relationales >Datenbanksystem, das mit Hilfe eines binären Suchbaums über den Primärschlüssel (>Schlüssel) direkt auf die >Datenbasis zugreift. Die Größe einer Datenbasis hat keine logische Beschränkung. Anwendungen sind von der >Dateiorganisation in hohem Maße unabhängig, da INFORMIX keine starre, hierarchische Dateiorganisation vorgibt.

Inhaltliche Validität
content validity
Grundlagen Systemplanung
Eine Form der >Validität, welche die Repräsentativität bzw. die Angemessenheit des Inhalts (Wesen, Substanz, Gegenstand) eines >Qualitätsmaßes bezeichnet (nach Kerlinger); auch logische Validität genannt. Ihre Analyse kann z.B. mittels spezieller Schätzverfahren erfolgen (>Ratingmethode). Eine Quantifizierung der Validierungsergebnisse ist nur schwer möglich. Siehe auch: >Konstruktvalidität, >Kriterienbezogene Validität.

Inhaltsadressierbarer Speicher >Assoziativspeicher

Inhaltsverzeichnis
directory
Speichertechnik
Jeder Speicherbereich auf einer >Magnetplatte, der Name und >Adresse aller gespeicherten Dateien (>Datei) enthält.

Initial Graphical Exchange Specification
initial graphical exchange specification
Darstellungstechnik
Ein standardisiertes >Datenformat zur Beschreibung von produktdefinierenden >Daten (abgekürzt: IGES). Es ist ein Datenaustausch- und Archivierungsformat für CAD/CAM-Systeme (>CAD, >CAM). Während IGES ein Austauschformat für CAD-Daten definiert, übernimmt das graphische Kernsystem (>Graphisches Kernsystem) als wichtigste Aufgabe die Darstellung von Objekten und die Abwicklung der >Kommunikation mit dem >Benutzer.

Initialisierung
initialisation
Speichertechnik
Das Schreiben des Datenträger-Kennsatzes (>Datenträger, >Kennsatz) zur Beschreibung unbrauchbarer >Zylinder und weiterer Informationen, die benötigt werden, bevor mit der Datenaufzeichnung begonnen werden kann (vgl. DIN 66010A1).

Inkonsistenz >Datenkonsistenz

Inkrementeller Compiler
incremental compiler
Programmiersystem
Bei der inkrementellen Übersetzung (>Kompilierer) werden die einzelnen >Anweisungen als Elemente ohne direkten Bezug auf andere Elemente übersetzt. Inkrementelle Compiler eignen sich vor allem für den >Teilnehmerbetrieb, da sie schnelle Programmänderungen ermöglichen.

Innenkonflikt >Konflikt, >Konfliktmanagement

Innerbetriebliche Integration
in-house integration
Entwurfsmethode
Grenzt die Phänomene der >Integration und die daraus resultierenden systematischen Vorgehensweisen beim Systementwurf auf >Organisationen im Sinne wirtschaftlicher Einheiten ab. Aus der Tatsache, daß Organisationen und ihre >Informations- und Kommunikationssysteme offene Systeme sind (>Offenes System), ergibt sich eine Erweiterung der innerbetrieblichen um die zwischenbetrieblichen Integrationsphänomene (>Zwischenbetriebliche Integration).

Input-Output-Analyse
input-output analysis
Analysemethode
Die Beziehungen zwischen den Elementen dynamischer Systeme (>Dynamisches System) werden als Wirkungen beschrieben, welche die Elemente beeinflussen (Inputs) oder die von ihnen ausgehen (Outputs). Wirkungen können Strömungsgrößen sein wie Datenflüsse (>Datenfluß) oder Materialflüsse (>Material- und Warenfluß). Die Umwandlung von Inputs in Outputs kann mathematisch (Übergangsfunktion) oder nur qualitativ beschrieben werden. Die Input-Output-Analyse stellt darauf ab, so beschriebene Systeme bezüglich ihres Verhaltens zu erklären, wenn bespielsweise Inputs verändert werden.

Inputmanipulation >Computermanipulation

Inside-Out-Ansatz
inside-out approach
Methodik Systemplanung
Ansatz als Bestandteil einer Methodik der Systemplanung, der dadurch gekennzeichnet ist, daß man mit dem Entwurf der Systemteile mit der größten Bandbreite an >Funktionen (also mit dem geringsten Grad an Spezialisierung) beginnt, in Richtung auf die Systemteile mit abnehmender Bandbreite an Funktionen fortsetzt usw., bis man bei den Entwurfsbedingungen des Umsystems angelangt ist (>Systemgrenze). Mit anderen Worten: Man verwendet ein Schalen- oder Zwiebelmodell, in dem die einzelnen Schalen Systemteile mit gleichartigen Eigenschaften enthalten. Im Gegensatz dazu: >Outside-In-Ansatz.

Instrumentierungstechnik
program instrumentation technique
Testmethode
Die Verbindung eines >Programms als >Testobjekt ("Testling") mit dem >Testsystem durch Einbringen eines >Codes, der die Ablaufkontrolle an das Testsystem übergibt. Man unterscheidet:
- Statische Instrumentierung, bei der in den Testling durch den Compiler (>Kompilierer) bei der Übersetzung jeder Anweisungszeile im Quellprogramm (>Übersetzer) ein Aufruf an das Testsystem eincompiliert wird.
- Dynamische Instrumentierung, bei der die Verbindung erst nach der Compilierung im lauffähigen Programm durch Codeaustausch hergestellt wird.
- Halbdynamische Instrumentierung, wobei bei der Übersetzung des Quellprogramms vor dem einer Anweisungszeile entsprechende Objektcode Platz für einen Aufruf an das Testprogramm frei gehalten wird, in den durch den Tester durch Definition der Aufruf eingesetzt wird.

Integration
integration
Allgemeine Grundlagen
Im allgemeinen Sprachgebrauch die Herstellung oder Wiederherstellung eines Ganzen durch Vereinigen oder Verbinden logisch zusammengehöriger Teile (entweder als Vorgang oder als Ergebnis). Der Begriff wird seit langem in verschiedenen >Wissenschaftsdisziplinen verwendet, so z.B. in der >Betriebswirtschaftslehre (hier insbesondere in der >Organisationslehre), in der >Soziologie und in der >Systemtheorie. In der Terminolgie der Systemtheorie handelt es sich bei der Integration um eine spezifische Form der Verknüpfung von Elementen zum Ganzen eines >Systems. Die Ausrichtung der einzelnen Elemente auf den Zweck des Systems erfolgt in der Weise, daß Veränderungen eines Elements nicht auf dieses beschränkt bleiben, sondern sich auch auf die anderen Elemente des Systems auswirken (>Dynamisches System) und damit auf das System insgesamt. Im Zusammenhang mit der Entwicklung von >Informations- und Kommunikationssystemen hat der Integrationsbegriff eine Reihe spezifischer Ausprägungen erhalten, die sich im Laufe der Zeit - insbesondere in Abhängigkeit von der Entwicklung der Informations- und Kommunikationstechnik, aber auch vom wissenschaftlichen Fortschritt der >Wirtschaftsinformatik - inhaltlich gewandelt und vor allem auch stark erweitert haben, sodaß eine präzise Erklärung von Integration mit der Ausrichtung auf Informationssysteme nur anhand einer Reihe von enger abgegrenzten Begriffsinhalten möglich ist. Siehe im einzelnen: >Technische Integration, >Organisatorische Integration, >Juristische Integration.

Integrationsform
mode of integration
Allgemeine Grundlagen
Eine Beschreibung für das Objekt, auf das sich die Maßnahmen der >Integration beziehen, sowie für die objektspezifische Vorgehensweise zur Erzielung von >Integrationswirkungen. Die Abbildung zeigt einen Überblick über die Integrationsformen.

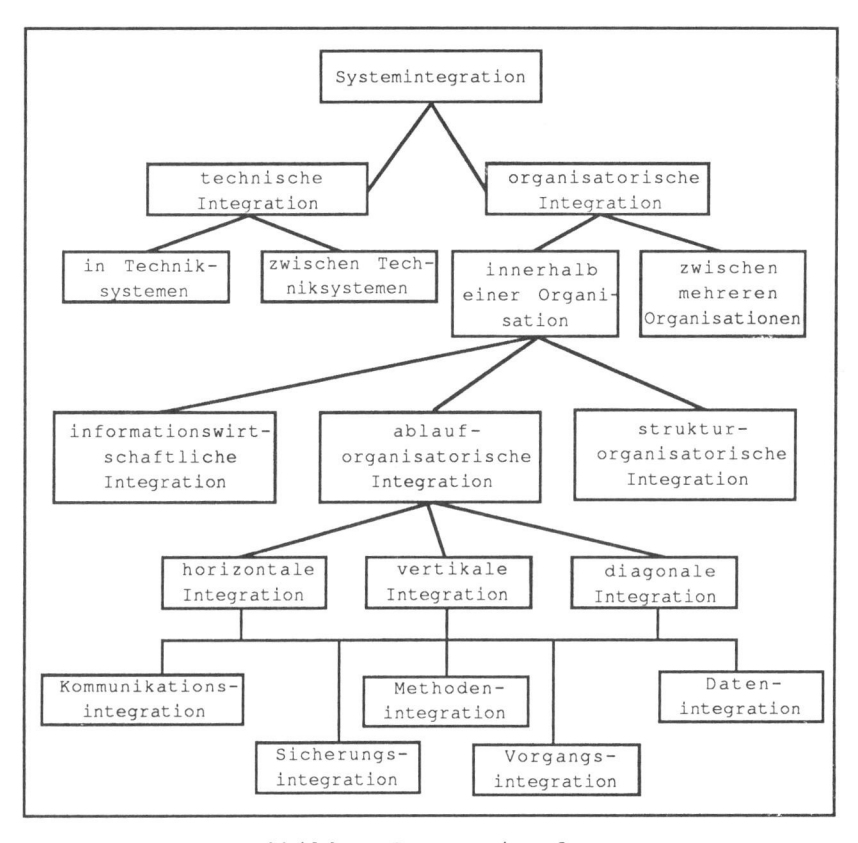

Abbildung Integrationsform

Integrationsprinzip >Organisatorische Integration

Integrationstest
test of integration
Testmethode
Bei größeren, in der Regel integrierten >Anwendungssystemen (>Integration) reicht ein >Funktionstest der einzelnen Anwendungssysteme nicht aus. Mit dem Integrationstest soll überprüft werden, ob die zwischen den Anwendungssystemen bestehenden >Schnittstellen den zugesicherten Eigenschaften entsprechen. Er beschränkt sich nicht auf die Überprüfung der durch >Hardware und >Software bedingten Schnittstellen, sondern muß auch feststellen, ob die geplante >Ablauforganisation funktioniert. Dabei ist es zweckmäßig, die einzelnen Anwendungssysteme in der Abfolge ihrer logischen Reihenfolge (>Implementierungsreihenfolge) zu implementieren und zu testen.

Integrationswirkung
consequence of integration
Grundlagen Systemplanung

Integrierte Datenverarbeitung

Eine adäquate Berücksichtigung der Phänomene der >Integration beim Systementwurf setzt voraus, daß ihre Wirkungen auf die >Planungsziele prognostiziert werden können. In Ermangelung einschlägiger Forschungsergebnisse, die, soweit vorhanden, eher den Charakter von Spekulationen haben, ist diese >Prognose bei der Systemplanung mit erheblichen Unsicherheiten behaftet. Deshalb ist es auch schwierig, Integrationsmethoden zu formulieren. Bestenfalls kann man sich methodisch auf der Ebene von Prinzipien (>Prinzip) bewegen. Die Wirkungen der Integration betreffen technische, ökonomische und soziale >Ziele. Über die Beziehungen zwischen ihnen besteht weitgehend Unklarheit wie auch darüber, welche Beziehungen zwischen den verschiedenen >Integrationsformen bestehen. Als weitgehend gesichert können folgende Aussagen angesehen werden:

- >Technische Integration ist Voraussetzung für >Organisatorische Integration; sie schafft also die organisatorischen Integrationspotentiale, die im Verlauf der Technikentwicklung zugenommen haben.
- Die organisatorischen Integrationspotentiale werden unvollständig ausgeschöpft, was auf mangelhafte >*Qualifikationen* der >Systemplaner sowie darauf zurückzuführen ist, daß die Wirkungen der Integrationsformen weitgehend unbekannt sind.
- Die ökonomischen Wirkungen der Integration (>Wirtschaftlichkeit) sind sowohl einzelbetrieblich als auch gesamtwirtschaftlich gesehen positiv, ebenso die Wirkungen auf die >*Arbeitsorganisation*.

Integrierte Datenverarbeitung >Integration, >Datenverarbeitung

Integrierte Schaltung
integrated circuit
Grundlagen Technik
Schaltelement ab der 3. >Computergeneration. Mehrere Bauelemente werden auf einem gemeinsamen Halbleiterkristall (>MOS) aufgebracht. Die Entwicklung der integrierten Schaltung (IC) ging von der Small Scale Integration (SSI) aus, mit nur wenigen integrierten Bauelementen, ging über die Medium Scale Integration (MSI) mit 50-500 integrierten Bauelementen weiter zur Large Scale Integration (LSI) mit 500-50.000, bis hin zur Very Large Scale Integration (VLSI) mit über 50.000 integrierten Bauelementen. Beim vollkommen integrierten Schaltkreis, der auch als integrierte Halbleiterschaltung (Integrated Semiconductor Circuit) bezeichnet wird, entstehen auf einem Plättchen aus Silizium mit Hilfe von Aufdampf-, Ätz-, Druck- und Diffusionsverfahren passive Bauelemente (z.B. Widerstände) und aktive Bauelemente (z.B. Transistoren) einer Schaltung nebst den Leiterbahnen. Die in integrierter Technik ausgeführte Schaltung hat nur eine Ausdehnung von wenigen Quadratmillimetern und wird deshalb auch Chip oder Mikrochip genannt.

Integriertes Verschlüsselungssystem
integrated cipher system
Sicherungssystem

Kryptographische >Verschlüsselungssysteme können auf drei Systemebenen implementiert werden:
- Leitungsverschlüsselung: >Daten werden in der Transportfunktion auf dem physikalischen Pfad ver- und entschlüsselt.
- End-to-End-Verschlüsselung: Daten werden beim Sender verschlüsselt und beim Empfänger entschlüsselt.
- Private Verschlüsselung: Die Verschlüsselung liegt in der Verantwortung des >Benutzers.

Nur die End-to-End-Verschlüsselung umfaßt das Gesamtsystem; sie wird als integriertes Verschlüsselungssystem bezeichnet.
Siehe auch: >Kryptoanalyse, >Kryptographische Methode, >Schlüssel.

Integrität >Datenintegrität

Integritätsbestimmte Dialogführung >Dialogführung

Intelligente Datenstation
intelligent terminal
Verarbeitungstechnik
Eine >Datenstation, die über die Ein-/Ausgabefunktionen hinaus auch Verarbeitungsschritte (z.B. die >Plausibilitätskontrolle) an >Daten vornehmen kann.

Intelligent Support System >Entscheidungsunterstützungssytem

Intelligenz
intelligence
Grundlagen Mensch
Die Fähigkeit des Menschen, zu denken und auf Grund von Einsichten zu handeln. Im Sinne der >Psychologie die Gesamtheit der angeborenen und erworbenen Fähigkeiten, die erforderlich ist, um komplizierte Situationen zu erfassen, das Wesentliche auszusondern, mit bereits vorhandenem >Wissen zu vergleichen und somit Lösungsmöglichkeiten für bislang unbekannte Probleme zu erarbeiten (>Problemlösen). Im Zusammenhang mit der Entwicklung der Künstlichen Intelligenz (>Künstliche Intelligenz) erfolgte mit der Übertragung des englischen Begriffs Artificial Intelligence ins Deutsche eine Gleichsetzung von Intelligenz mit intelligence, woraus die einseitige Folgerung abgeleitet wurde, daß es das Ziel der Künstlichen Intelligenz sei, menschliche Intelligenz auf einem Computer zu simulieren (>Simulation).

Intention >Dialogpartnermodell

Interaktion >Wechselbeziehung

Interaktionsdiagramm
interaction diagram
Entwurfsmethode
Ein graphisches >Beschreibungsmittel für Dialogabläufe (>Dialog). Sein Einsatz ist somit auf dialogbezogene Anwendungen, wie z.B. die Beschreibung von >Benutzerschnittstellen, beschränkt.

interaktiv
interactive
Allgemeine Grundlagen
Das sich wechselseitige Beeinflussen des Handelns zwischen den Elementen eines >Systems, z.B. zwischen Personen und Gruppen, in der Regel durch >Kommunikation.

Interaktive Programmierung
interactive programming
Programmiersystem
Ein Programmierstil, mit dem >Programme im >Dialogbetrieb erstellt werden. Dieser Programmierstil wird durch >Dialogsprachen (z.B. >BASIC, >APL) unterstützt. Für nicht dialogorientierte Programmiersprachen stehen in >Teilnehmersystemen interaktive Testhilfen zur Verfügung (>Interaktive Testhilfe).

Interaktive Sprache >Dialogsprache

Interaktiver Betrieb >Dialogbetrieb

Interaktive Testhilfe
debugging tool
Testmethode
Ein Dialog-Testsystem (>Dialog, >Testsystem), welches den Test laufender >Programme durch Abfragen von Speicherinhalten, >Diagnose bestimmter Programmzustände, gezielte Programmstops, Verfolgung des Steuerflusses (Trace) und ähnliche Hilfen unterstützt.

Interdependenz
interdependence
Allgemeine Grundlagen
Eine Beziehungsform zwischen Elementen, Funktionen, Komponenten, Personen usw., die dadurch gekennzeichnet ist, daß A von B in der Weise abhängig ist, in der B von A abhängig ist. Beispielsweise bedingt das >Kommunikationsverhalten jedes Kommunikationspartners das des anderen und ist seinerseits von diesem abhängig. Das Wesen der Interdependenz läßt sich anhand des spieltheoretischen Modells des >Gefangenendilemmas verdeutlichen.

Interne Daten >Daten

Interne Operation >Operation

Interne Revision >Revision

Interner Wiederanlauf >Wiederanlauf

Internes Schema >Drei-Schema-Konzept

Interpreter >Interpretierer

Interpretierer
interpreter
Programmiersystem

Ein >Programm, das es ermöglicht, auf einer digitalen Rechenanlage (>Datenverarbeitungssystem) >Anweisungen, die in einer von der >Maschinensprache dieser Anlage unterschiedlichen Sprache abgefaßt sind, ausführen (interpretieren) zu lassen (vgl. DIN 44300).

Interviewmethode
interview technique
Erhebungsmethode
Eine Methode zur Datenerhebung mit dem Ziel der Abbildung der Realität (>Istzustandserfassung) und der nachfolgenden Analyse der Realität anhand dieser Abbildung (>Istzustandsanalyse), die in der Regel im Rahmen eines geeigneten Methodenmix eingesetzt wird. Verschiedene Interviewformen werden nach dem Standardisierungsgrad der Fragen unterschieden (standardisiert, halb-standardisiert, nicht standardisiert). Für die Istzustandserfassung ist ein schwach strukturiertes Interview im Sinne eines flexiblen Gesprächsleitfadens zu empfehlen. Nach der Anzahl der gleichzeitig befragten >Aufgabenträger werden Einzel- und Gruppeninterviews unterschieden. Eine Sonderform des Gruppeninterviews ist die Konferenz-Interview-Technik, bei der Aufgabenträger verschiedener hierarchischer Stufen gleichzeitig unter der Steuerung eines Moderators befragt werden. Vorteilhaft im Vergleich zu anderen Methoden ist die Möglichkeit zur Vertiefung durch Zusatz- und Verständnisfragen sowie zur >Motivation des Befragten. Der Zeitbedarf für Vorbereitung und Durchführung ist erheblich. An die *>Qualifikation* des Interviewers werden hohe Anforderungen gestellt. Der Befragte wird bei der Aufgabenerfüllung gestört. Sie eignet sich daher vor allem für komplexe Aufgaben und Arbeitsabläufe (>Arbeitsablauf). Siehe auch: >Fragebogenmethode, >Beobachtung, >Selbstaufschreibung, >Dokumenteauswertung.

INVAS
INVAS
Kosten- und Leistungsrechnung
Integriertes Verfahren zur Aufwandschätzung von Softwareentwicklungen, ein von der Universität zu Köln (P. Schmitz) in Zusammenarbeit mit Siemens entwickeltes Schätzverfahren zur Kalkulation von >Projekten für die Entwicklung von >Anwendungssystemen. Es baut auf der Kosten- und Leistungsrechnung auf und untergliedert die >Kosten der Softwareentwicklung in "Meilenstein"-Ergebnisse oder Teilprodukte, denen die in den einzelnen Kostenstellen (>Kostenstellenrechnung) anfallenden Kosten zurechenbar sind (z.B. die Kosten der Kostenstelle "Programmierung"). Siehe auch: >Aufwandschätzung.

IPO-Diagramm = Input-Process-Output-Diagramm >HIPO-Methode

ISAM = Indexed Sequential Access Method >Indizierte Dateiorganisation

ISDN
ISDN
Netzwerktechnik

ISO-Schichtenmodell

Die Grundlage des ISDN (Integrated Services Digital Networks, Dienstintegriertes Digitalnetz) bildet das digitalisierte Fernsprechnetz. Die derzeit existierenden >analogen >Netze der Postverwaltung sollen auf Basis der CCITT-Empfehlungen durch den Einsatz digitaler Übertragungsstrecken und computergesteuerter >Vermittlungsstellen ersetzt werden. >Datenübertragung und Vermittlung bauen auf den für die Telefonie konzipierten digitalen 64Kbit/s-Vollduplexkanälen auf. ISDN ermöglicht Sprach-, Text-, Bild- und Datendienste, welche bisher aus technischen Gründen in verschiedenen Netzen abgewickelt wurden, in ein einheitliches Netz zu integrieren. Die wesentlichen technischen und wirtschaftlichen Merkmale von ISDN sind: Vorhandene Teilnehmeranschlußleitungen sind verwendbar; einheitliche Schnittstelle zwischen Endgerät und Netz; einheitliche dienstunabhängige Teilnehmerrufnummern; gleichzeitige Inanspruchnahme mehrerer Dienste und Dienstwechsel; Übergänge zwischen ISDN und anderen bestehenden Netzen; Schnittstellenanpassung für nicht ISDN-konforme Endgeräte.

ISO-Schichtenmodell
open systems interconnection
Grundlagen Technik
Ein >Modell für die Vereinheitlichung von >Schnittstellen und >Protokollen, auch als ISO-Referenzmodell oder OSI-Modell bezeichnet. Das Modell soll den Verkehr zwischen >Hardware und >Software verschiedener Hersteller nach allgemeinen Regeln ermöglichen. Zu diesem Zweck wird der Datenverkehr über 7 Schichten (layers) durchgeführt. Die Schichten 1 bis 4 heißen Transportschichten, die Schichten 5 bis 7 Anwendungsschichten. Dem Modell liegt der Gedanke zugrunde, daß die Verständigung zwischen Partnern stets innerhalb von bestimmten Schichten mit den dort geltenden Protokollen erfolgen soll.

ISS = Intelligent Support System
>Entscheidungsunterstützungssystem

Istzustand
present system
Grundlagen Systemplanung
Die Gesamtheit aller organisatorischen Regelungen eines bestehenden >Informations- und Kommunikationssystems. Er wird in der >Vorstudie und insbesondere in der >Feinstudie insoweit erhoben (>Istzustandserfassung) und analysiert (>Istzustandsanalyse), als dies für den Entwurf bzw. für die Entwicklung eines neuen Systems erforderlich ist.

Istzustands-orientierter Ansatz
existing system oriented-approach
Methodik Systemplanung
Ein Ansatz als Bestandteil einer Methodik der Systemplanung, der durch die Vorgehensweise: erst >Istzustandserfassung, dann >Istzustandsanalyse und dann >Systementwicklung beschrieben werden kann. Seine entscheidende Schwäche besteht in der Gefahr einer zu starken Gegenwarts- oder gar Vergangenheitsorientierung. Kann für unerfahrene >Systemplaner bei

Ratlosigkeit in "Beschäftigungstherapie" ausarten. Im Gegensatz dazu: >Sollzustands-orientierter Ansatz.

Istzustandsanalyse
analysis of present system
Grundlagen Systemplanung
Die Untersuchung des >Istzustands auf >Schwachstellen im Rahmen der >Feinstudie. Ausgehend von den Ergebnissen der >Istzustandserfassung, die in der Regel ein physisches Modell des Istzustands abbildet (>Physisches Modell), werden sukzessiv alle physischen Attribute (>Physisches Attribut) entfernt und so das logische Modell (>Logisches Modell) des Istzustands sichtbar gemacht. Damit konzentriert sich die Istzustandsanalyse auf die Eigenschaften des >Informations- und Kommunikationssystems, die von der vorliegenden Form der >Implementierung unabhängig sind. >Methoden und >Werkzeuge zur Unterstützung der Istzustandsanalyse stehen kaum zur Verfügung. In erster Linie hilfreich sind durchschaubare Darstellungen des Istzustands, die es erleichtern, seine Logik an Standards zu messen. (Siehe: >Entscheidungstabelle, >Datenflußdiagramm, >Kiviath-Graph, >Matrixanalyse, >Kommunikationsmatrix). Generelle Standards sind in der Regel kaum brauchbar, um die Qualität des Istzustands beurteilen und Schwachstellen aufdecken zu können. Die Istzustandsanalyse setzt daher das Vorhandensein eines Sollkonzepts (>Sollzustand) voraus, wie es als >Grundkonzeption in der >Vorstudie erarbeitet wurde.

Istzustandserfassung
survey of present system
Grundlagen Systemplanung
Die Abbildung des >Istzustands durch die Erhebung der Daten, welche seine Eigenschaften kennzeichnen. Dadurch entsteht ein physisches Modell (>Physisches Modell) des Istzustands, das im Zuge der nachfolgenden >Istzustandsanalyse von allen physischen Attributen (>Physisches Attribut) befreit wird. Die Zweckmäßigkeit der Istzustandserfassung und damit der gesamten >Feinstudie wird oft bezweifelt. Insbesondere wird dagegen eingewendet, daß dadurch der >Systemplaner seine Aufmerksamkeit auf die Gegenwart oder gar Vergangenheit konzentriert und den Blick für die Zukunft verliert. Für den unerfahrenen Systemplaner kann sie in "Beschäftigungstherapie" ausarten. Wird sie zu detailliert und damit auf einen langen Erfassungszeitraum hin ausgelegt, besteht die Gefahr, daß ihre Ergebnisse den Istzustand nicht mehr mit einer ausreichenden >Genauigkeit abbilden, weil sich die Realität verändert hat. Andererseits sind gute Kenntnisse über den Istzustand auch für die >Systementwicklung erforderlich, da sich jedes neue Informations- und Kommunikationssystem in den Kontext einfügen muß, den die Systemplanung nicht verändern kann oder soll. Der Systemplaner hat also die Istzustandserfassung in Breite und Tiefe so anzulegen, daß ein vertretbarer Kompromiß zwischen der notwendigen Orientierung an einem >Sollzustand wie auch an dem Istzustand möglich ist. Dies wird im wesentlichen dadurch erreicht, daß sich die Istzustandserfassung im Rahmen einer aus der >Vorstudie übernommenen >Grundkonzeption des zu entwickelnden Informa-

Istzustandserhebung

tions- und Kommunikationssystems bewegt. Der Prozeß der Istzustandserfassung kann wie folgt strukturiert werden:
1. Abgrenzen des Untersuchungsbereichs.
2. Festlegen des Detaillierungsgrades der Datenerhebung.
3. Festlegen der Systemeigenschaften (>Attribut), die abgebildet werden sollen.
4. Erheben der Werte zu den Attributen.
Zur Unterstützung der Istzustandserfassung werden folgende Methoden eingesetzt: >Interviewmethode, >Fragebogenmethode, >Beobachtung, >Selbstaufschreibung, >Dokumenteauswertung.

Istzustandserhebung >Istzustandserfassung

Istzustandsoptimierung
optimization of present system
Grundlagen Systemplanung
Eine Aufgabe der >Feinstudie, die darin besteht, kurzfristig wirksame Maßnahmen zur Bessergestaltung des >Istzustands eines >Informations- und Kommunikationssystems zu erarbeiten und durchzusetzen, ohne dessen >Grundkonzeption zu verändern. Damit werden solche >Schwachstellen beseitigt, die in der Regel lediglich bestimmte physische Attribute (>Physisches Attribut) betreffen. Bei der Entscheidung darüber, welche Schwachstellen durch kurzfristig wirksame Maßnahmen und nicht erst im Zuge der >Implementierung des neu zu entwickelnden Systems zu beseitigen sind, können folgende Einflußfaktoren berücksichtigt werden:
- Die Dauer des Systemplanungsprozesses, durch den die Existenzdauer des Istzustands und damit seiner Schwachstellen maximal begrenzt wird.
- Der Zeitraum, der bis zum Wirksamwerden der die Schwachstelle beseitigenden Maßnahmen voraussichtlich vergeht.
- Der mit der Realisierung der Maßnahmen verbundene Aufwand und der damit verbundene Nutzen.
- Die Verfügbarkeit der notwendigen (z.B. personellen) Ressourcen.

Insgesamt gesehen sollte Istzustandsoptimierung immer als ein "Abfallprodukt" der Systemplanung begriffen werden und nicht zu einer Ablenkung von den >Planungszielen führen.

Istzustandsuntersuchung
study of present system
Grundlagen Systemplanung
Zusammenfassende Bezeichnung für >Istzustandserfassung und >Istzustandsanalyse.

Iteration >Struktogramm, >Strukturierte Programmierung

J

Ja/Nein-Technik >Dialogtechnik

Jackson-Methode
Jackson design methodology
Entwurfsmethode
Eine >Methode, welche die Strukturen von Eingabedaten und Ausgabedaten (>Datenstruktur) zum Ausgangspunkt des Entwerfens von >Programmen macht und aus diesen durch einfache Transformationen die Programmstruktur ermittelt. Sie basiert zum einen auf der Tatsache, daß zwischen den einfachen Mitteln der Strukturierung von >Daten und Algorithmen (>Algorithmus) wie Sequenz, Iteration und Auswahl (>Strukturierte Programmierung) eine eindeutige Beziehung besteht. Zum anderen basiert sie auf der These, daß ein sinnvoller Algorithmus in seinen Teilen die Struktur der Eingabedaten und Ausgabedaten in jeder Einzelheit nachvollzieht. Dies steht im Gegensatz zu der Idee der >Datenabstraktion.

Job >Auftrag

Job-Control-Sprache >Kommandosprache

Jobkette
job chain
Programmiersystem/Benutzersystem
Das Zusammenbinden einzelner Jobs (>Auftrag) zu einer Folge von Jobs, das Ablegen dieser Auftragsfolgen mit der Möglichkeit des Wiederaufrufs, bei >Dialogsystemen möglichst durch den >Benutzer selbst. Eine Jobkette definiert z.B., welche Programmfunktionen aktiviert und auf welchen externen Medien (>Peripherie) die Ergebnisse präsentiert werden sollen.

JSD = Jackson System Design >Software-Entwurfsmethode

JSP = Jackson System Programming >Software-Entwurfsmethode

Juristische Integration
legal integration
Informationsrecht
Juristische >Integration liegt vor, wenn ein bestimmter öffentlicher >Fernmeldedienst verschiedenen >Informationsarten dienen darf. Darf beispielsweise ein am Teletexdienst (>Teletex) teilnehmendes Endgerät nicht mit einem >Datenverarbeitungssystem verkehren, obwohl dies technisch möglich wäre, so fehlt diesem Endgerät die juristische Integration von >Text und >Daten. Siehe auch: >Organisatorische Integration, >Technische Integration.

K

K-Schnittstelle
K-interface
Darstellungstechnik
Eine >Schnittstelle, die es dem >Anwender erleichtern soll, Quellprogramme zwischen unterschiedlicher >Hardware und >Systemsoftware zu übertragen. Siehe auch: >Übertragbarkeit, >Übersetzer.

k.o.-Kriterium >Muß-Kriterium

Kalendermanagement
calendering
Büroarbeit
Ablage, Verwaltung und Wiedervorlage von Terminen sowie das automatische Erzeugen von Terminvorschlägen durch Abstimmen der Terminkalender mehrerer Personen. Ein "Elektronischer Terminkalender" kann z.b. folgende >Funktionen anbieten (nach Mertens):
- Trennung der Terminanzeige in Übersicht und Detail, sodaß der >Benutzer z.B. Monats-, Wochen- und Tagesübersichten abrufen kann.
- Ablage unformatierter Notizen zu jedem Zeitabschnitt.
- >Informationswiedergewinnung, z.B. über alle Termine mit einem bestimmten Gesprächspartner oder alle noch nicht bestätigten Termine.
- Wiederholbuchungen, z.B. das Sperren aller Donnerstage in den nächsten drei Monaten.
- Benachrichtigung aller Teilnehmer, wenn ein Termin abgesagt werden muß.
- Erinnerung des Benutzers zu einem von ihm angegebenen Zeitpunkt durch optische oder akustische >Signale (>Auditive Rückmeldung).
- Berücksichtigung unternehmensspezifischer Zeitdaten wie Betriebsferien.

Kalkulation >Aufwandschätzung

Kaltes Rechenzentrum >Ausweich-Rechenzentrum

Kanal
channel
Transporttechnik
Eine Einrichtung in einem >Datenverarbeitungssystem, welche die >Daten von der >Zentraleinheit zur >Peripherie und umgekehrt überträgt. Jeder Kanal verfügt über eine autonome Kanalsteuerung, welche die Zentraleinheit entlastet (>Mehrprogrammverarbeitung). Folgende Kanalarten werden unterschieden:
- Multiplexkanal für die gleichzeitige >Datenübertragung zwischen Zentraleinheit und mehreren angeschlossenen peripherien Geräten, z.B. >Drucker. Der Blockmultiplexkanal bedient infolge seiner hohen Übertragungsraten gleichzeitig mehrere schnelle periphere Geräte, z.B. >Magnetbandspeicher, >Magnetplattenspeicher.

- Der Selektorkanal dient dem Anschluß mehrerer schneller peripherer Geräte, von denen jeweils aber nur eines bedient wird.

Für eine ausgewogene >Systemkonfiguration spielen Konzept und Leistungsfähigkeit der Kanäle eine entscheidende Rolle. Siehe auch: >Bussystem.

Kapazität
capacity
Darstellungstechnik
Das Fassungsvermögen von >Speichern bei >Datenverarbeitungssystemen oder die Menge der über Kanäle (>Kanal) und >Leitungen übertragenen >Daten. Die Gleichsetzung von Kapazität und >Leistung ist nicht richtig, da die Kapazität eine Angabe der Menge darstellt, während die Leistung immer als Menge je Zeiteinheit gemessen wird. In Verbindung mit >Bit oder >Byte bezeichnet man 1.024 (=2 hoch 10) als Kilo (abgekürzt: K), das 1024-fache von Kilo als Mega (abgekürzt: M), das 1.024-fache von Mega als Giga (abgekürzt: G).

Kardinale Skala >Skalierung

Kaufschein >Spezifikationsschein

Kausaldiagramm
causal diagram
Entwurfsmethode
Ein Graph, dessen Knoten z.B. die Variablen eines >Modells, dessen Kanten die Ursache/Wirkung-Beziehungen (Kausalbeziehungen) zwischen den Knoten zeigen. Entwurfsunterstützend sind Anwendungssysteme mit Optimierungseigenschaften (z.B. Minimierung der Überschneidung der Kanten) und anspruchsvollen Ausgabegeräten (z.B. großflächiger >Bildschirm).

Kbit = Kilobit >Kapazität

Kbyte = Kilobyte >Kapazität

Kellerspeicher >Dialogkellerung, >Paralleler Dialog

Kernel >Methode der Leistungsmessung

Kennsatz
label
Darstellungstechnik
Ein >Datensatz, der dazu dient, einen >Datenträger oder eine >Datei oder einen Dateiabschnitt zu identifizieren (>Identifizieren) und zu beschreiben.

Kennzahl
standard figure
Controlling
Zahlen über >Daten mit konzentrierter Aussagekraft zur Überwachung und Steuerung eines >Systems. Meist werden Verhältniszahlen verwendet. Da deren Interpretation aber ohne Kenntnis von Zuständen und Vorgängen, die durch absolute

Kettendrucker

Zahlen ausgedrückt werden, nicht möglich ist, werden auch absolute Zahlen zu den Kennzahlen gerechnet. Zur Systematisierung kann unterschieden werden in:
- Kennzahlen, welche die >Informationsfunktion als ganzes betreffen (z.B. Kostenwirtschaftlichkeit, Beschäftigung oder Kapazität).
- Kennzahlen, welche einzelne Bereiche der Informationsfunktion betreffen (z.B. die Stellen der Struktureinheit >Abteilung Informations- und Kommunikationssysteme).

Kennzahlen erlangen erst Aussagekraft, wenn man sie mit anderen Kennzahlen vergleicht (Soll-Ist-Vergleich, Zeitvergleich, Betriebsvergleich).

Kettendrucker >Drucker

KI >Künstliche Intelligenz

Kiviath-Graph
Kiviath graph
Darstellungsmethode
Die schaubildliche Darstellung der Zielerträge (>Zielertrag) zu mehreren Zielkriterien (>Zielkriterium), wie dies die Abbildung am Beispiel von acht Zielkriterien zeigt. Durch diese Darstellung können Gleichgewichte oder Ungleichgewichte im Ausmaß der Zielerreichung gut visualisiert werden.

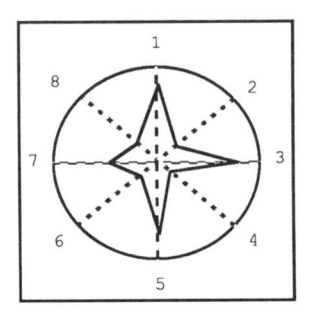

Abbildung Kiviath-Graph

Klarschriftleser >Belegleser

Klassifizieren
classify
Datensystem
Ein >Nummerungsobjekt in Gruppen (Klassen) einordnen, die nach vorgegebenen Gesichtspunkten gebildet worden sind. Daraus abgeleitet: Klassifizierungsnummer (auch: Ordnungsnummer). Im Unterschied dazu: >Identifizieren. Siehe auch: >Nummer.

Klassifizierungsnummer >Nummer

Klassische Ergonomie >Arbeitsplatzergonomie

Klimatisierung >Umweltanforderung

Klumpen >Clusteranalyse

Knoten
node
Netzwerktechnik/Darstellungsmethode
1. Eine Stelle in einem >Netz, an der mehrere >Leitungen zusammentreffen. Meist verfügt der Knoten (Netzwerkknoten) über eine >Vermittlungsstelle.
2. Die Graphentheorie benutzt Knoten und Kanten zur Darstellung von Beziehungen (>Netzplan).

Knotenrechner
interface message processor
Verarbeitungstechnik/Netzwerktechnik
Ein >Datenverarbeitungssystem, das >Nachrichten von >Hosts zur Weiterleitung an eine bestimmte Zieladresse (andere Hosts oder >Datenstationen) übernimmt. Es trennt diese Nachrichten ggf. in kleinere Einheiten (>Paket) auf und übermittelt sie dem Adressaten entweder unmittelbar oder unter Zwischenschaltung anderer Knotenrechner (>store and foreward).

Know-how-Datenbank
rare skills archiving
Datensystem
Eine >Datenbasis, in der spezifisches >Wissen von einzelnen Personen abgebildet ist, um es anderen Personen zugänglich zu machen bzw. für die >Organisation zu erhalten, wenn die betreffenden Mitarbeiter ausscheiden.

Knowledge Engineering >Wissensingenieur

Koaxialkabel
coaxial cable
Netzwerktechnik
Elektrische Leiter in Kabeln können miteinander- oder ineinanderliegend (koaxial) angeordnet werden. Bei letzteren wird in der Achse eines hohlen Außenleiters (Grund) ein massiver, Innenleiter (>Signal) durch Isolierstücke gehalten. Koaxialkabel sind besonders verlust- und störungsfrei. Sie dienen zur Signalübertragung sehr hoher Frequenz. Siehe auch: >Lichtwellenleiter.

Kognitionswissenschaft
cognitive science
Wissenschaftsdisziplin
Eine Interdisziplin, vor allem aus >Psychologie und >Informatik, deren Erkenntnisobjekt natürliche (z.B. Menschen) und künstliche (z.B. Computer) informationsverarbeitende Systeme sind. Ihr Ziel ist es, die Prinzipien intelligenten >*Verhaltens* informationsverarbeitender Systeme zu erklären und dies zur zweckmäßigen Gestaltung derartiger Systeme einzusetzen. Siehe z.B. auch die als kognitive Ergonomie bezeichnete >Kommunikationsergonomie.

kognitiv
cognitive
Grundlagen Mensch

Kognitive Ergonomie

Das Erkennen, Denken und Wahrnehmen betreffend.

Kognitive Ergonomie >Kommunikationsergonomie

Kognitiver Entscheidungsstil >Entscheidungsstil

Kollektives Rating >Ratingmethode

Kombinierte Feinstudie
combined detailed analysis
Methodik Systemplanung
Eine methodische Vorgehensweise zur Durchführung der >Feinstudie, die versucht, bei Vermeidung der Nachteile der abteilungsorientierten Feinstudie (>Abteilungs-orientierte Feinstudie) und der datenflußorientierten Feinstudie (>Datenfluß-orientierte Feinstudie) so viele Vorteile wie möglich zu vereinigen. Die >Istzustandserfassung in den >Struktureinheiten orientiert sich an definierten >Datenverarbeitungskomplexen und geht nach dem >Datenfluß vor. Die >Istzustandsanalyse erfolgt ohne Rücksicht auf die Struktureinheiten innerhalb der Datenverarbeitungskomplexe und nach dem Datenfluß. Der Orientierung an Datenverarbeitungskomplexen - und nicht an >Teilsystemen - ist wegen der besseren Erkennbarkeit von logischen Zusammenhängen zwischen den untersuchten Aufgaben *(>Grundlagen Aufgabe)* der Vorzug zu geben (>Integration).

Kombinierte Verschlüsselungsmethode >Kryptographische Methode

Kombinierter Verteilungsschlüssel >Verteilungsschlüssel

Kommando
command
Programmiersystem
Eine >Anweisung, die im >Dialogbetrieb über eine >Schnittstelle zwischen >Funktionseinheiten den Aufruf eines ausführbaren Prozesses (>Prozeß) bewirkt, sofern sich diese Funktionseinheiten in einem >Kommandomodus befinden. Kommandos können in einer >Procedur enthalten sein, die ihrerseits durch ein Kommando aufgerufen wird (vgl. DIN 44300).

Kommandomodus
command mode
Verarbeitungstechnik
Jeder Zustand einer >Funktionseinheit, in dem diese >Kommandos zur Ausführung entgegennimmt. Dieser Zustand legt die ausführbaren Kommandos fest. Der Übergang von einem Kommandomodus zu einem anderen kann durch ein Kommando bewirkt werden (vgl. DIN 44300).

Kommandosprache
command language
Programmiersystem
Eine >Programmiersprache, deren >Anweisungen >Kommandos sind (vgl. DIN 44300). Eine wichtige Kommandosprache ist die

Job-Control-Sprache, welche die Verbindung zwischen dem >Anwendungsprogramm und dem >Betriebssystem herstellt.

Kommunikation
communication
Grundlagen Aufgabe
Generell wird unter Kommunikation die Beziehung zwischen Menschen, Lebewesen, maschinellen Systemen oder Geräten verstanden, die durch Austausch von >Nachrichten erfolgt, die >Information übermitteln. Im Sinne der >Betriebswirtschaftslehre ist Kommunikation der Austausch von Information mit dem Zweck, das Handeln in Bezug auf die gegebenen >Ziele optimal zu gestalten. Dieser Kommunikationsbegriff ist auch für die >Wirtschaftsinformatik brauchbar. Kommunikation und Information stellen zwei Aspekte ein und desselben Objekts dar: Ohne Kommunikation keine Information, vice versa. Der "siamesische Zwillingscharakter" (Szyperski) beider macht es notwendig, sie in einem >Informations- und Kommunikationssystem miteinander verbunden zu betrachten.

Kommunikations-Subsystem
communication subsystem
Netzwerktechnik
Der Teil des >Netzes, welcher der Nachrichtenvermittlung zwischen >Hosts und Terminals (>Datenstation) dient, im wesentlichen >Knotenrechner und >Leitungen.

Kommunikationsanalyse
communication analysis
Grundlagen Systemplanung
Der Teil der >Istzustandsanalyse, der schwerpunktartig auf die Untersuchung der Kommunikationsbeziehungen des >Istzustands eines >Informations- und Kommunikationssystems abstellt. Siehe auch: >Kommunikation.

Kommunikationsdiagramm
communication diagram
Darstellungsmethode/Analysemethode
Ein >Werkzeug zur Darstellung und Analyse der Kommunikationsbeziehungen in einem größeren Gesamtsystem; überblickartige Abbildung der Inhalte mehrerer >Kommunikationstabellen. Man unterscheidet Kommunikationsdiagramme in Kreisform (Kommunikationsspinne) oder in Dreiecksform. Bei der Kommunikationsspinne werden die >Struktureinheiten auf einem Kreis abgetragen und ihre Kommunikationsbeziehungen zueinander (z.B. Kommunikationsdauer, Kommunikationsfähigkeit) durch unterschiedlich starke, gerichtete Kanten dargestellt. Beide Darstellungsformen werden bei komplexen Systemen schnell unübersichtlich, sodaß sie nur für Abbildungen mit geringem Detaillierungsgrad geeignet sind. Siehe auch: >Kommunikationsmatrix, >Kommunikationsnetzwerk.

Kommunikationseigenschaft
attribute of communication
Verhalten

Kommunikationsergonomie

Beschreibt die Reaktion des Menschen auf Farben und Farbverteilung, Muster und Formen, räumliche Anordnung und zeitliche Abfolge von >Informationen in der Form optischer oder akustischer >Signale oder Signalfolgen. Eine wesentliche Gestaltungsdeterminante der >Kommunikationsergonomie. Während die oben genannten Eigenschaften im allgemeinen bei vielen Menschen gleicher Kulturräume gleich ausgeprägt sind, sind weitere menschliche Eigenschaften für die Kommunikationsergonomie von Bedeutung, die durch verschiedenartige Konditionierung (Sprache, Ausbildung, Erfahrung) unterschiedlich ausgeprägt sind und die es zweckmäßig machen, Benutzer zu >Benutzertypen zu ordnen.

Kommunikationsergonomie
communication ergonomics
Ergonomie
Baut auf den Erkenntnissen der "klassischen Ergonomie" (>Arbeitsplatzergonomie) auf und versucht, die psychischen (kognitiven, motivationalen) Eigenschaften des Menschen in die Gestaltung der >Benutzerschnittstelle einzubeziehen. Daher auch häufig als kognitive Ergonomie bezeichnet (>kognitiv). Gestaltungsobjekt ist der >Informationsaustauschprozeß zwischen Mensch und Maschine. Der Gestaltungsraum der Kommunikationsergonomie wird durch die Determinanten Mensch *(>Grundlagen Mensch),* Aufgabe *(>Grundlagen Aufgabe)* und >Techniksystem bestimmt. Dabei steht der Mensch mit seinen Kommunikationseigenschaften im Mittelpunkt des Interesses. Ausgangspunkt ergonomischer Gestaltungsmaßnahmen des Informationsaustauschprozesses ist eine sinnvolle Aufgabenteilung zwischen Mensch und Techniksystem (>Arbeitszuordnung). Gestaltungsmaßnahmen der Kommunikationsergonomie sind beim gegenwärtigen Stand der Techniksysteme insbesondere die >Maskengestaltung und das Bilden von Informationsblöcken (>Informationsblock) nach den "Gesetzen" der Gestaltpsychologie. Hoch entwickelte Schnittstellentechniken *(>Eingabetechnik,* >*Ausgabetechnik)* verwenden den >Bildschirm als mehrfach strukturiertes, zweidimensionales Medium, welches die Erfahrungswelt des Benutzers in seiner Symbolik abzubilden versucht. Dazu gehört vor allem die Verwendung der Fenstertechnik (>Fenster). Gleichzeitig wird das Zeigen und Auswählen von Informationen auf dem Bildschirm zum Dialoginstrument, indem Zeiginstrumente (>Digitalisierer, >Maus) verwendet werden. Die >Dialogführung wird durch >Pop-Up-Menüs realisiert. Ein weiteres Kennzeichen der Schnittstellengestaltung unter kommunikationsergonomischen Gesichtspunkten ist die Substitution verbal-sprachlicher Begriffe durch bildhafte Darstellungen (>ikonisch, >Piktogramm).

Kommunikationsintegration >Organisatorische Integration

Kommunikationsmatrix
communication matrix
Darstellungsmethode/Analysemethode
Ein >Werkzeug zur Darstellung und Analyse von Kommunikationsbeziehungen, bei dem man die Kommunikationspartner (Sender und Empfänger) in die Zeilen und Spalten einer >Ma-

trix einträgt und in den Feldern Häufigkeit und/oder Zeitbedarf erfaßt. Reduziert man die Werte der Attribute in den Feldern auf nominale Größen (>Skalierung), kann man mit den Operationen des Matrizenkalküls zu quantitativen Aussagen (Diameter, Radius, Zerlegungsgrad) über bestimmte Eigenschaften des Systems kommen. Siehe auch: >Kommunikationstabelle, >Kommunikationsdiagramm, >Kommunikationsnetzwerk.

Kommunikationsnetzwerk
communication network
Darstellungsmethode/Analysemethode
Ein >Werkzeug zur Darstellung und Analyse von Kommunikationsbeziehungen, bei dem in Anlehnung an die Methoden der >Netzplantechnik die >Struktureinheiten als Knoten und die Kommunikationsdauer und/oder -häufigkeit durch verschieden starke, gerichtete Kanten abgebildet werden. Mit Algorithmen (>Algorithmus) der Netzplantechnik kann z.B. der kritische Weg durch das Kommunikationsnetzwerk ermittelt werden. Siehe auch: >Kommunikationstabelle, >Kommunikationsdiagramm, >Kommunikationsmatrix.

Kommunikationsprozeß >Informations- und Kommunikationsprozeß

Kommunikationsrechner >Vorrechner

Kommunikationsserver >Server

Kommunikationsspinne >Kommunikationsdiagramm

Kommunikationssystem
communication network
Allgemeine Grundlagen
Ein Übertragungs- und Vermittlungssystem, das der >Kommunikation zwischen Menschen und Prozessen (Mensch zu Mensch, Prozeß zu Prozeß, Mensch zu Prozeß und umgekehrt), also dem Austausch von >Information dient. Siehe auch: >Informations- und Kommunikationssystem.

Kommunikationstabelle
communication table
Darstellungsmethode/Analysemethode
Ein >Werkzeug zur Darstellung und Analyse von Kommunikationsvorgängen innerhalb einer >Struktureinheit in Form einer >Matrix. Beispielsweise werden die Elemente der Mengen Kommunikationspartner und Kommunikationsart (z.B. mündliche und schriftliche Kommunikationsarten) miteinander in Beziehung gesetzt und die Beziehungen durch >Attribute wie Anzahl der Kommunikationsvorgänge, durchschnittlicher Zeitbedarf je Kommunikationsvorgang, Zeitbedarf je Kommunikationsart abgebildet. Einfache Handhabung bei breiter Einsetzbarkeit und fehlender Überblick über die Kommunikationsbeziehungen im Gesamtzusammenhang des Systems. Siehe auch: >Kommunikationsdiagramm, >Kommunikationsmatrix, >Kommunikationsnetzwerk.

Kommunikationstechnik
communication technics
Grundlagen Technik

Kommunikationsverbund

Der Teil der Informations- und Kommunikationstechnik, der zur Unterstützung der >Kommunikation eingesetzt wird. Im Unterschied dazu: >*Verarbeitungstechnik*. Siehe im einzelnen: >*Netzwerktechnik*, >*Transporttechnik*.

Kommunikationsverbund >Verbund

Kommunikationsverhalten
communication behaviour
Verhalten
Das Verhalten eines Kommunikationspartners (>Kommunikation), das für die Zwecke einer zielgerichteten >Dialoggestaltung erklärt und prognostiziert werden soll. Siehe auch: >Dialogpartnermodell.

Kompatibilität
compatibility
Grundlagen Technik
Die Eigenschaft von >Datenverarbeitungssystemen, ohne Anpassungsarbeiten oder Änderungen mit anderen Systemen zusammenarbeiten zu können. Arten der Kompatibilität sind:
- Hardware-Kompatibilität: Es werden Datenverarbeitungssysteme bzw. einzelne Komponenten (z.B. periphere Geräte) mit anderen Systemen (andere Hersteller) kombiniert. Da bei der Hardware-Kompatibilität lediglich eine vorhandene Steckerverbindung aktiviert werden muß, spricht man auch von Stecker-Kompatibilität.
- Software-Kompatibilität: >Programme können ohne Veränderungen in einer anderen Softwareumgebung eingesetzt werden. Eine Spezialform ist die Sprachen-Kompatibilität. Sie ermöglicht es, >Programmiersprachen auch für andere Softwaresysteme zu benutzen.

Eine spezielle Form der Hardware- und Softwarekompatibilität ist die "Aufwärts-Kompatibilität". Man versteht darunter, daß ältere Programme und Geräte innerhalb einer Systemfamilie ohne Anpassung auf dem neuen Hard- bzw. Softwaresystem eingesetzt werden können.

Kompetenz
competence
Arbeitsorganisation/Qualifikation
Der >Handlungsspielraum eines >Aufgabenträgers, der zur ordnungsgemäßen Aufgabenerfüllung notwendig ist. Er gründet sich auf >Aufgabenzuordnung und setzt die entsprechende Qualifikation zur ordnungsgemäßen Aufgabenerfüllung voraus. Aufgabe (>*Grundlagen Aufgabe*), Kompetenz und >Verantwortung müssen übereinstimmen. Siehe auch: >Organisationsgrundsatz.

Kompilierer
compiler
Programmiersystem
Ein >Übersetzer, der in einer problemorientierten Programmiersprache (>Problemorientierte Programmiersprache) abgefaßte Quellanweisungen in Zielanweisungen der zugehörigen >Maschinensprache umwandelt (kompiliert).

Komplexer Entscheidungsstil >Entscheidungsstil

Komplexer Objekttyp >Objekttypen-Ansatz

Komposition
composition
Entwurfsmethode
Eine Methode zur Einführung neuer Objekte (>Entität) beim Entwerfen des >*Datensystems* durch Zusammensetzen von Primärschlüsselattributen (>Schlüssel, >Attribut), deren Ausprägungen eine neue Entitätsmenge definieren. In dem in der Abbildung gezeigten Beispiel wurde AUFTRAG durch Komposition erzeugt. Siehe auch: >Abstraktion, >Entitäten-Struktur-Diagramm.

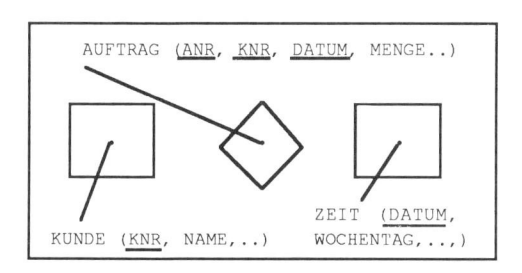

```
        AUFTRAG (ANR, KNR, DATUM, MENGE..)


                      ZEIT (DATUM,
   KUNDE (KNR, NAME,..)   WOCHENTAG,...,)
```

Abbildung Komposition

Komprimierung >Informationsselektion

Konferenz-Interview-Technik >Interviewmethode

Konferenztechnik
conference technique
Büroarbeit
Zusammenfassende Bezeichnung für die Anwendung der Informations- und Kommunikationstechnik *(>Grundlagen Technik)* zur Unterstützung von Aufgaben *(>Grundlagen Aufgabe)*, die in Konferenzen abgewickelt werden, wie:
- Die Präsentation von >Dokumenten.
- Die Visualisierung von >Informationen.
- Die Durchführung von Berechnungen, wenn mehrere Alternativen bewertet und eine Auswahl getroffen werden soll (>Alternativenbewertung).
- Der direkte >Zugriff auf Informationen, die auf Datenbasen (>Datenbasis) abgelegt sind, vom Konferenzraum aus.

Folgende Formen der Unterstützung von Konferenzaufgaben können unterschieden werden (nach Kraemer et al.):
- Bewegtbild-Telekonferenz: >Kommunikation zwischen örtlich verteilten Teilnehmern; Projektion, Speicherung und Vervielfältigung von Schaubildern und Aufzeichnungen.
- Informationszentrum: Direkter Zugriff auf Datenbasen; Generierung von Berichten und Graphiken; statistische Analysen.
- Elektronischer Konferenzraum: Projektion, Speicherung und Vervielfältigung von Aufzeichnungen und Dokumenten von jedem Teilnehmerplatz aus; Durchführung und Auswertung von Abstimmungs- und Brainwriting-Techniken.

Konfiguration

- Strukturmodellierungs-Werkzeug: Sicherstellung des verfahrensgerechten Konferenzablaufs; Protokollierung des Ablaufs und >Dokumentation der Ergebnisse.
- Entscheidungskonferenz-System: Einsatz von >Entscheidungsmodellen zur Alternativenbewertung;
- Berechnungs- und Dokumentationsleistungen.

Konfiguration
configuration
Grundlagen Technik
Die Zusammenstellung aller Funktionseinheiten eines >Datenverarbeitungssystems. Unter der Anlagenkonfiguration (Hardwarekonfiguration) wird die Zusammenstellung der Komponenten der >Hardware verstanden. Die Softwarekonfiguration bezeichnet die Zusammenstellung der Komponenten der >Software. Hard- und Software einer bestimmten Konfiguration können von einem Hersteller oder von verschiedenen Herstellern (>Mixed Ware) stammen. Die graphische Darstellung von Konfigurationen erfolgt durch Konfigurationsdiagramme (>Diagramm).

Konfigurationsdiagramm >Konfiguration

Konfigurationsmanager
configuration manager
Berufsbild - Tätigkeitsfeld
>Aufgabenträger für die Aufgabe *(>Grundlagen Aufgabe)* >Software-Konfigurationsmanagement in einer >Organisation, in der Software-Produkte entwickelt werden (z.B. >Softwarehaus, >Systemhaus).

Konflikt
conflict
Verhalten
Systemplanungsprozesse *(>Grundlagen Systemplanung)* sind häufig Quelle von Konflikten, die durch ein bewußtes >Konfliktmanagement beherrscht werden müssen. Man unterscheidet:
- Appetenzkonflikte (Appetenz = das zweckgerichtete Verhalten zur Befriedigung eines >Bedürfnisses) liegen vor, wenn ein Individuum vor der Wahl zwischen gleichwertigen oder als gleichwertig empfundenen Alternativen steht, sodaß unabhängig von der gewählten Alternative ein Verzichtsempfinden entsteht.
- Aversionskonflikte (Aversion = Abneigung, Widerwille) entstehen, wenn ein Individuum zwischen zwei gleichermaßen als unangenehm empfundenen Alternativen entscheiden muß.
- Appetenz-Aversionskonflikte (Normenkonflikte) entstehen, wenn ein Individuum ein positiv empfundenes >Ziel anstrebt, dessen Erreichung jedoch mit als unangenehm empfundenen Begleitumständen verbunden ist.

Im allgemeinen treten Konflikte als Mischformen auf. Individuelle Konflikte werden in der Regel in Gruppen übertragen, sodaß soziale Konflikte entstehen. Sie verbleiben entweder innerhalb der Gruppe (Innenkonflikte) oder sie werden nach außen getragen (Außenkonflikte).

Konfliktmanagement
conflict management
Personalmanagement
Die Aufgabe des Informationsmanagement (>Grundlagen Informationsmanagement), >Konflikte zu erkennen, zu beherrschen und zu lösen. Dies setzt zunächst Kenntnisse über mögliche Konfliktpotentiale bei der Systemplanung (>Grundlagen Systemplanung) voraus. Bei Konflikten innerhalb einer Gruppe (Innenkonflikte) sind die unzureichende Identifikation der Gruppenmitglieder (z.B. eines >Projektteams) mit den >Planungszielen und die Tatsache der Heterogenität der Gruppe auslösende Momente für subjektive Konflikte. Objektive Konflikte entstehen aus den strukturellen Gegebenheiten der Systemplanung als Rollenkonflikte und Zielkonflikte. Hinzu treten Reibungen zwischen der Gruppe (z.B. dem Projektteam) und ihrer Umwelt als Auslöser von Konfliktpotential in der Form von Außenkonflikten. Ausgehend von der richtigen, Scheinkonflikte und Konfliktlücken vermeidenden Konfliktwahrnehmung, sind Konflikte durch autoritäre Konfliktbeherrschung oder durch kooperative Konfliktlösung zu steuern. Dies deutet darauf hin, daß durch provozierte Konflikte auch positive Effekte erzielt werden können, wie z.B. die Erzeugung kreativer Ideen und Lösungsalternativen (>Kreativitätstechnik).

Konfliktpotential >Konfliktmanagement

Kongreß und Messe
conference and exhibition
Dienstleistungsmarkt
Eine Zusammenstellung ausgewählter Kongresse und Messen, die geeignete Informationsquellen für den Wirtschaftsinformatiker sind, findet sich im Anhang "Kongresse und Messen".

Konjunktion >Boolesche Algebra

Konsequenzanalyse
analysis of consequences
Analysemethode/Erhebungsmethode
Im Rahmen der >Durchführbarkeitsstudie sind eine Reihe von Lösungsalternativen zu entwerfen, aus denen eine optimale Alternative als >Grundkonzeption zu ermitteln ist. Aufgabe der Konsequenzanalyse ist es, die vermutlich unterschiedlichen Auswirkungen der Lösungsalternativen auf die Strukturelemente und die Prozesse einer >Organisation zu erfassen bzw. zu prognostizieren (>Prognose), um eine Bewertung der Alternativen (>Alternativenbewertung) vor dem Hintergrund der >Planungsziele zu ermöglichen. Es ist also je Planungsziel und für jede Lösungsalternative der >Zielertrag zu erfassen bzw. zu prognostizieren.

Konsens-orientierter Ansatz
socio-technical approach
Partizipation
Ein Partizipationsansatz, der davon ausgeht, daß die Bewertung eines >Informations- und Kommunikationssystems nicht

Konsistenz

allein nach technischen Kriterien erfolgen kann, sondern nach dessen Funktionsweise im Anwendungsbezug, also z.B. auch nach seiner >Akzeptanz durch die >Benutzer und nach seiner >Effizienz. Diese Perspektivenerweiterung wird durch die Anerkennung sozialer >Ziele fortgesetzt. Man nennt derartige Ansätze auch sozio-technische Ansätze. Ein prominenter Vertreter ist E. Mumford (>ETHICS). Der sozio-technische Ansatz ist konsensorientiert, weil er davon ausgeht, daß ein Interessensausgleich der Beteiligten möglich ist. Er führt also zu einer Perspektivenerweiterung, ohne die herrschenden Machtverhältnisse im Betrieb ändern zu wollen, wie dies vom gewerkschaftlichen Gegenmachtansatz (>Gewerkschaftlicher Gegenmachtansatz) angestrebt wird.

Konsistenz >Datenkonsistenz, >Transaktion

Konsistenzfehler >Benutzerfehler

Konsistenzregel >Regel

Konstruktvalidität
construct validity
Grundlagen Systemplanung
Eine Form der >Validität, welche die Güte eines >Qualitätsmaßes durch eine Analyse der Bedeutung und der Interrelationen der Indikatoren des Maßes zu ermitteln versucht. Konstruktvalidität bedeutet (nach Kerlinger) demnach sowohl die Analyse der Gültigkeit eines Maßes als auch der Gültigkeit der dem Maß zugrunde liegenden Theorie. Siehe auch: >Inhaltliche Validität, >Kriterienbezogene Validität.

Konten-orientierte Verarbeitung >Belegverarbeitung

Kontextdiagramm
context diagram
Darstellungsmethode
Globalste Form eines >Datenflußdiagramms auf der obersten Ebene einer Menge von Datenflußdiagrammen, die ein >System abbildet.

Kontingenzanalyse
contingency analysis
Analysemethode
Die Untersuchung eines Sachverhalts im Hinblick auf seine nicht notwendige, sondern zufällige Beschaffenheit.

Kontomat >Bankautomat

Kontrolle >Revision

Kontrollfluß
control flow
Sicherungssystem
Ein >Datenfluß, welcher der Kontrolle einer Verarbeitung dient. Siehe auch: >Steuerfluß.

Kontrollinformation >Informationskategorie

Kontrollsystem
control system
Informationsrecht/Personalwesen
Die Einführung von Einrichtungen, die dazu bestimmt sind, das >Verhalten oder die Leistung der Arbeitnehmer zu überwachen, löst ein qualifiziertes Mitbestimmungsrecht (>Mitbestimmung) aus. Die genauen Formulierungen der Tatbestände im deutschen Betriebsverfassungsgesetz (§ 87 Abs. 1 Nr. 6) und im österreichischen Arbeitsverfassungsgesetz (§ 96 Abs. 1 Z. 3) sind insofern unterschiedlich, als die deutsche Regelung auf technische Einrichtungen beschränkt ist, während in der österreichischen Regelung alle Einrichtungen erfasst werden, und die Einschränkung durch den sehr interpretationsbedürftigen Zusatz "sofern diese Maßnahmen (Systeme) die Menschen berühren" vorgenommen wird. Es gibt mehrere gerichtliche Entscheidungen, die ein >Personalinformationssystem als Kontrollsystem einstufen und damit der Mitbestimmungsregelung unterwerfen.

Konvergierender Entscheidungsstil >Entscheidungsstil

Konvivialität
conviviality
Benutzersystem
Im ursprünglichen Wortsinn Fröhlichkeit oder Geselligkeit, im Sinne der >Wirtschaftsinformatik ein Maß, mit dem man die Anpassungsfähigkeit eines >Informations- und Kommunikationssystems oder einzelner, den >Benutzer interessierender Komponenten an dessen Bedürfnisse beschreiben kann. Siehe auch: >Benutzerfreundlichkeit.

Konzentration >Zentralisierung

Konzentrator
concentrator
Netzwerktechnik
Intelligente, in der Regel programmgesteuerte Hardwareeinrichtung (>Hardware), welche >Daten von mehreren, nur sporadisch zu bedienenden Kanälen (>Kanal) zwecks Verbesserung der Leitungsauslastung auf einen Kanal zusammenführt (>Gateway).

Konzentrierung >Zentralisierung

Konzeptionelle Datenstruktur >Datenstruktur

Konzeptionelles Schema >Drei-Schema-Konzept

Kooperation
co-operation
Verhalten
Ein sozialer >Prozeß zwischen mehreren >Aufgabenträgern zur Erreichung gemeinsamer >Ziele. Sie vollzieht sich in einer sozialen Situation, in der die Beteiligten gemeinsame Ziele so anstreben, daß deren Erreichung besser gefördert wird als ohne Kooperation. Siehe auch: >Synergie.

Kooperationsunterstützung
co-operation aid
Grundlagen Systemplanung
Die Eigenschaft eines >Informations- und Kommunikationssystems, auf mehrere >Aufgabenträger verteilte Arbeitsvorgänge (>Arbeitsteilung) durch geeignete Mechanismen zu unterstützen. Siehe auch: >Vorgangs-orientiertes System.

Kooperatives Dialogsystem >Dialogpartnermodell

Kooperatives Dialogverhalten >Dialogpartnermodell

Koordination
co-ordination
Allgemeine Grundlagen
Die Abstimmung der >Tätigkeiten verschiedener >Aufgabenträger, zwischen denen >Interdependenz besteht.

Koordinator
co-ordinator
Berufsbild - Tätigkeitsfeld
Seine Aufgabe besteht darin, den Informationsfluß zwischen einer Fachabteilung und der >Abteilung Informations- und Kommunikationssysteme sowohl bezüglich der Aufgaben der Systemplanung (*>Grundlagen Systemplanung*) als auch der Aufgaben der Systemnutzung sicherzustellen. Verglichen mit den Mitarbeitern der Fachabteilung ist er der Experte bezüglich Systemplanung und Systemnutzung. Er ist entweder fachlich und disziplinarisch dem Leiter der Fachabteilung oder dem Leiter der Abteilung Informations- und Kommunikationssysteme unterstellt, oder beide Abteilungsleiter führen den Koordinator gemeinsam. Obwohl in der Praxis häufig anzutreffen, wird der Wert dieser Funktion in Frage gestellt, insbesondere deshalb, weil Koordinatoren dazu neigen, den Interessen der Abteilung Informations- und Kommunikationssysteme Priorität zu geben. Aus der Sicht der Fachabteilung ist daher einer fachlichen und disziplinarischen Unterstellung unter den Leiter dieser Abteilung der Vorzug zu geben. Sein >Arbeitsplatz ist damit auch in der Fachabteilung.

Koordinierungsgrad
degree of co-ordination
Arbeitsorganisation
Ein Maß, das den Umfang und die Intensität von Kommunikationsbeziehungen (>Kommunikation) zwischen den >Aufgabenfunktionen innerhalb einer Aufgabe sowie zwischen den Aufgaben eines >Aufgabensystems angibt. Die Koordinierungsnotwendigkeit ergibt sich insbesondere aus der >Arbeitsteilung, also der Zuordnung von Aufgaben auf unterschiedliche >Aufgabenträger innerhalb eines Aufgabensystems, und aus der Intensität der Beziehungen dieses Systems zu seinem Umsystem (>Offenes System). Unter anderem ist der Koordinierungsgrad als Entwurfsentscheidung in der >Durchführbarkeitsstudie von Bedeutung, wenn Art und Umfang der Koordinierung bei einem gegebenen >Automatisierungsgrad festzulegen sind.

Kopierprogramm >Softwareschutz

KOPS
KOPS
Grundlagen Technik
Eine Maßeinheit für die >Leistung der Verarbeitung von >Zentraleinheiten (KOP = Kilo Operation, also 1.000 >Operationen). Siehe auch: >MIPS.

Korrektheit
correctness
Allgemeine Grundlagen
Die Tatsache, daß ein >Programm für jede Eingabe aus dem Definitionsbereich der >Funktion, dessen softwaremäßige Abbildung ("Implementierung") es sein soll, die richtige Ausgabe liefert.

Korrelationsanalyse
correlation analysis
Analysemethode
Eine statistische >Methode, mit welcher der Grad der Abhängigkeit zwischen zwei oder mehreren Zufallsgrößen berechnet werden kann. Als Maß für die Güte der Annäherung dient der Korrelationskoeffizient r. Wenn r = 1, dann besteht eine vollständige Korrelation; wenn r = -1, dann besteht eine vollständige negative Korrelation; wenn r = 0, dann besteht keine Korrelation.

Korrigierende Wartung >Wartung

Kosten
costs
Kosten- und Leistungsrechnung
Die mit Geldeinheiten bewerteten Konsequenzen einer >Leistung bezüglich ihres Verzehrs an Gütern und/oder Diensten. Sie setzen sich in der Regel aus einer Anzahl von Kostenarten zusammen. Bezüglich ihres Verhaltens bei einer Änderung der Leistungsausbringung unterscheidet man zwischen fixen Kosten und variablen Kosten, bezüglich der Bezugsgröße zwischen Gesamtkosten und Einheitskosten. Kosten sind in der Regel Zielinhalt eines >Planungsziels, wobei eine Gliederung nach Kostenarten zweckmäßig ist (z.B. Planungskosten, also die Kosten, die bis zur >Implementierung entstehen, und Betriebskosten, wie Gerätekosten, Personalkosten, Raumkosten, die nach der Implementierung entstehen).

Kosten-Nutzen-Technik
cost value technique
Analysemethode
Eine Variante der >Nutzwertanalyse, bei welcher die >Kosten einer Handlungsalternative zunächst nicht in das >Zielsystem aufgenommen werden. Nach der Ermittlung des >Nutzwertes wird dieser mit dem Kostenwert in Beziehung gesetzt. Eine Handlungsalternative ist dann optimal, wenn ihr Kosten-Nutzen-Verhältnis das größte aller betrachteten Alternativen ist. Ihre Anwendung ist nur bei kardinaler >Skalierung zweckmäßig.

Kostenart >Kosten

Kostenartenrechnung
cost item measurement
Kosten- und Leistungsrechnung
Dient der systematischen Erfassung aller >Kosten, die bei der Erstellung und Verwertung der >Leistungen der >Informationsfunktion entstehen. Die Gliederung der Kosten einer Abrechnungsperiode nach Kostenarten kann nach der Art der verbrauchten Produktionsfaktoren erfolgen in: Personalkosten, Sachkosten, Kapitalkosten, Kosten für Dienstleistungen Dritter, Kosten für Steuern und Gebühren. Eine andere Systematik orientiert sich an den betrieblichen Funktionen wie Beschaffung, Produktion, Absatz und Verwaltung sowie den Querschnittsfunktionen wie Finanzierung, Logistik und Personal. Bei weiterer Differenzierung entspricht diese Systematik der >Kostenstellenrechnung.

Kostenstellenrechnung
cost center measurement
Kosten- und Leistungsrechnung
Baut auf der >Kostenartenrechnung auf und verteilt die >Kosten der Erstellung und Verwertung der Leistungen der >Informationsfunktion auf die betrieblichen Bereiche, welche die Leistungen in Anspruch genommen haben. Die >Abteilung Informations- und Kommunikationssysteme hat dabei die Funktion einer Hilfskostenstelle, in welcher die Gemeinkosten zunächst gesammelt und dann mittels geeigneter Verrechnungsmethoden wie >Kostenumlage und >Verrechnungspreis den leistungsbeanspruchenden betrieblichen Bereichen möglichst verursachungsgerecht zugerechnet werden.

Kostenstruktur >Wirtschaftlichkeitsanalyse

Kostenträgerrechnung >Auftragsrechnung

Kostenumlage
distribution of costs
Kosten- und Leistungsrechnung
Eine einfache und wenig differenzierende Methode der >Auftragsrechnung, bei welcher die >Abteilung Informations- und Kommunikationssysteme verrechnungstechnisch die Funktion einer Hilfskostenstelle hat. Die in einer Abrechnungsperiode entstandenen >Kosten (Ist-Kosten) werden mit Hilfe eines elementaren oder eines kombinierten oder mehrerer >Verteilungsschlüssel auf die Kostenstellen "umgelegt", welche die >Leistungen beansprucht haben. Diese Verrechnungsmethode sollte nur auf den Teil der Kosten angewendet werden, welcher den Kostenstellen nicht direkt zugerechnet werden kann (Gemeinkosten).

kreativ
creative
Allgemeine Grundlagen
Die menschliche Eigenschaft, schöpferisch zu sein, eigene Ideen entwickeln zu können, einfallsreich und erfinderisch zu sein. Siehe: >Kreativitätstechnik.

Kreativitätstechnik
creativity technique
Entwurfsmethode
Dient dem kreativen >Problemlösen, d.h. dem Entwerfen von Problemlösungen in Situationen, die durch schlechtstrukturierte Probleme (>Schlecht-strukturiertes Problem) und durch eine offene Entscheidungssituation (>Offene Entscheidung) gekennzeichnet sind. Kreativitätstechniken sind >Werkzeuge zur Problemdefinition und Problemlösung; sie wenden intuitive Probierverfahren an. Typische Einsatzschwerpunkte in der Systemplanung (>*Grundlagen Systemplanung*) liegen in der >Durchführbarkeitsstudie, bei der >Grobprojektierung und – eher weniger – bei der >Feinprojektierung. Allen Kreativitätstechniken gemeinsam ist die bevorzugte Anwendung in Gruppensitzungen ("interdisziplinäre Kreativgruppe") mit Gruppen von 5 bis 15 Mitgliedern. Mindestens ein Moderator steuert den Gruppenprozeß und dokumentiert sichtbar die Ergebnisse. Die Dauer einer Sitzung sollte etwa 30 Minuten betragen. Zur Problemdefinition wird z.B. die >W-Technik angewendet, zur Ideenfindung für die Problemlösung das >Brainstorming mit Osborn-Verfremdung. Cyert und March wiesen 1963 nach, daß sich erfolgreiches >*Verhalten* einprägt und zu Routineverhalten wird; daß neue Regeln nur gesucht werden, wenn sich die Umwelt ändert; daß diese Suche in der Nachbarschaft der alten Regeln stattfindet; daß eine befriedigende und damit suboptimale Lösung gesucht wird. Diese Befunde weisen auf die Notwendigkeit der systematischen Anwendung kreativen Problemlösens durch Kreativitätstechniken hin.

Kreditorenbuchführung >Finanzbuchführung

Kreiskausalität >Problemanalyse

Kriterienbezogene Validität
criterion-related validity
Grundlagen Systemplanung
Eine pragmatisch orientierte Form der >Validität, die das zu validierende >Qualitätsmaß zu bereits als valide anerkannten Maßen ("Validitätskriterien") in Beziehung setzt. Das Hauptproblem besteht in der Auswahl geeigneter Validitätskriterien. Die Überprüfung der Validität erfolgt in der Regel durch >Korrelationsanalyse. Siehe auch: >Inhaltliche Validität, >Konstruktvalidität.

Kriteriengewicht
weight of goal
Grundlagen Systemplanung
Die relative Bedeutung eines >Zielkriteriums für den Entscheidungsträger in einer gegebenen Entscheidungssituation (Präferenzordnung der Zielkriterien).

Kriterienkatalog
list of goals
Analysemethode
Eine systematische Zusammenstellung aller Auswahlkriterien (>Zielkriterium) zur Lösung eines Auswahlproblems einschließlich der >Kriteriengewichte in den Zeilen, den Aus-

Kriterium

wahlalternativen in den Spalten und Raum für die Erfassung des >Zielertrags je Zielkriterium und Auswahlalternative. Siehe auch: >Alternativenbewertung.

Kriterium >Zielkriterium

Kritischer Weg
critical path
Darstellungsmethode
Die Verbindung aller Vorgänge (>Vorgang) in einem >Netzplan, die keine >Pufferzeit enthalten.

Krypto-Hardwareeinheit >Verschlüsselungssystem

Kryptoanalyse
crypto analysis
Sicherungssystem
Unter der Voraussetzung, daß die >Hardware zugänglich und der >Algorithmus bekannt ist (wie z.B. beim >DES-Algorithmus), gibt es zwei Vorgehensweisen unbefugter Entschlüsselung:
- Vollständiges Austesten des Schlüsselraums. Man sucht den >Schlüssel, der mit dem bekannten Klartext den bekannten Schlüsseltext erzeugt, indem man alle mathematisch möglichen Schlüssel durchprobiert (im Falle des DES sind dies 2 hoch 56).
- Vollständiges Austesten des Nachrichtenraums. Man benützt den unbekannten Schlüssel und erstellt ein komplettes "Wörterbuch" mit jedem möglichen, sinnvollen Klartext und dem sich daraus ergebenden Schlüsseltext.

Eine mögliche "Problemlösung" kann wie folgt beschrieben werden: Man entwickelt einen Chip (>Integrierte Schaltung), der einen Schlüssel in einer Mikrosekunde testet und läßt etwa eine Million Chips parallel arbeiten. Man könnte dann innerhalb eines Tages jeden Schlüssel im DES "knacken". Die Kosten dafür betragen schätzungsweise zwischen 20 und 200 Millionen Dollar. Siehe auch: >Kryptographische Methode, >Verschlüsselungssystem.

Kryptographie
cryptography
Wissenschaftsdisziplin
Das Teilgebiet der >Kryptologie, das sich mit der Entwicklung der Methoden der Verschlüsselung beschäftigt. Siehe: >Kryptographische Methode.

Kryptographische Methode
cryptographic method
Sicherungssystem
Es sollen die >Daten so verschlüsselt werden, daß der für die unbefugte Entschlüsselung (>Kryptoanalyse) erforderliche Aufwand größer ist als der Nutzen der Daten für den Entschlüsseler. Gegenstand der Verschlüsselung sind Daten, die auf Speichern (>*Speichertechnik*) liegen und/oder auf Netzen (>*Netzwerktechnik*) transportiert werden. Basistechniken einer kryptographischen Methode sind Vertauschung und Substitution. Bei ersterer werden >Zeichen anders angeordnet, ohne daß ihre Identität verändert wird (so wird z.B. aus der

Zeichenfolge CRYPTOGRAM die Zeichenfolge RCPYOTRGMA); man kann zur Vertauschung >Schlüssel verwenden. Substitution erfordert einen Schlüssel; die Abbildung zeigt ein Beispiel (Quelle: IBM). Kombinierte Verschlüsselungsmethoden wenden Vertauschung und Substitution an, beispielsweise wie folgt: Zunächst wird jedes Zeichen des Klartextes mittels Substitution durch ein oder mehrere andere Zeichen ersetzt. Anschließend wird zusätzlich durch Vertauschung verschlüsselt. Komplexe Verschlüsselungsmethoden wenden mehrere Substitutionen und Vertauschungen an.

```
        A B C D E F G H I J K L M N O P Q R S T U V W X Y Z
   I    I J K L M N O P Q R S T U V W X Y Z A B C D E F G H
   B    B C D E F G H I J K L M N O P Q R S T U V W X Y Z A
   M    M N O P Q R S T U V W X Y Z A B C D E F G H I J K L

        Klartext               C R Y P T O G R A M
        Schlüssel              I B M I B M I B M I
        Verschlüsselter Text   K S K X U A O S M U
```

Abbildung Kryptographische Methode

Kryptologie
cryptology
Wissenschaftsdisziplin
Die Lehre des Erstellens von Geheimbotschaften, insbesondere der dafür verwendeten >Methoden (Kryptographie), und die Lehre von der (unbefugten) Entschlüsselung (>Kryptoanalyse). Zur Kryptographie siehe: >DES-Algorithmus, >Integriertes Verschlüsselungssystem, >Kryptographische Methode, >Offenes Verschlüsselungssystem, >RSA, >Schlüssel, >Verschlüsselungssystem.

KSS >Kommunikations-Subsystem

Kugelkopfdrucker >Mechanisches Druckwerk

Kundendienst-Informationssystem
>Vertriebs-Informationssystem

Künstliche Intelligenz
artificial intelligence
Wissenschaftsdisziplin
Eine Teildisziplin der >Informatik (abgekürzt: KI), die so unterschiedliche Problembereiche wie >Bildverarbeitung, >Robotik, Fließtext- und >Spracherkennung, mechanisches Beweisen und anderes umfaßt und auch die Konstruktion von >Expertensystemen einschließt. Die Gemeinsamkeiten dieser unterschiedlichen Problembereiche ergeben sich aus den verwendeten >Methoden und >Werkzeugen, insbesondere der mathematischen Logik, der >Mustererkennung und der Suchheuristiken (>Heuristik). Zwei Strömungen haben zur Entwicklung von KI beigetragen:

Kunstsprache

- Die symbolische Informationsverarbeitung, die ihre Wurzeln in der mathematischen Logik, der Theorie der Berechenbarkeit und der theoretischen Linguistik hat.
- Die Disziplinen, welche sich mit den kognitiven Fähigkeiten (>kognitiv) des Menschen befassen, also die Semantik (>Semiotik), die Linguistik, die >Psychologie und die Neurologie. Siehe auch: >Kognitionswissenschaft.

Bezüglich der zu lösenden Aufgaben besteht der Unterschied zwischen der >Datenverarbeitung und der KI darin, daß sich die KI mit "diffusen", nur schwach strukturierbaren Aufgaben befaßt (>Strukturierbarkeit), die nicht durch eindeutige Lösungen erfaßt werden können, oder deren Zustandsraum so groß ist, daß selbst mit schnellen Rechnern keine algorithmische Lösung (>Algorithmus) gefunden werden kann.

Kunstsprache >Programmiersprache

Kurvenleser
curve follower
Eingabetechnik
Ein >Eingabegerät zum Umsetzen von Kurven oder Einzelpunkten in >Signale (vgl. DIN 44300).

Kurzwahl
abbreviated dialling
Netzwerktechnik
Wahl verkürzter Rufnummern zum Ansteuern einer begrenzten Anzahl von häufig verlangten Zielen. Siehe auch: >Direktruf.

Kybernetik
cybernetics
Wissenschaftsdisziplin
Eine Interdisziplin, die sich mit der Beschreibung und Erklärung von dynamischen (kybernetischen) Systemen (>Dynamisches System) auf den Gebieten der Technik, Biologie, >Betriebswirtschaftslehre, >Soziologie u.a. beschäftigt, deren gemeinsames Kennzeichen insbesondere das Prinzip der >Regelung und >Steuerung durch Aufnahme, Verarbeitung und Übertragung von >Information ist. Der Begriff wurde 1947 von N. Wiener geprägt.

Kybernetisches Prinzip
cybernetic principle
Systemtechnik
Die systematische Anwendung der Grundsätze der >Regelung und >Steuerung als spezifische Formen des Verhaltens eines >Systems zur Erreichung des Systemgleichgewichts.

L

Labilität >Elastizität

Laborexperiment >Experiment

Ladefähiges Programm >Binder

Lader
loader
Programmiersystem
Ein >Programm des >Betriebssystems, das lauffähige Programme (>Binder) in den >Hauptspeicher transportiert.

LAN
LAN
Netzwerktechnik
Ein lokales Netzwerk (Local Area Network) ist im Unterschied zu einem >Fernnetz durch spezielle Computer realisiert, die Datenpakete (>Paket) über mehrfach genutzte >Leitungen vermitteln. Es beruht meist auf eher passiven Höchstgeschwindigkeitsmedien (z.B. >Koaxialkabel, >Lichtwellenleiter), welche die >Teilnehmer als "Datensammelschiene" miteinander verbinden. Für die >Datenübertragung werden zwei grundsätzlich unterschiedliche Verfahren angewendet.
- Beim CSMA/CD-Verfahren kann ein sendebereiter >Teilnehmer jederzeit auf die "Datensammelschiene" zugreifen (multiple access). Der Teilnehmer "lauscht" (carrier sense), ob schon ein anderer Teilnehmer die Datensammelschiene benutzt. Da trotz Beachtung dieser Regel mehrere Teilnehmer zum gleichen Zeitpunkt mit dem Senden beginnen könnten, hört jede >Datenstation beim Senden die eigenen >Daten ab und prüft, ob diese durch Überlastung von Daten anderer Stationen verstümmelt werden (collision detection).
- Beim Token-Verfahren (>Token) reisen auf der Datensammelschiene eine oder mehrere elektronische Berechtigungen. Eine Datenstation darf dann senden, wenn sie im Besitz einer solchen Berechtigung ist. In diesem Fall sendet sie die Berechtigung und Daten zum Empfänger. Dieser entnimmt die Daten und kann die Berechtigung selbst nutzen oder sie weiter schicken.

Laserdrucker >Nicht-mechanisches Druckwerk

Lastverbund
load sharing
Transporttechnik/Verarbeitungstechnik
Ein >Verbund, dessen Hauptmotivation die Verringerung der Wartezeiten durch Verteilung der >Arbeitslast auf mehrere >Datenverarbeitungssysteme oder Installationen ist.

Latenzzeit
latency
Speichertechnik
Bei einer >Funktionseinheit die Zeitspanne zwischen dem Zeitpunkt, an dem ihr der >Auftrag erteilt wird, bestimmte

Laufzeit

>Daten abzugeben und anzunehmen, und dem Zeitpunkt, an dem die Abgabe bzw. Annahme dieser Daten beginnt. Siehe: >Magnetplattenstapel.

Laufzeit
run time
Benutzersystem
Die Zeit, die ein >Programm von seinem Start bis zur Beendigung benötigt. Dabei unterscheidet man die CPU-Zeit und die >Durchlaufzeit. Die CPU-Zeit ist jene Zeit, in der das Programm die >Zentraleinheit belegt. Die Durchlaufzeit ist jene Zeit, die das Programm auf allen Stationen seiner Bearbeitung vom Anfangs- bis zum Endzeitpunkt benötigt.

Layer >ISO-Schichtenmodell

Lebenszyklusmanagement
life cycle management
Anwendungssystemmanagement
Das bewußte Leitungshandeln des Informationsmanagement (>Grundlagen Informationsmanagement), das für jedes >Anwendungssystem "Marktperioden" festlegt und danach insbesondere deren >Wartung sowie die Planung neuer Anwendungssysteme steuert.

Leerzeichen
blank character
Darstellungstechnik
Ein >Zeichen mit der Eigenschaft, als >Schriftzeichen keine bildhafte Gestalt zu haben (vgl. DIN 44300). Der Zwischenraum kann aus Leerzeichen gebildet werden.

Lehr- und Forschungseinrichtung
teaching and research institution
Dienstleistungsmarkt
Eine Zusammenstellung der universitären und universitätsnahen Lehr- und Forschungseinrichtungen, deren Arbeitsschwerpunkt die >Wirtschaftsinformatik ist, findet sich im Anhang "Lehr- und Forschungseinrichtungen".

Leistung
performance
Allgemeine Grundlagen
Eine Aussage über die Fähigkeit eines >Techniksystems in quantitativer oder qualitativer Hinsicht, eine bestimmte Aufgabe im >Informations- und Kommunikationsprozeß zu bewältigen. Eine erste Orientierung bezüglich der Leistungen eines Techniksystems kann durch seine Einordnung in >Techniktypen erfolgen. Für eine Gestaltung der >Grundkonzeption in der >Vorstudie reicht diese Orientierung jedoch nicht aus. Eine Präzisierung erfolgt zunächst durch die >Technikanalyse sowie später in der >Grobprojektierung durch die Bestimmung des >Technikbedarfs und die Bewertung der einzelnen Technikkomponenten. Kernproblem bei der Erhebung der Leistungen ist der schnelle Wandel im Technikangebot und die Tatsache, daß der >Systemplaner in der Regel einen nur unvollständigen Überblick über dieses Technikangebot hat.

Hilfreich wären allgemein zugängliche Datenbasen (>Datenbasis). Eine systematische Gliederung der Leistungen kann zunächst nach den Techniktypen erfolgen, also z.B. Leistungen bezüglich der Dateneingabe, der Texteingabe, der Bildeingabe, der Spracheingabe, der Datenbearbeitung, der Textbearbeitung usw. (siehe dazu das Einordnungsschema bei >Techniktyp). Eine weitere Differenzierung kann nach verschiedenen, quantitativ oder qualitativ beschreibbaren Fähigkeiten erfolgen (wie z.B. innerhalb der Dateneingabe nach der Art des Eingabemediums, der Anzahl Zeichen/Zeiteinheit, der gerätebedingten Fehlerhäufigkeit). Siehe auch: >Kapazität.

Leistungsanalyse
performance analysis
Erhebungsmethode/Analysemethode
Die Bestimmung der >Leistung eines >Systems (z.B. eines >Techniksystems) aufgrund theoretischer >Modelle oder empirischer >Leistungsmessung. Theoretische Modelle sind z.B. analytische Untersuchungen mit Hilfe der Warteschlangentheorie oder Simulationstechniken (>Simulation). Ihr Vorteil besteht u.a. darin, daß sie bereits in der Entwurfsphase verwendet werden können und eine einfache Änderung der >Parameter erlauben. Bei großen und detaillierten Modellen stößt man jedoch schnell an die Grenzen der Handhabung. Existiert das System bereits, dann sind im allgemeinen empirische Leistungsmessungen zweckmäßiger. Auf welche >Leistungsmerkmale sich die Leistungsanalyse bezieht, hängt in erster Linie von der Art des zu untersuchenden Systems ab. So können in einem Rechnernetz (>Verbund) z.B. folgende Größen untersucht werden: >Antwortzeit, Verzögerung einer >Nachricht/ eines >Pakets in einem >Knotenrechner, Anzahl der Verfälschungen/Verluste, Verhältnis von Kontroll- zu Nutzdatenpaketen, Leitungs-, Knotenrechner- und Pufferauslastungen, Netz- und Knotenrechner-Durchsatz (>Durchsatzzeit).

Leistungsanforderung >Anforderung

Leistungsbereitschaft
performability
Allgemeine Grundlagen
Ein Kunstwort aus "performance" (>Leistung) und "reliability" (>Zuverlässigkeit), erstmals verwendet von J. F. Meyer und definiert als die Wahrscheinlichkeit, daß ein >System auf einem bestimmten Leistungsniveau arbeitet. Andere Maße sind (nach Beaudry bzw. nach Huslende):
- Computation Reliability $R(t,T)$: Die Wahrscheinlichkeit, daß ein System, beginnend im Zeitpunkt t, einen >Auftrag der Länge T, gemessen in der Anzahl der auszuführenden >Operationen, korrekt ausführen kann.
- Mean Computation Before Failure (MCBF): Die Anzahl der Zentralprozessor-Operationen (>Zentraleinheit, >Prozessor) bis zum Ausfall.
- Computation Availability $a(t)$: Erwartungswert der Verarbeitungsleistung im Zeitpunkt t.
- Performance Reliability $R(x,t)$: Wahrscheinlichkeit, daß eine vorgegebene >Leistung bis zum Zeitpunkt t den Wert x nicht unterschreitet.

Leistungserstellung

- Performance Availability A(x,t): Wahrscheinlichkeit, daß eine vorgegebene Leistung zum Zeitpunkt t größer als x ist. Die Beispiele zeigen die gegenwärtig bestehende Unsicherheit über ein allgemein akzeptiertes Maß für die Leistungsbereitschaft als Ausdruck der bestehenden Forschungsdefizite. Da den Wirtschaftsinformatiker letztlich die Leistungsbereitschaft eines >Informations- und Kommunikationssystems in seiner Gesamtheit interessiert, ist die bisherige Ausrichtung auf die Informationstechnik unbefriedigend.

Leistungserstellung >Produktion

Leistungsmerkmal
performance attribute
Grundlagen Systemplanung
Eine quantitative oder qualitative Aussage über eine bestimmte Fähigkeit eines >Techniksystems.

Leistungsmessung
performance measurement
Erhebungsmethode
Der Vorgang der Datenermittlung (>Meßwert) für eines oder mehrere >Meßziele und aus diesen abgebildete Meßgrößen (>Meßgröße für Leistung) unter Anwendung einer systematischen Vorgehensweise der Datenermittlung (>Meßmethode). Siehe z.B.: >Benchmarking.

Leistungsmotivation
achievement motivation
Verhalten
Das Bestreben, die eigene Tüchtigkeit in allen jenen >Tätigkeiten zu steigern oder möglichst hoch zu halten, in denen man einen Gütemaßstab für verbindlich hält und deren Ausführung deshalb gelingen oder mißlingen kann (Heckhausen).

Leistungsprofil
performance specification
Darstellungsmethode
Ergebnis der >Technikanalyse, das die erhobenen, beschriebenen, auf formale und sachliche Unzulänglichkeiten überprüften und für den Entwurf der >Grundkonzeption freigegebenen Aussagen über die Eigenschaften von >Techniksystemen in quantitativer und qualitativer Hinsicht enthält.

Leistungssynthese >Methode der Leistungsmessung

Leistungstest
performance test
Testmethode
Ein Test im Rahmen des >Abnahmetests, der in der Regel unmittelbar nach dem >Funktionstest durchgeführt wird und nachweisen soll, daß das Produkt bezüglich der >Leistung die zugesicherten Eigenschaften dauerhaft über einen bestimmten Zeitraum hinweg erfüllt (z.B. eine zugesicherte >Verfügbarkeit).

Leistungsverbund >Verteiltes Datenverarbeitungssystem,
>Lastverbund

Leistungsverwertung >Absatz - Marketing

Leitung
line
Netzwerktechnik
Generelle Bezeichnung für >Datenübertragungswege. Siehe auch: >Lichtwellenleiter, >Koaxialkabel.

Leitungsausnutzung
line efficiency
Transporttechnik
Verhältnis der übertragenen >Daten zum gesamten, auf einer >Leitung technisch möglichen Datenstrom.

Leitungsvermittlung
circuit switching
Netzwerktechnik
Das Herstellen einer durchgeschalteten physikalischen >Verbindung zwischen zwei >Teilnehmern zum Austausch von >Daten.

Leitungsverschlüsselung >Integriertes Verschlüsselungssystem

Leitwerk
control unit
Grundlagen Technik
Eine >Funktionseinheit innerhalb eines >Digitalrechners, welche die Reihenfolge steuert, in der die >Befehle eines >Programms ausgeführt werden, diese Befehle entschlüsselt und dabei gegebenfalls modifiziert und die für die Ausführung erforderlichen, digitalen >Signale abgibt.

Lenkungsausschuß
steering committee
Infrastruktur
Ein Gremium, bestehend aus Mitgliedern der Unternehmensleitung, den Leitern der Fachabteilungen und Werke sowie dem Leiter der >Abteilung Informations- und Kommunikationssysteme, das über >Projekte der Entwicklung von >Anwendungssystemen berät und Prioritäten festlegt.

Lernprogramm
teachware
Qualifikation/Lernprogramm
Ein >Programm, das der pädagogisch zweckmäßigen Vermittlung von Lerninhalten dient und den Regeln des programmierten Unterrichts (>Programmierter Unterricht) entspricht. Es soll selbstbestimmtes, differenziertes und individualisiertes Lernen ermöglichen. Man unterscheidet nach Inhalt und Struktur folgende Typen:
- Tutorielle Programme vermitteln neue Lerninhalte und bieten Übungsmöglichkeiten und Lösungsüberprüfungen durch Tests (z.B. Lernprogramme zur Einübung der Handhabung der >Hardware).

Lesbarkeit

- Trainingsprogramme beschränken sich auf die Überprüfung bereits vorhandenen >Wissens (z.B. Vokabel-Trainingsprogramme).
- Simulationsprogramme versuchen, reale Abläufe (z.B. einen >Arbeitsablauf) nachzubilden. Siehe auch: >Simulation.

Ein Lernprogramm sollte folgende Anforderungen erfüllen: Benutzerfreundliche Handhabung (>Benutzerfreundlichkeit); Eindeutigkeit der Lerninhalte und strukturierte Vermittlung nach pädagogischen Grundsätzen; Berücksichtigung der Möglichkeit zur Selbstkontrolle des Lernenden durch Tests mit Lösungsangabe.

Lesbarkeit
readability
Benutzersystem/Datensystem
Die Beschaffenheit eines >Belegs bezüglich der Druckfarbe und der Untergrundfarbe im Hinblick auf seine Eigenschaft, vom >Benutzer leicht, schlecht, schwer oder nicht gelesen werden zu können. Nach Le Courier werden dreizehn "Grade der Lesbarkeit" unterschieden, wobei Grad 1 die höchste und Grad 13 die geringste Lesbarkeit angibt. Dies zeigt im einzelnen die Abbildung.

Grad der Lesbarkeit	Druckfarbe	Untergrundfarbe
1	schwarz	gelb
2	grün	weiß
3	rot	weiß
4	blau	weiß
5	weiß	blau
6	schwarz	weiß
7	gelb	schwarz
8	weiß	rot
9	weiß	grün
10	weiß	schwarz
11	rot	gelb
12	grün	rot
13	rot	grün

Abbildung Lesbarkeit

Lese-/Schreibspeicher >Speicher

Lesekopf >Magnetkopf

Leuchtstift >Lichtstift

Lichtgriffel >Lichtstift

Lichtstift
light pen
Eingabetechnik
Einrichtung an einer Datensichtstation (>Bildschirm), welche die unmittelbare Eingabe von >Daten, besonders aber die >Steuerung von >Programmen über den Bildschirm ermöglicht.

Mit ihm können spezielle Stellen des Bildschirms bzw. mit >Strichcode versehene >Urbelege berührt werden. Dies bewirkt die Auslösung von programmierten >Funktionen. Der Vorteil des Lichtstifts besteht darin, daß sich der >Benutzer voll auf den Bildschirminhalt konzentrieren kann und weniger Bedienungsvorgänge über die >Tastatur auslösen muß. Technisch arbeitet der Lichtstift mit einem Lichtstrahl, der in lichtempfindliche Bereiche gebracht wird. Der Lichtstift ist ein bleistiftähnliches Instrument, das über Kabel mit der Datensichtstation verbunden ist.

Lichtwellenleiter
optical waveguide
Netzwerktechnik
Medium zum Übertragen von Lichtwellen. Die Technik der Lichtwellenleitung wird als fiber optics bezeichnet. Ein Lichtwellenleiter besteht aus lichtleitendem Material (z.B. Quarzglas) in Form einer Einzelfaser (optical fiber) oder eines Faserbündels; eine Lichtwellenleitung wird durch ein Bündel von mehreren hundert Fasern gebildet, das weniger als 1 mm dick ist. Besonders nützlich sind Lichtwellenleiter dort, wo elektrische >Signale in metallischen Leitern durch Magnetfelder gestört werden können oder wo >Daten zwischen zwei >Datenendeinrichtungen mit hoher Geschwindigkeit übertragen werden müssen. Lichtwellenleiter sind weitgehend abhörsicher. Siehe auch: >Optischer Computer.

Lieferservice
distribution service
Logistik
Zusammenfassende Bezeichnung für die logistischen Leistungen Lieferzeit, Lieferzuverlässigkeit, Lieferbeschaffenheit und Lieferflexibilität.
- Lieferzeit ist die Zeitspanne zwischen der Auftragserteilung durch den Empfangspunkt bis zur Verfügbarkeit des Gutes am Empfangspunkt.
- Lieferzuverlässigkeit ist die Wahrscheinlichkeit, mit der eine definierte Lieferzeit eingehalten werden kann.
- Lieferbeschaffenheit (Liefergenauigkeit und Zustand der Lieferung) beschreibt das Ausmaß der Beanstandungen einer Lieferung durch den Empfangspunkt.
- Lieferflexibilität beschreibt die Anpassungsfähigkeit des Lieferpunkts an die Bedürfnisse des Emfangspunkts bezüglich der Auftrags- und Liefermodalitäten (z.B. Auftragsgröße und Abnahmemenge).

Limitierungskriterium
limited goal
Grundlagen Systemplanung
Ein >Zielkriterium, das hinsichtlich des Ausmaßes der Zielerreichung begrenzt formuliert ist (z.B. eine bestimmte >Leistung oder eine bestimmte Höhe der >Kosten).

Lineares Ablaufdiagramm >Ablaufdiagramm

Lines of Code >LoC

Linguistik >Dokumentverarbeitung, >Linguistische Datenverarbeitung

Linguistische Datenverarbeitung
linguistic data processing
Wissenschaftsdisziplin
Die Linguistik als ein Teilgebiet der Sprachwissenschaft befaßt sich mit der >Sprache in synchroner und struktureller Sicht. Der Zweig der Linguistik, der sich mit der Anwendung der >Datenverarbeitung in der Linguistik beschäftigt (z.B. mit dem >Testen von Grammatikmodellen) wird als Linguistische Datenverarbeitung bezeichnet. In einem zweiten Sinne wird darunter die Anwendung der Datenverarbeitung verstanden, die sich linguistischer Erklärungen und Verfahren bei der >Sprachverarbeitung bedient. Siehe auch: >Dokumentverarbeitung.

Liqiditätsfrühwarnung >Frühwarnsystem

LISP
LISP
Programmiersystem
List Processing ist eine für spezielle Aufgaben (im Gegensatz z.B. von >PL/1) geschaffene >Programmiersprache. LISP ist durch drei Konzepte gekennzeichnet: Die besonderen Möglichkeiten der >Listenverarbeitung; die Unterschiedlichkeit des >Kontrollflusses innerhalb des >Programms; die Möglichkeit, LISP-Programme als LISP-Datenstrukturen (>Datenstruktur) darzustellen. Siehe auch: >Deklarative Sprache, >Funktionale Programmierung.

Listenverarbeitung
list processing
Programmiersystem
Eine Technik der Datenmanipulation, die durch folgendes gekennzeichnet ist: Die interne Struktur und die Beschreibung der >Daten variiert während der Programmdurchführung; die Datenfelder (>Datensatz) können sehr flexibel verarbeitet werden. Derartige Techniken ermöglichen eine Speicheroptimierung. Beispielsweise ist die Mächtigkeit der Programmiersprachen >FORTRAN und >ALGOL in bezug auf die Listenverarbeitung äußerst gering; die Elemente eines Datenfeldes haben dieselbe Struktur und Beschreibung. Während der Programmausführung kann die Anzahl der Elemente nicht variabel gehalten werden. Anders hingegen ist dies bei Programmiersprachen wie >LISP und >SNOBOL, die für die Listenverarbeitung eine hervorragende Eignung besitzen.

LoC
LoC
Programmiersystem
Lines of Code; eine >Meßgröße zur Bestimmung der Größe eines >Programms. Bei höheren Programmiersprachen (>Höhere Programmiersprache) ist eine Zeile >Code eine Vereinbarungs- und Anweisungszeile (>Anweisung) ohne Kommentare; bei Assemblersprachen (>Assemblierer) entspricht eine Zeile einer Anweisung oder einer Datendefinition.

Log-Datei >Ereignisaufzeichnung

Logische Bombe
logic bomb
Informationsrecht/Katastrophenmanagement
Die in einem >Programm einfügten >Befehle, die - abhängig von einem bestimmten Zeitpunkt oder >Ereignis - eine Zerstörung des Programms und/oder von >Daten auslösen. Siehe auch: >Computervirus, >Computersabotage.

Logische Datensicherungsmaßnahme >Datensicherungsmaßnahme

Logische Datenstruktur >Datenstruktur

Logisches Datenflußdiagramm
logical data flow diagram
Darstellungsmethode
Ein >Datenflußdiagramm, das ein >System unabhängig von einer bestimmten Form der >Implementierung, also frei von physischen Attributen (>Physisches Attribut), wie z.B. Namen von Personen, Stellen, Abteilungen oder von >Sachmitteln, darstellt. Im Gegensatz dazu: >Physisches Datenflußdiagramm.

Logische Datensicht >Drei-Schema-Konzept

Logische Datenunabhängigkeit >Datenunabhängigkeit

Logische Ebene >Drei-Schema-Konzept

Logischer Satz >Datensatz

Logisches Datenmodell
logical data model
Datensystem
Ein >Datenmodell, das ein exaktes, widerspruchs- und redundanzfreies Abbild der von der >Anwendungsaufgabe benötigten >Daten einschließlich der zwischen ihnen bestehenden Beziehungen (>Datenbeziehung) darstellt. Zur methodischen Unterstützung des Modellentwurfs werden verschiedene Ansätze vorgeschlagen (>Datenmodellentwurf). Siehe auch: >Drei-Schema-Konzept.

Logisches Löschen >Löschungsrecht

Logisches Modell
logical model
Methodik Systemplanung
Eine Systemabbildung, die vollständig von einer bestimmten Form der >Implementierung abstrahiert, die also kein physisches Attribut (>Physisches Attribut) enthält. Im Unterschied dazu: >Physisches Modell. Bei der >Systemanalyse erhebt man in der Regel zunächst physische Modelle, die man dann ihrer physischen Attribute sukzessive entkleidet. Das logische Modell des >Istzustands führt man dann bei der >Systementwicklung zunächst in ein logisches Modell des >Sollzustands über, das man dann sukzessive mit physischen Attributen belegt.

Logisches Testen >Testen

Logische Wissensrepräsentation >Wissensrepräsentation

Logische Validität >Inhaltliche Validität

Logistik-Informationssystem
logistics information system
Logistik
Ein >Informations- und Kommunikationssystem, das zur Unterstützung logistischer Aufgaben dient. Seine Bedeutung ist auf die Tatsache zurückzuführen, daß das >Ziel der Logistik, ein geschlossenes >System des gesamten >Material- und Warenflusses einer >Organisation einschließlich seiner Beziehungen zu den Lieferanten und Kunden zu entwickeln, ohne Einbeziehung von >Information und >Kommunikation nicht zu erreichen ist. Entsprechend dem Charakter der Logistik als Querschnittsfunktion umfaßt ein Logistik-Informationssystem die Aufgaben traditioneller >Teilsysteme wie der *>Beschaffung*, der *>Produktion*, und des Vertriebs *(>Absatz - Marketing)*.

Logistikdenken
logistics philosophy
Logistik
Eine Denkweise, welche die besondere Betrachtung der Aufgaben des >Material- und Warenflusses zum Ausdruck bringt und die im einzelnen gekennzeichnet ist durch Systemdenken *(>Systemtechnik)*, Gesamtkostendenken, Servicedenken (>Lieferservice) und Effizienzdenken (>Effizienz). Nach H.-Ch. Pfohl sind die Konsequenzen des Logistikdenkens:
- Funktionelle Konsequenzen, die dazu führen, die Logistik als eine betriebliche Querschnittsfunktion sowie im Forschungs- und Lehrbereich als eine besondere, funktionale >Betriebswirtschaftslehre zu sehen.
- Instrumentelle Konsequenzen beziehen sich auf den Einsatz der >Techniksysteme zur Unterstützung des Material- und Warenflusses sowie entsprechender *>Datensysteme* und *>Methodensysteme*.
- Institutionelle Konsequenzen beziehen sich auf strukturorganisatorische Veränderungen in den Unternehmen, insbesondere darauf, die vielfach bestehende Fragmentierung logistischer Aufgaben zu reduzieren.

Logistiksystem
logistics system
Logistik
Ein >System zur raum-zeitlichen Gütertransformation (>Material- und Warenfluß) zwischen Lieferpunkten (Orte der Güterbereitstellung) und Empfangspunkten (Orte der Güterverwendung). Kennzeichnend für ein Logistiksystem ist der integrierte Ablauf von Bewegungs- und Lagerprozessen (>Integration). Neben dem physischen Güterfluß ist der auf diesen abgestimmte Informationsfluß (>Informations- und Kommunikationsprozeß) Gegenstand eines Logistiksystems. In einem einstufigen Logistiksystem erfolgt die Raum- und Zeitüberbrückung direkt zwischen Liefer- und Empfangspunkt. In einem mehrstufigen Logistiksystem erfolgt sie indirekt,

indem Auflöse- und/oder Konzentrationspunkte eingeordnet sind.

LOGO
LOGO
Programmiersystem
Eine einfache >Programmiersprache, mit deren Hilfe die wesentlichen Konzepte der Programmierung mit minimalem Ballast an syntaktischen und systemspezifischen Detailkenntnissen erlernbar sind.

Logogramm
logogram
Darstellungstechnik
Das >Zeichen einer Bildschrift (>Bild), das ein Wort oder einen Begriff darstellt. Siehe auch: >Piktogramm.

Lohn- und Gehaltsverrechnung
wage and salary administration
Finanz- und Rechnungswesen
Ein >Anwendungssystem mit folgendem >Funktionsumfang: Pflege der Personalstammdaten (>Stammdatenpflege), Bruttoabrechnung, Nettoabrechnung, >Rollung, Einzelabrechnung, Akontoabrechnung, Monatsauswertung, Jahresauswertung sowie Kosten- und Buchungsauswertung.

Lokales Netzwerk >LAN

Löschendes Lesen
destructive readout
Speichertechnik
Lesevorgang, der den Verlust der gespeicherten >Daten in der gelesenen Speicherzone bewirkt (vgl. DIN 44476).

Löschungsrecht
cancellation privilege
Informationsrecht
Jeder Betroffene (>Betroffener) hat ein Recht auf Löschung von Daten (>Personenbezogene Daten), deren Speicherung unzulässig war (siehe für die Bundesrepublik Deutschland § 4 Abs. 4, vgl. weiter § 14 Abs. 3, § 27 Abs. 3 und § 35 Abs. 3 >BDSG; siehe für Österreich § 1 Abs. 4 (Verfassungsbestimmung), vgl. weiter §§ 12 und 26 >DSG). Löschen ist definiert als das Unkenntlichmachen der gespeicherten Daten (siehe § 2 Abs. 2 Z. 4 BDSG). Das DSG verlangt zusätzlich die Unmöglichkeit der Rekonstruktion (siehe § 3 Z. 9 DSG). Es ist daher in Österreich strittig, ob das Löschen im Inhaltsverzeichnis bzw. der Verkettung ("logisches Löschen") ausreicht, oder ob die zu löschenden Daten physisch überschrieben werden müssen ("physisches Löschen"). Siehe auch: >Sperrecht.

LOTOS
LOTOS
Programmiersystem
Language of Temporal Ordering Specification ist eine formale Spezifikationsmethode, die in den Jahren 1981 bis 1984 von der ISO entwickelt wurde. Die dieser formalen Spezifika-

LSI

tionsmethode (Formal Description Technique = FDT) zugrunde liegende Idee ist, ein >System allein dadurch zu beschreiben, daß die von außen sichtbaren >Ereignisse und ihre zeitliche Reihenfolge dargestellt werden.

LSI = Large Scale Integration >Integrierte Schaltung

M

Machbarkeitsstudie >Durchführbarkeitstudie

Magnetband
magnetic tape
Speichertechnik
Ein >Datenträger in Form eines Bandes, bei dem eine oder mehrere magnetisierbare Schichten auf einem Träger aufgebracht sind und bei dem die >Daten durch Magnetisierung aufgezeichnet werden (vgl. DIN 66010).

Magnetband-Clearing-Verfahren >Bankautomation,
>Zwischenbetriebliche Integration

Magnetbandlaufwerk >Magnetbandspeicher

Magnetbandspeicher
magnetic tape unit
Speichertechnik
Ein Magnetbandlaufwerk (jener Teil des Magnetbandgerätes, der zum Bewegen und Führen des >Magnetbandes dient) mit Magnetköpfen (>Magnetkopf) und mit der zugehörigen elektrischen Ausrüstung.

Magnetblasenspeicher >Blasenspeicher

Magnetkarte
magnetic card
Eingabetechnik/Ausgabetechnik
Ein >Datenträger in Form einer Scheckkarte, mit magnetisierbarer Schicht. Er dient der Identifikation (>Identifizieren) bei der Benutzung von >Bankautomaten, der Identifikation bei der Zugangskontrolle in gesicherte Objekte sowie der Identifikation bei der Benutzung gesicherter >Funktionseinheiten. Siehe auch: >Chipkarte.

Magnetkopf
magnetic head
Grundlagen Technik
Dient beim >Magnetschichtspeicher als Schreib-Lese-Kopf zur Umwandlung elektronischer >Signale in definierte Zustände des magnetischen Speichermaterials (Schreibkopf) sowie zum Umwandeln der auf diese Weise im Speichermaterial entstandenen magnetischen Aufzeichnungen in elektrische Signale (Lesekopf).

Magnetplatte
magnetic disc
Speichertechnik
Ein scheibenförmiger >Magnetschichtspeicher, der als Speichermedium im >Magnetplattenspeicher verwendet wird. Ausführungsformen sind:
- Starre Magnetplatte (rigid disc). Sie wird in Magnetplattenspeichern großer >Kapazität und hoher Geschwindigkeit verwendet. Starre Magnetplatten werden häufig zu >Magnetplattenstapeln zusammengefaßt.

Magnetplattenspeicher

- Flexible Magnetplatte, meist >Diskette genannt.

Magnetplattenspeicher
magnetic disc storage
Speichertechnik
Ein >Magnetschichtspeicher, dessen Speichermedium eine oder mehrere >Magnetplatten sind. Man unterscheidet: >Festplattenspeicher, >Wechselplattenspeicher, >Winchester Plattenspeicher. Mehrere Magnetplattenspeicher werden über die >Funktionseinheit der Magnetplattensteuerung an die >Zentraleinheit angeschlossen. Sie enthält die gesamte Steuer- und Kontrollelektronik, die wegen des hohen Aufwands nicht in jedem Magnetplattenspeicher eingebaut wird.

Magnetplattenstapel
magnetic disc pack
Speichertechnik
Ein Speichermedium für >Magnetplattenspeicher. Es sind mehrere >Magnetplatten zu einem Plattenstapel zusammengefaßt. Die Rotationsachse liegt meist vertikal. Die Flächen der Magnetplatten sind in konzentrische >Spuren eingeteilt. Jeder Plattenseite sind ein oder mehrere Magnetköpfe (>Magnetkopf) zugeordnet, die sich so bewegen lassen, daß jeder auf eine größere Anzahl von Spuren schreiben oder von ihnen lesen kann. Damit bei geringfügiger Störung der Plattenoberfläche nicht der ganze Stapel erneuert werden muß, verfügt jeder Stapel über Ersatzspuren. Im Störungsfall wird in die fehlerhafte Spur nur die >Adresse der Ersatzspur geschrieben. Die automatische Berücksichtigung dieser Ersatzspuren geschieht durch das >Betriebssystem. Die >Zugriffszeit zu den >Daten ist in zweifacher Hinsicht variabel. Einerseits muß der Magnetkopf auf die gewünschte Spur gebracht werden, während andererseits durch die Magnetplattendrehung die gewünschte Stelle auf der Spur erreicht wird. Zur Optimierung der Zugriffszeit faßt man die übereinander liegenden Spuren sämtlicher Plattenseiten eines Stapels als >Zylinder auf und speichert die Daten zylinderweise. Diese Organisationsform ist möglich, weil die Magnetköpfe sämtlicher Magnetplattenseiten starr miteinander verbunden sind und als eine Art Kamm gleichzeitig zwischen die Magnetplatten schwenken. Sämtliche Magnetköpfe eines Magnetplattenspeichers befinden sich also stets unter bzw. über den gleichen Spuren der verschiedenen Seiten der Magnetplatten, d.h. sie befinden sich alle auf dem gleichen Zylinder.

Magnetschichtspeicher
magnetic layer storage
Speichertechnik
Sämtliche >Speicher, die nach dem Prinzip der bewegten Magnetschicht arbeiten. Die zu speichernden >Daten werden auf einem magnetisierbaren Material aufgezeichnet, das sich gegenüber einem feststehenden >Magnetkopf in Bewegung befindet. Beim Lesen wird durch den Magnetkopf die vorbeilaufende Schicht abgetastet und in den >Hauptspeicher übertragen. Siehe auch: >Magnetbandspeicher, >Magnetplattenspeicher, >Diskette.

Magnetschriftleser >Belegleser

Mailbox >Electronic Mail

Makro >Makrobefehl

Makrobefehl
macro instruction
Programmiersystem
Ein >Befehl, der bei der Übersetzung in das >Objektprogramm durch eine Folge von Befehlen ersetzt wird. Es gibt Programmiersysteme (z.B. >Assembler), die es erlauben, beliebige Folgen von >Anweisungen als einen Makrobefehl ("Makro") mit frei wählbarem Namen zu definieren.

Management-Informationssystem >MIS

Managementlehre
management science
Wissenschaftsdisziplin
Ein Wissenschaftsbereich der >Betriebswirtschaftslehre, dessen Objekt das Leitungshandeln in >Organisationen ist. Die Notwendigkeit zum Leitungshandeln ergibt sich in jeder arbeitsteiligen Organisation (>Arbeitsteilung). Für die >Wirtschaftsinformatik sind die Erkenntnisse der Managementlehre, insbesondere in Bezug auf die Aufgaben der >Informationsfunktion, von Interesse. Die Arbeitsschwerpunkte und Erkenntnisse der Managementlehre sind Management-Technik und Menschenführung. Unter den verschiedenen Denk- und Erklärungsansätzen der Managementlehre ist der systemtheoretisch-kybernetisch orientierte Ansatz für die Wirtschaftsinformatik von besonderem Interesse. Er versucht, die begrifflichen und forschungsmethodischen Instrumente der >Systemtheorie und der >Kybernetik für die Managementlehre nutzbar zu machen.

Managementprinzip
management principle
Grundlagen Informationsmanagement
Meist gebraucht im Sinne von Handlungsgrundsatz, beschreibt ein Managementprinzip eine (meist) aus Erfahrung gewonnene Empfehlung für zweckmäßiges Leitungshandeln (>Managementlehre). Damit fehlt ihm zumeist jeder theoretische Bezug. >Prinzipien für die Gestaltung von >Informations- und Kommunikationssystemen setzen an, den verschiedenen Komponenten derartiger Systeme an wie z.B. bei den Aufgaben (>*Grundlagen Aufgabe)*, den >Aufgabenträgern, den >Aufgabenfunktionen im >Informations- und Kommunikationsprozeß usw. Häufig sind Prinzipien, die Elemente aus mehreren der genannten Kategorien enthalten. Beispiele dafür sind etwa das Prinzip der Verteilung (>Distribuierung), das Prinzip der >Benutzerorientierung, das Prinzip der >Integration. Die Beispiele deuten an, daß derartige Grundsätze meist Lücken wissenschaftlicher Erkenntnisse zu überdecken versuchen.

Mandantensystem
mandant system
Finanz- und Rechnungswesen

Manufacturing Automation Protocol

Die Eigenschaft eines >Anwendungssystems der >Finanzbuchhaltung, mehreren >Organisationen parallel mit unterschiedlichen Kontenkreisen oder mehrere Teile einer Organisation, die hierarchisch gegliedert ist (z.B. in eine Dach- und mehrere Tochtergesellschaften), mit dem gleichen >Anwendungsprogramm verarbeiten zu können; im zweiten Fall kann auch eine konsolidierte Bilanz erstellt werden.

Manufacturing Automation Protocol >MAP

MAP
MAP
Produktion
Ein Standardisierungsvorhaben, das unter dem Projektnamen Manufacturing Automation Protocol insbesondere in der Automobilindustrie läuft und zum Ziel hat, die bestehenden Automatisierungsinseln untereinander zu vernetzen und an übergeordnete Systeme anzubinden. Siehe auch: >CIM.

Mappe >Mapping

Mapping
mapping
Darstellungsmethode
Ein kognitiver (>kognitiv) Vorgang und in gewisser Weise selbst eine Aktion, die auf der systematischen Erstellung einer Menge miteinander abgestimmter Mappen besteht. Mappe ist eine interpretierbare Beschreibung einer Situation, die Aussagen über mögliche Maßnahmen in dieser und in ähnlichen Situationen macht. Beispielsweise wird unterschieden zwischen:
- Diagnose-Mappen (>Diagnose), welche Projektsituationen darstellen, in denen von den Beteiligten Probleme gesehen werden.
- Beziehungs-Mappen, welche die Einbettung der Problemsituation in ihre Umwelt offenlegen.
- Virtuelle Mappen (>virtuell), welche >Szenarios über zukünftige Situationen verdeutlichen, die möglich oder wünschenswert sind.
- Historische Mappen, welche die Projektentwicklung vom Projektstart weg bis zur Gegenwart dokumentieren (>Projekt).

Marketing-Informationssystem
marketing information system
Absatz - Marketing
Häufig als Synonym für ein >Vertriebs-Informationssystem verwendet (auch: Verkaufs-Informationssystem, Kundendienst-Informationssystem), unterstützen derartige Systeme nur operative Aufgaben des Marketing, wie die Erstellung von Verkaufsstatistiken. Ihre Erweiterung in Richtung auf Marketing-Informationssysteme führt über die Einbeziehung der Vertriebserfolgsrechnung und den Außendienst zur Absatzplanung und schließlich zur Unterstützung strategischer Marketing-Entscheidungen. Dies setzt den Aufbau bzw. die Nutzung von Datenbasen (>Datenbasis) mit Marktdaten (z.B. Paneldaten) und Umfelddaten (z.B. Daten amtlicher Statistiken über Produktion, Außenhandel, Zahlungs- und Leistungsbilanz)

voraus. Marktdaten werden durch Marktforschung erhoben; die Weiterentwicklung der Marketing-Informationssysteme ist in diesem Bereich dadurch gekennzeichnet, daß sich die Nutzung der >Datenverarbeitung für die Datenanalyse auf das Vorfeld der Datenerhebung ausdehnt. Kennzeichnend für die Weiterentwicklung ist auch die zunehmende Verwendung von >Methodenbanksystemen im Marketing. Der Einsatz verschiedener Formen der >Telekommunikation ist für die Dynamik auf diesem Gebiet ebenso kennzeichnend, wie der Versuch, >Expertensysteme zur Unterstützung strategischer Marketing-Entscheidungen zu entwickeln.

Markierungsleser >Belegleser

Maschennetz
meshed network
Netzwerktechnik
Ein >Netz, in dem alle >Vermittlungsstellen direkt miteinander verbunden sind (vgl. DIN 44331).

Maschinencode >Maschinensprache

Maschinenorientierte Programmiersprache
computer oriented language
Programmiersystem
Eine >Programmiersprache, deren >Anweisungen die gleiche oder ähnliche Struktur wie die >Befehle einer bestimmten digitalen Rechenanlage (>Digitalrechner) haben (vgl. DIN 44300). Im Unterschied dazu: >Problemorientierte Programmiersprache.

Maschinenprogramm
machine program
Programmiersystem
Ein in einer >Maschinensprache abgefaßtes >Programm (vgl. DIN 44300). Von einem festen Maschinenprogramm spricht man, wenn der >Anlagenbediener das Maschinenprogramm nicht auswechseln kann, im anderen Falle spricht man von einem wechselbaren Maschinenprogramm (vgl. DIN 2140).

Maschinensprache
machine language
Programmiersystem
Eine maschinenorientierte Programmiersprache (>Maschinenorientierte Programmiersprache), die zum Abfassen von Arbeitsvorschriften nur >Befehle zuläßt, und zwar solche, die Befehlswörter eines bestimmten >Digitalrechners sind (vgl. DIN 44300). Sie ist die semantisch niedrigste Ebene der Programmierung einer >Zentraleinheit. Die Maschinensprache kann ohne >Übersetzer bearbeitet werden. Je nach >Datenverarbeitungssystem handelt es sich um eine Codierung (>Code) in Binär- oder Dezimalziffern (Maschinencode).

Maske
mask
Darstellungstechnik
Bei vorgegebener Anordnung von >Zeichen eine gleichartige Anordnung von >Binärzeichen, die als Auswahlmuster dient;

Maskengenerator

>Stelle für Stelle entscheidet das dort stehende Binärzeichen darüber, ob ein an entsprechender Stelle der vorgegebenen Anordnung befindliches Zeichen ausgewählt wird oder nicht. Die Zeichenanordnung kann eindimensional oder mehrdimensional sein (vgl. DIN 44300).

Maskengenerator >Generator

Maskengestaltung
mask design
Benutzersystem
Gegenstand der Maskengestaltung ist die konkrete Anordnung der >Zeichen bzw. Begriffe auf dem >Bildschirm (Bildschirmmaske). Dabei ist eine Gliederung der Bildschirmmaske in Informationsklassen wie folgt zweckmäßig (nach Zwerina et al.):
- Arbeitsinformation: Sie betrifft die eigentliche Aufgabe des >Anwendungsprogramms, z.B. Artikelnummer, Artikelbezeichnung, Menge, Preis, Mehrwertsteuer.
- Maskenkennzeichnung: Sie beschreibt, was gerade am Bildschirm angezeigt wird, z.B. der Name des Anwendungsprogramms oder des arbeitenden >Benutzers, die gewählte >Funktion (Eingabe, Berechnung usw.) und das bearbeitete Objekt (Rechnungsnummer, Projektbezeichnung usw.).
- Steuerinformation: Sie gibt dem Benutzer Hinweise auf die Möglichkeiten der Weiterführung des >Dialogs; dazu zählen z.B. Ausdruckmöglichkeiten, Bezeichnungen der Folgemasken, >Menü wählbarer Funktionen.
- Meldungen: Sie weisen den Benutzer auf außergewöhnliche Systemzustände hin. Darunter fallen Hinweise auf Bedienungsfehler (>Benutzerfehler), Warnmeldungen (z.B. der Externspeicher ist zu x % belegt), Vollzugsmeldungen (z.B. der im Moment laufende Sortiervorgang kann z Minuten in Anspruch nehmen).

Jeder Informationsklasse sollte ein eigener Bildschirmbereich zugeordnet werden, wobei die Anordnung der Klassen im Idealfall dem >Arbeitsablauf entspricht. Die Abbildung zeigt die Zuordnung der Informationsklassen zu Bildschirmbereichen (Quelle: Zwerina et al.).

Maskenkennzeichnung >Maskengestaltung

Massenspeicher >Speicher, >Speicherhierarchie

Matchcode
match code
Programmiersystem/Datensystem
Ein >Programm, das die Übereinstimmung zwischen der >Datenstruktur zweier Datenbestände (>Datenbasis) im Hinblick auf bestimmte Matchregeln überprüft. Im engeren Sinne ist Matchcode der Wert eines >Attributs, den der >Benutzer als Suchbegriff verwendet (z.B. der Wert Linz des Attributs Wohnort), um alle Objekte in der Datenbasis zu identifizieren, die den gleichen Attributewert aufweisen (z.B. alle Kunden, deren Wohnort Linz ist).

Materialbewirtschaftung >Basisanwendung

```
┌─────────────────────────────────────┐
│  ╭───────────────────────────────╮  │
│  │      Maskenkennzeichnung      │  │
│  │         1 bis 3 Zeilen        │  │
│  ├───────────────────────────────┤  │
│  │      Arbeitsinformation       │  │
│  │        16 bis 20 Zeilen       │  │
│  ├───────────────────────────────┤  │
│  │       Steuerinformation       │  │
│  │         1 bis 2 Zeilen        │  │
│  ├───────────────────────────────┤  │
│  │           Meldungen           │  │
│  │         2 bis 3 Zeilen        │  │
│  ╰───────────────────────────────╯  │
└─────────────────────────────────────┘
```

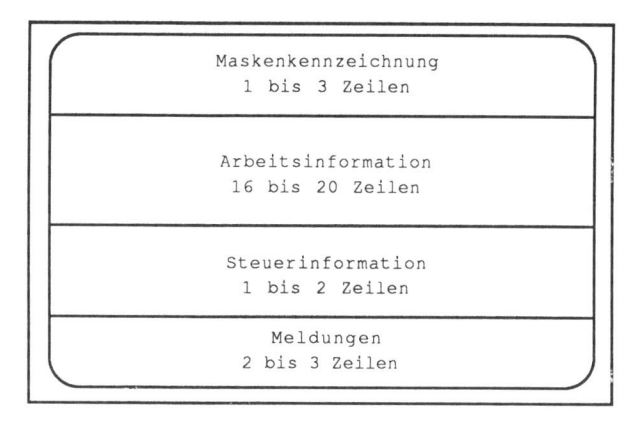

Abbildung Maskengestaltung

Material- und Warenfluß
materials flow
Logistik
Der Fluß von Gütern (Material und Waren) durch ein >Logistiksystem von einem Lieferpunkt (Ort der Güterbereitstellung) zu einem Empfangspunkt (Ort der Güterverwendung). Die Güterbereitstellung erfolgt durch Produktionsprozesse (>Produktion), die Güterverwendung durch Konsumptionsprozesse. In beiden Prozessen werden die Güter qualitativ verändert und letztlich verbraucht. Die Verbindung zwischen Güterbereitstellung und Güterverwendung bilden Transferprozesse (Bewegungs- und Lagerprozesse), in denen Güter raum-zeitlich verändert werden. Voraussetzung für den Güterfluß ist ein auf diesen abgestimmter Informationsfluß (>Informations- und Kommunikationsprozeß). Siehe auch: >Logistik-Informationssystem.

Mathematisches Modell >Modelltyp

Matrix
matrix
Darstellungstechnik
Ein orthogonales, in Zeilen und Spalten strukturiertes Schema. Siehe: >Matrixanalyse.

Matrixanalyse
matrix analysis
Darstellungsmethode/Analysemethode
Verwendet zur formalen Darstellung der Beziehungen zwischen den Elementen von zwei Mengen Matrizen (>Matrix). In den Zeilen stehen die Elemente der Menge A, in den Spalten die Elemente der Menge B. Ihre Beziehungen zueinander werden mit nominalen, ordinalen oder kardinalen Eintragungen abgebildet (>Skalierung). Sie leistet also in erster Linie eine übersichtliche Darstellung von Erhebungs- und Entwurfsergebnissen, welche die Interpretation des Beziehungsgefüges zwischen zwei Mengen erleichtert. Eine weiterführende Form der Matrixanalyse verwendet den Matrizenkalkül zur Verknüpfung

Matrixdruckwerk

von Elementmengen, wie beispielsweise die skalare Matrizenmultiplikation. Die Abbildung zeigt die Grundstruktur einer Matrix für die Matrixanalyse.

Benennung der Matrix	Elemente der Menge A		
	A_1	A_i	A_n
Elemente der Menge B B_1			
B_j		r_{ij}	
B_m			

Abbildung Matrixanalyse

Matrixdruckwerk
matrix printer
Ausgabetechnik
Ein >Druckwerk, mit dem die >Zeichen des Zeichenvorrates mittels eines vorbestimmten >Codes aus Elementen eines gegebenen Rasters zusammengesetzt werden. Elemente eines Rasters können Punkte und Striche sein. Zeichen werden entweder aus den Elementen gleichzeitig als Ganzes geformt oder seriell vertikal oder seriell horizontal zusammengesetzt (vgl. DIN 9784).

Matrizenkalkül >Kommunikationsmatrix, >Matrixanalyse

MAT-System = Mensch-Aufgabe-Technik-System
>Informations- und Kommunikationssystem

Maus
mouse
Eingabetechnik
Steuergerät für den >Cursor. Die mit der Maus durch Schieben auf einer ebenen Fläche ausgeführten Bewegungen übertragen sich auf den Cursor am >Bildschirm. Für die Umsetzung der Bewegungen der Maus in die erforderlichen Impulse an das Sichtgerät wird ein mechanisches oder optisches Verfahren verwendet. Beiden Verfahren ist gemeinsam, daß der Ausgangspunkt der Maus auf ihrer Unterlage und der Standort des Cursors nicht gekoppelt sind. Nur die Bewegungen der Maus übertragen sich auf den Cursor, nicht aber die Ausgangskoordinaten.

Mbit = Megabit >Kapazität

Mbyte = Megabyte >Kapazität

MCBF = Mean Computation Before Failure >Leistungsmessung, >Leistungsbereitschaft

MCD = Master Clerical Data > Systeme vorbestimmter Zeiten

Mechanisches Druckwerk
impact printer
Ausgabetechnik
Ein >Druckwerk, bei dem das Drucken eines >Zeichens entweder durch Typenträger mit einem begrenzten Zeichenvorrat auf mechanische Art erfolgt (z.B. Kugelkopf, Typenrad) oder das Zeichen mechanisch aus Einzelpunkten zusammengesetzt wird (Nadeldrucker). Die Druckfarbe wird von einem Farbband durch einen Aufschlagmechanismus auf Papier gebracht. Entsprechend unterscheidet man folgende >Drucker:
- Zeichendrucker (serial printer) arbeiten wie Schreibmaschinen und eignen sich vor allem zum Anschluß an >Bildschirme als Hard Copy-Drucker (>Hard Copy).
- Kugelkopfdrucker benützen für die Zeichendarstellung feste >Symbole auf auswechselbaren Kugelköpfen.
- Typenraddrucker benützen für die Zeichendarstellung feste Symbole auf auswechselbaren Druckrädern.
- Matrixdrucker setzen das Zeichen aus Einzelpunkten zusammen. Hier kann die Schriftart problemlos gewechselt werden. Zur Optimierung der Druckzeit schreibt der Druckkopf die Zeilen abwechselnd vorwärts und rückwärts, was durch >Pufferspeicher ermöglicht wird.
- Beim Typenbanddrucker sind die Drucktypen auf einem umlaufenden endlosen Typenrad aufgeprägt, das horizontal am Papier vorbeigeführt wird. Zwischen dem Typenband und dem Papier befindet sich das Farbtuch. Zum Abdrucken eines Zeichens schlägt ein Anschlaghammer in dem Moment an das Papier, in dem das Zeichen an der Schreibstelle vorbeigeführt wird.
- Kettendrucker verwenden anstelle von Typenbändern Druckketten.

Siehe auch: >Nicht-mechanisches Druckwerk.

Mehrbenutzerbetrieb >Mehrbenutzersystem, >Teilnehmerbetrieb

Mehrbenutzersystem
multiuser system
Verarbeitungstechnik/Benutzersystem
Ein >Datenverarbeitungssystem, mit dem mehrere >Benutzer gleichzeitig, aber voneinander unabhängig arbeiten können (im Gegensatz dazu: Einzelplatzsystem). Siehe auch: >Teilnehmerbetrieb.

Mehrfache Datenhaltung
replicated data base
Speichertechnik/Transporttechnik
Eine verteilte >Datenbasis, bei welcher sich die Teildatenbasen der einzelnen >Hosts zumindest teilweise überlappen, sodaß ein Datum unter Umständen auf mehreren Hosts zu finden ist. Eine derartige Verteilung der Datenbasis ist dann sinnvoll, wenn:
- Lokal große Datenbestände anfallen und einige >Daten auch in einer Zentrale zur Weiterverarbeitung benötigt werden.
- Zentral große Datenmengen anfallen und lokal ein rascher >Zugriff auf Teile dieser Daten benötigt wird.

Mehrfachfehler

Siehe auch: >Aufgeteilte Datenhaltung.

Mehrfachfehler >Fehlerart

Mehrfach programmierbarer Festwertspeicher
reprogrammable read-only memory
Speichertechnik
>Feldprogrammierbarer Festwertspeicher, bei dem der Speicherinhalt jedes Elements mehr als einmal verändert werden kann (vgl. DIN 44476).

Mehrplatzsystem >Mehrbenutzersystem

Mehrprogrammbetrieb >Mehrprogrammverarbeitung

Mehrprogrammverarbeitung
multiprogramming
Verarbeitungstechnik
Eine Technik, die den "gleichzeitigen" Ablauf mehrerer >Anwendungsprogramme in einem >Datenverarbeitungssystem ermöglicht. Dies beruht auf der Tatsache, daß die >Zentraleinheit mit ihrer Steuerungsfunktion durch zusätzliche Steuerungseinrichtungen (>Kanal) entlastet wird. Ein Anwendungsprogramm wird jedesmal unterbrochen, wenn eine Ein-/Ausgabeoperation ansteht. In dieser Zeit überwachen die Kanäle die Ein-/Ausgabeoperationen, und die Zentraleinheit ist in der Lage, ein zweites, drittes usw. Anwendungsprogramm zu steuern. Das Anwendungsprogramm mit der größten Unterbrechungszeit (demnach ein Programm mit einer intensiven Ein- und Ausgabe) hat die höchste Priorität (>Prioritätensteuerung). Die zeitliche Auslastung der Zentraleinheit kann gegenüber der Einprogrammverarbeitung erheblich gesteigert werden. (Vgl. DIN 44300).

Mehrprozessorsystem
multiprocessor system
Verarbeitungstechnik
Ein >Datenverarbeitungssystem, bei dem der >Zentralspeicher ganz oder teilweise von zwei oder mehreren >Prozessoren gemeinsam benutzt wird, deren jeder über mindestens ein >Rechenwerk und mindestens ein >Leitwerk allein verfügt. Siehe auch: >Mehrrechnersystem.

Mehrpunktverbindung
multipoint connection
Netzwerktechnik
Mehrere >Datenstationen sind über eine >Standleitung miteinander verbunden.

Mehrrechnersystem
multicomputer system
Verarbeitungstechnik
Eine >Funktionseinheit (z.B. >Programm) steuert zwei oder mehrere >Zentraleinheiten, wobei jede über mindestens einen >Prozessor allein verfügt. Siehe auch: >Mehrprozessorsystem.

Mehrstufenrating >Ratingmethode

Meldung >Maskengestaltung

Mengendaten >Daten

Mengengerüst
quantity listing
Grundlagen Systemplanung
Die Anzahl und der Umfang von >Ereignissen und Objekten (>Entität), die in ihrer Gesamtheit die >Anforderungen an ein >Informations- und Kommunikationssystem beschreiben. Ihre Ermittlung erfolgt auf der Grundlage des Systementwurfs in der >Grobprojektierung, wobei die Entwicklung über der Lebensdauer des geplanten Systems zu berücksichtigen ist. Das Mengengerüst dient primär zur Konfigurierung (>Systemkonfiguration) der auf Grund einer >Ausschreibung angebotenen >Basissysteme. Siehe auch: >Anforderungsprofil.

Mensch >Grundlagen Mensch

Mensch-Maschine-Kommunikation
man-machine communication
Benutzersystem
ein Kommunikationsprozeß (>Kommunikation, >Prozeß), bei dem die verschiedenen >Informationsarten zwischen einem Menschen und einem >Techniksystem und umgekehrt ausgetauscht werden. Zur Gestaltung der Mensch-Maschine-Kommunikation siehe: >Kommunikationsergonomie.

Mensch-Maschine-Schnittstelle >Benutzerschnittstelle

mental
mental
Allgemeine Grundlagen
Den Geist, den Verstand betreffend; etwas nur gedanklich Vorhandenes. Siehe: >Mentale-Modelle-Forschung.

Mentale-Modelle-Forschung
mental models research
Wissenschaftsdisziplin
Ein interdisziplinäres Forschungsgebiet, das insbesondere von der kognitiven Psychologie (>kognitiv, >Psychologie) getragen wird, und dessen Ziel es ist, die Gestaltung der >Benutzerschnittstelle durch streng am Denken und Handeln (>Benutzerverhalten) des >Benutzers orientierte Erklärungen zu verbessern. Dabei wird von folgender Grundüberlegung ausgegangen: Denken und Handeln orientieren sich an mentalen >Zielen. Die Erfassung der Umwelt sowie die Gedanken des Menschen sind durch seine kognitive (mentale) Struktur geprägt ("semantisches Gedächtnis"). Bausteine dieser Struktur sind Begriffe und Begriffssysteme. Jede kognitiv verarbeitete >Information durchläuft diese Struktur als eine Art zentrale Instanz. Die Benutzerschnittstelle soll also so gestaltet werden, daß sie den Vorstellungen entspricht, welche sich der Benutzer mental ("im Kopf") entwickelt hat oder während des >Dialogs entwickelt. Siehe auch: >Benutzerillusion, >Dialogpartnermodell.

Mentales Modell >Benutzerillusion,
>Mentale-Modelle-Forschung

Mentales Ziel >Mentale-Modelle-Forschung

Menü
menu
Benutzersystem
Eine ablauforganisatorisch (>Arbeitsablauf) sinnvoll geordnete Menge von >Kommandos, die auf einem Ausgabegerät (z.B. auf einem >Bildschirm) angezeigt wird und die es dem >Benutzer erlaubt, die nächste Aktion im Arbeitslauf aufzurufen.

Menüselektions-Technik >Dialogtechnik

Menüsteuerung
menu control
Benutzersystem
Die >Dialogführung über >Menüs.

Meßgröße
measurement figure
Allgemeine Grundlagen
Eine Größe, mit der den Betrachter eines >Systems interessierende Eigenschaften operational formuliert und erfaßt werden können. Siehe z.B. >Meßgröße für Leistung.

Meßgröße für Leistung
performance measurement figure
Erhebungsmethode
Für die >Leistungsmessung sind in Abhängigkeit von den gegebenen Zielkriterien (>Zielkriterium) und der zur Anwendung kommenden >Meßmethode geeignete Meßgrößen festzulegen, mit denen >Leistung operational formuliert wird. "Konventionelle" Meßgrößen (wie z.B. die Ausführungszeit für einzelne Rechneroperationen) sind jedenfalls für die Bewertung und Auswahl von >Techniksystemen ungeeignet. Aussagekraft kann nur solchen Meßgrößen zukommen, die etwas über die ökonomischen und sozialen Auswirkungen eines Techniksystems aussagen. Beispiele für derart geeignete Meßgrößen sind: >Antwortzeit, >Antwortzeitverhalten, >Durchsatzzeit, >Verfügbarkeit, >Wiederanlauf.

Meßmethode
measurement technique
Erhebungsmethode
Ein auf einem >System von Regeln aufbauendes, systematisches Verfahren zur Datenermittlung. Siehe z.B.: >Benchmarking.

Meßprogramm >Software-Monitoring

Meßtauglichkeit >Validität

Meßwert
measurement rate
Erhebungsmethode

Methode der Leistungsmessung

Das Resultat der Anwendung einer >Meßmethode bei einem einzelnen Meßvorgang für ein bestimmtes >Meßziel.

Meßziel
measurement objective
Erhebungsmethode
Ein operationales und für bestimmte Meßzwecke (z.B. >Benchmarktest) wirtschaftliches >Zielkriterium.

meta
meta
Allgemeine Grundlagen
Ein Begriff, der als adjektivischer Zusatz zu Objekten, Phänomenen usw. verwendet wird und zum Ausdruck bringt, daß "über" diese Objekte, Phänomene usw. reflektiert wird. So bedeutet Metakommunikation >Kommunikation über Kommunikation, Metawissen >Wissen über Wissen, Metasprache eine >Sprache, die zur Beschreibung einer anderen Sprache verwendet wird, Metadaten >Daten über Daten.

Metadaten >meta, >Datenkatalog-System

Metakommunikation >meta, >Kommunikation

Metasprache >meta, >Sprache

Metasystem
shell
Programmiersystem
Eine Menge von >Werkzeugen, mit deren Hilfe ein >Anwendungssystem entwickelt werden kann, z.B. ein Teil des Betriebssystems >UNIX. Siehe auch: >meta.

Metawissen, >meta, >Wissen

Methode
method
Methodensystem
Ein auf einem >System von Regeln aufbauendes Problemlösungsverfahren (z.B. ein >Algorithmus).

Methode der Leistungsmessung
performance measurement technique
Erhebungsmethode
Eine systematische Vorgehensweise zur Ermittlung von >Daten, welche die >Leistung eines >Techniksystems beschreiben. Von den verschiedenen Methoden zur Messung der Leistung, wie Mixes, Kernels, analytische Methoden, Simulationsmodelle, Leistungssynthese und >Benchmarking, kann nur letzterer eine ausreichende Praktikabilität und Zuverlässigkeit der Datenermittlung zugesprochen werden. Die Anwendung der >Simulation scheitert an der Schwierigkeit und dem Aufwand der Modellierung (>Modellieren). Analytische Modelle sind im allgemeinen nicht in der Lage, die Komplexität eines >Datenverarbeitungssystems ausreichend genau abzubilden. Die übrigen Methoden sind zu sehr Techniksystem-orientiert und berücksichtigen nicht die Tatsache, daß eine >Leistungsmes-

sung nur in einer bestimmten Anwendungsumgebung (>Arbeitslast) für den >Anwender sinnvoll ist.

Methode der parametrischen Schätzgleichungen
method of parametric estimate equation
Kosten- und Leistungsrechnung
Eine >Methode zur Kalkulation von >Projekten für die Entwicklung von >Anwendungssystemen. Man versucht, mit Hilfe von >Korrelationsanalysen aus den Daten abgeschlossener Projekte Einflußfaktoren zu finden, deren Ausprägungen mit den Gesamtkosten der Projekte korrelieren. Dies wird umso eher der Fall sein, je gleichartiger diese Projekte sind. Einflußfaktoren mit hoher Korrelation gehen in die Schätzgleichungen ein; die Stärke des Einflusses des einzelnen Faktors auf die >Kosten des gesamten Projekts wird mit Koeffizienten angegeben. Siehe auch: >Aufwandschätzung.

Methoden-orientiertes Programmieren >Planungssprache

Methodenbank >Methodenbanksystem

Methodenbanksystem
method base system
Methodensystem/Programmiersystem
Zusammenfassende Bezeichnung für ein Gebilde aus >Methodenbasis und >Methodenverwaltungssystem, zweckmäßigerweise ergänzt um eine >Datenbasis mit einem >Datenverwaltungssystem. Als zentrale Komponente übernimmt eine >Ablaufsteuerung die Koordinierung aller Systemfunktionen (siehe Abbildung). Der Kommunikationsteil verarbeitet die Eingaben durch den >Benutzer und stellt diesem die Ausgaben (Fehlermeldungen, Ablaufnachrichten und Ergebnisse) zur Verfügung. Bei einer Betrachtung der Ebenen eines Methodenbanksystems kann unterschieden werden in Rechnergrundausstattung, Systemkern (Ablaufsteuerung, Verwaltung der Methoden- und Datenbasis, Kommunikationsteil und Hilfsmittel für die Weiterentwicklung und Anpassung), Methodenbereitstellung, Modellierung (d.h. Zusammenstellung der Methoden zu einem >Modell zur Lösung einer bestimmten Aufgabe) sowie parametrische Benutzung (>Parameter). Die beiden Benutzerebenen "Modellierung" und "Parametrisierung" unterscheiden sich dadurch, daß auf der ersten spezifische Methodenkenntnisse erforderlich sind (modellierender Benutzer im Unterschied zum parametrisierenden Benutzer). Siehe: >Benutzertyp.

Methodenbankverwaltungssystem >Methodenverwaltungssystem

Methodenbasis
method base
Methodensystem
Eine Menge von >Methoden, auf die innerhalb eines >Systems oder Teilsystems durch einen >Datenverarbeitungsprozeß zugegriffen wird. In Analogie dazu: >Datenbasis.

Methodenberg
methods peak
Grundlagen Systemplanung

Beschreibt die Tatsache, daß für einige Aufgaben der Systemplanung eine große Anzahl alternativer >Methoden vorhanden ist, insbesondere im Bereich der Softwareentwicklung (>Software-Engineering), während für andere Aufgaben ein ausgesprochener Methodenmangel besteht, insbesondere im Bereich der >Vorstudie, der >Istzustandsanalyse und der >Grobprojektierung. Der Methodenmangel in den frühen Phasen der Systemplanung bewirkt, daß Analyse- und Entwurfsfehler (>Fehler) entstehen, deren spätere Beseitigung bis zu einer kompletten Neuplanung führen kann. Die Forschungsbemühungen der >Wirtschaftsinformatik sind daher besonders auf die Entwicklung entsprechender Methoden ausgerichtet. Auch im Bereich der >Implementierung und der >Wartung bestehen erhebliche Methodendefizite.

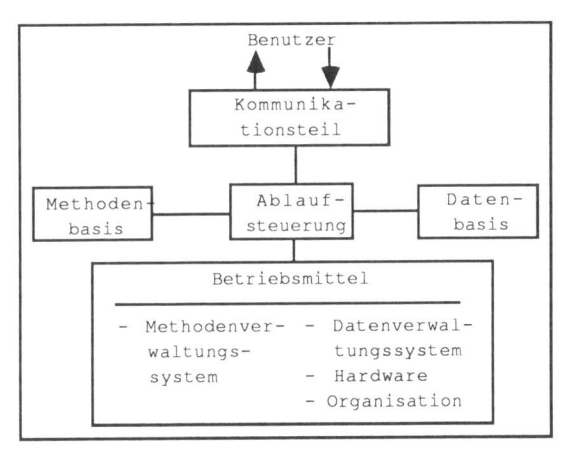

```
           ┌─────────────────────────────────┐
           │          Benutzer               │
           │            ↑ ↓                  │
           │     ┌─────────────┐             │
           │     │ Kommunika-  │             │
           │     │  tionsteil  │             │
           │     └─────────────┘             │
  ┌──────────┐   ┌─────────────┐   ┌──────────┐
  │ Methoden-│───│  Ablauf-    │───│  Daten-  │
  │  basis   │   │ steuerung   │   │  basis   │
  └──────────┘   └─────────────┘   └──────────┘
           ┌─────────────────────────────────┐
           │         Betriebsmittel          │
           ├─────────────────────────────────┤
           │ - Methodenver-  - Datenverwal-  │
           │   waltungs-       tungssystem   │
           │   system        - Hardware      │
           │                 - Organisation  │
           └─────────────────────────────────┘
```

Abbildung Methodenbanksystem

Methodenintegration >Organisatorische Integration

Methodenmangel >Methodenberg

Methodenverwaltungssystem
method base management system
Programmiersystem
Ein >Werkzeug zur Verwaltung großer Methodenbestände (>Methodenbasis) mit analogen Eigenschaften wie ein >Datenverwaltungssystem.

Metra Potential Methode >MPM

Mietschein >Spezifikationsschein

Mikrochip >Integrierte Schaltung

Mikrocomputer
microcomputer
Verarbeitungstechnik

Mikrofilmgerät

Ein >Mikroprozessor mit >Speicher und >Schnittstellen für den Anschluß von >Eingabegeräten und >Ausgabegeräten sowie Einrichtungen zur Stromversorgung.

Mikrofilmgerät >COM

Mikroprozessor
microprocessor
Grundlagen Technik
Eine hochintegrierte elektronische Schaltung auf einem Halbleiterplättchen in der Größe von etwa 5 x 5 mm und rund 500.000 Transistorfunktionen. Er besteht aus >Rechenwerk, >Leitwerk und Register. Siehe auch: >Integrierte Schaltung.

Mikroprogramm
microprogram
Grundlagen Technik
Eine Folge von Mikrobefehlen zur Ausführung eines >Befehls. Jeder einzelne Befehl eines >Programms wird zu seiner Ausführung im >Leitwerk in eine Folge einfacher Verknüpfungsoperationen zerlegt. Die Verwendung der Mikroprogramme erhöht die >Flexibilität der >Hardware.

Mikroprogrammierung
microprogramming
Grundlagen Technik
Eine Aktivität im Bereich der Rechnerentwicklung, die sich zwischen >Software und >Hardware abspielt. Die so realisierten >Funktionen faßt man unter dem Begriff der Firmware zusammen. Siehe auch: >Mikroprogramm.

Mikroverfilmung >COM

Mikrowellen-Identifikation
microwave identification
Produktion/Datensystem
Eine Form der >Betriebsdatenerfassung, die z.B. bei der Montage von Fahrzeugen in der Automobilindustrie angewendet wird. Am Fahrzeug wird eine Speichereinheit (>Speicher) angebracht, die vom >Prozeßrechner mit Montagedaten geladen wird. Der Speicher wird auf dem Montageweg über Funk abgefragt, das Fahrzeug damit identifizert (>Identifizieren) und so der Montagefortschritt von einem >Datenverarbeitungssystem verfolgt.

Mini-Company Konzept
mini company concept
Controlling
Eine >Teststrategie zur Prüfung der >Finanzbuchhaltung, bei der fiktive Testfälle zusammen mit realen Testfällen durch entsprechende >Programme verarbeitet werden, ohne jedoch mit den regulären Ergebnissen der Verarbeitung zu kollidieren. Voraussetzung dafür ist ein >Abrechnungssystem, das von fiktiven Geschäftsdaten angesprochen wird. Die Arbeitswiederholung mit Hilfe von >Testdaten oder mit Hilfe von >Prüfsoftware ermöglicht bei positivem Ergebnis den Nachweis der Programmidentität, aber nicht den Nachweis der Rich-

tigkeit des gesamten Arbeitsverfahrens und der gesamten Programmlogik.

MIPS
MIPS
Grundlagen Technik
Million Instructions per Second; eine Maßeinheit für die Geschwindigkeit von >Prozessoren.

MIS
MIS
Führung
Management Information System (abgekürzt: MIS); ein >Informations- und Kommunikationssystem, das primär zur Unterstützung der Aufgaben *(>Grundlagen Aufgabe)* der Unternehmensführung ausgelegt ist, z.B. für die Aufgaben der strategischen Planung oder für die Koordinierung der betrieblichen Funktionalbereiche. Die Tatsache, daß bei der Systemplanung *(>Grundlagen Systemplanung)* grundsätzlich von den >Anforderungen der Aufgaben und der >Benutzer ausgegangen wird, macht deutlich, daß es sich bei einem MIS um keine Besonderheit handelt. Logischerweise ist diese Bezeichnung daher zunehmend außer Gebrauch gekommen, was durch die technokratische Orientierung der MIS-Konzepte und die übertriebene Euphorie ihrer Verfechter, der keine brauchbaren Realisierungen gegenüber standen, beschleunigt wurde. Siehe auch: >Führungs-Informationssystem.

Mitbestimmung
right of co-determination
Partizipation/Informationsrecht
Im weiteren Sinne jede Beteiligung von Betroffenen (>Betroffener), im engeren Sinne nur der Teil der Partizipation, der in kodifizierter Form die Beteiligung von Arbeitnehmern, die nicht der obersten Führungsebene angehören, vorsieht. Gesetzliche Grundlagen der Mitbestimmung sind das Betriebsverfassungsgesetz (Bundesrepublik Deutschland) bzw. das Arbeitsverfassungsgesetz (Österreich). Ergänzt werden diese meist zwingenden Regeln durch Kollektivverträge und Betriebsvereinbarungen. Die am häufigsten diskutierten und auch gerichtlich entschiedenen Fälle im Zusammenhang mit der Systemplanung bzw. dem Informationsmanagement beziehen sich auf die Mitbestimmung bei der Einführung von Bildschirmarbeitsplätzen (>Bildschirmarbeitsplatz) bzw. auf die Mitbestimmung bei der Einführung von Personalinformationssystemen (>Personalinformationssystem; siehe dazu auch >Kontrollsystem).

Mitteilungsrating >Ratingmethode

Mix >Methode der Leistungsmessung

Mixed Hardware >Mixed Ware

Mixed Software >Mixed Ware

Mixed Ware
mixed ware
Dienstleistungsmarkt
Kombinierter Einsatz von Systemkomponenten verschiedener Hersteller. Die zunehmende >Kompatibilität und unterschiedliche Preispolitik der Hersteller begünstigt den Einsatz von kombinierten Systemen gegenüber solchen, die nur von einem Hersteller stammen. Das Risiko der fehlerhaften Arbeitsweise (>Fehler) aller kombinierten Komponenten muß der >Anwender tragen. Im Falle der Kombination von >Software unterschiedlicher Hersteller spricht man von Mixed Software. Bei der Kombination unterschiedlicher Hardwarekomponenten (>Hardware) spricht man von Mixed Hardware.

MMH = Multimoment-Häufigkeits-Zählverfahren
>Multimomentstudie

MMZ = Multimoment-Zeit-Meßverfahren >Multimomentstudie

Mnemo
mnemonic
Datensystem/Benutzersystem
Eine das Gedächtnis unterstützende Bezeichnung zur Identifizierung eines Objekts (>Entität) durch den >Benutzer.

Mobile Datenerfassung
mobile data collection
Datensystem
Eine Form der >Datenerfassung, bei der die >Daten an ihrem Ursprungsort (>Einfügungsgrad) mit kleinen, tragbaren, ohne Netzanschluß arbeitenden Geräten über >Tastatur und/oder >Lichtstift mittels Bar-Code (>Strichcode) sowie manchmal auch mit speziellen Lichtstifttastaturen erfaßt werden. Die >Datenübertragung erfolgt über das Telefonnetz unter Verwendung eines Akustikkopplers (>Akustischer Koppler).

Modell
model
Methodensystem
Im Unterschied zu den Formalwissenschaften ist in den Sozial- und Wirtschaftswissenschaften eine sehr weite Begriffsauslegung üblich. Eine allgemeine Interpretation des Modellbegriffs sieht jede vereinfachte Abbildung eines Ausschnitts der Realität als Modell an (Beschreibungsmodell). In der >Betriebswirtschaftslehre wird zwischen Erklärungsmodellen und Entscheidungsmodellen unterschieden. Erstere sind Theorieteile, während die zweiten für den Entscheidungsträger in der Praxis entwickelte Hilfsmittel zur Ermittlung optimaler Handlungsalternativen sind. In der >Wirtschaftsinformatik wird im Zusammenhang mit >Methodenbanksystemen unter einem Modell eine Menge von >Methoden zur Problemlösung (>Problemlösen) verstanden. Schließlich ist es im Zuge des >Modellierens notwendig, einem Strukturkonzept einen bestimmten >Modelltyp zuzuordnen.

Modelltyp

Modellbildender Ansatz
modelling approach
Methodik Systemplanung
Ansatz als Bestandteil einer Methodik der Systemplanung (auch als ablauf-orientierter Ansatz bezeichnet). Bildet die >Anforderungen der realen Welt in eine graphisch-ablauforientierte Modellwelt ab, die als Ausgangspunkt für den Entwurf verwendet wird. Ein typischer Vertreter dieses Ansatzes ist >SADT. Im Unterschied dazu: >Daten-orientierter Ansatz.

Modellbildung >Modellieren

Modellgenerierungssystem >Planungssprache

Modellieren
modelling
Entwurfsmethode
Die Tätigkeit des Abbildens eines Realitätsausschnitts in ein >Modell, auch als Modellbildung bezeichnet. Grundlage dieses sehr allgemeinen wissenschaftlichen Verfahrens ist die Analyse und Strukturierung des vorgegebenen Datenmaterials; dies führt zur Begriffsbildung und damit zu einem Strukturkonzept für das Modell. Das Modell gliedert das zu untersuchende >System, indem es den unstrukturierten Ausgangsdaten ein Begriffssystem zuordnet und damit ihre Bedeutung und ihre Beziehungen zueinander festlegt. Da das Begriffssystem (auch) vom Modellierungszweck abhängig ist, gibt es für das gleiche Datenmaterial prinzipiell unterschiedliche Strukturkonzepte. Mit anderen Worten berücksichtigt also ein Strukturkonzept immer nur eine ganz bestimmte Sichtweise auf den zu modellierenden Realitätsausschnitt. Schließlich ist dem Strukturkonzept ein geeigneter >Modelltyp zuzuordnen.

Modellierender Benutzer >Benutzertyp

Modellprinzip
model principle
Systemtechnik
Die systematische Anwendung von >Modellen zur Abbildung der zu untersuchenden und zu gestaltenden Phänomene.

Modelltyp
type of model
Entwurfsmethode
Ein Strukturkonzept (>Modellieren) kann durch unterschiedliche Modelltypen dargestellt werden. Man unterscheidet:
- Physikalisches >Modell: Ein Modell, mit dem die Realität durch physikalische Größen und durch physikalische Gesetze abgebildet wird.
- Graphisches Modell: Ein Modell, mit dem die Realität graphisch zweidimensional oder dreidimensional im Raum abgebildet wird (>Graphik).
- Mathematisches Modell: Ein Modell, mit dem die Realität durch mathematische Gleichungen abgebildet wird.
- Simulationsmodell: Ein Modell, mit dem das Verhalten der Realität über der Zeit abgebildet wird (>Simulation).

Modellvertrag

Die Modelltypen haben verschiedene Vor- und Nachteile, sodaß die Wahl des Modelltyps von der konkreten Entwurfssituation abhängt.

Modellvertrag
prototype contract
Informationsrecht
In der Regel werden die Vertragsentwürfe, die dem Abschluß eines Vertrages über >Hardware und >Software zugrundeliegen, von den Herstellern aufgestellt. Das hat dazu geführt, daß diese im Zweifelsfall für den Lieferanten günstige Regelungen enthalten. Als Gegenmaßnahme haben sich Anwenderverbände mit dieser Problematik beschäftigt und ihrerseits Vertragsentwürfe entwickelt. Ein solches Vertragsmuster wurde z.B. von der CECUA (Confederation of European Computer Users Associations) ausgearbeitet. Auf Basis dieses Modellvertrags soll eine gleichgewichtige Berücksichtigung der Interessen sichergestellt werden. Dieser Modellvertrag geht aber in der Regelungstiefe nicht so weit wie die >BVB der öffentlichen Hand.

Modem
modem
Transporttechnik
Kurzwort aus Modulation-Demodulation. Eine Hardwareeinrichtung (>Hardware), welche die zu übertragenden Digitalsignale (>digital, >Signal) einem Analogsignal (>analog) aufmoduliert, das auf einer >Leitung übertragen werden kann und die empfangenen Analogsignale wieder in Digitagsignale demoduliert.

Moderate Strategie >Entwicklungsstrategie

Moderator >Interviewmethode, >Präsentationstechnik, >Brainstorming

Modul
modul
Grundlagen Systemplanung
Das Ergebnis einer systematischen, bestimmten >Modularisierungsprinzipien folgenden Zerlegung eines >Systems, insbesondere eines Software-Produkts (>Programm) in Teile (also z.B. Teilprogramme).

MODULA-2
MODULA-2
Programmiersystem
Eine von N. Wirth entwickelte >Programmiersprache mit gewissen Ähnlichkeiten zu >PASCAL. Das Spektrum der Implementierungen reicht von PC's (>Personal Computer) bis zu mittleren >Datenverarbeitungssystemen. Als besondere Merkmale von MODULA-2 gelten:
- Unterstützung der modularen Programmierung (>Modulare Programmierung).
- Getrennte Übersetzbarkeit: >Moduln können für sich alleine übersetzt werden. Dabei wird zur Übersetzungszeit geprüft,

ob die >Schnittstellen zu anderen, ebenfalls für sich übersetzten Moduln korrekt sind.
- Parallele Prozesse: Die Möglichkeit, Prozesse verzahnt miteinander ablaufen zu lassen.
- Typenorientiertheit: Der >Anwendungsprogrammierer kann eigene >Datentypen definieren und damit den Aufbau und den Wertebereich seiner >Daten explizit beschreiben. In Anweisungen und Ausdrücken wird dadurch eine Typenprüfung möglich, die verhindert, daß Objekte (>Entität) mit unverträglichen Datentypen verknüpft werden.
- >Strukturierte Programmierung.
- Geringer Sprachumfang: Die >Syntax ist klein und überschaubar. Dies erleichtert die >Implementierung auf Personal Computer.

Modulare Programmierung
modular programming
Entwurfsmethode
Eine Entwurfsmethode der Softwareentwicklung, bei der das Entwurfsobjekt systematisch, bestimmten >Modularisierungsprinzipien folgend, in >Moduln zerlegt und in der Regel arbeitsteilig bearbeitet wird (>Arbeitsteilung).

Modularisierung
modularization
Entwurfsmethode/Implementierungsmethode
Ein Teilaspekt systematischer Entwurfs- und Implementierungsmethoden, der die Zerlegung eines >Systems in Teile (Moduln) beschreibt. Ihr hauptsächlicher Zweck besteht in der Reduzierung der Komplexität des Entwurfs- und Implementierungsobjekts, die u.a. eine Reduzierung der Entwicklungs-, Implementierungs- und Wartungskosten (>Wartung) zum Ziel hat. So konnte bei Softwareprodukten empirisch nachgewiesen werden, daß die Entwicklungskosten mit zunehmender Komplexität exponentiell steigen. Daneben können >Zuverlässigkeit und Fehlerfreiheit (>Fehler) positiv beeinflußt werden. Als Nachteil der Modularisierung werden Effizienzeinbußen (>Effizienz) bezüglich >Laufzeit und Speicherbedarf angesehen. Siehe auch: >Prinzip der hierarchischen Strukturierung.

Modularisierungsprinzip
module principle
Entwurfsmethode
Eine systematische Vorgehensweise zur Reduzierung der Problemkomplexität und zur Unterstützung einer arbeitsteiligen Systementwicklung durch Zerlegen eines >Systems in >Moduln. Moduln eines Softwaresystems werden insbesondere nach den folgenden >Prinzipien gebildet:
- Geheimprinzip: Moduln sollen in sich abgeschlossene Einheiten darstellen, über deren Inneres möglichst wenig nach außen hin bekannt gemacht wird. Damit im Zusammenhang steht, die >Schnittstellen zwischen den Moduln so klein und einfach wie möglich zu halten.
- Prinzip der Datenabstraktion: >Datenstrukturen, welche in der verwendeten >Programmiersprache nicht implementiert sind, sollen als Moduln realisiert werden.

Modularität
modularity
Grundlagen Systemplanung
Die Eigenschaft eines >Systems, nach bestimmten >Modularisierungsprinzipien strukturiert worden zu sein. Modularität verringert die Komplexität und erleichtert damit den Entwurf und die >Wartung. Sie kann mit dem im allgemeinen Sprachgebrauch üblichen "Baukastensystem" verglichen werden, womit zum Ausdruck gebracht wird, daß Modularität das Hinzufügen, Entfernen oder Ersetzen einzelner >Moduln ermöglicht, ohne daß dadurch (wesentliche) Änderungen der übrigen Systemteile erforderlich werden.

Modularprogramm
modular program
Programmiersystem
Ein Softwaresystem (>Software), dessen Aufbau als eine Gesamtheit von >Moduln charakterisiert werden kann, die nach bestimmten >Modularisierungsprinzipien gebildet wurden.

Modularprogramm >Modularität, >Standardsoftware

Modulation
modulation
Netzwerktechnik
Änderung des Kennzustandes eines Trägers (z.B.: Gleichstrom, Wechselstrom) entsprechend den >Signalen (vgl. DIN 44330).

Modulo-Verfahren >Prüfziffernrechnung

Modusfehler >Benutzerfehler

Momentum-Strategie >Entwicklungsstrategie

Monitor
monitor
Programmiersystem
1. Ein >Programm, das andere Programmteile steuert und koordiniert. So spricht man vom TP-Monitor (Teleprocessing-Monitor), wenn es sich um Betriebssystemkomponenten handelt (>Betriebssystem), die Aufgaben der >Datenfernverarbeitung übernehmen und die >Schnittstellen zu den >Anwendungsprogrammen realisieren.
2. Die Begriffe Hardware-Monitor und Software-Monitor werden für >Werkzeuge zur >Leistungsmessung von >Datenverarbeitungssystemen verwendet. Siehe: >Monitoring.
3. Heute kaum noch verwendete Bezeichnung für >Bildschirm.
4. Bezeichnung für ein Programm, das Steuerfunktionen übernimmt.

Monitoring
monitoring
Produktionsmanagement
Die >Leistungsmessung und die Beobachtung des zeitlichen Ablaufgeschehens in >Datenverarbeitungssystemen (Ablaufbeobachtung). Die Leistungsmessung soll Auskunft über die Geschwindigkeit geben, mit der ein Datenverarbeitungssystem

eine gegebene >Arbeitslast abarbeitet und die Auslastung der Hardware- und Softwarekomponenten zeigen (>Hardware, >Software). Ziel der Ablaufbeobachtung ist es, offenzulegen, welches die Ursachen der gemessenen >Leistung sind. Zweck des Monitoring ist die Optimierung (tuning) vorhandener Konfigurationen (>Systemkonfiguration). Gegenstand der Optimierung sind Hardware und >Systemsoftware einschließlich der Benutzerendplätze (Objektsystem). Auslöser für Monitoringmaßnahmen sind Vermutungen über Engpässe, welche die volle Ausschöpfung des Leistungsvermögens eines Objektsystems begrenzen, wenn die Güte der Abarbeitung der Arbeitslast unbefriedigend ist (z.B. >Antwortzeitverhalten). Leistungsmessung und Ablaufbeobachtung können entweder elektronisch (>Hardware-Monitoring) oder programmiert (>Software-Monitoring) erfolgen.

Monitoring-Verfahren
monitoring procedure
Anwendungssystemmanagement
Ein Monitoring-Verfahren beantwortet die Frage, wie die >Meßwerte aus der Fülle der Zustände des Objektsystems ausgewählt werden sollen. Der einfachste Weg ist der, in einem vom Meßgerät (>Hardware-Monitoring) bzw. Meßprogramm (>Software-Monitoring) vorgegebenen Rhythmus >Stichproben zu entnehmen (Stichproben- und Samplingverfahren), ohne Rücksicht auf den Zustand des Objektsystems. Aus der Stichprobe werden Rückschlüsse auf die Gesamtheit des Ablaufs gezogen. Erfolgt die Meßwertentnahme nicht zufällig, sondern in Abhängigkeit von interessierenden Zuständen des Objektsystems, dann spricht man von ereignisgesteuerter Messung (event-driven-monitoring). Beim Tracingverfahren (Ereignismessung) werden Daten über Systemzustände zum Zeitpunkt des Ereignisses erfaßt. Dabei unterscheidet man:
• Ereignismessung, bei der nur bestimmte Ereignistypen erfaßt und gezählt und die zwischen ihnen liegenden Zeitintervalle gemessen werden.
• Ereignismessung, bei der alle wesentlichen Ereignisse mit Zeitangabe erfaßt werden.
Es hängt vom konkreten Meßzweck ab, welches Verfahren man anwendet, ob z.B. die Auslastung der Konfiguration (>Systemkonfiguration) oder ob die >Laufzeit von >Anwendungsprogrammen untersucht werden soll.

Monte-Carlo-Analyse >Risikoanalyse

MOS
MOS
Grundlagen Technik
Metal Oxide Semi-Conductor bezeichnet eine besonders miniaturisierte Form der Speicher- und Schaltelemente auf Halbleiterbasis. Die Bauelemente sowie die Verbindungen werden in einem Herstellungsprozeß erzeugt. Siehe auch: >Integrierte Schaltung.

Motiv
motive
Verhalten

Motivation

Der Grund, auf den sich ein bestimmtes Verhalten bezieht; ein bewußter "Beweggrund" bei der Wahl zwischen verschiedenen Handlungsalternativen.

Motivation
motivation
Verhalten
Ein Begriff, der zur Beschreibung und Erklärung sehr heterogener Phänomene verwendet wird, z.B. für ein vom Gewohnten abweichendes Verhalten, für ein zielstrebiges, Hindernisse überwindendes Verhalten, für Veränderungen des Verhaltens. Für die >Wirtschaftsinformatik ist insbesondere der Zusammenhang zwischen der Arbeitsleistung, der >Arbeitszufriedenheit und der Motivation von Interesse. So ist z.B. festzustellen, ob "Motivation" der >Benutzer zu mehr >Akzeptanz, und damit über die erhöhte Bereitschaft zur Nutzung des angebotenen Potentials eines >Informations- und Kommunikationssystems, zu mehr >Produktivität und >Wirtschaftlichkeit führt. An derartigen Erklärungen mangelt es weitgehend.

MP/M >CP/M

MPM
MPM
Darstellungsmethode/Entwurfsmethode
Metra Potential Method; eine Methode der >Netzplantechnik. Die Vorgänge werden dabei als >Knoten dargestellt, die Reihenfolgebedingungen gehen aus den sogenannten Anordnungsbeziehungen hervor (Vorgangsknotennetz). Siehe auch: >Netzplan.

MS-DOS
MS-DOS
Programmiersystem
Microsoft Disk Operating System, ein von Microsoft für den IBM-PC (>Personal Computer) entwickeltes >Betriebssystem. Es wird inzwischen bei allen führenden Anbietern eingesetzt.

MSI = Medium Scale Integration >Integrierte Schaltung

MTBF = Mean Time Between Failure >Verfügbarkeit, >Zuverlässigkeit

MTM = Methods Time Measurement >Systeme vorbestimmter Zeiten

MTTF = Mean Time To Failure >Verfügbarkeit, >Zuverlässigkeit

multifunktional
multifunctional
Allgemeine Grundlagen
Die >Anforderung einer Menge von Aufgaben *(>Grundlagen Aufgabe)*, am >Arbeitsplatz eines >Benutzers parallel bearbeitet werden zu müssen. Daraus folgt, daß die zur Unterstützung der Arbeitsdurchführung eingesetzten >Techniksysteme zeitgleich verschiedene Unterstützungsfunktionen bereitstellen müssen. Beispielsweise muß parallel zu einem Telefongespräch eine

Datenbankabfrage (>Transaktion) erfolgen und/oder >Daten abgelegt werden.

Multifontdrucker >Druckwerk, >Font

Multifontleser >Belegleser, >Font

Multimomentstudie
work sampling
Erhebungsmethode
Eine statistische Methode zur Ermittlung des Zeitbedarfs für die Durchführung von >Tätigkeiten; sie ist ein Stichprobenverfahren (>Stichprobe), das Aussagen über die relative Häufigkeit bzw. über die Zeitdauer von vorwiegend unregelmäßig auftretenden Tätigkeiten macht, wobei die Genauigkeit frei wählbar ist und die statistische Sicherheit 95% beträgt. Man unterscheidet das Multimoment-Häufigkeits-Zählverfahren (MMH) und das Multimoment-Zeit-Meßverfahren (MMZ). Beiden gemeinsam ist die Art der Datenerhebung, nämlich durch Rundgänge zu unregelmäßigen Zeitpunkten zu beobachten und zu notieren. Während das MMH durch ein Zählen von Tätigkeiten an zufällig bestimmten Zeitpunkten Auskunft über die absolute und relative Häufigkeit der Tätigkeiten gibt, werden mit dem MMZ durch ein zufallsbestimmtes Fixieren von Meßpunkten entsprechende Zeitdauern in Minuten oder Stunden ermittelt. Bei der Beurteilung der Zweckmäßigkeit der Multimomentstudie zur Ermittlung des Zeitbedarfs sind insbesondere zu berücksichtigen: Die statistische Sicherheit und - durch Festlegung des Beobachtungsumfangs - die >Genauigkeit der Ergebnisse; gegenüber der >Zeitmessung wesentlich geringere Kosten (etwa 30%); anspruchsvolle personelle und sachliche Voraussetzungen; erheblicher Zeitraum für die Vorbereitung, Durchführung und Auswertung; gute >Akzeptanz der Ergebnisse durch die Mitarbeiter.

Multiplexbetrieb
multiplex operation
Verarbeitungstechnik
Eine >Funktionseinheit bearbeitet mehrere Aufgaben *(>Grundlagen Aufgabe)* abwechselnd in Zeitabschnitten verzahnt (vgl. DIN 44300). Die Bearbeitung begonnener Aufgaben wird zugunsten anderer, auch neu zu beginnender Aufgaben, unterbrochen. Die Zeitabschnitte können von unterschiedlicher Länge sein.

Multiplexkanal >Kanal

Multiplikatormethode
multiplier method
Kosten- und Leistungsrechnung
Eine >Methode zur Kalkulation von >Projekten für die Entwicklung von >Anwendungssystemen. Sie geht von der Annahme aus, daß sich die >Kosten für die Entwicklung proportional zum Leistungsumfang des Produkts (z.B. eines >Programms, dessen Leistungsumfang mit der Anzahl der >Anweisungen gemessen wird) verhalten. Auf Grund der Nachkalkulation abgeschlossener Projekte werden deren Gesamtkosten oder die

Kosten einzelner Kostenarten durch den Leistungsumfang (also z.B. durch die Anzahl der Anweisungen) dividiert. Die so ermittelten >Kennzahlen werden für die Vorkalkulation von Projekten verwendet. Siehe auch: >Aufwandschätzung.

Multiprocessing
multiprocessing
Verarbeitungstechnik
Eine >Datenverarbeitung mit einem >Datenverarbeitungssystem, das über mehrere >Prozessoren in der >Zentraleinheit verfügt.

Multitasking
multitasking
Verarbeitungstechnik
Die Fähigkeit des >Betriebssystems, mehrere Aufgaben (>Task) in einem >Datenverarbeitungssystem "gleichzeitig" zu bearbeiten. Eine Task kann sein: Ein einzelnes, in sich abgeschlossenes >Programm; ein Teil eines Programms.

Multivariable Prognose >Prognose

MUPID
MUPID
Verarbeitungstechnik
Ein 8-Bit- >Mikrocomputer, den die österreichische Post- und Telegraphenverwaltung als BTX-Terminal (>BTX) anbietet. MUPID (Mehrzweck Universell Programmierbarer Intelligenter Decoder) bietet folgende Vorteile: Der Einbau des Decoders in den Farbfernseher entfällt; aus dem BTX-System in den MUPID-Arbeitsspeicher geladene >Anwendungsprogramme können off-line (>Off-line) weiterverarbeitet werden; im Off-line-Betrieb kann programmiert und editiert (>Editor) werden.

Murphy's Gesetz
Murphy's law
Grundlagen Systemplanung
"Nichts ist so einfach, wie es aussieht! Alles dauert länger, als man denkt! Wenn etwas schief gehen kann, dann geht es schief!"

Muß-Kriterium
kill goal
Grundlagen Systemplanung
Ein Kriterium (>Zielkriterium), das eine als unabdingbar angesehene >Anforderung mit einem limitierten >Zielertrag beschreibt und das zur Eliminierung der Alternativen im Bewertungsprozeß (>Alternativenbewertung) führt, welche diesen Zielertrag nicht erreichen. Meist definiert und verwendet im Zuge einer Grob- oder Vorauswahl, um zügig eine umfangreiche Alternativenmenge reduzieren zu können.

Muster
pattern
Darstellungstechnik
Im allgemeinen Sinne eine Vorlage, ein >Modell, nach dem etwas gefertigt werden soll. Im Sinne der Sozial- und Wirtschaftswissenschaften (z.B. der >Soziologie und der

>Psychologie) ein regelmäßig wiederkehrendes, meist Modelle nachahmendes Anordnen oder Darstellen unbewußter Abläufe oder auch bewußter Handlungen ("Verhaltensmuster"). Im Zusammenhang mit der >Mustererkennung versteht man unter Muster jede Art komplexer Darstellung von >Information, wie z.B. auf Landkarten oder >Bildern.

Mustererkennung
pattern recognition
Grundlagen Technik
Das Zuordnen (>Klassifizieren) von >Mustern im Sinne von Anordnungen oder Darstellungen von Zuständen und Abläufen (z.B. eines >Bildes) zu diskreten Klassen. Einfache Muster werden direkt und als Ganzes genau einer Klasse zugeordnet, z.B. die Klassifizierung von Schriftzeichen (>Zeichen), von (isoliert) gesprochenen Worten (>Sprache) oder von >Bildpunkten eines Multispektralbildes. Komplexe Muster werden durch Extraktion signifikanter Merkmale analysiert und symbolisch (>Symbol) beschrieben. Das Muster wird also in einfache Bestandteile zerlegt und deren Beziehungen zueinander (>Relation) werden erfaßt (z.B. das "Verstehen" zusammenhängend gesprochener Worte durch den Aufbau einer den Sinn repräsentierenden >Datenstruktur oder die Ermittlung von Verbindungsstellen in einem Schaltplan). Die typischen Schritte der Mustererkennung sind:
1. Erfassung von Zeichen durch Sensoren.
2. Formatierung der Zeichen (>Datenformat).
3. Berechnung von Merkmalen.
4. Klassifikation des Musters anhand der Merkmale.
Anwendungsbeispiele der Mustererkennung sind: Schriftzeichenerkennung (>Belegleser), >Spracherkennung, >Robotik >Bildverarbeitung. Siehe auch: >Künstliche Intelligenz.

Musterimplementierung >Prototyping

Mutation >Transaktion

Mutationsanomalie
update anomaly
Datensystem
Das Nicht-Mutieren von redundant (>Redundanz) gespeicherten >Daten bei einer Mutation (>Transaktion).

N

N-Key-Roll-Over
N-key-rollover
Ergonomie/Eingabetechnik
Die >Funktion einer >Tastatur, die es ermöglicht, daß alle Tastenanschläge in der richtigen Reihenfolge akzeptiert werden, auch wenn eine Taste vor dem Loslassen der vorher betätigten Taste gedrückt wird.

Nachricht
message
Allgemeine Grundlagen
Eine Folge von >Zeichen zur Übermittlung von >Daten über >Datenübertragungswege, die vom Sender zum Empfänger übertragen werden. Formal besteht die Nachricht aus dem Nachrichtenkopf (z.B. Adresse des Empfängers), der eigentlichen Nachricht und dem Nachrichtenende.

Nachrichtenvermittlung
message switching
Transporttechnik
Eine Form der >Speichervermittlung, bei der die >Nachricht als Ganzes an die nächste >Vermittlungsstelle übertragen wird. Dabei gibt es Beschränkungen für die Länge der Nachrichten. Siehe auch: >Paketvermittlung; >Vermittlungstechnik.

Nachträgliche Dokumentation >Dokumentationssystem

Nadeldrucker >Mechanisches Druckwerk

Naiver Benutzer >Benutzertyp

Nassi-Shneiderman-Diagramm >Struktogramm

NATURAL
NATURAL
Programmiersystem
Erste nichtprocedurale Sprache (>Nichtprocedurale Sprache) der 4. Software-Generation (>Sprachgeneration), entwickelt von der Software AG.

Natürlich-sprachlicher Dialog >Dialogtechnik

Natürliche Sprache >Sprache

NC
NC
Produktion
Kurzbezeichnung für Numeric Control, womit die >Steuerung von Maschinen, zumeist von Werkzeugmaschinen, durch ein >Programm bezeichnet wird. Siehe auch: >CNC, >DNC, >Prozeßsteuerung.

Negation >Boolesche Algebra

Netting
netting
Finanz- und Rechnungswesen
Eine >Funktion eines >Cash-Management-Systems, bei der alle Unternehmen eines Konzerns ihre gegenseitigen Forderungen an eine zentrale Verrechnungsstelle melden, welche die Salden ermittelt und ausgleicht. Siehe auch: >Pooling.

Netz
network
Netzwerktechnik
1. Die Gesamtheit von >Vermittlungsstellen, Teilnehmereinrichtungen (>Teilnehmer, >Datenstation) und >Leitungen (vgl. DIN 44331).
2. Ein Diagramm zur Kennzeichnung komplexer Gebilde (>Netzplan).

Netzebene
network level
Netzwerktechnik
Die Gesamtheit aller >Vermittlungsstellen gleicher Rangstufe in einem hierarchischen Netz (>Hierarchisches Netz, vgl. DIN 44301).

Netzkonfiguration
network configuration
Netzwerktechnik
Die Art der Zusammenschaltung mehrerer an der >Datenübertragung beteiligter >Datenübermittlungssysteme; auch als Netztopologie (>Topologie) bezeichnet. >Netze können sowohl aus privaten >Leitungen (z.B. >LAN) als auch aus Leitungen der zuständigen Postverwaltungen gebildet werden. Diese Leitungen sind entweder >Standleitungen oder >Wählleitungen. Die wichtigsten Grundformen der Netzkonfiguration sind: >Zweipunktverbindung, >Mehrpunktverbindung, >Maschennetz, >Ringnetz, >Sternnetz, >Verbundnetz.

Netzlast
network workload
Netzwerktechnik
Zahl der >Nachrichten oder >Pakete, welche das >Netz pro Zeiteinheit von allen >Datenquellen annimmt.

Netzplan
network
Darstellungsmethode
Darstellungsmittel der >Netzplantechnik, das in den Jahren 1957/58 entwickelt wurde. Man unterscheidet:
- Ereignisknotennetzplan (>PERT).
- Vorgangspfeilnetzplan (>CPM).
- Vorgangsknotennetzplan (>MPM).

Für die Darstellung einer Aufgabe als Netzplan wird diese in ihre Elemente zerlegt (Vorgänge und Ereignisse). >Vorgang ist dabei jede zeitbeanspruchende >Tätigkeit, die zwischen einem Anfangs- und einem Endzeitpunkt in einem >Projekt stattfindet. Ein >Ereignis hat keine zeitliche Dimension; es stellt einen Zeitpunkt dar, zu dem eine Tätigkeit beendet ist oder beginnt.

Netzplantechnik
network technique
Darstellungsmethode/Entwurfsmethode
Eine Vorgehensweise, um komplexe Abläufe (z.B. >Arbeitsablauf), deren logische Verknüpfungen und zeitliche Bedingungen planen, koordinieren und kontrollieren zu können. Allen Varianten der Netzplantechnik ist folgendes Vorgehen gemeinsam: In der ersten Phase werden die für ein >Projekt wesentlichen Vorgänge (>Vorgang) ermittelt und graphisch festgehalten. Die dabei entstehende Ablaufstruktur enthält lediglich die logischen Beziehungen zwischen den einzelnen Vorgängen und gibt keine Auskunft über die zeitlichen Verhältnisse im Projekt. Diese werden in einer Zeitanalyse (zweite Phase) ermittelt. Auf Grund geschätzter Zeitdauern für die einzelnen Vorgänge werden die frühest möglichen und die spätest erlaubten Anfangs- und Endpunkte von Vorgängen bzw. Eintreffpunkte von Zuständen (>Ereignisse), der kritische Weg (>Kritischer Weg) und verschiedene Arten von Zeitreserven (>Pufferzeit) ermittelt. Als Darstellungsmittel werden verschiedene Arten von Netzplänen verwendet (>Netzplan).

Netzsteuerung >Netz, >Steuerung

Netztopologie >Netzkonfiguration, >Topologie

Netzwerk >Netz

Netzwerkmanagement
network management
Produktionsmanagement
Der Teil des Produktionsmanagement, der sich mit der optimalen Nutzung des gesamten >Transportsystems, insbesondere mit dem Teil befaßt, der in der Form von >Netzen zur Verfügung steht.

Netzwerkmodell >Datenmodell

Nicht-mechanisches Druckwerk
non-impact printer
Ausgabetechnik
Im Gegensatz zum mechanischen Druckwerk (>Mechanisches Druckwerk) wird beschichtetes oder lichtempfindliches Papier, das auf elektrische oder wärmetechnische Reize reagiert, verwendet, oder es wird mit dem elektrofotografischen Umdruckverfahren bzw. dem Tintenstrahlverfahren auf Normalpapier ausgedruckt. Entsprechend unterscheidet man folgende >Drucker:.
- Thermodrucker erhitzen das Papier an den Druckstellen im entsprechenden Typenmuster. Es sind sehr billige und leise Drucker, die jedoch teures Spezialpapier brauchen.
- Elektrostatische Zeichendrucker zeichnen sich dadurch aus, daß bei Anlegen einer Spannung an das Schreibelement ein speziell beschichtetes Papier die Farbe für das Zeichen ändert.

- Elektrofotografische Drucker sind eine Kombination aus einem Kopiergerät für Normalpapier, einem optischen Zeichengenerator und einer elektronischen Steuerung.
- Bei Tintenstrahldruckern wird die Zeichenfolge auf das Papier aufgespritzt. Durch Verwendung mehrerer Strahlen können auch farbige Drucke erzeugt werden.
- Seitendrucker erzeugen jeweils vollständige Seiten. Die Zeichen werden durch einen Laserstrahl-Zeichengenerator erzeugt und elektrofotografisch auf Papier übertragen. Dem >Benutzer stehen auf einfache Art und Weise verschiedene Schriftarten (>Font) zur Verfügung. Der wichtigste Seitendrucker ist der Laserdrucker.

Nicht-öffentlicher Bereich >Privater Bereich

Nichtprocedurale Sprache
non-procedural language
Programmiersystem
Eine >Programmiersprache, mit welcher der Programmierer beschreibt, was gelöst werden soll; Aktionen werden erst durch die Interpretation der >Daten ausgelöst. Im Unterschied dazu: >Procedurale Sprache.

Niedere Programmiersprache
low-level language
Programmiersystem
Eine algorithmische Programmiersprache (>Algorithmische Programmiersprache), die zwischen einer höheren Programmiersprache (>Höhere Programmiersprache) und einer >Assemblersprache steht. Sie bietet die Möglichkeit, Register des für die Programmausführung vorgesehenen >Datenverarbeitungssystems anzusprechen. Ein Beispiel ist PL 360.

Nolan-Modell >Stufenkonzept

Nominale Skala >Skalierung

Normalform >Normalisieren

Normalisieren
normalize
Datensystem
In einem Datenstand (>Datenbasis) ist dann >Redundanz vorhanden, wenn er >Daten enthält, die ohne Verlust an >Information weggelassen werden können. Normalisieren hat zum Ziel, die >Attribute so zu Entitätsmengen (>Entität) und damit zu >Relationen zu ordnen, daß innerhalb einer Relation keine Redundanz besteht. Im konzeptionellen Schema darf keine Redundanz bestehen, während auf der physischen Ebene (internes Schema) und bei den Benutzermodellen (externes Schema) Redundanz zweckmäßig sein kann (>Drei-Schema-Konzept). Eine Relation befindet sich in der ersten Normalform, wenn sie nur einfache Attributewerte enthält. Sie befindet sich in der zweiten Normalform, wenn sie in der ersten Normalform ist und jedes nicht zum >Identifikationsschlüssel gehörende Attribut voll von diesem abhängig ist. Sie befindet sich in der dritten Normalform, wenn sie in der zweiten Normalform ist und kein

Normenkonflikt

Attribut, das nicht zum Identifikationsschlüssel gehört, transitiv von diesem abhängt. Befindet sich eine Relation in der dritten Normalform, so enthält sie keine Redundanz. Betrachtet man den Datenbestand über mehrere Relationen, dann kann Redundanz dadurch bestehen, daß sich mehrere Entitätsmengen überlappen. Dieses Problem wird durch das Einführen von übergeordneten Entitätsmengen gelöst.

Normenkonflikt >Konflikt

Normkonformitätsprüfung
validity test
Grundlagen Systemplanung
Die Prüfung von Hard- und Softwareprodukten (>Hardware, >Software) auf Übereinstimmung mit einschlägigen Normen durch unabhängige Prüflabors. So ist in den USA die Zertifizierung von Compilern (>Kompilierer) schon Voraussetzung, um als Anbieter bei Regierungsausschreibungen berücksichtigt zu werden (>Ausschreibung). In Europa hat die Gesellschaft für Mathematik und Datenverarbeitung (siehe Anhang "Lehr- und Forschungseinrichtungen") zusammen mit Institutionen in Großbritannien und Frankreich das System zur Prüfung von Compilern aus den USA übernommen.

Notation
notation
Allgemeine Grundlagen
Im allgemeinen fachsprachlichen Sinne ein >System von >Zeichen zur Darstellung (>Darstellungsmethode) von >Informationen. In der >Wirtschaftsinformatik häufig verwendet im Zusammenhang mit >Beschreibungsmitteln ("natürlichsprachliche Notation") sowie mit höheren Programmiersprachen (>Höhere Programmiersprache).

numerisch
numeric
Darstellungstechnik
Sich auf einen Zeichenvorrat (>Zeichen) beziehend, der aus >Ziffern oder aus Ziffern und denjenigen >Buchstaben und >Sonderzeichen besteht, die zur Darstellung von Zahlen erforderlich sind.

Numerische Adresse >Adresse

Numerische Daten >Daten

Numerische Tastatur >Tastatur

Numerische Steuerung >NC

Nummer
number
Datensystem
Im Sinne der >Nummerung eine festgelegte Folge von >Zeichen (Buchstaben, Ziffern und Sonderzeichen), in der Regel durch ein >Nummernschema dargestellt (DIN 6763). Folgende Nummernarten werden unterschieden:

- Identifizierungsnummer (>Identifizieren): Eine Nummer für ein identifiziertes >Nummernobjekt (auch Identnummer); sie kann auch klassifizierende Nummernteile enthalten.
- Klassifizierungsnummer (>Klassifizieren): Eine Nummer, mit der ein Nummerungsobjekt klassifiziert wird (auch Ordnungsnummer). Ordnungsnummern dienen nicht dazu, Nummernobjekte zu identifizieren.
- Zählnummer: Eine Nummer, die durch – nicht unbedingt lückenloses – Zählen gebildet und einem Nummerungsobjekt zugeordnet wird.

Nummernart >**Nummer**

Nummernschema
numbering scheme
Datensystem
Die Darstellung des formalen Aufbaus von >Nummern, aus der die Anzahl der Nummernstellen und Nummernteile sowie deren Schreibweise (Anordnung von >Buchstaben, >Ziffern und Gliederungsmitteln) hervorgehen.

Nummernsystem
numbering system
Datensystem
Eine nach bestimmten Gesichtspunkten gegliederte Zusammenfassung von >Nummern oder Nummernteilen mit der Erläuterung ihres Aufbaus (DIN 6763). Diese "Gesichtspunkte" legen fest, aufgrund welcher Kriterien ein >Nummerungsobjekt eine bestimmte Nummer erhält (>Begriffssystem). Mit entscheidend für die Eigenschaften und den Aufbau eines Nummernsystems ist die Verbindung zwischen den beiden Funktionen >Identifizieren und >Klassifizieren. Dabei sind zwei Möglichkeiten zu unterscheiden:
- Verbund-Nummernsystem: Die Nummern bestehen aus klassifizierenden und zählenden Nummernteilen, wobei die zählenden von den klassifizierenden abhängen. Die so gebildete Verbundnummer ist eine Identnummer.
- Parallel-Nummernsystem: Einer Ident- oder Zählnummer werden von dieser unabhängige Klassifizierungsmerkmale zugeordnet. Die Anzahl der Klassifizierungsmerkmale ist nicht beschränkt. Das Auffinden von Nummerungsobjekten mit bestimmten Ordnungskriterien (Klassifizierungsnummern) erfolgt meist durch den Aufbau von >Sekundärschlüsseln.

Nummerung
numbering
Datensystem
Zusammenfassende Bezeichnung für das >Wissen und alle >Tätigkeiten im Zusammenhang mit dem Bilden, Erteilen, Verwalten und Anwenden von >Nummern (vgl. DIN 6763).

Nummerungsobjekt
object of numbering
Datensystem
Ein Gegenstand oder eine Person, denen >Nummern zugeordnet sind oder werden. Unter einem Gegenstand wird sowohl Materi-

elles (z.B. ein Erzeugnis) als auch Nichtmaterielles (z.B. ein Zustand, Vorgang, Verfahren) verstanden.

Nutzenpreis
price of benefit
Kosten- und Leistungsrechnung
Der Nutzen für die Abwicklung eines >Auftrags ist der Preis, den ein >Benutzer zu zahlen bereit ist; er wird als >Verrechnungspreis für die >Auftragsrechnung verwendet. Von einer Gruppe wartender Aufträge wird derjenige zuerst bearbeitet, welcher den höchsten Nutzenpreis hat. Da dieser auch den Preis angibt, der für eine Kapazitätserweiterung aufgewendet werden sollte, eignet er sich auch als Investitionsindikator. Problematisch ist der Nutzenpreis bei stark schwankender Nachfrage, weil dadurch die Prognostizierbarkeit (>Prognose) der Auftragsfertigstellung durch den Benutzer erschwert wird. Dies kann durch flankierende Maßnahmen - wie Preisstufen und Entscheidungshilfen - reduziert werden.

Nutzenstruktur >Wirtschaftlichkeitsanalyse

Nutzungsbewilligung
permission of use
Informationsrecht
Das >Urheberrecht ist an sich nicht übertragbar. Allerdings kann der Urheber anderen gestatten, die ihm vorbehaltenen Verwertungsarten zu nutzen (vgl. § 31 deutsches bzw. § 24 österreichisches Urheberrechtsgesetz). Diese Einräumung von >Nutzungsrechten ist sachlich, örtlich und zeitlich beliebig gestaltbar ("Nutzungsbewilligung"). Von Werknutzungsbewilligung spricht das österreichische Urheberrechtsgesetz, wenn dem Inhaber nur bestimmte Nutzungen erlaubt werden. Das deutsche Urheberrechtsgesetz verwendet dafür den Begriff "einfaches Nutzungsrecht". Die >Softwarelizenzen machen von dieser Möglichkeit in der Regel Gebrauch. Wenn die >Software urheberrechtlich geschützt ist und nicht andere gesetzliche Bestimmungen Ausnahmen festlegen, dann gelten diese Einschränkungen nicht nur gegenüber dem Vertragspartner, sondern auch gegenüber jedem Dritten.

Nutzungsform >Betriebsart

Nutzungsrecht
usufructuary right
Informationsrecht
Das >Urheberrecht ist an sich nicht übertragbar. Allerdings kann der Urheber anderen gestatten, die dem Urheber vorbehaltenen Verwertungsarten zu benutzen (vgl. § 31 deutsches bzw. § 24 österreichisches Urheberrechtsgesetz). Diese Einräumung von Nutzungsrechten ist sachlich, örtlich und zeitlich beliebig gestaltbar. Wird dem Nutzungsberechtigten ein ausschließliches Nutzungsrecht (Werknutzungsrecht) eingeräumt, dann berechtigt dies den Inhaber, unter Ausschluß auch des Urhebers, das Werk im vereinbarten Umfang zu nutzen (vgl. >Nutzungsbewilligung). Überwiegend gehen Rechtsprechung und Lehre davon aus, daß der angestellte Programmierer (>Anwendungsprogrammierer) stillschweigend seinem Arbeitge-

ber ein solches ausschließliches Nutzungsrecht überträgt. Zur Klarstellung ist zu empfehlen, eine entsprechende Klausel in den Dienstvertrag aufzunehmen.

Nutzwert
benefit
Grundlagen Systemplanung
Der subjektiv beeinflußte Wert einer Handlungsalternative zur Befriedigung eines definierten Bedarfs.

Nutzwertanalyse
analysis of benefits
Analysemethode
Der Wirtschaftsinformatiker steht häufig vor der Situation, aus einer gegebenen Menge von Handlungsalternativen eine optimale Alternative vor dem Hintergrund einer Menge situationsrelevanter >Ziele auswählen zu müssen (>Alternativenbewertung). Er kann dann diese Entscheidungssituation in einem Nutzwertmodell abbilden und mit folgenden Schritten eine optimale Alternative bestimmen:
1. Festlegen des >Zielsystems.
2. Ermitteln der Zielerträge (>Zielertrag).
3. Skalieren (>Skalierung) der Zielerträge.
4. Gewichten der Zielkriterien (>Zielkriterium).
5. Durchführen der Wertsynthese mit einer >Entscheidungsregel.
6. Ordnen der Alternativen nach ihrem Gesamtnutzen (>Nutzwert). Weiterführende Varianten der Nutzwertanalyse sind die >Kosten-Nutzen-Technik, die >Empfindlichkeitsanalyse und die Anwendung von Prognosemethoden (>Prognose).

O

OASIS
OASIS
Programmiersystem
Ein >Betriebssystem, das für den 8-Bit-Prozessor Z80 (>Prozessor) konzipiert wurde. Es gibt Versionen für Ein- und Mehrplatz-Systeme (>Mehrbenutzersystem). OASIS ermöglicht das Ablaufen von bis zu sechzehn Programmen (>Mehrprogrammverarbeitung).

Objekt >Entität

Objektiver Konflikt >Konfliktmanagement

Objektorientierte Programmierung
object-oriented programming
Programmiersystem
Im Gegensatz zur proceduralen Betrachtungsweise (>Imperative Programmierung) kennt die objektorientierte Sicht nur eine Einheit, nämlich das "Objekt", das sowohl "Daten" wie auch "Proceduren" repräsentiert. Einerseits sind Objekte wie Daten manipulierbar, auf der anderen Seite beschreiben sie aber auch die auf sich selbst anwendbaren Manipulationsmöglichkeiten. Sollen in einem solchen Modell Informationen manipuliert werden, so ist eine entsprechende >Nachricht an das die Information repräsentierende Objekt zu senden. Das diese Nachricht empfangende Objekt manipuliert sich dann selbst. Ein Beispiel dafür ist SMALLTALK 80 von XEROX. Siehe auch: >Sprachgeneration.

Objektprogramm
object program
Programmiersystem
Ein in >Maschinensprache vorliegendes oder aus einer >Programmiersprache mit einem >Übersetzer übersetztes >Programm.

Objektsystem >Monitoring

Objekttyp >Entitätsmenge

Objekttypen-Ansatz
entity type approach
Methodik Systemplanung
Ansatz als Bestandteil einer Methodik der Systemplanung (>*Grundlagen Systemplanung*) für den Entwurf des >*Datensystems,* der von Ortner/Wedekind eingeführt wurde; er betont die Priorität des Entwerfens des Datensystems vor dem Entwerfen des >*Methodensystems* und kann mit folgenden Entwurfsschritten beschrieben werden:
• Festlegen der Informationsträger der >Anwendungsaufgabe, die Gegenstand der Systemplanung ist, als "elementare Objekttypen" und als "komplexe Objekttypen" (als Kombination elementarer Objekttypen). Siehe auch: >Datenstrukturierung.

- Darstellen des Strukturzusammenhangs der Objekttypen mit Hilfe eines Objekttypen-Zusammenhangsgraphen (>Entitäten-Struktur-Diagramm) und einer >Objekttypen-Tabelle.
- Auffüllen des Strukturzusammenhangs mit der Festlegung der einzelnen >Attribute zu den Objekttypen und Darstellung mit einer >Objekttypen-Attribute-Tabelle.
- Spezifizieren der einzelnen Attribute je Objekttyp und Darstellen mit einer >Attribute-Spezifikationstabelle je Objekttyp.

Objekttypen-Attribute-Tabelle
table of attributes
Darstellungsmethode
Eine beim >Objekttypen-Ansatz verwendete Darstellungsmethode, die in Form einer Tabelle für alle Objekttypen einer >Anwendungsaufgabe deren Name, deren Schlüsselattribut (>Schlüssel, >Attribut) und die Namen der Attribute je Objekttyp angibt.

Objekttypen-Tabelle
table of entity types
Darstellungsmethode
Eine beim >Objekttypen-Ansatz verwendete Darstellungsmethode, die in Form einer Tabelle für alle Objekttypen einer >Anwendungsaufgabe deren Kurzbezeichnung, deren Name, deren Schlüsselattribut (>Schlüssel, >Attribut) sowie die Anzahl der Objekte (>Entität) angibt.

Objekttypen-Zusammenhangsgraph >Entitäten-Struktur-Diagramm

OCR
optical character recognition
Darstellungstechnik
Normschrift für >Ziffern in der automatischen Schrifterkennung (>Belegleser). Die Schriftart OCR-A mit ausgeprägten vertikalen Balken erscheint als stark stilisiert und ist maschinell generierbar. Die Schriftart OCR-B ist handschriftlich generierbar.

OEM
OEM
Dienstleistungsmarkt
Original Equipment Manufacturer, ein Anbieter von >Hardware, die von diesem auch entwickelt und produziert wurde. Der Begriff wird zur Unterscheidung von solchen Anbietern verwendet, welche im wesentlichen oder sogar ausschließlich Hardwarekomponenten auf dem OEM-Markt beziehen, diese zu >Techniksystemen komplettieren und vermarkten, wobei für den >Anwender die Herkunft der Technikkomponenten nicht erkennbar ist.

Off-line
off-line
Verarbeitungstechnik
Ein >Datenverarbeitungssystem besteht aus mehreren Komponenten. Stehen zwei seiner Komponenten nicht so in einem Steuerungszusammenhang (>Steuerung), daß die Arbeitsweise der

Offene Entscheidung

Komponente A durch die Komponente B gesteuert wird (oder umgekehrt), dann arbeiten beide Komponenten off-line. Diese unabhängige Arbeitsweise der beiden Komponenten innerhalb eines Datenverarbeitungssystems wird durch die Verwendung eines >Datenzwischenträgers realisiert, z.B. einer >Diskette oder eines >Magnetbands. Im Unterschied dazu: >On-line.

Offene Entscheidung
open decision
Allgemeine Grundlagen
Eine >Entscheidung, bei der mindestens ein Merkmal einer geschlossenen Entscheidung (>Geschlossene Entscheidung) fehlt. Siehe auch: >Kreativitätstechnik.

Offenes Kommunikationssystem
open communication system
Allgemeine Grundlagen
Ein >Kommunikationssystem ist offen, wenn
- die Kommunikationspartner verschiedenen Rechtspersonen angehören (juristisch offen),
- die >Protokolle zwischen den Kommunikationspartnern und ihren Endeinrichtungen abgesprochen sind (technisch offen) und
- wenn es allgemein zugänglich ist (benutzeroffen).

Offenes System
open system
Systemtechnik
Ein >System, dessen Elemente (einzelne oder mehrere) mit ihrer Umwelt in Interaktion (>interaktiv) stehen. Beispielsweise ist jedes >Informations- und Kommunikationssystem im Sinne der Systemtechnik offen. Im Unterschied dazu: >Geschlossenes System.

Offenes Verschlüsselungssystem
public key system
Sicherungssystem
Ein kryptographisches >Verschlüsselungssystem, das folgendes Problem zu lösen versucht: Bei den bekannten Verschlüsselungssystemen verlagert sich das Problem des Schutzes der >Daten zu einem Problem des Schutzes der >Schlüssel. Der Schlüssel muß an die Kommunikationspartner verteilt und implementiert werden. Ein Verschlüsselungssystem mit offenem Schlüssel (z.B. >RSA) arbeitet wie folgt: Man ermittelt nach bestimmten mathematischen Regeln einen Sendeschlüssel und einen damit korrespondierenden Empfangsschlüssel, die beide von einem gemeinsamen Ausgangsschlüssel abgeleitet werden. Beide gelten (nur) für A; einer wird veröffentlicht und als Sendeschlüssel von allen verwendet, die eine >Nachricht an A übermitteln. Da nur A den geheimen, zum Sendeschlüssel inversen Empfangsschlüssel besitzt, kann nur A entschlüsseln. Voraussetzung ist, daß der Empfangsschlüssel aus dem Sendeschlüssel nicht (mit vertretbarem Aufwand) abgeleitet werden kann (>Kryptoanalyse). Derartige Systeme sind in der Praxis bislang noch nicht erprobt worden.

Öffentlicher Bereich
public law sector
Informationsrecht
Die konkreten Ausführungsbestimmungen im >Datenschutzgesetz unterscheiden sich in der Regel nach der Art des Rechtsträgers. Ist dieser auf Basis des öffentlichen Rechts eingerichtet, so ist er dem öffentlichen Bereich zuzuordnen. Während in Österreich die Kompetenzverteilung durch eine Verfassungsbestimmung im >DSG zugunsten einer ausschließlichen Gesetzgebungskompetenz des Bundes geändert wurde, bestehen in der Bundesrepublik Deutschland auch auf Länderebene solche Kompetenzen; daher sind auch die entsprechenden Landesdatenschutzgesetze zu beachten.

Oktalziffer >Ziffer

On-line
on-line
Verarbeitungstechnik
Ein >Datenverarbeitungssystem besteht aus mehreren Komponenten. Stehen zwei seiner Komponenten so in einem Steuerungszusammenhang (>Steuerung), daß die Arbeitsweise der Komponente A durch die Komponente B gesteuert wird (oder umgekehrt), dann arbeiten beide Komponenten on-line. Im Unterschied dazu: >Off-line.

Online-Dokumentation >Hilfsinformation

Operation
operation
Allgemeine Grundlagen
Im umgangssprachlichen Sinne eine Handlung oder >Tätigkeit. Im wissenschaftstheoretischen Sinne (*>Wissenschaftsdisziplin*) ein wissenschaftlich nachkontrollierbares Verfahren (>Methode), das nach bestimmten Regeln ausgeführt wird. Im Sinne der Mathematik ist die Durchführung eines bestimmten Verfahrens algebraischer, mengentheoretischer, geometrischer oder logischer Art gemeint. Im Sinne der >Wirtschaftsinformatik sind die (mathematischen) Operationen gemeint, die von >Datenverarbeitungssystemen ausgeführt werden können, wie arithmetische Operationen und Vergleichsoperationen ("interne Operationen").

Operations Research >Optimalplanung

Operatives Ziel
operational objective
Grundlagen Informationsmanagement
Operative >Ziele haben Zielinhalte, welche die Benutzung von >Anwendungssystemen und >Basissystemen betreffen. Sie sind vom Informationsmanagement der >Abteilung Informations- und Kommunikationssysteme gemeinsam mit dem der Fachabteilung (>Anwender, >Koordinator, >Benutzerbeteiligung) festzulegen und zu kontrollieren. Beispiele für operative Ziele sind: >Antwortzeitverhalten, >Verfügbarkeit, >Kosten des Systembetriebs, >Benutzerservice. Siehe auch: >Strategisches Ziel, >Administratives Ziel.

Operator

Operator >Anlagenbediener

Optimalplanung
operations research
Wissenschaftsdisziplin
Die Anwendung von mathematischen >Methoden zur Vorbereitung optimaler >Entscheidungen (Müller-Merbach). Die Merkmale der Optimalplanung sind also: Es werden >Entscheidungen vorbereitet; es handelt sich dabei um optimale Entscheidungen; es werden mathematische Methoden verwendet. Dies setzt voraus, daß man das zu lösende Problem (Realproblem) in ein mathematisches Problem (Formalproblem) übertragen kann. Auf dieses Formalproblem lassen sich verschiedene mathematische Methoden zur Problemlösung anwenden. Das Ergebnis der Lösung des Formalproblems wird auf die Realität übertragen, und man erhält die Lösung des Realproblems. Diese hat den Charakter eines Entscheidungsvorschlags. Die Bedeutung der Optimalplanung für die >Wirtschaftsinformatik ergibt sich insbesondere aus ihrem Beitrag für das Entwerfen und Entwickeln des >Methodensystems bei der Systemplanung (>Grundlagen Systemplanung). Siehe beispielsweise: >Korrelationsanalyse, >Prognose, >Risikoanalyse.

Optimieren des Istzustands >Istzustandsoptimierung

Optimierender Compiler
optimizing compiler
Programmiersystem
Ein >Übersetzer, der nicht nur das in der Quellsprache abgefaßte Programm in die Zielsprache übersetzt, sondern dabei die Zielsprache so ändert, daß entweder der benötigte Speicherplatz oder die >Laufzeit des >Programms minimiert wird.

Optimierungsexperiment >Experiment

Optimierungsmodell >Optimalplanung, >Modell

Optische Speicherplatte
optical disc memory
Speichertechnik
Ein >Datenträger, bei dem die >Daten auf optischem Weg gelesen werden. Beim optischen Aufzeichnungsverfahren brennt ein Laserstrahl die >Binärzeichen als kleine Löcher in die >Spuren der Plattenoberfläche. Dadurch ändern sich die Reflexionseigenschaften der Oberfläche. Die gegenwärtig verfügbaren optischen Speicherplatten sind nicht löschbar. Ihre >Kapazität ist höher als die von >Magnetplatten, ihr Preis liegt jedoch darunter. Siehe auch: >Holografischer Speicher.

Optischer Computer
optical computer
Verarbeitungstechnik
Die >Signale in einem >von-Neumann-Rechner bestehen aus Elektronen. In der Nachrichtentechnik werden Photonen in zunehmendem Maße als Träger der Signale benutzt. Beim optischen Computer übernehmen die Photonen die Rolle der Elektronen. Der Gedanke, Aufgaben in der >Zentraleinheit und im >Haupt-

speicher den Photonen zu überlassen, ist faszinierend. Dafür spricht vor allem der hohe Grad an Parallelität, den man in der Optik gewöhnt ist. Das Grundkonzept derartiger Computer besteht in der hochgradig parallelen >Architektur. Mit dem digitalen optischen Computer befassen sich derzeit mehrere Forschungsprojekte.

Optischer Leser >Belegleser

Ordinale Skala >Skalierung

Ordnungsbegriff >Schlüssel

Ordnungsdaten >Daten, >Nummer, >Schlüssel

Ordnungskomponente
organizing factor
Arbeitsorganisation
Zusammenfassende Bezeichnung für >Arbeitsinhalt, Arbeitszeit, Arbeitsraum und >Arbeitszuordnung als die Tatbestände beim Gestalten der Arbeitsorganisation, die einen Zuwachs an Organisiertheit der >Ablauforganisation und/oder der >Aufbauorganisation bewirken.

Ordnungskriterium >Schlüssel

Ordnungsmäßigkeit >CoB, >GoS

Ordnungsnummer >Nummer

Organigramm
organization chart
Darstellungsmethode
Dient zur Darstellung der strukturorganisatorischen Gliederung (Gliederung in Hauptabteilungen, Abteilungen, Gruppen, Stellen usw.) einer >Organisation (>Aufbauorganisation). Für die Darstellung der verschiedenen >Struktureinheiten (z.B. Leitungsstellen, Stabsstellen, Ausführungsstellen) werden unterschiedliche >Symbole verwendet. Die Elemente werden durch Verbindungslinien so miteinander verknüpft, daß die strukturorganisatorischen Beziehungen zwischen ihnen sichtbar werden. Es werden verschiedene Darstellungsformen wie vertikales Organigramm, Säulenorganigramm, horizontales Organigramm, Kreisorganigramm u.a. verwendet.

Organisation
organization
Allgemeine Grundlagen
Ein offenes System (>Offenes System), das auf Dauer angelegt ist, Ziele verfolgt (>Organisationsziel), ein soziales Gebilde ist, das sich aus Individuen und Gruppen zusammensetzt und das eine bestimmte Struktur (>Aufbauorganisation) hat.

Organisationsabteilung
organization department
Infrastruktur

Organisationsanalyse

Die >Struktureinheit einer >Organisation, deren Aufgabe die Gestaltung der >Aufbauorganisation und der >Ablauforganisation ist. Sie ist zumeist nur in Großbetrieben vorhanden, während in Klein- und Mittelbetrieben diese Aufgaben zum Aufgabenbereich der Geschäftsführung bzw. der Führungskräfte der Fachabteilungen gehören. Die Entwicklung der >Informations- und Kommunikationssysteme hat in vielen Unternehmen zu einer Aushöhlung des Aufgabenbereichs der Organisationsabteilung, teilweise zu ihrem Verschwinden geführt, da diese Aufgaben in den Verantwortungsbereich der >Datenverarbeitungsabteilung überführt worden sind. Im Zusammenhang mit der Entwicklung des Informationsmanagement (>Grundlagen Informationsmanagement) gehen ihre Kompetenzen, insbesondere bezüglich der Ablauforganisation, in den Verantwortungsbereich der >Abteilung Informations- und Kommunikationssysteme über.

Organisationsanalyse >Istzustandsanalyse

Organisationsberater >Berater

Organisationsentwicklung
organizational development
Personalmanagement
Organisationsentwicklung zielt auf eine Veränderung des Problemlösungsverhaltens (>Problemlösen) des Menschen in >Organisationen durch Lernen im interpersonellen Kontext ab. Dabei ist die Funktion des >Beraters als Initiator des Lernens von zentraler Bedeutung. Im Zusammenhang mit der Gestaltung der Aufgaben der >Informationsfunktion einer Organisation ist es die Aufgabe des Informationsmanagement, Organisationsentwicklung zu ermöglichen, die eine entscheidende Bedeutung im Zusammenhang mit der Realisierung zweckmäßiger Formen der *>Partizipation* erlangt.

Organisationsergonomie >Ergonomie

Organisationsform Programmierteam
organization mode of programmer team
Personalmanagement
Man unterscheidet die Organisationsformen "individueller Programmierer", "frei arbeitendes Team" und "strukturiert arbeitendes Team". Empirische Untersuchungen zeigen, daß das >Programmierverhalten deutlich unterschiedlich ist. Mißt man das Programmierverhalten mit der >Änderungsrate, dann ergibt sich (nach Basili) für den individuellen Programmierer 1,6, für das frei arbeitende Team 1,3 und für das strukturiert arbeitende Team 3,7 bei einem Mittelwert von 1,8. "Aufgrund der hohen Änderungsrate (beim individuellen Programmierer je 1,6 Anweisungen eine Programmänderung) könnte man das Programm im wesentlichen als eine Geschichte der während der Programmentwicklung entdeckten Fehler verstehen." (Kraft).

Organisationsforschung
organizational research
Wissenschaftsdisziplin
Ein Wissenschaftsbereich der >Betriebswirtschaftslehre, dessen Ziel die Erkenntnisgewinnung über das Phänomen >Orga-

nisation ist. Ihre Betrachtungsobjekte sind also sowohl die >Aufbauorganisation als auch die >Ablauforganisation. Ihre unterschiedlichen Forschungsansätze können in die beiden Gruppen empirischer Forschungsansatz (>empirisch) und analytischer Forschungsansatz eingeordnet werden.

Organisationsfunktion >Sachbearbeiter

Organisationsgrundsatz
organization principle
Grundlagen Systemplanung
Eine empfehlenswerte, in der Praxis im allgemeinen bewährte Handlungsanweisung, die mangels geeigneter Methoden für die Analyse oder den Entwurf (>*Analysemethode,* >*Entwurfsmethode)* verwendet wird. Sie beruht nicht auf wissenschaftlichen Erkenntnissen und gibt in der Regel keine nachvollziehbare Vorgehensweise an. Beispiele: Grundsatz der >Modularität, Grundsatz der Vermeidung informeller Informationssysteme, Grundsatz der >Benutzerunabhängigkeit, Grundsatz der Aufgabenorientierung.

Organisationslehre
organization teachings
Wissenschaftsdisziplin
Die Organisationslehre – in einem weiteren Sinne unter Einschluß der >Organisationsforschung und der >Organisationstheorie – befaßt sich mit dem Problem der Verknüpfung von Elementen unter einer übergeordneten Zielsetzung zu >Systemen, wobei das Schwergewicht auf der Betrachtung sozialer oder sozio-technischer Systeme liegt (wie z.B. auch >Informations- und Kommunikationssysteme). Im einzelnen geht es dabei um folgendes:
- Wie solche Systeme strukturiert werden (>Subsystembildung, >Integration, >Ablauforganisation).
- Welche Beziehungen zwischen den Systemelementen bestehen und wie sie gestaltet werden (>Interdependenz).
- Welche Wirkungen von bestimmten Strukturen und Beziehungsgefügen ausgehen, die sowohl innerhalb dieser Systeme (>Dynamisches System) als auch für die Umwelt dieser Systeme (>Offenes System) von Bedeutung sind.

Die zentrale Fragestellung der Organisationslehre lautet also, wie die organisatorischen Instrumentalvariablen in einer gegebenen Situation zu gestalten sind, damit die vorgegebenen >Sachziele und >Formalziele erfüllt werden.

Organisationsmittel
aid for organization
Grundlagen Systemplanung
Organisationsmittel sind zum einen >Sachmittel, zum anderen aber auch "Mittel des Organisierens", so z.B. >*Erhebungsmethoden,* >*Analysemethoden,* >*Darstellungsmethoden* und >*Entwurfsmethoden.* Der zweckmäßige Einsatz der Organisationsmittel ist eine Frage der >Projektplanung, der zweckmäßige Einsatz der Sachmittel eine Frage der Systemplanung.

Organisationsmodell >Grundkonzeption

Organisationsplan >Organigramm

Organisationsprinzip >Organisationsgrundsatz

Organisationsprogrammierer >Anwendungsprogrammierer

Organisationspsychologie
organizational psychology
Wissenschaftsdisziplin
Die Wissenschaft vom Erleben und >*Verhalten* des Menschen (>Psychologie) in >Organisationen.

Organisationstheorie
organizational theory
Wissenschaftsdisziplin
Eine Interdisziplin, die sich auf die Erkenntnisse verschiedener anderer Disziplinen stützt (z.B. Biologie, >Soziologie, >Psychologie, >Betriebswirtschaftslehre). Aus betriebswirtschaftlicher Sicht kann sie in die >Organisationslehre eingeordnet werden. Betrachtungsobjekt der Organisationstheorie ist die >Organisation, im einzelnen ihre Aufgaben (>*Grundlagen Aufgabe*), die Gesamtheit der Bedingungen, unter denen sich die Aufgabenerfüllung vollzieht (z.B. die Eigenschaften der Menschen und >Sachmittel als >Aufgabenträger), die organisatorischen Regeln und die Aufgabenerfüllungsprozesse durch die Aufgabenträger sowie auch die Umweltbedingungen der Organisation als sozio-technisches System. Unter den verschiedenen Forschungsansätzen der Organisationstheorie ist der systemtheoretisch-kybernetisch orientierte Ansatz für die >Wirtschaftsinformatik von besonderem Interesse. Dieser Ansatz versucht, die begrifflichen und forschungsmethodischen Instrumente der >Systemtheorie und der >Kybernetik für die Organisationstheorie nutzbar zu machen.

Organisationstyp
type of organization
Grundlagen Informationsmanagement
Eine Systematik zur Einordnung einer >Organisation in Abhängigkeit vom Leistungsbeitrag der >Informationsfunktion zur Erreichung der strategischen Ziele (>Strategisches Ziel). Die in der Abbildung gezeigte Systematik unterscheidet zwischen:
- Typ 1 "Unterstützung": Die Informationsfunktion hat sowohl gegenwärtig als auch in Zukunft nur eine geringe Bedeutung für die Erreichung der strategischen Ziele der Organisation. Entsprechend gering ist der Stellenwert des Informationsmanagement.
- Typ 2 "Fabrik": Die Informationsfunktion hat zwar gegenwärtig eine große Bedeutung, diese nimmt aber in Zukunft ab. Das Informationsmanagement hat eine gewisse Bedeutung und konzentriert sich auf das Management der vorhandenen Ressourcen (>*Anwendungssystemmanagement*, >*Produktionsmanagement* einschließlich >*Katastrophenmanagement* sowie >*Personalmanagement*).
- Typ 3 "Durchbruch": Die gegenwärtig geringe Bedeutung der Informationsfunktion nimmt in der Zukunft drastisch zu. Hauptaufgabe des Informationsmanagement ist die Entwicklung

einer leistungsfähigen >*Infrastruktur* für die Informationsfunktion.
- Typ 4 "Waffe": Die große gegenwärtige und zukünftige Bedeutung der Informationsfunktion gibt dem Informationsmanagement einen hohen Stellenwert. Das Management der vorhandenen Ressourcen ist ebenso bedeutsam wie die Aufgabe der Pflege und Weiterentwicklung der Infrastruktur.

In Organisationen des Typs 4 können die strategischen Ziele ohne eine gut entwickelte Infrastruktur der Informationsfunktion nicht erreicht werden.

	gering	groß
groß (Zukünftiges Leistungspotential der Informationsfunktion)	Typ III "Durchbruch"	Typ IV "Waffe"
gering	Typ I "Unterstützung"	Typ II "Fabrik"

Gegenwärtiges Leistungspotential der Informationsfunktion

Abbildung Organisationstyp

Organisationsziel
objective of organization
Grundlagen Aufgabe
>Ziele des Informationsmanagement *(>Grundlagen Informationsmanagement)* und der Systemplanung *(>Grundlagen Systemplanung)* sind sowohl Organisationsziele als auch >Individualziele. Organisationsziele entstehen dadurch, daß das für die >Informationsfunktion bzw. die Systemplanung zuständige Informationsmanagement Ziele verbindlich festlegt und vorgibt. Dabei handelt es sich sowohl um >Sachziele als auch um >Formalziele sowie sowohl um strategische Ziele (>Strategisches Ziel) und administrative Ziele (>Administratives Ziel) als auch um operative Ziele (>Operatives Ziel). Ein >Zielsystem kann sich nur dann bewähren, wenn es gelingt, die Organisationsziele und die Individualziele insgesamt so zu gestalten, daß sie sich letztlich komplementär verhalten.

Organisator
organizer
Berufsbild - Tätigkeitsfeld
>Aufgabenträger für die Aufgabe "Organisation" im Bereich der >Aufbauorganisation und der >Ablauforganisation. Die in der Praxis häufig anzutreffende Bezeichnung "EDV-Organisator" deutet auf einen Organisationsspezialisten in dem Bereich der Ablauforganisation hin, der sich der Informations- und Kom-

munikationstechnik als >Sachmittel bzw. als Aufgabenträger bedient. Der "Bund Deutscher Organisatoren (BDO)" versteht sich als Interessensvertretung der in der Bundesrepublik Deutschland hauptberuflich tätigen Organisatoren.

Organisatorische Integration
organizational integration
Entwurfsmethode
Die verschiedenen Aspekte der >Integration beeinflussen den Systementwurf so entscheidend, daß sie in eine methodische Vorgehensweise bei der >Durchführbarkeitsstudie, der >Grobprojektierung und der >Feinprojektierung eingebunden werden müssen. Dies ist gegenwärtig allerdings nur in einer methodisch relativ schwachen Weise in der Form von Grundsätzen (>Organisationsgrundsatz) oder Prinzipien (>Prinzip) möglich, die sich der >Systemplaner aus seiner Kenntnis der verschiedenen organisatorischen Integrationsphänomene entwickeln muß (siehe auch: >Technische Integration). Diese sind:
- Die Datenintegration in einem einheitlichen >*Datensystem.*
- Die Methodenintegration in einem einheitlichen >*Methodensystem.*
- Die Kommunikationsintegration in einem einheitlichen Transportsystem (>ISO-Schichtenmodell).
- Die Sicherungsintegration in einem einheitlichen >*Sicherungssystem.*
- Die Vorgangsintegration in der >*Arbeitsorganisation.*

Diese Integrationsformen wirken primär ablauforganisatorisch (>Ablauforganisation). Daraus ergibt sich in der Regel die Notwendigkeit einer Integration der >Aufbauorganisation. So verändert z.B. der Einsatz integrierter CAD/CAM-Systeme (>CAD, >CAM) die Zuordnung von Aufgaben auf Aufgabenträger (>Aufgabenzuordnung). Die Bedeutung von >Information und >Kommunikation als Produktionsfaktor läßt schließlich Integrationsphänomene im Bereich des Informationsmanagement (>*Grundlagen Informationsmanagement)* sichtbar werden, wie z.B. die Kommunikationslücke zwischen dem Top-Management und dem Linienmanagement auf der einen sowie den "Datenverarbeitungsspezialisten" auf der anderen Seite, oder die mangelhafte organisatorische Gestaltung und Einbindung aller Stellen und Aufgabenträger, denen Aufgaben der >Informationsfunktion zugeordnet sind *(>Infrastruktur).* Siehe auch: >Integrationswirkung, >Innerbetriebliche Integration, >Zwischenbetriebliche Integration.

Organisatorische Vorbereitung
organizational preparation
Grundlagen Systemplanung
Der Teil der Aufgaben der >Implementierungsvorbereitung, der sich mit der Anpassung der >Ablauforganisation und der >Aufbauorganisation befaßt sowie die Beschaffung der erforderlichen >Organisationsmittel zum Gegenstand hat.

Organisieren
organize
Allgemeine Grundlagen

Das Gestalten eines >Systems; es beinhaltet sowohl das Festlegen der >Ziele der Gestaltung als auch der Gestaltungsaufgaben im Sinne ihrer >Planung, Durchführung und Kontrolle. In einer >Organisation bezieht sich das Organisieren sowohl auf die >Aufbauorganisation als auch auf die >Ablauforganisation.

Orgware
orgware
Grundlagen Systemplanung
Ein in Anlehnung an >Hardware und >Software geprägter, selten verwendeter Begriff, der die Gesamtheit der personellen und organisatorischen Ressourcen bezeichnet, die neben Hardware und Software erforderlich sind, um ein >Informations- und Kommunikationssystem zu planen und zu nutzen.

Original Equipment Manufacturer >OEM

Osborn-Verfremdung >Brainstorming

OSI-Modell >ISO-Schichtenmodell

Outputmanipulation >Computermanipulation

Outside-In-Ansatz
outside-in approach
Methodik Systemplanung
Ansatz als Bestandteil einer Methodik der Systemplanung, der dadurch gekennzeichnet ist, daß man von den Entwurfsbedingungen des Umsystems ausgeht und daraus die Spezifikationen der Systemteile ableitet, welche mit dem Umsystem stark interagieren. Man verwendet diese Spezifikationen dann als Restriktionen für die Spezifikation der Systemteile, welche mit den soeben entworfenen Systemteilen stark interagieren usw. Mit anderen Worten: Man verwendet ein Schalen- oder Zwiebelmodell, in dem die einzelnen Schalen Systemteile mit gleichartigen Eigenschaften enthalten. Im Gegensatz dazu: >Inside-Out-Ansatz.

P

PABEX
PABEX
Netzwerktechnik
Private Automatic Branch Exchange; eine automatische Nebenstellenanlage für Fernsprechnummern-Vermittlung im privaten Bereich, die über Hauptanschlüsse mit dem öffentlichen Fernsprechnetz verbunden ist. Dieses Konzept ist auch für Telex-Nebenstellenanlagen anwendbar (Private Automatic Telex Branch Exchange = PATBX). Siehe auch: >Telex.

Paket
packet
Transporttechnik/Programmiersystem
1. Eine Informationseinheit in der >Datenübertragung. Ein Paket besteht aus dem Header (Nachrichtenkopf mit Bestimmungsadresse), dem Datenfeld (Nachrichteninhalt) und dem >FCS.
2. Bezeichnung für mehrere zusammengehörige >Programme ("Softwarepaket").

Paketvermittlung
packet switching
Transporttechnik
Ein Verfahren zur >Datenübertragung bei der >Speichervermittlung, bei dem die zu übertragenden >Daten in >Paketen transportiert werden, die je nach Netzbelegung über unterschiedliche Wege (>Wegwahl) das Ziel erreichen. Dadurch wird eine möglichst wirtschaftliche Nutzung des >Netzes erreicht. Siehe auch: >Leitungsvermittlung.

Paketvermittlungsnetz
packet switching net
Netzwerktechnik
Ein >Netz, auf dem Nachrichtenpakete (>Paket) transportiert werden.

PAP >Programmablaufplan

Paradigma
paradigm
Allgemeine Grundlagen
Die allgemein anerkannten, in den Lehrbüchern dokumentierten Begriffe, Theorien und Erläuterungen einer Wissenschaft *(>Wissenschaftsdisziplin)*, also die "herrschende Meinung" oder "gemeinsame Auffassung" der Vertreter dieser Wissenschaft. Im engeren Sinne: Eine allgemein anerkannte >Methode zur Problemlösung (>Problemlösen).

Parallel-Nummernsystem >Nummernsystem

Parallelbetrieb
parallel mode
Verarbeitungstechnik
Mehrere >Funktionseinheiten eines >Datenverarbeitungssystems arbeiten gleichzeitig an mehreren (unabhängigen) Aufgaben

oder an Teilaufgaben derselben Aufgabe (vgl. DIN 44300). Dies setzt voraus, daß in sich abgeschlossene Aufgaben definiert werden können, welche den einzelnen Funktionseinheiten zur Bearbeitung übertragen werden.

Paralleldruckwerk
parallel printer
Ausgabetechnik
Ein >Druckwerk, bei dem aus einem Zeichenvorrat mehrere >Zeichen gleichzeitig abgedruckt werden (vgl. DIN 9784).

Paralleler Dialog
parallel dialog
Arbeitsorganisation/Benutzersystem
Eine Technik der >Dialoggestaltung, bei der für einen >Benutzer mehrere Kellerspeicher angelegt werden. Bei Dialogwechsel wird durch Betätigen einer bestimmten Funktionstaste (>Tastatur) eine Dialogwechsel-Transaktion (>Transaktion) aufgerufen, welche den Inhalt des Zwischenspeichers in einen Kellerspeicher überträgt und den Inhalt des gewünschten Kellerspeichers in den Zwischenspeicher bringt. Durch dieses Wegspeichern und Zurückholen kann der Dialog beliebig oft gewechselt werden. Siehe auch: >Dialogkellerung.

Paralleltest >Zuverlässigkeitsgrad

Parallelumstellung
parallel changeover
Implementierungsmethode
Eine >Implementierungsart nach zeitlichen Merkmalen, bei welcher der >Sollzustand eines Systems oder Systemteils implementiert wird, ohne daß der >Istzustand gleichzeitig außer Kraft gesetzt wird; dies erfolgt erst dann, wenn der Sollzustand einwandfrei funktioniert. Bezüglich der Vor- und Nachteile der Parallelumstellung siehe: >Stichtagsumstellung.

Parallelverarbeitung >Parallelbetrieb

Parameter
parameter
Grundlagen Systemplanung
Eine unbestimmte Konstante einer Funktion, einer Gleichung, allgemein eines >Systems, von der die Funktion usw. abhängt und durch deren verschiedene Wahl ("Parametrisierung") sich die Gestalt der Funktion usw. verändert.

Parametrisierender Benutzer >Benutzertyp

Parametrisierte Abfrage >Vorprogrammierte Abfrage

Parametrisierung >Parameter

Paritätsbit >Prüfbit

Partizipationsdimension
degree of participation
Partizipation
Beschreibt die Art und Weise, in welcher Personen oder Gruppen an der Systemplanung *(>Grundlagen Systemplanung)* teilnehmen. Man unterscheidet (nach H. Heilmann):
- Partizipationsausprägung, die von der Unterrichtung der Betroffenen (>Betroffener) auf der einen bis zur selbständigen Systemplanung durch die Betroffenen auf der anderen Seite reicht.
- Partizipationsebene; Partizipation kann auf der Ebene des einzelnen >Arbeitsplatzes, der Arbeitsgruppe oder Abteilung (>Struktureinheit), auf Betriebs- oder Unternehmensebene erfolgen.
- Partizipationsform; sie beschreibt, ob die Betroffenen persönlich ("direkte Partizipation") oder durch Repräsentanten (von den Betroffenen gewählt oder durch Dritte bestimmt) an der Systemplanung beteiligt sind ("repräsentative Partizipation").
- Partizipationsgrundlage, bei der zwischen informaler und formaler Partizipation unterschieden wird. Informale Partizipation beruht auf dem Konsens aller Beteiligten, formale Partizipation auf Führungsrichtlinien oder Unternehmensverfassungen bzw. bei >Mitbestimmung auf Betriebsvereinbarungen, kollektivvertraglichen Regelungen oder Gesetzen.
- Partizipationsphasen; jede Systemplanung vollzieht sich nach einem >Phasenmodell; Partizipation kann nur in ausgewählten oder in allen Phasen stattfinden.

Partizipationsziel
objective of participation
Partizipation
Partizipationsziele (>Ziel) sind in Abhängigkeit von den an der Partizipation beteiligten Gruppen unterschiedlich. Aus der Sicht der >Benutzer sind dies z.B. die Absicherung des >Arbeitsplatzes vor Versetzung oder Entlassung und die Verbesserung der *>Arbeitsorganisation,* die zu mehr >Arbeitszufriedenheit führt. Aus der Sicht des Management stehen betriebswirtschaftliche Ziele wie >Produktivität und >Wirtschaftlichkeit im Vordergrund, die u.a. durch eine Verbesserung der >Akzeptanz erreicht werden. >Systemplaner haben das Ziel, die fachlichen Erfahrungen der Benutzer verfügbar zu machen, um >Informations- und Kommunikationssysteme möglichst benutzergerecht (>Benutzerfreundlichkeit) und fehlerfrei zu gestalten.

PASCAL
PASCAL
Programmiersystem
Eine problemorientierte Programmiersprache (>Problemorientierte Programmiersprache), die den Top-Down-Entwurf (>Top-Down-Strategie) von >Programmen unterstützt. Als besondere Merkmale von PASCAL gelten:
- Unterstützung der modularen Programmierung (>Modulare Programmierung).
- Typenorientiertheit (>MODULA-2).

- Im Unterschied zu MODULA-2 ist in PASCAL keine getrennte Übersetzbarkeit von >Moduln möglich.
- >Strukturierte Programmierung
- Geringer Sprachumfang: Dies erleichtert die >Implementierung auf >Personal Computer.

Paßwort
password
Sicherungssystem
Ehe der >Benutzer die Leistungen eines >Datenverarbeitungssystems in Anspruch nehmen kann, muß er sich dem >Betriebssystem gegenüber identifizieren (>Authentifikation). Mit dem Paßwort sind Privilegien verbunden. Als Paßworte sollten alphanumerische Zeichenkombinationen (>alphanumerisch, >Zeichen) verwendet werden. Siehe auch: >PIN, >Zugriffsberechtigung.

PATBX = Private Automatic Telex Branch Exchange >PABEX

Patentschutz
protection of patents
Informationsrecht
Das Patentrecht schützt technische Erfindungen durch Einräumung von absoluten Rechten. Nach der internationalen Ablehnung der Patentierfähigkeit von >Software durch die Rechtssprechung wurde dies auch durch die Gesetzgeber klargestellt. § 52 Abs. 3 des Europäischen Patentübereinkommens und die darauf basierenden nationalen Gesetzesbestimmungen stellen klar, daß Software an sich nicht patentfähig ist, weil es sich dabei um keine "technischen" Erfindungen handelt. Das schließt allerdings nicht aus, daß z.B. Maschinen patentiert werden können, die durch Software gesteuert werden. Es können also zwar nicht die Programme an sich patentiert werden, aber die Patentierfähigkeit kann nicht schon deshalb verneint werden, weil ein Programm Bestandteil der Erfindung ist.

PC >Personal Computer

PCM = Plug Compatible Manufacturer >Kompatibilität

PD-Software >Public-Domain-Software

PEARL
PEARL
Programmiersystem
Process and Experiment Automation Realtime Language; eine genormte >Realzeit-Programmiersprache (vgl. DIN 66253).

Penetrierung
penetration
Sicherungssystem
Die Umgehung oder Durchdringung von Identitäts- oder Berechtigungsprüfungen. Siehe auch: >Zugriffsberechtigung.

Perfektions-Wartung >Wartung

Performability >Leistungsbereitschaft

Performance Availability >Leistungsbereitschaft

Performance Reliability >Leistungsbereitschaft

Peripherie
peripheral equipment
Eingabetechnik/Ausgabetechnik
Im allgemeinen Sinne Rand oder Umgebung; im Sinne der Informations- und Kommunikationstechnik *(>Grundlagen Technik)* Sammelbezeichnung für alle an die >Zentraleinheit angeschlossenen >Eingabegeräte, >Ausgabegeräte und >Speicher. Zentraleinheit und Peripherie bilden die >Hardware eines >Datenverarbeitungssystems.

Personal Computer
personal computer
Verarbeitungstechnik
Ein für den persönlichen Gebrauch entwickelter Computer, der größenmäßig den >Mikrocomputern zuzuordnen ist. Personal Computer sind standardmäßig mit >Bildschirm, >Tastatur, >Zentraleinheit und einem Diskettenlaufwerk (>Diskette) ausgestattet. >Schnittstellen für den Anschluß peripherer Geräte (z.B. >Magnetplattenspeicher, >Druckwerk) sind vorhanden. Personal Computer können auch mit Funktionseinheiten für den Anschluß an lokale, regionale oder überregionale >Netze ausgestattet werden. Siehe auch: >Heimcomputer.

Personalentwicklung
personnel development
Personalmanagement
Zusammenfassende Bezeichnung für alle Maßnahmen zur Beurteilung, Auswahl, Ausbildung und Förderung der Mitarbeiter. Da mit der >Implementierung von >Informations- und Kommunikationssystemen regelmäßig erhebliche Veränderungen der Aufgaben *(>Grundlagen Aufgabe)*, des >Arbeitsablaufs, der verwendeten >Sachmittel usw. verbunden sind, werden einerseits Kenntnisse und Fähigkeiten überflüssig gemacht, andererseits werden andere Kenntnisse und Fähigkeiten notwendig. Dies erfordert gezielte Maßnahmen zur >Schulung sowohl für >Benutzer als auch für andere >Aufgabenträger. Darüber hinaus ist Personalentwicklung im Bereich des Personals erforderlich, das professionell an der Systemplanung *(>Grundlagen Systemplanung)* und im Informationsmanagement *(>Grundlagen Informationsmanagement)* mitwirkt, wie z.B. >Systemplaner, >Organisator, >Anwendungsprogrammierer. Empirische Befunde zeigen, daß 5 bis 10% des Budgets der >Abteilung Informations- und Kommunikationssysteme für die Schulung aufgewendet wird. Drittens ist Personalentwicklung notwendig, um Benutzer zur >Partizipation zu befähigen. Gegenstand der Schulung sind z.B. *>Erhebungsmethoden, >Analysemethoden, >Entwurfsmethoden,* >Kreativitätstechniken und >Präsentationstechniken.

Personalinformationssystem
personnel information system
Personalwesen
Ein >Teilsystem eines >Informations- und Kommunikationssystems zur Unterstützung von Aufgaben (*>Grundlagen Aufgabe*) des Personalwesens. Derartige Aufgaben sind z.B.: Personalbedarfsermittlung; Personaleinsatzplanung; Personalerhaltung; Personalfreistellung. Die >Lohn- und Gehaltsverrechnung wird meist dem Teilsystem *>Finanz- und Rechnungswesen* zugeordnet. Siehe auch: >Kontrollsystem, >Mitbestimmung.

Personelle Vorbereitung
personnel preparation
Personalmanagement
Der Teil der Aufgaben der >Implementierungsvorbereitung, der sich mit der Personalbeschaffung und der Personalschulung beschäftigt. Beide Aufgaben haben zum Ziel, Qualifikationsdefizite (*>Qualifikation*) zwischen den Anforderungen der Aufgaben der Systemplanung sowie der Nutzung der Planungsergebnisse und dem bestehenden Qualifizierungsniveau der Mitarbeiter festzustellen und bis zu dem Zeitpunkt auszugleichen, zu dem die dieses Niveau erfordernden Aufgaben planmäßig in Angriff genommen werden sollen. Siehe auch: >Personalentwicklung.

Personenbezogene Daten
personal data
Datensystem/Informationsrecht
1. Die >Daten, welche Eigenschaften von Personen abbilden, also >Information über Personen enthalten.
2. Im Sinne des >BDSG Einzelangaben über persönliche oder sachliche Verhältnisse einer bestimmten oder mit Wahrscheinlichkeit bestimmbaren natürlichen Person, im Sinne des >DSG auch einer juristischen Person (siehe § 2 Abs. 1 BDSG, § 3 Z. 1 DSG). Siehe auch: >Betroffener.

PERT
PERT
Darstellungsmethode/Entwurfsmethode
Program Evaluation and Review Technique; eine Methode der >Netzplantechnik; wurde 1958 im Rahmen der Polaris-Raketen-Programme von der amerikanischen Marine entwickelt. Es werden >Ereignisse beschrieben und durch Knoten dargestellt (Ereignisknotennetzplan). Siehe auch: >Netzplan.

Perzeption
perception
Grundlagen Mensch
Die sinnliche Wahrnehmung von Eindrücken durch den Menschen und deren Interpretation. Die >Mustererkennung versucht, die mathematisch-technischen Aspekte der Perzeption zu automatisieren.

Petri-Netz
Petri net
Darstellungsmethode/Entwurfsmethode

Pflegeschein

Ein Schema zur Beschreibung, Analyse und Gestaltung verteilter >Systeme und >Prozesse (>Distribuierung), mit dem komplexe, nebenläufige, entkoppelte und zeitlich nebeneinander bestehende Zusammenhänge mit Hilfe von >Ereignissen (Kästchen) und >Bedingungen als Voraussetzung oder Folge eines Ereignisses (Kreis) graphisch dargestellt und damit besser durchschaubar gemacht werden können. Sie können rechnergestützt erstellt und ausgewertet werden. Im Vergleich zu anderen Methoden (z.B. >SADT) decken Petri-Netze eine größere Bandbreite von Erhebung, Analyse und Entwurf ab. Die graphische Darstellung (>Graphik) ist auch für Nichtexperten (z.B. >Benutzer) leicht zugänglich und erleichtert damit die Kommunikation zwischen Auftraggeber und Entwickler. Die Abbildung zeigt eine Bibliothek als Petri-Netz (Quelle: GMD).

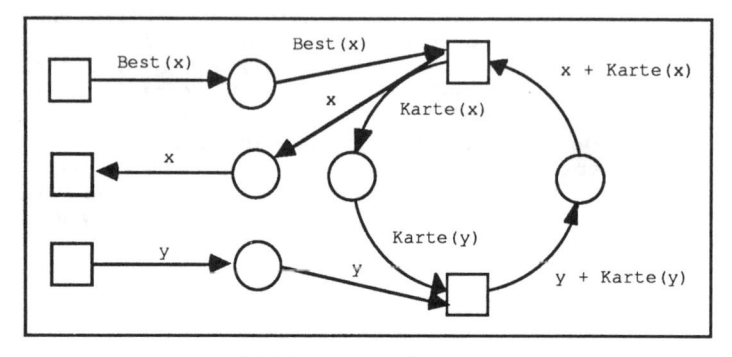

Abbildung Petrinetz

Pflegeschein >Spezifikationsschein

Pflichtenheft
requirements definition
Darstellungsmethode/Informationsrecht
Vom Ergebnis der >Durchführbarkeitsstudie hängt es ab, ob ein >Projekt durchgeführt oder fallen gelassen wird, oder ob die >Anforderungen revidiert werden. Je sorgfältiger die >Problemanalyse durchgeführt wurde, desto wahrscheinlicher sind die dabei gefällten >Entscheidungen richtig. Das Pflichtenheft als resultierendes >Dokument dieser Phase der >Grobprojektierung ist sowohl für den Auftraggeber als auch für den Anbieter bzw. Lieferanten von grundlegender Bedeutung. Es zeigt den >Istzustand mit seinen Problemen und >Schwachstellen, nennt die >Ziele, die erreicht werden sollen, steckt die zu lösenden Aufgaben *(>Grundlagen Aufgabe)* möglichst genau ab und definiert die derzeitigen und die zukünftigen Anforderungen. Das Pflichtenheft ist auch Basis für die Strukturierung der Angebote und für einen objektiven Angebotsvergleich. Es ist die verbindliche Grundlage für die Abnahme der Leistungen des Anbieters und damit auch ein Dokument von rechtlicher Bedeutung. Siehe auch: >Ausschreibung.

Phasenkonzept >Phasenmodell

Phasenmodell
life cycle model
Methodik Systemplanung
Eine systematische Gliederung der Aufgaben der Systemplanung einschließlich ihrer >Ziele, >Methoden und >Werkzeuge. Beispielsweise unterscheidet man zwischen >Vorstudie, >Feinstudie, >Grobprojektierung, >Feinprojektierung, >Implementierung. Diese idealtypische Gliederung der Systemplanung wird teilweise im Sinne einer Methodik mißverstanden, indem darin eine Vorgehensweise (Vorgehensschema) gesehen wird. Das Phasenmodell gibt z.B. keine eindeutige zeitliche Ordnung der Phasen und ihrer Tätigkeiten an; man darf sich den Prozeß der Systemplanung also nicht als eine lineare Abfolge der einzelnen Phasen vorstellen. Diese überlappen sich vielmehr und sind durch >Rückkopplungen untereinander gekennzeichnet. Auch sind verschiedene Methoden und Werkzeuge in mehreren oder allen Phasen anwendbar. Der Wert des Phasenmodells ist vor allem didaktischer Art. Darüber hinaus geht es als ein bestimmendes Element in die Methodik der Systemplanung ein.

Phasenschema >Phasenmodell

PHONENET
PHONENET
Netzwerktechnik
Ein sternförmiges, auf den CSNET-Knoten (>CSNET, >Knoten) hin orientiertes Wählleitungsnetz (>Wählleitung).

Physikalisches Modell >Modelltyp

Physiologisches Bedürfnis >Bedürfnis

Physische Datensicherungsmaßnahme >Datensicherungsmaßnahme

Physische Datensicht >Drei-Schema-Konzept

Physische Datenstruktur >Datenstruktur

Physische Datenunabhängigkeit >Datenunabhängigkeit

Physisches Attribut
physical attribute
Grundlagen Systemplanung
Ein Merkmal eines >Systems, das eine bestimmte Form der >Implementierung beschreibt. Physisches Attribut eines >Datenflusses ist z.B. die Art des verwendeten >Datenträgers (etwa ein bestimmtes >Formular); physisches Attribut eines >Datenverarbeitungsprozesses ist z.B. die Art des verwendeten >Sachmittels (etwa ein bestimmtes >Datenverarbeitungssystem).

Physisches Datenflußdiagramm
physical data flow diagram
Entwurfsmethode
Ein >Datenflußdiagramm, das ein >System in Abhängigkeit von einer bestimmten Form der >Implementierung, also mit phy-

sischen Attributen (>Physisches Attribut), wie z.B. Namen von Personen, Stellen, Abteilungen oder von >Sachmitteln, darstellt. Im Gegensatz dazu: >Logisches Datenflußdiagramm.

Physisches Löschen >Löschungsrecht

Physisches Modell
physical model
Methodik Systemplanung
Eine Systemabbildung, die eine bestimmte Form der >Implementierung zum Gegenstand hat, die also mit physischen Attributen (>Physisches Attribut) belegt ist. Im Unterschied dazu: >Logisches Modell. Bei der >Systemanalyse erhebt man in der Regel zunächst ein physisches Modell, das man dann seiner physischen Attribute sukzessiv entkleidet. Das logische Modell eines >Istzustands führt man bei der >Systementwicklung zunächst in ein logisches Modell **des** >Sollzustands über, das man sukzessiv mit physischen Attributen belegt.

Piggypacking
piggy packing
Finanz- und Rechnungswesen
Das unberechtigte Austauschen einer Empfangskontonummer in einem >Anwendungsprogramm für den Zahlungsausgang durch einen >Hacker.

Piktogramm
pictograph
Darstellungstechnik/Benutzersystem
Eine Darstellung mit Bildsymbolen (>Bild), deren Bedeutung festgelegt und allgemein verständlich ist. Ein Mittel zur Substitution verbalsprachlicher Begriffe durch bildhafte Darstellungen. Siehe auch: >Logogramm.

PIN
personal identification number
Sicherungssystem
Personal Identification Number ist eine geheime Kennzahl, die zur Identifikation (>Identifizieren) ihres Eigentümers dient und nur von diesem gekannt werden darf. Siehe auch: >Paßwort.

Pipeline-Konzept
pipeline concept
Grundlagen Technik
Eine Methode, die >Befehle in einer >Zentraleinheit fließbandartig zu bearbeiten. Die Bearbeitung eines Befehls umfaßt mehrere aufeinanderfolgende Arbeitsphasen: Befehl aus dem >Speicher holen und dekodieren; Berechnen von Operandenadressen oder Sprungzielen; Holen von Operanden; Befehlsausführung. Mit der Bearbeitung des nachfolgenden Befehls wird begonnen, bevor der vorangehende Befehl abgearbeitet ist. Demnach sind nach diesem Konzept gleichzeitig mehrere Befehle in Arbeit, ein jeder in einer unterschiedlichen Phase. Für jede Phase ist eine eigene Bearbeitungsstation erforderlich.

Pipelining
pipelining
Grundlagen Technik
Ein Verfahren der >Datenübertragung, bei welchem zu jedem Zeitpunkt mehrere >Nachrichten zwischen >Datenquelle und >Datensenke auf dem sie verbindenden >Kanal befördert werden können.

Pixel >Bildpunkt

PL/1
PL/1
Programmiersystem
Eine höhere, algorithmische Programmiersprache (>Höhere Programmiersprache, >Algorithmische Programmiersprache), die zwischen 1964 und 1966 von IBM entwickelt wurde. PL/1 faßt Konzepte von >ALGOL, >FORTRAN und >COBOL zusammen. Hinzu treten Konzepte zur Behandlung unvorgesehener Ereignisse (ON-Bedingungen), Speicherverwaltung, Bereitstellung paralleler Abläufe usw. Dies macht PL/1 zu einem mächtigen >Werkzeug der Programmierung. Aufgrund der hohen >Flexibilität ist PL/1 bei großen >Anwendungssystemen verwendet worden, es schützt aber einen unvorsichtigen Programmierer wenig vor >Fehlern.

PLANET
PLANET
Netzwerktechnik
Ein lokales Netzwerk (>LAN) von Racal Milgo in >Ringtopologie.

PLANNET-Technik
PLANNET technique
Darstellungsmethode
Kurzbezeichnung für PLANing NETwork, eine Weiterentwicklung der GANTT-Technik (>GANTT-Diagramm). Sie macht die zeitlichen Abhängigkeiten zwischen den Vorgängen (>Vorgang) durch gestrichelte Kanten kenntlich und kann dadurch >Pufferzeiten sichtbar machen.

Planung
planning
Grundlagen Systemplanung
Generell jedes vorausschauende, in die Zukunft gerichtete Handeln. Im Zusammenhang mit Absatzplanung, Produktionsplanung, Personalplanung u.ä. wird in der >Betriebswirtschaftslehre darunter meist "Vorausschau" verstanden, also das Setzen von >Zielen und das Festlegen von Maßnahmen zur Erreichung dieser Ziele. Dabei handelt es sich in der Regel um zyklische Prozesse (>Prozeß), also um solche, die sich in einer Betriebswirtschaft häufig wiederholen. In der >Wirtschaftsinformatik spielt der Planungsbegriff in diesem Sinne im Zusammenhang mit der Aufgabe (*>Grundlagen Aufgabe)* eine Rolle, die Komponente eines >Informations- und Kommunikationssystems ist. (Siehe auch: >Datenverarbeitungskomplex.) Zweitens spielt er im Zusammenhang mit der Gestaltung solcher Systeme eine Rolle ("Systemplanung", *>Grundlagen Systempla-*

Planungsinformation

nung) allerdings in einem anderen Sinne. Die Planung eines Informations- und Kommunikationssystems ist als eine komplexe Aufgabe zu begreifen. Sie kann durch einen definierbaren Anfang und durch einen definierbaren Abschluß beschrieben werden und erfordert den Einsatz von Produktionsfaktoren für die einzelnen, miteinander verbundenen und voneinander abhängigen Tätigkeiten, um die der Aufgabe vorgegebenen Ziele zu erreichen. Die Planung eines solchen Systems meint ein >Projekt, nicht einen zyklischen Prozeß. Planung in diesem engeren Sinne der Wirtschaftsinformatik heißt vorausschauendes, systematisches Durchdenken und Formulieren von Zielen, Verhaltensweisen und Handlungsalternativen, die Auswahl optimaler Alternativen sowie die Festlegung von Anweisungen zur Realisierung optimaler Alternativen (>Alternativenbewertung). Das Konstrukt "Systemplanung" meint eine so verstandene Vorgehensweise in Bezug auf Informations- und Kommunikationssysteme. Siehe auch: >Phasenmodell.

Planungsinformation >Informationskategorie

Planungskosten >Kosten

Planungssprache
planning modelling language
Programmiersystem
Eine >Programmiersprache zur Erstellung von >Modellen mit eingebautem Funktionsvorrat (>Funktion) und spezieller Ausrichtung auf die Anwendung bei Planungsaufgaben. Auf Grund dieser spezifischen Ausrichtung ist sie weniger umfassend als ein >Methodenbanksystem, jedoch typisch für die Vorgehensweise beim Entwickeln von >Anwendungsprogrammen, die als methodenorientiertes Programmieren bezeichnet wird. Die Bewertung und Auswahl alternativer Planungsprachen (wie z.B. INFPLAN, STRATPLAN, STATPACK, TABOL) kann durch >Nutzwertanalyse methodisch unterstützt werden. Die Besonderheiten des Bewertungsobjekts sind durch geeignete Bewertungskriterien (>Zielkriterium) zu berücksichtigen, wie zum Beispiel bezüglich des Leistungsumfangs:
- Modellbildung (Modellbildungssprache, Hilfsfunktionen zur Modellbildung wie Editierfunktion, Syntaxprüfung, Testhilfen, Statusauskunft).
- >Dateneingabe (Eingabemedien, Art der Eingabe, Hilfsfunktionen wie formatfreie Eingabe und Generierung von Eingabedaten).
- Funktionsvorrat, d.h. Art und Anzahl der verfügbaren >Methoden.
- >Ablaufsteuerung, d.h. automatische Ablaufsteuerung durch das >Betriebssystem, Ablaufsteuerung durch den >Benutzer oder durch eine Kommandodatei (>Kommando, >Datei).
- >Datenausgabe (Ausgabemedien, Graphik, Standardberichte und individuelle Berichte sowie Möglichkeiten der Druckaufbereitung).
- >Benutzerorientierung (Lernaufwand, Lernhilfen und Verarbeitungshilfen).

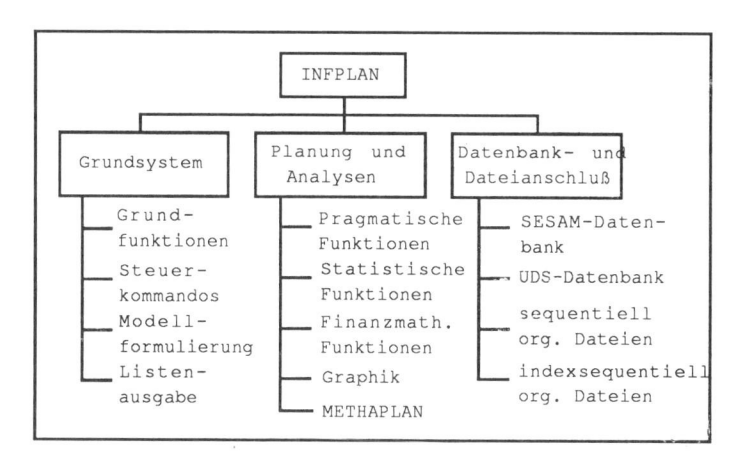

```
┌─────────────────────────────────────────────────────────┐
│                      ┌─────────┐                        │
│                      │ INFPLAN │                        │
│                      └────┬────┘                        │
│          ┌────────────────┼────────────────┐            │
│   ┌──────┴──────┐  ┌──────┴──────┐  ┌──────┴──────┐     │
│   │ Grundsystem │  │ Planung und │  │Datenbank- und│    │
│   │             │  │  Analysen   │  │Dateianschluß│     │
│   └─────────────┘  └─────────────┘  └─────────────┘     │
│       ─ Grund-        ─ Pragmatische   ─ SESAM-Daten-   │
│         funktionen      Funktionen       bank           │
│       ─ Steuer-       ─ Statistische   ─ UDS-Datenbank  │
│         kommandos       Funktionen                      │
│       ─ Modell-       ─ Finanzmath.    ─ sequentiell    │
│         formulierung    Funktionen       org. Dateien   │
│       ─ Listen-       ─ Graphik        ─ indexsequentiell│
│         ausgabe       ─ METHAPLAN        org. Dateien   │
└─────────────────────────────────────────────────────────┘
```

Abbildung Planungssprache

Planungsziel
planning goal
Grundlagen Systemplanung
Ein >Ziel, das aus den Zielen des Informationsmanagement
(>Grundlagen Informationsmanagement) und den Zielen der Systemplanung (>Grundlagen Systemplanung) für ein >Projekt zur
Planung eines >Informations- und Kommunikationssystems vorgegeben und mit dem das Projekt gesteuert wird (>Projektsteuerung). Dabei handelt es sich um Ziele:
• Die unabhängig vom spezifischen Kontext des Projekts sind und die vom Informationsmanagement dem >Projektleiter vorgegeben werden.
• Die abhängig vom spezifischen Kontext des Projekts sind, vom Projektleiter aus den vorgegebenen Planungszielen abgeleitet und der Projektgruppe vorgegeben werden.
Zielinhalte der Planungsziele betreffen sowohl den Planungsprozeß (etwa Personaleinsatz, Zeiten und >Kosten) als auch die Projektergebnisse. Bezüglich der Ergebnisse kann das generelle Planungsziel wie folgt formuliert werden: Das zu entwickelnde System soll für den >Anwender produktiv verwendbar sein und eine tragbare Basis für die nächste Entwicklungsrunde bieten. Es muß also so konstruiert sein, daß seine Struktur mehr als den ursprünglichen Inhalt bezüglich der >Funktionen, der Abläufe (>Arbeitsablauf) und der Mengen (>Mengengerüst) tragen kann. Zwischen den Planungszielen gibt es in der Regel Zielkonflikte, die vom Informationsmanagement bzw. vom Projektleiter zu lösen sind (>Zielsystem).

Plasmabildschirm >Bildschirm

Plastikkarte
plastic card
Eingabetechnik/Speichertechnik
Ein kleinformatiger >Datenträger aus Kunststoff, der über ein individuelles Bezugsobjekt >Informationen enthält. Für den Menschen erkennbare >Daten können Schriftfelder, Prägebereiche und Bilder sein. Zur Speicherung der maschinenlesbaren

Plattenspeicher

Daten dienen auf der Plastikkarte aufgebrachte Magnetstreifen oder integrierte Chips (>Integrierte Schaltung).

Plattenspeicher >Magnetplattenspeicher

Plattenstapel >Magnetplattenspeicher

Plausibilitätskontrolle
plausibility control
Sicherungssystem
Eine Maßnahme zur >Datensicherung, welche die Prüfung der >Korrektheit der Abbildung der Realität durch logische Vergleiche zum Ziel hat; besonders von Bedeutung bei der >Datenerfassung. Betrachtet man beispielsweise einen >Datensatz mit einer Menge von Datenfeldern, dann gibt es folgende Gruppen von Plausibilitätskontrollen:
- Logische Vergleiche der >Zeichen eines Datenfeldes mit einem Sollzustand dieses Datenfeldes (wie Feldlänge, Anzahl und Position numerischer/nicht-numerischer Zeichen).
- Logische Vergleiche zwischen den Datenfeldern eines Datensatzes (z.B. wenn f1 numerisch, dann f2 nicht-numerisch).
- Logische Vergleiche zwischen den Daten eines Datensatzes und denen einer >Datenbasis.

Ein Datum ist dann plausibel, wenn es einem definierten Vergleichswert entspricht oder in einem definierten Wertebereich (Plausibilitätsbereich) des Vergleichswertes liegt.

Plotter
plotter
Ausgabetechnik
Ein >Ausgabegerät zum Zeichnen von Kurven oder Einzelpunkten (vgl. DIN 44300).

Point of Sale >POS

Polaritätsprofil >Kiviath-Graph

Pooling
pooling
Finanz- und Rechnungswesen
Eine >Funktion eines >Cash-Management-Systems, bei der kleinere Beträge, die auf verschiedenen Konten verstreut sind, auf wenigen Konten zusammengefaßt werden. Siehe auch: >Netting.

Pop-Up-Menü
pop-up menu
Ergonomie
Eine Form der Dialogsteuerung (>Dialogführung) durch >Menüs sind Pop-Up- oder Pull-Down-Menüs, welche gegenüber dem üblichen Menü den Vorteil haben, daß die Informationsflut für den >Benutzer verringert wird. Das Menü bleibt, solange es der Benutzer nicht braucht, lediglich durch seinen Repräsentanten (Überschrift oder geometrische Figur) am >Bildschirm vertreten. Es erscheint nur dann in einem >Fenster, wenn dies der Benutzer mit Hilfe eines Zeigeinstruments (z.B. >Maus) veranlaßt.

Portabilität >Übertragbarkeit

PORTAL
PORTAL
Programmiersystem
Eine problemorientierte Programmiersprache (>Problemorientierte Programmiersprache), die besonders die Strukturierung der zu programmierenden Aufgaben unterstützt (>Strukturierte Programmierung). Die Sprache hat einen geringen Verbreitungsgrad.

POS
POS
Absatz - Marketing
Die >Datenerfassung unmittelbar am Verkaufspunkt im Handel, möglichst mit automatisch auslesbaren >Datenträgern (z.B. >EAN). Wird bargeldlose Zahlung ohne Schecknutzung angestrebt, erfordert dies eine Integration der >Anwendungssysteme im Handel und bei Banken (>Zwischenbetriebliche Integration). Für dieses sogenannte POS-Banking läuft seit 1983 ein Feldversuch in München.

POS-Banking >POS

POS-Terminal
POS terminal
Eingabetechnik/Ausgabetechnik
Point of Sale Terminal; eine Kasse (z.B. in Supermärkten), die direkt an ein >Datenverarbeitungssystem angeschlossen ist.

PPS
PPS
Produktion
Produktionsplanung und -steuerung (Production Planning and Scheduling) umfaßt eine Menge von Aufgaben *(>Grundlagen Aufgabe)* zur Planung und Steuerung der Produktion, die unterschiedlich weit gefaßt wird. In der Regel wird von einem gegebenen Absatzprogramm *(>Absatz - Marketing)* ausgegangen und unter Berücksichtigung von Beständen und Kapazitäten ein Produktionsprogramm entwickelt. Im nächsten Schritt wird dieser Primärbedarf an Endprodukten auf Baugruppen, Teile und Einsatzfaktoren hintergebrochen und den Kapazitäten zugeordnet. Daran schließt sich die Steuerung des Produktionsprozesses an sowie die >Betriebsdatenerfassung, welche den Informationskreislauf schließt. Die Komplexität der Gesamtaufgabe stellt nicht nur eine Herausforderung für die >Wirtschaftsinformatik, sondern auch für die >Betriebswirtschaftslehre dar, welche geeignete Konzepte für Daten- und Methodenbasen (>Datenbasis, >Methodenbasis) zur Verfügung stellen muß. Heute erkennbare Entwicklungslinien streben eine >Integration der betriebswirtschaftlich orientierten Produktionsplanung und -steuerung mit den technisch orientierten Entwicklungs-, Konstruktions- und Steuerungsaufgaben (>CAD, >CAE) an. Siehe auch: >CAI, >CIM.

PPX

PPX
PPX
Netzwerktechnik
Private Packet Switching Exchange ist eine private >Paketvermittlung für >Anwender mit mehreren >Host/s oder Terminals (>Datensation) zum Anpassen ihres >Netzes an das öffentliche >Paketvermittlungsnetz. Siehe auch: >PABEX.

Präferenzordnung >Kriteriengewicht

Prägeterminal >Druckwerk

Pragmatik >Semiotik

Präsentationstechnik
presentation technique
Darstellungsmethode
Dient zur Unterstützung der >Kommunikation, z.B. zwischen >Projektgruppe und Auftraggeber oder Entscheidungsträger bei der Systemplanung (>Grundlagen Systemplanung), vor allem zur Übermittlung von Projektergebnissen (>Projekt). Sie wendet systematisch bestimmte >Prinzipien der Auswahl und des Einsatzes von Kommunikationsmitteln an (Prinzip der Partnerbezogenheit, der Neuheit usw.), insbesondere Prinzipien zur Gestaltung von Vorträgen (Vortragstechnik). Bei Präsentationen durch ein Team entstehen zusätzliche Koordinationsaufgaben (>Koordination) der Planung und Durchführung, die von einem Moderator wahrgenommen werden (z.B. die Definition der Rollenstruktur und die Rollenverteilung). Weitere Prinzipien beziehen sich auf die Gestaltung der Visualisierung (Visualisierungstechnik), die auf Aktivierungswirkungen, eine verbesserte Wahrnehmung, die Unterstützung der Lernwirkung und anderes abzielen.

Primärdaten
source data
Benutzersystem/Datensystem
Die >Daten eines >Datensystems, welche durch die >Datenerfassung aus den realen Prozessen (>Realer Prozeß) nach den inhaltlichen, zeitlichen und formellen Anforderungen des >Datenverarbeitungsprozesses entnommen werden (z.B. die Arbeitswerte eines Monteurs wie Datum, Zeitaufwand, Arbeitsstunden-Verrechnungssatz bei der Aufgabe "Fakturieren eines Wartungsauftrags").

Primärschlüssel >Schlüssel

Prinzip
principle
Allgemeine Grundlagen
Ein Grundsatz, eine Regel oder Richtschnur für Denken und Handeln. Die methodische Qualität von Vorgehensweisen, welche sich an Prinzipien orientieren, ist relativ gering (>Heuristik), ihre praktische Bedeutung ist allerdings in Ermangelung von >Methoden erheblich. Prinzipien sind insbesondere in der >Organisationslehre stark verbreitet und spielen deshalb in der Systemplanung (>Grundlagen Systempla-

nung) eine erhebliche Rolle. Beispiele sind: >Prinzip der hierarchischen Strukturierung, >Kybernetisches Prinzip, >Managementprinzip, >Modularisierungsprinzip. Siehe auch: >Organisationsgrundsatz.

Prinzip der Abstraktion
principle of abstraction
Entwurfsmethode
Ein >Prinzip bei der Entwicklung von >Software, bei dem ein ständiges Wechselspiel zwischen "Abstrahieren" und "Konkretisieren" angewendet wird. Beide sind nicht absolut zu sehen, daß heißt es gibt immer mehr oder weniger starke Ausprägungen ("Abstraktionsebenen"). Siehe auch: >Abstraktion, >Datenabstraktion, >Modularisierungsprinzip.

Prinzip der Datenabstraktion >Modularisierungsprinzip

Prinzip der dezentralen Konzentration >Dezentrale Konzentration

Prinzip der hierarchischen Strukturierung
principle of hierarchical structuring
Systemtechnik
Das schrittweise Zerlegen eines >Systems in >Subsysteme in Form einer baumartigen Hierarchie (>Baumstruktur, >Hierarchie) und das Definieren der zwischen den entstehenden Subsystemen bestehenden Beziehungen. Siehe: >Subsystembildung.

Prinzip der Lokalität
principle of locality
Entwurfsmethode
Das Verständnis von Problemen und das >Problemlösen werden vereinfacht und erleichtert, wenn alle dafür wichtigen >Informationen lokal komprimiert, das heißt an einem Ort verfügbar sind. Man spricht von "optimaler Lokalität", wenn z.B. zur Fehlersuche (>Fehler) in einem >Programm alle benötigten Informationen auf einer Seite Programmcode (>Code) zu finden sind.

Prinzip der Mehrfachverwendung
principle of multiple using
Entwurfsmethode
Ein >Prinzip bei der Entwicklung von >Anwendungssystemen, das zur Senkung der Entwicklungszeit und der >Kosten verlangt, daß bereits entwickelte Produkte und Teilprodukte für neue Produkte wiederverwendet werden sollen. Um dies zu erreichen, sind folgende organisatorische und methodische Voraussetzungen erforderlich:
- Eine das einzelne >Projekt übergreifende, systematische und klassifizierende (>Klassifizieren) >Dokumentation.
- Ein gezielter und schneller >Zugriff auf das vorhandene Material durch ein konfortables Auskunftssystem (>Informationswiedergewinnung).
- Festgelegte Konventionen und Standards für die Produkte und Teilprodukte.

325

- Ein modularer Aufbau (>Modul) der Produkte und Teilprodukte mit festgelegten, exakt definierten >Schnittstellen.
Siehe auch: >Projektbibliothek.

Prinzip der Nettoabweichung
net-change principle
Datensystem
Bei Dialogsystemen (>Dialogbetrieb) versucht man, Änderungen der >Datenbasis unverzüglich nach Auftreten des datenändernden Ereignisses (>Ereignis) zu erfassen und davon abgeleitete >Daten zu aktualisieren (>Aktualität). Änderungen können positive oder negative Abweichungen von den ursprünglichen Daten sein. Dieses >Prinzip beschreibt eine Vorgehensweise, bei der man nur die Änderungen erfaßt und für die Aktualisierung der Datenbasis verwendet.

Prinzip der schrittweisen Verfeinerung >Schrittweise Verfeinerung

Prinzip der strukturierten Programmierung >Strukturierte Programmierung

Prinzip des funktionellen Entwurfs
principle of functional design
Entwurfsmethode
Ein >Software-Entwurfsprinzip, das folgende Vorgehensweise fordert: Eine der Systemplanung (>*Grundlagen Systemplanung*) vorgegebene Aufgabe (>*Grundlagen Aufgabe*) wird zusammen mit den Eingabedaten und den Ausgabedaten (>Daten) so lange in Teilaufgaben zerlegt, bis >Funktionen entstehen, die einfach in ein >Programm umgesetzt werden können. Siehe auch: >Prinzip der hierarchischen Strukturierung.

Prinzip des Information Hiding, >Geheimnisprinzip >Modularisierungsprinzip

Prinzip des Schwarzen Kastens >Black-Box-Prinzip

Prioritätensteuerung
priority processing
Produktionsmanagement
Bei der >Mehrprogrammverarbeitung muß definiert werden, welches >Programm welchem vorgeht. Die Prioritätensteuerung ist eine >Funktion des >Betriebssystems. Die Priorität eines Programms kann wie folgt bestimmt werden: Explizite Festlegung durch den >Anlagenbediener; Festlegung in Abhängigkeit des Bedarfs an >Betriebsmitteln; Festlegung in Abhängigkeit des Verbrauchs an Betriebsmitteln; feste Priorität.

Private Verschlüsselung >Integriertes Verschlüsselungssystem

Privater Bereich
private law sector
Informationsrecht
Die Regelungen des >Datenschutzgesetzes unterscheiden sich nach der Art des Rechtsträgers. Auch wenn inhaltlich gleiche Regelungen erzielt werden sollen, unterscheiden sich vor

allem die Wege der Durchsetzung. Rechtsträger, die auf Basis des Privatrechts eingerichtet wurden, unterliegen den Bestimmungen, die unter dem Begriff "Privater Bereich" zusammengefaßt werden. Im >BDSG wird dieser private Bereich als "nicht-öffentlich" bezeichnet. Außerdem wird noch unterschieden, ob diese nicht-öffentlichen Stellen für eigene Zwecke (siehe Dritter Abschnitt, §§ 22 bis 30 BDSG) oder für fremde Zwecke (siehe Vierter Abschnitt, §§ 31 bis 40 BDSG) tätig werden.

Probeinstallation
trial installation
Grundlagen Systemplanung
Die >Implementierung eines >Anwendungssystems auf einem >Basissystem bei einem >Anwender mit dem >Ziel, die Funktionsfähigkeit von Anwendungs- und Basissystem nachzuweisen (>Funktionstest), ohne den Anspruch einer schlüsselfertigen Lösung im Sinne eines produktiv verwendbaren Systems zu erheben (>Schlüsselfertiges System).

Problemanalyse
problem analysis
Analysemethode
Generelles >Ziel der Problemanalyse ist das Verstehen eines Problems. In ihrem Kern ist sie eine Ursache/Wirkung-Analyse, deren Ziel darin besteht, das Problem in einer kausalen Ursache/Wirkung-Kette zu beschreiben. Die Schwierigkeit besteht darin, daß sich häufig eindeutige Zuordnungen von Ursachen und Wirkungen nicht finden lassen. Beispielsweise hat man bei der Systemplanung *(>Grundlagen Systemplanung)* häufig Probleme mit Kreiskausalität: Eine Ursache löst eine Wirkung aus , diese wirkt auf die Ursache ein. Immerhin kann die Ursache/Wirkung-Analyse zumindest den Gesamtumfang des Problems verdeutlichen und die >Interdependenzen zu anderen Problemen aufzeigen. Siehe auch: >Istzustandsanalyse, >Schwachstellenanalyse.

Problembeschreibungssprache >PSDA, >PSL

Problemlösen
problem solving
Qualifikation
Die Fähigkeit des Menschen, Denkergebnisse hervorzubringen. Können dabei bekannte Denkmechanismen verwendet werden, spricht man von rationalem Problemlösen. Werden Denkergebnisse beliebiger Art hervorgebracht, die dem Betreffenden selbst oder seiner Umwelt neu sind, spricht man von kreativem Problemlösen. Die Abbildung zeigt den kreativen Problemlösungsprozeß. Siehe auch: >Kreativitätstechnik.

Problemmanagement
problem management
Grundlagen Informationsmanagement
Die Aufgabe *(>Grundlagen Aufgabe)* des Informationsmanagement, >Fehler beim Betrieb eines >Informations- und Kommunikationssystems zu beheben. >Ziel des Problemmanagement ist es, >Störungen, die sich negativ auf den >Benutzer auswirken

können, zu vermeiden bzw. in ihrer Wirkung so gering wie möglich zu halten (z.B. die Auswirkungen eines >Systemzusammenbruchs).

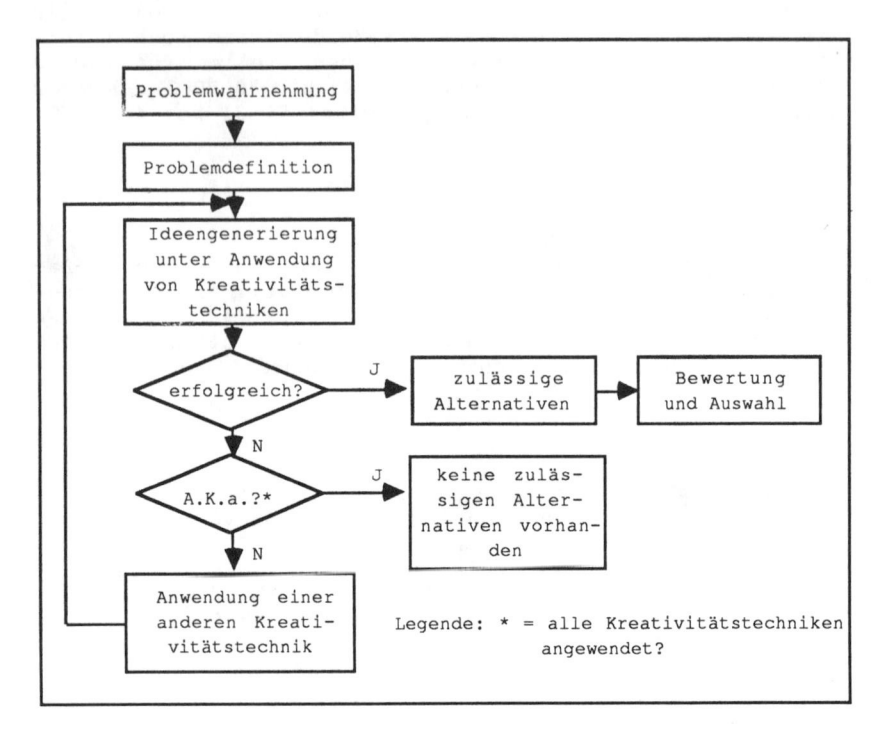

```
┌─────────────────────────────────────────────────────────┐
│              ┌─────────────────────┐                    │
│              │ Problemwahrnehmung  │                    │
│              └──────────┬──────────┘                    │
│                         ▼                               │
│              ┌─────────────────────┐                    │
│         ┌──►│  Problemdefinition   │                    │
│         │    └──────────┬──────────┘                    │
│         │               ▼                               │
│         │    ┌─────────────────────┐                    │
│         │    │   Ideengenerierung  │                    │
│         │    │   unter Anwendung   │                    │
│         │    │   von Kreativitäts- │                    │
│         │    │      techniken      │                    │
│         │    └──────────┬──────────┘                    │
│         │               ▼                               │
│         │         ╱ erfolg- ╲   J    ┌────────────┐  ┌────────────┐
│         │        ╱  reich?   ╲─────►│  zulässige │─►│ Bewertung  │
│         │        ╲            ╱      │Alternativen│  │und Auswahl │
│         │         ╲          ╱       └────────────┘  └────────────┘
│         │               │ N
│         │               ▼
│         │         ╱        ╲   J    ┌────────────┐
│         │        ╱ A.K.a.?* ╲─────►│keine zuläs-│
│         │        ╲          ╱      │sigen Alter-│
│         │         ╲        ╱        │nativen vor-│
│         │               │ N         │    hand en │
│         │               ▼           └────────────┘
│         │    ┌─────────────────────┐
│         │    │  Anwendung einer    │    Legende: * = alle Kreativitätstechniken
│         └────│  anderen Kreati-    │                 angewendet?
│              │  vitätstechnik      │
│              └─────────────────────┘
└─────────────────────────────────────────────────────────┘
```

Abbildung Problemlösen

Problemorientierte Programmiersprache
problem-oriented programming language
Programmiersystem
Eine >Programmiersprache, die dazu dient, >Programme aus einem bestimmten Anwendungsbereich unabhängig von einer bestimmten digitalen Rechenanlage (>Digitalrechner) abzufassen und die diesem Anwendungsbereich besonders angemessen ist (vgl. DIN 44300). Aus Gründen der Einheitlichkeit sind Benennungen wie anwendungsorientiert, benutzungsorientiert, verfahrensorientiert im Sinne von problemorientiert zu vermeiden. Der Vorteil der problemorientierten Programmiersprache liegt in deren >Übertragbarkeit.

Problem Statement and Design Analyzer >PSDA

Problem Statement Language >PSL

Problemtext >Textverarbeitung

Problemverarbeitungssystem
problem solving system
Allgemeine Grundlagen

Im logischen Sinne ein >System zur Problemlösung für nicht oder nur schlecht strukturierbare Aufgaben (>Strukturierbarkeit), das keinen >Algorithmus verwendet (weil dieser nicht bekannt ist, nicht möglich ist oder wirtschaftlich vertretbar nicht angewendet werden kann), sondern schwächere >Methoden, wie insbesondere >Heuristiken, als Problemlösungsverfahren einsetzt. Siehe auch: >Entscheidungsunterstützungssystem, >Expertensystem, >Wissensverarbeitung.

Procedur
procedure
Programmiersystem
Ein >Programmbaustein, der aus einer zur Lösung einer Aufgabe vollständigen >Anweisung besteht, aber nicht alle >Vereinbarungen über Namen für Argumente und Ergebnisse enhalten muß. Die Argumente und Ergebnisse, über deren Namen in der Procedur nichts vereinbart worden ist, heißen Procedurparameter (vgl. DIN 44300).

Procedurale Sprache
procedural language
Programmiersystem
Oftmals als Sprache der dritten Generation bezeichnet (>Sprachgeneration). Kennzeichen dieser Sprachen sind die Kontroll- und >Datenstrukturen. Gemeinsame Idee aller proceduralen Sprachen ist die Manipulation der (passiven) >Daten mittels (aktiver) >Proceduren. Im Unterschied dazu: Nichtprocedurale Sprache.

Procedurale Wissensrepräsentation >Wissensrepräsentation

Process and Experiment Automation Realtime Language >PEARL

Produktionsbetrieb >Rechenzentrum

Produktionsregel >Expertensystem

Produktionsplanung und -steuerung >PPS

Produktivität
productivity
Allgemeine Grundlagen
Beschreibt das Verhältnis zwischen dem mengenmäßigen Ertrag und dem mengenmäßigen Einsatz zur Erbringung dieses Ertrags (z.B. Anzahl Lines of Code zu Anzahl Arbeitsstunden). Neben zahlreichen anderen ein Zielinhalt zur Definition von >Zielen bzw. eines >Zielsystems der Systemplanung (*>Grundlagen Systemplanung*).

Produktverwaltungssystem >Projektbibliothek

Prognose
forecasting
Methodensystem
Die Voraussage einer zukünftigen Entwicklung auf der Grundlage systematisch ermittelter >Daten unter Verwendung wissenschaftlicher Erkenntnisse. Zur Unterstützung von Prognosen

Prognosemethode

dienen Prognosemethoden (Prognoserechnungen). Man unterscheidet zwischen >Methoden der multivariablen Prognose und Methoden der univariablen Prognose. Bei ersteren geht man davon aus, daß die zu prognostizierende Variable eine Funktion von mehreren unabhängigen Variablen ist. Kennt man die Werte der unabhängigen Variablen, so kann man die zu prognostizierende Variable berechnen. Dazu muß zunächst die Funktion auf der Grundlage von >Meßwerten definiert werden (z.B. mit Hilfe der >Korrelationsanalyse). Bei der univariablen Prognose geht man davon aus, daß der Wert der zu prognostizierenden Variablen eine Funktion von Vergangenheitswerten derselben Variablen ist. Als Basis für die Prognose werden Zeitreihen verwendet. Beispiele für Methoden der univariablen Prognoserechnung sind Trendrechnung (>Trendanalyse) und exponentielle Glättung.

Prognosemethode >Prognose

Prognoserechnung >Prognose

Program Evaluation and Review Technique >PERT

Programm
program
Programmiersystem
Eine zur Lösung einer Aufgabe vollständige >Anweisung zusammen mit allen erforderlichen >Vereinbarungen. Ein Programm setzt sich aus >Befehlen zusammen, die von der >Zentraleinheit in logischer Reihenfolge abgearbeitet werden. Siehe auch: >Anwendungsprogramm, >Systemprogramm, >Kompilierer, >Assembler.

Programmabbruch
unusual end of program
Sicherungssystem
Beenden eines >Programms ("Absturz") aus unterschiedlichen Gründen. Diese können sein: Ein Defekt an der >Hardware; ein Programmfehler (>Fehler); ein Datenfehler; der Abbruch durch den >Benutzer; der Abbruch durch den >Anlagenbediener. In allen Fällen ist der Programmabbruch ein abnormaler Vorgang, der zu Verarbeitungsfehlern führen kann. Siehe auch: >Programmunterbrechung, >Wiederanlauf,

Programmablaufplan
program flow chart
Darstellungsmethode/Entwurfsmethode
Ein >Beschreibungsmittel für die Gesamtheit aller beim Programmablauf möglichen Wege (vgl. DIN 44300). Nach DIN 66001 waren Programmablaufpläne (PAP) ursprünglich nur für die Programmierung vorgesehen, werden in der Praxis aber auch zur >Problemanalyse eingesetzt; sie sind gut geeignet für die Beschreibung einfacher, überwiegend sequentiell ablaufender >Prozesse. Mängel zeigen sich durch Unübersichtlichkeit bei komplexen, insbesondere entscheidungsintensiven Aufgaben. Programmablaufpläne geben keine Darstellung des >Datenflusses und der >Architektur.

Programmadaption
adaption of program
Grundlagen Systemplanung
Die Anpassung von >Anwendungsprogrammen, welche für eine andere >Hardware und >Systemsoftware geschrieben wurden, sodaß diese auf der geplanten Hardware und Systemsoftware ablauffähig sind. Hilfsmittel der Programmadaption sind:
- Verträglichkeitseinrichtungen wie >Simulation, Einrichtungen zur Hardware-Kompatibilität (>Kompatibilität) und Emulation.
- Umstellungseinrichtungen wie Umstellungsprogramme (Konvertierung von Programmen), Umstellungsroutinen und Umstellungsmakros (>Makrobefehl).

Programmadaption führt im allgemeinen zu einer Verlängerung der >Laufzeit und zu einer Vergrößerung des Bedarfs an >Speichern. Ihr Vorteil besteht in einer schnellen >Implementierung bei einem geringeren Ressourceneinsatz.

Programmanipulation >Computermanipulation

Programmbaustein
program unit
Programmiersystem
Ein nach Aufbau oder Zusammensetzung abgrenzbares programmtechnisches Gebilde (>Programm). Ein >System von Programmbausteinen kann in einem gegebenen Zusammenhang wieder als ein Programmbaustein aufgefaßt werden. Den Programmbausteinen können eine oder mehrere >Funktionseinheiten entsprechen (vgl. DIN 44300).

Programmbibliothek
program library
Programmiersystem
Sammlung von >Programmen, die ein >System zur Lösung von Aufgaben *(>Grundlagen Aufgabe)* benötigt. Man unterscheidet:
- Primärbibliothek; sie enthält die Programme in der Quellsprache (>Übersetzer).
- Bibliothek der Programmoduln (>Modul); sie enthält Programme, die zwar bereits übersetzt, aber noch nicht lauffähig (>Binder) sind.
- Die Phasenbibliothek beinhaltet die lauffähigen >Objektprogramme.
- Die Makrobibliothek beinhaltet >Makrobefehle.

Programmdaten >Daten

Programmdiebstahl >Softwarediebstahl

Programmdokumentation
program documentation
Darstellungsmethode
Die >Dokumentation eines >Programms als die notwendige Voraussetzung für seine Nutzung. Sie dient im einzelnen der >Entscheidung über den Einsatz des Programms sowie als Hilfsmittel für eine zweckentsprechende und wirtschaftliche (>Wirtschaftlichkeit) >Implementierung, für die Beseitigung von >Fehlern, für die Aktualisierung (>Aktualität) und für

Programmierbarer Festwertspeicher

die >Schulung (vgl. DIN 66230). Inhalte der Programmdokumentation sind:
- Die >Programmkenndaten.
- Die Beschreibung der >Funktionen und des Aufbaus des Programms (Aufgabenstellung, Aufgabenlösung, Programmaufbau, Programmablauf, verwendete >Daten, >Datensicherung und Anwendungsbeispiel).
- Angaben zum Programmbetrieb wie Gerätebedarf, Bedienungsanweisung, Verfahren zum >Wiederanlauf sowie Leistungsmerkmale.

Programmierbarer Festwertspeicher >PROM

Programmierbüro
programming service
Dienstleistungsmarkt
Bezeichnung für ein kleineres >Softwarehaus, das in der Regel nur >Individualsoftware für einen bestimmten >Anwender im Auftrag entwickelt und wartet. Siehe auch: >Eigenerstellung oder Fremdbezug.

Programmierer >Anwendungsprogrammierer, >Softwareingenieur, >Systemprogrammierer

Programmiergerät
PROM programmer
Programmiersystem
Eine >Funktionseinheit, die mindestens das Beschreiben von Festwertspeichern (>ROM) bzw. programmierbaren Logikmatrizen ermöglicht. Daneben kann die Funktionseinheit Kontrollfunktionen enthalten.

Programmiersprache
programming language
Programmiersystem
Eine zum Abfassen von >Programmen geschaffene Sprache. Man unterscheidet maschinenorientierte Programmiersprachen (>Maschinenorientierte Programmiersprache) und problemorientierte Programmiersprachen (>Problemorientierte Programmiersprache) (vgl. DIN 44300). Siehe auch: >Objektorientierte Programmierung, >Höhere Programmiersprache, >Imperative Programmierung, >Nichtprocedurale Sprache.

Programmierter Unterricht
programmed instruction
Sonstige Aufgabe
Der didaktisch aufbereitete Lernstoff wird in Lernschritte strukturiert. Zwischen den Lernschritten werden Fragen eingebaut. Beantwortet der Lernende eine Frage falsch, so wird bei einfachen Lernprogrammen an den Anfang des betreffenden Lernschritts zurückverwiesen; bei verzweigten Lernprogrammen erfolgt entweder ein solcher Rückverweis oder aber ein Verweis auf einen Lernschritt, der zusätzlichen Lernstoff anbietet. Die Eignung dieser Unterrichtsform beschränkt sich auf gut strukturierbaren Lernstoff; sie hat - ebenso wie der computerunterstützte Unterricht (>Computerunterstützter Un-

terricht) - nicht die noch vor wenigen Jahren prognostizierte Verbreitung gefunden.

Programmierumgebung >ADA

Programmierverhalten
programming behaviour
Verhalten
Das Verhalten des Programmierers (>Anwendungsprogrammierer, >Softwareingenieur, >Systemprogrammierer) bei der Entwicklung von >Software. Ausgehend von seinem Verständnis über die zu lösende Aufgabe *(>Grundlagen Aufgabe)* entwickelt der Programmierer das >Programm, testet es (>Testen) und versucht anschließend, das Programm zu ändern, wenn es den >Anforderungen nicht entspricht. Erst das Mißlingen dieses Versuchs führt durch >Rückkopplung mit dem Auftraggeber zu einer Änderung des Aufgabenverständnisses. Da dieser Vorgang während des Programmierens abläuft, ist das Programm ständigen Änderungen unterworfen. Auswirkungen dieses Verhaltens zeigen sich in der Produktivität pro Übersetzungslauf (>Übersetzungsrate), in der Testproduktivität (>Testrate) und in der >Änderungsrate.

Programming Language 1 >PL/1

Programmkenndaten
program flag data
Datensystem
Die >Daten, welche in einer >Programmdokumentation ein >Programm prägnant beschreiben und so eine schnelle Übersicht über die wichtigsten Eigenschaften des Programms geben. Dazu bedarf es fachlicher, datenverarbeitungstechnischer und gegebenenfalls auch kommerzieller Angaben wie (nach DIN 66230):
- Bezeichnung des Programms (Name, Variante und Version, Freigabedatum).
- Deskriptoren zur Kennzeichnung der Ausgaben des Programms (Kurzbeschreibung, verwendete >Methoden, Vorschriften und Besonderheiten).
- Gerätebedarf, Programmgröße und Programmbedarfe (z.B. Art des erforderlichen >Betriebssystems).
- >Programmiersprache, >Betriebsart, >Dateien, Konventionen, Zuständigkeiten und sonstige zur Verfügung stehende Unterlagen.

Programmrevisor >Systemrevisor

Programmspeicher
program storage
Speichertechnik
1. Jede >Funktionseinheit, die mehrere Schritte eines >Programms steuern kann oder aus der die >Informationen zur Steuerung dieser Schritte entnommen werden können. In der Datentechnik ist dies die Aufgabe des >Zentralspeichers.
2. Der >Speicher oder der >Datenträger, der ein Programm außerhalb des Zentralspeichers aufbewahrt.

Programmspezifikation
program specification
Grundlagen Systemplanung
Die >Tätigkeit bei der Entwicklung von >Programmen, die in der Umsetzung der vom >Benutzer definierten >Anforderungen in die formale Beschreibung der >Funktionen des Programms unter Berücksichtigung weiterer Eigenschaften (>Software-Qualität) besteht. Auch als Bezeichnung für das Ergebnis dieser Tätigkeit verwendet.

Programmsteuerung >Ablaufsteuerung

Programmtechnische Vorbereitung
program preparation
Grundlagen Systemplanung
Der Teil der Aufgaben der >Implementierungsvorbereitung, der die Anpassung von >Standardsoftware sowie – bei >Rekonfiguration – die Anpassung prinzipiell weiter verwendbarer >Individualsoftware zum Gegenstand hat. Siehe auch: >Programmadaption.

Programmtest
program test
Testmethode
Das >Testen eines >Programms, bestehend aus einem oder mehreren >Moduln in einer (künstlichen) Testumgebung, in der sich das Verhalten des Programms genau kontrollieren läßt, durch den Programmentwickler (>Anwendungsprogrammierer, >Softwareingenieur). Dabei soll der "Beweis" erbracht werden, daß sich das Programm genau so verhält, wie es die Entwurfsanforderungen (>Anforderung) vorsehen. Dies ist nur dann möglich, wenn die Anforderungen bezüglich der >Funktionen und der >Leistung dokumentiert sind (>Testdokumentation), und wenn das statische und das dynamische Verhalten des Programms meßbar und vergleichbar sind. Siehe auch: >Abnahmetest.

Programmtyp
type of program
Grundlagen Technik
Ein >Programm ist vom Typ sequentiell, quasi-parallel oder verteilt. Die >Operationen eines sequentiellen Programms werden vom >Prozessor in zeitlicher Reihenfolge nacheinander ausgeführt. Quasi-parallele Programme enthalten Operationen mehrerer Prozesse, die durch den Prozessor sequentiell, auf den anderen >Betriebsmitteln überlappt abgearbeitet werden. Verteilte Programme benötigen zur Ausführung mehrere Prozessoren; sie sind parallel zueinander ablauffähig.

Programmunterbrechung
program interrupt
Sicherungssystem
Das Aussetzen bzw. Beenden des Ablaufs eines >Programms. Unterbrechungsgründe können sein: Koordination von Ein- und Ausgabeoperationen; fehlerhafte >Daten oder >Befehle. Siehe auch: >Programmabbruch, >Wiederanlauf, >Fehler.

Projekt
project
Grundlagen Systemplanung
Ein zielgerichtetes, klar definiertes, zeitlich begrenztes, durch Größe, Bedeutung, Komplexität, Neuartigkeit, Einmaligkeit, Kosten und Risiko aus dem üblichen Geschehen herausragendes Vorhaben. Siehe auch: >*Projektmanagement.*

Projektbegleitende Dokumentation >Dokumentationssystem

Projektbibliothek
project library
Entwurfsmethode
Ein >Werkzeug zur Unterstützung der Systemplanung (>*Grundlagen Systemplanung*), insbesondere der Entwicklung von >Software, mit den >Funktionen Produktverwaltung und Information für das >*Projektmanagement.*

Projektgruppe
task force
Projektmanagement
Eine häufig bei großen, komplexen >Projekten zeitlich befristet eingesetzte Anzahl von Personen. Sie wird von einem für die Aufgabendurchführung verantwortlichen >Projektleiter geführt.

Projektkosten >Aufwandschätzung

Projektleiter
project manager
Berufsbild - Tätigkeitsfeld
Ein >Aufgabenträger für die Aufgabe (>*Grundlagen Aufgabe*), ein >Projekt in der vorgegebenen Zeit erfolgreich durchzuführen, ohne die vorgegebenen Ressourcen zu überschreiten. Er erhält für die Projektdauer die notwendigen Vollmachten und wird nach Beendigung des Projekts von der Aufgabe und Verantwortung dafür entlastet.

Projektplanung
project scheduling
Projektmanagement
Die Prüfung der Realisierbarkeit einer Projektanforderung und die Herausarbeitung der organisatorischen, technischen, personellen und wirtschaftlichen Konsequenzen eines >Projekts. Es sind dabei folgende Aufgaben zu lösen:
- Maßnahmen: Festlegen der Art und der Folgen der für die Projektdurchführung notwendigen Maßnahmen.
- Hilfsmittelplanung: Planen der erforderlichen Maschinen, Geräte, Räume und Ressourcen.
- Terminplanung: Bestimmen der Zwischen- und Endtermine für die wichtigsten Aktivitäten und die Vergabe von Prioritäten.
- Personalplanung: Ermitteln des qualitativen und quantitativen Personalbedarfs.
- Kostenplanung: Errechnen der Personal- und Sachkosten, die für die Projektarbeit anfallen werden.

Projektsteuerung

- Weitere Planungsmaßnahmen, wie die Planung der Projektberichterstattung, die Planung für den Notfall (>Rückfallsystem) und die >Qualitätssicherung.

Projektsteuerung
project control
Projektmanagement
Maßnahmen und Eingriffe, die zur Durchsetzung der in der >Projektplanung getroffenen >Entscheidungen erforderlich sind. Insbesondere fallen darunter: Zuordnen von Aufgaben, >Kompetenz und Verantwortung, soweit dies nicht generell im Rahmen der aufbauorganisatorischen Regelungen festgelegt ist; Anleitung, Motivierung (>Motivation), Abschirmung von Mitarbeitern; Überwachen des Projektablaufs; Ergreifen von Maßnahmen bei Planabweichungen (incl. Plan- bzw. Zielkorrektur); Koordinieren (>Koordination) zwischen Auftraggeber und >Projektgruppe sowie zwischen verschiedenen Arbeitsgruppen im >Projekt.

Projektteam >Projektgruppe

Projektziel >Planungsziel

PROLOG
PROLOG
Programmiersystem
Eine >Programmiersprache auf Basis der Prädikatenlogik. Wie >LISP wird PROLOG hauptsächlich im Bereich der Künstlichen Intelligenz (>Künstliche Intelligenz) eingesetzt. PROLOG ist die sprachliche Grundlage der Rechner der 5. Generation (>Computergeneration). Aus der Sicht des Programmiersystems verspricht man sich Anwendungen bei der Entwicklung von Prototypen (>Prototyping). Siehe auch: >Deklarative Sprache.

PROM
programmable read-only memory
Speichertechnik
>Feldprogrammierbarer Festwertspeicher, bei dem der Speicherinhalt jedes Elements nur einmal verändert werden kann (vgl. DIN 44476).

Protokoll
protocol
Transporttechnik/Verarbeitungstechnik
1. Sämtliche Vereinbarungen und Regeln, die zur Abwicklung der >Kommunikation zwischen Partnern (>Prozessen, >Hosts, >Datenstationen, >Kommunikations-Subsystemen) auf der jeweils betrachteten Ebene der Netzhierarchie (>Netzebene) beachtet werden müssen. Ein Protokoll kann als Schnittstellenbeschreibung einer abstrakten Netzwerkmaschine aufgefaßt werden (>Schnittstelle).
2. Die genauen Aufzeichnungen von Vorgängen (>Vorgang), die auf einem >Datenverarbeitungssystem ablaufen (z.B. Konsolprotokoll, Systemprotokoll).

Protokollanpassung
protocol adapting
Transporttechnik
Ein >Teilnehmer kann nicht mit nur einer vom >Netz vorgeschriebenen >Procedur an das Netzwerk herantreten, sondern das Netz versteht verschiedene Teilnehmerproceduren. Im Ansatz liegt eine solche Protokollanpassung bereits bei den >Paketvermittlungsnetzen vor. Die Protokollanpassung erfolgt vielfach über einen eigenen Rechner, den sogenannten Anpassungsrechner (>Gateway).

Prototypentwicklung >Prototyping

Prototyping
prototyping
Entwurfsmethode/Partizipation
Eine Entwurfsmethode für ein >Anwendungssystem mit ausgeprägter >Benutzerbeteiligung unter Verwendung spezieller >Werkzeuge. Ziel ist, die Struktur-, Prozeß- und Ergebnisqualität zu verbessern, insbesondere gegenüber einer zu ausschließlich am >Phasenmodell orientierten Vorgehensweise. Gleichzeitig soll durch gesicherte Einflußmöglichkeiten des >Benutzers die >Akzeptanz verbessert werden. Der Planungsansatz ist folgender: Der Prototyp im Sinne einer schnellen Vorabversion des Anwendungssystems durchläuft kurze Planungszyklen, die jeweils die >Feinstudie, die >Grobprojektierung und die >Feinprojektierung umfassen, einschließlich Bewertung. Das Verhalten des Prototyps wird dabei hinsichtlich der definierten >Anforderungen und seiner Akzeptanz ständig überprüft und verbessert. Dabei wird ein modifizierter Top-Down-Ansatz (>Top-Down-Strategie) verwendet, der wie folgt beschrieben werden kann: Es wird nicht eine Hierarchieebene des Systems vollständig realisiert, bevor die darunter liegende Ebene realisiert werden kann, sondern immer nur der Teil, der für den ersten Baustein (>Programmbaustein) der nachgelagerten Ebene erforderlich ist. Dann wird dieser Baustein realisiert und zusammen mit dem übergeordneten getestet (>Testen). Anschließend entwickelt man den zweiten Baustein usw. Man unterscheidet folgende Formen des Prototyping:
- Erste und einfachste Form: Das Maskendesign (>Maskengestaltung).
- Zweite Form: Die Verkettung von Masken. Die Masken werden dem Benutzer zur Beurteilung vorgelegt; die Verkettung der Masken kann entweder durch den Benutzer erfolgen oder es sind alternative Verkettungen vorgegeben.
- Dritte und anspruchsvollste Form: Die >Simulation; dafür sind leistungsfähige Entwicklungswerkzeuge erforderlich (z.B. APE von IBM). Die Anwendung nicht-proceduraler Sprachen der 4. Generation (>Sprachgeneration, >Nichtprocedurale Sprache) wird diskutiert.

Siehe auch: >Exploratives Prototyping, >Experimentelles Prototyping, >Evolutionäres Prototyping.

Prozentsatzmethode
percentage rate method
Kosten- und Leistungsrechnung

Prozeß

Eine >Methode zur Kalkulation von >Projekten für die Entwicklung von >Anwendungssystemen. Man verwendet dazu die bekannten >Kosten der einzelnen Projektphasen abgeschlossener Projekte und prognostiziert (>Prognose) damit die Kosten des neuen Projekts. Dabei schätzt man entweder die Kosten der ersten Projektphase oder man schließt die erste Projektphase ab; von diesen Kosten wird unter Zuhilfenahme der Kosten abgeschlossener Projekte mit vergleichbaren Kosten für die erste Projektphase auf die Gesamtkosten des Projekts hochgerechnet. Siehe auch: >Aufwandschätzung.

Prozeß
process
Allgemeine Grundlagen
Eine Menge von >Operationen, die durch einen Input in ein >System, interne >Funktionen im System und einen Output beschrieben wird.

Prozeßdatenverarbeitung >Prozeßrechner, >Prozeßsteuerung

Prozessor
processor
Verarbeitungstechnik
1. Eine >Funktionseinheit innerhalb eines >Digitalrechners, die >Rechenwerk und >Leitwerk umfaßt.
2. Eine Funktionseinheit in einem >Datenverarbeitungssystem, die ablaufende Prozesse (>Prozeß) abwickeln kann.

Prozeßrechner
process computer
Verarbeitungstechnik
Das >Datenverarbeitungssystem steht in einem geschlossenen Wirkungskreis mit äußeren >Systemen. Der zeitliche Ablauf der Rechnertätigkeit wird dabei überwiegend durch das Geschehen in den äußeren Systemen bestimmt. Dem Prozeßrechner obliegt die Führung eines technischen Prozesses (>Prozeß), der in den äußeren Systemen abläuft. Aktivitäten des Prozeßrechners sind: Beobachtung ; >Steuerung; >Regelung; Sicherheits-Überwachung; Schätzung und Bewertung; Protokollierung und >Dokumentation des Prozeßgeschehens.

Prozeßsteuerung
process control
Produktion
Die >Steuerung eines technischen Prozesses (>Prozeß). Die Prozeßsteuerung ist automatisch, wenn die steuernde >Funktionseinheit mit dem zu steuernden Objekt, z.B. einem Betriebsmittel, direkt verbunden ist (>Verbindungsgrad).

Prüfbit
parity bit
Sicherungssystem
Ein einer binären Zeichenfolge (>Zeichen) zugeordnetes >Bit, das zum Erkennen von Übertragungsfehlern (>Fehler) dient. Es ist der Zeichenfolge so hinzugefügt, daß die Modulo-2-Summe aller in der Zeichenfolge betrachteten Bits gleichen Wertes

(einschließlich des Prüfbits) je nach Rechenvorschrift "0" oder "1" ist.

Prüfliste
check list
Analysemethode/Entwurfsmethode
Eine praktikable >Methode zur Überprüfung von Systemeigenschaften, deren Ziel es ist, Systemmängel aufzudecken (>Schwachstelle). Sie wird sowohl bei der Überprüfung des Istzustands (>Istzustandsanalyse) als auch bei der Überprüfung von Systementwürfen (>Entwurfsinspektion) angewendet. In Prüflisten dokumentieren sich Sollvorstellungen (>Sollzustand), also gewünschte Systemeigenschaften. Daß mit ihnen keine zuverlässigen Aussagen gewonnen werden können, zeigen folgende Beispiele von häufig verwendeten Fragen:
- Sind die >Anforderungen richtig erhoben und beschrieben?
- Sind alle notwendigen Tests (>Testen) durchgeführt worden?
- Sind alle >Schnittstellen des Systems mit dem Umsystem berücksichtigt worden?
- Sind notwendige Systemerweiterungen möglich?

Bei der Entwicklung von Prüflisten für größere Analyse- oder Entwurfsbereiche sollte man ein hierarchisch strukturiertes Prüflistensystem verwenden (>Prinzip der hierarchischen Strukturierung). Man entwickelt also zunächst eine Prüfliste für das Gesamtsystem mit notwendigerweise eher allgemein gehaltenen Prüffragen und folgt dann einer Gliederung des Systems in Subsysteme (>Subsystembildung), indem man für diese Subsysteme Prüflisten mit zunehmender Präzisierung entwickelt.

Prüfprogramm >Prüfsoftware

Prüfsoftware
audit software
Controlling/Programmiersystem
Die Komplexität von >Informations- und Kommunikationssystemen ist so groß, daß nicht mehr alle Verarbeitungsschritte nachvollziehbar sind, wenn die Systeme nicht ausdrücklich unter Kontroll- und Prüfgesichtspunkten gestaltet worden sind. Die Prüfsoftware besteht aus >Anwendungsprogrammen, die zu Kontroll- und Prüfzwecken verwendet werden. Die Leistungsfähigkeit der Prüfsoftware wird an folgenden Kriterien gemessen:
- Vollständigkeit der >Methoden, die zur Prüfung verwendet werden können (z.B. statistische Methoden).
- Erfüllung verschiedener >Formalziele wie >Benutzerfreundlichkeit, >Effizienz, >Flexibilität, >Sicherheit, >Übertragbarkeit.

Prüfung >Revision

Prüfzahl >Prüfziffernrechnung

Prüfzahlverfahren >Prüfziffernrechnung

Prüfziffer >Prüfziffernrechnung

Prüfziffernrechnung
self-checking number
Sicherungssystem
Die Sicherung von Ordnungskriterien (>Schlüssel) in der >Datenerfassung durch >Ziffern, die mit dem Wert des Ordnungskriteriums in einem definierten mathematischen Zusammenhang stehen und diesem hinzugefügt werden. Die Prüfziffer stellt damit einen integrierten Bestandteil des Ordnungskriteriums dar und ist für den >Benutzer als solche nicht sichtbar. Die mathematischen Verfahren, die zur Bildung einer Prüfziffer angewendet werden können, sind sehr unterschiedlich und unterscheiden sich insbesondere durch die Wahrscheinlichkeit, mit der bestimmte >Fehlerarten erkannt werden. Beispiele sind die Quersummenbildung, das Divisionsrest-Verfahren und das (am häufigsten angewendete) Modulo-Verfahren (auch Verfahren mit gewichteten Quersummen genannt). Ein Prüfziffernalgorithmus beim Modulo-Verfahren besteht aus einem Gewichtungsvektor (mit dem die >Zeichen des Ordnungskriteriums gewichtet werden) und einem Modulo, durch den die gewichtete Quersumme des Ordnungskriteriums dividiert wird. Der Rest oder die Differenz zwischen Modulo und Rest ist die Prüfziffer.

Prüfziffernverfahren >Prüfziffernrechnung

PSA = Problem Statement Analyzer >PSL

PSDA
PSDA
Entwurfsmethode
Problem Statement and Design Analyzer wurde in Anlehnung an PSL/PSA (>PSL) von Philips entwickelt. Es handelt sich um eine Entwurfsmethode, die explizit auf die Entwicklung kommerzieller Anwendungssoftware (>Anwendungsprogramm) zugeschnitten ist und gegenüber PSL zusätzlich die Systemarchitektur (>Modularisierungsprinzip) und den Feinentwurf (>Pseudocode) einbezieht. Kernstück ist eine >Datenbasis, in der Systembeschreibungen erfaßt und bearbeitet werden können, wobei auch benutzerspezifische Berichte erstellt werden. Eine ausgefeilte >Dialogführung unterstützt je nach Problembereich verschiedene Vorgehensweisen (>Datenabstraktion, >Geheimnisprinzip u.a.). Es kann auf drei verschiedenen Konkretisierungsebenen gearbeitet werden (deskriptiv, formal, procedural). Insgesamt gesehen stellt PSDA einen guten Ansatz für eine zielorientierte, regelgesteuerte und rechnergestützte Entwurfsmethode dar.

Pseudo-Code
pseudo code
Entwurfsmethode
Eine Mischung von formal-sprachlichen und natürlich-sprachlichen Elementen bei der Entwicklung von >Software. Siehe auch: >Notation.

PSL
PSL
Entwurfsmethode

Problem Statement Language ist der bekannteste Vertreter der Problembeschreibungssprachen, deren Zweck die Definition der >Anforderungen der Aufgaben *(>Grundlagen Aufgabe)* und >Aufgabenträger in der Form eines Systementwurfs (z.B. als >Grundkonzeption in der >Vorstudie) ist. PSL ist natürlichsprachlich orientiert. Eine Systembeschreibung erfolgt unter acht Aspekten:
- System Input/Output Flow definiert die >Schnittstelle des Systems zu seinem Umsystem.
- System Structure beschreibt die Hierarchie der Objekte (>Entität) im System.
- Data Structure legt die Beziehungen zwischen den Daten fest (>Datenbeziehung).
- Data Derivation erläutert die Ein- und Ausgabe von Prozessen und ihre Verarbeitung (>Prozeß).
- System Size and Volume stellt die Anforderungen an >Hardware und >Betriebssystem fest.
- System Dynamics führt die auslösenden >Ereignisse (trigger) für die Prozesse als dynamischen Aspekt in das System ein.
- System Properties regelt die Vergabe von Eigenschafts-Attributen (>Attribut).
- Project Management enthält die Informationen für das *>Projektmanagement*.

Der Sprachumfang ist relativ groß; durch sich überlappende Begriffe können Mehrdeutigkeiten entstehen. Eine systematische Strukturierung des Systementwurfs, ausgehend von sehr abstrakten über logische bis hin zu physischen Ebenen (>Logisches Modell, >Physisches Modell) wird nicht unterstützt. Eine Ergänzung von PSL ist PSA (Problem Statement Analyzer), ein >Programm zur Analyse von PSL-Systembeschreibungen.

Psycho-sozialer Faktor >Arbeitsqualität

Psychologie
psychology
Wissenschaftsdisziplin
Die Wissenschaft vom Seelenleben, von der Eigenart und den Gesetzmäßigkeiten seelischer Vorgänge, von den Formen und Bedingungen des Erlebens und >*Verhaltens* und ihrer Deutung. Die Anwendung psychologischer Erkenntnisse in der >Wirtschaftsinformatik spielt insbesondere in der >Kommunikationsergonomie eine Rolle, deren Ziel eine an das Verhalten des Menschen angepaßte Entwicklung von >Software an der >Benutzerschnittstelle ist.

PU >Programmierter Unterricht

Public-Domain-Software
public domain software
Informationsrecht
Eine >Software, die von ihren Autoren zu "öffentlichem Eigentum" erklärt worden ist; sie darf also von jedermann nach Belieben vervielfältigt werden.

Pufferspeicher
buffer
Speichertechnik
Ein >Speicher, in dem >Daten bis zur weiteren Verarbeitung zwischengespeichert werden. Sie werden vor allem bei >Schnittstellen, an denen eine Geschwindigkeitstransformation notwendig ist, angewendet (z.B. ein Cache-Speicher zwischen >Zentralspeicher und >Prozessor).

Pufferzeit
buffer time
Darstellungsmethode
Die Zeit, um welche die Dauer eines >Vorgangs verlängert werden kann, ohne daß sich dies auf die Dauer des >Projekts auswirkt (vgl. DIN 69900).

Pull-Down-Menü >Pop-Up-Menü

Q

Qualität
quality
Grundlagen Systemplanung
Die Gesamtheit der Eigenschaften und Merkmale einer >Tätigkeit oder des Ergebnisses einer Tätigkeit (z.B. eines Softwareprodukts), die sich auf deren Eignung zur Erfüllung definierter >Anforderungen beziehen.

Qualitätsmaß
quality measure
Grundlagen Systemplanung
Eine Einheit zum Messen und Feststellen qualitativer Eigenschaften eines Produkts der Systemplanung, z.B. eines Softwareprodukts (>Software), mit dem Ziel, die >Qualität planen und während des Entwurfs- und Entwicklungsprozesses überwachen zu können. Die Qualität wird durch eine Reihe von Eigenschaften bestimmt, sodaß mehrere Qualitätsmaße für die Qualitätsmessung erforderlich sind. Nach Itzfeldt et al. definiert ein Qualitätsmaß den Zusammenhang zwischen der zu messenden Eigenschaft und den diese Eigenschaft konstituierenden Indikatoren (Aufwandsgrößen und Produktmerkmale); reagiert ein Qualitätsmaß sensitiv auf unterschiedliche Ausprägungen der zu messenden Eigenschaft; gewährleistet es eine objektive Erfassung der Ausprägungen der zu messenden Eigenschaft und ihre Abbildung auf eine Skala (>Skalierung). Zwei Arten von Maßen können unterschieden werden:
- Maße, die auf ökonomischen Größen basieren (z.B. >Kosten).
- Maße, die eine Eigenschaft auf der Grundlage von physischen Produktmerkmalen (technische Größen) bestimmen, deren Vorhandensein und konkrete Ausprägung objektiv feststellbar sind.

Voraussetzung dafür, daß ein Qualitätsmaß eine verläßliche Beurteilungshilfe darstellt, ist dessen >Validität.

Qualitätssicherung
quality assurance
Grundlagen Systemplanung/Produktion
1. Zusammenfassende Bezeichnung für alle planmäßigen Maßnahmen der Systemplanung, die sicherstellen sollen, daß definierte Systemeigenschaften durch die Entwurfsergebnisse laufend erreicht werden, z.B. durch >Entwurfsinspektion. Siehe auch: >Software-Qualität, >Software-Qualitätssicherung.
2. Im Sinne der betrieblichen Funktion Produktion alle planmäßigen Maßnahmen zur Erreichung der Gebrauchstauglichkeit eines Gutes für seinen beabsichtigten Verwendungszweck.

Qualitätssicherungssystem
quality assurance system
Produktion
Ein >System zur Durchführung der >Qualitätssicherung, insbesondere im Bereich der Produktion weit entwickelt. Aufbauend auf dem System des Qualitätskreises (DIN 55350) sind internationale Normen entstanden, welche die >Anforderungen an derartige Systeme beschreiben, insbesondere die Struktur- und

Quasi-paralleles Programm

Ablauforganisation im Unternehmen (>Aufbauorganisation, >Ablauforganisation), die anzuwendenden qualitätssichernden Maßnahmen, die >Dokumentation und Berichterstattung sowie die Überwachung und Verbesserung des Qualitätssicherungssystems. Siehe auch: >CAQ.

Quasi-paralleles Programm >Programmtyp

Quellanweisung >Übersetzer

Quellprogramm >Übersetzer

Quellsprache >Übersetzer

Quersummenbildung >Prüfziffernrechnung

Quittungsbetrieb
handshaking
Transporttechnik
Ein Datenverkehr mit gegenseitiger Meldung bzw. Rückmeldung über Beginn bzw. Ende einer >Datenübertragung.

R

Radius >Kommunikationsmatrix

Rahmenvorschlag >Grundkonzeption

RAM
random access memory
Speichertechnik
1. Ein >Speicher, bei dem der >Zugriff zu jedem Element in jeder gewünschten Reihenfolge möglich ist (Speicher mit wahlfreiem Zugriff), z.B. >Magnetplattenspeicher (vgl. DIN 44476).
2. Ein Speicher, bei dem sowohl das Lesen als auch das Schreiben von >Daten möglich ist. Siehe auch: >ROM.

Rapid Prototyping >Prototyping

RAS-Einrichtung
RAS
Sicherungssystem
Aus den Begriffen Reliability (>Zuverlässigkeit), Availability (>Verfügbarkeit), Serviceability (>Wartbarkeit) gebildete Bezeichnung für die Gesamtheit der >Funktionseinheiten, die der Sicherung des >Datenverarbeitungssystems dienen. Dazu zählen insbesonders >Fehlerkorrekturcode, >Redundanz in >Hardware und >Software sowie >Wartungsprozessoren.

Rasterbildschirm >Bildschirm

Ratingmethode
rating
Erhebungsmethode/Analysemethode
Ein Schätzverfahren, bei dem Experten zur Abgabe von Urteilen und deren Abbildung auf einer Ratingskala (Schätzskala) veranlaßt werden ("einschätzen"). Als Skalentyp wird meist eine ordinale Skala verwendet (>Skalierung). Man unterscheidet:
• Individuelles Rating (nur ein Experte).
• Kollektives Rating (mehrere Experten).
• Mitteilungsrating: Ein kollektives Rating, bei dem kein Experte Kenntnis über die Beurteilungen der anderen Experten hat; die Einzelurteile werden mit statistischen Methoden zusammengezogen.
• Mehrstufenrating (auch Delphi-Methode): Ein Mitteilungsrating, bei dem in mehreren Runden die Einzelurteile der Experten ausgewertet und gegebenenfalls kommentiert an die Experten zurückgemeldet werden, die darauf aufbauend ein weiteres Rating durchführen. Nach mehreren Runden wird im allgemeinen eine Konvergenz der Ratingurteile erreicht.
Hauptproblem dieser Methode ist die Verfügbarkeit kompetenter Beurteiler (Experten).

Ratingskala >Ratingmethode

Rationales Problemlösen >Problemlösen

Rationalisieren
rationalization
Allgemeine Grundlagen
Das Bestreben, ein >System so zu gestalten, daß es den gesetzten >Zielen besser entspricht. Ziele des Rationalisierens sind in der Regel nur technischer oder ökonomischer Art (>Produktivität, >Wirtschaftlichkeit).

Raubkopie
pirated copy
Informationsrecht
Die Kopie von >Software, die durch andere als den zur Vervielfältigung Berechtigten hergestellt wird. Auch wenn das Unrechtsbewußtsein gegen das unerlaubte Vervielfältigen von Software weltweit nur sehr schwach ausgeprägt ist, verstößt in fast allen Fällen das Anfertigen von Raubkopien gegen gesetzliche Bestimmungen. Während in der Bundesrepublik Deutschland die Bestimmungen über die Herstellung von Kopien zum persönlichen Gebrauch (vgl. >Urheberrecht) sehr eng interpretiert und daher als für Software nicht anwendbar erklärt wird, steht die herrschende Lehre in Österreich auf dem Standpunkt, daß diese Bestimmungen auch auf Software anwendbar sind. Allerdings wird jedes Laden eines >Programms in den >Zentralspeicher als neuerlicher Vervielfältigungsakt angesehen. Da aber nur "einige" Vervielfältigungsstücke für den persönlichen Gebrauch hergestellt werden dürfen, ist folglich die permanente Nutzung eines Programms durch diese Bestimmungen auch in der Bundesrepublik Deutschland nicht gedeckt.

Raumbedarf >Umweltanforderung

Räumliche Datenverwaltung
spatial data management
Datensystem
Eine Technik zur Organisation und zum Wiederauffinden von >Daten durch Positionierung der Daten in einem graphischen Datenraum. Derartige Systeme erlauben es dem >Benutzer, sowohl über formalsprachliche Abfragesequenzen zuzugreifen, (>Datenbanksystem), als auch unter Verwendung von (Bildschirm)-Darstellungen des graphischen Datenraumes oder von Raumausschnitten. "Räumliche Datenverwaltung" unterstützt die menschliche Fähigkeit, Daten zu organisieren. Mittels Suchfensterstrategien und Zoom-Proceduren ist ein rasches Durchqueren und Durchsuchen des Datenraums auf verschiedenen Ebenen möglich.

Räumliche Vorbereitung
space preparation
Grundlagen Systemplanung
Der Teil der Aufgaben der >Implementierungsvorbereitung, der sich mit der Beschaffung und Anpassung der in quantitativer und qualitativer Hinsicht erforderlichen Räume für die Aufstellung der >Techniksysteme befaßt. Raumbedarfe entstehen nicht nur für die Aufstellung der zentralen Komponenten der Techniksysteme in der >Abteilung Informations- und Kommunikationssysteme, sondern - wenn auch primär in qualitativer Hinsicht - auch an dezentraler Stelle an den Arbeitsplätzen

(>Arbeitsplatz) der >Benutzer in den Fachabteilungen. Gegenstand der räumlichen Vorbereitung sind auch die Maßnahmen, die in räumlicher Hinsicht für die physische Realisierung des >Transportsystems erforderlich sind.

Reaktionszeit
response time
Verarbeitungstechnik
In der >Zentraleinheit die Zeitspanne zwischen dem Ende des Eintreffens einer Aufgabenstellung und dem Beginn der Bearbeitung (vgl. DIN 44300).

Reale Adresse >Adresse

Realer Prozeß
real process
Grundlagen Systemplanung
Eine Menge von >Operationen zur Leistungserstellung *(>Produktion)* und Leistungsverwertung *(>Absatz - Marketing)* in einer >Organisation.

Reales Betriebssystem >Betriebssystem

Realproblem >Optimalplanung

Realspeicher >Zentralspeicher

Realzeit-Programmiersprache
real time programming language
Programmiersystem
Eine höhere Programmiersprache (>Höhere Programmiersprache) für die Erstellung von >Anwendungsprogrammen zur Automatisierung von technischen Systemen, die Zeitbedingungen unterliegen und ereignisabhängig (>Ereignis) ablaufen. Dabei gibt es zwei Entwicklungswege. Einerseits werden höhere Programmiersprachen durch einen Satz von >Unterprogrammen ergänzt, sodaß die notwendigen >Funktionen für die Programmierung bereitstehen. Auf der anderen Seite werden echte Sprachelemente definiert, die auch semantisch in der Realzeit-Programmiersprache festgelegt sind. Beispiele für Sprachen der ersten Gruppe sind Realzeit-FORTRAN (stellt genormte Unterprogramme in >FORTRAN zur Verfügung), CORAL66 und Realzeit-PASCAL (stellt genormte Unterprogramme in >PASCAL zur Verfügung). Hingegen verfügt CONCURRENT PASCAL über echte Sprachelemente zur Realzeit-Programmierung.

Realzeit-Programmierung >Realzeit-Programmiersprache

Realzeitbetrieb
real time processing
Verarbeitungstechnik
Die >Betriebsart eines >Datenverarbeitungssystems, bei der >Programme zur Verarbeitung anfallender >Daten ständig derart betriebsbereit sind, daß die Verarbeitungsergebnisse innerhalb einer vorgegebenen Zeitspanne verfügbar sind. Die Daten können je nach Anwendung nach einer zeitlich zufälligen Ver-

Rechenanlage

teilung oder zu vorbestimmten Zeitpunkten anfallen (vgl. DIN 44300).

Rechenanlage >Analogrechner, >Datenverarbeitungssystem, >Digitalrechner, >Optischer Computer, >von-Neumann-Rechner

Rechensystem >Analogrechner, >Datenverarbeitungssystem, Digitalrechner, >Optischer Computer, >von-Neumann-Rechner

Rechenwerk
arithmetic unit
Verarbeitungstechnik
Eine >Funktionseinheit innerhalb eines >Digitalrechners, die Rechenoperationen ausführt.

Rechenzentrum
computing center
Infrastruktur
Eine >Struktureinheit der >Abteilung Informations- und Kommunikationssysteme, deren Aufgabe die Erbringung definierter Produktionsleistungen von >Information und >Kommunikation nach Zeit, Menge und Qualität ist; daher heute auch als "Produktion" bezeichnet. In den ersten Phasen der >Datenverarbeitung, in denen sich die Entwicklung von >Anwendungsprogrammen bei im wesentlichen unveränderter >Aufbauorganisation und >Ablauforganisation vollzog, verstand man unter Rechenzentrum neben der Produktion auch die Entwicklung von >Anwendungssystemen.

Rechner >Analogrechner, >Datenverarbeitungssystem, >Digitalrechner, >Optischer Computer, >von-Neumann-Rechner

Rechnerarchitektur >Datenverarbeitungssystem, >Architektur

Rechnerverbund >Verbund

Rechtsinformatik
law informatics
Wissenschaftsdisziplin
Die Wissenschaft, welche sich im Sinne einer Anwendungsinformatik (>Informatik) mit den Beziehungen zwischen der Informations- und Kommunikationstechnik *(>Grundlagen Technik)* und dem Recht beschäftigt. Ihr Untersuchungsbereich umfaßt sowohl den Prozeß rechtlicher Regelungen unter dem Blickwinkel der Verwendung von Informations- und Kommunikationstechniken als auch die rechtlich bedeutsamen Auswirkungen der Nutzung dieser Techniken in >Informations- und Kommunikationssystemen. Siehe auch: *>Informationsrecht.*

Redundanz
redundancy
Systemtechnik
Im Sinne der Informationstheorie (>Informationswissenschaft) derjenige Teil der >Nachricht, der keine >Information enthält, aber bewußt zur Vermeidung oder Entdeckung von Übermittlungsfehlern dient. Im Zusammenhang mit der >Datenbasis meint Redundanz das mehrmalige Vorhandensein der glei-

chen >Daten. Im technischen Sinne versteht man darunter die Mehrfachauslegung eines >Systems mit Systemteilen gleicher >Funktion, um die Funktionsfähigkeit auch bei Ausfall eines Systemteils aufrecht erhalten zu können (fehlertolerantes-System, >Fehlertoleranz). Siehe auch: >Datenspiegelung.

Redundanz-Reduzierung >Bildkompression

Redundanzfreie Speicherung
storage without redundancy
Datensystem
Eine >Anforderung an die Speicherung von >Daten, bei der jede >Entität mit ihren Werten genau einmal in einer >Datenbasis vorhanden ist. Gründe für diese Anforderung sind: >Redundanz erhöht den Bedarf an >Speicher; das Einfügen, Löschen und Ändern von Daten ist bei Redundanz aufwendiger, als wenn keine Redundanz vorliegt; es kann bei Redundanz vorkommen, daß die >Datenkonsistenz verletzt wird.

Regel
rule
Allgemeine Grundlagen
Wesentlicher Teil sogenannter regelbasierter Systeme (>Expertensystem). Eine Regel besteht immer aus einem Bedingungsteil und einem Aktionsteil. Man unterscheidet:
- Steuerregel: Eine Regel zur >Steuerung des Systemverhaltens, mit der die Fragestrategie (>Strategie) und die Abfolge der zur prüfenden >Hypothesen festgelegt wird und mit der unsinnige Hypothesentests unterdrückt werden.
- Konsistenzregel: Sie beschreibt die logischen Zusammenhänge.
- Diagnoseregel: Eine Regel, die zur Herleitung von >Diagnosen aus >Symptomen dient.

Zur Abarbeitung der Regeln gibt es unterschiedliche Strategien:
- Vorwärtsverkettung: Man geht von bekannten Fakten aus, sucht eine Regel, deren Bedingungsteil zutrifft, und leitet neue Fakten ab, die sich aus dem Aktionsteil der Regel ergeben.
- Rückwärtsverkettung: Man geht von einer Hypothese aus und sucht nach einer Regel, welche die Hypothese im Aktionsteil enthält und deren Bedingungsteil erfüllt ist.

Eine angemessene Abbildung der Vorgehensweise eines menschlichen Experten in einem Expertensystem erfordert die kombinierte Anwendung beider Strategien.

Regelbasierende Sprache >Deklarative Sprache

Regelbasiertes System >Expertensystem

Regelinterpreter >Expertensystem

Regelung
feed-back control
Systemtechnik

Regressionsanalyse

Eine Maßnahme, welche die Einhaltung eines systemextern definierten Zustands eines >Zieles eines >Systems durch systeminterne Eingriffe ermöglicht.

Regressionsanalyse >Korrelationsanalyse

Reihung >Struktogramm, >Strukturierte Programmierung

Rekonfiguration
re-configuration
Produktionsmanagement
Die nur graduelle, nicht grundlegende Veränderung einer >Konfiguration.

Relation
relation
Datensystem
Entitätsmengen (>Entität) werden durch Relationen im Sinne des relationalen Datenmodells (>Datenmodell) dargestellt. Ist die Entitätsmenge z.B. MITARBEITER mit den Eigenschaften Name, Vorname, Geburtsort und Geburtstag, dann zeigt die Abbildung die Relation der Entitätsmenge MITARBEITER. Eine Relation läßt sich mengentheoretisch wie folgt beschreiben: Gegeben sind n Wertebereiche der Attribute mit Wi; dann ist eine Relation eine Teilmenge des kartesischen Produkts aus W1 x W2 ... x Wn. Mit anderen Worten: Sie ist eine Menge von Tupeln in der Form (w1, w2, ..., wn), wobei wi ein Element von Wi ist. Bei der Darstellung von Entitätsmengen durch Relationen muß für jede Relation ein Identifikationsschlüssel existieren. Siehe: >Schlüssel

MITARBEITER				
Name	Vorname	Geb.Tag	Geb.-Ort	Tupel
Bauer	Lutz	23.4.1936	Guben	

Attribut

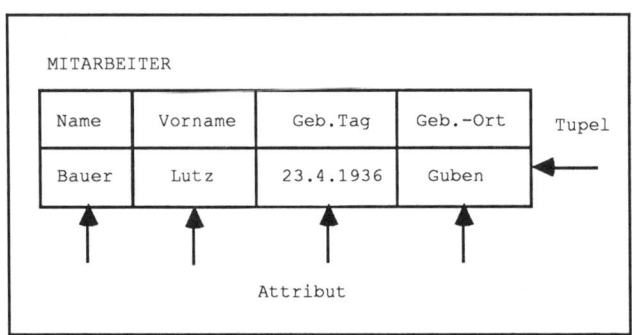

Abbildung Relation

Relationales Modell >Datenmodell

Relationenmethode
relation method
Kosten- und Leistungsrechnung
Eine >Methode zur Kalkulation von >Projekten für die Entwicklung von >Anwendungssystemen. Sie ähnelt der >Analogiemethode. Das zu kalkulierende Projekt wird mit ähnlichen, bereits abgeschlossenen Projekten verglichen. Die Anpassung

der >Kosten erfolgt mit einem formalisierten Ablauf. Siehe auch: >Aufwandschätzung.

Report Program Generator >RPG

Repräsentative Partizipation >Partizipationsdimension

Requirements Engineering and Validation System >REVS

Revision
audit
Controlling
Eine auf die Vergangenheit gerichtete, rückschauende Untersuchung bestimmter, in mehr oder weniger regelmäßigen Abständen wiederkehrender oder auch einmaliger Vorgänge (>Vorgang) oder >Ereignisse durch natürliche, prozeßunabhängige Personen; im Gegensatz zur Kontrolle, die einen Soll-Ist-Vergleich durch prozeßabhängige Personen oder durch maschinell bzw. mechanisch wirkende Verfahren darstellt. Aus strukturorganisatorischer Sicht (>Aufbauorganisation) wird zwischen interner Revision und externer Revision unterschieden. Während die interne Revision eine der Unternehmensleitung unterstellte >Struktureinheit ist, wird die externe Revision durch außerhalb des Unternehmens Tätige wahrgenommen. Siehe auch: >Prüfsoftware.

Revisions-Informationssystem
audit information system
Controlling
Der Aufbau und die Verwendung spezieller Informationssysteme für Aufgaben der >Revision. Siehe auch: >Prüfsoftware.

REVS
REVS
Entwurfsmethode
Requirements Engineering and Validation System. Als >Beschreibungsmittel wird Realtime Statement Language (abgekürzt: RSL) verwendet. REVS ist eine Erweiterung von >PSL, welche die dynamischen Systemaspekte stärker betont. Nachdem die RSL-Eingabe in einen relationalen Datenbankeintrag umgeformt wurde, können verschiedene >Werkzeuge zur Manipulation der Systembeschreibung eingesetzt werden (z.B. Konsistenzprüfung, Simulation, Graphik, Berichte).

Richtfunkübertragung
microwave transmission
Netzwerktechnik
Die durch Parabolantennen gebündelten Wellen treffen auf eine in Sichtweite liegende Gegenstelle. Je Strecke lassen sich bis zu 20.000 >Verbindungen schalten. Siehe auch: >Satellitenverbindung.

Richtigkeit >Genauigkeit

Richtigstellungsrecht
correction privilege
Informationsrecht

Erfährt ein >Betroffener, daß über ihn unrichtige Daten (>Personenbezogene Daten) gespeichert sind, so kann er deren Richtigstellung verlangen und ggf. auch auf dem Rechtsweg durchsetzen (siehe § 4 Z. 2, § 14 Abs. 1 und § 27 Abs. 1 >BDSG bzw. § 1 Abs. 4 (Verfassungsbestimmung), §§ 12 und 26 >DSG).

Ringnetz
ring network
Netzwerktechnik
Ein >Netz, in dem die >Vermittlungsstellen längs eines Ringes angeordnet sind. Siehe auch: >Ringtopologie.

Ringtopologie
ring topology
Netzwerktechnik
Die >Topologie eines >Netzes, bei der jede >Datenstation genau einen linken und einen rechten Nachbarn hat. Die >Nachrichten werden von Station zu Station weitergeleitet, bis sie an der durch die Zieladresse angegebenen Station angelangt sind. Vorteile: Leicht erweiterbar bei minimalem Zuwachs der Leitungsanzahl (>Leitung); fast minimale Leitungsanzahl; leichte Handhabung. Nachteile: Totalausfall bei Ausfall nur einer Leitung; Teil- oder Totalausfall bei Ausfall einer Station; >Latenzzeit einer Nachricht ist proportional zur Anzahl der Stationen; Wartezeit durch Latenzzeit. Auf der Ringtopologie bauen verschiedene Ringsysteme auf (z.B. Token Ring, Slotted Ring, Register-Insertions-Ring), welche versuchen, das Sicherheitsrisiko durch verschiedene Maßnahmen zu verringern. Siehe auch: >Sterntopologie, >Bustopologie, >Baumtopologie.

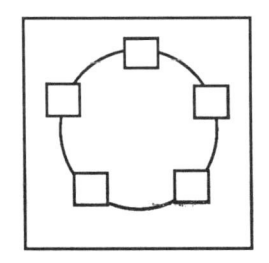

Abbildung Ringtopologie

Risiko >Sicherungsmaßnahme, >Risikoanalyse

Risikoanalyse
risk analysis
Analysemethode
Eine von D. B. Hertz entwickelte Methode zur Entscheidungsvorbereitung (>Entscheidung) bei unsicheren Erwartungen. Die Vorgehensweise kann durch die folgenden Schritte beschrieben werden:
1. Definition eines mathematischen Modells, das die gesuchte Zielgröße als Funktion der verschiedenen Einflußgrößen auf diese Zielgröße definiert.

2. Ermitteln der Daten und ihrer Wahrscheinlichkeiten, beispielsweise durch Expertenbefragung (>Ratingmethode), Ordnen und Gewichten der Schätzwerte und Zusammenfassen zu einer Wahrscheinlichkeitsverteilung.
3. Berechnen der Zielgröße und Ergebnisdarstellung. Wegen der großen Anzahl der möglichen Kombinationen der Variablenwerte bedient man sich beim Berechnen der >Simulation. Bei der Ergebnisdarstellung ist darauf zu achten, daß nicht nur Ergebniszahlen, sondern auch mögliche Abweichungen und deren Wahrscheinlichkeiten zum Ausdruck kommen.
Ziel der Risikoanalyse ist es, Zukunftsentwicklungen realistisch beurteilen zu können.

RJE = Remote Job Entry >Auftragsferneingabe

Robotik
robotics
Produktion
Im weiteren Sinne als Inbegriff der flexiblen Automation verwendet, im engerem Sinne ein Synonym für Industrieroboter. Man versteht darunter universell einsetzbare Bewegungsautomaten mit mehreren Achsen, deren Bewegungen hinsichtlich der Bewegungsfolgen und Wege bzw. Winkel frei (ohne mechanischen Eingriff) programmierbar und gegebenenfalls sensorgeführt sind (>Sensor). Sie sind mit Greifern, Werkzeugen oder anderen Fertigungsmitteln ausrüstbar und können Handhabungs- und/oder Fertigungsaufgaben ausführen. Das Wort "Roboter" wurde vermutlich durch den tschechischen Dramatiker Katel Capek eingeführt, der die Herstellung von mechanischen Menschen mit "Rossems Universal Roboter" umschreibt. Die Bedeutung von Roboter ("Arbeiter") wurde in andere Sprachen nicht übernommen; vielmehr bildete sich eine Bedeutung heraus, die mit Roboter eine universelle, intelligente (>Intelligenz) Maschine bezeichnet. Die Entwicklung der Robotik vollzog sich in folgenden Phasen (nach Syrbe):
- Phase 1 (etwa 1960 bis 1975): Handhabungssysteme mit Punktsteuerung (>NC).
- Phase 2 (etwa 1975 bis 1985): Handhabungssysteme mit Bahnsteuerung (>CNC).
- Phase 3 (ab 1985): Sensorgeführte, fehlertolerante Roboter mit direkter, digitaler Meßgrößenregelung (>DNC).

Robustheit
robustness
Transporttechnik
Die >Sicherheit eines >Protokolls gegenüber langfristigen Auswirkungen von Übermittlungs- oder Versorgungsfehlern (>Fehlertoleranz).

Rockart-Modell >Distribuierung

Rollen
scroll
Ausgabetechnik
Zeilenweises Weiterrücken des Bildschirminhalts (>Bildschirm).

Rollenkonflikt

Rollenkonflikt >Konfliktmanagement

Rollkugel
track ball
Eingabetechnik
Ein Steuergerät für den >Cursor. Durch eine beweglich gelagerte Kugel werden die Richtungskoordinaten auf den Cursor übertragen. Siehe auch: >Maus.

Rollung
bring up
Finanz- und Rechnungswesen
Die rückwirkende Änderung von Tabellen (>Tabellensteuerung), die rückwirkende Änderung von Personalstammdaten (>Stammdaten) und die Eingabe von Bewegungsdaten (>Primärdaten) mit dem Ziel einer kompletten Neuberechnung der entsprechenden Abrechnungsperioden bei der >Lohn- und Gehaltsverrechnung.

ROM
read-only memory
Speichertechnik
Ein >Speicher, dessen Inhalt nur gelesen und im normalen Betrieb nicht geändert werden kann (vgl. DIN 44476).

RPG
RPG
Programmiersystem
Report Program Generator ist ein >Generator zur automatischen Erzeugung von >Programmen, mit denen >Berichte erstellt werden können. Im engeren Sinne eine höhere Programmiersprache (>Höhere Programmiersprache) von IBM.

RSA
RSA
Sicherungssystem
Ein offenes Verschlüsselungssystem (>Offenes Verschlüsselungssystem), benannt nach den Anfangsbuchstaben seiner Entwickler Rivest, Shamir und Adleman.

Rückfallsystem
fall back system
Katastrophenmanagement
Die Tatsache, daß die Funktionsfähigkeit einer >Organisation mit der zunehmenden Durchdringung mit Informations- und Kommunikationstechniken *(>Grundlagen Technik)* von der Funktionsfähigkeit ihres >Informations- und Kommunikationssystems abhängig wird, macht es erforderlich (zumindest für die >Anwendungssysteme, deren Nicht-Funktionsfähigkeit zu existenzbedrohenden Krisen führen kann) Rückfallsysteme zu entwickeln. Zweck eines Rückfallsystems ist es, die Aufgaben der Organisation - wenn auch nur eingeschränkt - auch bei einem längeren Ausfall des Anwendungssystems, der z.B. durch eine Katastrophe oder auch durch den Absturz eines >Projekts hervorgerufen werden kann, zu erfüllen.

Rückkopplung
feed-back
Systemtechnik
Ein >Prinzip, das einen geschlossenen Wirkungskreislauf herstellt, sodaß der Ausgang eines >Systems einen Eingang dieses Systems beeinflußt.

Rückmeldung >Auditive Rückmeldung, >Taktile Rückmeldung

Rückwärtsverkettung >Regel

Rundsenden
multi-address message
Netzwerktechnik/Transporttechnik
Eine >Nachricht wird von einem >Teilnehmer in das >Netz gebracht und kann von allen anderen Teilnehmern im Netz empfangen werden.

S

Sabotageakt >Computersabotage

Sachbearbeiter
clerk
Berufsbild - Tätigkeitsfeld
Ein >Aufgabenträger für die Aufgaben *(>Grundlagen Aufgabe)* in den Fachabteilungen und Werken einer Organisation (>Anwender), die durch ein >Techniksystem unterstützt werden. Die Aufgaben sind durch vielfältige >Tätigkeiten des Erstellens, Ablegens und Wiederfindens von >Informationen im Zusammenhang mit unterschiedlichen Kommunikationsprozessen (>Kommunikation) wie Schreiben von Briefen, von Berichten, Telefonieren usw. ("Sekretariatsfunktion") sowie des Bearbeitens und Verarbeitens von Informationen und das Durchführen von Kommunikationsprozessen mit wechselnden Arbeitsabläufen ("Organisationsfunktion") gekennzeichnet. Die vom Techniksystem angebotenen >Werkzeuge müssen einfach zu bedienen sein; "EDV-Kenntnisse" sind in der Regel nicht vorhanden und sollten nicht erforderlich sein. Siehe auch: >Benutzer, >Benutzertyp.

Sachbearbeitungsaufgabe >Büroarbeit

Sachkontenbuchführung >Finanzbuchhaltung

Sachlogischer Datenbankentwurf >Semantisches Datenmodell

Sachmittel
aid
Grundlagen Systemplanung
Der Teil der >Organisationsmittel, der als Hilfsmittel für die Erfassung, Übertragung, Speicherung usw. von >Daten in einer >Organisation verwendet wird und nicht selbst als >Aufgabenträger anzusehen ist. Letzeres trifft in zunehmendem Maße für Informations- und Kommunikationstechniken *(>Grundlagen Technik)* zu, sodaß als Sachmittel die "klassischen" Hilfsmittel verbleiben (wie z.B. Rohrpostanlage, Telefon, Kopiergerät).

Sachversicherung
property insurance
Sicherungssystem/Katastrophenmanagement
Eine Versicherung, welche zur Abdeckung der Schäden dienen soll, die durch deliktische Handlungen (>Computerkriminalität) an >Betriebsmitteln sowie durch andere Ereignisse wie Wassereinbruch oder Blitzschlag (>Blitzschaden) verursacht werden können. Im Falle deliktischer Handlungen sind diese im allgemeinen nur abgedeckt beim Vorsatz Dritter, bei Einbruchdiebstahl, Beraubung, Plünderung oder Sabotage, soweit dadurch eine versicherte Sache beschädigt, zerstört oder entwendet wird. Der typische Täter ist also eine betriebsfremde Person. Folglich sind deliktische Handlungen an Sachen, die von Betriebsangehörigen begangen werden, nicht durch diese Versicherung abgedeckt. Siehe auch:

>Computermißbrauch-Versicherung, >Vertrauensschaden-Versicherung.

Sachverständigenliste >EDV-Sachverständiger

Sachverständiger >EDV-Sachverständiger

Sachziel
subject objective
Allgemeine Grundlagen
Sachziele haben Zielinhalte, die auf eine Definition des Zwecks des >Informations- und Kommunikationssystem ausgerichtet sind. Sie befassen sich z.B. damit, welche Aufgaben (>*Grundlagen Aufgabe*) unterstützt werden sollen (>Aufgabenbezogenheit) oder welche >Distribuierung angestrebt werden soll. In Ergänzung dazu: >Formalziel.

SADT
SADT
Darstellungsmethode/Entwurfsmethode
Structured Analysis and Design Technique, ein von SofTech 1974/75 entwickeltes graphisches >Beschreibungsmittel. SADT unterstützt zwei Modellkonzepte: Die Modellierung von Aktivitäten, die durch Menschen, Maschinen, Rechner oder Algorithmen (>Algorithmus) wahrgenommen werden und die Modellierung von >Daten. Diese duale Darstellung von Systembeziehungen ermöglicht die wechselseitige Überprüfung auf Vollständigkeit und Korrektheit. SADT enthält keine Darstellungsmöglichkeiten für den >Steuerfluß. Dadurch soll verhindert werden, daß bei der Beschreibung der funktionalen Anforderungen eines Systems algorithmische Aspekte der Lösung einfließen. Da eine >Funktion nur dann ausgeführt werden kann, wenn alle notwendigen Objekte bereitstehen, kann implizit eine Aufeinanderfolge dargestellt werden. Die Modelle werden auf Grund folgender >Prinzipien gebildet:
- Der Anwender wird angehalten, ein >System nacheinander jeweils von einem bestimmten Standpunkt aus zu beschreiben.
- Die Beschreibung beginnt auf der höchsten Abstraktionsstufe. Verfeinerungen führen zu einer hierarchischen Zergliederung des Systems (>Prinzip der hierarchischen Strukturierung).
- Die Zergliederung in >Teilsysteme erfolgt so, daß jedes Teilsystem unabhängig von den anderen der gleichen Abstraktionsebene verfeinert werden kann. Eine Verfeinerung soll zu mindestens drei, höchstens sechs neuen Teilsystemen führen.

SAM = Sequential Access Method >Sequentielle Dateiorganisation

Sammelleitungssystem >Bussystem

Samplingverfahren >Monitoring-Verfahren

Satellite Business System
satellite business system
Transportdienst

357

Satellitensystem

Ein >Value Added Network von IBM (abgekürzt: SBS). SBS ist ein alldigitales Kommunikationsnetz (>digital, >Netz) für große Gesellschaften und Behörden in den USA, die eigene Satellitenbodenstationen benutzen müßten und für die es wirtschaftlich ist, im SBS ihr "eigenes" Netz einzurichten. SBS ist geschlossen und sieht keine Querverbindungen in öffentliche Netze und außerhalb der USA vor. Siehe auch: >ACS.

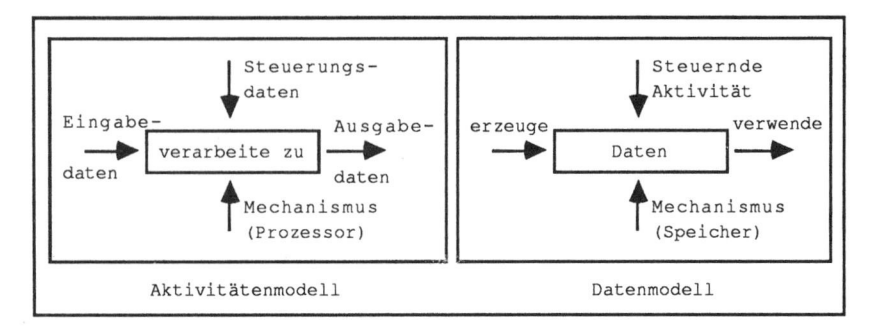

```
                 Steuerungs-                         Steuernde
                   daten                             Aktivität
                     ↓                                  ↓
   Eingabe-    ┌─────────────┐  Ausgabe-   erzeuge ┌──────────┐ verwende
   ──────────→ │ verarbeite zu│ ─────────→ ──────→ │  Daten   │ ────────→
   daten       └─────────────┘   daten             └──────────┘
                     ↑                                  ↑
                 Mechanismus                        Mechanismus
                 (Prozessor)                         (Speicher)

            Aktivitätenmodell                      Datenmodell
```

Abbildung SADT

Satellitsystem
satellite computer system
Verarbeitungstechnik
Ein >Datenverarbeitungssystem, in dem eine zentrale Datenverarbeitungsanlage mit einer oder mehreren kleineren Datenverarbeitungsanlagen verbunden ist. In einem solchen System arbeiten die Satellitenanlagen teils selbstständig, teils in Verbindung mit der zentralen Datenverarbeitungsanlage. Zu den Aufgaben der Satellitenanlagen gehören die >Datenerfassung und die Datenverdichtung der an die zentrale Datenverarbeitungsanlage weiterzuleitenden >Daten.

Satellitenverbindung
satellite network
Netzwerktechnik
Die Bodenstationen tauschen ihre >Daten nicht direkt aus, sondern über einen für Funkverbindung geeigneten Satelliten. Der Satellit verstärkt die von ihm empfangenen >Signale und sendet diese evtl. auf einem anderen Frequenzband an alle Bodenstationen zurück. Für die Satellitenübertragung ist das ALOHA-Protokoll als eines der ersten Zugriffsverfahren verwendet worden. Siehe auch: >Verteiltes Datenverarbeitungssystem.

Satz >Datensatz, >Satz fester Länge, >Satz variabler Länge

Satz fester Länge
fixed length record
Darstellungstechnik
Ein >Datensatz in einer >Datei, in der alle Sätze vereinbarungsgemäß dieselbe Länge haben (vgl. DIN 66101A1).

Satz variabler Länge
variable length record
Darstellungstechnik
Ein >Datensatz in einer >Datei, in der die Sätze unterschiedliche Länge haben können (vgl. DIN 66010Al).

Scanner >Bildabtaster

Schätzverfahren >Aufwandschätzung, >Ratingmethode

Schalenmodell >Indside-Out-Ansatz, >Outside-In-Ansatz, >Anwendungssoftware-System

Schaltalgebra >Boolesche Algebra

Schema >Drei-Schema-Konzept

Schichtenmodell Benutzerschnittstelle >Benutzerschnittstelle

Schlecht-strukturiertes Problem
poor-structured problem
Grundlagen Systemplanung
Eine Situation, in der ein unerwünschter Ausgangszustand wegen fehlender Zielvorstellungen (>Ziel), komplexer Ausgangssituation oder fehlender Lösungsalgorithmen (>Algorithmus) nur durch intuitive Probierverfahren in mehrere mögliche Endzustände transformiert werden kann. Siehe auch: >Wohlstrukturiertes Problem, >Kreativitätstechnik.

Schlüssel
key
Datensystem/Sicherungssystem
1. Ein >Attribut oder eine Attributekombination, die ein Element (z.B. eine >Entität) in einer Menge von Elementen auszeichnet. Man unterscheidet verschiedene Schlüsselbegriffe:
- Identifikationsschlüssel. Darunter versteht man einen Schlüssel, dessen Wert jede Entität einer Entitätsmenge eindeutig bezeichnet. Siehe auch: >Nummer.
- Suchschlüssel ist ein Schlüssel, dessen Wert mit den entsprechenden Merkmalswerten aller Entitäten übereinstimmt, die bei einer >Transaktion gesucht werden.
- Sortierschlüssel ist ein Schlüssel, mit dem die physische Reihenfolge der Daten in einem Datenbestand bestimmt wird.
- Primärschlüssel ist ein Schlüssel, der in die Speicherorganisation direkt einbezogen wird und daher für direkte >Zugriffe effizient benutzt werden kann.
- Sekundärschlüssel ist ein Schlüssel, mit dem über eine Hilfsorganisation, welche die zugehörigen Primärschlüssel liefert, auf gespeicherte Datensätze zugegriffen wird.

Den ersten beiden Schlüsseln kommt eine logische Bedeutung zu (>Datenmodell), während die anderen nur auf der physischen Ebene von Bedeutung sind. Siehe auch: >Drei-Schema-Konzept.
2. Eine Variable als Komponente eines >Verschlüsselungssystems bei kryptographischer Verschlüsselung. Die Qualität einer Verschlüsselung hängt unter anderem von der Länge des Schlüssels ab: Je länger der Schlüssel, desto besser die

Schlüsselangriff

Verschlüsselung. Wenn die Länge des Schlüssels gleich oder größer ist als die Länge des Klartextes, kann ein nicht brechbares Verschlüsselungssystem entwickelt werden (>Kryptoanalyse). Andererseits sind lange Schlüssel für Datentransport und Datenverarbeitung hinderlich. In größeren >Informations- und Kommunikationssystemen verwendet man eine >Hierarchie von Schlüsseln mit unterschiedlicher Geltungsdauer. Man unterscheidet dabei:
- Schlüssel zur Ver- und Entschlüsselung von >Daten (datenchiffrierender Schlüssel).
- Schlüssel zur Ver- und Entschlüsselung von Schlüsseln (schlüssel-chiffrierender Schlüssel).

Bei letzteren unterscheidet man Primärschlüssel (schützt Datenschlüssel in einem >Knoten) und Sekundärschlüssel (schützt Datenschlüssel bei Verlassen eines Knotens). Durch diese Abgrenzung erreicht man eine größere Resistenz gegenüber Schlüsselangriffen.

Schlüsselangriff >Schlüssel

Schlüsselchiffrierender Schlüssel >Schlüssel

Schlüsselfertiges System
turn-key system
Dienstleistungsmarkt
Ein >Informations- und Kommunikationssystem, das dem >Anwender geschlossen, also alle Komponenten umfassend und aus einer Hand, also von einem Anbieter (in der Regel von einem >Systemhaus) ausgetestet und produktiv einsetzbar zur Verfügung gestellt wird.

Schlüsselhierarchie >Schlüssel, >Verschlüsselungssystem

Schlüsseltechnologie >Technologie

Schlüsselwort >Paßword

Schlüsselwort-Technik >Dialogtechnik

Schlüsselzahl >Schlüssel

Schlußfolgern
inference
Methodensystem
Das systematische >Problemlösen mit den Methoden der mathematischen Logik. Eine grundlegende Technik der Künstlichen Intelligenz (>Künstliche Intelligenz). Siehe auch: >Expertensystem.

Schmalbandnetz >Bandbreite

Schnittstelle
interface
Allgemeine Grundlagen
Gedachter oder tatsächlicher Übergang an der Grenze zwischen zwei >Funktionseinheiten mit den vereinbarten Regeln für die Übergabe von >Daten oder >Signalen (vgl. DIN 44300). Siehe

auch: >K-Schnittstelle. In einem weiteren Sinne jede gedachte oder tatsächliche Verbindung zweier interagierender >Systeme, z.B. Mensch und Maschine. Siehe z.B.: >Benutzerschnittstelle. Unter der V.24-Schnittstelle versteht man in der >Datenübertragung die Liste der Definitionen für Schnittstellenleitungen (>Leitung) zwischen >Datenendeinrichtung und >Datenübertragungseinrichtung. Die Schnittstelle X.25 ist die Empfehlung über die Zugriffschnittstelle zu öffentlichen paketvermittelnden (>Paketvermittlung) >Netzen. Sie beschreibt die Vorgänge zwischen der Datenendeinrichtung und der Datenübertragungseinrichtung.

Schnittstellentechnik >Ausgabetechnik, >Eingabetechnik

Schreib-/Lese-Speicher
read/write memory
Speichertechnik
Ein >Speicher, bei dem der Zugang zu jedem Element durch Anlegen geeigneter elektrischer Eingangssignale möglich ist und bei dem der Speicherinhalt entweder am zugehörigen Ausgang abgefragt oder mit Hilfe anderer zugehöriger elektrischer Eingangssignale geändert werden kann (vgl. DIN 44476).

Schreibdichte >Aufzeichnungsdichte

Schreibkopf >Magnetkopf

Schreibtischtest >Testen

Schriftzeichen
graphic character
Darstellungstechnik
Das Element einer nach Umfang und Konstruktion vereinbarten Schrift, das ein >Zeichen repräsentiert (vgl. DIN 44300).

Schrittmachertechnologie >Technologie

Schrittweise Umstellung
stepwise changeover
Implementierungsmethode
Eine >Implementierungsart nach sachlichen Merkmalen, bei der alle >Teilprojekte mit mehreren, einzelnen oder mit Teilen von >Anwendungsaufgaben "gleichzeitig" implementiert werden. Die Implementierung des Gesamtsystems erfolgt also durch sukzessive, planmäßige Implementierung von Systemteilen. Bei der Bildung zweckmäßiger Systemteile geht man in der Regel vom Teilprojekt *>Datensystem* aus, wodurch die Bedeutung des datensystem-orientierten Ansatzes (>Daten-orientierter Ansatz) der Systemplanung auch für die Implementierung zum Ausdruck kommt (siehe auch: >Datenkonvertierung). Bezüglich der Vor- und Nachteile der schrittweisen Umstellung siehe: >Gesamtumstellung. Siehe auch: >Implementierungsreihenfolge.

Schrittweise Verfeinerung
stepwise refinement
Entwurfsmethode

Schulung

Eine Programmiermethode, die auf der Verwendung abstrakter >Operationen und >Datentypen beruht und zunächst unterstellt, daß es ein Objektsystem gibt, welches diese anbietet; die >Abstraktion wird schrittweise entfernt, bis das >Programm in einer Form vorliegt, die einem vorhandenen Objektsystem (z.B. einer >Programmiersprache) entspricht.

Schulung
training
Qualifikation/Personalmanagement
Die Gesamtheit der Mittel und Maßnahmen, deren Zweck es ist, das >Wissen und das Können (Fähigkeiten, Fertigkeiten) der Mitarbeiter so zu gestalten, daß sie ein >Anwendungssystem planen bzw. sachverständig bedienen und nutzen können. Schulungsbedarfe ergeben sich insbesondere daraus, daß Planung und Nutzung eines Anwendungssystems einerseits vorhandenes Wissen und Können überflüssig machen, andererseits neues Wissen und Können erforderlich machen. Siehe auch: >Benutzerschulung.

Schutzhüllenvertrag
shrink-wrap license
Informationsrecht
Eine vor allem bei >Standardsoftware für >Personal Computer verbreitete Form der Lizenzvereinbarung. Der Käufer erhält den >Datenträger mit der Software in einer versiegelten, durchsichtigen Plastikhülle. An der Außenseite dieser Verpackung sind die Lizenzbedingungen (>Softwarelizenz) so beigepackt, daß sie von außen lesbar sind. Der Käufer wird darauf hingewiesen, daß er diese Bedingungen sorgfältig durchlesen soll, weil er sich durch das Öffnen der Verpackung mit dem Inhalt einverstanden erklärt. Falls er die Bedingungen nicht akzeptieren will, soll er die Software in der ungeöffneten Verpackung gegen Rückerstattung des Kaufpreises zurückgeben. Auch wenn diese Form in der Praxis regelmäßig angewandt wird, bestehen aus grundsätzlichen vertragstheoretischen Überlegungen Bedenken gegen die Rechtswirksamkeit solcher Bedingungen.

Schwächenkatalog
list of systems variances
Analysemethode
Die systematische Zusammenstellung der >Schwachstellen eines Systems. Ergebnis der >Istzustandsanalyse und Grundlage für die >Istzustandsoptimierung und für das Anpassen der >Grundkonzeption in der >Feinstudie.

Schwachstelle
variance
Grundlagen Systemplanung
Die Tendenz eines >Systems oder eines Systemteils, von einem definierten Standard im negativen Sinne abzuweichen. Das Ermitteln und Untersuchen von Schwachstellen wird als >Schwachstellenanalyse bezeichnet.

Schwachstellenanalyse
analysis of variances
Analysemethode
Ein methodisch-formales Konzept zur >Diagnose von >Schwachstellen. Zur Aufdeckung der zwischen einzelnen Schwachstellen bestehenden Abhängigkeiten können Varianzmatrizen verwendet werden. Sie lassen insbesondere erkennen, wie eine Schwachstelle weitere Schwachstellen auslöst, sodaß Prioritäten in der Beseitigung gesetzt werden können. Aus methodischer Sicht ist die Schwachstellenanalyse das entscheidende Werkzeug für die >Istzustandsanalyse. Ihre systematischen Vorgehensweisen sind der formale und der inhaltliche Schwachstellen-Analysezyklus. Ersterer versucht, zunächst durch eine Situationsanalyse >Symptome für Schwachstellen zu erkennen und dann durch >Problemanalyse eines jeden Symptoms die diese bewirkenden Ursachen zu ermitteln. Inhaltlich erfolgt die Schwachstellenanalyse in den beiden Schritten Grundsatzkritik und Verfahrenskritik. Bei der Grundsatzkritik herrscht eine strukturelle Sichtweite vor, indem nach der Notwendigkeit eines jeden >Subsystems des Untersuchungsbereichs gefragt wird. Bei der Verfahrenskritik befaßt man sich mit der Zweckmäßigkeit eines jeden als notwendig erkannten Subsystems. Dabei werden die Wirkungen alternativer Verfahren auf die Erreichung der Sach- und Formalziele (>Sachziel, >Formalziel) antizipiert und so die Istzustandsanalyse in die >Systementwicklung überführt.

Schwarzer Kasten >Black-Box-Prinzip

Scoring-Modell >Nutzwertanalyse

SDM = Spatial Data Management >Räumliche Datenverwaltung

SEES = Software Engineering Environment System >Software-Entwicklungssystem

Segment >Datensatz

Seite
page
Darstellungstechnik
Ein >Block von >Daten, der bei einem >Zugriff auf einen virtuellen Speicher (>Virtueller Speicher) zwischen dem >Hauptspeicher und einem peripheren Speicher (>Peripherie, >Speicher) übertragen werden kann (vgl. DIN 44300).

Seitendrucker >Nicht-mechanisches Druckwerk

Sekretariatsfunktion >Sachbearbeiter, >Büroarbeit

Sekundärdaten >Daten

Sekundärschlüssel >Schlüssel

Selbst-adaptierende Schnittstelle >Wissensbasierte Benutzerschnittstelle

Selbstaufschreibung
self-recording
Erhebungsmethode
Eine Methode der Datenerhebung bei der >Istzustandserfassung, bei der die Person oder die Gruppe für die Datenerhebung und für die Durchführung der Aufgabe *(>Grundlagen Aufgabe)*, über die erhoben wird, identisch sind.

Selbsttest
selftest
Sicherungssystem
Nach dem Einschalten einer >Funktionseinheit läuft vor dem Laden der >Programme automatisch ein Test (>Testen) ab, der die wichtigsten >Funktionen prüft.

Selbstverwirklichung >Bedürfnis

Selbstwissen >Wissensbasierte Benutzerschnittstelle

Selektion >Informationsselektion, >Struktogramm, >Strukturierte Programmierung

Selektorkanal >Kanal

Semantik >Semiotik

Semantische Datenintegrität >Datenintegrität

Semantisches Datenmodell
semantic data model
Datensystem
Das Ergebnis der Konstruktion der begrifflichen Zusammenhänge des Ausschnitts der Realität, der in einem Datensystem abgebildet werden soll. Die Entwurfsaufgabe besteht also darin, auf der fachlichen Ebene der >Benutzer die Aufgaben *(>Grundlagen Aufgabe)* eindeutig festzulegen und die Fachbegriffe zu ihrer Lösung zu konstruieren. Für die Konstruktion kann ein als >Begriffskalkül bezeichnetes Darstellungs- und Analysemittel verwendet werden.

Semantisches Gedächtnis >Mentale-Modelle-Forschung

Semantisches Netzwerk
semantic network
Darstellungsmethode
Ein >System der Darstellung von >Wissen, das aus einzelnen Wissenskomponenten und den Beziehungen zwischen ihnen besteht. Die Beziehungen ergeben sich aus den Eigenschaften, welche den Komponenten zugeordnet sind.

Semi-formale Beschreibung >Beschreibungsmittel

Semiotik
semiotics
Wissenschaftsdisziplin
Die Lehre von den Zeichensystemen, den Beziehungen der >Zeichen untereinander, zu den bezeichneten Objekten der Realität

und der Vorstellungswelt des Menschen sowie zwischen dem Sender und dem Empfänger von Zeichen. Ihr Begriffssystem von relativ hoher Abstraktion kann die Untersuchung von >Informations- und Kommunikationsprozessen wirksam unterstützen. Betrachtungsdimensionen der Semiotik sind Syntaktik, Semantik und Pragmatik:
- Syntaktik befaßt sich mit den Zeichen als solchen und ihren mathematisch-statistischen Relationen; sie ist für Fragestellungen der >Wirtschaftsinformatik kaum relevant.
- Semantik untersucht den Bedeutungsgehalt der Zeichen, also das Verhältnis der Zeichen zum Bezeichneten und den Bedeutungen der Zeichen untereinander. Dies spielt insbesondere bei der Modellierung von Datensystemen eine Rolle (>Semantisches Datenmodell).
- Pragmatik bezieht den Zeichenbenutzer in die Betrachtung ein; sie befaßt sich also mit der >Information.

Sendeschlüssel >Offenes Verschlüsselungssystem

Sendestation
master station
Ausgabetechnik/Eingabetechnik
Eine >Datenstation zu der Zeit, zu der sie aufgefordert ist, >Daten auszusenden. Ist sie aufgefordert, Daten zu empfangen, spricht man von Empfangsstation.

Sensibilität
sensitivity
Datensystem/Sicherungssystem
Die Eigenschaft von >Daten oder von Teilen einer >Datenbasis, "empfindlich" gegenüber einem unberechtigten >Zugriff zu sein, d.h. Zugriffe nur berechtigten >Benutzern zu ermöglichen. Siehe auch: >Zugriffsberechtigung.

Sensitiver Schlüssel >Verschlüsselungssystem

Sensitivitätsanalyse >Empfindlichkeitsanalyse

Sensor
sensor
Eingabetechnik
Eine >Funktionseinheit, die physikalische, chemische und elektro-chemische Größen erfaßt und in elektrische >Signale umsetzt.

SEQUEL >Datenbanksprache

Sequentielle Dateiorganisation
sequential file organization
Speichertechnik/Datensystem
Eine Form der >Dateiorganisation, bei der die Elemente einer >Datenbasis auf physikalisch hintereinander liegenden Speicherplätzen (>Speicher) angeordnet sind. Die Verarbeitung ist nur in der Reihenfolge dieser Anordnung möglich.

Sequentielles Programm >Programmtyp

Sequenz

Sequenz >Struktogramm, >Strukturierte Programmierung

Serialdruckwerk
serial printer
Ausgabetechnik
Ein >Druckwerk, mit dem aus einem Zeichenvorrat >Zeichen für Zeichen nacheinander abgedruckt wird (vgl. DIN 9784).

Serieller Betrieb
serial mode
Verarbeitungstechnik
Eine >Betriebsart, bei der eine >Funktionseinheit mehrere Aufgaben, eine nach der anderen, bearbeitet (vgl. DIN 44300).

Serieller Zugriff
sequential access
Programmiersystem
Der >Zugriff auf >Daten in der Reihenfolge, wie sie auf >Speichern angeordnet sind. Er läßt ein Abweichen von dieser Reihenfolge aus technischen Gründen nicht zu. Im Unterschied dazu: >Direkter Zugriff.

Server
server
Netzwerktechnik
Eine >Funktionseinheit, die an ein lokales Netz (>LAN) angeschlossen ist und deren Leistung allen >Teilnehmern zur Verfügung steht (z.B. Dateiserver bzw. File Server für die Dateiverwaltung, Druckserver für die Verwaltung der Ausgabedaten, Kommunikationsserver für die Verbindung zu anderen >Netzen).

Service-Rechenzentrum
service computer center
Dienstleistungsmarkt
Eine Anbietergruppe im Dienstleistungsmarkt der Informationsverarbeitung, die für einen heterogenen Kreis von >Anwendern aus Klein- und Mittelbetrieben Datenverarbeitungskapazität in der Form sog. Blockzeiten zur Verfügung stellt. Die >Anwendungsaufgaben sind meist zeitunkritisch und umfassen die typischen >Basisanwendungen für kommerzielle Aufgaben *(>Grundlagen Aufgabe)*. Einige Anbieter haben sich auf branchenspezifische Anwendungsaufgaben spezialisiert (z.B. Baugewerbe). Ergänzende Dienstleistungen sind z.B. >Datenerfassung, Anwendungsprogrammierung (>Anwendungsprogramm, >Anwendungsprogrammierer) und >Schulung. Wegen des zunehmenden Drucks seitens der Anbieter von kleinen >Datenverarbeitungssystemen haben viele Rechenzentren ihr Angebot entsprechend erweitert; sie bieten diese in der Regel als schlüsselfertige Systeme an (>Schlüsselfertiges System). Siehe auch: >Time-sharing-Rechenzentrum, >Rechenzentrum.

Shell
Shell
Programmiersystem

1. Einerseits eine höhere Programmiersprache (>Höhere Programmiersprache) für UNIX-Systeme und andererseits ein UNIX-Interpreter (>UNIX, >Interpretierer).
2. Ein von R. Shell 1972 entwickeltes Verfahren zur Kalkulation von >Projekten für die Entwicklung von >Anwendungssystemen. Es verwendet die Aufteilung der gesamten Arbeitszeit der Struktureinheit Anwendungsentwicklung der >Abteilung Informations- und Kommunikationssysteme in die >Tätigkeiten "reine Programmierarbeit". Durch >Korrelationsanalyse wird mit Hilfe der Daten abgeschlossener Projekte eine Beziehung zwischen der Größe des Projekts (gemessen in der Anzahl >Befehle) und der Anzahl der Blockdiagramme, die im Feinentwurf für das geplante Projekt vorliegen, bestimmt. Es wird zwischen drei Schwierigkeitsgraden von Projekten unterschieden, denen ein Aufwand in Mannmonaten zugeordnet ist, der mit Kosten bewertet werden kann. Siehe auch: >Aufwandschätzung.

Sicherheit
security
Allgemeine Grundlagen
Beschreibt die Eigenschaft eines >Systems, das Entstehen von Gefährdungszuständen zu vermeiden; eine Quantifizierung ist schwierig. Ein >Informations- und Kommunikationssystem wird dann als sicher bezeichnet, wenn es folgende >Bedingungen erfüllt:
- Wenn es sich in einem betriebsfähigen Zustand ohne irgendwelche Beeinträchtigungen befindet, wenn es also verfügbar ist (>Verfügbarkeit).
- Wenn es die erwarteten >Funktionen planmäßig erfüllt ("Integrität").
- Wenn es eine unberechtigte Nutzung von >Daten und >Programmen nicht zuläßt ("Vertraulichkeit").

Siehe auch: *>Sicherungssystem.*

Sicherheitsbedürfnis >Sicherheit, >Bedürfnis

Sicherungsintegration >Organisatorische Integration

Sicherungsmaßnahme
security measure
Sicherungssystem
Eine Maßnahme zum Schutz eines >Informations- und Kommunikationssystem als Ganzes oder in seinen Teilen; sie kann technischer, organisatorischer, baulicher oder sonstiger Art sein. Oberbegriff für spezifische Sicherungsmaßnahmen wie z.B. >Datensicherungsmaßnahmen. Zweck jeder Sicherungsmaßnahme ist es, dazu beizutragen, Gefährdungszustände ("Risiken"), die sich aus der Existenz eines Informations- und Kommunikationssystems und seiner Umgebung ergeben können, zu vermeiden, zu beseitigen oder zu vermindern. Sicherungsmaßnahmen sind innerhalb eines ganzheitlichen Sicherungskonzepts so aufeinander abzustimmen, daß sie in ihrer Gesamtheit ein geplantes Maß an >Sicherheit erreichen. Dies erfordert eine Gefahren- und >Risikoanalyse und die Offenlegung der Kausalketten, die von den Gefahren- und Risikoquellen ausgehen und zu einem wirtschaftlichen Schaden führen können.

Sichtdaten

Sichtdaten >Benutzersicht

Sichtgerät >Bildschirm

Signal
signal
Darstellungstechnik
Die physikalische Darstellung von >Nachrichten oder >Daten (vgl. DIN 44300).

Silbentrennung
hyphenation
Verarbeitungstechnik
Eine Eigenschaft von >Textverarbeitungssystemen, für deren Realisierung unterschiedliche Trennungsverfahren eingesetzt werden. Trennungsverfahren beruhen z.B. auf Vokal-Konsonanten-Regeln oder man verwendet sogenannte Worttabellen, die alle Wortstämme, Vorsilben und Endungen enthalten.

Simplexbetrieb >Datenübertragung

SIMSCRIPT >Simulationssprache

SIMULA >Simulationssprache

Simulation
simulation
Entwurfsmethode/Methodensystem
Das zielgerichtete Experimentieren (>Experiment) an Modellen (>Modell, >Modellieren). Sie wird vor allem dann eingesetzt, wenn analytische und numerische Methoden deshalb versagen, weil die Realität zu kompliziert ist, um sie als ein geschlossen lösbares Formalproblem abbilden zu können. Anwendungsbereiche der Simulation in der Systemplanung (>*Grundlagen Systemplanung*) sind:
- Simulation als Methode zur Lösung von >Anwendungsaufgaben, die Gegenstand eines >Informations- und Kommunikationssystems sind (>*Methodensystem*).
- Simulation als >*Entwurfsmethode* der Systemplanung, deren Gegenstand das zu entwerfende oder zu optimierende Informations- und Kommunikationssystem selbst ist oder einzelne (z.B. >Hardware) oder mehrere (z.B. Hardware und >Software) Komponenten, beispielsweise im Zusammenhang mit der Bewertung und Auswahl (>Alternativenbewertung) von >Techniksystemen.

Simulation ist das Bindeglied zwischen den zueinander inversen systemplanerischen Tätigkeiten des Analysierens und Entwerfens. Sie ermöglicht das experimentelle Erzeugen und Optimieren alternativer Systementwürfe.

Simulationsmodell >Modelltyp, >Simulation

Simulationsprogramm >Lernprogramm

Simulationssprache
simulation language
Programmiersystem

Eine >Programmiersprache zur Durchführung von Simulationsuntersuchungen (>Simulation) auf >Datenverarbeitungssystemen. Entsprechend der Unterscheidung in diskrete und kontinuierliche Simulation lassen sich auch die Simulationssprachen ordnen. Vertreter der diskreten Simulationssprachen sind: General Purpose Systems Simulator (GPSS), SIMULA und SIMSCRIPT. Für die kontinuierliche Simulation eignen sich DYNAMO und CSMP. Entsprechend dem Spezialisierungsgrad unterscheidet man zwischen Simulationssprachen (z.B. GPSS), System- und Datenmanipulationssprachen (>Datenbanksprache) mit Simulationshilfen (z.B. SIMULA) und allgemeinen höheren Programmiersprachen (>Höhere Programmiersprache), mit deren Hilfe ebenfalls Simulationsuntersuchungen durchgeführt werden können (z.B. >FORTRAN).

Simulierer
simulator program
Programmiersystem
Ein >Interpretierer, bei dem das interpretierende >Programm in einer maschinenorientierten Programmiersprache (>Maschinenorientierte Programmiersprache) abgefaßt ist (vgl. DIN 44300).

Simultandokumentation >Dokumentationssystem

SINIX >UNIX

Situationsanalyse >Istzustandsanalyse, >Schwachstellenanalyse

Skalierung
scale
Allgemeine Grundlagen
Die Abbildung betriebswirtschaftlicher, sozialer, psychologischer usw. Phänomene auf eine nominale, ordinale oder kardinale Skala. Bei nominaler Skalierung erfolgt die Abbildung mittels kategorialer Urteile, welche eine Aussage darüber machen, in welche von zwei oder mehreren Wertkategorien eine Handlungsalternative bezüglich des betrachteten >Zielkriteriums einzuordnen ist. Bei ordinaler Skalierung erfolgt die Bewertung der Alternativen durch das Herstellen einer Rangreihe n-ter Ordnung (bei n Alternativen). Kardinale Skalierung bewertet die Alternativen mittels quantitativer Aussagen. Der Informationsgehalt kardinaler Skalierung ist zwar am höchsten, doch stößt sie in der Regel auf erhebliche methodische Probleme, sodaß man in der Systemplanung (>*Grundlagen Systemplanung)* häufig nominal (was für eine Vor- oder Grobauswahl im allgemeinen ausreichend ist) oder ordinal skaliert. Siehe: >Nutzwertanalyse.

SMALLTALK-80
SMALLTALK-80
Programmiersystem
Eine >Programmiersprache und ein >Tabellenkalkulationssystem von XEROX, welches in dieser Sprache programmiert ist. Siehe: >Objektorientierte Programmierung.

SNOBOL
SNOBOL
Programmiersystem
Eine >Programmiersprache, deren Sprachkonzept besondere Stärken bei der >String-Verarbeitung aufweist. Durch die Möglichkeit, eigene >Datentypen zu definieren, erhält die Sprache auch die Fähigkeit der >Listenverarbeitung.

Sofortige Umstellung
instant changeover
Implementierungsmethode
Eine >Implementierungsart nach qualitativen Merkmalen, bei welcher alle mit der >Implementierung verbundenen Veränderungen vom >Istzustand zum >Sollzustand in einem Zug bewältigt werden. Sie ist dann vorteilhaft, wenn die mit dem Übergang vom Istzustand zum Sollstand verbundenen Qualitätssprünge nicht zu groß sind bzw. wenn diese durch entsprechende Vorbereitungsmaßnahmen (>Vorbereiten der Implementierung) aufgefangen werden können. Im Gegensatz dazu: >Stufenweise Umstellung.

Software
software
Grundlagen Technik
Die Gesamtheit der für ein >Informations- und Kommunikationssystem als "immaterielle Güter" zur Verfügung gestellten >Programme und Programmierhilfen (wie >Assemblierer, >Kompilierer, >Generatoren, >Betriebssysteme und >Anwendungsprogramme). Man unterscheidet im allgemeinen:
- Die zum Betrieb eines >Datenverarbeitungssystems erforderliche >Systemsoftware und
- die auf die >Anforderungen des >Anwenders oder >Benutzers abgestimmte >Anwendungssoftware.

Software ist ein eigenständiges, dokumentiertes Gut, das sich sowohl von Maschinen (>Hardware) als auch von Menschen interpretieren läßt. Demnach erscheint sie in zwei Formen:
- Als vom Menschen lesbares Dokument ("Quellencode").
- Als >Anweisungen für die Maschine ("Maschinencode", "Objektcode").

Software ist ein Spiegelbild menschlicher Organisationsformen und -prozesse. Als solche ist sie wie biologische oder soziologische Systeme mit der allgemeinen >Systemtheorie zu erklären.

Software-Engineering
software engineering
Methodik Systemplanung
Eine 1968 geprägte Bezeichnung für eine Vorgehensweise, die allgemein anerkannte Prinzipien (>Software-Entwurfsprinzip), Methoden (>Software-Entwurfsmethode) und Werkzeuge (>Software-Werkzeug) zur Entwicklung, Einführung und Wartung von >Software anwendet. Software-Engineering führt häufig zu Mißerfolgen, weil das Know-how für den Einsatz fehlt, die verschiedenen Methoden und Werkzeuge nicht immer zueinander passen, und die Einführung selbst nicht konsequent geplant und durchgeführt wird. Aus diesen Mängeln heraus entstand um 1980 der Begriff des Software-Produktionsumgebungs-Systems

(Software Engineering Environment Systems – SEES). Siehe auch: >Software-Entwicklungssystem.

Software-Entwicklungssystem
software development system
Methodik Systemplanung/Programmiersystem
Die Zusammenfassung von >Methoden und >Werkzeugen zu einem integrierten >System zur Entwicklung von >Software. Ein solches System sollte folgende Merkmale aufweisen: Alle Entwurfs- und Entwicklungsergebnisse – von den >Anforderungen bis zum Quellencode und von der >Qualitätssicherung bis zum *>Projektmanagement* – liegen in einer redundanzfreien Entwicklungsdatenbank; Werkzeuge für das Erfassen, das Verändern und vor allem das Auswerten der Entwicklungsdatenbank (z.B. >Prototyping) unterstützen alle Tätigkeiten der Systementwicklung; die Rechnerunterstützung baut auf einer umfassenden, in sich konsistenten Methodik auf.

Software-Entwurfsmethode
software design method
Entwurfsmethode
Auf den >Software-Entwurfsprinzipien aufbauende >Methoden und >Beschreibungsmittel für den Entwurf von >Software. Man unterscheidet:
- Die Constantine-Methode, basierend auf dem >Geheimnisprinzip, mit Regeln für die >Modularisierung.
- Die von Ross 1977 entwickelte >SADT, geeignet für Spezifikation (>Anforderung, >Anforderungsanalyse).
- Die von Jackson entwickelten Methoden JSD (Jackson System Design) für >Aufgabenanalyse und >Grobprojektierung sowie JSP (Jackson System Programming) nach dem Prinzip der strukturierten Programmierung (>Strukturierte Programmierung) für die >Feinprojektierung.
- Die von IBM entwickelte >HIPO-Methode.

Der Einsatz von Software-Entwurfsmethoden ist nur mit maschineller Unterstützung sinnvoll. Dazu werden >Software-Werkzeuge eingesetzt. Siehe auch: >Software-Engineering.

Software-Entwurfsprinzip
software design principle
Entwurfsmethode
Ein >Prinzip, das den Entwurf von >Software unterstützt; derartige Prinzipien entstanden im Zuge der Entwicklung des >Software-Engineering. Man unterscheidet:
- Das Prinzip der strukturierten Programmierung (>Strukturierte Programmierung).
- Das Prinzip der schrittweisen Verfeinerung (>Schrittweise Verfeinerung).
- Das >Prinzip des funktionellen Entwurfs.
- Das >Prinzip des Software-Life-Cycles.
- Das >Geheimnisprinzip.
- Das >Entity-Relation-Prinzip.
- Das Prinzip der Software-Ergonomie (>Kommunikationsergonomie).

Software-Kompatibilität >Kompatibilität

Software-Konfiguration >Konfiguration

Software-Konfigurationsmanagement
software configuration management
Entwurfsmethode
Eine Vorgehensweise bei der Entwicklung von >Software, welche diese als eine Abfolge von kontrollierten Änderungen an gesicherten Zwischen- und Endergebnissen auffaßt und die Kompentenzregelungen (>Kompetenz), >Software-Entwurfsmethoden und >Software-Werkzeuge für die Festlegung von Software-Produkten, deren Bestandteile und Eigenschaften; die Steuerung der systematischen Bearbeitung von Änderungen und Verbesserungen; die Verhinderung unbeabsichtigter Veränderungen sowie die Archivierung aller Zwischen- und Endergebnisse umfaßt. Dabei wird unter Konfiguration eine definierte und freigegebene Menge von Entwicklungsergebnissen verstanden, die in ihrer Wirkungsweise und in ihren >Schnittstellen aufeinander abgestimmt sind und gemeinsam eine vorgegebene Aufgabe erfüllen sollen. Die Vorgehensweise läßt sich wie folgt strukturieren:
- Bestimmen von Konfigurationen, wobei nicht Einzelkonfigurationen betrachtet werden, sondern die Gesamtheit aller Konfigurationen in ihrem Zusammenhang bezogen auf bestimmte Ausprägungen eines Systems ("Planen der Konfigurationsstruktur").
- Änderungssteuerung, die das Einbringen von Änderungen in den Software-Entwicklungsprozeß und deren Bearbeitungsablauf regelt.
- Änderungsüberwachung, d.h. Sicherstellen, daß ein geplanter Änderungsprozeß eingehalten wird.
- >Dokumentation, also die Erfassung aller Objekte und ihrer Eigenschaften vom Zeitpunkt ihrer Gültigkeit an.

Software-Monitoring
software monitoring
Anwendungssystemmanagement
Bei dieser Form des >Monitoring werden Zustände des Objektsystems mit Hilfe eines Meßprogramms erfaßt, das im Wechsel mit den >Objektprogrammen des Objektsystems abläuft. Zu jedem Meßzeitpunkt werden in den Ablauf der Objektprogramme Operationsfolgen des Meßprogramms eingeschoben, die auf bestimmte Speicherplätze zugreifen, welche >Daten über den Zustand des Objektsystems enthalten. Die Abbildung zeigt die Konfiguration beim Software-Monitoring (Quelle: Klar). Die vom Meßprogramm erfaßten >Meßwerte werden auf einen >Speicher ausgelesen und mit einem Datenreduktionsprogramm ausgewertet. Siehe auch: >Hardware-Monitoring.

Software-Qualität
software quality
Grundlagen Systemplanung
Erfordert eine Beschreibung durch eine Menge von Qualitätseigenschaften (>Qualität) im Sinne von Merkmalen, die zur Unterscheidung in subjektiver oder objektiv meßbarer Hinsicht herangezogen werden können. Ihre Operationalisierung kann durch die Definition von >Qualitätsmaßen erfolgen, worunter objektiv meßbare Größen zu verstehen sind, die auf unter-

schiedliche Ausprägungen qualitativer Eigenschaften reagieren. Beispiele sind:
- Qualitätseigenschaft: "Komplexität" bezogen auf die durch einen Graph G abgebildete Kontrollstruktur. Qualitätsmaß: $V(G) = e - n + 2p$, mit e = Anzahl der Kanten im Kontrollfluß-Graph, n = Anzahl der Knoten im Kontrollfluß-Graph und p = Anzahl der Zusammenhangskomponenten (nach McCabe).
- Qualitätseigenschaft: "Lesbarkeit" im Sinne der Schwierigkeit, die ein Text auf Grund der durchschnittlichen Satzlänge und dem Anteil schwerer Wörter beim Lesen und Verstehen bereitet. Qualitätsmaß: Grad der Lesbarkeit = 0,4 * (durchschnittliche Satzlänge + Anteil schwerer Worte), mit durchschnittlicher Satzlänge = Anzahl Worte/Anzahl Sätze in Textstichprobe und Anteil schwerer Worte = Anzahl drei- oder mehrsilbiger Worte pro 100 Worte (nach Gunning).

Die Beispiele zeigen sowohl die Schwierigkeit der Definition von Qualitätsmaßen als auch den gegenwärtigen Stand der Verfügbarkeit brauchbarer Qualitätsmaße.

Abbildung Software-Monitoring

Software-Qualitätssicherung
software quality assurance
Analysemethode/Testmethode
Entspricht im engeren Sinne dem >Testen, d.h. der maschinellen Ausführung des Objectcodes mit dem Ziel, >Fehler zu finden. Im weiteren Sinne bezieht sie sich auf alle Phasen der Softwareentwicklung: Auf die Definition der >Anforderungen folgt eine >Wirtschaftlichkeitsanalyse; auf die Spezifikation folgt eine Spezifikationsabnahme; auf den DV-technischen Entwurf folgt eine Entwurfsbewertung (>Entwurfsinspektion); auf die Codierung folgt die Programmprüfung (>Code-Prüfung). Alle Aktivitäten beinhalten eine automatische oder manuelle Analyse der Entwurfsdokumente und Programme. Dabei werden diese bezüglich ihrer Vollständigkeit, Konsistenz, Normengerechtigkeit und sonstiger statischer Eigenschaften überprüft. Siehe auch: >Qualitätssicherung, >Software-Qualität.

Software-Werkzeug
software tool
Programmiersystem/Entwurfsmethode
Ein >Werkzeug, das die Anwendung von >Software-Entwurfsmethoden mit >Datenverarbeitungssystemen unter-

stützt. Es wird zwischen batch-orientierten (1.Generation) und dialog-orientierten (2.Generation) Werkzeugen unterschieden. Software-Werkzeuge sollten den gesamten Software-Lebenszyklus abdecken ("integrierte Entwicklungssysteme" - siehe auch: >Software-Engineering), wobei für jede Phase des Entwicklungsprozesses geeignete Methoden mit dem entsprechenden Werkzeug zur Verfügung gestellt werden. Siehe auch: >Software-Entwicklungssystem.

Softwarediebstahl
software theft
Informationsrecht
Gängiger Begriff für das unerlaubte Vervielfältigen von >Software. Diebstahl im strafrechtlichen Sinne liegt nicht vor, weil Software ein immaterielles Gut ist und keine Sache im strafrechtlichen Sinne darstellt. Diebstahl kann daher höchstens am >Datenträger begangen werden. Zur Verfolgung der unerlaubten Vervielfältigung der Software sind andere Bestimmungen wie >Urheberrecht oder >Wettbewerbsrecht denkbar.

Softwareentwickler >Anwendungsprogrammierer, >Softwareingenieur, >Systemprogrammierer

Softwareergonomie >Kommunikationsergonomie

Softwaregenerator >Generator

Softwarehaus
software house
Dienstleistungsmarkt
Ein Unternehmen, das >Anwendungssoftware als >Individualsoftware und/oder >Standardsoftware im Auftrag bzw. für den anonymen Markt entwickelt, implementiert und wartet. Siehe auch: >Systemhaus.

Softwareingenieur
software engineer
Berufsbild - Tätigkeitsfeld
>Aufgabenträger für die Aufgabe (*>Grundlagen Aufgabe*): Entwerfen und Entwickeln von >Software mit ingenieurmäßigen Methoden und Werkzeugen (>Software-Entwurfsmethode, >Software-Werkzeug). Ein neuer Begriff, der sich von den klassischen Begriffen >Anwendungsprogrammierer und >Systemprogrammierer vor allem durch die ingenieurmäßige Orientierung unterscheidet, welche in der Regel eine einschlägige akademische Ausbildung voraussetzt (z.B. ein Studium der >Informatik oder der >Wirtschaftsinformatik), sowie dadurch, daß sich die Tätigkeit des Softwareingenieurs auf jede Art von Software bezieht. Da die meisten Methoden und Werkzeuge jedoch für das Entwerfen und Entwickeln von >Anwendungssoftware zur Verfügung stehen, liegt der Tätigkeitsschwerpunkt des Softwareingenieurs im Bereich der Anwendungssoftware.

Softwarekrise
software crisis
Grundlagen Systemplanung

Eine in der Praxis verwendete Bezeichnung für das Phänomen >Entwicklungsrückstau sowie dafür, daß trotz eines erheblichen Mitteleinsatzes die >Anwendungsprogramme den >Anforderungen nicht genügten (z.B. mangelnde >Zuverlässigkeit) und insbesondere die erwarteten organisatorischen Verbesserungen nicht eintraten. Ausgangspunkt für eine stärker ingenieurwissenschaftlich orientierte Softwareentwicklung. Siehe z.B.: >Software-Engineering.

Softwarelizenz
software licence
Informationsrecht
Die Einräumung eines Rechts (>Nutzungsbewilligung, >Nutzungsrecht) zur Benutzung der entsprechenden >Software. Auch wenn der Begriff der Lizenz aus dem Patentrecht (>Patentschutz) stammt, hat die Softwarelizenz nichts mit dem Patentrecht zu tun. Da der Begriff also gesetzlich nicht definiert und daher wenig aussagekräftig ist, sind die Inhalte in einer entsprechenden Vereinbarung festzuhalten. Solche Vereinbarungen enthalten oft auch einen Verweis auf das >Urheberrecht. Ob ein solches allerdings besteht, kann durch vertragliche Einigung nicht festgelegt werden. Letztendlich ist dies eine Rechtsfrage, die im Streitfall ein Richter zu entscheiden hat. Es ist daher empfehlenswert, den Softwarelizenzvertrag so zu gestalten, daß er den angestrebten Zweck auch bei Nichtvorliegen eines urheberrechtlich geschützten Werkes erfüllt.

Softwarepsychologie >Kommunikationsergonomie

Softwareschutz
software protection
Sicherungssystem/Informationsrecht
1. Technische Maßnahmen, die darauf abzielen, das Vervielfältigen von >Software durch andere als den Berechtigten technisch zu erschweren bzw. unmöglich zu machen. Bei >Personal Computern wird das dadurch schwieriger, daß diese über keine eindeutige Identifikation seitens der >Hardware (Seriennummer o.ä.) verfügen. Alle anderen technischen Schutzmechanismen, die auf besonderen Tricks aufbauen (andere Formatierung der >Datenträger etc.) sind oft für den Anwender lästig. Außerdem ist es meist nur eine Frage der Zeit, bis andere dieses System mit entsprechend aufgebauten Kopierprogrammen wieder zunichte machen. Diese Tatsache hat viele Anbieter von Software für Personal Computer veranlaßt, auf einen (technischen) Kopierschutz zu verzichten. Bessere Schutzmöglichkeiten bieten sich, wenn das Programm auf einem >ROM gespeichert ist. Schutzmechanismen können an zwei Stellen ansetzen:
- An den Daten hinter absoluten Sprüngen und bei Verzweigungen im Programmfluß. Bei der ersten Gruppe von Schutzmechanismen wird das Programm um einige >Bytes vergrößert, die hinter absoluten Sprüngen liegen und durch das Programm nie erreicht werden können. Diese nie angesprungenen >Adressen können "vergiftet" werden und Schutzmaßnahmen auslösen, wenn ein Kopierer versucht, das Programm linear auszulesen.

Softwaretechnologie

- Bei der zweiten Gruppe von Schutzmechanismen wird durch Zusatzinformationen erzwungen, daß der >Speicher so ausgelesen werden muß, wie es die >Zentraleinheit tut. Beim Verletzen dieser Bedingungen werden Schutzmaßnahmen ausgelöst. Dagegen wird ein Kopierer versuchen, die Schutzmechanismen zu umgehen, sodaß er nicht gezwungen ist, das Programm zu verstehen, das er kopieren will.

Auf diesen Überlegungen aufbauend sind eine Reihe konkreter Schutzmechanismen entwickelt worden wie (nach Puttkamer): Schutz durch "vergiftete" Adressen; Entkopplung von externer und interner Adressierung des ROM; Segmentierung und kryptographische Verwürfelung (>Kryptographische Methode) der Daten des ROM.

2. Rechtsschutz: Rechtliche Vorschriften, die das vom Inhaber der Eigentumsrechte nicht erlaubte Vervielfältigen von Software verbieten und mit Sanktionen belegen. Immaterielle Güter wie Software sind keine Sachen im strafrechtlichen Sinne (>Computerkriminalität), die man "stehlen" (>Softwarediebstahl) oder "rauben" (>Raubkopie) kann. Abgesehen von vertraglichen Schutzmöglichkeiten, die nur zwischen den Vertragsparteien, nicht aber einem Dritten gegenüber wirken, kommen für den Softwareschutz vor allem >Urheberrecht und >Wettbewerbsrecht in Frage.

Softwaretechnologie
software technology
Wissenschaftsdisziplin
Ein Zweig der >Informatik, der sich mit den Konstruktionsprinzipien (>Prinzip) und >Werkzeugen der Entwicklung der >Software mit dem Ziel befaßt, diese u.a. computergestützt, fehlerfrei, komfortabel, wirtschaftlich durchzuführen und bezüglich ihrer Leistung, der Termine und Kosten berechenbar zu machen. Vereinfacht ausgedrückt: Software "guter Qualität" (>Qualität, >Software-Qualität) zu erzeugen. Ihre Entwicklung kann durch die Phasen: Erarbeitung von >Software-Entwurfsprinzipien, >Software-Entwurfsmethoden und >Software-Werkzeugen beschrieben werden. Siehe auch: >Software-Engineering.

Soll-Ist-Vergleich >Kennzahl

Sollkonzept >Grundkonzeption, >Sollzustand

Sollzustand
planned system
Grundlagen Systemplanung
Die Gesamtheit aller organisatorischen Regelungen eines geplanten >Informations- und Kommunikationssystems. Er wird in einer groben Form in der >Vorstudie als >Grundkonzeption entworfen und im Zuge der >Feinstudie mit den Ergebnissen der >Istzustandserfassung und der >Istzustandsanalyse angepaßt. Seine weitere Präzisierung erfolgt dann in der >Grobprojektierung sowie schließlich in der >Feinprojektierung. Mit zunehmender Präzisierung des Sollzustands erfolgt eine sukzessive Anreicherung des zunächst nur logischen Modells (>Logisches Modell) mit physischen Attributen (>Physisches Attribut), sodaß letztlich ein physisches Modell (>Physisches

Modell) des Sollzustands vorliegt, das implementiert werden kann (>Implementierung).

Sollzustands-orientierter Ansatz
planned system-oriented approach
Methodik Systemplanung
Ansatz als Bestandteil einer Methodik der Systemplanung (*>Grundlagen Systemplanung*), der durch die Vorgehensweise gekennzeichnet ist: Erst >Grobprojektierung, dann >Istzustandserfassung und dann Anpassen des Entwurfs so lange, bis er im gegebenen Kontext als optimal zu bezeichnen ist. Seine entscheidende Schwäche besteht in der Gefahr, den >Istzustand nur aus der eingeschränkten Sicht eines möglicherweise unzweckmäßigen Entwurfs zu betrachten. Im Gegensatz dazu: >Istzustands-orientierter Ansatz.

Sonderzeichen
special character
Darstellungstechnik
Ein >Zeichen, das weder >Buchstabe noch >Ziffer noch >Leerzeichen ist (vgl. DIN 44300).

Sortierschlüssel >Schlüssel

Soziales Bedürfnis >Bedürfnis

Sozialverhalten >Verhalten

Soziobiologie
sociobiology
Wissenschaftsdisziplin
Kunstwort aus >Soziologie und Biologie, das einen Wissenschaftsbereich beschreibt, der versucht, menschliches *>Verhalten* zu erklären und zu prognostizieren, z.B. das >Informationsverhalten und das >Kommunikationsverhalten.

Soziologie
sociology
Wissenschaftdisziplin
Die Wissenschaft von den Bedingungen des menschlichen Zusammenlebens, also vom sozialen Handeln des Menschen, soweit sich dieses in Gruppen und >Organisationen vollzieht. Sie betrachtet den Menschen also nur insoweit, als er in einem Abhängigkeitsverhältnis und damit in einem Beziehungsfeld mit anderen Menschen steht. Da Fragen des menschlichen Zusammenwirkens in der >Wirtschaftsinformatik, insbesondere bei der Systemplanung (*>Grundlagen Systemplanung*), von großer Bedeutung sind, müßten ihre Aussagen ohne Einbeziehung der Erkenntnisse der Soziologie in vielen Bereichen ein Torso bleiben. Siehe insbesondere: *>Partizipation, >Verhalten*.

Soziotechnischer Ansatz >Konsens-orientierter Ansatz

Spaghetti-Programm >Strukturierte Programmierung

Speicher
storage device
Speichertechnik
Eine >Funktionseinheit innerhalb eines >Datenverarbeitungssystems, die >Daten aufnimmt, aufbewahrt und abgibt. Entsprechend den unterschiedlichen >Anforderungen wie Geschwindigkeit, >Kapazität, >Kosten, Platzbedarf gibt es eine große Anzahl von Speichern, die wie folgt systematisiert werden können:
- Nach der Art des >Zugriffs (Speicher mit seriellem Zugriff, Speicher mit wahlfreiem Zugriff, siehe: >RAM).
- Nach der Art der Lese-/Schreibmöglichkeit (Nur-Lese-Speicher, siehe: >ROM, Lese- und Schreibspeicher, siehe: >RAM).
- Nach der Zugriffsmöglichkeit des >Prozessors (>Zentralspeicher, peripherer Speicher, siehe: >Peripherie).
- Nach der Art der Erhaltung der Speicherfähigkeit (>Dynamischer Speicher, >Statischer Speicher).
- Nach der Art der Aufzeichnung (>Magnetschichtspeicher, >Optischer Speicher).
- Nach der Art der Adressierbarkeit (>Virtueller Speicher und realer Speicher, siehe: >Zentralspeicher, sowie >Assoziationsspeicher.).

Speicher mit seriellem Zugriff
serial access memory
Speichertechnik
Ein >Speicher, bei dem der Zugriff zu den Speicherzonen nur in einer vorgegebenen Reihenfolge möglich ist, z.B. ein >Magnetbandspeicher (vgl. DIN 44476). Siehe auch: >Serieller Zugriff.

Speicher mit wahlfreiem Zugriff >RAM

Speicherhierarchie
storage hierarchy
Speichertechnik/Datenmanagement
Die unterschiedlichen >Anforderungen, die an die Speicherung von >Daten gestellt werden, haben zur Herausbildung von >Speichern geführt, welche sich aus der Sicht des >Anwenders insbesondere bezüglich >Kapazität, Geschwindigkeit und >Kosten unterscheiden. Stimmt man die Anforderungen des gesamten >Datensystems einer >Organisation auf die entsprechenden Kenngrößen der Speicher ab, so erhält man eine hierarchische Ordnung der Speicher, die von kapazitätsmäßig kleinen, schnellen und teuren Speichern (z.B. >Pufferspeicher) bis zu kapazitätsmäßig großen, langsamen und billigen Speichern (z.B. >Magnetbandspeicher) reicht. Letztere werden als "Massenspeicher" bezeichnet.

Speichermedium >Datenträger

Speichern >Aufgabenfunktion

Speichernde Stelle >Auftraggeber

Speichervermittlung
store and foreward switching
Netzwerktechnik
Die zu übertragenden >Daten werden in der >Vermittlungstelle zwischengespeichert, bis geeignete >Übertragungsleitungen zum Weitertransport frei sind. Formen der Speichervermittlung sind: >Nachrichtenvermittlung, >Paketvermittlung. Siehe auch: >Leitungsvermittlung.

Speicherzugriff >Speicher, >Zugriff

Sperrecht
blocking privilege
Informationsrecht
>Personenbezogene Daten sind nach §§ 14, 27 und 35 >BDSG zu sperren, wenn ihre Richtigkeit vom Betroffenen (>Betroffener) bestritten wird und sich weder die Richtigkeit noch die Unrichtigkeit feststellen läßt. Außerdem sind Daten dann zu sperren, wenn deren Kenntnis zur Erfüllung der Aufgaben (>*Grundlagen Aufgabe*) nicht mehr notwendig ist bzw. nach einer Frist von fünf Jahren im Falle des § 35 BDSG. Die Löschung (>Löschungsrecht) kann erfolgen; sie muß erfolgen, wenn ein Betroffener dies verlangt. Das >DSG kennt nur die erstgenannte Funktion beim sog. "Bestreitungsvermerk" (§§ 12 und 26 DSG).

Spezialaufgabe >Büroarbeit

Spezifikation >Programmspezifikation

Spezifikation >Anforderung, >Anforderungsanalyse

Spezifikationsschein
specification certificate
Informationsrecht
In der Regel werden die Vertragsbedingungen für den Verkauf von >Hardware und >Software allgemein festgelegt und nicht für jeden Einzelfall neu formuliert. Der Vertrag setzt sich dann aus den allgemeinen Vertragsbedingungen und einer Aufstellung über die konkreten Leistungen des aktuellen Vertrags zusammen. Diese Aufstellung, die in der Regel auf vorgefertigten >Formularen aufbaut, beschreibt die konkrete Leistung und wird Spezifikationsschein genannt. Dabei ist signifikant der letzte Wortteil "-schein"; als erstes Wort sind Varianten üblich, wie z.B. "System" oder "Geräte". Die >BVB bezeichnen diese Formulare nach dem Vertragsinhalt mit Kauf-, Miet-, Wartungs-, Überlassungs- oder Pflegeschein.

Spooling
spool
Speichertechnik/Programmiersystem
Kurzbezeichnung für Simultaneous Periphal Operations On-line; ein Konzept zur Erhöhung der >Leistung eines >Datenverarbeitungssystems. Dabei werden die >Daten nicht direkt von einem >Eingabegerät in den >Zentralspeicher bzw. von diesem auf ein >Ausgabegerät übertragen, sondern zunächst in einen schnellen >Pufferspeicher. Unabhängig von der Verarbeitung in der

Sprachanalyse

>Zentraleinheit können somit Daten zwischen Ein- und Ausgabegeräten und dem Pufferspeicher übertragen werden; dies wird von einem >Programm des >Betriebssystems gesteuert. Da aus der Sicht der Verarbeitung die Ein- und Ausgabegeräte physisch nicht vorhanden sind, werden diese auch als virtuelle Peripherie bezeichnet (>virtuell, >Peripherie).

Sprachanalyse >Spracherkennung

Sprachannotationssystem
voice annotation system
Verarbeitungstechnik
Die Kopplung eines >Sprachspeichersystems mit einem >Textverarbeitungssystem. Unter Benutzung eines speziellen >Editors mit Akustik-Cursor können an beliebiger Stelle Sprachnachrichten eingefügt werden. Damit können die Vorteile von Textverarbeitungssystemen auch von Personen genutzt werden, die nicht in der Lage sind, selbst längere Texte einzutippen. Siehe auch: >Sprachverarbeitung.

Sprachausgabesystem
speech synthesis system
Speichertechnik/Ausgabetechnik
Ein >Sprachspeichersystem, das nur kurze Sprachphasen von ca. 1/2 Sekunde Länge digitalisiert, die je nach Bedarf zu Sätzen zusammengefügt werden. Außerdem erfolgt die Eingabe der Sprachphasen üblicherweise beim Hersteller und nicht durch den >Anwender. Sprachausgabesysteme werden hauptsächlich in Bestellsystemen, Auskunftssystemen, Dispositionssystemen und in vielen Produkten der Konsumelektronik (z.B. sprechender Schachcomputer) eingesetzt.

Sprache
speech
Darstellungstechnik
Eine >Informationsart (neben Daten, Text und Bild), die als ein >System von >Zeichen beschrieben werden kann, das dem Menschen zum Ausdrücken von Gedanken, Gefühlen, Willensregungen usw. dient. Siehe: >Spracherkennung, >Sprachverarbeitung.

Sprachen-Kompatibilität >Kompatibilität

Spracherkennung
voice recognition
Grundlagen Mensch/Analysemethode
Bei der Sprachkommunikation wird das akustische >Signal im Ohr analysiert und dann an das Gehirn weiter geleitet und dort verarbeitet. Meßbar und beschreibbar ist nur die Sprachanalyse. Quantitative Verfahren der Sprachanalyse gehen davon aus, daß das akustische Signal durch die Form des Vokaltrakts festgelegt wird, so daß man aus dem analysierten Sprachsignal Rückschlüsse auf seine Artikulation ziehen kann. Die Schritte der Spracherkennung auf Basis dieses Artikulatinsmodells sind also: Die Analyse des akustischen Signals; die Ermittlung der Beschaffenheit des Artikulationsraums; die Zuordnung der Beschaffenheit des Artikulationsraums zu Sprachelementen. Dabei

wird der Artikulationsraum durch ein - gegenüber der Wirklichkeit - sehr vereinfachtes Röhrenmodell abgebildet, das insbesondere bezüglich der Sprachsignale wenig leistungsfähig ist, die unter Beteiligung des Nasaltrakts entstehen. Siehe auch: >Sprachverarbeitung, >Automatische Spracherkennung.

Sprachgeneration
programming language generation
Grundlagen Technik
Die >Programmiersprachen der ersten Generation bewegten sich auf dem Niveau des binären Maschinencodes. In den >Programmen spiegelte sich die >Architektur der >Hardware. Die Programmiersprachen der zweiten Generation zeichneten sich durch erste Strukturierungsmerkmale aus (z.B. AUTOCODE). Programmiersprachen der dritten Generation werden im allgemeinen als höhere Programmiersprachen (>Höhere Programmiersprache) bezeichnet. Sprachen der 4.Generation sind durch folgende Eigenschaften gekennzeichnet:
- Orientierung des Programmiersystems am Bedarf des >Benutzers; dies fördert die >Individuelle Datenverarbeitung.
- "Nichtprozeduralität" bzw. "Deskriptivität" (>Nichtprocedurale Sprache).
- Interakte Entwicklungsumgebung (>Interaktive Programmierung).
- Eine Integration zu existierenden >Anwendungssystemen.

Beispiele für Sprachen der 4.Generation sind: FOCUS von Information Builders, Open Access von SPI, MAPPER von Sperry, NATURAL von Software-AG, MANTIS von Cincom System, CSP und DMS von IBM, SESAM-FS von Siemens. Sprachen der 5.Generation werden vor allem in der Künstlichen Intelligenz (>Künstliche Intelligenz) eingesetzt. Erste Ergebnisse sind bei >Expertensystemen zu finden. Die verwendeten >Werkzeuge lassen sich nach ihren theoretischen Grundlagen in drei Gruppen gliedern: >Funktionale Programmierung (z.B. >LISP), >Objektorientierte Programmierung (z.B. >SMALLTALK 80), Logische Programmierung (z.B. >PROLOG).

Sprachkommunikation >Spracherkennung

Sprachnachrichtensystem
voice message exchange system
Verarbeitungstechnik
Das >Sprachspeichersystem wird an das öffentliche Telefonnetz angeschlossen. Erreicht man beim Telefonieren seinen Gesprächspartner nicht, so kann man die >Nachricht in das Sprachspeichersystem eingeben; zu einem späteren Zeitpunkt wird sie automatisch an den Empfänger weitergeleitet. Auf die gespeicherte Nachricht kann man von jedem Telefon aus zugreifen. Siehe auch: >Sprachverarbeitung.

Sprachsignal >Spracherkennung, >Automatische Spracherkennung

Sprachspeichersystem
speech filing system
Speichertechnik
Die Abspeicherung von Sprachsignalen (>Sprache, >Signal) mittels >Datenverarbeitungssystemen. Das Sprachsignal wird

Sprachübersetzung

ähnlich wie bei einem Diktiergerät aufgezeichnet, ohne den sprachlichen Inhalt zu betrachten. Hier grenzt sich das System von den Spracherkennungssystemen (>Spracherkennung) und >Sprachausgabesystemen ab. Sprachspeichersysteme beruhen auf der Digitalisierung des Sprachsignals. Für die Entwicklung von Sprachspeichersystemen entscheidend ist die Möglichkeit, digitale Sprachsignale als >Datensatz in ein Datenverarbeitungssystem einzubringen. Somit stehen wesentliche Funktionen der Dateiverwaltung (>Datenverwaltungssystem) auch hier zur Verfügung (Kopieren, Löschen, Verteilen in Netzen, Archivieren usw.). Realisierte Anwendungsbeispiele sind: >Sprachnachrichtensystem, >Sprachannotationssystem, >Sprachausgabesystem mit vordefiniertem Wortschatz. Siehe auch: >Sprachverarbeitung.

Sprachübersetzung >Dokumentverarbeitung

Sprachverarbeitung
speech processing
Verarbeitungstechnik
Das möglichst sprecherunabhängige Erkennen von >Sprache (>Spracherkennung) sowie das von der Sprache unabhängige >Identifizieren eines Sprechers; eine Form der Erkennung und Verarbeitung von Mustern (>Mustererkennung), ein bevorzugtes Forschungsgebiet der Künstlichen Intelligenz, (>Künstliche Intelligenz), das wie folgt strukturiert werden kann:
- Zunächst in die Spracheingabe und die Sprachausgabe.
- Die Spracheingabe kann weiter strukturiert werden in die Sprecheridentifikation und die Sprecherverifikation (Wer?) sowie in die Spracherkennung (Was?).
- Die Spracherkennung (Worüber?) gliedert sich in die Einzelworterkennung (bei eingeschränktem Vokabular mit bzw. ohne Sprecheradaption und bei nicht eingeschränktem Vokabular), die Erkennung von Fließsprache (Untergliederung wie zur Einzelworterkennung) sowie die Sprachinterpretation.

Spreadsheet >Tabellenkalkulationssystem

Sprecheridentifikation >Sprachverarbeitung

Sprecherverifikation >Sprachverarbeitung

Spur
track
Speichertechnik
Der bei einem >Datenträger durch die Relativbewegung zwischen einer einzelnen festen oder positionierten Schreib- und Leseeinrichtung und dem Datenträger überstrichene oder überstreichbare Bereich. Je nach Art des Datenträgers werden zur Darstellung von >Daten in einem >Code eine oder mehrere Spuren verwendet. Steht nur eine Spur zur Verfügung, werden die >Bits hintereinander, also seriell aufgezeichnet (>bitseriell). Bei anderen Datenträgern sind so viele Spuren nebeneinander, daß eine Parallelaufzeichnung (>bitparallel) möglich ist (z.B. >Magnetband).

SQL
SQL
Programmiersystem
Structured Query Language ist eine von IBM entwickelte >Abfragesprache; sie eignet sich zur Formulierung von interaktiven ad hoc-Abfragen (>Freie Abfrage) durch den >Benutzer.

Stabilität
stability
Allgemeine Grundlagen
Die Fähigkeit eines >Systems, auf gleichartige oder ähnliche Impulse (Vorgänge, Fälle) standardisiert, d.h. immer gleich zu reagieren. Die negative Folge kann Starrheit sein.

Stammdaten
permanent data
Datensystem
Die >Daten eines Datensystems, die durch einen >Datenverarbeitungsprozeß nicht verändert werden, ausgenommen durch die >Stammdatenpflege selbst.

Stammdatenpflege
updating
Datensystem
Die laufende Aktualisierung der in einer >Datenbasis geführten >Stammdaten mit dem Ziel der Erhaltung der >Datenintegrität.

Standardanwendungsprogramm >Standardsoftware, >Anwendungsprogramm

Standardauswertung
standard report
Benutzersystem
Die >Funktionen eines >Anwendungsprogramms, die den im allgemeinen vorhandenen >Informationsbedarf abdecken; ein darüber hinaus gehender Informationsbedarf wird z.B. über eine >Abfragesprache gedeckt. Beispiele für Standardauswertung sind in einem Anwendungssystem der >Finanzbuchhaltung: Kontoauszüge, Saldenlisten, Kontenschreibung und Offene-Posten-Liste. Siehe auch: >Freie Abfrage, >Vorprogrammierte Abfrage.

Standardbericht >Bericht

Standardsoftware
standard software
Methodensystem/Programmiersystem
Eine >Anwendungssoftware, die für den anonymen Markt entwickelt wird und bei deren Entwicklung daher die (prognostizierten) >Anforderungen einer größeren Anzahl von >Anwendern zugrunde gelegt werden. Siehe auch: >Softwarehaus, >Systemhaus.

Standardtext >Textverarbeitung

Standleitung
dedicated connection
Netzwerktechnik
Eine fest zwischen zwei >Datenstationen geschaltete >Verbindung zur >Datenübertragung. Im Unterschied dazu: >Wählleitung.

Stapelauftrag >Stapelbetrieb, >Auftrag

Stapelbetrieb
batch processing
Verarbeitungstechnik
Die >Betriebsart eines >Datenverarbeitungssystem, bei der eine Aufgabe aus einer Menge von Aufgaben vollständig gestellt sein muß, bevor mit ihrer Abwicklung begonnen werden kann (vgl. DIN 44300).

Stärke
strength
Grundlagen Systemplanung
Die Tendenz eines >Systems oder Systemteils, einem definierten Standard zu entsprechen oder von diesem im positiven Sinne abzuweichen. Im Gegensatz dazu: >Schwachstelle.

Stärkenkatalog
list of systems strengths
Analysemethode
Die systematische Zusammenstellung der >Stärken eines >Systems. Ergebnis der >Istzustandsanalyse und Grundlage für die >Istzustandsoptimierung und für das Anpassen der >Grundkonzeption in der >Feinstudie.

Starre Magnetplatte >Magnetplatte

Starrheit >Stabilität

Start-Stop-Betrieb >Asynchronbetrieb

Stationärer Belegleser >Belegleser

Statische Instrumentierung >Instrumentierungstechnik

Statischer Speicher
static memory
Speichertechnik
Ein >Speicher, bei dem der Speicherinhalt ohne Kontrollsignale (Auffrischungssignale) erhalten bleibt (vgl. DIN 44476).

Statisches Sitzen >Dynamisches Sitzen

Statisches System
static system
Systemtechnik
Ein >System, in dem durch die Interaktion (>interaktiv) seiner Elemente keine Phänomene entstehen, an denen der Betrachter interessiert ist. Im Unterschied dazu: >Dynamisches System.

Stecker-Kompatibilität >Kompatibilität

Stelle
position
Darstellungstechnik
In einer Anordnung von >Zeichen der Platz, den ein Zeichen einnimmt oder einnehmen soll (vgl. DIN 44300).

Stellenbeschreibung
job description
Infrastruktur
Die (schriftliche) Beschreibung der von einem >Aufgabenträger durchzuführenden Aufgaben *(>Grundlagen Aufgabe)*, der Über- und Unterstellungsbeziehungen, der >Kompetenzen, der Mitgliedschaft in Ausschüssen (z.B. >Lenkungsausschuß) sowie der Anforderungen an die Fähigkeiten des Stelleninhabers *(>Qualifikation)*. Soweit die zuzuordnenden Aufgaben solche der >Informationsfunktion sind, fällt die Stellenbeschreibung in die Kompetenz des Informationsmanagement *(>Grundlagen Informationsmanagement)*.

Stellenbildung Informationsfunktion
information function structuring
Infrastruktur
Die Stellenbildung der >Informationsfunktion umfaßt:
- Das Bestimmen der Aufgaben *(>Grundlagen Aufgabe)* der Informationsfunktion.
- Die strukturorganisatorische >Aufgabenanalyse und >Aufgabensynthese.
- Die Einfügung der gebildeten Stellen in die Strukturorganisation (>Aufbauorganisation), und zwar sowohl der >Abteilung Informations- und Kommunikationssysteme insgesamt als auch die der Stellen innerhalb dieser Abteilung.
- Die >Stellenbeschreibungen für typische >Aufgabenträger der Aufgaben der Informationsfunktion.

Dabei ist von einer ganzheitlichen Betrachtung aller Aufgaben der Informationsfunktion auszugehen, also unabhängig von der >Informationsart, von den >Anwendungssystemen und den >Techniksystemen. Das Objektsystem der Stellenbildung ist also das Aufgabensystem der Informationsfunktion insgesamt, deren Planung, Durchführung, Kontrolle und Steuerung. Davon ausgehend werden die Aufgaben im Sinne der Aufgabenanalyse gegliedert und auf Stellen und Aufgabenträger zugeordnet (>Aufgabenzuordnung). Dabei beginnt man mit der >Entscheidung darüber, welche Aufgaben der Abteilung Informations- und Kommunikationssysteme und welche den Fachabteilungen zugeordnet werden (>Distribuierung). Sie wird fortgesetzt mit der Entscheidung darüber, welche Aufgaben innerhalb dieser Abteilung wie zu Stellen geordnet und auf Aufgabenträger zugeordnet werden. Analoge Zuordnungsprozesse sind innerhalb der Fachabteilungen durchzuführen.

Stereo Bildbetrachter
stereo screen
Ausgabetechnik
Ein >Ausgabegerät für die dreidimensionale Darstellung von >Bildern.

Sternnetz
star-type network
Netzwerktechnik
Ein >Netz, in dem die >Vermittlungsstellen zu Gruppen zusammengefaßt sind. Der Verkehr der Vermittlungsstellen untereinander wird über eine Transitvermittlungsstelle je Gruppe geleitet (vgl. DIN 44331). Siehe auch: >Sterntopologie.

Sterntopologie
star topology
Netzwerktechnik
Die >Topologie eines >Netzes, bei der alle >Nachrichten über einen zentralen Knoten laufen, der in Abhängigkeit von der vorliegenden Zieladresse die Weiterleitung steuert. Vorteile: Leicht erweiterbar bei minimalem Zuwachs der Leitungsanzahl (>Leitung); geringe Leitungsanzahl; der Ausfall einer Station führt nicht zu Störungen des verbleibenden Netzes. Nachteile: Der Zusammenhangsgrad ist gering, d.h. bei Ausfall einer Leitung wird eine Station isoliert; der Ausfall des zentralen Knotens führt zum Totalausfall; bei großen Netzen enstehen hohe Kosten für den zentralen Knoten. Insgesamt überwiegen die Nachteile, sodaß heute nur wenige Systeme auf der Sterntopologie aufbauen. Siehe auch: >Ringtopologie, >Bustopologie, >Baumtopologie.

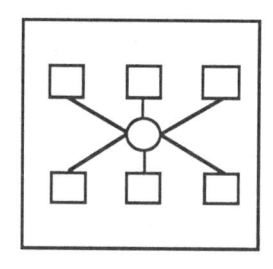

Abbildung Sterntopologie

Steuerfluß
control flow
Programmiersystem
Die Reihenfolge, in der die >Befehle bei der Ausführung eines >Programms abgearbeitet werden. Synonym: Kontrollfluß.

Steuerinformation >Maskengestaltung

Steuerknüppel
joystick
Eingabetechnik
Ein >Eingabegerät, das bei der graphischen Datenverarbeitung (>Graphische Datenverarbeitung) zum Bewegen eines Fadenkreuzes, einer Lupe oder eines Cursors (>Cursor) dient.

Steuerprogramm >Betriebssystem

Steuerregel >Regel

Steuersprache >Kommandosprache

Steuerung
control
Systemtechnik
Eine Maßnahme, welche die Einhaltung eines systemextern definierten Zustands eines >Ziels eines >Systems durch systemexterne Eingriffe ermöglicht.

Steuerungsdaten >Daten, >Steuerzeichen

Steuerwerk >Leitwerk

Steuerzeichen
control character
Darstellungstechnik
Ein >Zeichen, das die Übertragung oder die Verarbeitung von Zeichen beeinflußt (vgl. DIN 44300). Jedes Zeichen kann als Steuerzeichen vereinbart werden. Siehe auch: >Transparenz.

Stichprobe
sample
Erhebungsmethode
Der Teil der Grundgesamtheit, der nach einem bestimmten Auswahlverfahren festgelegt wird, meist nach dem der Zufälligkeit.

Stichprobenverfahren >Monitoring-Verfahren

Stichtagsumstellung
fixed day changeover
Implementierungsmethode
Eine >Implementierungsart nach zeitlichen Merkmalen, bei der zu einem festgelegten Zeitpunkt bzw. zum Zeitpunkt des Eintretens eines bestimmten >Ereignisses der >Istzustand außer Kraft gesetzt und der >Sollzustand in Kraft gesetzt wird; es gibt also nur den einen oder den anderen Systemzustand.
• Vorteile der Stichtagsumstellung sind: Es entstehen keine Parallelarbeiten; das Überprüfen, Abstimmen und Berichtigen zwischen Istzustand und Sollzustand mit den damit verbundenen terminlichen, räumlichen und personellen Schwierigkeiten ist nicht erforderlich; die von der Umstellung betroffenen Mitarbeiter können sich auf den Sollzustand konzentrieren.
• Nachteile der Stichtagsumstellung sind: >Fehler werden möglicherweise nicht erkannt, schlagen auf die realen betrieblichen Prozesse (>Realer Prozeß) durch und wirken sich je nach >Anwendungsaufgabe auch auf nur mittelbar Beteiligte (Kunden, Lieferanten) aus; fehlerbedingte Arbeitswiederholungen stören den normalen Arbeitsablauf.
Bei einer hohen >Qualität des zu implementierenden Systems, wie sie durch gute Systemplanung *(>Grundlagen Systemplanung)* oder durch Verwendung ausgereifter Standardlösungen (>Standardsoftware) erzielt werden kann, werden im Regelfall die Nachteile nicht zum Tragen kommen. Im Gegensatz zur Stichtagsumstellung siehe: >Parallelumstellung.

stochastisch
stochastic
Allgemeine Grundlagen
Die Eigenschaft eines Prozesses (>Prozeß), nicht streng >deterministisch, sondern vom Zufall abhängig zu sein.

store and foreward
store and foreward
Transporttechnik
Die übertragenen >Daten werden in jedem Netzknoten (>Netz, >Knoten) zunächst zwischengespeichert und anschließend zum nächsten Netzknoten weitergesendet. Dieses Prinzip wird z.B. bei folgenden Netzen verwendet: >CSNET, >EARN, >BITNET, >EUNET.

Störung
disturbance
Allgemeine Grundlagen
Eine nicht beeinflußbare, äußere Einwirkung auf ein >System, die zu einem Fehlverhalten führen kann (>Fehler).

Straight-Foreward-Technik >store and foreward

Strategie
strategy
Methodensystem
Beschreibt die Planung und Durchführung der Vorgehensweise im großen Rahmen, die beim Erfassen (>Istzustandserfassung), Analysieren (>Istzustandsanalyse), Entwerfen (>Grobprojektierung), Entwickeln (>Feinprojektierung) und Implementieren (>Implementierung) von >Informations- und Kommunikationssystemen bzw. ihrer Komponenten angewendet wird, ohne den Anspruch einer >Methode im engeren Sinne erheben zu können. Beispiele für derartige Strategien sind: >Bottom-Up-Strategie, >Top-Down-Strategie, >Easiest-First Strategie, >Hardest-First-Strategie.

Strategisches Informationssystem
>Führungs-Informationssystem

Strategisches Ziel
strategic objective
Grundlagen Informationsmanagement
Strategische >Ziele haben Zielinhalte, welche die >Informationsfunktion einer >Organisation als Ganzes betreffen. Sie sind deshalb vom Informationsmanagement auf der höchsten Ebene einer Organisation zu setzen und zu kontrollieren. Beispiele für strategische Zielinhalte sind: >Distribuierung; >Eigenerstellung oder Fremdbezug von >Anwendungssoftware; >Benutzerbeteiligung bei der Systemplanung; >Wirtschaftlichkeit der Informationsfunktion. Siehe auch: >Administratives Ziel, >Operatives Ziel.

Streamer Tape
streaming tape
Speichertechnik

1/4"-Magnetband (>Magnetband) in Kassetten mit einer Speicherkapazität (>Speicher, >Kapazität) bis zu 20 Mbyte, das vornehmlich zur >Datensicherung verwendet wird.

Streß
stress
Verhalten
Ein subjektiv als bedrohlich wahrgenommenes Ungleichgewicht zwischen den Anforderungen an den und den Reaktionsmöglichkeiten des Betroffenen (>Betroffener), z.B. Zeitdruck bei der Durchführung einer Arbeitsaufgabe. Streß äußert sich im Erleben (z.B. Angst), im Verhalten (z.B. Arbeitsqualitätsverlust) und in innerorganischen Vorgängen (z.B. Erhöhung des Blutdrucks).

Strichcode
bar code
Darstellungstechnik
Ein >Code für >Belegleser, der nach einem vorgegebenen Schema aus (meist) schwarzen Strichen und weißen Zwischenräumen zusammengesetzt ist (auch als Balkencode bezeichnet). Strichcodes dienen in erster Linie zum Kennzeichnen von Waren (z.B. Artikelnummer, Lieferantennummer). Sie lassen sich bei entsprechender Beschaffenheit der Ware bzw. deren Verpackung aufdrucken. Strichcode-Kennzeichnungen an der Ware erleichtern die >Datenerfassung. Daneben führen in >Formularen eingedruckte Strichcodes auch zur Vereinfachung der Datenerfassung. Der >Benutzer kann mit einem >Lichtstift die in solchen Belegen standardisierten Angaben fertig verschlüsselt entnehmen. Siehe auch: >EAN.

String-Verarbeitung
string processing
Programmiersystem
Die Verarbeitung von >Zeichen und Zeichenfolgen. >Funktionseinheiten, welche eine besondere Eignung zur String-Verarbeitung besitzen, verfügen über spezielle >Befehle zur Verarbeitung von Zeichen und Zeichenfolgen.

Structured Analysis and Design Technique >SADT

Structured Walk Through
structured walk through
Testmethode
Eine Methode der >Projektplanung, die über die >Entwurfsinspektion hinausgeht und vom >Projektleiter verlangt, daß er selbst oder mit Beteiligung von Experten nach jeder Entwurfsphase die Arbeitsergebnisse der >Projektgruppe in strukturierter Form begutachtet. Dazu werden die Prüf- und Diskussionspunkte für jede Entwurfsphase in der Projektplanung festgelegt; diese sind Basis für das Gespräch mit der Projektgruppe. Siehe auch: >Strukturiertes Gruppengesräch.

Struktogramm
structogram
Darstellungsmethode/Entwurfsmethode

Struktur

Ein >Werkzeug zum Entwerfen und Dokumentieren von >Programmen nach einem Vorschlag von Nassi-Shneiderman (daher auch häufig als Nassi-Shneiderman-Diagramm bezeichnet). Verwendet wird eine Symbolik, die sich an den Regeln der strukturierten Programmierung (>Strukturierte Programmierung) orientiert, insbesondere an der Forderung, den >Steuerfluß eines Programms auf die drei Grundtypen Reihung (Sequenz), Auswahl (Selektion) und Wiederholung (Iteration) sowie einige Varianten dazu zu beschränken. Als Vorteil des Struktogramms - insbesondere im Unterschied zum >Programmablaufplan - gelten:
- Es gewährleistet die Erstellung von "gut strukturierten" Programmen im Sinne der strukturierten Programmierung; das Steuerkonstrukt "Sprung" ist nicht darstellbar.
- Es entspricht der Entwurfsmethode der schrittweisen Verfeinerung (>Schrittweise Verfeinerung).
- Es zeigt die logische Struktur des Ablaufs und ist daher von Feinheiten der >Implementierungssprache unabhängig.
- Es zwingt zu einer überschaubaren Gliederung aufgrund seiner Strukturierung in Blöcke (Strukturblöcke).

Als nachteilig ist die relativ aufwendige Durchführung von Änderungen anzusehen, wenn Entwurf bzw. Pflege softwaremäßig nicht unterstützt werden.

Struktur
structure
Allgemeine Grundlagen
Die vom Detail losgelöste, auf die wesentlichen Merkmale eines >Systems reduzierte Darstellung, welche den "Charakter" des Systems als Ganzes offenbart.

Strukturblock >Struktogramm

Strukturdiagramm >Entitäten-Struktur-Diagramm

Struktureinheit
structural unit
Grundlagen Aufgabe
Umfassende Bezeichnung für die Strukturelemente einer >Organisation, unabhängig vom Aufgabenumfang (also z.B. sowohl Stelle als auch Abteilung) und von der Aufgabenart (also z.B. sowohl Leitungs- als auch Ausführungsstelle). Siehe auch: >Aufbauorganisation.

Strukturierbarkeit
job structuring
Grundlagen Aufgabe
Die Abbildbarkeit der Durchführung einer Aufgabe durch eine geordnete Menge von Ablaufschritten (>Methode). Die Strukturierbarkeit wird durch die Formalisierbarkeit einer Aufgabe begrenzt, die in dem einen Grenzfall nur >Heuristiken zur Formalisierung zuläßt, in dem anderen Grenzfall die Anwendung von Algorithmen (>Algorithmus) ermöglicht. Damit ist der Grad der Strukturierbarkeit einer Aufgabe durch ihre Formalisierbarkeit begrenzt, die als entscheidende Einflußgröße der >Arbeitszuordnung von Aufgaben auf >Aufgabenträger anzusehen ist. Die Formalisierbarkeit der Aufgaben nimmt zu, weil:

- Routinearbeiten schnelles, bequemes und sicheres Verrichten verlangen, sodaß sich Arbeitsformen herausbilden und verfestigen, die formalisiert werden.
- Aufgaben systematisch daraufhin untersucht werden, ob sie ganz oder teilweise formalisierbar sind.
- Arbeitsergebnisse der Wissenschaft (>Wissenschaftsdisziplin), die ihrem Wesen nach formal sind, in die Praxis eingeführt werden.
- Die Arbeitsteiligkeit (>Arbeitsteilung) formalisierte >Schnittstellen zur >Koordination verlangt; die Formalisierung der Schnittstellen wirkt auf die Aufgabe zurück.
- Die >Sachmittel standardisiert werden und damit mehr Formalisierung bei ihrer Handhabung verlangen.
- Normative (z.B. gesetzliche) Restriktionen, die bei der Aufgabendurchführung zu beachten sind, formalisierend wirken.

Die wachsende Formalisierbarkeit der Aufgaben muß vom >Systemplaner jedoch nicht zwangsläufig in mehr Strukturierbarkeit umgesetzt werden. Siehe auch: >Strukturierungsgrad.

Strukturierte Programmierung
structured programming
Entwurfsmethode
Ein von E. W. Dijkstra eingeführtes >Prinzip für den Entwurf von >Software, nach dem der >Steuerfluß - unabhängig von der verwendeteten >Programmiersprache - auf drei Grundtypen beschränkt ist:
- Reihung (Sequenz) als eine Folge von Strukturblöcken (>Anweisungen, >Moduln), die hintereinander ausgeführt werden.
- Auswahl (Selektion) als eine einmal durchzuführende Aktion auf Grund einer logischen >Bedingung.
- Wiederholung (Iteration) als die mehrmalige Durchführung einer Verarbeitung bis zum Eintritt einer bestimmten Bedingung.

Ziel der strukturierten Programmierung ist es, "schlechte" Programmstrukturen ("Spaghetti-Programme") zu vermeiden und damit die Lesbarkeit, >Wartbarkeit und Änderungsfreundlichkeit von Software zu verbessern. Siehe auch: >Struktogramm.

Strukturiertes Gruppengespräch
team-oriented inspection
Testmethode
Eine methodische Vorgehensweise zur Überprüfung von Zwischenergebnissen des Entwurfs und der Entwicklung von Systemen, z.B. von >Software, in einer Gruppe von mindestens drei Personen. Unter diese weit gefaßte Definition fallen eine Reihe von Methoden wie >Entwurfsinspektion, >Code-Prüfung oder das sog. Group Code Reading. Der Anspruch einer methodischen Vorgehensweise impliziert die Forderung nach Planmäßigkeit und Einheitlichkeit, also nach einem Mindestmaß an Formalisierung (>Strukturierbarkeit). Bei der Softwareentwicklung kann diese z.B. als gegeben angesehen werden, wenn Gespräche mit dem primären Ziel der Überprüfung der Zwischenergebnisse stattfinden, und wenn diese Überprüfungen in Struktur und Ablauf sowie im Einsatz von Hilfsmitteln vereinheitlicht sind. Ziel der Testmethode ist insbesondere

die Überprüfung der >Qualität, aber auch von >Kosten und Zeit.

Strukturierungsgrad
degree of job structuring
Grundlagen Systemplanung
Ein Maß für die Abbildung der Durchführung einer Aufgabe (*>Grundlagen Aufgabe*) durch eine geordnete Menge von Ablaufschritten, z.B. durch einen >Algorithmus. Der Strukturierungsgrad ist eine >Entwurfsdimension, die z.B. in der >Durchführbarkeitsstudie zur Generierung und Beschreibung von Lösungsalternativen verwendet wird. Der Strukturierungsgrad wird entscheidend von der >Strukturierbarkeit der Aufgabe bestimmt und orientiert sich ansonsten an den >Planungszielen, insbesondere an den sozio-technischen Zielen (>Konsens-orientierter Ansatz).

Strukturkonzept >Modellieren

Strukturmodellierungswerkzeug >Konferenztechnik

Strukturorganisation >Aufbauorganisation

Stufenkonzept
stage hypothesis
Grundlagen Informationsmanagement
Die Nutzung der verschiedenen >Techniksysteme in einer >Organisation vollzieht sich auf einer Lernkurve, die nach empirischen Untersuchungen (Nolan) für den Einsatz von >Datenverarbeitungssystemen in den sechs Stufen Initiierung, Ausbreitung, Beherrschung, >Integration, Datenorientierung (>Daten-orientierter Ansatz) und Reife beschrieben werden kann. Nach dem Einsatz des ersten Computers (Initiation) breitet sich dessen Nutzung schnell aus (Contagion), bis in der dritten Stufe (Control) versucht wird, die steigenden >Kosten in den Griff zu bekommen. Das Management ändert seine Einstellung zur Informationstechnik und rückt die >Information in den Mittelpunkt seines Interesses. In der vierten Stufe (Integration) werden die verschiedenen Techniksysteme miteinander verknüpft. In der fünften Stufe werden die >Anwendungssysteme primär an der >Datenbasis des >Aufgabensystems ausgerichtet, bis sie in der sechsten Stufe ihre Reife (Maturity) erhalten. Diese ist insbesondere dadurch gekennzeichnet, daß alle Aufgaben der Organisation unterstützt werden, und daß sich in der Gesamtheit der Anwendungssysteme die Struktur und der Informationsfluß der Organisation widerspiegeln. Jede Organisation nimmt eine bestimmte Position in diesem Stufenkonzept ein; sie kann prinzipiell keine Stufe überspringen. Die ersten drei Stufen kennzeichnen den "Assimilationsprozeß" der Informationstechnik; in Stufe drei erfolgt dann der Übergang zu einem bewußten Informationsmanagement. Dieses bewußte Informationsmanagement wird durch die Tatsache ausgelöst, daß die personellen, finanziellen und organisatorischen Konsequenzen des Einsatzes der Informationstechnik zunehmend von strategischer Bedeutung für die Organisation werden. Das Stufenkonzept nach Nolan berücksichtigt nicht explizit die Kommunikationstechnik bzw. die

ganzheitliche Betrachtung des >Informations- und Kommunikationsprozesses.

Stufenweise Umstellung
stagewise changeover
Implementierungsmethode
Eine >Implementierungsart nach qualitativen Merkmalen, bei welcher die mit der >Implementierung verbundenen Veränderungen vom >Istzustand zum >Sollzustand über mehrere Zwischenstufen bewältigt werden. Die zu durchlaufenden Zwischenstufen müssen festgelegt und so gestaltet sein, daß eine Kontrolle der Zwischenergebnisse möglich ist. Stufenweise Implementierung ist dann zweckmäßig, wenn qualitativ völlig neue Verfahren eingeführt werden, die umfassende organisatorische Veränderungen erfordern, die durch entsprechende Vorbereitungsmaßnahmen (>Vorbereiten der Implementierung) nicht ausreichend aufgefangen werden können. Im Gegensatz dazu siehe: >Sofortige Umstellung.

Subjektiver Konflikt >Konfliktmanagement

Subschema >Drei-Schema-Konzept

Substitution >Kryptographische Methode

Subsystem
sub-system
Systemtechnik
Das Ergebnis der Zerlegung eines >Systems nach einer bestimmten Zerlegungsprozedur (>Subsystembildung), z.B. ein >Teilprojekt oder ein >Teilsystem.

Subsystembildung
forming sub-systems
Systemtechnik
Die Komplexität mancher >Systeme macht es erforderlich, bestimmte >Prinzipien zu ihrer Beherrschung anzuwenden. Die Zergliederung eines Systems in Subsysteme stellt ein solches Prinzip dar und ist Bestandteil der Methodik der Systemplanung *(>Methodik Systemplanung)*. Eine eindeutige Vorgehensweise für die Subsystembildung kann nicht angegeben werden (z.B. was Größe und Anzahl der Subsysteme angeht). Die Wirkung der Subsystembildung ist die, daß an die Stelle einer unüberschaubaren Vielzahl von Einzelheiten Subsysteme geringerer Komplexität treten. Die Wirkungen von den und auf die Subsysteme untereinander werden bei der Betrachtung jedes einzelnen Subsystems zunächst ignoriert oder zumindest nicht im Detail berücksichtigt.

Suchschlüssel >Schlüssel

Summarischer Verrechnungspreis >Verrechnungspreis

Symbol
symbol
Darstellungstechnik

Symbolische Adresse

Ein >Zeichen oder >Wort, dem eine Bedeutung beigemessen wird (vgl. DIN 44300).

Symbolische Adresse >Adresse

Symbolische Informationsverarbeitung >Künstliche Intelligenz

Symptom
symptom
Grundlagen Systemplanung
Ein wahrnehmbares Zeichen der Abweichung ("Ist - Ist-nicht") eines >Systems von einem >Sollzustand, also für eine >Schwachstelle.

synchron
synchronous
Grundlagen Technik
Der Gleichlauf oder die zeitliche Übereinstimmung von Vorgängen (im Gegensatz zu >asynchron). Die Synchronisierung spielt beim Betrieb von >Datenverarbeitungssystemen und bei der >Datenübertragung eine Rolle. Man bezeichnet damit die Herstellung und Sicherung des Gleichlaufs von Sender und Empfänger, bezogen entweder auf den zeitlichen Takt oder auf die einander zugeordneten Zustände von Sender und Empfänger. Den Betrieb von >Funktionseinheiten nach der synchronen Arbeitsweise bezeichnet man als Synchronbetrieb. Eine Funktionseinheit, die dazu dient, den Synchronismus zwischen den miteinander verkehrenden >Datenstationen herzustellen und während des Betriebs aufrechtzuerhalten, bezeichnet man als Synchronisiereinheit.

Synchronbetrieb >synchron

Synchronisiereinheit >synchron

Synchronisierung
synchronization
Grundlagen Technik
Herstellung und Sicherung des Gleichlaufs von Sender und Empfänger, bezogen entweder auf den zeitlichen Takt oder auf die einander zugeordneten Zustände von Sender und Empfänger.

Synectic
synectics
Entwurfsmethode
Eine in den 50-er Jahren von Gordon und Prince entwickelte Methode zum Lösen von Erfindungsproblemen (>Problemlösen). Derartige Probleme sind durch die Frageformulierung "Wie kann man erreichen, daß ...?" gekennzeichnet sowie dadurch, daß die Lösung etwas Neues, bisher nicht Existierendes erfordert. Wesentliche Übereinstimmung mit der >Kreativitätstechnik.

Synergetik
synergetics
Wissenschaftsdisziplin

Ein interdisziplinäres Forschungsgebiet zur Erklärung offener Systeme (>Offenes System) und zur >Prognose ihres Verhaltens. Siehe auch: >Synergie.

Synergie
synergistic
Systemtechnik
Das Zusammenwirken verschiedener Kräfte, Faktoren, Organe - allgemein: verschiedener Elemente eines Systems oder verschiedener >Systeme - mit dem Ziel der Verstärkung der Systemleistung beim Zusammenwirken. So wie in physikalischen Systemen durch die Zuführung von Energie sind in soziotechnischen Systemen Anstrengungen erforderlich, um Synergie zu erreichen, beispielsweise durch Vorgehensweisen (>Methodik Systemplanung), >Methoden oder >Werkzeuge.

Syntaktik >Semiotik

Syntax
syntax
Programmiersystem
Sie beschreibt die durch die Regeln einer Gramatik und ein >Alphabet bestimmte Struktur der ableitbaren, formal richtigen Sätze der Sprache ohne auf ihre Bedeutung (>Semiotik) Bezug zu nehmen. Die Syntax beschreibt die formal richtigen >Programme.

Synthetischer Job >Benchmark

System
system
Allgemeine Grundlagen
Der ganzheitliche Zusammenhang von Teilen, Einzelheiten, Dingen oder Vorgängen, die voneinander abhängig sind, ineinandergreifen oder zusammenwirken. Im Sinne der >Kybernetik ein sich von der komplexen Umwelt abhebendes Beziehungsgefüge, das durch eine gedankliche Umhüllung abgegrenzt ist. Werden durch diese Umhüllung Verbindungen des Systems mit seiner Umwelt geschnitten, dann entstehen >Schnittstellen. Eine Präzisierung des Systembegriffs, und damit eine genauere Bezeichnung der betrachteten Beziehungsgefüge, erfolgt durch verschiedene adjektivische Zusätze. In der >Wirtschaftsinformatik sind eine große Anzahl derartiger Systembezeichnungen üblich, wie sie z.B. für verschiedene Sachgebiete dieses Lexikons verwendet werden. Darüber hinaus sind Systembezeichnungen von Bedeutung, die allgemeine Eigenschaften von Systemen kennzeichnen, wie: >Dynamisches System, >Geschlossenes System, >Offenes System. Grundlegend für die Wirtschaftsinformatik ist der Begriff >Informations- und Kommunikationssystem.

Systemabbruch
unusual end
Sicherungssystem/Verarbeitungstechnik
Das Beenden der Arbeitsweise eines >Systems (z.B. >Programm) aus welchen Gründen auch immer. Siehe: >Systemzusammenbruch, >Wiederanlauf, >Wiederherstellung.

Systemanalyse
systems analysis
Grundlagen Systemplanung
Zusammenfassende Bezeichnung für die Phasen >Vorstudie und >Feinstudie der Systemplanung. Eine eher einschränkende Definition versteht darunter lediglich den Weg vom Problem zum Softwareprodukt. Eine extensive Begriffsauslegung, die sprachlich allerdings mißverständlich ist, verwendet Systemanalyse als Synonym für Systemplanung. Dies hat beispielsweise auch zu der Tätigkeitsbezeichnung Systemanalytiker geführt.

Systemanalytiker >Systemplaner

Systemansatz
systems approach
Methodik Systemplanung
Grundlegender Ansatz als Bestandteil einer Methodik der Systemplanung, der das aus >Systemtheorie und *>Systemtechnik* stammende Systemdenken in die Systemplanung einbringt. Sein Grundgedanke ist folgender: Einen gegebenen Untersuchungsbereich soll man so lange ausweiten, bis er so umfassend ist, daß man alle Ursachen von Wirkungen auf den ursprünglichen Untersuchungsbereich und alle Folgen von Wirkungen aus dem ursprünglichen Untersuchungsbereich erfaßt hat. >Subsystembildung und >Black-Box-Prinzip stellen wichtige Prinzipien dar. Wegen Einzelheiten siehe: *>Systemtechnik*.

Systembediener >Anlagenbediener

Systemdokumentation >Dokumentation

Systeme vorbestimmter Zeiten
time motion measurement
Erhebungsmethode/Entwurfsmethode
Sammelbegriff für verschiedene Methoden zur Ermittlung des Zeitbedarfs für - insbesondere - geplante >Tätigkeiten und >Arbeitsabläufe. Ihr Grundgedanke besteht darin, daß jede menschliche, nicht rein geistige Tätigkeit eine Menge von Bewegungselementen ist, die auf wenige Grundformen zurückgeführt werden kann, aus denen sich jeder Bewegungsablauf - in unterschiedlicher Anordnung der Bewegungselemente - zusammensetzt. Systeme vorbestimmter Zeiten bestehen aus Katalogen von Bewegungslementen mit den für die Durchführung dieser Bewegungen notwendigen Zeiten und einem Regelwerk für ihre Anwendung. Ein bekannter Vertreter dieser Methodengruppe ist MTM (Methods Time Measurement). Verschiedene Methoden, wie z.B. MCD (Master Clerical Data), eignen sich auch für die Ermittlung von Planzeiten bei *>Büroarbeiten*. Entscheidende Einschränkung für die Anwendung der Methoden ist, daß jede Tätigkeit durch einen Bewegungsablauf erkennbar sein muß. Bei der Beurteilung der Zweckmäßigkeit der Systeme vorbestimmter Zeiten zur Ermittlung des Zeitbedarfs ist weiter zu berücksichtigen, daß die Kosten erheblich höher sind als bei anderen Methoden der >Zeiterfassung.

Systemeinführung >Implementierung

Systementwicklung
system development
Grundlagen Systemplanung
Zusammenfassende Bezeichnung für die Phasen >Grobprojektierung und >Feinprojektierung der Systemplanung. Siehe: >Phasenmodell.

Systementwurf >Grobprojektierung

Systemgenerierung
system generation
Programmiersystem
Aus den vom Ersteller des >Betriebssystems gelieferten >Programmen wird in einer Folge von Assembler- und Binderläufen (>Assemblierer, >Binder) das auf die >Systemkonfiguration zugeschnittene Betriebssystem erstellt. Siehe auch: >Konfiguration.

Systemgrenze
systems barrier
Systemtechnik
Die Nahtstelle zwischen dem >System, für das sich ein Betrachter interessiert, und seiner Umwelt.

Systemhaus
systems house
Dienstleistungsmarkt
Ein Unternehmen, das über den Diestleistungsumfang eines >Softwarehauses hinausgehend eine komplette Problemlösung für ein >Anwendungssystem, im Grenzfall für das gesamte >Informations- und Kommunikationssystem einer >Organisation entwickelt, implementiert und wartet (>Schlüsselfertiges System). Besonders bewährt für kleine bis mittelgroße Organisationen, die sich weitgehend für einen Fremdbezug ihrer >*Infrastruktur* aus ökonomischen Gründen entschieden haben. Siehe auch: >Eigenerstellung oder Fremdbezug.

Systemintegration
systems integration
Grundlagen Systemplanung
Eine Aufgabe der >Feinprojektierung, deren Ziel die Vermeidung bzw. die Beseitigung von Integrationsdefiziten ist (>Integration). Diese entstehen durch die arbeitsteilige Durchführung der Entwurfs- und Entwicklungsarbeiten sowohl zwischen den Spezialisten der >Abteilung Informations- und Kommunikationssysteme als auch zwischen dieser Abteilung und den zukünftigen >Anwendern und >Benutzern in den Fachabteilungen und Werken. Die Erklärung der potentiellen Integrationsdefizite, die zu verhindern bzw. zu beseitigen sind, und die daran ansetzenden Maßnahmen dürfen sich nicht auf nur technische oder technisch-organisatorische Gesichtspunkte beschränken, sondern müssen auch psycho-soziale Faktoren einbeziehen. Die praktische Bedeutung der Systemintegration besteht darin, dem Anwender bzw. Benutzer ein produktives System zur Verfügung zu stellen und nicht nur eine >Probein-

Systemkonfiguration

stallation, auf deren Grundlage er das "sukzessive Hochfahren" des Systems im wesentlichen selbst bewältigen muß. Gestaltungsmaßnahmen zur Systemintegration sind: Projektbegleitendes, systematisches >Testen in jedem >Teilprojekt, >Integrationstest, >Prototyping, Führen einer >Projektbibliothek, der Einsatz von >Koordinatoren, eine gute Projektorganisation (>Projektmanagement) sowie eine Partnerschaft zwischen Anwendern/Benutzern und Entwicklern ("Zusammenarbeit zwischen Fachabteilung und EDV").

Systemkonfiguration
systems configuration
Allgemeine Grundlagen
Spezifische Ausstattung eines >Datenverarbeitungssystems mit einzelnen Komponenten (>Hauptspeicher, >Kanal, >Peripherie usw.). Siehe auch: >Konfiguration.

Systemlehre
systems teachings
Systemtechnik
Das wissenschaftlich orientierte Bemühen, den Menschen zum Systemdenken auszubilden. Siehe auch: >Systemtheorie, >Systemtechnik, >System.

Systemparameter
system parameter
Programmiersystem/Controlling
Die >Parameter, die das Verhalten des >Betriebssystems festlegen. Die meisten Systemparameter sind voreingestellt, können bei Bedarf jedoch einfach verändert werden. Es gibt verschiedene Gruppen von Systemparametern, die sich z.B. auf die zulässigen Maximalangaben für den Betriebsmittelverbrauch (>Betriebsmittel), auf Zuteilungsstrategien für Aufträge (>Auftrag) usw. beziehen. Siehe auch: >Time-Sharing.

Systemplaner
systems analyst
Berufsbild - Tätigkeitsfeld
>Aufgabenträger für die Aufgabe Systemplanung (>Grundlagen Systemplanung). In der Praxis häufig anzutreffende, synonyme Bezeichnung: Systemanalytiker. Die Ausbildung zum Systemplaner ist primäres Ziel der Wirtschaftsinformatik-Studiengänge (>Wirtschaftsinformatik).

Systemplanung >Grundlagen Systemplanung

Systemprogramm
system program
Programmiersystem
Ein >Programm des >Betriebssystems, das >Funktionen eines >Datenverarbeitungssystem steuert. Mehrere zusammengehörige Systemprogramme bezeichnet man als >Systemsoftware.

Systemprogrammierer
systems programmer
Berufsbild - Tätigkeitsfeld

Systemtheorie

>Aufgabenträger für die Aufgaben *(>Grundlagen Aufgabe)* der Entwicklung von >Software, die von der Entwicklung spezieller >Anwendungsprogramme unabhängig ist, z.B. die >Implementierung und >Wartung von >Datenverwaltungssystemen, Datenfernverarbeitungs- und >Betriebssystemen; Beratung der >Anwendungsprogrammierer; Mitwirkung bei der Beschaffung und Unterhaltung der >Basissysteme, Überwachung ihrer Funktionsweise und Durchführung von Optimierungsmaßnahmen (>Monitoring).

Systemprogrammiersprache >Implementierungssprache

Systemprüfung
auditing the computer system
Controlling
Eine Prüfungsmethode, mit deren Hilfe sich der Prüfer ein Urteil bildet, ob und mit welcher >Sicherheit durch die vorgesehenen und praktizierten Kontrollen eine vollständige, richtige, zeitgerechte und geordnete >Datenverarbeitung gewährleistet ist. In folgender Weise wird die Systemprüfung realisiert:
- Prüfung um das >Datenverarbeitungssystem herum (auditing around the computer).
- Prüfung durch das >Datenverarbeitungssystem hindurch (auditing through the computer).
- Prüfung mit Hilfe des >Datenverarbeitungssystems (auditing by the computer).

Siehe auch: >Revisions-Informationssystem.

Systemrevisor
systems auditor
Berufsbild - Tätigkeitsfeld
>Aufgabenträger für die Aufgaben *(>Grundlagen Aufgabe)*: Mitarbeit bei der Systemplanung *(>Grundlagen Systemplanung)* und >Wartung von >Anwendungssystemen, insbesondere unter Sicherheits- und Kontrollgesichtspunkten (>Sicherheit, >Revision); Überprüfung implementierter Anwendungssysteme auf Einhaltung vorgegebener >Ziele, insbesondere solche der Ordnungsmäßigkeit. Siehe auch: >Controller.

Systemschein >Spezifikationsschein

Systemsoftware
systems software
Programmiersystem
Die Gesamtheit der >Software, die aus >Systemprogrammen besteht, häufig als allgemeiner Oberbegriff für "Systemprogramme" verwendet. Im engeren Sinne eine Anzahl aufeinander abgestimmter Systemprogramme zum Betrieb eines bestimmten >Datenverarbeitungssystems (>Betriebssystem). Im Unterschied dazu: >Anwendungssoftware.

Systemtheorie
systems theory
Wissenschaftsdisziplin
Ziel der Systemtheorie ist es, allgemeingültige Gesetze über Zustände und Verhaltensweisen von >Systemen zu gewinnen. Ihr

Systemzusammenbruch

Erfahrungsobjekt sind alle immateriellen Sachverhalte, auf welche der Begriff System anwendbar ist. Im Zusammenhang mit der >Wirtschaftsinformatik umfaßt ihr Gegenstandsbereich ausschließlich vom Menschen gestaltete zielgerichtete Systeme, wobei in der Regel der Betrachtungsschwerpunkt auf sozio-technisch-ökonomischen Systemen liegt (wie >Informations- und Kommunikationssysteme). Eine wichtige Unterscheidung bezüglich der Art der betrachteten Systeme ist die in geschlossene (>Geschlossenes System) und offene Systeme (>Offenes System) sowie in statische und dynamische Systeme (>Statisches System, >Dynamisches System). Die Nutzbarmachung des systemtheoretischen Instrumentariums für die praktische Systemgestaltung wird unter dem Begriff >*Systemtechnik* zusammengefaßt.

Systemzusammenbruch
system crash
Verarbeitungstechnik
Abnormales Beenden eines Datenverarbeitungsbetriebs aus unterschiedlichen Gründen. Diese können sein: Ein Defekt der >Hardware, der einen direkten Abbruch bewirkt; ein >Fehler der >Software, der einen direkten Abbruch bewirkt. Bei einem Systemzusammenbruch ist das gesamte >Datenverarbeitungssystem betroffen; der >Programmabbruch betrifft nur einzelne >Programme bzw. Programmsysteme.

Szenario
scenario
Allgemeine Grundlagen
Eine Darstellung des möglichen Ablaufs einer Menge von Ereignissen (>Ereignis), die miteinander in Beziehung stehen, oder die Darstellung eines zukünftigen Zustands eines >Systems für >Planung und >Prognose. Siehe: >Szenario-Technik.

Szenario-Technik
scenario technique
Analysemethode
Ein Hilfsmittel zur Gewinnung von >Information über zukünftige Entwicklungen. Im Unterschied zur >Prognose zielt die Szenario-Technik darauf ab, in Alternativen zu denken, statt sich auf ein einziges mögliches Vorgehen festzulegen. Ausgangspunkt ist stets ein Grundszenario (>Szenario), welches die weltwirtschaftliche Entwicklung unter der Annahme beschreibt, daß deren Rahmenbedingungen sich nicht grundsätzlich ändern. Seine Konkretisierung erfolgt mit Hilfe ökonomischer >Modelle. Daran anschließend wird ein nationales Szenario erstellt, das eine vertiefte Perspektive der einzelnen Volkswirtschaften zeigt. Im nächsten Schritt werden langfristige Entwicklungsperspektiven einzelner Branchen, Märkte usw. erarbeitet. Schließlich erstellt man Alternativszenarien, mit denen im wesentlichen politische, gesellschaftliche, ökonomische oder wirtschaftliche Krisensituationen dargestellt werden. Ihr Zweck ist es, das zukünftige Aktionsfeld des Entscheidungsträgers abzustecken und Entwicklungen sichtbar zu machen, die eintreten könnten.

T

Tabelle
table
Darstellungstechnik
Die übersichtliche Darstellung von >Daten in Form von numerischen (>numerisch) oder alphanumerischen (>alphanumerisch) >Zeichen oder von >Sonderzeichen in Form von Zeilen und Spalten. Siehe auch: >Matrix.

Tabellenkalkulationssystem
spreadsheet system
Programmiersystem
Eine Zusammenfassung gleichzeitig zusammenwirkender Objekte in Form einer rechteckigen Anordnung von Zellen. Jede Zelle hat eine >Anweisung, nach der ihr Inhalt (etwa ein Zahlenwert) bestimmt wird. Wenn sich der Inhalt einer Zelle verändert, werden alle von ihm abhängigen Inhalte anderer Zellen neu berechnet. Die einfachste Art von Inhaltsanweisungen ("Regel") macht eine Zelle zu einem statischen Objekt, indem sie ihr eine Zahl oder einen Text zuweist. Eine kompliziertere Regel faßt die Inhalte mehrerer Zellen arithmetisch zusammen, z.B. auf Grund von Zellennamen. In weiter entwickelten Formen kann der Inhalt einer Zelle durch Suchen gefunden werden, womit sich Probleme, für deren Lösung es keinen >Algorithmus gibt, durch einen Suchvorgang lösen lassen. Erstmals entwickelt von D. Bricklin und R. Frankston. Anlaß war deren Unzufriedenheit mit den in der Betriebswirtschaft üblichen Tabellen auf Papier. Das erste Spreadsheet-Produkt Visi Calc entwickelte sich in der Anwendung von einem Instrument der Datenaufbereitung und -darstellung zu einem Simulationsprogramm (>Simulation).

Tabellenorientierte Planungssprache
tabel-oriented planning modelling language
Programmiersystem
Eine >Planungssprache, die aus einer Kombination von Berichtsgenerator (>Generator) mit planungsbezogenen Matrizenkalkülen (>Matrix) entstanden ist. Sie ist entweder methodenarm und auf spezifische Anwendungen ausgerichtet (z.B. STRATPLAN, TABOL) oder hat wegen ihrer Ausrichtung auf alle Funktionalbereiche einer >Organisation und auf die Unternehmens-Gesamtplanung einen reichen Methodenvorrat (z.B. INFPLAN, METHAPLAN).

Tabellensteuerung
table control
Programmiersystem
Ein >Anwendungsprogramm kann durch die Benutzung von >Tabellen einfach gesteuert und gewartet (>Wartung) werden. Dabei versteht man unter einer Tabelle eine durch ein >Programm pflegbare >Datei mit dem Verzeichnis von >Schlüsseln, Übersetzungstafeln, Konstanten, >Programmbausteinen für die >Menüsteuerung usw. Ohne Tabellensteuerung muß man diese Angaben direkt in das Anwendungsprogramm einbauen, sodaß bei jeder Änderung das gesamte Programm neu umgewandelt werden muß (>Kompilierer). Der Inhalt der Tabellen kann auch bei

entsprechender >Zugriffsberechtigung vom >Benutzer selbst geändert werden.

Tablett >Digitalisierer

taktil
tactile
Allgemeine Grundlagen
Den Tastsinn betreffend, mit Hilfe des Tastsinns erfolgend.

Taktile Rückmeldung
tactile feedback
Benutzersystem
Eine Meldung über das Ausführen einer Aktion, die über den Tastsinn aufgenommen wird, z.B. der Anschlag einer Taste (>Tastatur). Siehe auch: >Auditive Rückmeldung.

Taktile Schnittstellentechnik
tactil man-machine interface technic
Eingabetechnik
Eine Eingabetechnik, bei welcher die Eingabe von >Daten mit Hilfe des Tastsinns erfolgt.

Task
task
Programmiersystem
Eine in sich geschlossene Aufgabe, dargestellt durch einen Programmteil oder ein >Programm. Aus der Sicht der >Mehrprogrammverarbeitung ist die Task ein Programmteil oder Programm, dem im Wechsel mit anderen Tasks >Betriebsmittel zur Verfügung gestellt werden. Das >Task-Management steuert den verschachtelten Ablauf der Tasks und löst das Abhängigkeitsproblem der Tasks. Durch die Gliederung der >Anwendungsprogramme, aber auch der >Systemprogramme, läßt sich eine besonders gute Auslastung der Betriebsmittel erreichen. Siehe auch: >Multitasking, >Betriebssystem.

Task-Management
task management
Verarbeitungstechnik
Die innerhalb eines >Betriebssystems wahrgenommene Aufgabe, mehreren zur Verarbeitung anstehenden >Tasks >Betriebsmittel zuzuteilen. Mögliche >Strategien sind: Die Betriebsmittel werden an die Tasks in der Reihenfolge der Anforderung vergeben; den Tasks werden unterschiedliche Prioritäten (>Prioritätensteuerung) zugewiesen.

Tastatur
keyboard
Eingabetechnik
Eine >Funktionseinheit, die aus einer Menge von Tasten besteht, die es ermöglichen, >Ziffern, >Buchstaben und >Sonderzeichen in ein >Datenverarbeitungssystem einzugeben; eine >Schnittstelle der >Mensch-Maschine-Kommunikation. Man unterscheidet folgende Typen:

- Die alphanumerische Tastatur dient der Eingabe numerischer Zeichen (>numerisch, >Zeichen), alphanumerischer Zeichen (>alphanumerisch) sowie Sonderzeichen.
- Die numerische Tastatur dient der Eingabe der Ziffern und der Sonderzeichen, die zur Zahlendarstellung notwendig sind.
- Die Funktionstastatur besteht aus >Funktionstasten, deren Betätigung definierte Funktionen auslöst.

Tätigkeit
work element
Grundlagen Aufgabe
Die aus einer zweckmäßigen Gliederung einer Aufgabe resultierende Teilaufgabe, die bei einem gegebenen Untersuchungszweck nicht weiter zergliedert werden soll.

Tätigkeitenkatalog
list of work elements
Erhebungsmethode
Eine Liste aller >Tätigkeiten, die zur Durchführung der Aufgaben *(>Grundlagen Aufgabe)* an einem >Arbeitsplatz erforderlich sind. Wesentliche Voraussetzungen für die Anwendung der verschiedenen Methoden der >Zeiterfassung.

Tätigkeitsbericht
time estimation
Erhebungsmethode
Eine Methode zur Ermittlung des Zeitbedarfs für die Durchführung von >Tätigkeiten, bei der unter Anwendung der >Interviewmethode vom Mitarbeiter, der die Tätigkeiten durchführt, gemeinsam mit dem >Systemplaner auf der Grundlage von Erfahrungen der Zeitbedarf je Verrichtung der Tätigkeit und die Anzahl der Verrichtungen in einem bestimmten Zeitabschnitt (z.B. ein Monat) geschätzt werden. Voraussetzung für die Anwendung dieser Methode ist das Vorhandensein eines >Tätigkeitenkatalogs. Man beginnt beim Schätzprozeß mit dem Bestimmen einer Maßstabtätigkeit als Orientierungsgröße (in der Regel die Tätigkeit mit dem höchsten Zeitbedarf) und führt nach Schätzen des Zeitbedarfs der zweiten bis n-ten Tätigkeit paarweise Vergleiche zur Überprüfung der Plausibilität der Schätzwerte durch. Die Summe der Zeitbedarfe aller Tätigkeiten des untersuchten >Arbeitsplatzes stimmt man mit dem für diesen Arbeitsplatz im betrachteten Zeitabschnitt verfügbaren Zeitfonds ab; bei Abweichungen geht man wieder auf die Maßstabtätigkeit zurück und durchläuft die Arbeitsschritte so oft, bis das Gesamtergebnis plausibel ist. Bei der Beurteilung der Zweckmäßigkeit des Tätigkeitsberichts zur Ermittlung des Zeitbedarfs sind insbesondere zu berücksichtigen: Die Kürze des Zeitraums (in der Regel wenige Stunden) und die geringen Kosten für die Vorbereitung, Durchführung und Auswertung (letztere etwa 30% verglichen mit der >Zeitmessung); eine im allgemeinen ausreichende >Genauigkeit der Ergebnisse (die Abweichung von der mittleren Genauigkeit der Zeitmessung liegt im günstigsten Fall bei +/- 20%); >Akzeptanz der Ergebnisse durch die Mitarbeiter, die zwar geringer als beim >Arbeitstagebuch, aber wesentlich höher als bei der >Zeitmessung ist.

Tätigkeitsspielraum >Handlungsspielraum

Tätigkeitswechsel >Aufgabenwechsel

Technik >Grundlagen Technik

Technikanalyse
performance engineering
Erhebungsmethode/Analysemethode
Für den Entwurf der >Grundkonzeption sind unter anderem die >Leistungen der >Techniksysteme zu erheben, zu beschreiben und daraufhin zu überprüfen, ob sie logisch (d.h. dem >Beschreibungsmittel entsprechend) und sachlich (d.h. den tatsächlichen Systemfähigkeiten entsprechend) abgebildet sind. Dieser Prozeß der Durchführung der Technikanalyse ist zu planen und nach Durchführung daraufhin zu kontrollieren, ob die Ergebnisse (>Leistungsprofil) für den Entwurf der Grundkonzeption freigegeben werden können. Bezüglich der Notwendigkeit einer methodischen Unterstützung der Technikanalyse siehe: >Anforderungsanalyse. Gegenwärtig stehen weder für die Erhebung, noch für die Beschreibung und damit auch nicht für die Prüfung brauchbare Methoden zur Verfügung. Bezüglich der Erhebung wird auf die bekannten Methoden der >Istzustandserfassung verwiesen. Die derzeit verfügbaren Beschreibungsmittel berücksichtigen nur die Beschreibung der >Anforderungen. Anforderungen und Leistungen haben jedoch für den Entwurf der Grundkonzeption einen "Zwillingscharakter"; die Grundkonzeption kann also weder ohne Rücksicht auf die Aufgaben *(>Grundlagen Aufgabe)* und >Aufgabenträger, noch ohne Rücksicht auf die Techniksysteme entwickelt werden.

Technikbedarf
requirements of technics
Grundlagen Systemplanung
Die Art und Menge der >Techniksysteme sowie der Zeitpunkt ihrer Bereitstellung für die >Anforderungen eines bestimmten Systementwurfs (>Grobprojektierung). Es ist also zu unterscheiden zwischen:
- Qualitativem Bedarf, der durch die >Leistungsmerkmale der erforderlichen >Hardware und >Software beschrieben ist.
- Quantitativem Bedarf, also der Anzahl und >Kapazität der Techniksysteme bzw. Komponenten von Techniksystemen.
- Zeitlichem Bedarf, also den Zeitpunkten, zu denen die nach Qualität und Quantität definierten Techniksysteme beim >Anwender zur Verfügung stehen sollen.

Der Technikbedarf, der für einen Systementwurf ermittelt wurde, geht – reduziert um den vorhandenen Technikbestand – in die >Ausschreibung ein.

Techniksystem
technics system
Grundlagen Technik
Ein auf dem Markt angebotenes Produkt der Informations- und Kommunikationstechnik, das einige oder alle Technikkomponenten zur Unterstützung des Informations- und Kommunikationsprozesses enthält: *>Eingabetechnik, >Speichertechnik, >Verarbeitungstechnik* (einschließlich Bearbei-

tung), >*Transporttechnik* und >*Ausgabetechnik*. Es umfaßt >Hardware und >Systemsoftware sowie im Einzelfall auch >Anwendungssoftware. Im letzten Fall spricht man von einem schlüsselfertigen System (>Schlüsselfertiges System).

Techniktyp
type of technic
Grundlagen Systemplanung
Angesichts der Vielfalt des Angebots an Informations- und Kommunikationstechnik *(>Grundlagen Technik)* einschließlich der "klassischen" >Bürotechnik muß sich der >Systemplaner in der >Vorstudie mit einer Systematisierung der >Techniksysteme zu Techniktypen zunächst eine Orientierungshilfe schaffen, sofern er nicht auf vorhandene Systematisierungen zurückgreifen kann. Die Vielfalt und die unterschiedliche Charakteristik des Angebots erschweren es, ein allgemeines Einordnungsschema zu finden, in das sich nicht nur die derzeit angebotenen, sondern auch die für die Zukunft sichtbaren Informations- und Kommunikationstechniken einordnen lassen. Ein übergreifendes Einordnungsschema verwendet zwei Strukturierungsdimensionen (nach Reichwald/Picot) wie folgt: Die erste Dimension orientiert sich an den Phasen des >Informations- und Kommunikationsprozesses und unterscheidet Eingabe/Ausgabe, Speicherung, Transport, Bearbeitung sowie Verarbeitung. Die zweite Dimension orientiert sich an den >Informationsarten und unterscheidet Daten, Text, Bild sowie Sprache. Daraus ergibt sich das in der Abbildung gezeigte Einordnungschema mit zwanzig (idealtypischen) Techniktypen. Die Domäne jedes konkreten Techniksystems kann eines oder mehrere dieser Einordnungsfelder ganz oder teilweise überstreichen.

	Daten	Text	Bild	Sprache
Ein-/Ausgabe				
Speicherung				
Transport				
Bearbeitung				
Verarbeitung				

Abbildung Techniktyp

Technische Integration
technical integration
Grundlagen Technik
Eine >Integrationsform, bei der es sich um folgende Phänomene handelt:
- Um die >Integration innerhalb einzelner >Techniksysteme bzw. darum, die innerhalb einzelner Techniksysteme bestehende Integration zu verbessern.

Technologie

- Um die Integration zwischen einzelnen Techniksystemen bzw.
  - in Fortsetzung dieses Ansatzes - um die Schaffung von Obersystemen, welche mehrere Techniksysteme zu einem neuen, umfassenderen, "integrierten" Gesamtsystem miteinander verknüpfen.

Die Entwicklung der Informations- und Kommunikationstechnik kann unter anderem als ein Prozeß der fortschreitenden technischen Integration gesehen werden. Aus der Sicht des >Benutzers führt sie von einem >Arbeitsplatz mit einer Menge von Techniksystemen, deren Zusammenwirken im wesentlichen vom Benutzer selbst bewirkt werden muß, zu einem multifunktionalen Arbeitsplatz (>multifunktional).

		Systemtechnische Funktionen
ADS	Daten	Datentransportfunktionen
		Datenerfassungsfunktionen
		Datenverarbeitungsfunktionen
TFS	Teletex	Postfachdienste
	Telefax	
		Nachrichtenvermittlungsdienste
VMS	Sprache	
		Konvertierungsdienste

ADS = Betriebs- und Datenserver HICOM; TFS = Text- und Faxserver HICOM; VMS = Sprachinformationsserver HICOM

Abbildung Technische Integration

Technologie
technology
Allgemeine Grundlagen
Die Gesamtheit der anwendbaren und tatsächlich angewendeten Arbeits-, Entwicklungs-, Produktions- und Implementierungsverfahren in der Technik. Meist versteht man darunter sowohl die Technik als auch diese Verfahren, sodaß Technologie der weitere Begriff ist. Die Informations- und Kommunikationstechnik (>Grundlagen Technik) ist z.B. eine Komponente von >Informations- und Kommunikationssystemen, während die Informations- und Kommunikationstechnologie die Gesamtheit der genannten Verfahren, z.B. also auch die Systemplanung (>Grundlagen Systemplanung), mit einschließt. Schlüsseltechnologien sind die Technologien, welche zwar derzeit schon vorhanden sind (z.B. die Informations- und Kommunikationstechnologien), die jedoch nicht in ihrer vollen Wirksamkeit zum Tragen gekommen sind und noch ein hohes Potential an wirtschaftlichen und gesellschaftlichen Veränderungen in sich tragen. Schrittmachertechnologien befinden sich erst im Entwicklungsstadium. Basistechnologien sind bereits vorhandene Technologien, von denen kaum noch wesentliche Veränderungen erwartet werden können. Das größte Veränderungspotential ist von Zukunftstechnologien zu erwarten. Die Abbildung zeigt

das zeitliche Zusammenwirken der Technologien (Quelle: Batelle-Institut).

```
Veränderungs=
potential
         ▲
         │        Schlüssel-
         │        technologien
         │                        Schrittmacher-
         │   Basistechnologien    technologien
         │
         │
         │                           Zukunfts-
         │                           techno=
         │                           logien
         │                                    ▶
              Gegenwart           Zeit
```

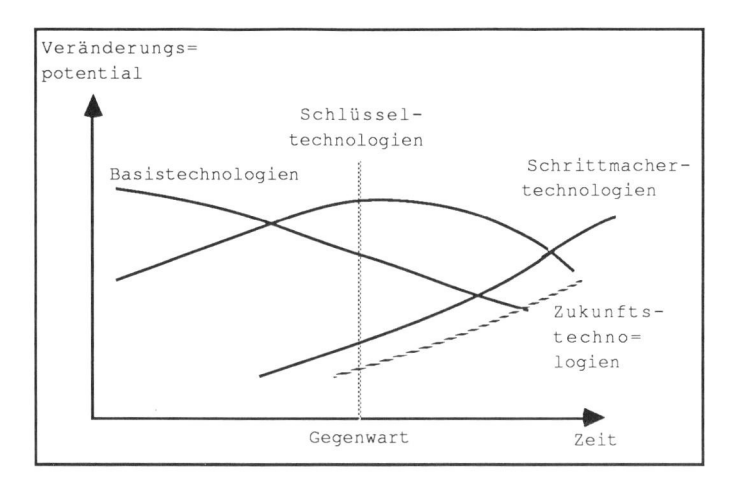

Abbildung Technologie

Technozentrischer Ansatz >Grundlagen Mensch

Teilautonome Gruppe
semi-autonomous group
Arbeitsorganisation
Eine Maßnahme der >Arbeitsstrukturierung, bei welcher Arbeitsgruppen im Sinne kleiner sozialer Einheiten gebildet werden, denen Aufgaben *(>Grundlagen Aufgabe)* zugeordnet werden (>Gruppenzuordnung). Sie sind Teil einer auf wirtschaftliche >Ziele gerichteten >Organisation. Die Bildung teilautonomer Gruppen ist als Reaktion auf das Prinzip der >Arbeitsteilung im Sinne der Trennung von planenden und ausführenden >Tätigkeiten zu verstehen.

Teilhaberbetrieb
transaction driven system
Verarbeitungstechnik/Benutzersystem
Eine Form des >Dialogbetriebs, bei der mehrere >Benutzer dieselbe Aufgabe mit einem oder mehreren zentral verfügbaren >Anwendungsprogrammen bearbeiten. Siehe auch: >TP-Monitor.

Teilnehmer
subscriber
Netzwerktechnik/Benutzersystem
Eine Person, die einen Teilnehmeranschluß benutzt. In einer >Verbindung ist der Teilnehmer entweder rufender Teilnehmer oder gerufener Teilnehmer (vgl. DIN 44331). Im Sinne der Fernmeldeordnung ist ein Teilnehmer der Inhaber eines Hauptanschlusses.

Teilnehmerbetrieb
time sharing system
Verarbeitungstechnik/Benutzersytem

Teilnehmerklasse

Eine Form des >Dialogbetriebs, bei der mehrere >Benutzer unabhängig voneinander, im allgemeinen verschiedene Aufgaben bearbeiten. Der Benutzer verkehrt mit dem >Datenverarbeitungssystem so, als stünde es ihm allein zur Verfügung. Der Teilnehmerbetrieb bietet auch die Möglichkeit der interaktiven Programmierung (>Interaktive Programmierung).

Teilnehmerklasse
subscriber's class
Netzwerktechnik
Eine Gruppe von Teilnehmeranschlüssen mit gleichen Betriebsmerkmalen (z.B. Berechtigungen).

Teilprojekt
sub-project
Entwurfsmethode
Beim Entwerfen von >Informations- und Kommunikationssystemen (>Grobprojektierung), denen umfangreiche >Aufgabensysteme zugrunde liegen, ergibt sich die Notwendigkeit der >Subsystembildung. Diese soll so erfolgen, daß ein Vorgehen beim Systementwurf nach einem geeigneten methodischen Ansatz, welcher die Erreichung der Entwurfsziele unterstützt, ermöglicht wird *(>Methodik Systemplanung)*. Die klassische Subsystembildung beim Systementwurf folgt der Systemgliederung nach >Teilsystemen, die in einem zweiten Schritt in ihre Komponenten (z.B. Dateneingabe, Datenspeicherung, Datenverarbeitung, Datenausgabe) gegliedert werden. Diese leicht verständliche Vorgehensweise hat den Nachteil, daß das gleiche Objekt (z.B. >Daten) einer Reihe von Entwurfsentscheidungen unterworfen wird, deren Ergebnisse nur schwer untereinander abgestimmt werden können. Die Subsystembildung nach Teilprojekten ordnet gleichartige Entwurfsaufgaben einzelnen Subsystemen zu. Derartige Teilprojekte sind dann beispielsweise das *>Datensystem*, das *>Methodensystem*, das *>Transportsystem*, das *>Sicherungssystem*, die *>Arbeitsorganisation*. Dabei geht man in zwei Ebenen vor, indem diese Entwurfsaufgaben zunächst im Sinne einer Grobstruktur ("Entwurf") und danach im Sinne einer Feinstruktur ("Entwicklung") bis zur Implementierungsreife des Gesamtsystems (>Implementierung) gelöst werden.

Teilsystem
part of system
Grundlagen Systemplanung
Eine Menge von Aufgaben *(>Grundlagen Aufgabe)*, deren Elemente bezüglich ihres Sachcharakters gleichartig, bezüglich ihrer Phase aber unterschiedlich sind. Teilsysteme werden beispielsweise nach den Funktionen des >Aufgabensystems gebildet (z.B. in Betriebswirtschaften nach den Funktionen Beschaffung, Leistungserstellung, Leistungsverwertung, Finanzierung, Personal, Logistik). Bedeutsam bei der Planung der Methodik der >Feinstudie *(>Erhebungsmethode, (>Analysemethode)*. Im Gegensatz zu Teilsystem: >Datenverarbeitungskomplex.

Teilumstellung >Schrittweise Umstellung

Telearbeit
teleworking
Arbeitsorganisation/Informationsrecht
Die durch die Entwicklung der >Personal Computer und der >Telekommunikation entstandenen Möglichkeiten, einen >Arbeitsplatz in die Wohnung zu verlegen. Dabei kann man davon ausgehen, daß jene, die für eine solche Entwicklung plädieren, eher den Begriff der Telearbeit wählen, während jene, die gegen eine solche Entwicklung sind, eher den an die Ausbeutung der Heimarbeiter Ende des 19. Jahrhunderts erinnernden Begriff EDV-Heimarbeit verwenden. Die Telearbeit hat derzeit jedenfalls kaum praktische Bedeutung. Sollte sich diese Entwicklung durchsetzen, ist die arbeits- und sozialrechtliche Stellung dieser "Telearbeiter" zu überdenken. Siehe auch: >Telearbeitsplatz.

Telearbeitsplatz
remote work place
Arbeitsorganisation
Ein kommunikationstechnik-unterstützter >Arbeitsplatz in der Heimumgebung des Arbeitnehmers, entweder in seiner Wohnung oder in Satelliten- und Nachbarschaftsbüros. Siehe auch: >Telearbeit.

Telebox
telebox
Transportdienst
Ein >Fernmeldedienst, mit dem >Nachrichten in "Telebox-Fächern" hinterlegt und abgerufen werden können. Mit tragbaren >Datenendgeräten können über einen Akustikkoppler (>Akustischer Koppler) oder mit einem fest angeschalteten >Modem weltweit andere >Teilnehmer erreicht werden.

Teledienst
teleservice
Transportdienst
Ein >Fernmeldedienst, der die vollständige Möglichkeit der >Kommunikation zwischen >Teilnehmern "spezifizierter Benutzer-Endeinrichtungen" bietet. Dazu gehören: Fernsprechdienst und Telematikdienst mit >Telex, >Telefax und >BTX.

Telefax
telefax
Transportdienst
Ein >Fernmeldedienst für die >Festbildkommunikation mittels >Fernkopierer gleicher Abtast- und Wiedergabegeschwindigkeit im Fernsprechwählnetz. Damit Geräte über öffentliche >Netze zusammenarbeiten können, sind Steuersignale und Übertragungsmerkmale standardisiert.

Telekommunikation
telecommunication
Allgemeine Grundlagen
Zusammenfassende Bezeichnung für die Gesamtheit der >Transportdienste, mit denen die verschiedenen >Informationsarten zwischen Kommunikationspartnern (>Kommunikation)

Telekommunikationsdienst

ausgetauscht werden, z.B. >Teledienst, >Telefax, >Teletex. Siehe auch: >Telesoftware.

Telekommunikationsdienst >Telekommunikation, >Transportdienst

Telematik
telematics
Wissenschaftsdisziplin
Im engeren Sinne eine Bezeichnung für die >Hardware und >Software der >Telekommunikation. In neuerer Zeit häufig für die Gesamtheit der wissenschaftlichen Bemühungen verwendet, die sich mit der Erklärung und Gestaltung der Telekommunikation befassen. Trotz der nicht bestreitbaren Vorteile wissenschaftlicher Arbeitsteilung führt die an diesem Beispiel sichtbare "Verselbständigung" von Teilen der >Wirtschaftsinformatik im Ergebnis zu Disziplinen, die wegen ihres zu eng abgegrenzten Erkenntnisobjekts nicht mehr in der Lage sind, die Wirklichkeit ausreichend zu erklären.

Telepost >Telefax

Teleservice >Fernwartung

Telesoftware
telesoftware
Programmiersystem
Eine >Software, die dem >Anwender bei der >Telekommunikation zur Verfügung steht. Sie ist auf einem >Host gespeichert und wird auf Anforderung des >Benutzers auf einen Arbeitsplatzcomputer heruntergeladen (>Herunterladen).

Teletex
teletex
Transportdienst
Internationaler Fernmeldedienst für das Bürofernschreiben. Die Vorteile gegenüber dem Fernschreibnetz >Telex sind: Voller Zeichenvorrat; >Übertragungsrate von 2400 >Bit/s; die Anschlußgeräte sind Speicherschreibmaschinen, die auch für die normale >Textverarbeitung verwendbar sind. Eine >Verbindung zum Fernschreibnetz ist gegeben, was wegen dessen weltweiter Verbreitung wichtig ist. Als >Netz wird das Datexnetz im Datex-L-Betrieb verwendet (>Datex).

Telex
telex
Transportdienst
Bezeichnung für den internationalen öffentlichen Fernschreibverkehr, dessen >Netz Telexnetz heißt. Die >Teilnehmer haben die Möglichkeit, sich gegenseitig wie im Fernsprechwählverkehr anzuwählen und sich Fernschreiben zu übermitteln. Die >Übertragungsrate beträgt 50 >Bit/s.

Terminal >Datenstation

Terminierung >Anlageninstandhaltung

Terminkalender-Management >Kalendermanagement

Test-Treiber >Treiber

Testabdeckungsgrad
degree of test performance
Testmethode
Eine >Meßgröße für die >Zuverlässigkeit von Tests (>Testen). Ermittelt wird das Verhältnis der Anzahl der ausgeführten Programmmoduln (>Programm, >Modul) zu der Anzahl der vorhandenen Moduln. Im allgemeinen kann ein Testabdeckungsgrad von 1 nur mit wirtschaftlich nicht vertretbaren >Kosten erreicht werden.

Testdaten
test data
Testmethode/Datensystem
Die >Daten, die für das >Testen mit einem definierten >Testsystem für ein bestimmtes >Testobjekt erforderlich sind. Die Testdaten spielen für die Wirksamkeit des Tests eine entscheidende Rolle. In einer ersten Teststufe wird man zunächst mit eigens dafür erzeugten Testdaten ("Spieldaten") arbeiten. In einer zweiten Teststufe verwendet man reale Daten, so wie diese vom >Anwendungssystem später zu verarbeiten sind ("echte Daten"). Diese sollten von den zukünftigen >Benutzern beigestellt werden.

Testdokumentation
test documentation
Darstellungsmethode
Die Gesamtheit der >Daten für das >Testen und/oder über den Ablauf und die Ergebnisse des Testens. Die Testdokumentation ist das Kommunikationsmittel für die am Testprozeß beteiligten Personen. Sie soll dazu beitragen, die >Wirtschaftlichkeit des Testens zu verbessern. Darüber hinaus erleichtert eine Testdokumentation die Wiederholung von Tests nicht nur in der Phase der >Feinprojektierung, sondern auch nach Änderungs- und Wartungsarbeiten (>Wartung). Inhalte der Testdokumentation sind beispielsweise:
- >Informationen über die Elemente des >Testobjekts und seine Verwendung.
- Die Menge aller >Testdaten, die bei der Ausführung des Test zu festgelegten, gleichen Werten führen ("Testfälle").
- Die Testumgebung, der Testplan (>Testplanung) und die >Teststrategie.
- Das Testprotokoll und die zusammenfassende Darstellung der Testergebnisse.

Testen
testing
Grundlagen Systemplanung
Der Vorgang des Überprüfens der korrekten Funktionsweise jeder Art von Entwurfs- und Entwicklungsergebnissen der Systemplanung (>Testobjekt) mit einer bestimmten *>Testmethode*. Man unterscheidet zwischen logischem Testen und empirischem Testen. Beim logischen Testen ("Schreibtischtest") versucht man, die Richtigkeit der Funktionsweise des Testobjekts durch

Testfall

gedankliches Nachvollziehen unter Verwendung von "Spieldaten" (>Testdaten) zu überprüfen, wobei man die Systemumgebung, in welcher das Testobjekt später eingesetzt wird, simulieren oder von ihr abstrahieren muß. Beim empirischen Testen wird das Testobjekt auf einem >Testsystem implementiert. Da eine umfassende Testtheorie nicht existiert, kann man die Fehlerfreiheit (>Fehler) eines Testobjekts durch Testen nicht beweisen.

Testfall >Testdokumentation

Testinstallation >Probeinstallation

Testling >Testobjekt

Testobjekt
object for testing
Grundlagen Systemplanung
Beschreibt die Art des Produkts, das mit einer >*Testmethode* getestet wird. Testobjekte der Systemplanung sind nicht nur Softwareprodukte, sondern jede Art von Entwurfs- und Entwicklungsergebnissen wie >Nummernsysteme, >Sicherungsmaßnahmen, >Formulare und Arbeitsabläufe (>Arbeitsablauf). Die verschiedenen Testobjekte lassen sich nicht immer isoliert testen. Deshalb ist ein geeigneter Objektumfang festzulegen. Als Teststrategie wird der Bottom-Up-Ansatz (>Bottom-Up-Strategie) verwendet: Man testet zunächst die kleinsten, für sich funktionsfähigen Bausteine des Entwurfs (der Entwicklung) und geht schrittweise nach oben, bis man den Objektumfang auf das gesamte >Anwendungssystem ausgedehnt hat.

Testplanung
planning testing
Testmethode
Basis für die Testvorbereitung, -ausführung und -auswertung ist ein Testplan. Aufgabe der strategischen Testplanung ist die Festlegung der generellen Vorgehensweise (z.B. die Festlegung der einzusetzenden >Methoden und >Werkzeuge); Aufgabe der operativen Testplanung ist die Festlegung konkreter und vollständiger Angaben zur Testdurchführung und deren Abfolge sowie zur Durchführung einzelner Testaktivitäten. Siehe auch: >Teststrategie.

Testproduktivität >Testrate

Testrate
rate of testing
Grundlagen Systemplanung
Eine >Meßgröße zur Erfassung der >Produktivität des >Testens, die als Quotient aus "Anzahl der Testläufe" zu "endgültige Programmlänge" definiert ist. Im Mittel benötigt der Programmierer pro Testlauf etwa 1,5 Übersetzungsläufe, um einen ausführbaren >Code zu erzeugen (nach Kraft). Siehe auch: >Programmierverhalten.

Teststrategie
test strategy
Testmethode
Ein übergeordnetes Konzept für die Vorgehensweise beim >Testen und für die Anwendung bestimmter Testmethoden. Sie umfaßt z.B. die Frage >Bottom-Up-Strategie und/oder >Top-Down-Strategie.

Testsystem
testing system
Testmethode
Eine >Konfiguration aus >Testobjekt ("Testling"), >Testdaten, organisatorischen, gerätetechnischen und softwaremäßigen Hilfsmitteln, dessen Funktionsweise so spezifiziert ist, daß möglichst alle im Testobjekt enthaltenen >Fehler erkannt werden. Da eine Theorie für die Konfigurierung von Testsystemen nicht existiert, versucht man, das Testsystem so zu gestalten, daß möglichst alle Komponenten des Testlings von den Testdaten einmal durchlaufen werden. Dies reicht z.B. nicht aus, um solche Fehler zu finden, die auf fehlende Komponenten des Testlings zurückzuführen sind.

Text
word
Darstellungstechnik
Eine >Informationsart (neben Daten, Bild und Sprache), die als eine festgelegte (z.B. schriftliche), inhaltlich zusammenhängende Folge von Wörtern, Sätzen und Aussagen beschrieben werden kann. Siehe auch: >Textbearbeitung, >Textverarbeitung.

Textautomat
word processing equipment
Verarbeitungstechnik
Eine >Funktionseinheit für die Bearbeitung von >Texten, wie Zusammenstellen und Redigieren, die mindestens folgende Einrichtungen hat: Ein >Eingabegerät; eine >Zentraleinheit, die mit Hilfe des >Anwendungsprogramms die Textbearbeitung im Umfang von mehr als einer Seite (A4) in einem Arbeitsgang durchführen kann; Textträger zur Speicherung von Texten von insgesamt mehr als einer Seite (A4); ein >Ausgabegerät zur automatisch gesteuerten Ausgabe.

Textbearbeitung
word editing
Büroarbeit
Der Prozeß der Erfassung von >Text, der Sofortkorrektur, der Autorenkorrektur, der Textgestaltung und des Druckens von Text. In Ergänzung dazu siehe: >Textverarbeitung.

Textverarbeitung
word processing
Büroarbeit
Der Prozeß der inhaltlichen und/oder formalen Aufbereitung und Verfügbarmachung von >Text als logisch zusammenhängende Folge von Wörtern und Sätzen. In Abhängigkeit von der Art der Textverarbeitungsaufgabe unterscheidet man Textverarbeitung

Textverarbeitungssystem

im Sinne der Erstellung und Verteilung von Standardtexten (gleicher Text für unterschiedliche Empfänger), im Sinne der Bausteinkorrespondenz (das Zusammenfügen unterschiedlicher Texte aus einem Bestand von Textbausteinen) sowie im engeren Sinne die Bearbeitung von Problemtexten. Siehe auch: >Textautomat, >Textbearbeitung, >Textverarbeitungssystem.

Textverarbeitungssystem
word processing system
Programmiersystem/Verarbeitungstechnik
Ursprünglich nur ein dediziertes System (>Dediziertes System) mit einer Reihe von Leistungsmerkmalen zum Bearbeiten von >Text, häufig auch als >Textautomat bezeichnet. Seit Mitte der siebziger Jahre zunehmend ein Programmiersystem, das als Softwareprodukt auf einem >Datenverarbeitungssystem implementiert wird, das auch für andere Aufgaben verwendet wird. Damit wurde die Möglichkeit eröffnet, der Forderung nach einer Integration (>Organisatorische Integration) von Text und >Daten zu genügen. Heute sind leistungsfähige Softwareprodukte zur Textverarbeitung bereits auf kleinen Computern (>Personal Computer) verfügbar.

Thermodruckwerk
thermo printer
Ausgabetechnik
Ein nicht mechanisches Druckwerk (>Nicht-mechanisches Druckwerk), mit dem die >Zeichen durch Wärmeentwicklung auf der wärmeempfindlichen Schicht eines entsprechend präparierten Papiers erzeugt werden, wobei üblicherweise die Zeichen aus Elementen eines gegebenen Rasters zusammengesetzt werden.

Time-Sharing
time sharing
Verarbeitungstechnik
Zuordnung der Arbeitszeit der >Zentraleinheit an mehrere >Benutzer. Alle Benutzer erhalten nacheinander eine bestimmte Arbeitszeit zugewiesen, in der interne >Operationen ablaufen können. Der Zeitanteil, den der Benutzer erhält, liegt im Bereich von Millisekunden; er kann für alle Benutzer gleich lang aber auch unterschiedlich sein. Siehe auch: >Zeitscheibe, >Systemparameter.

Time-Sharing-Rechenzentrum
time sharing computer center
Dienstleistungsmarkt
Im Unterschied zum >Service-Rechenzentrum werden primär große >Organisationen mit einer gut entwickelten >Infrastruktur als Kunden angesprochen, die aus unterschiedlichen Gründen (z.B. wegen bestehender Kapazitätsengpässe) bestimmte >Anwendungsaufgaben auslagern und mit externer Rechnerunterstützung abwickeln. Entsprechend der Unterschiedlichkeit des Kundenkreises und der >Motivation der Nutzung externer Kapazitäten sind auch die Art der unterstützten Anwendungsaufgaben anders als bei Service-Rechenzentren. Beispiele sind Analysen für die Finanzplanung *(>Finanz- und Rechnungswesen)* wie Cashflow-Analysen und für das Marketing *(>Absatz - Marketing)* wie Marktanalysen.

Tintenstrahldrucker >Nicht-mechanisches Druckwerk

Token
token
Transporttechnik
Ein Kennzeichen zur Regelung der Sendebefugnis in >Ringnetzen ("Tokenverfahren"). Siehe auch: >LAN.

Top-Down-Strategie
top-down strategy
Entwurfsmethode/Testmethode
Umkehrung der >Bottom-Up-Strategie.

Top-Ereignis >Fehlerbaumanalyse

Topologie
topology
Wissenschafsdisziplin
Die Lehre von der Anordnung geometrischer Gebilde im Raum und das Gebiet der Mathematik, welches sich mit den Eigenschaften geometrischer Figuren im Raum befaßt. In der Informations- und Kommunikationstechnik *(>Grundlagen Technik)*, insbesondere im Zusammenhang mit der Konstruktion von Netzen *(>Netzwerktechnik)* von Bedeutung; die Topologie stellt hier die möglichen Verbindungen im Netz abstrakt dar. So unterscheidet man beispielsweise bei lokalen Netzen (>LAN) zwischen >Sterntopologie, >Ringtopologie, >Bustopologie und >Baumtopologie.

Totalumstellung >Gesamtumstellung

TP-Monitor
teleprocessing monitor
Programmiersystem
Ein >Systemprogramm, das auf Basis eines nicht dialogfähigen (>Dialog) >Betriebssystems einen >Dialogbetrieb ermöglicht (z.B. CICS). Siehe auch: >Teilhaberbetrieb.

Tracingverfahren >Monitoring-Verfahren

Trägerdienst
bearer service
Transportdienst
Ein >Fernmeldedienst, der die Möglichkeit für die Übertragung von >Signalen zwischen >Schnittstellen "Benutzer/Netz" bietet. Dazu gehören: Datex-L, Datex-P (>Datex) und das Fernsprechnetz.

Transaktion
transaction
Datensystem
Eine Operation auf einer >Datenbasis, bei welcher deren Konsistenz (>Datenkonsistenz) erhalten bleibt, wenn diese vorher bestanden hat. Unter Konsistenz wird dabei die Freiheit von Widersprüchen verstanden; diese ist gegeben, wenn alle im >Datenmodell und modellextern (durch das >Anwendungs-

Transaktionsbetrieb

programm) definierten Konsistenzbedingungen erfüllt werden. Transaktionen können also sein:
- Abfragen, die einen Ausschnitt einer Datenbasis abgrenzen und in einer geeigneten Form dem >Benutzer anbieten.
- Mutationen, die über das Abfragen hinaus eine Änderung der Datenbasis erlauben, soweit diese konsistenzerhaltend ist.

Eine Datenmanipulation umfaßt den Umfang einer Transaktion sowie auch nicht-konsistenzerhaltende Mutationen.

Transaktionsbetrieb >Dialogbetrieb

Transaktionsrate
rate of transaction
Benutzersystem
Die primär aufgabenbedingte Verteilung der >Transaktionen an einem bestimmten >Datenverarbeitungssystem, die zusätzlich durch stochastische Größen (wie wechselnde Arbeitsgeschwindigkeit der >Benutzer, Krankheit, Pausenregelung) beeinflußt wird. In der Regel über- und unterschreiten die Transaktionen zu bestimmten Tageszeiten deutlich einen Mittelwert (so werden in einer Bausparkasse etwa 70% der Transaktionen in 30% der Arbeitszeit abgewickelt). Auch saisonale Schwankungen können die Transaktionsrate wesentlich beeinflussen. Erfahrungsgemäß führt eine Steigerung der Anzahl Transaktionen um 10% über dem Mittelwert zu einer Verlängerung der >Antwortzeit um 100%. Bei der Auslegung der >Basissysteme ist daher von einer >Prognose der Transaktionsrate auszugehen.

Abbildung Transaktionsrate

Transfergeschwindigkeit
data transfer rate
Transporttechnik
Anzahl der Nachrichtenelemente gemessen in >Bit, >Byte, >Zeichen oder >Block, die durchschnittlich in einer bestimmten Zeit zwischen einer Sende- und einer Empfangsstation übertragen und als richtig angenommen werden, angegeben z.B. in >Bit/s, Zeichen/min, Blöcke/h (vgl. DIN 44300).

Transparenz
transparency
Allgemeine Grundlagen/Transporttechnik

1. Beschreibt die Eigenschaft eines >Systems, Änderungsnotwendigkeiten (z.B. auf Grund einer veränderten Aufgabenstellung) erkennen zu können; eine Quantifizierung ist schwierig.
2. Bei der >Datenübertragung unterscheidet man zwischen Bitkombinationen, die >Daten darstellen, und Bitkombinationen, die >Steuerzeichen darstellen. Innerhalb von Daten kann es erforderlich sein, Bitkombinationen zu übertragen, die Steuerzeichen entsprechen, aber als Daten interpretiert werden müssen. Sind bei der Datenübertragung beliebige Bitkombinationen zugelassen, so ist eine Transparenz der Datenübertragung gegeben.

Transportieren >Aufgabenfunktion

Transportschicht >ISO-Schichtenmodell

Treiber
driver
Programmiersystem
Ein >Programm, das >Funktionseinheiten steuert. Treiber, die den Ablauf der Verarbeitung von >Testdaten an einem >Testobjekt steuern, bezeichnet man als Test-Treiber.

Trendanalyse
trend analysis
Analysemethode
Die systematische Untersuchung von Erhebungs- und insbesondere von Entwurfsergebnissen der Systemplanung *(>Grundlagen Systemplanung)* und deren kritische Beurteilung im Hinblick auf ihre zukünftige Entwicklung. So ist z.B. ein >Mengengerüst für den >Sollzustand nicht nur aus dem >Istzustand abzuleiten, sondern mit einer Trendanalyse auch dessen zukünftige Entwicklung über den Zeitraum der geplanten Lebensdauer des betreffenden >Anwendungssystems zu ermitteln.

Triggerkonzept >Auslösendes Ereignis, >Vorgangsorientiertes System

Tuning >Monitoring

Typenbanddrucker >Mechanisches Druckwerk

Typenraddrucker >Mechanisches Druckwerk

417

U

Überlappungsfehler >Benutzerfehler

Überlassungsschein >Spezifikationsschein

Überlastung
congestion
Transporttechnik
Zu große Belastung des >Netzes durch übermäßiges Nachrichtenaufkommen (>Nachricht). Siehe auch: >Arbeitslast.

Übermittlung
transmission
Informationsrecht
Das Bekanntgeben gespeicherter oder durch die >Datenverarbeitung unmittelbar gewonnener Daten (>Personenbezogene Daten) an Dritte in der Weise, daß die Daten durch die speichernde Stelle weitergegeben werden oder zur Einsichtnahme, namentlich zum Abruf, bereitgehalten werden (siehe § 2 Abs. 2 Z. 2 >BDSG). Ähnlich definiert das >DSG das Übermitteln von Daten (Übermittlung) als Weitergeben, Übertragen, Bekanntgeben, Veröffentlichen oder sonstiges Offenbaren von verarbeiteten Daten an andere Empfänger als den Betroffenen (>Betroffener), den >Auftraggeber oder den >Verarbeiter. Einer Übermittlung gleichzuhalten ist das Verknüpfen von Daten, die für ein bestimmtes Aufgabengebiet ermittelt oder verarbeitet wurden, mit Daten eines anderen Aufgabengebiets (siehe § 3 Z. 8 DSG). Die Übermittlung von Daten ist - kombiniert mit der leichten Verknüpfbarkeit - ein Gefahrenelement für das individuelle Persönlichkeitsrecht und damit für die Notwendigkeit von >Datenschutz an sich. Daher unterliegt die Übermittlung von Daten erhöhten Anforderungen bezüglich ihrer Zulässigkeit (vgl. §§ 10, 11, 24 und 32 BDSG; §§ 7 und 18 DSG).

Übermittlungsabschnitt
data link
Netzwerktechnik
Die Gesamtheit von zwei >Fernbetriebseinheiten, >Datenübertragungseinrichtungen und >Netzen, die nach einer vereinbarten >Übermittlungsvorschrift arbeitet und den Austausch von >Daten zwischen zwei >Datenendeinrichtungen ermöglicht. Siehe auch: >Datenübermittlungssystem.

Übermittlungsvorschrift
link protocol
Netzwerktechnik
Die Gesamtheit von Steuerungsverfahren und Betriebsvorschriften, nach denen die >Datenübertragung in einem >Übermittlungsabschnitt erfolgt.

Übersetzer
translator
Programmiersystem
Ein >Programm, das in einer >Programmiersprache A (Quellsprache) abgefaßte >Anweisungen ohne Veränderung der Ar-

beitsvorschriften in Anweisungen einer Programmiersprache B (Zielsprache) umwandelt (übersetzt). Die in der Quellsprache abgefaßte Anweisung wird Quellanweisung bzw. Quellprogramm, die in der Zielsprache entstandene Anweisung wird Zielanweisung bzw. Zielprogramm genannt (vgl. DIN 44300).

Übersetzungsrate
rate of compilation
Grundlagen Systemplanung
Eine >Meßgröße zur Erfassung der >Produktivität des Programmierens, die als Quotient aus "Anzahl Übersetzungsläufe" zu "endgültige Programmlänge" definiert ist. Dieser Wert liegt je nach Organisationsform des Programmierteams (>Organisationsform Programmierteam) zwischen 0,18 ("individueller Programmierer") und 0,08 ("strukturiert arbeitendes Programmierteam"), der Durchschnittswert bei 0,15 Übersetzungen pro Anweisung (nach Kraft). Siehe auch: >Programmierverhalten.

Übersichtsdiagramm >HIPO-Methode

Übertragbarkeit
portability
Programmiersystem
Die Eigenschaft von >Programmen, auf ein anderes >Datenverarbeitungssystem übertragen werden zu können; eine Form der Software-Kompatibilität (>Kompatibilität). Programme sind in Abhängigkeit von der >Programmiersprache, in der sie geschrieben sind, in mehr oder weniger großem Ausmaß übertragbar.

Übertragungsleitung
transmission line
Netzwerktechnik
Eine oder mehrere Leitungsabschnitte, gegebenenfalls mit Vermittlungseinrichtungen, zur >Verbindung zweier oder mehrerer >Datenstationen (vgl. DIN 44302).

Übertragungsrate
transmission rate
Transporttechnik
Anzahl der pro Zeiteinheit (meist 1 sec) übertragenen >Bit, >Byte oder >Zeichen.

UFAB
UFAB
Informationsrecht
Unterlagen für Ausschreibung und Bewertung von DV-Leistungen (UFAB) wurden vom Interministeriellen Ausschuß zur Koordinierung der Datenverarbeitung in der Bundesverwaltung der Bundesrepublik Deutschland (IMKA) erarbeitet. Das Konzept geht davon aus, daß >Ausschreibungen nicht produktorientiert, sondern anwendungsbezogen (aufgabenbezogen) durchgeführt werden. Die Unterlage soll es ermöglichen, auf der Grundlage der Verdingungsordnung für Leistungen eine Ausschreibung rasch, eindeutig und vollständig zu erstellen, die Ausschreibungen der Bundesverwaltung in Form, Aufbau und Inhalt

Umsatzfrühwarnung

einheitlich zu gestalten, die Auswertung der Angebote (>Angebotsanalyse) einfach, rationell und objektiv vorzunehmen sowie dazu beitragen, die Formulierungen der Angebote durch die Bieter, die Kommunikation zwischen Bieter und ausschreibender Stelle sowie die Entscheidungsvorbereitung zu erleichtern.

Umsatzfrühwarnung >Frühwarnsystem

Umstellungseinrichtung >Programmadaption

Umweltanforderung
environment requirement
Grundlagen Systemplanung
Eine >Anforderung, welche die Konsequenzen der Wahl einer Alternative (z.B. eines Geräts zur >Betriebsdatenerfassung) an seine Umwelt beschreibt. Typische Beispiele sind Klimatisierung (Luftfeuchtigkeit, Staub, Temperatur) und Raumbedarf.

Unbefugte Entschlüsselung >Kryptoanalyse

Unformatierte Daten >Daten

Ungeblockter Satz >Datensatz

Univariable Prognose >Prognose

Universalcomputer >von-Neumann-Rechner

UNIX
UNIX
Programmiersystem
Ein hardwareunabhängiges (>Hardware) >Betriebssystem für den Einsatz auf Mini- und >Mikrocomputern, großteils in der Programmiersprache >C geschrieben und somit mit relativ geringem Aufwand auf verschiedene >Zentraleinheiten übertragbar (>Übertragbarkeit). Die hervorstechenden Eigenschaften von UNIX sind: Hierarchische Dateiverwaltung (>Hierarchie, >Datei); Dateiorientierung sämtlicher Ein-/Ausgabeoperationen; ein ablaufender >Prozeß kann weitere asynchrone (>asynchron) oder synchrone (>synchron) Prozesse starten; die >Kommandosprache läßt sich den Benutzeranforderungen entsprechend definieren. Daneben bietet UNIX eine Vielzahl von Hilfsmitteln für die interaktive Programmierung (>Interaktive Programmierung). Herstellerspezifische Varianten von UNIX werden z.B. unter den Namen XENIX (IBM) und SINIX (Siemens) angeboten ("UNIX-Derivate").

Unlauterer Wettbewerb >Wettbewerbsrecht

Unterbrochene Beobachtung >Beobachtung

Unternehmensberatung >Berater

Unternehmensmodell
corporate model
Methodensystem
Ein Hilfsmittel für die Unternehmensplanung, insbesondere für die strategische Planung (>Strategie, >Planung). Ein Unternehmensmodell bildet das Unternehmen als Ganzes oder wichtige Teilbereiche davon ab und erlaubt es, >Empfindlichkeitsanalysen durchzuführen. Ein Beispiel ist STRATPORT (STRATegic PORTfolio planning), das u.a. die Auswirkungen verschiedener Marketingmaßnahmen *(>Absatz - Marketing)* auf den Cash-flow und den Gewinn prognostiziert (>Prognose).

Unterprogramm
subroutine
Programmiersystem
Teilprogramm eines >Hauptprogramms, das an bestimmten Stellen des Hauptprogramms aufgerufen wird. Es ist zweckmäßig, Unterprogramme so zu gestalten, daß sie von möglichst vielen Hauptprogrammen verwendet werden können.

Untersuchen des Istzustands >Istzustandsuntersuchung

Unterstützungsaufgabe >Büroarbeit

Unverschlüsselte Daten >Daten

UPC = Universal Product Code >EAN

Urbeleg
original document
Datensystem
Ein im *>Benutzersystem* verwendeter >Datenträger, der in der Regel nicht maschinell verarbeitbar, sondern nur vom Menschen lesbar ist (z.B. ein Bestellschreiben, ein Buchungsbeleg, eine Quittung).

Urheberrecht
copyright law
Informationsrecht
Das Urheberrecht schützt insbesondere Werke der Literatur und der Kunst. Geschützt werden allerdings nur solche Werke, die persönliche (im österreichischen Urheberrechtsgesetz wird der Begriff "eigentümliche" verwendet) geistige Schöpfungen darstellen. >Software wird als literarisches Werk angesehen, auch wenn sich >Programmiersprachen nicht in erster Linie an Menschen, sondern an Maschinen richten. Damit ist Software grundsätzlich schutzfähig. Ob sie im Einzelfall ein urheberrechtliches Werk darstellt, hängt von der Interpretation des Begriffs der "persönlichen geistigen Schöpfung" ab. Der Deutsche Bundesgerichtshof hat mit seiner Entscheidung, wonach "Programme, die dem Können eines Durchschnittsprogrammierers entsprechen, rein handwerksmäßig zusammengestellt sind und sich auf eine mechanisch-technische Aneinanderreihung und Zusammenfügung des Materials beschränken", keinen Urheberrechtsschutz genießen, die Latte für den urheberrechtlichen Schutz sehr hoch gelegt. Die Einschätzung der österreichischen Judikatur ist noch nicht absehbar; die der-

Ursache

zeitigen Entscheidungen ergeben noch kein klares Bild. Der Vorteil der Anwendung des Urheberrechts ist, daß es sich dabei um ein absolutes, d.h. gegen jedermann durchsetzbares Recht handelt. Außerdem wäre durch die Abkommen über internationales Urheberrecht eine gewisse Internationalisierung des >Softwareschutzes gegeben. In praktisch allen Staaten der Welt wird die urheberrechtliche Schutzfähigkeit von Software grundsätzlich bejaht. Das Urheberrecht ist nicht übertragbar, allerdings kann der Urheber anderen das Recht auf Nutzung einräumen, und zwar absolut (>Nutzungsrecht) oder relativ (>Nutzungsbewilligung). Das Urheberrecht schützt aber immer nur eine bestimmte Darstellungsform; der Inhalt des Programms an sich ist urheberrechtlich nicht schutzfähig.

Ursache
cause
Allgemeine Grundlagen
Die Voraussetzung, >Bedingung oder das >Motiv für die Entstehung oder Veränderung einer Ordnung.

Ursache/Wirkung-Analyse >Problemanalyse

UWG = Gesetz gegen den unlauteren Wettbewerb >Wettbewerbsrecht

V

V.24 >Schnittstelle

Validität
validity
Grundlagen Systemplanung
Gibt das Ausmaß an, mit dem ein >Qualitätsmaß die Eigenschaft, die es messen soll, auch tatsächlich mißt; die Meßergebnisse müssen also einen eindeutigen Rückschluß auf die >Ursache der Ausprägung einer Eigenschaft zulassen. Dies ist dann gegeben, wenn folgende Fragen positiv beantwortet werden können (nach Friedrichs):
- Ist die zu messende Eigenschaft eindeutig definiert und von anderen Eigenschaften abgegrenzt?
- Beruht die Zuordnung von Indikatoren (ökonomische Größen wie >Kosten, Aufwand, Zeit und Produktmerkmale) auf >empirisch gesicherten Erkenntnissen bzw. auf bewährten >Hypothesen?
- Sind die Ausprägungen der zu messenden Indikatoren empirisch gehaltvoll und erschöpfend?
- Erfolgt die Zuordnung von numerischen Meßwerten zu den Ausprägungen der Indikatoren systematisch, bilden also die numerischen Relationen auch die tatsächlichen Relationen ab?

Hinweise auf die Validität lassen sich gewinnen, indem die Zusammenhänge zwischen der untersuchten Eigenschaft und anderen Eigenschaften analysiert werden. Derartige Zusammenhänge können bestehen (nach Kallmann):
- Aus theoretisch abgeleiteten, häufig bestätigten Hypothesen.
- Aus Beziehungen zu anderen Maßen, welche dieselbe Eigenschaft messen.
- Aus einem Vergleich von Zusammenhängen verschiedener Maße für die betrachtete Eigenschaft mit Zusammenhängen zwischen dem gewählten Maß und Maßen für andere, verwandte Eigenschaften.

Zur Konkretisierung der Validität werden in der empirischen Sozialforschung verschiedene Ansätze verwendet. Siehe: >Inhaltliche Validität, >Kriterienbezogene Validität, >Konstruktvalidität.

Value Added Network
value added network
Transportdienst
Bietet neben der nachrichtentechnischen Transportleistung vor allem allgemeine Dienste für den >Teilnehmer wie >Protokollanpassung, Speicherdienste (>Speicher), Prozessordienste (>Prozessor). Zu den allgemeinen Diensten zählen die vereinbarten Teilnehmerdienste, wie sie in der CCITT-Empfehlung X.25 (>Schnittstelle) aufgeführt sind: >Direktruf, >Geschlossene Benutzergruppe, >Kurzwahl, >Rundsenden usw. Speicherdienste ermöglichen eine nachrichtenspezifisch gesteuerte Übermittlung wie Freigabe, Journal und Nachrichtenumlenkung. Pozessordienste unterstützen den Teilnehmer bei der Zusammenstellung von zu übermittelnden >Texten und >Daten. So stellt das >Netz Editor-Hilfen

Variable Daten

(>Editor), >Plausibilitätskontrollen und anwendungsspezifische >Anweisungen zur Verfügung. Bei diesen Netzwerken wandern Leistungsmerkmale (>Leistung) in das Netz, die bisher von intelligenten >Datenendeinrichtungen und >Knotenrechnern wahrgenommen wurden.

Variable Daten >Daten

Varianz >Schwachstelle

Varianzanalyse >Schwachstellenanalyse

Varianzmatrix >Schwachstellenanalyse

Venn-Diagramm
Venn diagram
Darstellungsmethode
Ein >Diagramm, das Mengen und ihre Verknüpfungen schaubildlich darstellt. Benannt nach dem britischen Logiker J. Venn.

Verantwortung
responsibility
Arbeitsorganisation
Mit der Übertragung einer Aufgabe *(>Grundlagen Aufgabe)* auf einen >Aufgabenträger ist Verantwortung im Sinne einer Verpflichtung verbunden, z.B. die Verantwortung für Mitarbeiter, für >Sachmittel, für ein Ergebnis. Aufgabe, >Kompetenz und Verantwortung müssen übereinstimmen. Siehe auch: >Organisationsgrundsatz.

Verarbeiten >Aufgabenfunktion

Verarbeiter
processing unit
Informationsrecht
Die Einrichtung, die personenbezogenen Daten (>Personenbezogene Daten) verarbeitet (siehe § 3 Z. 4 >DSG). Auch wenn das >BDSG den Begriff des Verarbeiters nicht legal definiert bzw. verwendet, ist die Unterscheidung in >Auftraggeber ("speichernde Stelle" in der Terminologie des BDSG) und Verarbeiter bekannt (vgl. § 8 Abs. 1, § 22 Abs. 2, § 31 Abs. 2 und § 37 BDSG). Im Regelfall ist davon auszugehen, daß die entspechenden Stellen ihre Daten selbst verarbeiten, sodaß der Auftraggeber der Verarbeitung mit dem Verarbeiter ident ist. Es ist aber möglich, die Verarbeitung von anderen Personen oder Stellen durchführen zu lassen. Die meisten Pflichten richten sich dabei an den Auftraggeber, weil dieser für Inhalt und Umfang der Verarbeitung und auch für die Auswahl des Verarbeiters verantwortlich ist. Dagegen sind die Anforderungen für die konkrete Abwicklung der Verarbeitung hinsichtlich der technischen und organisatorischen Bedingungen (vgl. § 6 BDSG und die Anlage zu § 6 Abs. 1 Satz 1) an den Verarbeiter gerichtet.

Verarbeitungsrechner >Host

Verbale Beschreibung >Beschreibungsmittel

Verband und Vereinigung
association
Dienstleistungsmarkt
Eine Zusammenstellung ausgewählter Verbände und Vereinigungen, deren Tätigkeitsschwerpunkte für den Wirtschaftsinformatiker von Interesse sind, findet sich im Anhang "Verbände und Vereinigungen".

Verbindung
link
Netzwerktechnik
Ein logischer oder physischer Nachrichtenweg (>Nachricht) zwischen zwei >Teilnehmern, welcher über längere Zeit aufrechterhalten wird.

Verbindungsgrad
degree of connection
Datensystem
Beschreibt die Art der Verbindung, welche die >Datenerfassung zwischen einem realen Prozeß (>Realer Prozeß) und einem >Datenverarbeitungsprozeß herstellt. Die Verbindung ist "indirekt", wenn >Datenträger eigens für den Prozeß der Datenerfassung erzeugt werden, die ausschließlich oder vornehmlich der Datentransformation von einer im realen Prozeß verwendeten, nicht maschinell verarbeitbaren Form der Dokumentation in eine vom Datenverarbeitungsprozeß geforderte, maschinell verarbeitbare Form dienen. Die Verbindung ist "halb-direkt", wenn der Datenträger im realen Prozeß und der vom Datenverarbeitungsprozeß geforderte Datenträger identisch sind. Die "direkte" Verbindung verzichtet auf jede Art Datenträger als Voraussetzung für die Datenerfassung und bewältigt diese durch Direkteingabe der Daten in ein >Datenverarbeitungssystem. Bei allen Verbindungsformen gibt es unterschiedliche Ausprägungen. Die engste (direkte) Verbindung ist die >Automatische Datenerfassung.

Verbund
group
Grundlagen Technik
Das Zusammenwirken von mehreren lose bis fest gekoppelten >Datenverarbeitungssystemen. Man unterscheidet folgende Arten des Verbunds:
- Lastverbund: Die Form eines Verbunds, bei der der Lastausgleich zwischen mehreren Datenverarbeitungssystemen im Vordergrund steht.
- Funktionsverbund: Eine Form des Verbunds mit dem Ziel der Erhöhung des Dienstleistungsangebotes durch Spezialisierung bei den unterschiedlichen Datenverarbeitungssystemen.

Siehe auch: >Datenverbund.

Verbund-Nummernsystem >Nummernsystem

Verbundnetz >Verbund

Vereinbarung
declaration
Programmiersystem

Verfahrenskritik

Eine Absprache über in >Anweisungen auftretende Sprachelemente (vgl. DIN 44300). Beispiele: Namensvereinbarung; Dimensionsvereinbarung; Formatvereinbarung (>Datenformat); Procedurvereinbarung (>Procedur).

Verfahrenskritik > Schwachstellenanalyse

Verfügbarkeit
availability
Allgemeine Grundlagen
Beschreibt die durchschnittliche Zeitspanne, in der ein >System die durch die Aufgabenstellung bedingten >Funktionen fehlerfrei (>Fehler) ausführt. (Überschneidung mit dem Begriff >Zuverlässigkeit). Als Maßstab verwendet man MTBF (Mean Time Between Failure) und MTTF (Mean Time To Failure).

Vergleichsoperation >Operation

Verhaltensmuster >Muster

Verifikation
verification
Analysemethode
Die Überprüfung von Entwurfs- oder Entwicklungsergebnissen auf >Korrektheit mittels empirischer Methoden (>empirisch, >Methode) oder systematischer Vorgehensweisen, z.B. durch >Entwurfsinspektion.

Verkaufs-Informationssystem >Vertriebs-Informationssystem

Verkaufspunkt >POS

Verklemmung
deadlock
Grundlagen Technik
Ein Systemzustand, der erreicht wird, wenn zwei oder mehrere Prozesse (>Prozeß) sich gegenseitig blockieren, indem sie, während sie selbst noch auf >Betriebsmittel warten, bereits Betriebsmittel belegt halten, die der andere Prozeß benötigt, um seinerseits fertig zu werden. Der Effekt entspricht einem >Systemzusammenbruch.

Verlustrate
loss rate
Transporttechnik
Die Wahrscheinlichkeit, daß eine >Nachricht oder ein >Paket nicht korrekt am Ziel ankommt (>Fehlerrate).

Vermittlungsart >Leitungsvermittlung, >Speichervermittlung

Vermittlungsstelle
exchange
Netzwerktechnik
Zusammenfassung aller Koppel- und Steuereinrichtungen, die an einem Netzknoten (>Netz, >Knoten) zusammentreffende >Leitungen zeitweilig miteinander verbinden (vgl. DIN 44301).

Vermittlungstechnik
switching technic
Netzwerktechnik
Die Technik, nach welcher in einem >Kommunikations-Subsystem >Daten ausgetauscht werden. Man unterscheidet heute im allgemeinen >Leitungsvermittlung und >Speichervermittlung.

Vernetzungsgrad
connectivity
Netzwerktechnik
Mindestanzahl der alternativen Wege zwischen zwei >Knoten im >Netz und damit ein Maß für die Ausfallsicherheit (>Verfügbarkeit). Siehe auch: >Ausfallzeit.

Verrechnungspreis
internal price
Kosten- und Leistungsrechnung
Eine >Methode der >Auftragsrechnung, mit welcher die >Kosten der >Abteilung Informations- und Kommunikationssysteme den Aufträgen (>Auftrag) der >Benutzer zugerechnet werden. Verrechnungspreise können summarisch oder differenziert gebildet werden. Summarische Verrechnungspreise unterscheiden nicht oder nur schwach nach den verschiedenen Leistungsbereichen; mit differenzierten Verrechnungspreisen erreicht man eine verursachungsgerechtere Zurechnung der Kosten. Wie bei der Verrechnung durch >Kostenumlage gilt, daß nur die Kosten verrechnet werden sollten, welche den Benutzern nicht direkt zugerechnet werden können (Gemeinkosten).

Verschlüsselte Daten >Daten, >Verschlüsselungssystem

Verschlüsselungsmethode >Kryptographische Methode

Verschlüsselungssystem
cipher system
Sicherungssystem
Komponenten eines Verschlüsselungssystem sind ein >Schlüssel und ein >Algorithmus, die – in bestimmter Form definiert und in Verbindung untereinander – zur Sicherung gespeicherter und/oder auf >Netzen übermittelter >Daten eingesetzt werden (>Datensicherung). Die Entschlüsselung erfolgt revers zur Verschlüsselung. Im allgemeinen werden ein relativ kurzer Schlüssel (etwa 8 >Byte) und ein extrem langer Algorithmus verwendet. Die Abbildung zeigt das Grundmodell eines kryptographischen Verschlüsselungssystems (Quelle: IBM). Zur Erhöhung der >Sicherheit verwendet man in größeren >Informations- und Kommunkikationssystemen mehrere verschiedene Schlüssel und wechselt diese öfters aus (>Hierarchie von Schlüsseln mit unterschiedlicher Geltungsdauer). Grundsätzlich wird kein Schlüssel unverschlüsselt verwendet. Sensitive Schlüssel (im Klartext) und Algorithmus werden in einer nicht zugänglichen, nur über elektronische Signalleitungen (>Signal, >Leitung) gesteuerte Krypto-Hardwareeinheit, alle übrigen Schlüssel werden verschlüsselt in der >Datenbasis gehalten. Siehe auch: >Kryptographische Methode.

Vertauschung >Kryptographische Methode

Verteilte Datenbasis

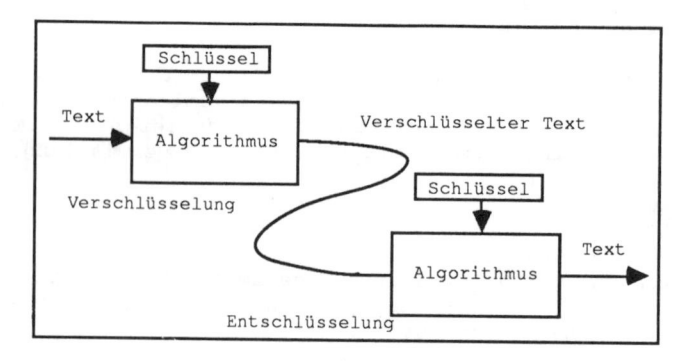

Abbildung Verschlüsselungssystem

Verteilte Datenbasis >Aufgeteilte Datenhaltung, >Mehrfache Datenhaltung

Verteilte Intelligenz >Distribuierung, >Verteiltes Datenverarbeitungssystem

Verteiltes Datenverarbeitungssystem
distributed computer system
Verarbeitungstechnik
Physisch betrachtet besteht ein verteiltes >Datenverarbeitungssystem aus mehreren autonomen Verarbeitungsknoten (>Prozessor, >Speicher), die über ein >Kommunikations-Subsystem verbunden sind. Vorteile sind:
- Erhöhung der Leistungsfähigkeit (Leistungsverbund) durch gemeinsame Benutzung von >Betriebsmitteln wie >Programmen (Funktionsverbund), Datenbeständen (Datenverbund) oder Verarbeitungskapazität (>Lastverbund).
- Leichte Erweiterbarkeit durch Einbindung neuer Komponenten.
- Verbesserung der >Fehlertoleranz durch redundante Auslegung von Komponenten (>Redundanz).

Das verteilte Datenverarbeitungssystem zeichnet sich durch die >Dezentralisierung der Systemkontrolle aus. Die räumliche/geographische Verteilung von Komponenten ist nicht der wesentliche Abgrenzungsgesichtspunkt. Um von einem verteilten Datenverarbeitungssystem sprechen zu können, gelten folgende notwendige Bedingungen, die jedoch nicht hinreichend sein müssen: Dezentralisierte Systemkontrolle; Verteilung von Verarbeitungskapazität; Verteilung von Betriebsmitteln. Das >ISO-Schichtenmodell gibt Orientierungshilfen, um eine dezentrale Systemkontrolle geeignet zu strukturieren. Siehe auch: >Verbund.

Verteiltes Programm >Programmtyp

Verteilung >Dezentralisierung

Verteilungsschlüssel
distribution key
Kosten- und Leistungsrechnung
Dient der Verteilung der >Kosten (Gemeinkosten) der >Abteilung Informations- und Kommunikationssysteme auf die >Benut-

zer. Man unterscheidet elementare und kombinierte Verteilungsschlüssel. Elementare enthalten jeweils nur ein Verteilungsprinzip; kombinierte verknüpfen mehrere Verteilungsprinzipien in einem Verteilungsschlüssel. Verteilungsschlüssel sind so zu bestimmen, daß ein direkter Bezug zwischen der in Anspruch genommenen >Leistung und den zu verrechnenden Kosten hergestellt wird ("verursachungsgerechte Verteilungsschlüssel"); diese Zielsetzung wird freilich praktisch nicht erreicht.

Vertikale Arbeitsstrukturierung >Aufgabenbereicherung

Verträglichkeitseinrichtung >Programmadaption

Vertrauensschaden-Versicherung
commercial insurance
Sicherungssystem/Katastrophenmanagement
Eine Form der Kreditversicherung, die gegen Vermögensschäden an >Betriebsmitteln schützt, die durch deliktische Handlungen (>Computerkriminalität) der in die Versicherung einbezogenen Mitarbeiter entstehen können; im allgemeinen zur Schadensabdeckung nicht ausreichend. Siehe auch: >Computermißbrauch-Versicherung, >Sachversicherung.

Vertraulichkeit >Datensicherung, >Sicherheit

Vertriebs-Informationssystem
sales information system
Absatz - Marketing
Ein >Teilsystem eines >Informations- und Kommunikationssystems zur Unterstützung von Aufgaben (*>Grundlagen Aufgabe*) in Absatz und Marketing. Derartige Aufgaben sind z.B.: Erstellung von Besuchslisten für Außendienstmitarbeiter und Vertreter; Erfassen und Auswerten von Besuchsergebnissen; Leistungskontrolle der Außendienstmitarbeiter; Reisekostenabrechnungen. Siehe auch: >Marketing-Informationssystem.

Vervielfältigen von Software >Raubkopie

Verwaltungsautomation
automation of public administration
Sonstige Aufgabe
Zusammenfassende Bezeichnung für die Nutzung der Informations- und Kommunikationstechnik *(>Grundlagen Technik)* zur Unterstützung der Aufgaben (*>Grundlagen Aufgabe*) von Öffentlichen Verwaltungen im Kommunal-, Länder- und Bundesbereich. Nach einer GMD-Studie (1983) steht dabei noch immer die Nutzung von >Datenverarbeitungssystemen im Vordergrund, während der Einsatz von Techniken zur >Büroautomation, z.B. der >Textverarbeitungssysteme und der >Kommunikationstechnik, sowie eine >Integration von >Daten, >Text und >Kommunikation noch am Anfang der Entwicklung stehen. Die Schwerpunkte der Datenverarbeitung liegen auf Anwendungen, die durch Aufgaben mit formalisierbaren Arbeitsroutinen (>Strukturierbarkeit), die aus den Arbeitsaufgaben der >Sachbearbeiter herausgelöst sind, gekennzeichnet sind, sowie auf dem Gebiet der archivierenden und dokumentierenden Datenspeicherung.

Verwaltungsinformatik

Innovative Anwendungen der Zukunft werden bei komplexen Planungs-, Entscheidungs-, Steuerungs- und Kontrollaufgaben liegen. Siehe auch: >Verwaltungsinformatik.

Verwaltungsinformatik
public administration informatics
Wissenschaftsdisziplin
Eine >Besondere Wirtschaftsinformatik, der die Probleme der >Wirtschaftsinformatik zugewiesen sind, die sich aus der Besonderheit der Aufgaben (>Grundlagen Aufgabe) Öffentlicher Verwaltungen ergeben. Die allen Besonderen Wirtschaftsinformatiken gemeinsamen Probleme sind Gegenstand der Allgemeinen Wirtschaftsinformatik (>Allgemeine Wirtschaftsinformatik).

Verwertungsziel >Individualziel

Videotex >BTX

virtuell
virtual
Grundlagen Technik
Bezeichnet im Unterschied zu real etwas physisch nicht Vorhandenes, und zwar lediglich aus der sehr eingeschränkten Systemumgebung eines bestimmten Objekts oder eines Prozesses (>Prozeß). So ist z.B. beim >Spooling ein physisch vorhandenes >Ausgabegerät (z.B. ein >Drucker aus der Sicht des >Prozessors virtuell, wenn die Datenausgabe über einen schnellen >Pufferspeicher erfolgt.

Virtuelle Adresse >Adresse

Virtuelle Kommunikation >virtuell, >Kommunikation

Virtuelle Leitung
virtual line
Netzwerktechnik
Bezeichnung für die bei der Übertragung von >Paketen zur Verfügung gestellte >Leitung, die in ihrer konkreten Linienführung dem >Benutzer völlig unbekannt ist.

Virtuelle Mappe >Mapping

Virtuelle Peripherie >virtuell, >Spooling

Virtueller Speicher
virtual storage
Speichertechnik
Zur Ergänzung des Realspeichers (>Zentralspeicher) ein >Speicher mit geringerer Schnelligkeit, aber größerer >Kapazität. Unter Verwendung dieses Speichers ist es möglich, >Programme, deren Größe die Kapazität des Realspeichers überschreitet, zu verarbeiten.

Virtuelles Betriebssystem >Betriebssystem

Virtuelles Terminal
virtual terminal
Netzwerktechnik
Netzweit festgelegte Standard-Schnittstelle (>Schnittstelle) zur Bedienung von Terminals (>Datenstation). Die realen Terminals der verschiedenen Hersteller müssen durch >Systemprogramme oder >Mikroprogramme an diese Schnittstelle angepaßt werden und das virtuelle Terminal simulieren.

Virus >Computervirus

Visualisierungstechnik >Präsentationstechnik

VLSI
VLSI
Grundlagen Technik
Very Large Scale Integration bezeichnet Bauelemente mit einem sehr hohen Integrationsgrad von mehr als 10.000 Gatterfunktionen pro Chip (>Integrierte Schaltung).

von-Neumann-Rechner
von-Neumann-computer
Grundlagen Technik
Die >Architektur eines >Digitalrechners, die nach dem von-Neumann-Prinzip der Verarbeitung nicht strukturierter >Daten arbeitet. Die >Betriebsmittel sind: Die >Zentraleinheit, der >Speicher und ein oder mehrere >Prozessoren mit Peripheriegeräten (>Peripherie). Der von-Neumann-Rechner ist nach folgenden Prinzipien aufgebaut. 1. Er wird logisch und räumlich in Teile zerlegt (>Rechenwerk, >Zentralspeicher, >Leitwerk, >Prozessor). 2. Er ist in seiner Struktur unabhängig von den zu bearbeitenden Problemen. 3. >Programme und Daten werden in einem einheitlichen Speicher abgelegt. 4. Damit jede Information eindeutig erreichbar ist, erhält jeder Speicherplatz eine >Adresse. 5. Aufeinanderfolgende >Befehle eines Programms werden im allgemeinen aus aufeinanderfolgenden Speicherzellen geholt. 6. Es gibt Sprungbefehle, d.h. nach der Ausführung des Befehls mit der Adresse a wird ein Befehl mit der Adresse a ungleich a + 1 ausgeführt. 7. Es gibt bedingte Sprungbefehle. 8. Es wird das duale Zahlensystem verwendet.

Vollduplexbetrieb >Duplexbetrieb

Vorbereiten der Implementierung
preparation for implementation
Grundlagen Systemplanung
Der Teil der Implementierungsaufgaben (>Implementierung), der vollkommen abgeschlossen sein muß, um die Implementierung durchführen zu können (>Durchführen der Implementierung). Typisch für die Aufgaben der Implementierungsvorbereitung ist, daß die meisten Aktivitäten, die logisch dieser Planungsphase zugeordnet werden, bereits während anderer Planungsphasen erfolgen; dies ist auch im Interesse der Minimierung der >Implementierungszeit anzustreben. Der Bedarf an Implementierungsvorbereitung ist umso geringer, je besser die *Infrastruktur* der >Informationsfunktion ausgebaut ist,

431

Vordergrund

was bei einem hohen >Durchdringungsgrad im allgemeinen der Fall ist. Damit verlagert sich die Verantwortung für die Implementierungsvorbereitung vom >Projektteam der Systemplanung auf das Informationsmanagement (*>Grundlagen Informationsmanagement*). Eine Strukturierung der Aufgaben der Implementierungsvorbereitung unterscheidet z.B. zwischen: >Datentechnische Vorbereitung, >Gerätetechnische Vorbereitung, >Organisatorische Vorbereitung, >Personelle Vorbereitung, >Programmtechnische Vorbereitung, >Räumliche Vorbereitung.

Vordergrund
foreground
Verarbeitungstechnik
Höhere Priorität (>Prioritätensteuerung) in der >Mehrprogrammverarbeitung. >Programme im Vordergrund unterbrechen Programme im >Hintergrund.

Vordruck >Formular

Vorfeldrechner >Vorrechner

Vorgang
trigger
Arbeitsorganisation
Im allgemeinen Sinne ein Geschehen, ein Hergang oder ein Ablauf; im Sinne der Arbeitsorganisation jede zeitbeanspruchende >Tätigkeit. Nach DIN 69900 ein Zeit erforderndes Geschehnis mit definiertem Anfang und Ende. Im Unterschied dazu: >Ereignis; dieses hat keine zeitliche Dimension.

Vorgangs-orientiertes System
trigger-oriented system
Grundlagen Systemplanung
Ein >Informations- und Kommunikationssystem, das dem >Benutzer die Abwicklung von Arbeitsvorgängen quer durch verschiedene >Funktionen (z.B. Texteditor (>Editor), >Electronic Mail, >Zugriff auf eine >Datenbasis) ermöglicht, die daher simultan verfügbar sein müssen. Im Gegensatz dazu: >Funktions-orientiertes System. Siehe auch: >Vorgang.

Vorgangsintegration >Organisatorische Integration

Vorgangsknotennetz >MPM

Vorgangspfeilnetz >CPM

Vorgehensmodell >Phasenmodell

Vorprogrammierte Abfrage
programmed query
Benutzersystem/Datensystem
Im Unterschied zur freien Abfrage (>Freie Abfrage) wählt der >Benutzer aus einem >Menü eine "Standardfrage" aus, parametrisiert (>Parameter) diese gegebenenfalls und startet ein >Anwendungsprogramm. Gut geeignet für einen >Benutzertyp, der seine >Datenstruktur nicht ausreichend genau kennt,

wenn die gleiche Abfrage von verschiedenen Benutzern häufig verwendet wird und wenn Effizienzprobleme vermieden werden sollen (>Effizienz). Siehe auch: >Transaktion.

Vorrechner
front-end processor
Verarbeitungstechnik/Netzwerktechnik
Ein >Datenverarbeitungssystem für Abwicklungsaufgaben, die mit der >Datenübertragung direkt zusammenhängen. In einem >Netz verbundene Datenverarbeitungssysteme arbeiten wirtschaftlicher, wenn das zentrale Datenverarbeitungssystem die verarbeitungsorientierten Aufgaben durchführt und von den übertragungsorientierten Aufgaben entlastet wird. Der Vorrechner wickelt alle mit der Datenübertragung direkt zusammenhängenden Arbeiten ab. Zusätzlich führt er die Geschwindigkeitstransformation für die angeschlossenen >Funktionseinheiten durch. Siehe auch: >Kommunikations-Subsystem.

Vorschaltrechner >Vorrechner

Vorstudie
preliminary survey
Grundlagen Systemplanung
Eine Phase der Systemplanung (>Phasenmodell), deren >Ziel wie folgt beschrieben werden kann: Sie soll in relativ kurzer Zeit und mit möglichst geringem Ressourceneinsatz Aussagen darüber liefern, ob das bestehende >Informations- und Kommunikationssystem (>Istzustand) in seiner >Grundkonzeption verändert werden soll. Daraus ergibt sich ihr Charakter als Grobstudie, deren Methodik sowohl einem >Istzustandsorientierten Ansatz als auch einem >Sollzustands-orientierten Ansatz folgt. Der Istzustand wird nur insoweit erhoben, als er für den Entwurf und die Bewertung alternativer Grundkonzeptionen erforderlich ist, auf deren Hintergrund später eine detaillierte >Istzustandsuntersuchung erfolgt (>Feinstudie). Die aus dieser Zielsetzung abgeleiteten Aufgaben der Vorstudie sind:
- Vorgeben der Ziele, unter denen der konkrete Systemplanungsprozeß ablaufen soll (>Planungsziel).
- Vorgeben der >Aufgabentypen, also der Teilmenge des Aufgabensystems einer >Organisation, für die eine neue Grundkonzeption zu entwickeln ist.
- Vorgeben der >Techniktypen, also der Art der Informations- und Kommunikationstechnik, die zur Unterstützung dieser Aufgabentypen eingesetzt werden soll.
- Vorgeben des >Distribuierungsgrades.
- Entwerfen alternativer Grundkonzeptionen des Informations- und Kommunikationssystems, Alternativenbewertung vor dem Hintergrund der Planungsziele (>Durchführbarkeitsstudie) und Bestimmen der optimalen Alternative (>Alternativenbewertung).

Ein mögliches Ergebnis der Vorstudie ist es, den Systemplanungsprozeß abzubrechen (weil etwa keine der alternativen Grundkonzeptionen den Planungszielen genügt).

Vortragstechnik >Präsentationstechnik

433

Vorwärtsdokumentation

Vorwärtsdokumenation >Dokumentationssystem

Vorwärtsverkettung >Regel

W

W-Technik
Y-technique
Entwurfsmethode
Dient der Problemdefinition im Rahmen der >Kreativitätstechnik und geht von der Erfahrung aus, daß eine Problemlösung (>Problemlösen) umso besser ist, je besser die Problemdefinition erfolgte. Die W-Technik läuft wie folgt ab:
1. Das Problem wird spontan definiert.
2. Die Spontandefinition wird zu einer Frage umformuliert.
3. Zur Frage werden durch freie gedankliche Assoziation drei einfache, griffige Antworten ermittelt.
4. Die drei Antworten werden zur Formulierung neuer, präziserer Problemdefinitionen verwendet.
5. Die Eignung der neuen Problemdefinition wird überprüft, Problemlösungen werden verworfen, neue generiert (>Rückkopplung), bis der Prozeß konvergiert und beendet werden kann.
Die Konvergenz des Prozesses wird durch das wiederholte Auftreten gleicher Problemdefinitionen angezeigt.

Wachhund
watchdog
Sicherungssystem
Eine Schaltung zur Funktionsüberwachung eines Mikroprozessorsystems (>Mikroprozessor), welche im Fehlerfall (>Fehler) ein Rücksetzen und Neustarten des Systems garantiert.

Wahlfreier Zugriff >Direkter Zugriff

Wähldatennetz >Datex

Wählleitung
dial up connection
Netzwerktechnik
Erst bei der Anforderung von einer >Datenstation zu einer anderen durchgeschaltete >Verbindung. Die >Leitung wird durch eine Wählvermittlung für die Dauer der Benutzung geschaltet. Im Unterschied dazu: >Standleitung.

Währungs- und Devisenmanagement >Cash-Management-System

Wareneingangsprüfung
receiving control
Beschaffung
Der Teil eines >Anwendungssystems Beschaffung, dessen wesentliche >Funktion die Erfassung des Wareneingangs und die Überprüfung der Wareneingangsdaten mit denen der >Bestelldisposition ist. Normalerweise erfolgt eine Überprüfung der bestellten/gelieferten Mengen; Funktionserweiterungen beziehen auch eine Qualitätsprüfung (>Qualität) mit ein, wobei ein dynamisches Stichprobenverfahren (>Stichprobe) verwendet wird.

Warenfluß >Material- und Warenfluß

Warenwirtschaftssystem
goods information system
Sonstige Aufgabe
Die Gesamtheit der Verfahren zur rationellen Erfassung (>Datenerfassung) und Verarbeitung von Warenbewegungsdaten in Menge und Wert und die daraus resultierenden >Informations- und Kommunikationssysteme zur Überwachung und Steuerung des Warenflusses (>Material- und Warenfluß) im Handel. Sie umfaßt folgende Aufgaben *(>Grundlagen Aufgabe):* Bestellung; Disposition; Lagerhaltung; Verkaufsanalyse und Planung; Kassenabrechnung; Verkauf; Rechnungsprüfung; Warenannahme; Wareneingangsprüfung; Warenauszeichnung.

Warum-Technik >W-Technik

Wartbarkeit
serviceability
Allgemeine Grundlagen
Die Eigenschaft jeder Art von Entwurfs- und Entwicklungsergebnissen der Systemplanung *(>Grundlagen Systemplanung)*, an veränderte >Anforderungen anpaßbar zu sein. Siehe auch: >Wartung.

Wartung
service
Produktionsmanagement/Sicherungssystem
Die Gesamtheit aller Maßnahmen zur Erhaltung oder Wiederherstellung der Funktionsfähigkeit (>Funktion) und der Leistungsfähigkeit (>Leistung) der >Betriebsmittel der >Informationsfunktion, insbesondere der >Hardware und der >Software. Die Notwendigkeit der Wartung ergibt sich aus dem komplizierten Aufbau der Betriebsmittel, der oft mit einer größeren Störanfälligkeit korrespondiert (>Störung), sowie daraus, daß die einzelnen Betriebsmittel Komponenten eines größeren Verbunds sind, sodaß der Ausfall einer Komponente zum Stillstand des gesamten >Systems führen kann. Für die >Planung der Wartung, insbesondere für die der >Anwendungssoftware, hat sich folgende Gliederung als zweckmäßig erwiesen:
- Korrigierende Wartung (corrective maintenance): Sie dient der Vermeidung oder Behebung von >Fehlern, welche die Funktionsfähigkeit des >Anwendungssystems wesentlich beeinträchtigen oder unmöglich machen.
- Anpassungs-Wartung (adaptive maintenance): Dient der Anpassung des Anwendungssystems an veränderte >Anforderungen.
- Perfektions-Wartung (perfective maintenance): Dient der Verbesserung der Funktions- und Leistungsfähigkeit eines Anwendungssystems, die an sich gegeben und ausreichend ist, um das System produktiv nutzen zu können.

Die Notwendigkeit und der Umfang der jeweiligen Wartungsmaßnahmen sind in Abhängigkeit vom Lebenszyklus des Anwendungssystems zu planen und durchzuführen (>Lebenszyklusmanagement). Siehe auch: >Call Wartung, >Fernwartung

Wartungsprozessor
service processor
Produktionsmanagement/Sicherungssystem
Eine von der >Zentraleinheit eines >Datenverarbeitungssystems unabhängige >Funktionseinheit für Aufgaben der >Wartung und Fehlerdiagnose (>Fehler, >Diagnose). Bei entsprechender >Redundanz der >Hardware können Datenverarbeitungssysteme selbst Fehler korrigieren. Der >Vorgang der Fehlerkorrektur muß überwacht werden. Diese Aufgabe erfolgt unabhängig von der Zentraleinheit und wird deshalb von einem eigenen >Prozessor wahrgenommen. Der Wartungsprozessor sammelt alle während der Betriebszeit anfallenden >Daten über Ausnahmesituationen in Hardware und >Software (z.B. Lesefehler, Bitfehler). Im Störungsfall ermöglicht er den Ablauf von Diagnose- und Prüfprogrammen (auch dann, wenn die Zentraleinheit gestört ist). Durch einfache Einrichtungen der >Netzwerktechnik (z.B. >Akustischer Koppler) läßt sich der Wartungsprozessor auch mit einer entfernten Wartungszentrale verbinden (>Fernwartung).

Wartungsschein >Spezifikationsschein

Wechselbetrieb >Datenübertragung

Wechselbeziehung
interaction
Allgemeine Grundlagen
Bezeichnung für einen elementaren Vorgang beim >Dialogbetrieb. Eine Wechselbeziehung besteht aus einem Eingabevorgang, einem internen Verarbeitungsschritt und einem Ausgabevorgang an einer dialogfähigen >Datenstation eines >Datenverarbeitungssystems. Aus einer Folge von Wechselbeziehungen setzt sich ein >Dialog zusammen.

Wechselplattenspeicher
removable disc memory
Speichertechnik
Ein >Magnetplattenspeicher, bei dem eine >Magnetplatte oder ein >Magnetplattenstapel im Laufwerk ausgewechselt werden kann. Siehe auch: >Festplattenspeicher.

Wegwahl
routing
Transporttechnik
Die Bestimmung des Laufwegs einer >Nachricht oder eines Nachrichten-Pakets (>Paketvermittlung) entsprechend einem Laufweg-Algorithmus (>Algorithmus).

Weinberg's Regel
Weinberg's rule
Grundlagen Systemplanung
Eine von G. Weinberg formulierte "Daumenregel" bei der Entwicklung von >Software: "Drei Programmierer, organisiert zu einem Team, können nur die doppelte Arbeit eines einzelnen Programmierers schaffen." Siehe auch: >Brook'sches Gesetz.

Werknutzungsbewilligung >Nutzungsbewilligung

Werknutzungsrecht >Nutzungsrecht

Werkstattprogrammierung
shop-floor programming
Produktion
Die Erstellung eines >Anwendungsprogramms für eine numerisch gesteuerte Werkzeugmaschine (>CNC) direkt an der CNC-Maschine, in der Regel durch den Maschinenbediener selbst ("dezentrale Programmierung"), im Unterschied zur Programmerstellung in einem zentralen Programmierbüro. Ihr Vorteil besteht in der Nutzung der >*Qualifikation* des Maschinenbedieners, wenn dieser ein Facharbeiter ist, sowie darin, bereits während der Programmerstellung den Bearbeitungsablauf auf einem >Bildschirm sichtbar machen zu können. Daneben wird erreicht, den >Handlungsspielraum am >Arbeitsplatz zu vergrößern.

Werkzeug
tool
Programmiersystem/Methodensystem
Ein routinemäßig anwendbares, häufig auch als Softwareprodukt (>Software) verfügbares Problemlösungsverfahren (>Methode).

Werkzeugmaschinen-Steuerung >CAM, >CNC, >CN, >DNC

Wert >Attribut

Wertanalyse
value analysis
Analysemethode/Entwurfsmethode
Eine systematische Vorgehensweise zur Lösung komplexer Probleme (>Problemlösen) vor dem Hintergrund der Grundeinstellung des Anwenders, alles in Frage zu stellen und bereit zu sein, jeden Erkenntnisfortschritt zur Problemlösung zu nutzen. Ihre Grundschritte sind (nach ÖNORM A 6750):
1. Wertanalyse-Arbeit vorbereiten.
2. >Istzustand ermitteln.
3. Detailziele entwickeln (>Ziel).
4. Ideen entwicklen (>Kreativitätstechnik).
5. Lösungsmöglichkeiten beurteilen (>Alternativenbewertung).
6. Lösung verwirklichen.
Dabei steht nicht das Wertanalyseobjekt im Mittelpunkt der Betrachtung, sondern dessen >Funktion und der Wert der Funktionserfüllung für den Benutzer. Bezüglich der Funktion wird zwischen Gebrauchs- und Geltungsfunktionen unterschieden. Gebrauchsfunktionen sind die Funktionen eines Objekts, die zu seiner technischen und wirtschaftlichen Nutzung erforderlich sind. Geltungsfunktionen sind die Funktionen eines Objekts, die Prestige, Ästhetik und ähnliches vermitteln. Zusammen bestimmen sie den Wert, also das Ausmaß der Funktionserfüllung für den Benutzer einerseits sowie den für die Funktionsrealisierung erforderlichen Aufwand andererseits. Das allgemeine Ziel der Wertanalyse besteht letzlich in einer Wertsteigerung für ein Objekt durch ein Mehr an Funktionserfüllung und/oder ein Weniger an Aufwand zur Realisierung der Funktionserfüllung.

Wertdaten >Daten

Wettbewerbsanalyse
analysis of competition
Analysemethode
Dient dem Bestimmen der strategischen Rolle der >Informationsfunktion einer >Organisation, die von deren Einordnung nach dem >Organisationstyp ausgeht, die strategischen Ziele (>Strategisches Ziel) analysiert und daraus die Wettbewerbsfaktoren ermittelt, die für die Organisation kritisch sind (also deren Erfolg oder Mißfolg wesentlich bestimmen), und die durch das Leistungspotential der Informationsfunktion positiv beeinflußt werden können. Dabei ist die Art der Beeinflussung durch die vorhandene >*Infrastruktur* zu ermitteln. Daraus werden konkrete Hinweise für die Weiterentwicklung der Infrastruktur gewonnen (z.B. welche >Anwendungssysteme verbessert oder neu geschaffen werden müssen). Sie dient damit auch der Steuerung der Anwendungssystementwicklung (Setzen von Prioritäten), für die eine lediglich projektbezogene >Wirtschaftlichkeitsanalyse nicht ausreicht.

Wettbewerbsrecht
competition law
Informationsrecht
Das Gesetz gegen den unlauteren Wettbewerb (abgekürzt: UWG) kann unter bestimmten Umständen als rechtliche Basis für den >Softwareschutz herangezogen werden. Hierbei ist insbesondere die Generalklausel im § 1 UWG von Relevanz: Wer im geschäftlichen Verkehr zu Zwecken des Wettbewerbs Handlungen unternimmt, die gegen die guten Sitten verstoßen, kann auf Unterlassung und Schadenersatz in Anspruch genommen werden. Mit dieser Formulierung bietet das Gesetz eine sehr flexible Form zur Verfolgung von Wettbewerbsverstößen. Unter dem Schlagwort "Ausbeutung des mit Mühe und Kosten errungenen Arbeitsergebnisses" wird von der Lehre eine Fallgruppe definiert, der die meisten Fälle aus dem Bereich Softwareschutz zuzuordnen sein werden. Dabei ist darauf hinzuweisen, daß durch das UWG nie der Inhalt der Leistung geschützt wird (wie z.B. beim >Urheberrecht); auch die Nachahmung einer fremden Leistung verstößt nicht grundsätzlich gegen die guten Sitten. Klar wettbewerbswidrig wird die Handlung aber dann, wenn man das mit erheblichen Kosten erstellte Programm eines anderen unter Vermeidung eigener Kosten technisch vervielfältigt und ohne eigene Verbesserung auf den Markt bringt (>Raubkopie). Dieser wettbewerbsrechtliche Anspruch steht auch dann zu, wenn das Urheberrecht nicht anwendbar ist. Allerdings ist es dann erlaubt, dieses Programm nachzuahmen und ein sehr ähnliches Produkt, das auf eigener Leistung beruht, zu vertreiben. Auch ist darauf hinzuweisen, daß diese Bestimmungen im Bereich des Kopierens für eigene Zwecke (also nicht zu geschäftlichen Zwecken) nicht anwendbar sind.

Widerstand
resistance
Verhalten
Die ablehnende Reaktion des Menschen *(>Grundlagen Mensch)* auf die Einführung von >Informations- und Kommunikationssystemen

auf Grund unterschiedlicher >Motive, wobei die Furcht vor Veränderungen im Vordergrund steht; sie kann sich in verschiedenen Formen äußern. Widerstände resultieren aus dem Verlangen des Menschen, seine individuellen >Bedürfnisse zu befriedigen. Werden Veränderungen als Bedrohung im Hinblick auf die Bedürfnisbefriedigung empfunden, so entsteht Widerstand, unabhängig davon, ob diese Bedrohung tatsächlich besteht. Allein die Vermutung schafft Unsicherheit und löst Widerstand aus. Ein Gleichgewicht wird erst wieder erreicht, wenn entweder erkannt wird, daß die individuellen Bedürfnisse nicht tangiert werden, oder eine Anpassung an die Veränderungen eingetreten ist. Zum Abbau von Widerständen siehe: >Partizipation.

Wiederanlauf
restart
Produktionsmanagement/Sicherungssystem
Neustarten eines >Programms oder Programmsystems nach einer >Programmunterbrechung oder einem >Programmabbruch. Bei einfachen Konzepten benutzt man die Fixpunkttechnik (>Fixpunkt), um einen raschen Wiederanlauf zu erreichen. Bei komplexen Softwaresystemen, wie z.B. bei >Datenbanksystemen, verwendet man das Konzept der >Wiederherstellung. Es wird zwischen einem internen Wiederanlauf und einem externen Wiederanlauf unterschieden. Beim internen Wiederanlauf erfolgt die Programmfortsetzung auf jenem >Datenverarbeitungssystem, auf dem das Programm beendet wurde. Beim externen Wiederanlauf erfolgt die Programmfortsetzung auf einem anderen Datenverarbeitungssystem.

Wiederherstellung
recovery
Produktionsmanagement/Sicherungssystem
Alle Maßnahmen, die ein komplexes System nach einem >Systemzusammenbruch so wiederherstellen, daß durch und während des Systemzusammenbruchs keine >Daten verloren gehen oder >Transaktionen doppelt ausgeführt werden. Besonders bei der Bearbeitung von >Datenbanksystemen im >Dialogbetrieb besteht bei einem Systemzusammenbruch die Gefahr, daß Daten unkontrolliert verändert werden. Deshalb ist auf ein einwandfreies Verfahren der Wiederherstellung größtes Augenmerk zu legen, da sonst die >Datenintegrität nicht mehr gewährleistet ist. Grundlage jedes Wiederherstellungsverfahrens ist ein Verfahren der >Ereignisaufzeichnung (Logging).

Wiederholung >Struktogramm, >Strukturierte Programmierung

Wiederholungstest >Zuverlässigkeitsgrad

Winchester Plattenspeicher
winchester disc storage
Speichertechnik
Ein >Magnetplattenspeicher, bei dem der gesamte >Magnetplattenstapel einschließlich der Mechanik für die Lese-/Schreibvorrichtung in eine vakuumdichte Außenhülle eingeschlossen ist. Dadurch können die >Kapazität und die >Zugriffszeit wesentlich verbessert werden.

Wirkungsanalyse
efficiency analysis
Analysemethode
Die systematische Ermittlung der >Effizienz eines >Informations- und Kommunikationssystems, die über die monetären Aspekte (>Wirtschaftlichkeit) hinausgehend das gesamte >Zielsystem umfaßt.

Wirtschaftlichkeit
economic efficiency
Allgemeine Grundlagen
Beschreibt das Verhältnis zwischen der tatsächlich erreichten und einer geplanten, z.B. der günstigsten, Kostensituation (Istkosten zu Sollkosten) oder das Verhältnis zwischen den bewerteten Leistungen (Nutzen) und dem bewerteten Einsatz zur Erbringung dieser Leistungen (Ertrag oder Nutzen zu Aufwand).

Wirtschaftlichkeitsanalyse
efficiency analysis
Analysemethode
Die Untersuchung von Alternativen mit dem Zweck, Systeme oder Systementwürfe, aber auch die Entwicklung und/oder den Einsatz von >Methoden und >Werkzeugen unter dem >Formalziel der >Wirtschaftlichkeit zu beurteilen. Eine Lösung ist wirtschaftlich, wenn die >Kosten ihrer Entwicklung und Einführung, des laufenden Betriebs und der später ev. notwendigen Änderungen bezogen auf den Einsatztermin unter dem zu erwartenden Nutzen (>Nutzwert) liegen. Die Ermittlung der Wirtschaftlichkeit stellt immer eine Extrapolation in die Zukunft dar und ist mit entsprechenden Unsicherheiten behaftet. Die Wirtschaftlichkeitsanalyse umfaßt die Analyse der Kostenstruktur, die Analyse der Nutzenstruktur sowie die Analyse von Beziehungszusammenhängen zwischen Kosten und Nutzen.

Wirtschaftsinformatik
economic informatics
Wissenschaftsdisziplin
Wirtschaftsinformatik kann heute – nach einer rund 30-jährigen Entwicklungszeit – als eine eigenständige sozial- und wirtschaftswissenschaftliche Disziplin verstanden werden. Belege dafür sind beispielsweise: Einschlägige Wirtschaftsinformatik-Studiengänge (z.B. in Mannheim, Linz und Wien); einschlägige Bezeichnungen von Lehrstühlen und Instituten an Universitäten und wissenschaftlichen Hochschulen sowie auch an Fachhochschulen (vgl. Anhang "Lehr- und Forschungseinrichtungen"); einschlägig bezeichnete Schriftenreihen und Monographien von wissenschaftlicher Literatur und von Lehrbüchern; die Zeitschrift "Information Management" (begründet von Griese, Heinrich, Kurbel und Scheer). Erkenntnisobjekt der Wirtschaftsinformatik sind >Informations- und Kommunikationssysteme. Entsprechend der Struktur derartiger Systeme läßt sich ihr Wissenschafts- und Lehrgebiet wie folgt gliedern:
- Der Mensch *(>Grundlagen Mensch)* als Systemelement mit seiner Beeinflussung der Aufgabe und der Technik sowie durch die Aufgabe und die Technik.

Wirtsrechner

- Die Aufgabe *(>Grundlagen Aufgabe)* als Systemelement mit ihrer Beeinflussung des Menschen und der Technik sowie durch den Menschen und die Technik.
- Die Informations- und Kommunikationstechnik *(>Grundlagen Technik)* als Systemelement mit ihrer Beeinflussung des Menschen und der Aufgabe sowie durch den Menschen und die Aufgabe.
- Die Systemplanung *(>Grundlagen Systemplanung)* als der Prozeß der Gestaltung von Informations- und Kommunikationssystemen, also der Verknüpfung von Mensch, Aufgabe und Technik.
- Das Informationsmanagement *(>Grundlagen Informationsmanagement)* als die Aufgabe der Planung, Überwachung und Steuerung der gesamten informationellen *>Infrastruktur* einer Organisation.

Das Hauptaugenmerk der Wirtschaftsinformatik richtet sich nicht auf die einzelnen Systemelemente, sondern primär auf das zwischen ihnen bestehende Beziehungsgefüge. Siehe auch: >Allgemeine Wirtschaftsinformatik, >Besondere Wirtschaftsinformatik.

Wirtsrechner >Host

Wissen
knowledge
Allgemeine Grundlagen
Die Gesamtheit der Kenntnisse auf einem bestimmten Gebiet.

Wissensakquisition
knowledge acquisition
Erhebungsmethode/Analysemethode
Der Vorgang der systematischen Erhebung und Analyse von >Wissen. Der Begriff ist im Zusammenhang mit der Entwicklung von >Expertensystemen eingeführt worden. Synonym: Wissenserwerb. Er bezeichnet also in diesem Zusammenhang die Gesamtheit der Aufgaben, deren Ziel die Beschaffung von Expertenwissen in einer Form ist, in der dieses in die >Wissensbasis eines Expertensystems ("Wissensbasiertes System") aufgenommen werden kann. Aufgabenträger für diese Aufgabe werden als >Wissensingenieure bezeichnet.

Wissensbasierte Benutzerschnittstelle
knowledge-based man-machine interface
Benutzersystem
Eine adaptionsfähige, nicht nur an den >Benutzertyp, sondern auch an das Verhalten des einzelnen Benutzers (>Benutzerverhalten) sich anpassende >Benutzerschnittstelle, deren Entwicklung zu den Forschungsbemühungen der Künstlichen Intelligenz (>Künstliche Intelligenz) gehört. Ihre Komponenten sind (nach Gunzenhäuser):

- Wissen über die Eigenschaften der Ein- und Ausgabegeräte (z.B. *>Eingabetechnik, >Ausgabetechnik)*.
- Wissen über die bearbeiteten >Anwendungssysteme.
- Wissen über die ergonomischen >Anforderungen *(>Ergonomie)*.
- Wissen über das Benutzerverhalten ("Benutzermodell").
- Wissen über die Dialoggeschichte des einzelnen Benutzers.

- "Selbstwissen" der Benutzerschnittstelle (adaptierbare Schnittstelle durch den Benutzer; sich selbst adaptierende Schnittstelle).

Das >Wissen umfaßt also sowohl Faktenwissen als auch an der >Schnittstelle aufgenommenes Wissen sowie >Regeln zur Ableitung von Wissen aus Wissen.

Wissensbasiertes System >Expertensystem, >Problemverarbeitungssystem

Wissensbasis
knowledge base
Datensystem
Die Komponente eines >Expertensystems, die das für die Lösung eines Problems erforderliche >Wissen enthält, das mit Hilfe des Schlußfolgerungsmechanismus (>Schlußfolgern) verarbeitet wird.

Wisseneditor >Expertensystem

Wissenserwerb >Wissenakquisition

Wissensingenieur
knowledge engineer
Berufsbild - Tätigkeitsfeld
Ein >Aufgabenträger für die Aufgabe >Wissensakquisition im Rahmen der Entwicklung von >Expertensystemen. Dies erfordert weniger spezifisches Informatikwissen (>Informatik), als insbesondere >Wissen über die >Anwendungsaufgabe des Expertensystems sowie psychologisches Wissen (>Psychologie).

Wissensrepräsentation
knowledge representation
Entwurfsmethode
Die wissenschaftstheoretisch begründete, systematische Vorgehensweise zur Beantwortung der Frage, was >Wissen ist und wie es gewonnen, dargestellt, intersubjektiv begründet und überprüft werden kann; wesentliche Voraussetzung für den Entwurf einer >Datenbasis oder einer >Wissensbasis. Dabei erfolgt primär eine Orientierung an der Pragmatik und Semantik der sprachlichen Ausdrucksmittel und nicht an der Syntax (>Semiotik). Man unterscheidet:
- Deklarative Wissensrepräsentation, bei der keine Angaben über die Entstehung und die Verwendung des Wissens in der Wissensbasis enthalten sind. Eine Sonderform ist die logische Wissensrepräsentation, bei der Wissen in Form logischer Ausdrücke dargestellt wird und diese in die Wissensbasis aufgenommen werden.
- Procedurale Wissenrepräsentation, bei der die Wissensbasis aus einer Reihe von Proceduren besteht und das System weiß, wie dieses Wissen konstruiert, verknüpft und angewendet wird.
- Direkte Wissensrepräsentation, bei der Wissen nicht durch Begriffe (indirekte Wissensrepräsentation), sondern durch strukturelle Bezeichnungen zwischen dem Repräsentationsschema und dem Objektbereich abgebildet wird (z.B. ein >Bild).

Wissensverarbeitung
knowledge processing
Allgemeine Grundlagen
Ein Begriff, der zur Unterscheidung von der "klassischen" >Datenverarbeitung durch folgende Merkmale gekennzeichnet ist:
- Ein geschlossener Lösungsalgorithmus (>Algorithmus) ist nicht vorhanden oder nicht zweckmäßig.
- Schlußfolgerungsfähigkeit (Deduktion, Inferenz) sowie darüber hinausgehend vielfältige Intelligenzleistungen wie Kombinationsfähigkeit, räumliches Vorstellungsvermögen, Analogiebildung, induktives Schließen (>Schlußfolgern).
- Komplexe >Datenstrukturen.
- Unvollständige >Information.

Wissensverarbeitung bzw. die Wissensbasiertheit eines Systems ist nicht als das ausschließliche Vorhandensein dieser Eigenschaften anzusehen, sondern als deren deutliches Vorherrschen im Vergleich mit den Eigenschaften der Datenverarbeitung.

Wohl-strukturiertes Problem
well-structured problem
Grundlagen Systemplanung
Eine Situation, in der ein unerwünschter Ausgangszustand in einen erwünschten Endzustand durch systematisches Anwenden von Lösungsalgorithmen (>Algorithmus) transformiert werden kann. Siehe auch: >Schlecht-strukturiertes Problem.

Wort
word
Darstellungstechnik
Eine Folge von >Zeichen, die in einem bestimmten Zusammenhang als Einheit betrachtet werden (vgl. DIN 44300). So gibt es >Datenverarbeitungssysteme, deren adressierbare Einheit Worte sind, die sich aus einer definierten Anzahl von >Bits zusammensetzen.

X

X.25 >Schnittstelle

XENIX >UNIX

Xerox Telecommunications Network
Xerox Telecommunications Network
Transportdienst
Ein >Value Added Network von Xerox (abgekürt: XTEN). XTEN bietet Firmen mit großem Bedarf zur >Kommunikation von >Daten und >Text die Möglichkeit, den Verkehr über Bitströme von 256 Bit/s und einem Vielfachen abzuwickeln. XTEN benutzt gemietete Kanäle in Nachrichtensatellitenwegen (>Satellitenverbindung) in den USA. Siehe auch: >Advanced Communications Service.

XTEN >Xerox Telecommunication Network

Z

Zählnummer >Nummer

Zahlendreher >Prüfziffernrechnung

Zahlungsverkehr >Cash-Management-System, >Electronic Funds Transfer System

Zeichen
character
Darstellungstechnik
Ein Element aus einer zur Darstellung von >Daten vereinbarten endlichen Menge von verschiedenen Elementen. Die Menge wird Zeichenvorrat genannt. Zeichen sind beispielsweise die abstrakten Inhalte von >Buchstaben, >Ziffern, Satzzeichen, Steuerzeichen usw. Zeichen werden üblicherweise durch Schriftzeichen wiedergegeben oder auch durch Impulsfolgen oder ähnliches technisch verwirklicht (vgl. DIN 44300). Siehe auch: >Alphabet, >Symbol.

Zeichenbildschirm >Bildschirm

Zeichendrucker >Mechanisches Druckwerk

Zeichenerkennung >Mustererkennung

Zeichenfehlerwahrscheinlichkeit
character error probability
Netzwerktechnik
Ein Maß für die Güte einer >Übertragungsleitung, ausgedrückt als Quotient aus der Anzahl fehlerhaft übertragener >Zeichen zur Anzahl richtig übertragener Zeichen (>Fehler). Siehe auch: >Bitfehlerwahrscheinlichkeit, >Blockfehlerwahrscheinlichkeit.

Zeichenverarbeitung >String-Verarbeitung

Zeichenvorrat >Zeichen

Zeichnung >CAD

Zeigeinstrument >Kommunikationsergonomie

Zeiger
pointer
Datensystem/Programmiersystem
Ein Verweis auf eine Informationseinheit. Zeiger dienen der Realisierung von >Zugriffspfaden auf die angesprochene Informationseinheit.

Zeilendruckwerk
line printer
Ausgabetechnik
Ein mechanisches Druckwerk (>Mechanisches Druckwerk), bei dem aus einem Zeichenvorrat >Zeichen über die ganze Zeilenlänge in einer zwangsläufigen Folge entweder gleichzeitig oder

zeitlich nacheinander oder teilweise gleichzeitig und nacheinander abgedruckt werden (vgl. DIN 9784).

Zeit/Kosten/Fortschrittsdiagramm
time-costs-progress diagramm
Darstellungsmethode
Ein Hilfsmittel zur Darstellung von Termin- und Kostensituation und Arbeitsfortschritt in einem >Projekt. Ein Zeit/Kosten-Diagramm allein ist wenig aussagefähig, da es nur Aussagen über die >Kosten liefert, die bis zu einem bestimmten Zeitpunkt angefallen sind, und nichts über den tatsächlich erreichten Arbeitsfortschritt aussagt.

Zeitbedarf >Arbeitstagebuch, >Multimomentstudie, >Tätigkeitsbericht, >Zeitmessung

Zeitdiebstahl
time theft
Informationsrecht
Die unbefugte Verwendung (Nutzung) von >Hardware und/oder >Software. Da es sich bei der Nutzung um keine Sache handelt, ist eine strafrechtliche Verfolgung als Diebstahl ausgeschlossen. Auch ist bei vielen Fällen (Computerspiele, Ausdruck von Computerbildern etc.), die an sich einen solchen Tatbestand ebenfalls erfüllen würden, fraglich, ob sie in Zukunft strafbar sein sollen. Jedenfalls sind besondere Strafbestimmungen für Zeitdiebstahl erforderlich.

Zeiterfassung
determination of time
Erhebungsmethode
In der >Istzustandsuntersuchung ist unter anderem der Zeitbedarf für die Durchführung von >Tätigkeiten zu ermitteln, um daraus den Zeitbedarf für die Durchführung von Aufgaben (>*Grundlagen Aufgabe*) oder >Arbeitsabläufen festzustellen. Man verwendet dazu verschiedene Methoden der Zeiterfassung, die von der Zeitschätzung (>Tätigkeitsbericht) über die >Selbstaufschreibung (>Arbeitstagebuch), die >Zeitmessung und statistische Methoden (>Multimomentstudie) bis hin zur automatischen Ermittlung des Zeitbedarfs durch Zeitmeßgeräte, die in Arbeitsmittel eingebaut sind, führen (z.B. >Abrechnungssystem).

Zeitmessung
time measurement
Erhebungsmethode
Eine Methode zur Ermittlung des Zeitbedarfs für die Durchführung von >Tätigkeiten, bei der direkt und kontinuierlich mit Hilfe von Meßgeräten gemessen wird. Nur sinnvoll anwendbar, wenn die Tätigkeiten kurzzyklisch und die Schwankungen im Zeitbedarf gering sind. Man unterscheidet Fortschrittszeitmessung und Einzelzeitmessung. Bei der Fortschrittszeitmessung läuft das Meßgerät während der gesamten Zeiterfassung; die Zeitdauer für eine Tätigkeit ergibt sich aus der zeitlichen Differenz der Fortschrittszeiten zweier aufeinanderfolgender Meßpunkte. Bei der Einzelzeitmessung wird jede Tätigkeit gesondert gemessen. Bei der Beurteilung

Zeitscheibe

der Zweckmäßigkeit der Zeitmessung zur Ermittlung des Zeitbedarfs sind insbesondere zu berücksichtigen: Die hohen Kosten für die Vorbereitung, Durchführung und Auswertung; die oftmals mangelhafte Eignung der Arbeitsabläufe (>Arbeitsablauf) für Zeitmessung (insbesondere wegen der oben genannten notwendigen Eigenschaften der Tätigkeiten); die psychische Belastung der Beobachteten, die Zeitmessung als Einengung ihres Freiheitsspielraums (>Handungsspielraum) empfinden können.

Zeitscheibe
time slice
Programmiersystem
Zeitanteil beim >Time-Sharing. In Abhängigkeit von der Anforderung der >Betriebsmittel durch die >Benutzer kann bei >Betriebssystemen die Zeitscheibe in bestimmten Intervallen variiert werden.

Zeitvergleich >Kennzahl

Zentraleinheit
central processing unit
Verarbeitungstechnik
1. Eine >Funktionseinheit innerhalb eines >Digitalrechners, die >Prozessoren, >Eingabegeräte, >Ausgabegeräte und >Zentralspeicher umfaßt (vgl. DIN 44300).
2. Eine >Funktionseinheit innerhalb eines >Datenverarbeitungssystems, die die Steuerung der Datenübertragung von/zu den >Eingabegeräten, den >Ausgabegeräten und den >Speichern umfaßt und auch die Verarbeitung der >Daten durchführt (vgl. DIN 44300).

Zentrale Datenerfassung >Einfügungsgrad

Zentrale Netzwerkinformation
network information center
Transportdienst
Stellt zentrale Dienste zur Verfügung, im wesentlichen: Verschiedene Dialogabfragemöglichkeiten (>Dialog), wie z.B. >Hilfsinformation; Knoteninformation (>Knoten); Statusinformation; Computer-Konferenz-System (>Konferenztechnik); Schwarzes Brett, an dem Anfragen und Tips für verschiedene Problemkreise abgehandelt werden; Knotenverwaltung.

Zentralisation >Zentralisierung

Zentralisierung
centralization
Entwurfsmethode
Die Ausrichtung oder das Streben auf einen Mittelpunkt (ein Zentrum) hin, also das Zusammenfassen von "etwas" zu einer Einheit, z.B. von verschiedenen >Tätigkeiten zu einer Aufgabe (*>Grundlagen Aufgabe)*, die einem >Aufgabenträger zugeordnet wird. Synonyme Bezeichnungen sind: Zentralisation, Konzentrierung, Konzentration. Zentralisierung umfaßt immer die folgenden drei Aspekte:
● Ein Objekt, das ausgerichtet wird.

- Ein >Formalziel, nach dem ausgerichtet wird.
- Ein >Sachziel oder einen Zweck, der die Ausrichtung begründet.

Im Unterschied dazu: >Dezentralisierung. Siehe auch: >Distribuierung.

Zentralprozessor >Zentraleinheit, >Prozessor

Zentralspeicher
central storage
Speichertechnik
Ein >Speicher, zu dem >Rechenwerke, >Leitwerke und gegebenenfalls >Eingabewerke und >Ausgabewerke unmittelbar Zugang haben (vgl. DIN 44300). Siehe auch: >Hauptspeicher.

Zerlegungsgrad >Kommunikationsergonomie

Ziel
objective
Allgemeine Grundlagen
Generell ein Ort, Punkt, Zustand oder ähnliches, den man erreichen will. Im betriebswirtschaftlichen Sinne (>Betriebswirtschaftslehre) ist ein Ziel eine normative Aussage eines Entscheidungsträgers, die einen anzustrebenden und damit zukünftigen Zustand der Realität beschreibt. Ein Ziel lenkt die Auswahl von Alternativen, indem die prognostizierten Wirkungen der Alternativen mit der normativen Aussage verglichen und damit beurteilbar gemacht werden. Ziele der >Informationsfunktion einer >Organisation und damit - als Teilmenge davon - Ziele der Systemplanung *(>Grundlagen Systemplanung)* sind sowohl >Organisationsziele als auch >Individualziele; beide sind entweder >Sachziele oder >Formalziele. In der Regel werden bei der Gestaltung der Informationsfunktion und bei der Systemplanung mehrere Ziele gleichzeitig verfolgt (>Zielsystem). Sie lassen sich gliedern in strategische Ziele (>Strategisches Ziel), administrative Ziele (>Administratives Ziel) und operative Ziele (>Operatives Ziel). Typische Zielinhalte für Ziele der Informationsfunktion bzw. der Systemplanung sind: >Wirtschaftlichkeit, >Produktivität, >Flexibilität, >Sicherheit, >Zuverlässigkeit, >Verfügbarkeit, >Transparenz, >Akzeptanz, >Benutzerfreundlichkeit, >Aufgabenbezogenheit. Diese sind in Teilziele für einzelne >Anwendungssysteme und >Basissysteme herunterzubrechen, und es sind der Zielmaßstab (wie der Zielinhalt zu dimensionieren und wenn möglich zu quantifizieren ist), das Zielausmaß (welche Quantität des Zielmaßstabs angestrebt wird) und der zeitliche Bezug der Zielerreichung (der Zeitrahmen, bis zu dessen Ende das angestrebte Zielausmaß erreicht sein soll) festzulegen. Daraus ergeben sich z.B. auch konkrete Zeit- und Kostenziele, wie sie für die Systemplanung vorzugeben sind (>Planungsziel).

Zielanalyse >Zielsetzungsanalyse

Zielanweisung >Übersetzer

Zielausmaß >Ziel

Zieldatenverarbeitung
target data processing
Sonstige Aufgabe
Ein Begriff, der z.B. im Zusammenhang mit radargestützten Flugsicherungssystemen von Bedeutung ist. Sie erfolgt in einem >System vernetzter Rechner und >Sensoren. Die Rechner dienen der Aufbereitung von Ortungsinformationen (Zieldaten), die von den Sensoren erfaßt werden.

Zielerreichung >Ziel, >Zielsystem

Zielertrag
extend of goal
Allgemeine Grundlagen
Die Konsequenz einer Alternative bezüglich eines >Zielkriteriums.

Zielgerichtete Beobachtung >Experiment

Zielinhalt >Ziel

Zielkonflikt >Konfliktmanagement

Zielkriterium
goal
Allgemeine Grundlagen
Ein >Ziel, das Endpunkt einer Zielkette der Zielhierarchie (>Hierarchie) in einem >Zielsystem ist und zur >Prognose der Konsequenzen einer Handlungsalternative dient. Die Abbildung zeigt eine Zielhierarchie.

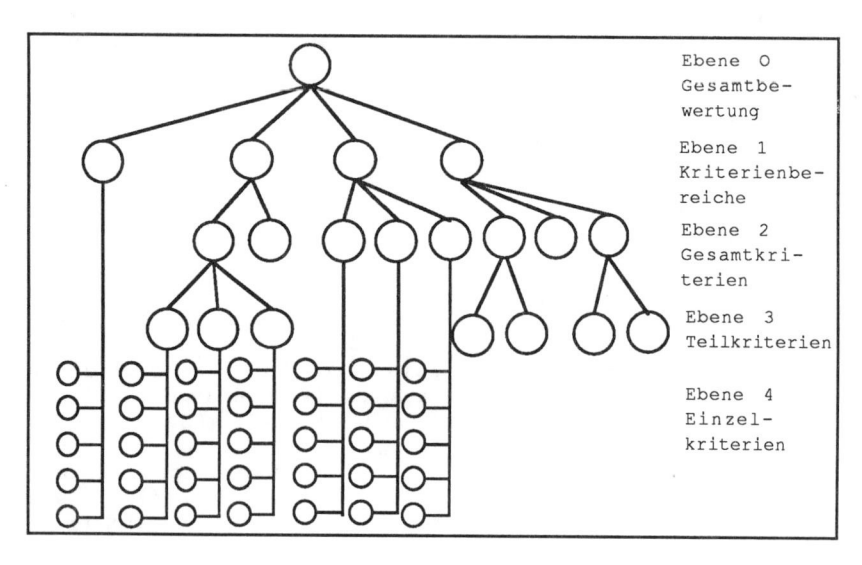

Ebene 0
Gesamtbewertung

Ebene 1
Kriterienbereiche

Ebene 2
Gesamtkriterien

Ebene 3
Teilkriterien

Ebene 4
Einzelkriterien

Abbildung Zielkriterium

Zielmaßstab >Ziel

Zielprogramm >Übersetzer

Zielsetzungsanalyse
goal setting analysis
Analysemethode
In einem >Entscheidungsmodell, das beispielsweise mit Hilfe einer >Planungssprache modelliert wird, werden die abhängigen Variablen so parametrisiert (>Parameter), daß bestimmte, definierte Zielerreichungsgrade der unabhängigen Variablen erreicht werden.

Zielsprache >Übersetzer

Zielsystem
system of objectives
Allgemeine Grundlagen
Eine geordnete Menge von >Zielen, deren Beziehung zueinander indifferent, komplementär oder konfliktär sein kann (meist in Abhängigkeit vom Ausmaß der Zielerreichung wechselnd). Komplementäre Ziele werden hierarchisch geordnet (>Hierarchie). Konfliktäre Ziele sind entweder über das Nutzen- oder das Nebenbedingungskonzept zu ordnen.

Zielwert
scaled extend of goal
Allgemeine Grundlagen
Das Abbild eines >Zielertrags auf einer nominalen, ordinalen oder kardinalen Skala. Siehe: >Skalierung.

Ziffer
digit
Darstellungstechnik
Die >Zeichen aus einem Zeichenvorrat von n Zeichen, denen als Zahlenwerte die ganzen Zahlen 0, 1, 2 .., n-1 umkehrbar eindeutig zugeordnet sind. Je nach der Anzahl n nennt man die zugrundeliegenden Ziffern Dualziffer (n=2), Oktalziffer (n=8), Dezimalziffer (n=10), Sedezimalziffer = Hexadezimalziffer (n=16); (vgl. DIN 44300).

Zugriff
access
Programmiersystem
Lesen oder Schreiben von Speicherinhalten (>Speicher) einschließlich Suchen der >Adresse, deren Inhalt zu lesen oder zu schreiben ist. Man unterscheidet den direkten Zugriff (>Direkter Zugriff) und den seriellen Zugriff (>Serieller Zugriff). Welcher Zugriff möglich ist, hängt vom technischen Aufbau des Speichers ab. Ein direkter Zugriff führt zu schneller Information. Der serielle Zugriff setzt eine Informationsreihenfolge voraus; er ist weniger aufwendig. Siehe auch: >Dateiorganisation.

Zugriffsberechtigung
access authority
Benutzersystem/Sicherungssystem
Das Anrecht, der Anspruch oder die Befugnis eines >Benutzers, auf bestimmte Teile der >Methodenbasis und der >Datenbasis zugreifen zu können. Synonym: Benutzerberechtigung.

Zugriffsfunktion

Zugriffsfunktion >Datentyp

Zugriffsmethode >Zugriff

Zugriffspfad
access path
Datensystem
Die Organisation des >Zugriffs für die Abfrage (>Transaktion), die festlegt, in welcher Reihenfolge welche >Knoten in einer >Datenstruktur abgearbeitet werden sollen.

Zugriffszeit
access time
Speichertechnik
Bei einem >Speicher das Zeitintervall zwischen dem Anlegen eines bestimmten Eingangsimpulses, wenn alle anderen notwendigen Eingänge vorbereitet sind, und dem Zeitpunkt, zu dem gültige Datensignale am Ausgang zur Verfügung stehen. Eine Zugriffszeit kann nur unter Bezugnahme auf ein Ausgangssignal definiert werden (Lesebetrieb); (vgl. DIN 44476). Diese Zeiten sind die tatsächlichen Zeitintervalle zwischen zwei Impulsen; sie reichen möglicherweise nicht aus, um die >Operationen im Speicher vollständig auszuführen. Grundsätzlich wird ein Minimalwert angegeben, bei dessen Einhaltung der Speicher die zugehörige >Funktion korrekt ausführt.

Zukunftstechnologie >Technologie

Zuverlässigkeit
reliability
Allgemeine Grundlagen
Beschreibt die Fähigkeit eines >Systems, die durch die Aufgabenstellung bedingten >Funktionen mit einer definierten Wahrscheinlichkeit auszuführen; als Maßstab verwendet man MTBF (Mean Time Between Failure) und MTTF (Mean Time To Failure). Überschneidung mit dem Begriff >Verfügbarkeit.

Zuverlässigkeitsgrad
degree of reliability
Grundlagen Systemplanung
Ein Begriff, der im Zusammenhang mit der Definition von >Kennzahlen verwendet wird. Zur Bestimmung werden unterschiedliche >Methoden verwendet, z.B.:
- Wiederholungstest: Durch mehrmalige Anwendung der Kennzahl an derselben >Stichprobe in einem angemessenen Zeitabstand und Korrelation der Ergebnisreihen.
- Paralleltest: Durch Anwendung zweier in Bezug auf ihre >Validität und Objektivität vergleichbarer Kennzahlen an derselben Stichprobe und Korrelation der Ergebnisreihen.

Da die verschiedenen Methoden unterschiedlich leistungsfähig sind, ist es zweckmäßig, bei der Beschreibung einer Kennzahl anzugeben, mit welcher Methode deren Zuverlässigkeitsgrad ermittelt wurde.

Zuverlässigkeitsuntersuchung >Fehlerbaum

Zweidimensionales System >CAD

Zweipunktverbindung
point-to-point connection
Netzwerktechnik
Zwei >Datenstationen sind über eine >Standleitung oder eine >Wählleitung miteinander verbunden.

Zwiebelmodell >Inside-Out-Ansatz, >Outside-In-Ansatz, >Anwendungssoftware-System

Zwischenbetriebliche Integration
integration between companies
Entwurfsmethode
Auf Grund der Einbettung einer >Organisation in ihre Umwelt, bei Betriebswirtschaften insbesondere auf Grund ihrer Beziehungen zu Kunden und Lieferanten und den daraus resultierenden Informations- und Kommunikationsbeziehungen, ergibt sich eine Erweiterung der innerbetrieblichen Integrationsphänomene (>Innerbetriebliche Integration) um zwischenbetriebliche. Die Entwicklung integrierter >Techniksysteme (wie z.B. >BTX, >Teletex, >Telefax) für die zwischenbetriebliche >Information und >Kommunikation eröffnet neue zwischenbetriebliche Integrationspotentiale. Siehe beispielhaft: >Fortschrittszahlensystem.

Zyklisches Ablaufdiagramm >Ablaufdiagramm

Zylinder
cylinder
Speichertechnik
Die in >Magnetplattenspeichern beschriebenen und gelesenen >Magnetplattenstapel bestehen aus mehreren, im gleichen Abstand zentrisch auf einer Achse montierten >Magnetplatten. Die zwischen den Magnetplatten liegenden Magnetköpfe (>Magnetkopf) sind auf einem Kamm befestigt und werden gemeinsam mechanisch positioniert. Als Zylinder bezeichnet man die Gesamtheit aller ohne mechanische Umpositionierung der Magnetköpfe erreichbaren >Spuren. Spuren innerhalb des Zylinders werden somit schneller erreicht als Spuren in anderen Zylindern. Bei der Organisation eines Magnetplattenspeichers ist deshalb besonders darauf zu achten, daß sich die >Dateien, die gemeinsam bearbeitet werden, im gleichen Zylinder oder zumindest in nebeneinanderliegenden Zylindern befinden.

FACHZEITSCHRIFTEN

Acta Informatica
6 x jährlich. Englischsprachig. Preis/Jahr DM 548,00. Gegenstand: Theoretical Computer Science, Software-Engineering; Programming Lanugages. Springer Verlag GmbH und CoKg, D-1000 Berlin 33, Heidelberger Platz 3.

Angewandte Informatik/applied informatics (AI)
12 x jährlich. Deutsch- und englischsprachig. Preis/Jahr DM 252,00. Zielgruppe: Leitende Mitarbeiter in der EDV; qualifizierte Mitarbeiter, besonders im Bereich "Forschung und Entwicklung", bei Computerherstellern, EDV-Unternehmen, EDV-Anwendern; Mitarbeiter an Hochschulen und anderen Forschungs- und Entwicklungseinrichtungen; Studenten der Informatik/EDV. Friedrich Vieweg & Sohn Verlagsgesellschaft mbH, D-6200 Wiesbaden 1, Faulbrunnenstraße 13.

Apple's Unabhängiges Computermagazin
12 x jährlich, Preis/Jahr DM 72,00. Zielgruppe: Apple-Anwender. CW-Publikationen Verlagsgesellschaft mbH, D-8000 München 40, Friedrichstraße 31.

AV-report
"Informationsdienst für alle Bereiche der Audiovision". 24 x jährlich, Preis/Jahr DM 240,00, Trimedia Verlag GmbH, D-1000 Berlin 31, Kurfürstendamm 71.

BTX-Praxis
12 x jährlich. Preis/Jahr DM 144,00. Zielgruppe: BTX-Anwender und -Anbieter. Neue Mediengesellschaft Ulm mbH, D-7900 Ulm/Donau, Postfach 1111.

Büro & EDV
12 x jährlich. Preis/Jahr DM 85,00. Verlag Moderne Industrie, D-8910 Landsberg, Justus-von-Liebig-Straße 1.

büro- und informationstechnik (Bit + microbit)
11 x jährlich, Preis/Jahr DM 124,30. Zielgruppe: EDV-Anwender (branchenunabhängig). bit Verlag Weinbrenner GmbH & CoKg, D-7022 Leinfelden-Echterdingen, Postfach 100116.

BZ - Fachzeitschrift für Wirtschaft, Steuer, Datentechnik
12 x jährlich, Preis/Jahr ÖS 864,00. Verlag Dr. Ranner, A-1070 Wien, Zeismannbrunngasse 1.

BZB - Sachmagazin für Kommunikation + Automation im Büro
12 x jährlich. Preis/Jahr DM 98,00. Zielgruppe: Entscheider und Mitentscheider in Wirtschaft und Verwaltung; Büromanagement; Organisatoren; EDV-Praktiker. Burghagen Verlag, D-2000 Hamburg 54, Postfach 540760.

CAE-Journal
6 x jährlich. Preis/Jahr DM 63,00. Zielgruppe: CAE-Markt. CAE-Journal, Leserservice, D-6900 Heidelberg 1, Postfach 102869.

CHIP - Das Mikrocomputer-Magazin
12 x jährlich. Preis/Jahr DM 69,00. Zielgruppe: Anwender und Benutzer von Mikrocomputern. Vogel Verlag, D-8700 Würzburg 1, Postfach 6740.

Codex - Magazin für Informatik und EDV-Bildung
12 x jährlich. Preis/Jahr DM 59,60. Verlag für Informatik und Software VIS GmbH.

Computer Magazin (cm)
10 x jährlich. Preis/Jahr DM 90,00. Zielgruppe: Wirtschaft, Hochschule. Verlag Computer Magazin GmbH, D-7000 Stuttgart 1, Herdweg 15.

Computer Methods in Applied Mechanics & Engineering
12 x jährlich. Preis/Jahr sfr 1.260,00. Elsevier Sequoia S.A., CH-1001 Lausanne, P.O. Box 851.

computer persönlich - Das aktuelle Fachmagazin für Personal Computer
12 x jährlich. Preis/Jahr DM 98,00. Zielgruppe: PC-Anwender und Benutzer. Markt und Technik Verlags AG, D-8013 Haar, Hans-Pinsel-Straße 2.

Computer und Recht - Forum für die Praxis des Rechts der Datenverarbeitung, Information und Automation
12 x jährlich. Preis/Jahr DM 360,00. Graefe und Neske Verlagsgesellschaft mbH.

Computers & Structures
18 x jährlich. Englischsprachig. Preis/Jahr DM 2.423,00. Pergamon Press Ltd., Oxford OX3 OBW, England, Headington Hill Hall.

Computers and Artificial Intelligence
6 x jährlich. Englisch- und russischsprachig. Preis/Jahr DM 350,00. Zielgruppe: Studenten; Dozenten; Forscher an Instituten, die sich mit der Theorie Künstlicher Intelligenz beschäftigen; Computerfachleute, die theoretische Probleme über Multiprozessor- und Multicomputersysteme, Computernetze oder Prozeßsteuerung erforschen. VCH Verlagsgesellschaft, D-6940 Weinheim, Postfach 1260/1280.

Computerwoche - Die aktuelle Wochenzeitung für die Computerwelt
52 x jährlich. Preis/Jahr DM 109,00. CW-Publikationen Verlagsgesellschaft mbH, D-8000 München 40, Friedrichstraße 31.

Das Computer Praxis abc - Der aktuelle Ratgeber rund um den Computer
6 x jährlich. Preis/Jahr DM 96,00. Zielgruppe: DV-Anwender und -Benutzer. WRS Verlag, D-8033 Planegg, Postfach 1363.

Fachzeitschriften

Das Rechenzentrum – Fachzeitschrift für den Betrieb von Datenverarbeitungssystemen in Wirtschaft und Verwaltung, Wissenschaft, Medizin und Technik
4 x jährlich. Deutsch- und englischsprachig. Preis/Jahr DM 104,60. Zielgruppe: Leiter von Rechenzentren; Leiter von DV-Abteilungen. Carl Hanser Verlag GmbH & CoKg, D-8000 München, Postfach 860420.

data report
6 x jährlich. Preis/Jahr DM 69,00. Siemens AG – ZVW 5 Verlag, D-6520 Erlangen 2, Postfach 3240.

Datamation
12 x jährlich. Englischsprachig. Preis/Jahr Pounds 50,00. Technical Publishing, 1301 South Grove Ave., Banington, 17.60010.

Datenschutz und Datensicherung, Informationsrecht, Kommunikationssysteme
12 x jährlich, Preis/Jahr DM 158,00. Zielgruppe: Alle im deutschen Sprachraum mit Datenschutz und Datensicherung, Informationsrecht und sicheren Kommunikationssystemen befaßte Personen und Institutionen. Friedrich Vieweg & Sohn Verlagsgesellschaft mbH, D-6200 Wiesbaden 1, Faulbrunnenstraße 13. Behandelt die praktische Auslegung der gesetzlichen Bestimmungen, die Maßnahmen zur Befolgung des Bundesdatenschutzgesetzes (BDSG) und die damit verbundenen Probleme in Kurzmitteilungen und praxisnahen Originalbeiträgen und Erfahrungsberichten.

Datenschutz-Berater – Informationsdienst zu Problemen der DV + DS
12 x jährlich. Preis/Jahr DM 216,00. Handelsblatt GmbH, D-6200 Wiesbaden 1, Postfach 5829.

Datenverarbeitung – Steuer Wirtschaft Recht (DSWR)
12 x jährlich. Preis/Jahr DM 67,00. Organ der DATEV (Datenverarbeitungsorganisation des steuerberatenden Berufes in der Bundesrepublik Deutschland e.G.). Zielgruppe: Juristen, Steuerberater, Angehörige des steuerberatenden Berufes, Verwaltungspraktiker, Rechtsinformatiker, Unternehmensberater, EDV-Fachleute. C.H. Beck'sche Verlagsbuchhandlung, D-8000 München 40, Wilhelmstraße 8.

Datenverarbeitung im Recht
4 x jährlich. Preis/Jahr DM 272,00. J. Schweitzer Verlag, D-8000 München 80, Geibelstraße 8.

dialog
Erscheint unregelmäßig. Kostenlos. Firmenzeitschrift der Nixdorf Computer AG, Bereich Kommunikation, D-4790 Paderborn, Im Dörener Feld 2.

die computer zeitung (dcz)
24 x jährlich. Preis/Jahr DM 86,80. Zielgruppe: Datenverarbeitungsfachleute in Industrie und Handel; Entscheidungsträger in Verwaltung und Dienstleistungsunternehmen.

Konradin-Verlag Robert Kohlhammer GmbH, D-7022 Leinfelden-Echterdingen 1, Postfach 100252.

EDV & Recht – Eine Ergänzung zur Zeitschrift MEDIEN und RECHT
4 x jährlich. Preis/Jahr öS 480,00. Behandlung des gesamten Spektrums an Rechtsfragen, die sich aus der Anwendung der Datenverarbeitung, der Telekommunikation und der Automationstechnik ergeben. International Medien und Recht, A-1080 Wien, Postfach 108.

EDV-Aspekte
4 x jährlich. Preis/Jahr DM 28,00. Zielgruppe: Leiter und Mitarbeiter von Organisations- und Rechenzentren. Verlag Die Wirtschaft, DDR-1055 Berlin, Am Friedrichshain 22.

ELCOMP – Die Fachzeitschrift für Mikrocomputer
24 x jährlich. Preis/Jahr DM 49,00. Zielgruppe: Schüler; Hochschüler; Geschäftsleute und fortgeschrittene Computeranwender. Winfried Hochacker Verlag, D-8000 München, Postfach 75437.

Handbuch der modernen Datenverarbeitung (HMD)
6 x jährlich. Preis/Jahr DM 128,00. Zielgruppe: DV-Anwender und Organisatoren aus Wirtschaft und Verwaltung; DV-Spezialisten. Forkel-Verlag GmbH, D-6200 Wiesbaden 1, Postfach 2120.

IBM-Nachrichten
6 x jährlich. Kostenlos. Zielgruppe: Kunden; Interessenten; Universitäten/Hochschulen/Fachhochschulen; Berater; Meinungsbildner in Wirtschaft, Politik und Gesellschaft. IBM-Deutschland GmbH, Redaktion "IBM-Nachrichten", D-7000 Stuttgart 80, Postfach 800880.

IC WISSEN Bürokommunikation
6 x jährlich. Preis/Jahr DM 30,00. Zielgruppe: Fach- und Führungskräfte in technischen und kaufmännischen Funktionen aller Branchen, die Anwender oder Benutzer von Bürokommunikationssystemen sind. Vogel Verlag, D-8700 Würzburg 1, Postfach 6740.

inform
4 x jährlich. Kostenlos. Zielgruppe: Staatliche und kommunale Verwaltungen in Hessen sowie Universitäten, Hochschulen, Krankenhäuser und Versorgungsbetriebe; Hard- und Software-Lieferanten; Arbeitnehmerorganisationen sowie öffentliche und private Interessenten in der Bundesrepublik Deutschland. Hessische Zentrale für Datenverarbeitung (HZD), D-6200 Wiesbaden, Mainzer Straße 29.

Informatik – Forschung und Entwicklung
4 x jährlich. Preis/Jahr DM 148,00. Gegenstand: Transfer von Ergebnissen der Forschung in die Praxis; Förderung der fachlichen Praxis. Springer-Verlag, Wissenschaftliche Information, D-6900 Heidelberg 1, Postfach 105280.

Fachzeitschriften

Informatik – Theorie und Praxis der wissenschaftlich-technischen Information
6 x jährlich. Preis/Jahr DM 60,00. Zielgruppe: Alle in der wissenschaftlich-technischen Information Tätigen. Verlag Die Wirtschaft, DDR-1055 Berlin, Am Friedrichshain 22.

Informatik und Recht (IuR)
12 x jährlich. Preis/Jahr DM 198,00. Zielgruppe: Mit der rechtlichen Seite der Datenverarbeitung befaßte Juristen bzw. Juristen, die selbst Anwender sind; mit der rechtlichen Seite der Datenverarbeitung befaßte Informatiker. Metzner Verlag, D-6000 Frankfurt/M. 97, Postfach 70148.

Informatik-Spektrum (Organ der Gesellschaft für Informatik e.V.)
6 x jährlich. Preis/Jahr DM 116,00. Springer Verlag KG, D-1000 Berlin 33, Heidelberger Platz 3.

Information Management – Praxis, Ausbildung und Forschung der Wirtschaftsinformatik
4 x jährlich. Preis/Jahr DM 155,00. Zielgruppe: Führungskräfte des Informationsmanagement; Studenten der Wirtschaftsinformatik. CW-Publikationen Verlagsgesellschaft mbH, D-8000 München 40, Friedrichstraße 31.

Information Processing and Management (Incorporation Information Technology)
6 x jährlich. Englischsprachig. Preis/Jahr DM 656,00. Pergamon Press Ltd. Oxford OX3 OBW, England, Headington Hill Hall.

Information und Kommunikation (Inko)
12 x jährlich. Verlag Ansorg, D-6710 Frankenthal, Ludwigshafenerstraße 12 b.

Informationstechnik – Computer, Systeme, Anwendungen
6 x jährlich. Preis/Jahr DM 178,00. Zielgruppe: EDV-Fachleute im kommerziellen, technischen und industriellen Bereich. R. Oldenbourg Verlag GmbH, D-8000 München 80, Postfach 801360.

Informationstechnik (it)
6 x jährlich. Preis/Jahr DM 160,00. R. Oldenbourg Verlag GmbH, D-8000 München 80, Postfach 801360.

INFOWELT – Die Wochenzeitung für den Mikromarkt
52 x jährlich. Preis/Jahr DM 139,00. CW-Publikationen Verlagsgesellschaft mbH, D-8000 München 40, Friedrichstraße 31.

Interfaces Age Magazin – Computer-Anwendungen in Beruf und Freizeit
12 x jährlich. Preis/Jahr DM 60,00. Interface Age Magazin Verlag GmbH, D-8013 Haar bei München, Kirchenstraße 9.

Interfaces in Computing
4 x jährlich. Preis/Jahr sfr 130,00. Elsevier Sequoia S.A., CH-1001 Lausanne, P.O. Box 851.

Fachzeitschriften

International Journal for Language Data Processing
2 x jährlich. Englischsprachig. Preis/Jahr DM 68,00. Max Niemeyer Verlag, D-5100 Aachen, Schloßparkstraße 6.

io Management Zeitschrift
12 x jährlich. Preis/Jahr sfr 117,00. Zielgruppe: Praktiker aus Wirtschaft und Verwaltung; mittleres bis oberes Management; Hochschulen. io Management Zeitschrift, CH-8028 Zürich, Zürichbergstraße 18.

LOG IN - Informatik und Computereinsatz in der Schule
6 x jährlich. Preis/Jahr DM 54,80. Zielgruppe: Lehrer, Dozenten und Software-Entwickler. Franzis-Verlag GmbH, D-8000 München 2, Karlstraße 37-41.

MCR Mikrocomputer-Report
2 x jährlich. Preis/Jahr DM 190,00. Zielgruppe: Hersteller von Hard- und Software, Händlerschaft, Lehrinstitutionen. Computas, D-5000 Köln 71, Drosselweg 37.

MCR Aktuell
12 x jährlich. Preis/Jahr DM 420,00. Zielgruppe: Hersteller von Hard- und Software, Händlerschaft, Lehrinstitutionen. Computas, D-5000 Köln 71, Drosselweg 37.

micro - computer & communications
11 x jährlich. Preis/Jahr öS 250,00. Zielgruppe: Kleine und mittlere Betriebe aus Handel, Handwerk und Industrie; Freiberufler; Lehrer, Lektoren und Dozenten. Bohmann Druck und Verlag Ges.m.b.H & CoKG, A-1110 Wien, Leberstraße 122.

micro Computerwelt - Zeitung für die praktische Anwendung kleiner Computer
12 x jährlich. Preis/Jahr DM 47,00. CW-Publikationen Verlagsgesellschaft mbH, D-8000 München 40, Friedrichstraße 31.

New Literature on Automation
11 x jährlich. Deutsch- und englischsprachig. Preis/Jahr Hfl. 230,00. Studiecentrum NOVI, NL-1005 EE Amsterdam, Postbus 6246.

Österreich-Computerwelt - Die aktuelle Zeitung für EDV
22 x jährlich. Preis/Jahr öS 475,00. Zielgruppe: DV-Anwender. CW-Publikationen Verlagsgesellschaft mbH, A-1080 Wien, Josefstädter Straße 74.

ÖVD (Öffentliche Verwaltung und Datenverwaltung) - online/adi - Journal für Informationsverarbeitung
10 x jährlich. Preis/Jahr DM 138,00. Verlagsgesellschaft Müller, D-5000 Köln 41, Postfach 410949.

Output - Schweizerische EDV-Zeitschrift für den Manager und den Fachmann
12 x jährlich. Preis/Jahr sfr 79,00. Zielgruppe: Hersteller und Vertriebsfirmen von EDV- und Peripheriegeräten; Software- und Beratungsfirmen; Firmen, die mittlere und große DV-Systeme betreiben; Fachleute und Manager, die sich mit EDV

Fachzeitschriften

befassen. Fachpresse Goldach, Hudson & Co, CH-9403 Goldach, Sulzstraße 12.

Output Österreich – Die österreichische EDV-Zeitschrift für den Manager und Fachmann
6 x jährlich. Preis/Jahr öS 320,00. Zielgruppe: Manager und Entscheidungsträger in Mittel- und Großbetrieben; EDV-Anbieter; Softwarehäuser; Betriebsberater; Behörden; Schulen; Hochschulen. Bohmann Druck & Verlag Ges.m.b.H & CoKg, A-1110 Wien, Leberstraße 122.

PC – Personal Computer mit PC Soft Anwendungsprogrammen – Das Magazin für den Personal Computer
12 x jährlich. Preis/Jahr DM 78,00. Vogel Verlag KG, D-8700 Würzburg 1, Postfach 6740.

Peeker
12 x jährlich. Preis/Jahr DM 72,00. Zielgruppe: Anwender von Apple-Computern. Hüthig Verlag GmbH, D-6900 Heidelberg 1, Postfach 102869.

PERSONAL COMPUTER + PC SOFT – Ideen und Impulse für PC-Anwender
12 x jährlich. Preis/Jahr DM 66,00. Zielgruppe: PC-Anwender. Vogel Verlag, D-8700 Würzburg 1, Postfach 6740.

Philips Kommunikations-Journal
2 x jährlich. Kostenlos. Zielgruppe: Kunden, Interessenten und Journalisten. Philips Kommunikations-Industrie AG, Büro- und Informationssysteme, D-5900 Siegen, Weidenauer Straße 211.

Prisma
10 x jährlich. Preis/Jahr DM 60,00. Zielgruppe: Benutzer von HP-Handhelds, Osborne- und MS-DOS-Rechnern. CCD Computerclub Deutschland e.V., D-6242 Kronberg 2, Postfach 2129.

Siemens-Magazin für Computer & Communications (com)
6 x jährlich. Deutsch- und englischsprachig. Preis/Jahr DM 30,00. Zielgruppe: Anwender und Benutzer von Sprach- und Bild-, Text- und Datenkommunikations- und -verarbeitungssystemen in mittleren und großen Unternehmen aller Branchen; Behörden und sonstige Institutionen. Siemens AG ZVW 5 Verlag, D-8320 Erlangen 2, Postfach 3240.

software markt – Informationsdienst für Manager der Computerbranche
24 x jährlich. Preis/Jahr DM 245,00. CW-Publikationen Verlagsgesellschaft mbH, D-8000 München 40, Friedrichstraße 31.

Technologie-Nachrichten – Management-Informationen
24 x jährlich. Preis/Jahr DM 422,00. Zielgruppe: Forschung und Industrie. Technologie-Nachrichten, D-5300 Bonn 1, Postfach 120515.

Textautomation – Die organisierte Kommunikation
4 x jährlich. Preis/Jahr DM 31,00. Zielgruppe: Anwender und Benutzer von Textautomationssystemen, insbesondere in der Beratungsbranche. Basten GmbH, D-5100-Aachen, Schloßparkstraße 6.

unix/mail – Europas erster Informationsdienst für unix-Hersteller und -anwender
4 x jährlich. Preis/Jahr DM 160,00. Zielgruppe: Unix-Anwender in der Industrie; DV-Manager; Vertriebs- und Marketingleiter; Systementwickler und -programmierer; Softwareingenieure; Dozenten und Studenten an Technischen Hochschulen, Universitäten und Fachhochschulen. Carl Hanser Verlag GmbH & CoKG, D-8000 München, Postfach 860420.

Zeitschrift für Kommunikations- und EDV-Sicherheit
6 x jährlich, Preis/Jahr DM 180,00, Verlag Peter Hohl, D-6507 Ingelheim, Postfach 1368.

INFORMATIONSDIENSTE

Fachinformationssysteme Bildung
Fachgebiete: Erziehungswissenschaft, Bildungsforschung, Bildungspolitik, Bildungsberatung, Kindergarten, Schule, Hochschule, Erziehungsberatung, Didaktik/Fachdidaktiken, audiovisuelle und technische Medien für Erziehung und Unterricht. Leitstelle Dokumentationsring Pädagogik, Deutsches Jugendinstitut, D-8000 München 40, Saarstraße 7.

Fachinformationssystem Energie, Physik, Mathematik
Fachgebiete: Energie, Kernforschung und Kerntechnik, Luft- und Raumfahrt, Weltraumforschung, Physik, Mathematik und Informatik, Astronomie und Astrophysik. Fachinformationszentrum Energie, Physik, Mathematik GmbH Karlsruhe, D-7514 Eggenstein, Leopoldshafen 2.

Fachinformationssystem Geisteswissenschaften
Fachgebiete: Archäologie, Museumskunde, Kunstwissenschaften, Geschichte (einschließlich der historischen Hilfswissenschaften), Musik, Theater, Film, Funk, Fernsehen, Bildende Künste, Philosophie, Wissenschaftstheorie, Wirtschaftwissenschaft, Sprach- und Literaturwissenschaften, Theologie, Religionswissenschaft, volks- und landeskundliche Wissenschaften. Universität des Saarlandes, D-6600 Saarbrücken 11, Waldhausweg 14.

Fachinformationssystem Raumordnung, Bauwesen, Städtebau
Fachgebiete: Bauwesen, Raumordnung, Städtebau, Wohnungswesen. Informationssystem RAUM und BAU der Fraunhofer Gesellschaft, D-7000 Stuttgart 80, Nobelstraße 12.

Fachinformationssystem Sozialwissenschaften und Arbeit
Fachgebiete: Soziologie, Politische Wissenschaft, Politik, Kommunikationswissenschaft, Publizistik, Psychologie, Sozialpolitik, Arbeitswissenschaft und -schutz, Arbeitsmarkt und Beruf. Informationszentrum Sozialwissenschaften bei der Arbeitsgemeinschaft Sozialwissenschaftlicher Institute e.V., D-5300 Bonn 1, Lennestraße 30.

Fachinformationssystem Staatenkunde, zwischenstaatliche und internationale Beziehungen
Fachgebiete: Länderkunde (Afrika, Asien, Vorderer Orient, Lateinamerika, Nordamerika, Osteuropa, Westeuropa), internationale Beziehungen (Außenpolitik, internationale Zusammenarbeit, internationale Konflikte, internationale Sicherheit, Verteidigungspolitik, internationale Organisationen, internationales Wirtschaftssystem), Entwicklungspolitik (Entwicklungszusammenarbeit, Planung, Entwicklungsforschung, Technologietransfer). Deutsche Stiftung für internationale Entwicklung, Zentrale Dokumentation, D-5300 Bonn 1, Endenicher Straße 41.

Fachinformationssystem Technik
Fachgebiete: Elektrotechnik, Feinwerkstechnik, Maschinenbau und Fertigungsverfahren, Chemische Technik, Kunststoffe, Kautschuk, Fasern. Fachinformationszentrum Technik e.V., D-6000 Frankfurt 1, Ostbahnhofstraße 13-15.

Fachinformationssystem Verbrauchsgüter
Fachgebiete: Holz, Papier, Druck, Textil, Bekleidung, Verbraucherinformation "titus-TEXTILINFORM". Zentralstelle für Textildokumentation und -information (ZTDI), D-4030 Ratingen, Schloß Cromford, Cromforder Allee 22.

Fachinformationssystem Verkehr
Fachgebiete: Verkehrspolitik, Verkehrsrecht, Verkehrswirtschaft, Verkehrsplanung, Straßenverkehr, Schienenverkehr, Binnenwasserverkehr, Seeverkehr, Luftverkehr, öffentlicher Personennahverkehr, kombinierter Verkehr, Güterverkehr. Bundesanstalt für Straßenwesen (BASt), D-5000 Köln 51, Brühler Straße 1.

Informationssystem Wirtschaft
Fachgebiete: Volkswirtschaft und Betriebswirtschaft mit angrenzenden Gebieten, wie z.B. Management, Marketing, Produktion, Beschaffung, Material- und Lagerwirtschaft, Personalwesen, Arbeitsmarkt, Investition, Finanzierung, Handel, Gewerbe. HWWA - Institut für Wirtschaftsforschung, Informationszentrum, D-2000 Hamburg 36, Neuer Jungfernstieg 21.

Informationszentrum Forschungsvorhaben
Fachgebiete: Wasser, Abfall, Luft, Lärm, Erschütterungen, Abwärme, Strahlenschutz, Energie und Rohstoffe, Naturschutz und Landschaftspflege, Umweltchemikalien; Wirkungen und Belastungen durch Schadstoffe, Gesundheit und Arbeitsschutz, Ökologie, räumliche Entwicklung, Aus- und Fortbildung, Umweltpolitik und -planung, Umweltrecht. Umweltbundesamt, Informations- und Dokumentationssystem Umwelt (UMPLIS), D-1000 Berlin 33, Bismarkplatz 1.

Informationszentrum Patente
Fachgebiete: Patentinformationen auf dem gesamten Gebiet der Technik, Auskünfte zum Stand der Technik nach § 29 Abs.3 Patentgesetz auf ausgewählten technischen Gebieten: Metallische Werkstoffe, Waschmittel, Glastechnologie, Laser und Maser, isolierte Kabel und Leitungen, Farbfernsehen, Rückschlagventile, Schichtstoffe, Stereoide. Deutsches Patentamt, D-8000 München, Zweibrückenstraße 12.

Informationszentrum Technische Regeln
Fachgebiete: Technische Regeln (Normen, Richtlinien, Gesetze), Auskünfte über Gültigkeit, Verbindlichkeit und Verflechtung dieser Regeln. Deutsches Informationszentrum für Technische Regeln (DITR) im DIN Deutsches Institut für Normung e.V., D-1000 Berlin 30, Burggrafenstraße 4-10.

Juristisches Informationssystem - JURIS
Ein von der deutschen Bundesregierung 1973 initiiertes Informationssystem zur Sammlung, Aufbereitung und Verbreitung

Informationsdienste

von Rechtsinformationen mit dem Ziel der Nutzung durch die Justiz und in Anwaltskanzleien mit einer an den Benutzertyp angepaßten Abfragesprache. Bundesministerium der Justiz, D-5300 Bonn 2, Heinemannstraße 6.

Sozialdatenbank
Ein Informationsdienst des Bundesministeriums für Arbeit und Sozialordnung (Bundesrepublik Deutschland) zur Unterstützung der Aufgaben der Sozialpolitik. Die Datenbasis enthält Daten der Bereiche Kranken-, Unfall-, Rentenversicherung, Arbeitsmarktpolitik, Kriegsopferversorgung und Tarifverträge. Bundesministerium für Arbeit und Sozialordnung, D-5300 Bonn.

KONGRESSE UND MESSEN

ARTIFICIAL INTELLIGENCE AND ADVANCED COMPUTER TECHNOLOGY CONFERENCE/EXHIBITION
"Ausstellung für Künstliche Intelligenz" im September in Wiesbaden. Zielgruppe: Kommerzielle und industrielle Anwender Künstlicher Intelligenz. Messegesellschaft Wiesbaden, D-6200 Wiesbaden.

BÜRO + COMPUTER
"Fachausstellung Bürotechnik, Computer, Büromöbel, Organisationsmittel, Zeichentechnik" im Mai in München. Zielgruppe: Industrie, Handel, Behörden, Dienstleistungsbetriebe, Handwerksbetriebe. Ausstellungsfläche: 35.000 qm. Anzahl der Aussteller: 270 aus D, I, A, CH. Münchner Messe- und Ausstellungsgesellschaft mbH, Postfach 121009, D-8000 München 2.

C
"Computer-Software-Electronic" im Juni in Köln. Computer, System-Peripherie, Datenübertragung, Kommunikation, Zubehör, Software, branchenorientierte Anwendungssoftware, Dienstleistungen. Zielgruppe: Kleine und mittelständische Unternehmen als berufliche Anwender sowie alle Stufen des Handels, der Wiederverkäufer, wie z.B. Bürofachhandel, Computer-Shops, Softwarehäuser, EDV-Zubehör-Handel, Fernseh- und Videofachhandel, Fotofachhandel, Warenhäuser, Großversandhäuser, Cash & Carry-Märkte. Ausstellungsfläche: 30.000 qm. Anzahl der Aussteller: 400 aus 19 Ländern. Kölner Messe- und Ausstellungsgesellschaft mbH, Postfach 210780, D-5000 Köln 21.

CAT
"Ausstellung für Computergestützte Technologien" im Juni in Sindelfingen. Messehalle GmbH, Mahdentalstraße 116, D-7032 Sindelfingen.

CeBit
"Welt-Centrum der Büro- und Kommunikationstechnik" im März/April in Hannover. Zielgruppe: Fachleute aus Industrie, Handel, Handwerk, Verwaltung, Behörden, Dienstleistungsmarkt. Ausstellungsfläche: 130.600 qm. Anzahl der Aussteller: ca. 1.300 aus 28 Ländern. Deutsche Messe- und Ausstellungs-AG, Messegelände, D-3000 Hannover 82.

Computer-Schau
"Ausstellung für Computer, Software und Zubehör" im März/April in Dortmund. "Special Interest"-Ausstellung für Hobby und Freizeit. Zielgruppe: Bundesweites Publikum. Ausstellungsfläche: 6.000 qm. Anzahl der Aussteller: 85. Westfalenhalle GmbH Dortmund, Rheinlanddamm 200, D-4600 Dortmund 1.

EDV-Revision/EDV-Controlling
"Wirtschaftlichkeit - Sicherheit - Ordnungsmäßigkeit in der Datenverarbeitung" im Dezember in München. Münchner Messe-

Kongresse und Messen

und Ausstellungsgesellschaft mbH, Postfach 121009, D-8000 München 2.

ESOP
"European Symposium on Programming" im März in Saarbrücken. Messe- und Ausstellungsleitung, Am Schanzenberg, Messegelände, D-6600 Saarbrücken.

EURO SOFT NORDCOMP
"Europäische Software- und Computerschau" im Mai in Hamburg. Hamburger Messegesellschaft, D-2000 Hamburg.

IFABO
"Internationale Fachmesse für Büro- und Kommunikationstechnik mit Software-Messe PROGRAMMA" im Mai in Wien. Bürokommunikation, Büromöbel, Büroorganisation, Daten- und Textsysteme, Druck-, Kopier- und Mikrofilmtechnik, elektronische Büromaschinen, Postbearbeitung. Zielgruppe: Fachinteressenten. Ausstellungsfläche: 60.000 qm. Anzahl der Aussteller: 480 aus A, D, B, H, CH, S, DDR. Wiener Messen & Congress GmbH, Postfach 124, A-1071 Wien.

Infobase
"Internationale Ausstellung und Kongreß für Informationsmanagement" im Mai in Frankfurt. Datenbanken, Hosts, Hardware (PC, Mainframe, Optical Disc etc.). Zielgruppe: Forschungs- und Entwicklungsabteilungen, Marketing, Freie Berufe, Informationsbroker. Ausstellungsfläche: 3.000 qm. Anzahl der Aussteller: 75 aus USA, F, D, B , L, GB, J. Messe Frankfurt GmbH, Ludwig-Erhard-Anlage 1, D-6000 Frankfurt/Main.

KOMMTECH
"Internationale Kongreßmesse für technische Automation" im Mai in Essen. Computer in Konstruktion und Produktion, Industrieroboter und Sensoren, Mikroelektronik, Softwaresysteme, Bildschirmtext und Bürokommunikation. Zielgruppe: Technische und kaufmännische Unternehmensleitungen, Entscheidungsträger aus den Abteilungen Konstruktion, Produktion, Forschung und Entwicklung, Organisation, EDV, Rechenzentrum, Verwaltung. Aussteller: 100 aus Europa, Nordamerika und Asien. ONLINE GMBH Kongresse und Messen für technische Kommunikation, Postfach 100866, D-5620 Velbert 1. Messegesellschaft Messe Essen GmbH, Messehaus, Norbertstraße, D-4300 Essen 1.

Logic
"Fachmesse für Mikro- und Kleincomputer" im Mai in Zürich.

MOTEK
"Montage- und Handhabungstechnik und Industrieroboter" im September in Sindelfingen.- Messehalle GmbH, Mahdentalstraße 116, D-7032 Sindelfingen.

Noba
"Fachausstellung Büro" im Mai in Nürnberg. Nürnberger Messe- und Ausstellungsgesellschaft mbH, Messezentrum NMA, D-8500 Nürnberg.

ONLINE
"Europäische Kongreßmesse für Technische Kommunikation" im Februar in Hamburg. Telekommunikation, Breitbandkommunikation, Bürokommunikation, Kabel- und Satellitenkommunikation, Neue Medien, Bildschirmtext, Software-Engineering, Künstliche Intelligenz und Expertensysteme, Informationstechnik. Zielgruppe: Entscheidungsträger aus Wirtschaft und Verwaltung. Ausstellungsfläche: 3.000 qm. Anzahl der Aussteller: 100 aus Europa, Nordamerika und Asien. ONLINE GmbH Kongresse und Messen für technische Kommunikation, Postfach 100860, D-5620 Velbert 1. Messeleitung: Hamburg Messe und Congress GmbH, Jungiusstraße 13, Messehaus, D-2000 Hamburg 36.

ORGATECHNIK
"Internationale Büromesse" im Oktober in Köln. Büroeinrichtung, Bankeinrichtung, Textverarbeitung, Postbearbeitung, Kommunikations- und Lehranlagen sowie Organisationsmittel und Bürobedarf. Messe- und Ausstellungsgesellschaft mbH, Postfach 210780, D-5000 Köln 21.

Systec
"1. Fachmesse für Computerintegration in Logistik, Entwicklung, Konstruktion, Fertigung und Qualitätssicherung" in München. Münchner Messe- und Ausstellungsgesellschaft mbH, Postfach 121009, D-8000 München 2.

Systems
"Messe für informationstechnische Systeme", begleitet von einem Fachkongreß im Oktober/November in München. Zielgruppe: Anwender, die zu einem Fachdialog mit den Anbietern zusammengeführt werden sollen. Münchner Messe- und Ausstellungsgesellschaft mbH, Postfach 121009, D-8000 München 2.

Technova
"Fachmesse für Technologie und Design" im Mai in Graz.

TELEMATICA
"Fachmesse für Bildschirmtext, Bürokommunikation" im Juni in Stuttgart. Stuttgarter Messe- und Kongreßgesellschaft mbH, Am Kirchenhof 16, D-7000 Stuttgart 14.

LEHR- UND FORSCHUNGSEINRICHTUNGEN

Abteilung Wirtschaftsinformatik, Wirtschaftsuniversität Wien
Abteilungsleiter: Prof. Dr. Hans Robert Hansen. Lehrschwerpunkte: Programmiersprachen (Endbenutzersprachen, COBOL, PROLOG). Forschungsschwerpunkte: Informationssystemplanung mit den Schwerpunkten Strategische Entwicklungsplanung, Computerauswahl, Standardsoftwarebeschaffung. Büroinformations- und -kommunikationssysteme mit den Schwerpunkten Bildschirmtext-Anwendungen, Beurteilung und Programmierung von Textverarbeitungssystemen, Lokale Netze. Künstliche Intelligenz/ Expertensysteme mit den Schwerpunkten PROLOG, wissensbasierte Planungsinstrumente, natürlichsprachliche Datenbankabfragesysteme. Curriculumentwicklung (CUU) mit den Schwerpunkten Aufbereitung von Kurseinheiten, Lehrveranstaltungsorganisation und -administration, Prüfungsautomatisierung. Wirtschaftsuniversität Wien, Augasse 2-6, A-1090 Wien.

Betriebswirtschaftliche Abteilung - Wirtschaftsinformatik, Hochschule St. Gallen
Lehrstuhlinhaber: Prof. Dr. Ludwig Nastansky, Prof. Dr. Erwin Nievergelt, Prof. Dr. Hubert Österle. Lehrschwerpunkte: Betriebliche Anwendungssysteme, Büroinformations- und Kommunikationssysteme, Integrierte PC-Werkzeuge, Datenstrukturen, Datenbanksysteme, Betriebliche Anwendungs- und Informationssysteme, Methoden und Werkzeuge der Systemgestaltung, Strategische Informatikplanung. Forschungschwerpunkte: 1. Nastansky: Systemanalyse EDV-Arbeitsplätze, PC's, Endbenutzerwerkzeuge, Anwendungen. 2. Nievergelt: Grundlagen EDV-Systeme: Hardware, Software, Datenbanken, Höhere Sprachen. 3. Österle: Systemanalyse Informationssysteme, Strategische Informatikplanung, Management Informatik, Entwurf betrieblicher Informationssysteme, Software-Engineering-Environments. Hochschule für Sozial- und Wirtschaftswissenschaften, Dufourstraße 50, CH-9000 St. Gallen.

Betriebswirtschaftliches Institut für Organisation und Automation (BIFOA) an der Universität zu Köln
Institutsdirektoren: Prof. Dr. Norbert Szyperski, Prof. Dr. Paul Schmitz, Prof. Dr. Dietrich Seibt (assoziiert). Lehr- und Forschungsschwerpunkte: Büro- und Informationssysteme, Wirtschaftlichkeit der Informationstechnik, Information Resources Management, Software-Engineering, Computer Based Training. Universität zu Köln, Universitätsstraße 45, D-5000 Köln 41.

Betriebswirtschaftliches Institut, Abteilung Allgemeine Betriebswirtschaftslehre und Betriebsinformatik, Universität Stuttgart
Lehrstuhlinhaber: Prof. Dr. Heidi Heilmann. Die Lehr- und Forschungseinrichtung befindet sich im Aufbau. Universität Stuttgart, Breitscheidstr. 3, D-7000 Stuttgart 1.

Lehr- und Forschungseinrichtungen

Fachbereich Wirtschafts- und Sozialwissenschaften, Lehrstuhl für Betriebsinformatik an der Universität Dortmund
Lehrstuhlinhaber: Prof. Dr. Karl Kurbel. Lehrschwerpunkte: Betriebliche Anwendungsgebiete, Datenbanksysteme, Dialogverarbeitung, Datenstrukturen und Algorithmen, Personal Computing, Bürokommunikation, Produktionsplanung und -steuerung, Software-Engineering. Forschungsschwerpunkte: Interaktive PPS-Systeme, Arbeitsplatzrechner, Bürokommunikation, Expertensysteme im Betrieb. Universität Dortmund, Postfach 500500, D-4600 Dortmund 50.

Fachbereich Wirtschaftswissenschaften, Fachgebiet Betriebswirtschaftslehre/Wirtschaftsinformatik an der Universität Osnabrück (BWL/Wirtschaftsinformatik)
Lehrstuhlinhaber: Prof. Dr. Peter Stahlknecht. Lehrschwerpunkte: Hardware- und Softwareauswahl, Betriebliche EDV-Anwendungen, System- und Programmierentwicklung, Mikrocomputer-Training. Forschungsschwerpunkte: EDV-Organisation und EDV-Management, EDV im Vertrieb, Betriebswirtschaftliche Expertensysteme. Universität Osnabrück, Postfach 4469, D-4500 Osnabrück.

Fachgebiet Betriebsinformatik, Universität Essen
Lehrstuhlinhaber: Prof. Dr. Dietrich Seibt. Lehrschwerpunkte: Rechnergestützte betriebliche Informationssysteme, Datenorganisation und Datenbanken, Strukturen/Konfigurationen von Basissystemen, Rechner- und Kommunikationstechnologien, Programmierung in PL/1, Mikrocomputer-Workshop/PC-gestützte Endbenutzer-Werkzeuge. Forschungsschwerpunkte: Software-Engineering, Systementwicklung, DV-Controlling, Information Resources Management, Computer Based Training, Computergestützte Personalinformationssysteme, BTX-gestützte Informationssysteme und elektronische Mitteilungssysteme, Individuelle Datenverarbeitung, Endbenutzerkonzepte, Endbenutzersysteme, Wissensbasierte Systeme für die Betriebswirtschaft. Universität Essen, Postfach 103764, D-4300 Essen 1.

Gesellschaft für Mathematik und Datenverarbeitung (GMD)
Eine von der deutschen Bundesregierung und der Regierung des Bundeslandes Nordrhein-Westfalen geförderte nationale Großforschungseinrichtung für Informationstechnik. Betreibt Grundlagenforschung und entwickelt Konzeptionen für prototypische Realisierungen komplexer informationstechnischer Systeme. Zielgruppen: Entwickler und Anwender in Wissenschaft und Wirtschaft (Industrie und Öffentliche Verwaltungen). Forschungsschwerpunkte: Mathematische und informatorische Grundlagen; Entwurfswerkzeuge zum Chip-Design; Software-Technologie; Offene Kommunikationssysteme; Innovative Rechnerarchitekturen; Computerunterstütztes Publizieren. Derzeit 8 Institute, Forschungsstellen und Forschungszentren mit ca. 850 Mitarbeitern. Gesellschaft für Mathematik und Datenverarbeitung mbH, Schloß Birlinghoven, Postfach 1240, D-5205 Sankt Augustin 1.

Institut für Angewandte Betriebswirtschaftslehre und Unternehmensführung an der Universität Karlsruhe

Lehr- und Forschungseinrichtungen

Institutsvorstand: NN. Lehrschwerpunkte: Informationssysteme, Decision-Support-Systeme, Expertensysteme und Künstliche Intelligenz, Projektmanagement, Organisation und Führung von DV-Abteilungen. Forschungsschwerpunkte: Datenstrukturen und Algorithmen, funktionale und strukturorientierte Sprachen, Modellbanken, Decision-Support-Systeme, Theorie der Informationssysteme. Universität Karlsruhe, Postfach 6380, D-7500 Karlsruhe 1.

Institut für Angewandte Informatik und Formale Beschreibungsverfahren an der Universität Karlsruhe
Institutsvorstände: Prof. Dr. Thomas Ottmann, Prof. Dr. Wolfried Stucky. Lehrschwerpunkte: Datenbank- und Informationssysteme, Aufbau betrieblicher Informationssysteme, Büroautomatisierung, Rechnernetze, Textverarbeitung, Software-Engineering, Algorithmen und Datenstrukturen, Automaten und Formale Sprachen, PROLOG und Expertensysteme. Forschungsschwerpunkte: Algorithmen und Datenstrukturen, Bildschirmtext, Datenbankentwurf, Datenbanksysteme für PC-Netzwerke, Dokumentbe- und -verarbeitung, Expertensysteme, Systementwurf und Software-Entwicklungswerkzeuge. Universität Karlsruhe, Kaiserstraße 12, D-7500 Karlsruhe.

Institut für Angewandte Informatik, Fachgebiet Angewandte Elektronische Datenverarbeitung, Technische Universität Berlin
Institutsvorstand: Prof. Dr. Uwe Pape. Lehrschwerpunkte: Betriebliche Informatik, Produktion, Logistik, Operations Research, Simulation, Bürokommunikation. Forschungsschwerpunkte: Entwicklung von Anwendungssystemen, insbesondere in den Bereichen Produktion, Logistik und Bürokommunikation. Technische Universität Berlin, Franklinstraße 28/29, D-1000 Berlin 12.

Institut für Betriebswirtschaftslehre mit Forschungsstelle für betriebliche Datenverarbeitung und Kommunikationssysteme an der Universität Kiel
Institutsvorstand: Prof. Dr. Gerhard Knolmayr. Lehrschwerpunkte: Systemanalyse und Systementwicklung, Management von Informationssystemen, Informationsverhalten, Endbenutzersprachen, EDV-Einsatz zur Lösung von Fallstudien, EDV-Einsatz zur Lösung qualitativer betriebswirtschaftlicher Probleme. Forschungsschwerpunkte: Entwicklung und Evaluation computergestützter Informations- und Planungssysteme, Decision Support Systeme, Expertensysteme, die Rolle des Endbenutzers bei der Systementwicklung, Simulationsuntersuchungen, Computergestützte Bilanzanalyse. Universität Kiel, Olshausenstraße 40, D-2300 Kiel.

Institut für Quantitative Methoden, Technische Universität Berlin
Institutsvorstand: Prof. Dr. Hermann Krallmann. Lehrschwerpunkte: Systemanalyse, Operations Research, Statistik/Ökonometrie, Statistik/Wirtschaftsmathematik. Forschungsschwerpunkte: Computerintegrierte Fertigung (CIM), Management Support Systeme (MSS), Betriebliche Infor-

mations- und Kommunikationssysteme (BIKOS). Technische Universität Berlin, Franklinstraße 28/29, D-1000 Berlin 10.

Institut für Unternehmensführung, Besteuerung und Wirtschaftsinformatik, Abteilung Wirtschaftsinformatik, Universität Göttingen
Institutsvorstand: Prof. Dr. Jörg Biethahn. Lehrschwerpunkte: Systemanalyse, Datenbanken, Datenstrukturen, betriebswirtschaftliche Anwendungen der Wirtschaftsinformatik im Bereich der kleinen und mittleren Betriebe. Forschungsschwerpunkte: Entwicklung von ganzheitlichen Ansätzen, Lösung der Probleme mit unscharfen Daten, Simulation und Optimierung. Universität Göttingen, Nikolausberger Weg 9c, D-3400 Göttingen.

Institut für Wirtschaftsinformatik an der Johann Wolfgang Goethe Universität Frankfurt (IWI)
Institutsvorstand: Prof. Dr. Joachim Niedereichholz. Lehrschwerpunkte: Datenorganisation/Datenbanksysteme, Produktionsplanungs- und -steuerungssysteme, Computer Integrated Manufacturing, Architektur EDV-gestützter Informationssysteme, Simulationsmodelle. Forschungsschwerpunkte: Organisationsänderung und Implementierung von Informationstechnologie, 4. GL-Entwicklungen, CIM-Standards (MAP). Universität Frankfurt, Senckenberganlage 32, D-6000 Frankfurt/Main 1.

Institut für Wirtschaftsinformatik an der Universität des Saarlandes (IWi)
Institutvorstand: Prof. Dr. August-Wilhelm Scheer. Lehrschwerpunkte: Grundlagen und Techniken der EDV, Systementwurf, EDV-Anwendungen in betrieblichen Funktionen, Personal Computing, Auswirkungen der EDV auf die Betriebswirtschaftslehre. Forschungsschwerpunkte: Software-Engineering, Computer Integrated Manufacturing, Bildschirmtext, Einsatz von Mikrocomputern in Anwendungssystemen, Künstliche Intelligenz und Expertensysteme, Simulation. Universität des Saarlandes, Im Stadtwald, D-6600 Saarbrücken.

Institut für Wirtschaftsinformatik der Universität Bern (IWI)
Institutsvorstand: Prof. Dr. Joachim Griese. Lehrschwerpunkte: Gestaltungsprozesse betrieblicher Informationssysteme, Strategische Informationssystemplanung. Forschungsschwerpunkte: Expertensysteme, Auswirkungen betrieblicher Informationssysteme im Unternehmen. Universität Bern, Hallerstraße 6, CH-3012 Bern.

Institut für Wirtschaftsinformatik und Organisationsforschung der Universität Linz (ifbi), Forschungsschwerpunkt Betriebsinformatik
Institutsvorstand: o. Prof. Dr. Lutz J. Heinrich. Lehrschwerpunkte: Grundzüge der Datenverarbeitung (für Betriebswirte, Wirtschaftspädagogen, Sozialwirte und Volkswirte); Einführung in die betriebliche Datenverarbeitung (für Sozial- und Wirtschaftswissenschaftler); Betriebsinformatik (Besondere Betriebswirtschaftslehre für Betriebswirte); Systemplanung, Anwendungsprogrammierung und Datenorganisation (für Wirtschaftsinformatiker). Forschungs-

schwerpunkte: Curriculumentwicklung; Informationsrecht ("EDV und Recht"); Logistikinformationssysteme; Personalinformationssysteme; Mensch-Maschine-Kommunikation; Methodik, Methoden und Werkzeuge der Systemplanung; Mensch und Informationssystem, Informationsmanagement. Altenberger Straße 69, A-4040 Linz-Auhof.

Lehrstuhl für Betriebswirtschaftslehre und Wirtschaftsinformatik an der Universtät Würzburg
Lehrstuhlinhaber: Prof. Dr. Rainer Thome. Lehrschwerpunkte: Konzeption und Aufbau von Informationssystemen, Anwendungen in der Industrie, systemanalytische Werkzeuge. Forschungsschwerpunkte: Computer Integrated Manufacturing, Bürokommunikation, Systemanalyse. Universtität Würzburg, Sanderring 2, D-8700 Würzburg.

Lehrstuhl für Betriebswirtschaftslehre, insbesondere Wirtschaftsinformatik der Universität Trier
Lehrstuhlinhaber: Prof. Dr. Hans Czap. Lehrschwerpunkte: Einführung in die Wirtschaftsinformatik, Betriebliche DV-Anwendungen, Grundlagen betrieblicher Informationssysteme, Programmentwurf und Datenstrukturierung. Forschungsschwerpunkte: Systeme zur Produktionsplanung und -steuerung, Computer Integrated Manufacturing, Software-Ergonomie und Benutzerpartizipation, überbetrieblicher Datenverbund. Universität Trier, Postfach 3825, D-5500 Trier.

Lehrstuhl für Betriebswirtschaftslehre, insbesondere Wirtschaftsinformatik, an der Universität Erlangen-Nürnberg
Lehrstuhlinhaber: Prof. Dr. Peter Mertens. Lehrschwerpunkte: DV-Anwendungen in Industrie, Banken, Versicherungen, Öffentlichen Verwaltungen; Computergestützte Informations- und Planungssysteme. Forschungsschwerpunkte: Expertensysteme in der Betriebswirtschaft, PPS-Systeme, Datenbanken und Methodenbanken im Rechnungswesen, CHILL. Universität Erlangen-Nürnberg, Lange Gasse 20, D-8500 Nürnberg.

Lehrstuhl für Operations Research, Universität Kaiserslautern
Lehrstuhlinhaber: Prof. Dr. Heiner Müller-Merbach. Lehrschwerpunkte: Entwurf von Anwendungssoftware (aus der fachlichen Sicht des Benutzers), Informationsorientierte Betriebswirtschaftslehre (als Basis zum Entwurf von Informationssystemen). Forschungsschwerpunkte: Softwareentwurf aus der fachlichen Sicht des Benutzers, Konzeption von umfassenden Informationssystemen der Unternehmung. Unversität Kaiserslautern, Postfach 3049, D-6750 Kaiserslautern.

Lehrstuhl für Verwaltungswissenschaft, Datenverarbeitung und quantitative Methoden an der Hochschule für Verwaltungswissenschaften Speyer (Lehrstuhl für Verwaltungsinformatik)
Lehrstuhlinhaber: Prof. Dr. Heinrich Reinermann. Lehrschwerpunkte: Einführung in die Verwaltungsinformatik, Informationssysteme in staatlichen und kommunalen Verwaltungen, Informationsmanagement, Bildschirmtext, Datenschutz, informationstechnisches Labor (Einführung in die Benutzung von DV-Anlagen). Forschungsschwerpunkte: Potential der Informationstechnik für Verwaltungsreformen, Zusammenhänge von Ver-

waltungswissenschaft und Verwaltungsinformatik, Strategien der Einführung von Informationstechnik in Kommunalverwaltungen. Hochschule für Verwaltungswissenschaften, Freiherr-von-Stein-Straße 2, D-6720 Speyer.

VERBÄNDE UND VEREINIGUNGEN

Anwenderverband Deutscher Informationsverarbeiter e.V. (adi)
Vertretung der Interessen der Anwender bezüglich aller die Informationsverarbeitung betreffenden Angelegenheiten; Förderung der Anwendung und Fortentwicklung der Informationsverarbeitung aus den in der Praxis gewonnenen Erkenntnissen und Erfahrungen sowie ihre Verbreitung; Erstellen und Entwickeln von Richtlinien und Ordnungsmitteln der Informationsverarbeitung, insbesondere für die fachliche Aus-, Fort- und Weiterbildung; Pflege von Verbindungen und die Kooperation zu anderen Fachverbänden im In- und Ausland; Durchführung und Förderung von Fachkongressen und Fachveranstaltungen. D-2300 Kiel 17, Skipperweg 3.

CCITT
Comite Consultatif International Telegraphique et Telephonique, eine 1957 gegründete Vereinigung von derzeit 158 Staaten mit dem Ziel der Erarbeitung von Normungsvorschlägen und Empfehlungen zur Standardisierung, Planung und Koordinierung im Fernmeldeverkehr.

CODASYL
Conference on Data Systems Language, eine 1959 gegründete Vereinigung mit dem Ziel, eine unabhängige Programmiersprache für Problemlösungen im kommerziellen Bereich zu entwickeln (COBOL) und zu normieren. CODASYL beschäftigt sich auch mit der Entwicklung von Konzepten zum Aufbau von Datenbanksystemen.

Datenverarbeitungsorganisation des steuerberatenden Berufes in der Bundesrepublik Deutschland (DATEV)
Bereitstellung eines umfassenden Informationssystems für den steuerberatenden Beruf. D-8500 Nürnberg 80, Paumgartnerstraße 6-14.

Deutsche Gesellschaft für Dokumentation e.V. (DGD)
Förderung von Informationswissenschaft und -praxis. Aufgaben: Die Tendenzen auf allen Gebieten von Information und Dokumentation (IuD), vor allem die Forschung, die Entwicklung und die Praxis zu beobachten; Grundlagen und Arbeitsmethoden auf allen Gebieten der Informationswissenschaft und -praxis zu erarbeiten; die Forschung in der Informationswissenschaft und die Entwicklung der technischen Hilfsmittel in der Informationspraxis zu fördern; die Terminologie von Informationswissenschaft und -praxis auszubauen und zu vereinheitlichen; die Anwendungsmöglichkeiten der Reprographie und anderer neuer Technologien einschließlich der damit verbundenen Rechtsfragen zu verfolgen. D-6000 Frankfurt 1, Westendstraße 19.

Deutsches Institut für angewandte Kommunikation und Projektförderung e.V. (DIPRO)
Interdisziplinäre Verbindung von Wissenschaft und Praxis durch anwendungs- und projektorientierte Arbeiten im natio-

nalen und internationalen Bereich. Förderung von Einrichtungen zur Gewinnung, Verbreitung und Erprobung wissenschaftlicher Erkenntnisse und Erfahrungen auf dem Gebiet der angewandten Kommunikation. D-5300 Bonn 2, Leibnitzstraße 69.

European Computer Maufacturers Association (ECMA)
Die Vereinigung der europäischen Computerhersteller.

Gesellschaft für Datenschutz und Datensicherung e.V. (GDD)
Unterstützung von Vorhaben der Forschung, Entwicklung und praktischen Anwendung auf dem Gebiet des Datenschutzes und der Datensicherung in technischer, rechtlicher und organisatorischer Hinsicht. D-5300 Bonn 1, Euskirchener Straße 54.

Gesellschaft für Informatik e.V. (GI)
Veranstaltung von wissenschaftlichen Tagungen, Seminaren, Vorträgen und Ausstellungen; Mitwirkung bei wissenschaftlichen Veranstaltungen; Förderung von wissenschaftlichen Veröffentlichungen; Einrichtung von Ausschüssen und Fachgruppen; Entwicklung von Standards; Stellungnahmen zu Fragen der Informatikberufe; Förderung des Informatikunterrichts; Unterrichtung der breiten Öffentlichkeit über Fragen der Datenverarbeitung. D-5300 Bonn 1, Postfach 1669.

Gesellschaft für Information und Dokumentation mbH (GID)
Wissenschaftliche und technische Information einschließlich Systeme der fachlichen Information, Dokumentation und Kommunikation in der Wirtschaft, Politik, öffentlichen Verwaltung und Freizeit. D-6000 Frankfurt 71, Lyoner Straße 44-48.

Gesellschaft für Informationsverarbeitung in der Landwirtschaft (GIL)
Förderung der Forschung auf dem Gebiet der Informationsverarbeitung in der Landwirtschaft; Unterstützung des Austausches von Erkenntnissen und Erfahrungen im Zusammenhang mit der Informationsverarbeitung in der Landwirtschaft; Verbesserung der Ausbildung auf dem Gebiet der Informationsverarbeitung in der Landwirtschaft. D-8050 Freising-Weihenstephan, Hochfeldweg 5.

IFIP
International Federation of Information Processing Societies, eine in den 50-er Jahren gegründete Vereinigung mit den Zielen, eine internationale Dachvereinigung der nationalen Computergesellschaften zu schaffen und jährlich eine internationale Computertagung zu organisieren.

International Society of Ergonomics for Information Users
Förderung aller Bestrebungen um eine Produktivitätssteigerung in der gesamten Fachwelt durch Ergonomie geistigen Schaffens. A-5020 Salzburg, Hans-Sperl-Gasse 16.

ITU
International Telecommunication Union, eine 1865 gegründete Vereinigung von derzeit 158 Staaten mit dem Ziel der Standardisierung im Fernmeldeverkehr und der internationalen

Verbände und Vereinigungen

Vergabe von Fernsehfrequenzbändern im Rahmen ihrer Unterorganisation IFRB (International Frequency Registration Board).

Österreichische Computer-Gesellschaft (ÖCG)
Förderung der Informationsverarbeitung und der automatischen Datenverarbeitung unter Berücksichtigung ihrer Auswirkungen auf Mensch und Gesellschaft. A-1090 Wien, Garnisonstraße 7/21.

Österreichische Gesellschaft für Arbeitsmedizin
Maßnahmen, um die Arbeitsmedizin und die auf ihrem Gebiet gewonnenen Erkenntnisse und Erfahrungen für den Schutz der arbeitenden Menschen nutzbar zu machen; Förderung der Zusammenarbeit aller einschlägigen wissenschaftlichen Institutionen, Behörden, wirtschaftlichen und persönlichen Interessenvertretungen. A-1090 Wien, Schwarzspanierstraße 17.

Österreichische Gesellschaft für Dokumentation und Information
Erfahrungsaustausch; Informationsverarbeitung; Patentdokumentation; Reprographie. A-1010 Wien, Hohenstaufengasse 3.

Österreichische Gesellschaft für Kybernetik
Erforschung der theoretischen Grundlagen der Kybernetik und ihrer Teilgebiete; Untersuchung ihrer Anwendungsmöglichkeit auf soziale, ökonomische und technische Probleme; Übernahme von Ausbildungsaufgaben im Bereich der kybernetischen Methoden und Techniken, insbesondere der elektronischen Datenverarbeitungsanlagen; Förderung der Durchführung interdisziplinärer Studien und Vertretung Österreichs in internationalen Organisationen auf dem Gebiet der Kybernetik. A-1010 Wien, Schottengasse 3.

Österreichische Gesellschaft für langfristige Entwicklungsforschung (Zukunftsforschung)
Erweckung des öffentlichen Interesses an systematischer Zukunftsforschung; Behandlung von Zukunftsfragen in Fortbildung und Ausbildung; wissenschaftliche Analysen von Zukunftsfragen und über Orientierungs- und Entscheidungshilfen im Hinblick auf Zukunftsfragen in Verwaltung, Wirtschaft und Politik; Mitarbeit in österreichischen und internationalen Gremien an Fragen der langfristigen Entwicklungsforschung. A-1010 Wien, Universitätsstraße 7.

Österreichische Gesellschaft für Statistik und Informatik
Pflege der statistischen Wissenschaft in allen ihren Zweigen und ihrer Anwendung auf allen Gebieten der Natur- und Geisteswissenschaften; Förderung des Unterrichts auf dem Gebiete der Statistik; Verbreitung des Verständnisse für die Statistik in der Öffentlichkeit und Aufrechterhaltung der Verbindung zwischen statistischer Theorie und praktischer Anwendung. A-1014 Wien, Neue Hofburg, Heldenplatz.

Österreichische Gesellschaft für Wirtschaftssoziologie
Förderung der Erforschung wirtschaftssoziologischer Probleme; Förderung der interdisziplinären Forschung in Verbin-

dung mit der Wirtschaftssoziologie. A-1190 Wien, Franz-Klein-Gasse 1.

Schweizerische Informatikkonferenz
Beratende Organisation auf dem Gebiet des Datenverarbeitungswesens, die dem Informationsaustausch dient und die Koordinierung und die Zusammenarbeit auf dem Gebiet des elektronischen Datenverarbeitungswesens fördert. CH-4003 Basel, Postfach.

Schweizerische Vereinigung für Dokumentation (SVD/ASD)
Zusammenarbeit und Vertretung der schweizerischen Dokumentation auf nationaler und internationaler Ebene; Beratung in Dokumentationsfragen; Erfahrungsaustausch über Dokumentationsprobleme; Förderung einer systematischen Grundausbildung und Fortbildung von Dokumentalisten. CH-3072 Ostermundingen, Rütiweg 67.

Verein zur Förderung des Deutschen Forschungsnetzes e.V. (DFN)
D-1000 Berlin 15, Pariser Straße 44, Telebox DFN 100.

Englischsprachiger Index

abbreviated dialling 250
ability for user
  involvement 84
abstraction 33
acceptance 37
acceptance research 38
acceptance test 32
access 451
access authority 451
access path 452
access time 452
accounting system 32
accumulate figure 183
accumulate figure
  system 184
accuracy 191
achievement
  motivation 254
acoustic coupler 37
ADA 35
adaption of program 331
address 36
adminstrative
  objective 35
advanced communications
  service 36
advisor 81
affected individual 87
aid 356
aid for organization 305
AIDA 36
ALGOL 38
algorithm 39
algorithmic language 39
alphabet 39
alphabetic letter 100
alphanumeric 39
analog 40
analog computer 40
analog data 40
analog-digital
  converter 40
analogy method 40
analysis of
  acceptance 38
analysis of benefits 297
analysis of
  competition 439
analysis of
  consequences 241
analysis of faults 173

analysis of present system 227
analysis of tasks 55
analysis of
  variances 363
analysis technique 1
APL 46
application program 46
application
  programmer 46
application software 46
application software system 46
application system 46
application system management 2
application task 45
application-task
  ratio 55
APT 47
architecture 51
archiving 52
arithmetic unit 348
ARPANET 52
array processor 178
artificial
  intelligence 249
ASME symbolics 52
assembler 52
assembly language 52
assignment of tasks 58
association 425
asynchronous 53
asynchronous working 53
attribute 54
attribute of
  communication 235
audible alarm 37
audit 351
audit information
  system 351
audit software 339
auditing the computer system 399
auditive feedback 54
authentification 63
author support system 65
author-reviewer cycle 64
automated bank
  machine 66
automated data
  collection 63
automatic programming 63

Index

automatic voice
 recognition 64
automation 63
automation of public administration 429
availability 426
AVR 65
Bachmann diagram 66
back-up computing
 center 62
background 202
backlog 165
bandwith 66
banking automation 66
bar chart 66
bar code 389
baseband 67
BASIC 67
basic application 67
basic software 68
basic system 68
basics information
 resource management 13
basics man 13
basics systems
 planning 14
basics task 12
basics technic 14
batch processing 384
baud 68
BDSG 69
bearer service 415
behaviour 29
benchmark 73
benchmark test 74
benchmarking 74
benefit 297
BIGFON 88
binary digit 92
binary element 91
bionics 92
bit error probability 92
bit parallel 93
bit pattern 91
bit serial 93
bit/s 92
BITNET 93
black box 95
blank character 252
block 95
block error rate 96
blocking privilege 379
Boolean algebra 96
bottom-up strategy 96
box-jenkins method 96
bpi 96
Braille terminal 97

brainstorming 97
bring up 354
Brook's law 97
browsing 97
BTX 97
BTX act 98
BTX law 99
BTX treaty 99
bubble store 95
buffer 342
buffer time 342
bus system 100
bus topology 100
business
 administration 86
business informatics 85
byte 101
C 102
CAD 102
CAE 102
CAI 102
calendering 230
call service 103
CAM 103
cancellation
 privilege 261
CAP 103
capacity 231
CAQ 103
career - job 4
cash management
 system 104
category of
 information 215
causal diagram 231
cause 422
central processing
 unit 448
central storage 449
centralization 448
centronics interface 104
change management 41
change of tasks 57
channel 230
character 446
character error
 probability 446
character printer 189
check keying 187
check list 339
checkpoint 181
chief programmer
 team 104
CHILL 105
CIM 105
cipher system 427

479

Index

circuit switching 255, 144
classify 232
clerk 356
CLG 105
closed decision 193
closed system 193
closed user group 193
cluster analysis 105
CNC 106
co-operation 243
co-operation aid 244
co-ordination 244
co-ordinator 244
coaxial cable 233
COBOL 106
COCOMO 106
code 107
code checking 107
cognitive 233
cognitive science 233
color jet printer 173
combined detailed analysis 234
comfilm 107
command 234
command language 234
command mode 234
commercial insurance 429
communication 235
communication analysis 235
communication behaviour 238
communication control 178
communication diagram 235
communication ergonomics 236
communication matrix 236
communication network 237, 237
communication subsystem 235
communication table 237
communication technics 237
compatibility 238
competence 238
competition law 439
compiler 238
complex of data transformation 135
composition 239
computer abuse 109

computer abuse insurance 110
computer aided instruction 111
computer crime 108
computer fraud 108
computer manipulation 109
computer oriented language 267
computer sabotage 110
computer science 210
computer spying 110
computer systems generation 108
computer virus 111
computerized tomography 110
computing center 348
concentrator 243
conception calculus 70
condition 70
conference and exhibition 241
conference technique 239
configuration 240
configuration manager 240
conflict 240
conflict management 241
congestion 418
connect time 44
connectivity 427
consequence of integration 221
construct validity 242
consulting system 81
content adressable memory 53
content validity 218
context diagram 242
contingency analysis 242
control 387
control character 387
control flow 386, 242
control system 243
controller 111
controlling 5
conversational mode 140
conviviality 243
copyright law 421
COPYTEX 112
corporate model 421
correction privilege 351
correctness 245
correlation analysis 245
cost 245

Index

cost accounting 18
cost center
 measurement 246
cost item
 measurement 246
cost value technique 245
CP/M 112
CPM 112
creative 246
creativity technique 247
criterion-related
 validity 247
critical path 248
cross compiler 113
cross-impact
 analysis 113
crypto analysis 248
cryptographic method 248
cryptography 248
cryptology 249
CSNET 113
cursor 113
curve follower 250
customizing 114
cybernetic principle 250
cybernetics 250
cylinder 453
data 116
data abstraction 117
data administrator 117
data bank computer 118
data bank scheme 118
data base 119
data base language 118
data base management system 136
data base system 118
data collection 120
data collection
 sheet 120
data communication
 system 133
data concept 124
data consistency 124
data conversion 124
data dictionary 123
data dictionary
 system 123
data element 119
data flow 120
data flow diagramm 121
data flow machine 121
data independence 134
data integrity 129, 122
data link 418
data management 7
data medium 132

data model 125
data model design 125
data object 125
data preparation 132
data privacy 127
data privacy act 128
data privacy
 commission 128
data privacy council 129
data processing 134
data processing
 register 136
data processing
 system 135
data processing terminal
 equipment 120
data protection
 officer 127
data record 127
data relationship 119
data secret 122
data security 129
data security
 measure 130
data sharing 136
data sink 129
data source 127
data station 131
data structure 131
data structuring 131
data system 7
data terminal
 equipment 120
data theft 119
data transfer rate 416
data transmission 133
data transmission
 equipment 134
data type 132, 117
data typist 132
data-flow-oriented
 detailed analysis 120
data-oriented
 approach 117
Datex 137
deadlock 426
debugging tool 224
decentralization 139
decentralized
 concentration 139
decision 162
decision behaviour 164
decision model 163
decision rule 163
decision support
 system 164
decision table 163

481

Index

decision table technique 164
declaration 425
declarative language 138
decomposition 138
dedicated connection 384
dedicated system 137
deduction system 137
degree of adaption 158
degree of automation 64
degree of centralization/decentralization 146
degree of co-ordination 244
degree of connection 425
degree of interaction 141
degree of job structuring 392
degree of participation 312
degree of penetration 151
degree of reliability 452
degree of test performance 411
delivery time 43
density 60
department for data processing 135
DES algorithm 138
description rule 82
description tool 82
design catagory 166
design matrix 167
design of dialog 141
design review 166
design technique 8
destructive readout 261
detailed survey 177
detailed systems design 176
determination of time 447
deterministic 138
development strategy 165
DFN 139
diagnosis 140
diagram 140
dial up connection 435
dialog 140
dialog control 141
dialog flexibility 141
dialog language 142
dialog medium 142
dialog partner model 142

dialog stacking 142
dialog system 143
dialog technique 143
DIANE 143
digigraphic 144
digit 451
digital 144
digital computer 145
digital data 144
digitizer 144
direct call 145
direct manipulation 145
directory 218
disaster management 17
distance 33
distributed computer system 428
distribution 146
distribution - marketing 1
distribution key 428
distribution of costs 246
distribution service 257
disturbance 388
DNC 147
document 147
document analysis 149
document processing 149, 73
document reader 72
documentation 147
documentation system 148
download 200
DP manager 153
driver 417
DSG 151
dynamic memory 153
dynamic sitting 154
dynamic system 154
EAN 155
early warning system 185
EARN 155
easiest-first strategy 155
ECMA symbolics 155
economic efficiency 441
economic informatics 441
editor 156
EDP expert 156
effectiveness 157
efficiency 157
efficiency analysis 441, 441
EHKP 157
ELAN 159
elasticity 159

482

electronic banking 159
electronic book 160
electronic funds transfer
 system 159
electronic mail 160
electronic
 wastebasket 160
electrostatic print
 unit 160
elementary block 160
empiric 161
employer 58
emulator 161
end-user 74
end-user system 161
entity 162
entity relation
 principle 162
entity relationship
 diagram 162
entity type approach 298
environment
 requirement 420
equipment maintenance 43
ergonomics 9
ergonomics of working
 space 49
error 173
error control unit 176
error correcting
 code 175
error detecting code 175
error indifference 176
error rate 175
estimate of costs 59
ETHICS 168
EUNET 169
evaluation of alterna-
 tives 40
event 167
evolutionary
 prototyping 169
EXAPT 169
exchange 426
execution of
 implementation 152
existing system-oriented
 approach 226
experiment 169
experimental
 prototyping 170
explorativ
 prototyping 172
extend of goal 450
fall back system 354
fault time 60
fault tolerance 176

fault tree 175
fault tree analysis 175
FCS 173
feasibility study 152
feed-back 355
feed-back control 349
field-programmable read-
 only memory 178
file 115
file management 115
file organization 115
filler 185
finance and
 accounting 10
financial accounting 180
fixed day changeover 387
fixed disc drive 180
fixed length record 358
flexibility 181
flexible disk
 cartridge 146
flicker 182
flowchart 31
font 182
forecasting 329
foreground 432
formal objective 182
format 122
formatting 183
forming sub-systems 393
FORTH 183
FORTRAN 183
front-end processor 433
function 186
function guaranty 187
function key 187
function of task 55
function point model 185
function separation 187
function test 187
function-oriented
 system 186
functional primitiv 196
functional
 programming 186
functional unit 186
GANTT diagram 189
gateway 189
generalization 191
generally accepted
 accounting
 principles 194, 194
generally accepted
 principles of computer
 security 189
generator 191

483

Index

generell economic informatics 38
geometric modelling system 192
goal 450
goal setting analysis 451
GoDS 194
goods information system 436
graphic 195
graphic character 361
graphical data processing 195
graphical kernel system 195
group 425
hacker 197
hand rest 197
handshaking 344
hard copy 198
hardest-first strategy 198
hardware 198
hardware monitoring 199
HDLC 200
head crash 200
help information 201
heuristic 200
heuristic seeking 201
hierarchical network 201
hierarchy 201
high level language 203
HIPO 202
histogram 203
hologram 204
holographic memory 204
home computer 200
host 204
host language 189
hybrid computer 205
hyphenation 368
hypothesis 205
iconic 206
identify 206
image processing 91
impact printer 271
imperative programming 206
implementation 206
implementation language 208
implementation method 15
implementation time 208
in-house integration 219
incremental compiler 219

indexed file organization 210
indexing 208
individual software 209
INDUSTRIAL REALTIME BASIC 210
inference 360
information 210
information behaviour 216
information block 214
information center 218
information desire 213
information function 214
information function structuring 385
information hiding principle 190
information law 16
information logistics 215
information loss 216
information manager 215
information modelling 212
information requirement 213
information retrieval 217
information right 61
information science 217
information services 214
information system 211
information systems department 34
information-oriented business management 212
INFORMIX 218
infrastructure 17
initial graphical exchange specification 218
initialisation 218
input data 158
input device 158
input technic 8
input-output analysis 219
input-output processor 157
inside-out approach 219
inspection analysis 82
instant camera for screen 89
instant changeover 370
instruction 70

Index

integrated cipher
 system 222
integrated circuit 222
integration 220
integration between
 companies 453
intelligence 223
intelligent terminal 223
interaction 437
interaction diagram 223
interactive 224
interactive
 programming 224
interdependence 224
interface 360
interface message
 processor 233
intermediate data
 medium 137
internal price 427
interpreter 224
interview technique 225
INVAS 225
inventory analysis 31
ISDN 225
Jackson design
 methodology 229
job 58
job chain 229
job demand 48
job description 385
job enlargement 55
job enrichment 55
job management 59
job rotation 57
job satisfaction 51
job structuring 390
joystick 386
K-interface 230
key 359
keyboard 402
kill goal 288
kind of fault 173
kind of
 implementation 207
kind of information 213
Kiviath graph 232
knowledge 442
knowledge
 acquisition 442
knowledge base 443
knowledge engineer 443
knowledge processing 444
knowledge
 representation 443
knowledge-based man-
 machine interface 442

knowledge-based
 system 170
KOPS 245
label 231
labor economics 51
LAN 251
latency 251
latitude to act 197
law informatics 348
legal integration 229
liberal data 184
life cycle
 management 252
life cycle model 317
light pen 256
lightning damage 95
limited goal 257
line 255
line efficiency 255
line printer 446
linguistic data
 processing 258
link 425
link protocol 418
linkage editor 91
linked file
 organization 191
LISP 258
list of attributes 54
list of goals 247
list of systems
 strengths 384
list of systems
 variances 362
list of work
 elements 403
list processing 258
load sharing 251
loader 251
LoC 258
logging 168, 60
logic bomb 259
logical data flow
 diagram 259
logical data model 259
logical model 259
logistics 18
logistics information sy-
 stem 260
logistics philosophy 260
logistics system 260
LOGO 261
logogram 261
long-distance
 network 179
loss rate 426
LOTOS 261

Index

low-level language 293
machine language 267
machine program 267
macro instruction 265
magnetic card 263
magnetic disc 263
magnetic disc pack 264
magnetic disc
 storage 264
magnetic head 263
magnetic layer
 storage 264
magnetic tape 263
magnetic tape unit 263
mailbox 97
main program 199
main storage 199
maintenance by
 patching 181
make or buy 157
man-machine
 communication 273
man-machine interface 77
management 11
management information
 system 185
management principle 265
management science 265
mandant system 265
MAP 266
mapping 266
marketing information system 266
mask 267
mask design 268
master station 365
match code 268
materials flow 269
matrix 269
matrix analysis 269
matrix printer 270
measurement figure 274
measurement
 objective 275
measurement rate 274
measurement
 technique 274
mental 273
mental models
 research 273
menu 274
menu control 274
meshed network 267
message 290
message switching 290
meta 275
method 275

method base 276
method base management
 system 277
method base system 276
method of parametric
 estimate equation 276
method system 19
methodology systems
 planning 20
methods peak 276
microcomputer 277
microprocessor 278
microprogram 278
microprogramming 278
microwave
 identification 278
microwave
 transmission 351
mini company concept 278
MIPS 279
MIS 279
mixed ware 280
mnemonic 280
mobile data
 collection 280
mode of integration 220
mode of operation 85
model 280
model principle 281
modelling 281
modelling approach 281
modem 282
modul 282
MODULA-2 282
modular program 284
modular programming 283
modularity 284
modularization 283
modulation 284
module principle 283
monitor 284
monitoring 284
monitoring procedure 285
MOS 285
motivation 286
motive 285
motive of user
 involvement 84
mouse 270
MPM 286
MS-DOS 286
multi functional 286
multi-address
 message 355
multicomputer system 272
multiplex operation 287
multiplier method 287

multipoint
 connection 272
multiprocessing 288
multiprocessor
 system 272
multiprogramming 272
multitasking 288
multiuser system 271
MUPID 288
Murphy's law 288
N-key-rollover 290
NATURAL 290
NC 290
need 70
net-change principle 326
netting 291
network 291, 291
network
 configuration 291
network information
 center 448
network level 291
network management 292
network technic 20
network technique 292
network workload 291
node 233
non-impact printer 292
non-procedural
 language 293
normalize 293
notation 294
number 294
numbering 295
numbering scheme 295
numbering system 295
numeric 294
OASIS 298
object for testing 412
object of numbering 295
object program 298
object-oriented
 programming 298
objective 449
objective of
 individuals 209
objective of
 organization 307
objective of
 participation 312
observation technique 80
OEM 299
off-line 299
off-shade processing 176
offer analysis 43
office automation 100
office technics 100

office work 5
on-line 301
open communication
 system 300
open decision 300
open query 184
open system 300
open systems
 interconnection 226
operating system 86
operation 301
operation test 86
operation time 69
operational
 objective 301
operations research 302
operator 43
optical character
 recognition 299
optical computer 302
optical disc 89
optical disc memory 302
optical waveguide 257
optimization of present
 system 228
optimizing compiler 302
order control 83
order disposition 83
organization 303
organization chart 303
organization
 department 303
organization mode of pro-
 grammer team 304
organization of user
 involvement 84
organization of work 2
organization
 principle 305
organization
 teachings 305
organizational
 development 304
organizational integra-
 tion 308
organizational
 preparation 308
organizational
 psychology 306
organizational
 research 304
organizational
 theory 306
organize 308
organizer 307
organizing factor 303
orgware 309

Index

original document 421
output data 60
output device 61
output technic 3
outside-in approach 309
PABEX 310
packet 310
packet switching 310
packet switching net 310
page 363
paradigm 310
parallel changeover 311
parallel dialog 311
parallel mode 310
parallel printer 311
parameter 311
parity bit 338
part of system 408
participant 84
participant
 orientation 83
participation 21
partitioned data base 58
PASCAL 312
password 313
pattern 288
pattern recognition 289
PEARL 313
penetration 313
percentage rate
 method 337
perception 315
performability 253
performance 252
performance analysis 253
performance
 attribute 254
performance
 engineering 404
performance
 measurement 254
performance measurement
 figure 274
performance measurement
 technique 275
performance
 specification 254
performance test 254
peripheral equipment 314
permanent data 383
permission of use 296
personal computer 314
personal computing 209
personal data 315
personal identification
 number 318
personnel
 development 314
personnel information system 315
personnel management 22, 21
personnel
 preparation 315
PERT 315
Petri net 315
PHONENET 317
physical attribute 317
physical data flow
 diagram 317
physical model 318
physical unit 68
pictograph 318
picture 88
picture
 communication 180, 89
picture editing
 system 88
picture element 89
picture phone 88
picture processing 91
piggy packing 318
pipeline concept 318
pipelining 319
pirated copy 346
PL/1 319
PLANET 319
planned system 376
planned system-oriented
 approach 377
PLANNET technique 319
planning 319
planning goal 321
planning modelling
 language 320
planning testing 412
plastic card 321
plausibility control 322
plotter 322
point-to-point
 connection 453
pointer 446
polling 32
pooling 322
poor-structured
 problem 359
pop-up menu 322
portability 419
PORTAL 323
POS 323
POS terminal 323
position 385
PPS 323

488

PPX 324
preliminary design 196
preliminary survey 433
preparation for
 implementation 431
present system 226
presentation technic 6
presentation
 technique 324, 6
price of benefit 296
principle 324
principle of
 abstraction 325
principle of functional
 design 326
principle of hierarchical
 structuring 325
principle of
 locality 325
principle of multiple
 using 325
printer 150
printing device 150
priority processing 326
prisoner's dilemma 190
private law sector 326
problem analysis 327
problem management 327
problem solving 327
problem solving
 system 328
problem-oriented
 programming
 language 328
procedural language 329
procedure 329
process 338
process computer 338
process control 338
process of data
 transformation 135
process of
 documentation 149
process of information
 and communication 211
process of information
 exchange 213
process of work 47
process organization 32
processing technic 29
processing unit 424
processor 338
procurement 4
product cost
 measurement 59
production 22
production facility 86

production management 23
productivity 329
program 330
program
 documentation 331
program flag data 333
program flow chart 330
program instrumentation
 technique 220
program interrupt 334
program library 331
program preparation 334
program
 specification 334
program storage 333
program test 334
program unit 331
programmable read-only
 memory 336
programmed
 instruction 332
programmed query 432
programming
 behaviour 333
programming language 332
programming language ge-
 neration 381
programming service 332
programming system 24
project 335
project control 336
project library 335
project management 24
project manager 335
project scheduling 335
PROLOG 336
PROM programmer 332
property accounting 43
property insurance 356
protection of
 patents 313
protocol 336
protocol adapting 337
prototype contract 282
prototyping 337
PSDA 340
pseudo code 340
PSL 340
psychology 341
public administration
 informatics 430
public domain
 software 341
public key system 300
public law sector 301
qualification 24
quality 343

489

Index

quality assurance 343
quality assurance
 system 343
quality measure 343
quality of work 49
quality of working
 life 204
quantity listing 273
query language 31
questionaire
 technique 184
random access 145
random access memory 345
random file
 organization 193
rare skills
 archiving 233
RAS 345
rate of alteration 41
rate of compilation 419
rate of testing 412
rate of transaction 416
rating 345
rationalization 346
re-configuration 350
read-only memory 354
read/write memory 361
readability 256
real process 347
real time processing 347
real time programming
 language 347
receiving control 435
recovery 440
redundancy 348
refresh memory 90
relation 350
relation chart 122
relation method 350
reliability 452
remote control
 system 180
remote job entry 178, 58
remote maintenance 180
remote work place 409
removable disc
 memory 437
replicated data base 271
report 81
report system 82
reprogrammable read-only
 memory 272
request to 42
requirement 41
requirements
 definition 316

requirements
 engineering 42
requirements of
 technics 404
requirements
 specification 43
research and
 development 11
resistance 439
response time 347, 69, 44
response time
 behaviour 44
responsibility 424
restart 440
REVS 351
right of
 co-determination 279
ring network 352
ring topology 352
risk analysis 352
roboter 210
robotics 353
robustness 353
routing 437
RPG 354
RSA 354
rule 349
run time 252
SADT 357
sales information
 system 429
sample 387
satellite business
 system 357
satellite computer
 system 358
satellite network 358
scale 369
scaled extend of
 goal 451
scanner 88
scenario 400
scenario technique 400
scientific discipline 30
scope of functions 188
screen 90
scroll 353
security 367
security measure 367
security system 25
selection of
 information 216
self-checking number 340
self-recording 364
self-service abuse 63
selftest 364

semantic data model 364
semantic network 364
semi-autonomous
 group 407
semiotics 364
sensibility analysis 161
sensitivity 365
sensor 365
sequence of
 changeover 208
sequential access 366
sequential control 32
sequential file
 organization 365
serial access memory 378
serial mode 366
serial printer 366
server 366
service 436
service computer
 center 366
service market 8
service processor 437
serviceability 436
shadowing 130
shell 366, 275
shielding 33
shop-floor data
 collection 85
shop-floor
 programming 438
shrink-wrap license 362
signal 368
simulation 368
simulation language 368
simulator program 369
SMALLTALK-80 369
smart card 105
SNOBOL 370
socio-technical
 approach 241
sociobiology 377
sociology 377
software 370
software configuration
 management 372
software crisis 374
software design
 method 371
software design
 principle 371
software development sy-
 stem 371
software engineer 374
software engineering 370
software house 374
software licence 375

software monitoring 372
software protection 375
software quality 372
software quality
 assurance 373
software technology 376
software theft 374
software tool 373
source data 324
space preparation 346
spatial data
 management 346
special character 377
special contract
 conditions 101
special economic
 informatics 83
specialized journal 173
specification
 certificate 379
speech 380
speech filing system 381
speech processing 382
speech synthesis
 system 380
spool 379
spreadsheet system 401
SQL 383
stability 383
stage hypothesis 392
stagewise changeover 393
standard figure 231
standard report 383
standard software 383
star topology 386
star-type network 386
statement 45
static memory 384
static system 384
steering committee 255
stepwise changeover 361
stepwise refinement 361
stereo screen 385
stochastic 388
stock data 83
storage device 378
storage hierarchy 378
storage technic 26
storage without
 redundancy 349
store and foreward 388
store and foreward
 switching 379
strategic objective 388
strategy 388
streaming tape 388
strength 384

Index

stress 389
string processing 389
structogram 389
structural unit 390
structure 390
structure of organization 54
structure-oriented detailed analysis 34
structured programming 391
structured walk through 389
study of present system 228
sub-project 408
sub-system 393
subject objective 357
subject of task 56
subroutine 421
subscriber 407
subscriber's class 408
subset 140
substance of work 48
supplier's support 41
survey of present system 227
survey technique 10
switching technic 427
symbol 393
symptom 394
synchronization 394
synchronous 394
synectics 394
synergetics 394
synergistic 395
Syntax 395
synthesis of tasks 56
system 395
system crash 400
system design 195
system development 397
system generation 397
system of entities 71
system of objectives 451
system of tasks 56
system parameter 398
system program 398
systems analysis 396
systems analyst 398
systems approach 396
systems auditor 399
systems barrier 397
systems configuration 398
systems engineering 26
systems house 397

systems integration 397
systems programmer 398
systems software 399
systems teachings 398
systems theory 399
tabel-oriented planning modelling language 401
table 401, 183
table control 401
table of attributes 299
table of entity types 299
tactil man-machine interface technic 402
tactile 402
tactile feedback 402
tape speed 66
target data processing 450
task 402
task force 335
task management 402
teaching and research institution 252
teachware 255
team-oriented inspection 391
technical integration 405
technical preparation 192
technics system 404
technology 406
tele communication service 179
tele copy printer 178
telebox 409
telecommunication 409
telefax 409
telematics 410
teleprocessing 120
teleprocessing monitor 415
teleservice 409
telesoftware 410
teletex 410
teleworking 409
telex 410
tendering 62
terminal work space 90
test data 411
test documentation 411
test of integration 221
test strategy 413
testing 411
testing system 413
testing technique 27

Index

thermo printer 414
three-level concept 149
throughput 153
throughput time 153, 152
time estimation 403
time measurement 447
time motion
 measurement 396
time sharing 414
time sharing computer
 center 414
time sharing system 407
time slice 448
time theft 447
time-costs-progress diagramm 447
token 415
tool 438
top-down strategy 415
topicality 37
topology 415
total changeover 192
track 382
track ball 354
training 362
transaction 415
transaction driven
 system 407
translator 418
transmission 418
transmission line 419, 134
transmission rate 419
transparency 416
transport service 28
transport system 28
transport technic 28
tree structure 68
tree topology 68
trend analysis 417
trial installation 327
trigger 432, 61
trigger-oriented
 system 432
turn-key system 360
type of association 53
type of model 281
type of organization 306
type of program 334
type of task 57
type of technic 405
type of user 79
UFAB 419
union-controlled
 approach 193
unit 255
unit of information 214

UNIX 420
unlimited goal 172
unusual end 395
unusual end of
 program 330
update anomaly 289
updating 383
user 45
user analysis 74
user behaviour 80
user commitment 84
user control 77
user data 75
user error 76
user friendliness 76
user illusion 77
user independence 80
user involvement 75
user manual 77
user orientation 77
user research 76
user service 78
user system 3
user terminal 79
user training 78
user view 79
user's guide 75
usufructuary right 296
validity 423
validity test 294
value added network 423
value analysis 438
value of information 217
variable length
 record 359
variance 362
Venn diagram 424
verification 426
virtual 430
virtual line 430
virtual storage 430
virtual terminal 431
VLSI 431
voice annotation
 system 380
voice message exchange
 system 381
voice recognition 380
volatile memory 182
von-Neumann-computer 431
voucher 71
voucher design 72
wage and salary administration 261
watchdog 435
weight of goal 247
weight ratio method 194

493

Index

Weinberg's rule 437
well-structured
 problem 444
white line skipping 89
winchester disc
 storage 440
window 178
word 444, 413
word editing 413
word processing 413
word processing
 equipment 413
word processing
 system 414
work breakdown
 structur 50
work element 403
work journal 50
work sampling 287
work structuring 49
working space 49
workload 48
workload forecast 48
Xerox Telecommunications
 Network 445
Y-technique 435

Deutschsprachiger Index

[A]

Absatz – Marketing 1
 Banking-POS 67
 EAN 155, 323
 Einheitliche
  Artikelnumerierung 159
 Europaeinheitliche
  Artikelnummer 169
 Kundendienst-
  Informationssystem 249
 Marketing-
  Informationssystem 266,
  1
 Point of Sale 322
 POS 323, 67
 POS-Banking 323
 UPC = Universal Product
  Code 421
 Verkaufs-
  Informationssystem 426

Verkaufspunkt 426
Vertriebs-
 Informationssystem 429,
 1, 266
Allgemeine Grundlagen
Arbeitshypothese 48
Architektur 51, 46, 100,
 118, 303, 330, 381, 431
Arithmetische
 Operation 52
Ausfallsicherheit 60,
 130
Auswahlkriterium 62
Automat 63
Basistechnologie 68
Bedingung 70, 32, 148,
 164, 316, 367, 391, 422
Bewertungskriterium 87
Bildverarbeitung 91,
 213, 249, 289
Boolesche Algebra 96
Computation
 Availability 107
Computation
 Reliability 107
Datenfernverarbeitung 120,
 284
Datenübertragung 120
Datenverarbeitung 134,
 72, 73, 109, 120, 153,
 195, 209, 213, 250, 258,
 267, 288, 348, 399, 418,
 444
Deduktion 137
deterministisch 138,
 163, 388
Dezentralisierung 428
Diagnose 140, 81, 152,
 180, 224, 266, 349, 363,
 437
Diagnoseregel 140
Disjunktion 146
Dokumentverarbeitung 149
EDV = Elektronische Da-
 tenverarbeitung 156
Effektivität 157, 13, 75
Effizienz 157, 13, 18,
 184, 242, 260, 283, 339,
 433, 441
Einzelworterkennung 159
Elastizität 159
Entscheidung 162, 21,
 148, 164, 165, 190, 193,
 195, 197, 212, 300, 302,
 316, 331, 336, 352, 385
Entscheidungsinformation 215

494

Index

Entscheidungsmodell 163, 146, 240, 451
Entscheidungsprozeß 163
Entscheidungsregel 163, 297
Ereignis 76, 159, 315
Fehler 173, 27, 60, 65, 73, 75, 76, 92, 103, 111, 130, 132, 136, 173, 174, 175, 176, 180, 181, 187, 208, 277, 280, 283, 319, 325, 327, 330, 331, 338, 373, 387, 388, 400, 412, 413, 426, 435, 436, 437, 446
Fehlerart 173, 132, 173, 340
Fehlerdiagnose 175
Fehlfarbenverarbeitung 176
Festbildkommunikation 180, 409
Flexibilität 181, 106, 148, 191, 278, 319, 339, 449
Fließsprache 182
Formalproblem 182
Formalziel 182, 13, 51, 130, 139, 148, 305, 307, 339, 357, 363, 441, 449
Funktion 186, 162, 186, 187
Funktionsumfang 188, 43, 181, 261
Gebrauchsnutzen 190
Geltungsnutzen 191
Genauigkeit 191, 50, 81, 124, 148, 227, 287, 403
Geschlossene Entscheidung 193, 300
Graphische Datenverarbeitung 195, 386
Hierarchie 201, 57, 68, 125, 325, 360, 420, 427, 450, 451
Hypothese 205, 26, 169, 349, 423
Individuelle Datenverarbeitung 209, 381
Informations- und Kommunikationsprozeß 211, 28, 56, 214, 217, 252, 260, 265, 269, 365, 393, 405
Informations- und Kommunikationstechnologie 212
Informationsart 3, 5, 8, 28

Informationsprozeß 216
Informationsverlust 216
Informationswert 217, 216
Integration 220, 6, 9, 11, 13, 18, 23, 100, 102, 103, 105, 119, 144, 207, 219, 220, 221, 222, 229, 234, 260, 265, 305, 308, 323, 392, 397, 405, 429
Integrationsform 220, 222, 405
Integrierte Datenverarbeitung 222
Interaktion 223
interaktiv 224, 132, 300, 384
Interdependenz 224, 190, 244, 305, 327
Interne Operation 224
Kardinale Skala 231
kognitiv 273
Kommunikationsprozeß 237
Kommunikationssystem 237, 300
Konjunktion 241
Konsistenzregel 242
Koordination 244, 6, 41, 324, 336, 391
Korrektheit 245, 138, 322, 426
kreativ 246, 70
Kreiskausalität 247
Kriterium 248
Labilität 251
Leistung 252, 32, 41, 58, 153, 156, 157, 172, 231, 245, 246, 253, 254, 257, 274, 275, 285, 334, 379, 404, 424, 429, 436
Leistungsbereitschaft 253
MAT-System = Mensch-Aufgabe-Technik-System 270
MCBF = Mean Computation Before Failure 270
Meßgröße 274, 151, 153, 258, 411, 412, 419
Mehrfachfehler 272
mental 273
meta 275
Metakommunikation 275
Metasprache 275
Metawissen 275
Mnemo 145
MTBF = Mean Time Between Failure 286

495

Index

MTTF = Mean Time To Failure 286
multifunktional 286, 186, 406
Nachricht 290, 28, 64, 67, 97, 100, 101, 233, 235, 253, 290, 291, 298, 300, 319, 348, 352, 355, 368, 381, 386, 409, 418, 425, 426, 437
Natürliche Sprache 290
Negation 290
Nominale Skala 293
Notation 294, 47, 64, 82, 105
Offene Entscheidung 300, 247
Offenes Kommunikationssystem 300
Operation 301, 131, 135, 192, 245, 253, 334, 338, 347, 362, 414, 452
Ordinale Skala 303
Organisation 303
Organisieren 308
Paradigma 310
Performability 314
Performance Availability 314
Performance Reliability 314
Prinzip 324, 26, 55, 96, 139, 190, 222, 265, 283, 308, 324, 325, 326, 355, 357, 371, 376, 391, 393
Problemverarbeitungssystem 328, 135, 137, 161, 164, 170
Produktionsregel 329
Produktivität 329, 35, 50, 107, 157, 182, 213, 286, 312, 346, 412, 419, 449
Prozeß 338, 3, 8, 58, 61, 123, 139, 211, 234, 237, 243, 273, 283, 316, 319, 330, 336, 338, 341, 388, 420, 426, 430
Prozeßdatenverarbeitung 338
Rationalisieren 346, 66, 80, 103, 127
Realproblem 347
Regel 349, 171, 443
Regelinterpreter 349
Richtigkeit 351
Rückwärtsverkettung 355

Sachziel 357, 13, 55, 139, 148, 177, 182, 195, 305, 307, 363, 449
Schaltalgebra 359
Schlüsseltechnologie 360
Schnittstelle 360, 3, 8, 15, 24, 35, 78, 104, 121, 123, 134, 157, 190, 195, 221, 226, 230, 234, 278, 283, 284, 314, 326, 336, 339, 341, 342, 372, 391, 395, 402, 415, 423, 431, 443
Schrittmachertechnologie 361
Sicherheit 367, 13, 62, 86, 129, 148, 175, 182, 339, 353, 367, 399, 427, 449
Skalierung 369, 237, 245, 269, 297, 343, 345
Sprache 382
Sprachübersetzung 382
Sprachverarbeitung 213, 258
Sprecheridentifikation 382
Sprecherverifikation 382
Störung 388, 175, 327, 436
Stabilität 383
Starrheit 384
Steuerregel 386
stochastisch 388, 163
Struktur 390
Symbolische Informationsverarbeitung 394
System 395
Systemkonfiguration 398, 231, 273, 285, 397
Szenario 400, 113, 266, 400
taktil 402
Technologie 406
Telekommunikation 409, 99, 105, 267, 409, 410
Transparenz 416, 387, 449
Überlappungsfehler 418
Ursache 422, 423
Verfügbarkeit 426, 85, 130, 157, 176, 182, 274, 301, 345, 367, 427, 449, 452
Vergleichsoperation 426
virtuell 266
Virtuelle Kommunikation 430
Vorgang 66, 159

Index

Vorwärtsverkettung 434
Wartbarkeit 436, 148, 345, 391
Wechselbeziehung 437, 154
Wirtschaftlichkeit 441, 35, 50, 52, 59, 148, 157, 182, 222, 286, 312, 331, 346, 388, 411, 441, 449
Wissen 442, 11, 24, 30, 83, 142, 211, 223, 233, 256, 275, 295, 362, 364, 442, 443
Wissensbasiertes System 443
Wissensverarbeitung 444, 134
Ziel 449, 1, 2, 6, 11, 13, 14, 21, 23, 24, 260, 273, 297, 301, 307, 309, 312, 316, 317, 319, 321, 327, 329, 346, 350, 359, 387, 388, 399, 407, 433, 438, 450, 451
Zielausmaß 449
Zielerreichung 450
Zielertrag 450, 74, 232, 241, 248, 288, 451
Zielinhalt 450
Zielkriterium 450, 74, 172, 185, 232, 247, 257, 274, 275, 288, 320, 369, 450
Zielmaßstab 450
Zielsystem 451, 40, 209, 245, 297, 307, 321, 329, 441, 449, 450
Zielwert 451, 163
Zukunftstechnologie 452
Zuverlässigkeit 452, 13, 25, 173, 175, 182, 283, 345, 375, 411, 426, 449

Analysemethode 1
ABC-Analyse 31, 173
Akzeptanzanalyse 38
Alternativenbewertung 40, 97, 152, 239, 241, 288, 297, 320, 368, 433, 438
Anforderungsanalyse 42, 41, 43, 82, 152, 196, 213, 371, 404
Angebotsanalyse 43, 62, 74, 196, 420
Basis-Ereignis 67
Büroanalyse 100
Checkliste 104
Clusteranalyse 105

Cross-Impact-Analyse 113
Delphi-Methode 138
Diameter 143
Durchführbarkeitsstudie 152, 9, 38, 56, 64, 75, 141, 146, 166, 167, 196, 241, 244, 247, 308, 316, 392, 433
Empfindlichkeitsanalyse 161, 297, 421
Erheben der Anforderungen 168
Euklidischer Abstand 169
Fehleranalyse 173, 174
Fehlerbaum 175
Fehlerbaumanalyse 175
Grundsatzkritik 196
Hierarchisch strukturierte Prüfliste 201
Individuelles Rating 209
Input-Output-Analyse 219
Klumpen 233
Kommunikationsdiagramm 235
Kommunikationsmatrix 236
Kommunikationsnetzwerk 237
Kommunikationsspinne 237
Kommunikationstabelle 237, 235
Konsequenzanalyse 241, 38, 152
Kontingenzanalyse 242
Korrelationsanalyse 245, 106, 247, 276, 330, 367
Kosten-Nutzen-Technik 245, 297
Kostenstruktur 246
Kriterienkatalog 247, 43
Leistungsanalyse 253
Machbarkeitsstudie 263
Matrixanalyse 269
Matrizenkalkül 270
Mehrstufenrating 272
Mitteilungsrating 279
Monte-Carlo-Analyse 285
Nutzenstruktur 296
Nutzwertanalyse 297, 97, 245, 320
Optimierungsmodell 302
Prüfliste 339, 166
Problemanalyse 327, 316, 330, 363
Radius 345
Ratingmethode 345, 218, 353
Ratingskala 345
Regressionsanalyse 350

Risikoanalyse 352, 367
Schwächenkatalog 362
Schwachstellenanalyse 363, 205, 362
Scoring-Modell 363
Sensitivitätsanalyse 365
Software-Qualitätssicherung 373
Spezifikation 379
Sprachanalyse 380
Spracherkennung 380, 249, 289, 382
Stärkenkatalog 384
Szenario-Technik 400
Technikanalyse 404, 152, 196, 252, 254
Top-Ereignis 415
Trendanalyse 417, 330
Ursache/Wirkung-Analyse 422
Varianzanalyse 424
Varianzmatrix 424
Verfahrenskritik 426
Verifikation 426
Wertanalyse 438
Wettbewerbsanalyse 439, 13, 124, 151, 215
Wirkungsanalyse 441, 166
Wirtschaftlichkeitsanalyse 441, 373, 439
Wissensakquisition 442, 171, 443
Wisserserwerb 443
Zielanalyse 449
Zielsetzungsanalyse 451
Zuverlässigkeitsuntersuchung 452

Anwendungssystemmanagement 2
Änderungsdienst 41
Anpassungsmethode 44
Anwendungsrückstau 46
Customizing 114
Datenreduktionsprogramm 127
Entwicklungsrückstau 165, 375
Flickarbeit 181
Hardware-Monitoring 199, 285
Lebenszyklusmanagement 252, 2, 436
Meßprogramm 274
Monitoring-Verfahren 285
Objektsystem 298
Samplingverfahren 357
Software-Monitoring 372, 285
Stichprobenverfahren 387

Tracingverfahren 415
Tuning 417
Wartung 2

Arbeitsorganisation 2
Ablauforganisation 32, 2, 17, 54, 55, 56, 221, 303, 304, 305, 307, 308, 309, 344, 348
Arbeitsablauf 47, 44, 61, 72, 80, 162, 164, 167, 225, 256, 268, 274, 292, 314, 321, 396, 412, 447, 448
Arbeitsanforderung 48
Arbeitsbereicherung 48
Arbeitserweiterung 48
Arbeitsinhalt 48, 2, 303
Arbeitsqualität 49
Arbeitsstrukturierung 49, 50, 55, 56, 57, 407
Arbeitsteilung 50, 2, 11, 49, 55, 244, 265, 283, 391, 407
Arbeitszuordnung 51, 2, 236, 303, 390
Aufbauorganisation 54, 2, 17, 32, 55, 56, 303, 304, 305, 307, 308, 309, 344, 348, 351, 385
Aufgabenbereicherung 55, 49
Aufgabenerweiterung 55, 49
Aufgabenwandel 57, 12, 57
Aufgabenwechsel 57, 50
Aufgabenzuordnung 58, 50, 238, 308, 385
Auslösendes Ereignis 61
Automatisierungsgrad 64, 166, 244
Benutzerunabhängigkeit 80
Bildschirmarbeitsplatz 90, 141, 142, 279
Dezentrale Datenerfassung 139
Dialogfähigkeit 141
Dialoggestaltung 141, 75, 142, 176, 238, 311
Dialogisierungsgrad 141, 166
Dialogwechsel 143
Dynamisches Sitzen 154
EDV-Heimarbeit 156
Einfügungsgrad 158, 280
Einzelzuordnung 159
Entscheidungsspielraum 163

Index

Ereignis 167, 61, 64, 71, 135, 153, 168, 199, 262, 291, 292, 351, 432
Ergonomie 384
Freiheitsspielraum 185
Funktionstrennung 187
Gruppenzuordnung 196, 407
Handauflage 197
Handlungsspielraum 197, 48, 80, 185, 238, 438, 448
Heimarbeit 200
Hilfsinformation 201, 448
Horizontale Arbeitsstrukturierung 204
Kellerspeicher 231
Kompetenz 238, 84, 336, 372, 385, 424
Koordination 50
Koordinierungsgrad 244, 166
Online-Dokumentation 301
Ordnungskomponente 303
Paralleler Dialog 311, 142
Tätigkeitsspielraum 404
Tätigkeitswechsel 404
Teilautonome Gruppe 407, 50, 58
Telearbeit 409
Telearbeitsplatz 409
Verantwortung 424, 238
Vertikale Arbeitsstrukturierung 429
Vorgang 432, 168, 189, 199, 248, 291, 292, 319, 336, 342, 351, 437

Ausgabetechnik 3
ADU 36
Akustische Anzeige 37
Analog-Digital-Umsetzer 40, 63
ATM = Automated Teller Machine 54
Ausgabe 60
Ausgabeeinheit 60
Ausgabegerät 61, 278, 314, 322, 379, 385, 413, 430, 448
Ausgabewerk 61, 449
Automated Teller Machine 63
Bankautomat 66, 67
Bankomat 67, 63

Benutzerstation 79, 33, 42, 44, 69
Bildrecorder 89
Bildschirm 130, 90, 33, 37, 61, 77, 88, 89, 90, 95, 97, 113, 142, 144, 145, 151, 178, 179, 182, 183, 198, 231, 236, 256, 268, 270, 271, 274, 284, 314, 322, 353, 438
Bildtelefon 91
Braille-Terminal 97, 150
Browsing 97
Cash Dispenser 104
CD = Cash Dispenser 104
COM 107
Computer-Output-Mikrofilm 108
Datenendgerät 120, 95, 178, 409
Datensichtgerät 130
Datenstation 131, 36, 97, 223, 233, 235, 251, 272, 291, 324, 336, 352, 365, 384, 394, 419, 431, 435, 437, 453
Dialogmedium 142, 105, 141, 145, 202, 216
Digital-Analog-Umsetzer 144
Druckeinrichtung 270
Drucker 150, 61, 95, 104, 150, 160, 179, 182, 183, 230, 271, 292, 430
Druckwerk 150, 150, 160, 173, 189, 198, 271, 311, 314, 366
E/A-Gerät 155
Ein-/Ausgabeprozessor 157
Elektrofotografischer Drucker 160
Elektrostatisches Druckwerk 160
Empfangsstation 161
Farbstrahldruckwerk 173
Fenster 178, 236, 322
Fernkopierer 178, 409
Flimmern 182
Ganzzeichendruckwerk 189, 151
Hard Copy 198, 72, 81, 271
Kettendrucker 232
Kontomat 242
Kugelkopfdrucker 249
Laserdrucker 251
Magnetkarte 263, 105
Matrixdruckwerk 270, 151

499

Index

Mechanisches
  Druckwerk 271, 151,
  292, 446
Mikroverfilmung 278
Multifontdrucker 287
Multifontleser 287
Nadeldrucker 290
Nicht-mechanisches Druck-
  werk 292, 151, 414
Paralleldruckwerk 311,
  151
Peripherie 314, 95, 120,
  133, 229, 230, 363, 378,
  380, 398, 431
Plasmabildschirm 321
Plotter 322, 61, 178
POS-Terminal 323
Prägeterminal 324
Rasterbildschirm 345
Rollen 353
Schnittstellentechnik 361
Seitendrucker 363
Sendestation 365
Serialdruckwerk 366, 151
Sichtgerät 368
Sprachausgabesystem 380,
  61, 382
Stereo
  Bildbetrachter 385
Terminal 410
Thermodruckwerk 414
Tintenstrahldrucker 415
Typenbanddrucker 417
Typenraddrucker 417
Virtuelle Peripherie 430
Zeichenbildschirm 446
Zeichendrucker 446
Zeilendruckwerk 446, 151

B

Benutzersystem 3
  Abweichungsbericht 35
  Ad-hoc-Abfrage 35
  Adaptierbare Schnittstel-
    le 35
  Aktionscode-Technik 37
  Aktivationsfehler 37
  Akzeptanz 37, 3, 13, 38,
    44, 50, 75, 182, 213,
    242, 286, 287, 312, 337,
    403, 449
  Akzeptanzanalyse 38

Anforderung 41, 3, 41,
  42, 43, 72, 74, 82, 85,
  106, 111, 114, 134, 150,
  170, 172, 207, 209, 273,
  279, 281, 286, 288, 316,
  333, 334, 337, 339, 341,
  343, 349, 370, 371, 373,
  375, 378, 383, 404, 420,
  436, 442
Anfrage-Technik 43
Anlieferungszeit 43
Antwortzeit 44, 28, 44,
  253, 274, 416
Antwortzeitverhalten 44,
  77, 142, 216, 274, 285,
  301
Anweisungs-Technik 45
Arbeitsinformation 48
Auditive Rückmeldung 54,
  230
Auskunftssystem 61
Beantwortungszeit 69
Bearbeitungszeit 69
Bedarfsbericht 69
Bedienerführung 69
Bedieneroberfläche 69
Benutzeradäquanz 74
Benutzeranforderung 75
Benutzerberechtigung 75
Benutzerdaten 75, 60, 82
Benutzerfehler 76, 268
Benutzerführung 77
Benutzerfreundlichkeit 76,
  38, 148, 182, 256, 312,
  339, 449
Benutzergeführter
  Dialog 77
Benutzerkontrolle 77, 80
Benutzermodell 77
Benutzeroberfläche 77
Benutzerorientierung 77,
  85, 100, 265, 320
Benutzerschnittstelle 77,
  3, 8, 9, 75, 105, 114,
  118, 131, 183, 223, 236,
  273, 341, 442
Benutzersicht 79, 136,
  145, 150
Benutzersprache 79
Bericht 81, 354
Berichtssystem 82, 75,
  81
Beschreibungsfehler 82
Bildschirmformular 90
Bildschirmmaske 90
Computergeführter
  Dialog 108

CPU-Zeit 113
Dateneingabe 320
Dialog 140, 31, 63, 64, 88, 103, 141, 142, 184, 202, 218, 223, 224, 268, 273, 415, 437, 448
Dialogführung 141, 142, 143, 236, 274, 322, 340
Dialogflexibilität 141
Dialoggestaltung 141, 75, 142, 176, 238, 311
Dialogoberfläche 142
Dialogpartnermodell 142
Dialogsteuerung 143
Dialogtechnik 143, 142, 145
Dialogwechsel 143
Direktabfrage 145
Direkte Manipulation 145, 143
Durchlaufzeit 151
Durchsatzzeit 153, 73, 253, 274
Einfachfehler 158
Einzelplatzsystem 159
Endbenutzersystem 161, 46
Fehlerklassifikation 175
Formular 183, 317, 412
Formular-Technik 183
Freie Abfrage 184, 97, 118, 189, 383, 432
Help-Funktion 200
Hilfsinformation 201, 448
Hybride Dialogführung 205
ikonisch 206, 116, 236
Informationsbedarf 213, 75, 81, 82, 125, 191, 214, 216, 383
Informationsklasse 215
Informationswiedergewinnung 217, 230, 325
Integritätsbestimmte Dialogführung 223
Intention 223
Ja/Nein-Technik 229
Jobkette 229
Kellerspeicher 231
Konsistenzfehler 242
Konvivialität 243
Laufzeit 252, 283, 285, 302, 331
Leistungsanforderung 253
Lesbarkeit 256, 72

Maskengestaltung 268, 132, 176, 214, 236, 337
Maskenkennzeichnung 268
Mehrbenutzerbetrieb 271
Mehrbenutzersystem 271, 112, 118, 298
Mehrplatzsystem 272
Meldung 273
Menü 274, 202, 268, 274, 322, 432
Menüselektions-Technik 274
Menüsteuerung 274, 141, 401
Mensch-Maschine-Kommunikation 273, 202, 402
Mensch-Maschine-Schnittstelle 273
Methoden-orientiertes Programmieren 276
Mnemo 280
Modusfehler 284
Natürlich-sprachlicher Dialog 290
Nutzungsform 296
Online-Dokumentation 301
Paralleler Dialog 311, 142
Parametrisierte Abfrage 311
Piktogramm 318, 206, 236
Primärdaten 324, 83, 116, 124, 158, 354
Rückmeldung 355
Schichtenmodell Benutzerschnittstelle 359
Schlüsselwort-Technik 360
Selbst-adaptierende Schnittstelle 363
Selbstwissen 364
Sichtdaten 368
Standardauswertung 383
Standardbericht 383
Steuerinformation 386
Taktile Rückmeldung 402
Teilhaberbetrieb 407
Teilnehmer 407, 178, 179, 193, 251, 255, 337, 355, 366, 409, 410, 423, 425
Teilnehmerbetrieb 407, 219
Transaktionsrate 416
Vordruck 432
Vorprogrammierte Abfrage 432, 118, 184

501

Index

Wissensbasierte Benutzerschnittstelle 442
Zugriffsberechtigung 451, 52, 110, 114, 115, 402
Berufsbild –
Tätigkeitsfeld 4
Anlagenbediener 43, 4, 87, 148, 267, 326, 330
Anwendungsprogrammierer 46, 4, 21, 23, 41, 102, 191, 283, 296, 314, 333, 334, 366, 374, 399
Arbeitsplaner 48
Bediener 69
Benutzer 74
Berater 81, 8, 304
Berufsbild – Tätigkeitsfeld 127
CIO = Chief Information Officer 105
Controller 111
Datenadministrator 117, 4, 7, 150
Datenbankadministrator 117
Datentypist 132, 4, 21, 87, 158, 174
DV-Koordinator 153, 22
DV-Manager 153, 215
DV-Revisor 153
EDV-Berater 156
EDV-Sachverständiger 156
Gutachter 196
Informationsmanager 215, 4, 25, 215
Konfigurationsmanager 240
Koordinator 244, 301, 398
Moderator 282
Operator 302
Organisationsberater 304
Organisationsprogrammierer 306
Organisator 307, 21, 314
Programmierer 332
Programmrevisor 333
Projektleiter 335, 104, 208, 321, 335, 389
Sachbearbeiter 356, 82, 166, 429
Sachverständiger 357
Softwareentwickler 374
Softwareingenieur 374, 333, 334
Systemanalytiker 396
Systembediener 396
Systemplaner 398, 4, 10, 21, 25, 33, 48, 82, 84,

149, 162, 166, 170, 194, 213, 215, 222, 226, 227, 252, 308, 312, 314, 391, 403, 405
Systemprogrammierer 398, 21, 41, 102, 333, 374
Systemrevisor 399
Wissensingenieur 443, 442
Beschaffung 4
Bestelldisposition 83, 435
Bestellüberwachung 83
Einkaufsdisposition 159
Materialbewirtschaftung 268
Wareneingangsprüfung 435
Büroarbeit 5
Archivierung 52, 89, 107
Bausteinkorrespondenz 69
Beratungssystem 81
Bewegtbild-Telekonferenz 87
Büroanalyse 100
Büroarbeitsplatz 100
Büroautomation 100, 102, 429
Bürocomputer 100
Bürofernschreiben 100
CAI 102
Computer Aided Industry 107
Elektronischer Kalender 160
Elektronischer Konferenzraum 160
Elektronischer Papierkorb 160
Entscheidungskonferenz 163
Entscheidungsunterstützungssystem 165
Fachaufgabe 173
Factory of the Future 173
Fernschreiben 180
Führungsaufgabe 185
Kalendermanagement 230
Konferenztechnik 239, 448
Problemtext 328
Sachbearbeitungsaufgabe 356
Sekretariatsfunktion 363
Spezialaufgabe 379
Standardtext 383
Strukturmodellierungswerkzeug 39
Terminkalender-Management 411
Textbearbeitung 413
Textverarbeitung 413, 52, 213, 410, 413

502

Index

Unterstützungsaufgabe 421

C

Controlling 5
 Aufzeichnen 60
 Betriebsvergleich 86
 Externe Revision 172
 Fehlerbaumanalyse 175
 GCS 189
 GoB 194
 GoDS 194
 GoS 194
 Interne Revision 224
 Kennzahl 231, 48, 288, 452
 Kontrolle 242
 Mini Company Konzept 278
 Prüfprogramm 339
 Prüfsoftware 339, 278
 Prüfung 339
 Revision 351, 148, 351, 399
 Revisions-Informationssystem 351
 Soll-Ist-Vergleich 376
 Systemparameter 398
 Systemprüfung 399
 Zeitvergleich 448

D

Darstellungsmethode 6
 Ablaufdiagramm 31
 Anforderungsprofil 43
 ASME-Symbolik 52
 Attribute-Spezifikationstabelle 54, 299
 Bachmann-Diagramm 66
 Balkendiagramm 66, 189
 Begriffskalkül 70, 364
 Benutzerdokumentation 75, 148
 Benutzerhandbuch 77, 75, 202
 Beschreibungsmittel 82, 41, 42, 82, 223, 294, 330, 351, 371, 404
 Beschreibungsmittel für Datensysteme 82
 Beschreibungsregel 82, 82
 Beschreibungstechnik 82
 Beziehungsmappe 88
 Blockkonzept 96
 Buchstabe 377
 CPM 112, 291
 Critical Path Method 113
 Datenbankbeschreibung 117
 Datenbankschema 118, 125, 134
 Datenbankstrukturdiagramm 118
 Datenbeschreibungssprache 119
 Datenflußdiagramm 121, 6, 120, 163, 196, 242, 259, 317
 Datengitter 122
 Datenmodell 125, 6, 7, 66, 118, 137, 141, 259, 350, 359, 415
 Diagnosemappe 140
 Diagramm 140, 178, 240, 424
 Dokument 147, 148, 208, 239, 316
 Dokumentation 147, 10, 46, 148, 149, 177, 202, 240, 331, 338, 344, 372
 Dokumentationssystem 148
 ECMA-Symbolik 155
 Entitäten-Struktur-Diagramm 162, 299
 Entscheidungstabelle 163, 148, 164
 Entscheidungstabellentechnik 164
 ER-Diagramm = Entity-Relationship-Diagramm 167
 Ereignisknotennetzplan 168
 Fehlerbaum 175
 Formale Notation 182
 GANTT-Diagramm 189, 319
 GKS 194
 Graphische Beschreibung 195
 Gutachten 196
 Hierarchiediagramm 201
 Hierarchisches Datenmodell 201
 Hierarchy plus Input, Process and Output 201
 HIPO-Methode 202, 42, 82, 148
 Histogramm 203, 6
 Historische Mappe 203
 ikonisch 206, 116, 236

503

Index

IPO-Diagramm = Input-Process-Output-Diagramm 225
Kiviath-Graph 232
Knoten 233, 286, 360, 452
Kommunikationsdiagramm 235
Kommunikationsmatrix 236
Kommunikationsnetzwerk 237
Kommunikationsspinne 237
Kommunikationstabelle 237, 235
Kontextdiagramm 242
Kritischer Weg 248, 292
Leistungsprofil 254, 40, 404
Lineares Ablaufdiagramm 257
Logisches Datenflußdiagramm 259
Mappe 266
Mapping 266
Matrixanalyse 269
Matrizenkalkül 270
Metra Potential Methode 277
MPM 286, 291
Nachträgliche Dokumentation 290
Nassi-Shneiderman-Diagramm 290
Netz 310, 352, 386, 410, 418, 427, 433
Netzplan 291, 113, 233, 248, 291, 292
Netzplantechnik 292, 237, 286, 291, 315
Netzwerkmodell 292
Objekttypen-Attribute-Tabelle 299, 299
Objekttypen-Tabelle 299, 299
Objekttypen-Zusammenhangsgraph 299
Organigramm 303, 34
Organisationsplan 306
PAP 310
PERT 315, 291
Petri-Netz 315, 168
Pflichtenheft 316, 32, 43, 62, 196
PLANNET-Technik 319
Polaritätsprofil 322
Präsentationstechnik 324, 166, 314
Problembeschreibungssprache 327

Programmablaufplan 330, 163, 390
Programmdokumentation 331, 148, 333
Projektbegleitende Dokumentation 335
Pufferzeit 342, 248, 292, 319
Sachverständigenliste 357
SADT 357, 42, 82, 281, 316, 371
Semantisches Netzwerk 364
Semi-formale Beschreibung 364
Simultandokumentation 369
Struktogramm 389
Strukturblock 390
Strukturdiagramm 390
Systemdokumentation 396
Testdokumentation 411, 148
Übersichtsdiagramm 419
Venn-Diagramm 424
Verbale Beschreibung 424
Virtuelle Mappe 430
Visualisierungstechnik 431
Vorgangsknotennetz 432
Vorgangspfeilnetz 432
Vortragstechnik 433
Vorwärtsdokumentation 434
Zeit/Kosten/Fortschrittsdiagramm
Zyklisches Ablaufdiagramm 453

Darstellungstechnik 6
Alphabet 39, 7, 39, 100, 395
alphanumerisch 39, 313, 401, 403
analog 7, 144
Analoge Daten 40, 116
ASCII = American Standard Code for Information Interchange 52
Balkencode 66
Baud 68, 52
Bd 69
Beschreibungsmittel 357
Bild 88, 3, 8, 88, 89, 91, 176, 180, 195, 204, 206, 213, 261, 289, 318, 385, 443
Bildmenge 89
Binärmuster 91, 88
Binärzeichen 91, 91, 92, 96, 101, 267, 302

Index

Bit 92, 15, 53, 60, 66, 89, 90, 92, 93, 96, 112, 173, 175, 204, 214, 231, 338, 382, 416, 419, 444
Bit/s 92, 68, 416
Bitmuster 93
Blindenschrift 95
Block 95, 96, 127, 138, 363, 416
BpI 96, 60
Buchstabe 100, 294, 295, 402, 446
Byte 101, 60, 93, 138, 231, 375, 416, 419, 427
Code 107, 7, 28, 73, 101, 107, 114, 175, 189, 220, 258, 267, 270, 325, 382, 389, 412
Daten 116
Daten-Bauart 117, 126, 131
Datenblock 119
Datenelement 119
Datenfeld 120
Datenformat 122, 28, 218, 289, 426
Datenübertragungsgeschwindigkeit 134
Datenübertragungsrate 134
Datenobjekt 125
Datensatz 127, 115, 124, 141, 149, 168, 181, 202, 214, 231, 258, 322, 358, 359, 382
Datenstruktur 131, 7, 63, 66, 122, 125, 134, 178, 184, 258, 268, 283
Dezimalziffer 139
digital 7, 112, 144
Digitale Daten 144, 116, 117, 119, 125
Dokumentation 325
Dualziffer 151
EAN 155, 323
EBCDIC = Extended Binary Coded Decimals Interchange Code 155
Einheitliche Artikelnumerierung 159
Europaeinheitliche Artikelnummer 169
Fehlererkennungscode 175
Fehlerkorrekturcode 175, 345
Feld 177
Füllzeichen 185
Font 182, 293
Format 182
Gbit 189, 189
Gbyte 189, 189
Graphik 195, 90, 122, 144, 175, 178, 189, 195, 202, 203, 206, 281, 316
Graphisches Kernsystem 195, 218
hexadezimal 201
IGES 206
Informationsart 213, 26, 29, 78, 88, 211, 229, 273, 380, 385, 405, 409, 413
Initial Graphical Exchange Specification 218
K-Schnittstelle 230
Kapazität 231, 6, 60, 66, 144, 263, 302, 378, 389, 404, 430, 440
Kbit 231, 231
Kbyte 231, 231
Kennsatz 231, 218
Knoten 426, 427
Konzeptionelle Datenstruktur 243
Leerzeichen 252, 377
Logische Datenstruktur 259
Logischer Satz 259
Logogramm 261
Maske 267, 202
Matrix 269, 90, 163, 167, 237, 269, 401
Mbit 270
Mbyte 270
Muster 288, 204, 289
numerisch 294, 401, 403
OCR 299, 73
Oktalziffer 301
Physische Datenstruktur 317
Piktogramm 318, 206, 236
Pixel 319
Satz 358
Satz fester Länge 358
Satz variabler Länge 359
Schriftzeichen 361, 252
Segment 363
Seite 363
Signal 368, 7, 20, 40, 61, 66, 67, 98, 100, 199, 230, 233, 236, 250, 255, 257, 263, 282, 284, 302, 358, 360, 365, 380, 381, 415, 427

505

Index

Sonderzeichen 377, 116, 294, 401, 402
Sprache 380, 3, 8, 88, 142, 144, 149, 213, 258, 275, 289, 381
Stelle 385, 185, 268
Steuerzeichen 387, 417
Strichcode 389, 155, 257, 280
Symbol 393, 271, 289, 303
Tabelle 401
Testdokumentation 334
Text 413, 3, 8, 52, 156, 160, 178, 183, 213, 229, 413, 414, 423, 429
Wort 444, 60, 394
Zeichen 446, 53, 72, 94
Zeichenvorrat 446
Zeichnung 446
Ziffer 451, 91, 116, 294, 295, 299, 340, 377, 402, 446

Datenmanagement 7
Anpassungsmethode 44
Customizing 114
Data Dictionary 115
Dateigenerierung 115
Dateikatalog 115
Dateiverwaltung 115
Datenadministrator 117, 150
Datenbankadministrator 117
Datenkatalog 123, 115
Datenkatalog-System 123, 149
Datenkonzept 124
Datentechnische Vorbereitung 132
Metadaten 275
Speicherhierarchie 378, 201

Datensystem 7
Abfrage 31
Abrufauftrag 32
Abstrakter Datentyp 33
Abweichung 35
Aktualität 37, 148, 326
Alphabetische Daten 39
Alphanumerische Daten 39
Assoziationstyp 53
Attribut 54, 71, 125, 162, 212, 228, 237, 239, 268, 293, 299, 341, 359
Ausgabebeleg 60
Ausgabedaten 60, 116, 119, 135, 158, 186

Auskunftssystem 61
Automatische Datenerfassung 63, 425
Begriffssystem 71, 295
Beleg 71, 72, 120, 256
Belegsystem 73
Benutzersicht 79, 136, 145, 150
Berichtssystem 82, 75, 81
Bestandsdaten 83, 60, 116, 158
Betriebsdatenerfassung 85, 23, 278, 323, 420
Bewegungsdaten 87
Beziehungstyp 88
Codierte Daten 107
DAM = Direct Access Method 115
Data Dictionary 115
Datei 115, 76, 115, 127, 133, 145, 150, 168, 181, 218, 231, 320, 333, 358, 359, 401, 420, 453
Dateigenerierung 115
Dateikatalog 115
Dateiorganisation 115, 134, 191, 193, 210, 218, 365
Dateiverwaltung 115
Daten 116
Daten-Direkteingabe 117
Datenausgabe 320
Datenbank 117
Datenbanksystem 118, 7, 31, 36, 79, 118, 127, 139, 164, 168, 218, 346, 440
Datenbankzugriff 119
Datenbasis 119, 31, 53, 58, 60, 79, 81, 98, 102, 117, 119, 120, 121, 123, 124, 130, 134, 136, 158, 160, 186, 189, 191, 217, 218, 233, 239, 253, 266, 268, 271, 276, 293, 322, 323, 326, 340, 348, 365, 383, 392, 415, 416, 427, 432, 443, 451
Datenbeziehung 119, 7, 56, 125, 134, 259, 341
Dateneingabe 320
Datenerfassung 120, 63, 85, 90, 120, 132, 137, 158, 174, 280, 322, 323, 324, 340, 358, 366, 389, 425, 436

Datenerfassungsbeleg 120
Datenfeld 120
Datenfluß 120, 121, 219,
  234, 242, 317, 330
Datenintegrität 122, 28,
  136, 141, 168, 383, 440
Datenkapsel 122
Datenkatalog 123, 115
Datenkonsistenz 124,
  122, 130, 136, 349, 415
Datenkonvertierung 124
Datenmanipulation 124
Datenorganisation 126
Datensatz 127, 115, 116,
  141, 193, 210, 214, 231,
  322
Datensicherheit 129,
  122, 129, 130
Datensicherung 129, 129,
  130, 322, 332, 427
Datensicherungsmaßnahme 130,
  129, 367
Datenstruktur 131, 7,
  31, 63, 66, 122, 125,
  134, 184, 190, 192, 229,
  258, 268, 283, 289, 329,
  432, 444, 452
Datentyp 132, 283, 362,
  370
Datenunabhängigkeit 134,
  136
Datenzwischenträger 137,
  107, 120, 300
Dezentrale
  Datenerfassung 139
Direktabfrage 145
Direkte Verbindung 145
Direkteingabe 145
Doppelt gekettete Dateiorganisation 149
Drei-Schema-Konzept 149,
  7, 96, 124, 134, 293
Einfach gekettete Dateiorganisation 158
Einfügungsgrad 158, 280
Eingabebeleg 158
Eingabedaten 158, 60,
  116, 119, 135, 186
Entität 162, 33, 53, 54,
  66, 71, 111, 117, 119,
  122, 123, 125, 134, 145,
  162, 239, 273, 280, 283,
  293, 299, 341, 349, 350,
  359
Entitätsmenge 162
Erfassungsbeleg 168
Externe Daten 172

Externes Schema 172
Feld 177
Fixe Daten 181
Formatierte Daten 182
Formular 183, 317, 379,
  389, 412
Fortschrittszahl 183
Fortschrittszahlensystem 184,
  453
Freie Abfrage 184, 97,
  118, 189, 383, 432
Gekettete Dateiorganisation 191
Gestreute Dateiorganisation 193
Halbdirekte
  Verbindung 197
Identifikation 318
Identifikationsschlüssel 206,
  293
Identifizieren 206, 63,
  116, 231, 232, 263, 295,
  382
Identifizierung 278
Identifizierungsnummer 206
Identnummer 206
Ikonische Daten 206
Indexsequentielle Dateiorganisation 209
Indizierte Dateiorganisation 210, 193
Informations-Modellierung 212
Informationseinheit 214,
  127
Informationswiedergewinnung 217, 230, 325
Inkonsistenz 219
Integrität 223
Interne Daten 224
Internes Schema 224
ISAM = Indexed Sequential
  Access Method 225
Klassifizieren 232, 206,
  289, 295, 325
Klassifizierungsnummer 232
Know-how-Datenbank 233
Kommando 320
Konsistenz 242
Konzeptionelle Datenstruktur 243
Konzeptionelles
  Schema 243
Lesbarkeit 256, 72
Logische Datensicherungsmaßnahme 259
Logische Datensicht 259

507

Index

Logische
Datenstruktur 259
Logische Datenunabhängigkeit 259
Logische Ebene 259
Logisches
Datenmodell 259, 125
Matchcode 268
Mengendaten 273
Mikrowellen-
Identifikation 278
Mnemo 280
Mobile
Datenerfassung 280
Mutation 289
Mutationsanomalie 289
Normalform 293
Normalisieren 293
Numerische Daten 294
Nummer 294, 63, 295
Nummernart 295
Nummernobjekt 295
Nummernschema 295, 294
Nummernsystem 295, 31, 71, 412
Nummerung 295, 294
Nummerungsobjekt 295, 71, 206, 232, 295
Objekt 298
Objekttyp 298
Ordnungsbegriff 303
Ordnungsdaten 303
Ordnungskriterium 303
Ordnungsnummer 303
Parallel-Nummernsystem 310
Parametrisierte
Abfrage 311
Personenbezogene
Daten 315, 58, 61, 69, 87, 119, 122, 128, 136, 151, 261, 352, 379, 418, 424
Physische Datensicherungsmaßnahme 317
Physische Datensicht 317
Physische
Datenstruktur 317
Physische Datenunabhängigkeit 317
Primärdaten 324, 116, 124, 354
Primärschlüssel 324
Prinzip der Nettoabweichung 326
Programmdaten 331
Programmkenndaten 333, 332

Räumliche
Datenverwaltung 346
Redundanzfreie Speicherung 349
Relation 350, 117, 212, 289, 293
Relationales Modell 350
SAM = Sequential Access
Method 357
Satz 358
Schema 359
Schlüssel 359, 54, 119, 138, 162, 193, 218, 239, 249, 299, 300, 340, 401, 427
Schlüsselangriff 360
Schlüsselchiffrierender
Schlüssel 360
Schlüsselhierarchie 360
Schlüsselzahl 360
SDM 363
Segment 363
Sekundärdaten 363
Sekundärschlüssel 363, 295
Semantische Datenintegrität 364
Semantisches
Datenmodell 364, 70, 131, 365
Sensibilität 365
Sequentielle Dateiorganisation 365, 181
Sichtdaten 368
Sortierschlüssel 377
Stammdaten 383, 43, 60, 116, 158, 354, 383
Stammdatenpflege 383, 181, 261, 383
Steuerungsdaten 387
Subschema 393
Suchschlüssel 393
Testdaten 411, 27, 278, 411, 412, 413, 417
Transaktion 415, 44, 58, 79, 118, 124, 137, 145, 153, 176, 187, 191, 287, 289, 311, 359, 416, 440, 452
Unformatierte Daten 420
Ungeblockter Satz 420
Unverschlüsselte
Daten 421
Urbeleg 421, 71, 120, 257
Variable Daten 424

Verbindungsgrad 425, 63, 132, 137, 338
Verbund-Nummernsystem 425
Verschlüsselte Daten 427
Verteilte Datenbasis 428
Vordruck 432
Vorprogrammierte Abfrage 432, 118, 184
Wert 438
Wertdaten 439
Wissensbasis 443, 137, 171, 442, 443
Zählnummer 446
Zeiger 446, 191
Zentrale Datenerfassung 448
Zugriffsberechtigung 110
Zugriffspfad 452, 131, 446

Dienstleistungsmarkt 8
Anbieterunterstützung 41
Datenverarbeitung außer Haus 135
Fachzeitschrift 173
Informationsdienst 214
Kongreß und Messe 241
Lehr- und Forschungseinrichtung 252
Mixed Ware 280, 240
OEM 299
Programmierbüro 332
Schlüsselfertiges System 360, 8, 327, 366, 397, 405
Service-Rechenzentrum 366, 8, 63, 414
Softwarehaus 374, 4, 8, 46, 79, 81, 196, 209, 240, 332, 397
Systemhaus 397, 4, 8, 46, 79, 81, 196, 209, 240, 360
Time-Sharing-Rechenzentrum 414
Unternehmensberatung 420
Verband und Vereinigung 425

E

Eingabetechnik 8
ADU 36
Akustik-Cursor 37

Alphanumerische Tastatur 39
Analog-Digital-Umsetzer 40, 63
ATM = Automated Teller Machine 54
Automated Teller Machine 63
Automatische Spracherkennung 64
Bankautomat 66, 67, 263
Bankomat 67, 63
Belegleser 72, 71, 72, 182, 289, 299, 389
Benutzerstation 79, 33, 42, 44, 69
Bildabtaster 88
Bildtelefon 91
Braille-Terminal 150
Browsing 97
Cash Dispenser 104
CD = Cash Dispenser 104
Chipkarte 105
Cursor 113, 270, 354, 386
Datenendgerät 120, 95, 178, 409
Datenstation 131, 36, 59, 97, 223, 233, 235, 251, 272, 291, 324, 336, 352, 365, 384, 394, 419, 431, 435, 437, 453
Dialogmedium 142, 105, 141, 145, 202, 216
Digigraphic 144
Digital-Analog-Umsetzer 144
Digitalisierer 144, 88, 236
E/A-Gerät 155
Ein-/Ausgabeprozessor 157
Eingabe 158
Eingabeeinheit 158
Eingabegerät 158, 100, 250, 278, 314, 379, 386, 413, 448
Eingabewerk 159, 449
Empfangsstation 161
Fernkopierer 178, 409
Fernwirkungssystem 180
Funktionstastatur 187
Funktionstaste 187, 403
Graphiktablett 195
Handleser 197
Handschriftenleser 198
Klarschriftleser 232
Kontomat 242
Kurvenleser 250

509

Index

Leuchtstift 256
Lichtgriffel 256
Lichtstift 256, 88, 144, 280, 389
Magnetkarte 263, 105
Magnetschriftleser 265
Markierungsleser 267
Maus 270, 113, 236, 322
N-Key-Roll-Over 290
Numerische Tastatur 294
Optischer Leser 303
Peripherie 314, 95, 120, 133, 229, 230, 363, 378, 380, 398, 431
Plastikkarte 321, 112
POS-Terminal 323
Rollkugel 354, 113
Scanner 359
Schnittstellentechnik 361
Sendestation 365, 53
Sensor 365, 210, 353, 450
Stationärer Belegleser 384
Steuerknüppel 386
Tablett 402
Taktile Schnittstellentechnik 402
Tastatur 402, 54, 90, 98, 113, 142, 187, 197, 257, 280, 290, 311, 314, 402
Terminal 410
Virtuelle Peripherie 430
Zeigeinstrument 446
Entwurfsmethode 8
Abstraktion 33, 162, 362
Abstraktionsebene 34
Aufgabenanalyse 55, 34, 54, 56, 371, 385
Aufgabensynthese 56, 54, 385
Baumstruktur 68, 125, 325
Begriffskalkül 70, 364
Beschreibungsmittel 82, 41, 42, 82, 223, 294, 330, 351, 357, 371, 404
Beschreibungsregel 82, 82
Beschreibungstechnik 82
Besichtigungsanalyse 82
Blockkonzept 96
Bottom-Up-Strategie 96, 388, 412, 413, 415
Brainstorming 97, 247
Checkliste 104

CLG 105
Command Language Grammar 107
Constantine-Methode 111
CPM 291
Daten-orientierter Ansatz 117, 281
Datenabstraktion 117, 229, 340
Datenflußdiagramm 163
Datenintegration 122
Datenkatalog-System 7
Datenmodellentwurf 125, 131, 259
Datenorientierung 126
Datenstrukturierung 131, 131, 136, 162
DDS = Data Dictionary System 137
Deklarative Wissensrepräsentation 138
Dekonzentration 138
Dezentrale Konzentration 139
Dezentralisation 139
Dezentralisierung 139, 449
Dialogkellerung 142
Direkte Wissensrepräsentation 145
Distribuierung 146, 103, 265, 316, 357, 385, 388
Drei-Schema-Konzept 149, 7, 124, 134, 293
Durchführbarkeitsstudie 152, 9, 38, 56, 64, 75, 141, 146, 166, 167, 196, 241, 244, 247, 308, 316, 392, 433
Easiest-First Strategie 155, 198, 208, 388
Empfindlichkeitsanalyse 161, 297, 421
Entity-Relation-Prinzip 162, 371
Entscheidungstabellentechnik 164
Entwurfsdimension 166, 56, 167, 392
Entwurfsinspektion 166, 339, 343, 373, 389, 391, 426
Entwurfsmatrix 167
Erforschendes Prototyping 168

Index

Evolutionäres
 Prototyping 169
Experimentelles Prototyping 170
Exploratives
 Prototyping 172
Externes Schema 172
Faktorentabelle 173
Flußdiagramm 182
Formale Notation 182
Funktionsintegration 187
Geheimnisprinzip 190,
 340, 371
Graphische
 Beschreibung 195
Graphisches Modell 195
Hardest-First-Strategie 198,
 155, 388
Hierarchiediagramm 201
Hierarchy plus Input,
 Process and Output 201
High Level Design
 Inspection 201
HIPO-Methode 202, 42,
 82, 148, 371
Indirekte Wissensrepräsentation 209
Informations-Modellierung 212
Informationswirtschaftliche Integration 217
Innerbetriebliche Integration 219, 453
Integrationsprinzip 221
Interaktionsdiagramm 223
Internes Schema 224
IPO-Diagramm = Input-Process-Output-Diagramm 225
Jackson-Methode 229, 117
JSD = Jackson System
 Design 229
JSP = Jackson System
 Programming 229
Kausaldiagramm 231
Kommunikationsintegration 236
Komposition 239, 162
Konzentration 243
Konzentrierung 243
Konzeptionelles
 Schema 243
Kreativitätstechnik 247,
 70, 97, 139, 241, 314,
 394, 435, 438
Logische Datensicht 259
Logische Wissensrepräsentation 260
Logisches Datenflußdiagramm 318

Machbarkeitsstudie 263
MCD = Master Clerical
 Data 271
Methodenintegration 277
Metra Potential
 Methode 277
Modellbildung 281
Modellieren 281, 164,
 170, 205, 212, 275, 280,
 281, 368
Modelltyp 281, 170, 280,
 281
Modulare
 Programmierung 283,
 282, 312
Modularisierung 283, 371
Modularisierungsprinzip 283,
 282, 283, 284, 325, 340
MPM 286, 291
MTM = Methods Time
 Measurement 286
Musterimplementierung 289
Nassi-Shneiderman-
 Diagramm 290
Netzplantechnik 292,
 237, 286, 291, 315
Organisatorische Integration 308, 136, 184,
 222, 414
Osborn-Verfremdung 309
PAP 310
PERT 315, 291
Petri-Netz 315, 168
Physische Datensicht 317
Physisches Datenflußdiagramm 317, 259
Prinzip der
 Abstraktion 325
Prinzip der Datenabstraktion 325
Prinzip der dezentralen
 Konzentration 325
Prinzip der
 Lokalität 325
Prinzip der Mehrfachverwendung 325
Prinzip der schrittweisen
 Verfeinerung 326
Prinzip der
 strukturierten Programmierung 326
Prinzip des funktionellen
 Entwurfs 326
Prinzip des Information
 Hiding 326
Prüfliste 339, 166

511

Index

Problem Statement and Design Analyzer 328
Problem Statement Language 328
Produktionsverwaltungssystem 329
Program Evaluation and Review Technique 330
Programmablaufplan 330, 163, 390
Projektbibliothek 335, 35, 398
Prototypentwicklung 337
Prototyping 337, 169, 170, 172, 336, 371, 398
Prozedurale Wissensrepräsentation 329
PSA = Problem Statement Analyzer 340
PSDA 340, 42
Pseudo-Code 340, 340
PSL 340, 42, 82, 117, 340, 351
Rapid Prototyping 345
Requirements Engineering and Validation System 351
REVS 351, 42
Rockart-Modell 353
Sachlogischer Datenbankentwurf 356
SADT 357, 42, 65, 82, 281, 316, 371
Schema 359
Schrittweise Verfeinerung 361, 105, 371, 390
Sicherungsintegration 367
Simulation 368, 102, 170, 205, 223, 253, 275, 281, 337, 353, 369
Software-Entwurfsmethode 371, 372, 373, 374, 376
Software-Entwurfsprinzip 371, 162, 326, 370, 371, 376
Software-Konfigurationsmanagement 372, 240
Software-Werkzeug 373, 35, 370, 371, 372, 374, 376
Structured Analysis and Design Technique 389
Struktogramm 389
Strukturblock 390
Strukturierte Programmierung 391, 35, 67, 138, 229, 283, 313, 371
Strukturkonzept 392
Subschema 393
Synectic 394
Systeme vorbestimmter Zeiten 396
Teilprojekt 408, 15, 177, 192, 196, 361, 393
Top-Down-Strategie 415, 96, 105, 312, 337, 388, 413
Übersichtsdiagramm 419
Verteilung 428
Vorgangsintegration 432
W-Technik 435, 97, 247
Warum-Technik 436
Werkstattprogrammierung 438
Wertanalyse 438
Wissensrepräsentation 443, 142, 209
Zentralisation 448
Zentralisierung 448, 139
Zwischenbetriebliche Integration 453, 10, 184, 219, 323

Ergonomie 9
Arbeitsplatzergonomie 49, 9, 236
Arbeitsplatzumgebung 49
Dynamisches Sitzen 154
Flimmern 182
Funktionstastensicherung 187, 176
Gestaltpsychologie 193
Handauflage 197
Informationsaustauschprozeß 213, 77, 236
Informationsblock 214, 236
Klassische Ergonomie 232
Kognitive Ergonomie 234
Kommunikationsergonomie 236, 9, 49, 76, 141, 206, 213, 236, 273, 341, 371
N-Key-Roll-Over 290
Organisationsergonomie 304
Pop-Up-Menü 322, 236
Pull-Down-Menü 342
Softwareergonomie 374
Statisches Sitzen 384
Steuerinformation 386
Erhebungsmethode 10
Analytisches Modell 41

Index

Anforderungsanalyse 42, 41, 43, 82, 152, 196, 213, 371, 404
Arbeitstagebuch 50, 403, 447
Ausschreibung 62, 43, 65, 196, 273, 294, 404, 419
Benchmark 73, 74
Benchmarking 74, 275
Benchmarktest 74, 74, 275
Benutzeranalyse 74
Beobachtung 80, 228
Berechnungsexperiment 81
Besichtigungsanalyse 82
Bewertungsmethode 88
Computerbewertung 108
Dauerbeobachtung 137
Delphi-Methode 138
Dokumenteauswertung 149, 228
Einzelinterview 159
Einzelzeitmessung 159
empirisch 161, 76, 106, 305, 423, 426
Erheben der Anforderungen 168
Erkennungsexperiment 168
Ex-post-facto-Experiment 169
Experiment 169, 41, 168, 170, 205, 206, 368
Feldexperiment 178
Fortschrittszeitmessung 184
Fragebogenmethode 184, 228
Gruppeninterview 196
Identifikationsexperiment 206
Individuelles Rating 209
Interviewmethode 225, 228, 403
Kernel 231
Kollektives Rating 234
Konferenz-Interview-Technik 239
Konsequenzanalyse 241, 38, 152
Laborexperiment 251
Leistungsanalyse 253
Leistungsmessung 254, 253, 274, 276, 284
Leistungssynthese 254
MCD = Master Clerical Data 271

Meßgröße für Leistung 274, 48, 254
Meßmethode 274, 254, 274, 275
Meßwert 274, 254, 285, 330, 372
Meßziel 275, 74, 199, 254, 275
Mehrstufenrating 272
Methode der Leistungsmessung 275
Mitteilungsrating 279
Mix 279
MMH = Multimoment-Häufigkeits-Zählverfahren 280
MMZ = Multimoment-Zeit-Meßverfahren 280
MTM = Methods Time Measurement 286
Multimomentstudie 287, 81, 447
Optimierungsexperiment 302
Optimierungsmodell 302
Ratingmethode 345, 218, 353
Ratingskala 345
Selbstaufschreibung 364, 50, 228, 447
Spezifikation 379
Stichprobe 387, 285, 287, 452
Synthetischer Job 395
Systeme vorbestimmter Zeiten 396
Tätigkeitenkatalog 403, 50, 403
Tätigkeitsbericht 403, 447
Technikanalyse 404, 152, 196, 252, 254
Unterbrochene Beobachtung 420
Wissensakquisition 442, 171, 443
Wissenserwerb 443
Zeiterfassung 447, 396, 403
Zeitmessung 447, 50, 287, 403, 447
Zielgerichtete Beobachtung 450

513

Index

F

Finanz- und Rechnungswesen 10
  Anlagenbuchhaltung 43
  Belegverarbeitung 73
  Cash-Management-System 104, 10, 291, 322
  Debitorenbuchhaltung 137
  Finanzbuchhaltung 180, 43, 67, 73, 266, 278, 383
  GoB 194
  GoS 194
  Konten-orientierte Verarbeitung 242
  Kreditorenbuchführung 247
  Lohn- und Gehaltsverrechnung 261, 67, 186, 315, 354
  Mandantensystem 265
  Netting 291
  Ordnungsmäßigkeit 303
  Piggypacking 318
  Pooling 322
  Rollung 354, 261
  Sachkontenbuchführung 356
  Währungs- und Devisenmanagement 435
  Zahlungsverkehr 446
Führung 11
  DSS = Decision Support System 151
  Entscheidungsunterstützungssystem 164, 165
  Erfolgsfrühwarnung 168
  EUS 169
  Führungs-Informationssystem 185
  Führungsaufgabe 185
  Frühwarnsystem 185
  Informations-orientierte Unternehmensführung 212
  Intelligent Support System 223
  ISS = Intelligent Support System 226
  Liqiditätsfrühwarnung 258
  Management-Informationssystem 265
  MIS 279, 11, 185
  Strategisches Informationssystem 388
  Umsatzfrühwarnung 420

Forschung und Entwicklung 11
  CAD 102, 11, 14, 90, 102, 103, 105, 187, 195, 218, 308, 323
  CAE 102, 11, 102, 323
  Computer Aided Design 107
  Computer Aided Engineering 107
  Computerunterstützte Konstruktion 111
  Dreidimensionales System 150
  Zweidimensionales System 452

G

Grundlagen Aufgabe 12
  Ablauforganisation 32, 2, 17, 54, 55, 56, 303, 304, 305, 307, 308, 309, 344, 348
  ADV-System = Automatisches Datenverarbeitungssystem 36
  Aggregierung 36
  Anforderung 41, 41, 42, 43, 72, 74, 82, 106, 111, 114, 134, 170, 172, 207, 209, 273, 279, 281, 286, 288, 316, 333, 334, 337, 339, 341, 343, 349, 370, 371, 373, 375, 378, 383, 404, 420, 436, 442
  Anwender 45, 4, 55, 80, 86, 87, 112, 114, 165, 166, 209, 230, 276, 299, 301, 321, 324, 327, 332, 356, 360, 366, 370, 380, 383, 404
  Anwendungsaufgabe 45, 18, 46, 67, 96, 131, 136, 137, 170, 186, 192, 208, 209, 259, 298, 299, 361, 366, 368, 387, 414, 443
  Anwendungssystem 46, 35, 40, 42, 43, 46, 48, 57, 59, 62, 67, 68, 75, 77, 78, 79, 82, 83, 104, 105, 106, 148, 151, 159, 176, 177, 181, 185, 188, 194, 208, 221, 225, 276, 287,

Index

323, 325, 338, 348, 350, 362, 367, 381, 436
Arbeitsablauf 72, 164
Arbeitsplatz 49, 37, 49, 50, 55, 80, 90, 151, 209, 244, 286, 312, 347, 403, 406, 409, 438
Aufbauorganisation 54, 2, 17, 32, 55, 56, 303, 304, 305, 307, 308, 309, 344, 348, 351, 385
Aufgabe 54
Aufgabenfunktion 55, 28, 64, 141, 167, 196, 217, 244, 265
Aufgabenstrukturierung 56
Aufgabensystem 56, 7, 12, 19, 196, 217, 244, 392, 408
Aufgabenträger 56, 187
Aufgabentyp 57, 5, 12, 56, 57, 433
Ausführungsinformation 60
Ausgeben 61
Bearbeiten 69
Benutzeranforderung 75
Datenverarbeitungsanlage 135
Datenverarbeitungssystem 135
Durchführungsinformation 152
Eingeben 159
Entscheidungsinformation 162
Filterung 180
Formalisierung 182
Information 210
Informations- und Kommunikationsfunktion 211
Informationsfunktion 214, 2, 7, 13, 17, 18, 21, 23, 25, 34, 35, 54, 68, 78, 81, 111, 135, 139, 146, 152, 153, 165, 207, 213, 215, 232, 246, 265, 304, 306, 307, 308, 385, 388, 431, 436, 439, 449
Informationskategorie 215
Informationsselektion 216, 81, 209, 212
Kommunikation 235, 12, 13, 14, 17, 18, 23, 25, 28, 88, 89, 105, 118, 184, 190, 211, 212, 214, 217, 218, 224, 237, 238, 239, 244, 260, 273, 275, 308, 316, 324, 336, 348, 356, 409, 429, 445, 453
Komprimierung 239
Kontrollinformation 242

Leistungsanforderung 253
Leistungserstellung 254
Leistungsverwertung 255
Organisationsfunktion 305
Organisationsziel 307, 11, 209, 303, 449
Planungsinformation 320
Speichern 378
Struktureinheit 390, 12, 34, 49, 121, 135, 146, 234, 235, 237, 303, 304, 312, 348
Strukturierbarkeit 390, 19, 22, 57, 135, 164, 170, 200, 250, 329, 391, 392, 429
Tätigkeit 403, 12, 14, 47, 49, 50, 55, 56, 57, 61, 102, 164, 186, 197, 244, 254, 287, 291, 295, 301, 334, 343, 356, 367, 396, 403, 407, 432, 447, 448
Transportieren 417
Verarbeiten 424
Grundlagen Informationsmanagement 13
Administratives Ziel 35, 307, 449
Agressive Strategie 36
Defensive Strategie 138
Durchdringungsgrad 151, 79, 432
Eigenerstellung oder Fremdbezug 157, 388
Entwicklungsstrategie 165
Evolutionstheorie 169
Fremdbezug 8
Informatikdienst 210
Informations-Infrastruktur 212
Informationsmanagement 215
Managementprinzip 265, 325
Moderate Strategie 282
Momentum-Strategie 284
Nolan-Modell 293
Operatives Ziel 301, 307, 449
Organisationstyp 306, 439
Problemmanagement 327
Strategisches Ziel 388, 306, 307, 439, 449
Stufenkonzept 392
Grundlagen Mensch 13

515

Index

Arbeitszufriedenheit 51, 2, 49, 50, 55, 286, 312
Audiovisuelle Kommunikation 54
Betroffener 87, 21, 37, 58, 61, 84, 136, 261, 279, 312, 352, 379, 389, 418
Erhaltungsziel 168
Erwartung 168
Gestaltungsziel 193
Humanisierung 204
Individualziel 209, 307, 449
Intelligenz 223, 353
kognitiv 233, 49, 55, 165, 236, 250, 266
Mensch 273
Mentales Ziel 274
Perzeption 315
Psycho-sozialer Faktor 341
Semantisches Gedächtnis 364
Spracherkennung 380, 249, 289, 382
Sprachkommunikation 381
Sprachsignal 381
Verwertungsziel 430
Grundlagen Systemplanung 14
Änderungsrate 41, 304, 333
Abstand 33
Aktions-orientierte Datenverarbeitung 37
Analysieren des Istzustands 41
Anwendungssoftware-System 46
Aufgaben der Systemplanung 54
Aufgabenbezogenheit 55, 38, 357, 449
Beleggestaltung 72
Benutzerunabhängigkeit 305
Betriebliches Informationssystem 85
Bürokommunikationssystem 100
Datentechnische Vorbereitung 132, 432
Datenverarbeitungskomplex 135, 57, 121, 234, 408
Datenverarbeitungsprozeß 135, 60, 63, 71, 83, 119, 120, 121, 137, 158, 196, 276, 317, 324, 383, 425
DDP = Distrubuted Data Processing 137
Dediziertes System 137, 100, 414
Deskriptor 138
Dezentrale Programmierung 139
Dezentralisierung 139
Distribuierungsgrad 146, 146, 166, 433
Dokumentieren 149
Durchführen der Implementierung 152, 207, 431
Durchlaufzeit 152, 252
Effizienz 49, 100, 131
Einfügung 158
Einführungszeit 158
Empirisches Testen 161
Erfassen des Istzustands 168
Erheben des Istzustands 168
Extremalkriterium 172
Fehlerunempfindlichkeit 176
Feinprojektierung 176, 9, 42, 56, 82, 195, 247, 308, 317, 337, 371, 376, 388, 397, 411
Feinstudie 177, 10, 34, 41, 121, 135, 195, 226, 227, 228, 234, 317, 337, 362, 376, 384, 396, 408, 433
Funktions-orientiertes System 186, 432
Generalisierung 191
Gerätetechnische Vorbereitung 192, 432
Grobprojektierung 195, 9, 42, 56, 62, 75, 82, 177, 247, 252, 273, 277, 308, 316, 317, 337, 371, 376, 377, 388, 397, 404, 408
Grundfunktion 196
Grundkonzeption 196, 41, 42, 43, 82, 152, 166, 170, 172, 177, 195, 227, 228, 241, 252, 254, 341, 362, 376, 384, 404, 433
IKS 206
Implementierung 206, 2, 15, 41, 68, 124, 148, 176, 177, 195, 208, 227, 228, 245, 259, 277, 283, 313, 314, 317, 318, 327, 331, 370, 377, 388, 393, 399, 408, 431
Implementierungsaufgabe 152

Index

Implementierungsvorbereitung 208, 132, 192, 308, 315, 334, 346
Implementierungszeit 208, 431
Indexieren 208
Informations- und Kommunikationssystem 211
Informationssystem 216
Inhaltliche Validität 218
Integration 192, 208
Integrationswirkung 221, 220
Istzustand 226, 26, 71, 149, 177, 208, 227, 228, 235, 259, 311, 316, 318, 370, 377, 393, 417, 433, 438
Istzustandsanalyse 227, 2, 34, 80, 121, 149, 177, 184, 225, 226, 227, 228, 234, 235, 277, 339, 362, 363, 376, 384, 388
Istzustandserfassung 227, 34, 42, 80, 121, 149, 177, 184, 225, 226, 227, 228, 234, 364, 376, 377, 388, 404
Istzustandserhebung 228
Istzustandsoptimierung 228, 177, 362, 384
Istzustandsuntersuchung 228, 433, 447
k.o.-Kriterium 230
Klimatisierung 232
Kommunikationsanalyse 235
Konstruktvalidität 242
Kooperationsunterstützung 244
Kriterienbezogene Validität 247
Kriteriengewicht 247
Leistung 253
Leistungsmerkmal 254, 253, 404
Limitierungskriterium 257
Logische Validität 260
Logisches Modell 20
Logisches Testen 260
Mathematisches Modell 269
Meßtauglichkeit 274
Mengengerüst 273, 125, 321, 417
Methodenberg 276
Methodenmangel 277
Modell 276

Modul 282, 35, 132, 190, 282, 283, 284, 313, 326, 331, 334, 391, 411
Modularität 284, 305
Muß-Kriterium 288, 62
Murphy's Gesetz 288
Normkonformitätsprüfung 294
Nutzwert 297, 245, 297, 441
Optimieren des Istzustands 302
Organisationsanalyse 304
Organisationsform Programmierteam 41
Organisationsgrundsatz 305, 308
Organisationsmittel 305, 308, 356
Organisationsmodell 305
Organisationsprinzip 306
Organisatorische Vorbereitung 308, 432
Orgware 309
Parameter 311, 51, 161, 170, 173, 191, 253, 276, 398, 432, 451
Parametrisierung 311
Physikalisches Modell 317
Physisches Attribut 317, 227, 228, 259, 318, 376
Planung 319, 14, 41, 81, 148, 215, 309, 400, 421, 436
Planungsziel 321, 9, 80, 152, 177, 205, 208, 222, 228, 241, 245, 392, 433, 449
Präferenzordnung 324
Probeinstallation 327, 398
Programmadaption 331
Programmspezifikation 334
Programmtechnische Vorbereitung 334, 124, 432
Projekt 335, 14, 40, 43, 59, 62, 66, 97, 104, 106, 148, 155, 185, 194, 207, 225, 255, 266, 276, 287, 291, 292, 316, 320, 321, 324, 325, 335, 336, 338, 342, 350, 354, 367, 447
Projektziel 336
Qualität 343, 107, 343, 372, 376, 387, 392, 435
Qualitätsmaß 343, 132, 218, 242, 247, 372, 423

517

Qualitätssicherung 343, 23, 336, 343, 371
Räumliche Vorbereitung 346, 432
Rahmenvorschlag 345
Raumbedarf 346
Realer Prozeß 347, 63, 71, 120, 135, 137, 158, 324, 387, 425
Sachmittel 356, 49, 50, 56, 64, 72, 80, 146, 259, 305, 306, 308, 314, 317, 318, 391, 424
Sachziel 206
Schalenmodell 359
Schlecht-strukturiertes Problem 359, 247
Schwachstelle 362, 112, 227, 228, 316, 339, 362, 363, 384, 394
Simulationsmodell 368
Situationsanalyse 369
Software-Qualität 372, 132, 156, 334, 376
Softwarekrise 374
Sollkonzept 376
Sollzustand 376, 1, 26, 208, 227, 259, 311, 318, 339, 370, 387, 393, 394, 417
Spezifikation 379
Stärke 384
Stichprobe 435
Strukturierungsgrad 392, 166
Symptom 394, 349, 363
Systemanalyse 396, 42, 259, 318
Systemeinführung 397
Systementwicklung 397, 42, 177, 226, 227, 259, 318, 363
Systementwurf 397
Systemintegration 397, 177
Systemplanung 398
Technikbedarf 404, 68, 196, 252
Techniktyp 405, 100, 252, 253, 433
Teilprojekt 398
Teilsystem 408, 6, 57, 121, 135, 234, 260, 315, 357, 393, 408, 429
Testen 411, 27, 32, 46, 64, 74, 86, 96, 176, 177, 192, 205, 258, 333, 334, 337, 339, 364, 373, 398, 411, 412, 413
Testinstallation 412
Testling 412
Testobjekt 412, 27, 220, 411, 413, 417
Testproduktivität 412
Testrate 412, 41, 333
Triggerkonzept 417
Übersetzungsrate 419, 41, 333
Umweltanforderung 420
Untersuchen des Istzustands 421
Validität 423, 218, 242, 247, 343, 452
Varianz 424
Verfügbarkeit 254
Vorbereiten der Implementierung 431, 152, 207, 370, 393
Vorgangs-orientiertes System 432, 186
Vorstudie 433, 9, 12, 41, 56, 57, 152, 166, 177, 195, 226, 227, 252, 277, 317, 341, 376, 396, 405
Weinberg's Regel 437
Wohl-strukturiertes Problem 444
Zeitbedarf 447
Zentralisierung 139
Zerlegungsgrad 449
Zielertrag 74, 297
Zielkriterium 297
Zuverlässigkeit 52, 132, 253
Zuverlässigkeitsgrad 452
Zwiebelmodell 453
Grundlagen Technik 14
Adresse 36, 52, 53, 145, 183, 193, 210, 218, 264, 375, 431, 451
ADV-System = Automatisches Datenverarbeitungssystem 36
analog 40, 20, 40, 41, 89, 144, 226, 282
Anpassungseinrichtung 44
Anschlußzeit 44
Anwendungsschicht 46
asynchron 53, 394, 420
Aufwärtskompatibilität 60
Ausgabegerät 120, 448
Auslastung 61

Index

Baueinheit 68, 158, 161, 186
Bildelement 88
Bildkommunikation 89
Bildpunkt 89, 89, 90, 204, 289
Bit/s 410, 445
Bürotechnik 100, 405
Centronics-Schnittstelle 104
Chip 105
Computergeneration 108, 121, 222, 336
Datenverarbeitungsanlage 135
Datenverarbeitungssystem 135
digital 144, 20, 40, 89, 145, 282, 358
Durchsatz 153, 85
EDVA = Elektronische Datenverarbeitungsanlage 156
Eingabegerät 120, 448
Fehlertolerantes System 176
Firmware 181
Funktionseinheit 186
Hardware 198
Hardware-Kompatibilität 198
Hardware-Konfiguration 198
Head Crash 200
IC 206
Integrierte Schaltung 222, 37, 105, 112, 198, 248, 322, 431
ISO-Schichtenmodell 226, 78, 139, 157, 308, 428
Kommunikationstechnik 237, 12, 429
Kompatibilität 238, 13, 161, 280, 331, 419
Konfiguration 240, 23, 98, 350, 413
Konfigurationsdiagramm 240
KOPS 245
Latenzzeit 352
Layer 252
Leitwerk 255, 120, 272, 278, 338, 431, 449
Lese-/Schreibkopf 130
Lesekopf 256
LSI = Large Scale Integration 262
Magnetkopf 263, 66, 200, 263, 453
Mikrochip 277
Mikroprogramm 278, 431
Mikroprogrammierung 278
Mikroprozessor 278, 278, 435

MIPS 279
MOS 285, 222
MSI = Medium Scale Integration 286
Mustererkennung 289, 64, 91, 249, 289, 315, 382
Numerische Adresse 294
Original Equipment Manufacturer 309
OSI-Modell 309
PCM = Plug Compatible Manufacturer 313
Peripherie 157
Pipeline-Konzept 318, 178
Pipelining 319
Programmtyp 334
Quasi-paralleles Programm 344
Reale Adresse 347
Rechenanlage 348
Rechensystem 348
Rechnerarchitektur 348
Rechnerverbund 348
Schreibkopf 361
Sequentielles Programm 365
Software 370
Software-Kompatibilität 371
Software-Konfiguration 372
Speicherzelle 199
Sprachen-Kompatibilität 380
Sprachgeneration 381, 290, 329, 337
Stecker-Kompatibilität 385
Steuerwerk 387
Symbolische Adresse 394
synchron 394, 53, 121, 420
Synchronbetrieb 394
Synchronisiereinheit 394
Synchronisierung 394
Syntax 203
Technik 404
Techniksystem 404, 3, 4, 8, 11, 25, 28, 38, 45, 48, 58, 64, 68, 73, 77, 100, 123, 132, 137, 140, 141, 151, 154, 166, 177, 196, 213, 236, 252, 253, 254, 260, 273, 274, 275, 286, 299, 346, 356, 368, 385, 392, 404, 405, 453
Technische Integration 405, 222, 308
Transportschicht 417

519

Index

Universalcomputer 420
Verbund 425, 136, 157, 253
Verklemmung 426
Verteiltes Programm 428
virtuell 430, 380
Virtuelle Adresse 430
VLSI 431
von-Neumann-Rechner 431, 122, 178, 302
Zeichenerkennung 446

I

Implementierungsmethode 15
Datenkonvertierung 124, 16, 361
Direktumstellung 145
Gesamtumstellung 192, 208, 361
Implementierungsart 207, 15, 192, 311, 361, 370, 387, 393
Implementierungsreihenfolge 208, 221
Modularisierung 283, 371
Parallelumstellung 311, 208, 387
Programmadaption 16
Schrittweise Umstellung 361, 193, 208
Sofortige Umstellung 370, 208, 393
Stichtagsumstellung 387, 208, 311
Stufenweise Umstellung 393, 208, 370
Teilumstellung 408
Totalumstellung 415
Informationsrecht 16
Allgemeine EDV-Vergaberichtlinien 38
Arbeitsverfassungsgesetz 50
Auftraggeber 58, 61, 122, 136, 418, 424
Auskunftsrecht 61
Ausschließliches Nutzungsrecht 61
Automatenmißbrauch 63
AVR 65

BDSG 69, 58, 61, 122, 127, 128, 136, 148, 184, 194, 261, 315, 327, 352, 379, 418, 424
Berichtigungsrecht 81
Bestreitungsvermerk 83
Betriebsverfassungsgesetz 86
Betroffener 87, 21, 37, 58, 61, 84, 136, 185, 261, 279, 312, 352, 379, 389, 418
Betrug 87
Bildschirmtext-Staatsvertrag 90
Bildschirmtextgesetz 90
BTX-Gesetz 98, 16, 99
BTX-Recht 99
BTX-Staatsvertrag 99, 16, 99
Bundesdatenschutzbeauftragter 100
Bundesdatenschutzgesetz 100
BVB 101, 282, 379
CECUA-Modellvertrag 104
Computerbetrug 108, 109
Computerkriminalität 108, 16, 25, 63, 109, 110, 130, 189, 356, 376, 429
Computermanipulation 109
Computermißbrauch 109, 110
Computersabotage 110, 25
Computerspionage 110, 25
Computervirus 111, 110
Copyright 112
Datendiebstahl 119, 25
Datengeheimnis 122
Datenschutz 127, 16, 22, 61, 99, 122, 128, 130, 418
Datenschutzbeauftragter 127, 136
Datenschutzgesetz 128, 16, 61, 87, 119, 194, 301, 326
Datenschutzkommission 128, 129
Datenschutzrat 129, 128
Datenverarbeitungsregister 136
Deliktische Handlung 138
DSG 151, 58, 61, 87, 122, 128, 129, 136, 185, 261, 301, 315, 352, 379, 418, 424
DVR 153
DVR-Nummer 153

520

Index

EDV-Heimarbeit 156
Einfaches
  Nutzungsrecht 158
Freie Daten 184
Geräteschein 192
GoDS 194
Hacker 197, 25, 318
Heimarbeit 200
Infizieren 210
Inputmanipulation 219
Juristische
  Integration 229
Kaufschein 231
Kontrollsystem 243, 279
Kopierprogramm 244
Löschungsrecht 261, 379
Logische Bombe 259, 110
Logisches Löschen 259
Mietschein 277
Mitbestimmung 279, 16,
  21, 75, 243, 312
Modellvertrag 282
Nicht-öffentlicher Bereich 293
Nutzungsbewilligung 296,
  375, 422
Nutzungsrecht 296, 296,
  375, 422
Outputmanipulation 309
Patentschutz 313, 375
PD-Software 313
Personenbezogene
  Daten 315, 58, 61, 69,
  87, 110, 119, 122, 128,
  136, 151, 261, 352, 379,
  418, 424
Pflegeschein 316
Pflichtenheft 316, 32,
  43, 62, 196
Physisches Löschen 318
Privater Bereich 326,
  61, 128, 151
Programmanipulation 331
Programmdiebstahl 331
Public-Domain-Software 341
Raubkopie 346, 25, 376,
  439
Richtigstellungsrecht 351
Öffentlicher
  Bereich 301, 58, 61,
  128, 129, 151
Sabotageakt 356
Schutzhüllenvertrag 362
Softwarediebstahl 374,
  376
Softwarelizenz 375, 296,
  362
Softwareschutz 375, 16,
  422, 439
Speichernde Stelle 378
Sperrecht 379
Spezifikationsschein 379
Systemschein 399
Telearbeit 409
Überlassungsschein 418
Übermittlung 418, 136
UFAB 419
Unlauterer
  Wettbewerb 420
Urheberrecht 421, 171,
  296, 346, 374, 375, 376,
  439
UWG = Gesetz gegen den
  unlauteren
  Wettbewerb 422
Verarbeiter 424, 418
Vervielfältigen von Software 429
Virus 431
Wartungsschein 437
Werknutzungsbewilligung 437
Werknutzungsrecht 438
Wettbewerbsrecht 439,
  374, 376
Zeitdiebstahl 447, 109
Infrastruktur 17
Abteilung
  Datenverarbeitung/Organisation
Abteilung Informations- 34
  und Kommunikationssysteme 34, 17, 21, 78,
  84, 112, 117, 135, 192,
  218, 232, 244, 246, 255,
  301, 304, 314, 346, 348,
  367, 385, 397, 427, 428
Anwender 101, 378, 397,
  410
Anwendungssystem 46, 35,
  40, 42, 43, 46, 48, 57,
  59, 62, 67, 68, 77, 78,
  79, 82, 83, 104, 105,
  106, 148, 151, 159, 176,
  177, 181, 185, 188, 194,
  208, 221, 225, 276, 287,
  325, 338, 348, 350, 362,
  367, 381, 436
Arbeitsplatzbeschreibung 49
Aufbauorganisation 303
Basisanwendung 67, 17,
  366
Basissystem 68, 23, 33,
  35, 62, 68, 77, 78, 79,
  103, 112, 114, 124, 135,

521

Index

177, 192, 195, 196, 301, 327, 399, 416, 449
Benutzerberatung 75
Benutzerservice 78, 78, 301
Benutzerservice-Zentrum 79
Betriebsmittel 86, 21, 23, 24, 29, 32, 33, 41, 59, 95, 139, 326, 334, 356, 398, 402, 426, 428, 429, 431, 436, 448
Container-Rechenzentrum 111
Datenverarbeitungsabteilung 135, 304
DV-Ausschuß 153
Gemeinschafts-Rechenzentrum 191
IKS-Abteilung 206
Informatikabteilung 210
Informationszentrum 218, 78
Kaltes Rechenzentrum 230
Lenkungsausschuß 255, 385
Organisationsabteilung 303
Produktionsbetrieb 329
Rechenzentrum 348, 62, 153, 187
Stellenbeschreibung 385
Stellenbildung Informationsfunktion 385
Struktureinheit 139, 218, 351
Strukturorganisation 392
Wettbewerbsanalyse 124

K

Katastrophenmanagement 17
Abschirmung 33
Ausweich-Rechenzentrum 62
Blitzschaden 95, 356
Computermißbrauch-Versicherung 110
Computersabotage 110
Computervirus 111
Logische Bombe 259
Rückfallsystem 354, 336
Sabotageakt 356
Sachversicherung 356, 95, 110
Vertrauensschaden-Versicherung 429, 110

Kosten- und Leistungsrechnung 18
Abrechnungsroutine 32
Abrechnungssystem 32, 74, 278, 447
Analogiemethode 40, 350
Auftragsrechnung 59, 246, 296, 427
Aufwandschätzung 59
Betriebskosten 86
COCOMO 106
Constructive-Cost-Model 111
Differenzierter Verrechnungspreis 144
Elementarer Verteilungsschlüssel 161
Fixe Kosten 181
Function-Point-Verfahren 185
Funktionspunkt 187
Gewichtungsmethode 194
INVAS 225
Kalkulation 230
Kombinierter Verteilungsschlüssel 234
Kosten 245, 18, 28, 40, 62, 75, 106, 129, 148, 172, 185, 194, 225, 245, 246, 257, 276, 287, 301, 321, 338, 343, 351, 378, 392, 411, 423, 427, 428, 441, 447
Kostenart 245
Kostenartenrechnung 246, 18, 246
Kostenstellenrechnung 246, 18, 225, 246
Kostenträgerrechnung 246
Kostenumlage 246, 59, 246, 427
Methode der parametrischen Schätzgleichungen 276
Multiplikatormethode 287
Nutzenpreis 296
Planungskosten 320
Projektkosten 335
Prozentsatzmethode 337
Relationenmethode 350
Schätzverfahren 359
Summarischer Verrechnungspreis 393
Verrechnungspreis 427, 59, 246, 296
Verteilungsschlüssel 428, 246

L

Logistik 18
　Informationslogistik 215
　Lieferservice 257, 260
　Logistik-
　　Informationssystem 260,
　　19
　Logistikdenken 260, 23
　Logistiksystem 260, 269
　Material- und
　　Warenfluß 269, 18, 219,
　　260, 436
　Warenfluß 435

M

Methodensystem 19
　Algorithmus 39, 1, 6, 9,
　　10, 15, 19, 27, 39, 47,
　　60, 81, 130, 134, 135,
　　138, 158, 192, 193, 201,
　　206, 229, 237, 248, 250,
　　275, 329, 357, 359, 390,
　　392, 401, 427, 437, 444
　Anwendungsprogramm 46,
　　8, 24, 35, 46, 112, 114,
　　123, 132, 134, 136, 141,
　　186, 189, 235, 266, 268,
　　272, 284, 285, 318, 320,
　　331, 339, 340, 347, 348,
　　366, 375, 383, 399, 401,
　　402, 407, 413, 416, 432,
　　438
　Anwendungssoftware 46,
　　17, 73, 114, 209, 370,
　　374, 383, 388, 399, 405,
　　436
　Anwendungssystem 138
　Beschreibungsmodell 82
　Box-Jenkins-Methode 96
　Diagnose 213
　Erklärungsmodell 168
　Exponentielle
　　Glättung 172
　Geometrisches
　　Modelliersystem 192
　Heuristik 200, 1, 6, 9,
　　10, 19, 27, 125, 164,
　　201, 249, 324, 329, 390
　Heuristisches Suchen 201

Individualsoftware 209,
　332, 334, 374
Inferenz 210
Methode 275, 194, 317
Methodenbank 276
Methodenbanksystem 276,
　1, 79, 139, 164, 267,
　280, 320
Methodenbasis 276, 119,
　160, 276, 277, 323, 451
Modell 280, 63, 77, 160,
　190, 192, 226, 231, 253,
　281, 288, 320, 368, 400
Multivarialbe
　Prognose 288
Prognose 329, 96, 104,
　161, 163, 173, 176, 191,
　215, 222, 241, 296, 297,
　338, 395, 400, 416, 421,
　450
Prognosemethode 330
Prognoserechnung 330
Schlußfolgern 360, 138,
　171, 443, 444
Simulation 368, 102,
　170, 205, 223, 253, 275,
　281, 331, 337, 353, 369,
　401
Simulationsprogramm 368
Software-Entwurfsmethode 370
Standardanwen-
　dungsprogramm 383
Standardsoftware 383,
　41, 67, 83, 114, 191,
　334, 362, 374, 387
Strategie 388, 50, 91,
　96, 141, 155, 165, 198,
　349, 402, 421
Univariable Prognose 420
Unternehmensmodell 421
Werkzeug 438, 82, 113,
　146, 169, 209, 217, 227,
　235, 236, 237, 247, 249,
　275, 277, 284, 317, 319,
　335, 337, 351, 356, 371,
　373, 376, 381, 390, 395,
　412, 441
Methodik Systemplanung 20
　Ablauf-orientierter An-
　　satz 32
　Abteilungs-orientierte
　　Feinstudie 34, 121, 234
　Anthropozentrischer An-
　　satz 44
　Daten-orientierter
　　Ansatz 117, 20, 281,
　　361, 392

Index

Datenfluß-orientierte
  Feinstudie 120, 35, 234
Datenorientierung 126
Elementarer
  Objekttyp 161
Entwicklungsdatenbank 165
Inside-Out-Ansatz 219,
  20, 177, 195, 309
Istzustands-orientierter
  Ansatz 226, 20, 177,
  377, 433
Kombinierte
  Feinstudie 234, 35, 121
Komplexer Objekttyp 239
Logisches Modell 259,
  177, 185, 192, 196, 227,
  318, 341, 376
Modellbildender
  Ansatz 281, 20, 117
Objekttypen-Ansatz 298,
  20, 54, 299
Outside-In-Ansatz 309,
  20, 219
Phasenkonzept 316
Phasenmodell 317, 177,
  195, 206, 312, 337, 433
Phasenschema 317
Physisches Attribut 227
Physisches Modell 318,
  20, 177, 192, 196, 227,
  259, 341, 377
Software-Engineering 370,
  277, 371, 374, 375
Software-
  Entwicklungssystem 371
Sollzustands-orientierter
  Ansatz 377, 20, 227,
  433
Systemansatz 396, 20, 95
Technozentrischer
  Ansatz 407
Vorgehensmodell 432

N

Netzwerktechnik 20
  Übermittlungsabschnitt 200
  Akustikkoppler 37
  Akustischer Koppler 37,
    280, 409, 437
  Bandbreite 66
  Basisband 67
  Baumtopologie 68, 415
  BIGFON 88

Bitfehlerwahr-
  scheinlichkeit 92
Blockfehler-
  wahrscheinlichkeit 96
Breitbandnetz 97
Bustopologie 100, 68,
  415
CSMA/CD 113
Dateiserver 115
Datenendeinrichtung 120,
  131, 134, 200, 257, 361,
  418, 424
Datenübermittlungssystem 133,
  291
Datenübertra-
  gungseinrichtung 134,
  37, 131, 361, 418
Datenübertragungsweg 134,
  66, 93, 255, 290
Dienstintegrierendes Di-
  gitalnetz 144
Digitale Vermittlungs-
  technik 144
Direktruf 145, 423
Druckserver 150
Fehlerüberwachungseinheit 176,
  120, 134
Fernbetriebseinheit 178,
  120, 418
Fernnetz 179, 20, 251
File Server 180
Gateway 189, 93, 113,
  155, 204, 243, 337
Glasfaserkabel 194
Hierarchisches Netz 201,
  291
IMP = Interface Message
  Processor 206
ISDN 225
Knoten 233, 20, 317,
  360, 426, 427, 448, 452
Knotenrechner 233, 144,
  155, 235, 253, 424
Koaxialkabel 233, 20,
  67, 251
Kommunikations-Subsystem 235,
  336, 427, 428
Kommunikationsrechner 237
Kommunikationsserver 237
Kommunikationsverbund 238
Konzentrator 243
KSS 249
Kurzwahl 250, 423
LAN 251, 20, 160, 200,
  291, 319, 366, 415
Leitung 255, 20, 93, 94,
  95, 231, 233, 235, 251,

255, 282, 291, 352, 361,
386, 426, 427, 430, 435
Leitungsvermittlung 255,
20, 137, 427
Lichtwellenleiter 257,
20, 88, 251
Lokales Netzwerk 261
Maschennetz 267, 291
Mehrpunktverbindung 272,
291
Modulation 284
Netz 291, 20, 28, 29,
52, 67, 68, 92, 101, 111,
113, 122, 143, 144, 147,
155, 169, 179, 180, 189,
200, 201, 204, 226, 233,
235, 267, 291, 292, 310,
314, 324, 337, 352, 355,
358, 361, 366, 386, 388,
409, 410, 418, 423, 426,
427, 433
Netzebene 291, 336
Netzkonfiguration 291
Netzlast 291
Netzsteuerung 292
Netztopologie 292
Netzwerk 292
PABEX 310
Paketvermittlungsnetz 310,
324, 337
PATBX = Private Automatic
Telex Branch
Exchange 313
PHONENET 317, 113
PLANET 319
PPX 324
Richtfunkübertragung 351
Ringnetz 352, 291, 415
Ringtopologie 352, 415
Rundsenden 355, 423
Satellitenverbindung 358,
445
Schmalbandnetz 360
Server 366, 200
Speichervermittlung 379,
20, 290, 310, 427
Standleitung 384, 52,
272, 291, 435, 453
Sternnetz 386, 291
Sterntopologie 386, 415
Teilnehmer 407, 178,
179, 193, 251, 255, 291,
337, 355, 366, 409, 410,
423, 425
Teilnehmerklasse 408
Übermittlungsabschnitt 418,
133, 418

Übermittlungsvorschrift 418,
418
Übertragungsleitung 419,
379, 37, 67, 96, 131,
133, 134, 160, 446
Verbindung 425, 29, 255,
351, 384, 407, 410, 419,
435
Verbund 251
Verbundnetz 425, 291
Vermittlungsart 426
Vermittlungsstelle 426,
36, 201, 226, 233, 267,
290, 291, 352, 379, 386
Vermittlungstechnik 427
Vernetzungsgrad 427
Virtuelle Leitung 430
Virtuelles Terminal 431
Vollduplexbetrieb 431
Vorfeldrechner 432
Vorrechner 433
Vorschaltrechner 433
Wählleitung 435, 291,
317, 384, 453
Zeichenfehlerwahrschein-
lichkeit 446
Zweipunktverbindung 453,
291

P

Partizipation 21
Benutzerbeteiligung 75,
21, 78, 84, 168, 213,
301, 337, 388
Benutzerprofil 77
Benutzertyp 79, 74, 184,
186, 236, 432, 442
Beteiligter 84, 75, 83,
139
Beteiligungsbereitschaft 84
Beteiligungsmotiv 84
Beteiligungsorganisation 84,
80
Direkte
Partizipation 145
ETHICS 168, 85, 242
Formale
Partizipation 182
Gewerkschaftlicher Gegen-
machtansatz 193, 21,
242
Indirekte
Partizipation 209

525

Index

Informale
  Partizipation 210
Konsens-orientierter Ansatz 241, 21, 168, 193, 392
Mitbestimmung 279, 312
Modellierender
  Benutzer 281
Musterimplementierung 289
Parametrisierender Benutzer 311
Partizipationsdimension 312, 21
Partizipationsziel 312
Prototypentwicklung 337
Prototyping 337, 169, 170, 172, 336, 398
Rapid Prototyping 345
Repräsentative Partizipation 351
Soziotechnischer
  Ansatz 377
Personalmanagement 21
  Benutzerschulung 78, 25, 35, 75
  Konfliktmanagement 241, 240
  Organisationsentwicklung 304
  Organisationsform
    Programmierteam 304, 419
  Personalentwicklung 314, 22
  Personelle
    Vorbereitung 315, 432
  Schulung 362, 314, 366
Personalwesen 22
  Kontrollsystem 243
  Personalinformationssystem 315, 16, 22, 46, 87, 243, 279
Produktion 22
  Abrufauftrag 32
  Anlageninstandhaltung 43, 23, 43
  Betriebsdatenerfassung 85, 23, 278, 323, 420
  CA-Technologie =
    Computer-Aided-
    Technologie 102
  CAI 102
  CAM 103, 105, 106, 218, 308
  CAP 103
  CAQ 103
  CAR = Computer Aided
    Robotics 104

CIM 105, 102
CNC 106, 147, 353, 438
Computer Aided
  Industry 107
Computer Aided
  Manufacturing 107
Computer Aided Production
  Planning 107
Computer Aided Quality
  Assurance 108
Computer Integrated
  Manufacturing 108
Computerized Numerical
  Control 108
Dezentrale
  Programmierung 139
Direct Numerical
  Control 145
Distributed Numerical
  Control 146
DNC 147, 353
Factory of the
  Future 173
Flexible Automation 181
Fortschrittszahl 183
Fortschrittszahlensystem **184**, 453
Handhabungssystem 197
Manufacturing Automation
  Protocol 266
MAP 266
Mikrowellen-
  Identifikation 278
NC 290, 23, 169, 353
Numerische Steuerung 294
PPS 323, 19, 22, 23, 43, 83, 102, 105
Produktionsplanung und
  -steuerung 329
Prozeßsteuerung 338, 23, 96, 105, 205
Qualitätssicherung 343, 23, 103, 343
Qualitätssicherungssystem **343**, 43
Robotik 353, 23, 249, 289
Terminierung 410
Werkstattprogrammierung 438
Werkzeugmaschinen-
  Steuerung 438
Produktionsmanagement 23
  Änderungsdienst 41
  Ablaufbeobachtung 31
  Anpassungs-Wartung 44
  Arbeitslast 48, 73, 74, 251, 276, 285

526

Index

Arbeitslast-Prognose 48
Auftrag 58, 23, 32, 44, 48, 59, 86, 141, 153, 229, 251, 253, 296, 398, 427
Auftragsverwaltung 59, 86
Dialogauftrag 140
Ereignis 167, 61, 64, 135, 153, 168, 199, 259, 273, 316, 326, 341, 347, 387, 400
Ereignismessung 168
Event-Driven-Monitoring 169
Externer Wiederanlauf 172
Ferndiagnosesystem 178
Fernwartung 180
Interner Wiederanlauf 224
Job 229
Korrigierende Wartung 245
Monitoring 284, 23, 46, 199, 372, 399
Netzwerkmanagement 292
Perfektions-Wartung 313
Prioritätensteuerung 326, 59, 86, 272, 402, 432
Rekonfiguration 350, 334
Stapelauftrag 384
Wartung 436, 103, 165, 176, 180, 181, 252, 277, 283, 284, 399, 401, 411, 437
Wartungsprozessor 437, 180, 345
Wiederanlauf 440, 86, 124, 168, 181, 274, 332
Wiederherstellung 440, 440

Programmiersystem 24
A Programming Language 31
Abfragesprache 31, 162, 184, 383
Ablaufsteuerung 32, 199, 276, 320
ADA 35
ALGOL 38, 183, 258, 319
ALGOL 68 39
Algorithmic Language 39
Algorithmische Programmiersprache 39, 52, 142, 293, 319
ALPHA 39
ANSI-COBOL 44

Anweisung 45, 41, 64, 70, 135, 143, 161, 191, 219, 225, 234, 258, 267, 287, 329, 330, 370, 391, 401, 418, 424, 426
Anweisungen 265
Anwendungsprogramm 46, 8, 24, 35, 46, 112, 114, 123, 132, 134, 136, 141, 186, 189, 235, 266, 268, 272, 284, 285, 288, 318, 320, 331, 339, 340, 347, 348, 366, 370, 375, 383, 399, 401, 402, 407, 413, 416, 432, 438
Anwendungssoftware 46, 17, 73, 114, 209, 370, 374, 383, 388, 399, 405, 436
Anwendungssystem 138
APL 46, 143, 224
APSE = ADA Programming Support Environment 47
APT 47, 103, 169
Assember 265
Assembler 52
Assemblersprache 52, 39, 293
Assemblierer 52, 52, 208, 258, 370, 397
Auftragssteuerung 59
Auswahl 62
Automatische Programmierung 63
Autorensystem 65
BASIC 67, 140, 143, 210, 224
Basisosftware 68
Bedingte Anweisung 70
Befehl 70, 32, 52, 76, 106, 118, 189, 203, 206, 255, 259, 265, 267, 278, 318, 334, 367, 386, 389, 431
Befehlssprache 70
Beginners All Purpose Symbolic Information Code 70
Berichtsgenerator 81
Betriebsanweisung 85
Betriebssystem 86, 24, 32, 46, 59, 77, 112, 186, 199, 235, 251, 264, 284, 286, 288, 298, 313, 320, 326, 333, 341, 370, 380, 397, 398, 399, 402, 415, 420, 448

527

Index

Bibliotheksverwaltungs-
  programm 88
Bildaufbereitungssystem 88
Binder 91, 251, 331, 397
C 102, 208, 420
CHILL 105
COBOL 106, 319
Common Business Oriented
  Language 107
Compiler 107
CONCURRENT PASCAL 111
CORAL66 112
CP/M 112
Cross-Compiler 113
CSL = Computer Simulation
  Language 113
CSMP 113
Data Description
  Language 115
Datei 320
Dateiaufbereiter 115
Datenausgabe 320
Datenbank 117
Datenbankabfragesprache 117
Datenbankbeschreibungs-
  sprache 118
Datenbankmanagementsystem 118
Datenbanksprache 118,
  31, 369
Datenbanksystem 118, 7,
  31, 36, 79, 118, 127,
  139, 164, 168, 189, 218,
  440
Datenbankver-
  waltungssystem 119
Datenbankzugriff 119
Datendefinitionssprache 119
Datenkatalog-System 123,
  7, 149
Datenmanipulationssprache 124
Datenpaket 127
Datensteuerung 131
Datenverwaltung 136, 136
Datenverwaltungssystem 24,
  86, 96, 119, 123, 184,
  189, 276, 277, 382, 399
DDL = Data Description
  Language 137
DDS = Data Dictionary Sy-
  stem 137
Deklarative Sprache 138,
  118
Dialekt 140, 67
Dialogsprache 142, 224
Dienstprogramm 144
Direkter Zugriff 145,
  60, 366, 451
Direktzugriffsspeicher 145
DML = Data Manipulation
  Language 146
DYNAMO 154
Echtzeit-
  Programmiersprache 155
Editor 156, 65, 143,
  186, 209, 288, 380, 424,
  432
ELAN 159
Elementarblock 160
Emulator 161, 161
Endbenutzersystem 161,
  46
Entwicklungsdatenbank 165
EXAPT 169, 103
Formale Spezifikations-
  methode 182
Formular Translator 183
FORTH 183
FORTRAN 183, 140, 186,
  258, 319, 347, 369
FORTRAN 77 183
Fremdsoftware 185
Funktionale Programmier-
  sprache 122
Funktionale Programmie-
  rung 186, 381
Gastsprache 189
Generator 191, 65, 106,
  162, 354, 370, 401
GPSS = General Purpose
  Systems Simulator 194
Höhere
  Programmiersprache 203,
  39, 138, 142, 258, 293,
  294, 319, 347, 354, 367,
  369, 381
Hauptprogramm 199, 421
Hilfsprogramm 202
Imperative
  Programmierung 206, 298
Implementierungssprache 208,
  192, 390
Individualsoftware 209,
  332, 334, 374
INDUSTRIAL REALTIME
  BASIC 210
INFORMIX 218
Inkrementeller
  Compiler 219
Interaktive Programmie-
  rung 224, 46, 143, 381,
  408, 420
Interaktive Sprache 224
Interpreter 224

Index

Interpretierer 224, 161, 367, 369
Iteration 228
Job-Control-Sprache 229
Jobkette 229
Kommando 234, 76, 234, 274, 320
Kommandosprache 234, 28, 35, 79, 105, 143, 420
Kompilierer 238, 24, 35, 113, 200, 203, 219, 220, 294, 370, 401
Kunstsprache 250
Ladefähiges Programm 251
Lader 251
Lernprogramm 255
Lines of Code 257
LISP 258, 138, 186, 258, 336, 381
Listenverarbeitung 258, 258, 370
LoC 258
LOGO 261
LOTOS 261
Makro 265
Makrobefehl 265, 331
Maschinencode 267
Maschinenorientierte Programmiersprache 267, 52, 53, 267, 332, 369
Maschinenprogramm 267, 113, 203
Maschinensprache 267, 39, 52, 225, 238, 267, 298
Maskengenerator 268
Matchcode 268
Metadaten 275
Metasystem 275
Methoden-orientiertes Programmieren 276
Methodenbank 276
Methodenbanksystem 276, 1, 79, 139, 164, 320
Methodenbankverwaltungssystem 276
Methodenverwaltungssystem 277, 19, 119, 276
Modellgenerierungssystem 281
MODULA-2 282, 312
Modularprogramm 284, 284
Monitor 284, 48
MP/M 286
MS-DOS 286
NATURAL 290

Nichtprocedurale Sprache 293, 290, 337, 381
Niedere Programmiersprache 293
OASIS 298
Objektorientierte Programmierung 298, 381
Objektprogramm 298, 265, 331, 372
Optimierender Compiler 302
Paket 310, 173, 233, 251, 291, 310, 426, 430
PASCAL 312, 140, 186, 282, 347
PEARL 313
PL/1 319, 258
Planungssprache 320, 19, 401, 451
Portabilität 323
PORTAL 323
Prüfprogramm 339
Prüfsoftware 339
Problemorientierte Programmiersprache 328, 39, 46, 67, 106, 183, 210, 238, 267, 323, 332
Procedur 329, 39, 132, 234, 329, 337, 426
Procedurale Sprache 329, 118, 293
Process and Experiment Automation Realtime Language 329
Programm 330
Programmbaustein 331, 161, 186, 329, 337, 401
Programmbibliothek 331, 35
Programmiergerät 332
Programmiersprache 332, 24, 31, 33, 35, 39, 45, 47, 64, 70, 102, 118, 140, 143, 159, 169, 186, 189, 191, 203, 208, 209, 234, 238, 258, 261, 267, 282, 283, 293, 298, 312, 320, 328, 336, 362, 369, 370, 381, 391, 418, 419, 421
Programmiersystem 333
Programmierumgebung 333
Programming Language 1 333
Programmsteuerung 334
PROLOG 336, 138, 381

529

Index

Quellanweisung 344
Quellprogramm 344
Quellsprache 344
Reales
  Betriebssystem 347
Realzeit-
  Programmiersprache 347,
  105, 210, 313
Realzeit-Programmierung 347
Regelbasierende
  Sprache 349
Reihung 350
Report Program
  Generator 351
RPG 354
SEES = Software
  Engineering Environment
  System 363
Selektion 364
SEQUEL 365
Sequenz 366
Serieller Zugriff 366,
  145, 451
Shell 366
SIMSCRIPT 368
SIMULA 368
Simulationsprogramm 368
Simulationssprache 368
Simulierer 369
SMALLTALK 80 381
SMALLTALK-80 369
SNOBOL 370, 258
Software-
  Entwicklungssystem 371
Software-Werkzeug 373,
  35, 370, 371, 372, 376
Softwaregenerator 374
Spaghetti-Programm 377
Speicherzugriff 379
Spooling 379, 430
Spreadsheet 382
SQL 383
Standardanwen-
  dungsprogramm 383
Standardsoftware 383,
  41, 67, 83, 114, 191,
  334, 362, 374, 387
Steuerfluß 386, 357,
  390, 391
Steuerprogramm 386
Steuersprache 387
String-Verarbeitung 389,
  370
Strukturierte Programmie-
  rung 323, 390
Syntax 395, 283
Systemgenerierung 397
Systemparameter 398
Systemprogramm 398, 24,
  35, 46, 208, 399, 402,
  415, 431
Systemprogrammiersprache 399
Systemsoftware 399, 17,
  23, 46, 68, 230, 285,
  331, 370, 398, 405
Tabellenkal-
  kulationssystem 401,
  369
Tabellenorientierte Pla-
  nungssprache 401
Tabellensteuerung 401,
  354
Task 402, 288, 402
Telesoftware 410
Textverarbeitungssystem 414,
  149, 368, 380, 429
TP-Monitor 415
Treiber 417
Übersetzer 418, 52, 220,
  238, 267, 298, 302, 331
Übertragbarkeit 419, 67,
  328, 339, 420
Umstellungseinrichtung 420
UNIX 420, 369, 102, 169,
  275, 367
Unterprogramm 421, 347
Vereinbarung 425, 329,
  330
Verträglich-
  keitseinrichtung 429
Virtuelles
  Betriebssystem 430
Werkzeug 438, 82, 113,
  169, 209, 217, 227, 235,
  236, 237, 247, 249, 275,
  277, 284, 317, 319, 335,
  337, 351, 356, 371, 373,
  376, 381, 390, 395, 412,
  441
Wiederholung 440
Wissenseditor 443
XENIX 445
Zeichenverarbeitung 446
Zeiger 446, 191
Zeitscheibe 448
Zielanweisung 449
Zielprogramm 450
Zielsprache 451
Zugriff 451, 26, 36, 58,
  95, 115, 129, 134, 145,
  186, 189, 239, 271, 325,
  345, 359, 363, 365, 366,
  378, 432, 452
Zugriffsmethode 452

Index

Projektmanagement 24
   Brook'sches Gesetz 97
   Chef-Programmierer-Team 104
   Planungsziel 2, 24
   Projekt 24
   Projektgruppe 335, 84, 324, 336, 389
   Projektplanung 335, 59, 305, 336, 389
   Projektsteuerung 336, 321
   Projektteam 336, 152, 241, 432

Q

Qualifikation 24
   Benutzerberatung 75
   Benutzerfehler 75
   Benutzerprofil 77
   Benutzerschulung 78, 25, 35, 75
   Benutzerservice 78, 78, 301
   Benutzertyp 79, 24, 74, 75, 114, 143, 161, 184, 186, 202, 236, 432, 442
   Beteiligtenorientierung 83
   Beteiligungsfähigkeit 84, 83
   Gelegentlicher Benutzer 191
   Kompetenz 238, 84, 336, 372, 385, 424
   Lernprogramm 255
   Modellierender Benutzer 281
   Naiver Benutzer 290
   Parametrisierender Benutzer 311
   Personalentwicklung 22
   Problemlösen 327, 1, 9, 10, 26, 27, 39, 84, 97, 139, 142, 164, 170, 193, 214, 223, 247, 280, 304, 310, 325, 360, 394, 435, 438
   Rationales Problemlösen 345
   Schulung 362, 314, 332, 366

S

Sicherungssystem 25
   Abbruch 31
   Abschirmung 33
   Absturz 34
   AIDA 36
   Anpassungs-Wartung 44
   Ausfallzeit 60
   Authentifikation 63, 313
   Benutzerberechtigung 75, 28
   Blitzschaden 95, 356
   Blockchiffre 95
   Call Wartung 103
   Code-Prüfung 107, 373, 391
   Computermißbrauch-Versicherung 110
   COPYTEX 112, 37
   Datensicherheit 129, 122, 129, 130
   Datensicherung 129, 110, 127, 129, 130, 136, 322, 332, 389, 427
   Datensicherungsmaßnahme 130, 129, 367
   DES-Algorithmus 138, 248, 249
   Divisionsrest-Verfahren 146
   Empfangsschlüssel 161
   End-to-End-Verschlüsselung 161
   Entschlüsselung 165
   Ereignisaufzeichnung 168, 440
   Externer Wiederanlauf 172
   FCS 173, 310
   Fehlererkennung 175
   Fehlererkennungscode 175
   Fehlerüberwachungseinheit 176, 120, 134
   Fehlerkorrekturcode 175, 345
   Fehlerrate 175, 426
   Fehlertoleranz 176, 349, 353, 428
   Fernwartung 437
   Fixpunkt 181, 440
   Frame Check Sequence 184
   Funktionssicherung 187
   Funktionstastensicherung 187, 176
   Funktionstrennung 187

Index

GCS 189
Geheimbotschaft 190
Gewichtete Quersumme 194
Integriertes Verschlüsselungssystem 222, 249
Interner
 Wiederanlauf 224
Kombinierte Verschlüsselungsmethode 234
Kontrollfluß 242, 258
Korrigierende
 Wartung 245
Krypto-Hardwareeinheit 248
Kryptoanalyse 248, 249, 300, 360
Kryptographische
 Methode 248, 249, 376
Leitungsverschlüsselung 255
Log-Datei 259
Logische Datensicherungsmaßnahme 259
Modulo-Verfahren 284
Offenes Verschlüsselungssystem 300, 249, 354
Paßwort 63, 313
Paritätsbit 311
Penetrierung 313
Perfektions-Wartung 313
Physische Datensicherungsmaßnahme 317
PIN 318, 63, 105
Plausibilitätskontrolle 322, 176, 223, 424
Private
 Verschlüsselung 326
Prüfbit 338, 138
Prüfsoftware 180
Prüfzahl 339
Prüfzahlverfahren 339
Prüfziffer 339
Prüfziffernrechnung 340, 155
Prüfziffernverfahren 340
Programmabbruch 330, 124, 181, 400, 440
Programmunterbrechung 334, 167, 440
Quersummenbildung 344
RAS-Einrichtung 345
Risiko 352
RSA 354, 249, 300
Sachversicherung 356, 95, 110
Schlüssel 359, 201, 218, 248, 299, 300, 340, 427
Schlüsselwort 360

Selbsttest 364
Sendeschlüssel 365
Sensibilität 365
Sensitiver Schlüssel 365
Sicherungsmaßnahme 367, 412
Softwareschutz 375
Substitution 393
Systemabbruch 395, 176
Teleservice 410
Unbefugte
 Entschlüsselung 420
Verschlüsselungsmethode 427
Verschlüsselungssystem 427, 37, 201, 223, 249, 300, 359
Vertauschung 427
Vertrauensschaden-Versicherung 429, 110
Vertraulichkeit 429
Wachhund 435
Wartung 436, 103, 165, 176, 180, 181, 252, 277, 284, 399, 401, 411, 437
Wartungsprozessor 437, 180, 345
Wiederanlauf 440, 86, 124, 168, 181, 274, 332
Wiederherstellung 440, 440
Zahlendreher 446
Zugriffsberechtigung 451, 52, 114, 115, 129, 402
Zugriffsfunktion 452

Sonstige Aufgabe
Bankautomation 66
Cash-Management-System 159
Computerunterstützter Unterricht 111, 333
Computerunterstütztes Publizieren 111
CUU 114
Deduktionssystem 137
EFTS 157
Electronic Banking 159, 67, 99, 104
Electronic Funds Transfer System 159, 67
Elektronisches Buch 160, 65
Expertensystem 170, 81, 103, 137, 249, 267, 349, 381, 442, 443
Flugsicherungssystem 182
Home Banking 204
Magnetband-Clearing-Verfahren 263

532

Programmierter
 Unterricht 332, 111,
 255
PU 341
Regelbasiertes
 System 349
Verwaltungsautomation 429
Warenwirtschaftssystem 436
Zieldatenverarbeitung 450
Speichertechnik 26
Abbildungsspeicher 31
Arbeitsspeicher 49
Assoziationsspeicher 53,
 36, 53, 378
Assoziativspeicher 53
Aufgeteilte
 Datenhaltung 58
Aufzeichnen 60
Aufzeichnungsdichte 60
Bandgeschwindigkeit 66
Bildplatte 89
Bildspeicher 90
Bildwiederholspeicher 91
Blasenspeicher 95
Cache-Speicher 102
Chipkarte 105
COM 107
Computer-Output-Mikrofilm 108
Dateiorganisation 115,
 134, 191, 193, 210, 218,
 365
Datenorganisation 126
Datenspeicher 130
Datenspiegelung 130
Datenträger 132, 48, 60,
 63, 71, 103, 105, 112,
 115, 124, 127, 129, 130,
 137, 146, 216, 218, 231,
 263, 302, 317, 321, 323,
 333, 362, 374, 375, 382,
 421, 425
Datenverbund 136
Direktzugriffsspeicher 145
Diskette 146, 132, 137,
 264, 300, 314
Doppelt gekettete Datei-
 organisation 149
Dynamischer
 Speicher 153, 378
Einfach gekettete Datei-
 organisation 158
Feldprogrammierbarer
 Festwertspeicher 178,
 272, 336
Festplattenspeicher 180,
 264

Festprogrammierter Fest-
 wertspeicher 180
Festspeicher 180
Festwertspeicher 180
Flexible
 Magnetplatte 181
Flüchtiger Speicher 182
Floppy Disk 182
Formatierung 183
Gekettete Dateiorgani-
 sation 191
Gestreute Dateiorgani-
 sation 193
Hauptspeicher 199, 251,
 264, 303, 363, 398
Holografie 203
Holografischer
 Speicher 204
Hologramm 204, 204
Indexsequentielle Datei-
 organisation 209
Indizierte Dateiorgani-
 sation 210, 193
Inhaltsadressierbarer
 Speicher 218
Inhaltsverzeichnis 218
Initialisierung 218
Löschendes Lesen 261
Latenzzeit 251, 101
Lese-/Schreibspeicher 256
Magnetband 263, 66, 132,
 137, 168, 263, 300, 382,
 389
Magnetbandlaufwerk 263
Magnetbandspeicher 263,
 60, 230, 378
Magnetblasenspeicher 263
Magnetkopf 264
Magnetplatte 263, 95,
 132, 146, 168, 200, 218,
 264, 302, 437, 453
Magnetplattenspeicher 264,
 60, 61, 180, 200, 230,
 263, 264, 314, 345, 437,
 440, 453
Magnetplattenstapel 264,
 263, 437, 440, 453
Magnetschichtspeicher 264,
 263, 264, 378
Massenspeicher 268
Mehrfach programmierbarer
 Festwertspeicher 272
Mehrfache
 Datenhaltung 271
Mikrofilmgerät 278
Mikroverfilmung 278

Index

Optische Speicherplatte 302
Optischer Speicher 204, 378
Plastikkarte 321, 112
Plattenspeicher 322
Plattenstapel 322
Programmierbarer Festwertspeicher 332
Programmspeicher 333
PROM 336
Pufferspeicher 342, 271, 378, 379, 430
RAM 345, 26, 378
Realspeicher 347
ROM 354, 26, 178, 332, 375, 378
Schreib-/Lese-Speicher 361
Schreibdichte 361
Sequentielle Dateiorganisation 365, 181
Speicher 378, 26, 365
Speicher mit seriellem Zugriff 378
Speicher mit wahlfreiem Zugriff 378
Speicherhierarchie 378, 201
Speichermedium 378
Speicherzugriff 379
Spooling 379, 430
Sprachausgabesystem 380, 61, 382
Sprachspeichersystem 381, 380, 381
Spur 382, 60, 183, 210, 264, 302, 453
Starre Magnetplatte 384
Statischer Speicher 384, 378
Streamer Tape 388
Virtueller Speicher 430, 36, 86, 363, 378
Wahlfreier Zugriff 435
Wechselplattenspeicher 437, 264
Winchester Plattenspeicher 440, 264
Zentralspeicher 449, 36, 86, 158, 272, 333, 342, 346, 378, 379, 430, 431, 448
Zugriffszeit 452, 264, 440
Zylinder 453, 218, 264
Systemtechnik 26

Black-Box-Prinzip 95, 396
Dekomposition 138, 55, 146
Dynamisches System 154, 57, 205, 219, 220, 250, 305, 384, 395, 400
Geschlossenes System 193, 300, 395, 400
Kybernetisches Prinzip 250, 325
Modellprinzip 281
Offenes System 300, 193, 219, 244, 303, 305, 395, 400
Prinzip der hierarchischen Strukturierung 325, 325, 339, 357
Prinzip des Schwarzen Kastens 326
Redundanz 348, 176, 204, 289, 293, 345, 349, 428, 437
Regelung 349, 180, 250, 338
Rückkopplung 355, 152, 199, 215, 317, 333, 435
Schwarzer Kasten 363
Statisches System 384, 400
Steuerung 387, 32, 63, 180, 215, 250, 256, 290, 299, 301, 338, 349
Subsystem 393, 325, 363
Subsystembildung 393, 55, 305, 339, 393, 396, 408
Synergie 395
Systemgrenze 397, 14, 95, 219
Systemlehre 398

T

Testmethode 27
Abnahmetest 32, 187, 254
Autor-Kritiker-Zyklus 64
Betriebstest 86
Bottom-Up-Strategie 96, 388, 412, 413
Dynamische Instrumentierung 153

Index

Floyd's Methode 182
Funktionstest 187, 152, 192, 221, 254, 327
Group Code Reading 196
Halbdynamische Instrumentierung 197
Halbierungsmethode 197
Instrumentierungstechnik 220
Integrationstest 221, 398
Interaktive Testhilfe 224, 224
Leistungstest 254, 152
Paralleltest 311
Programmtest 334
Schreibtischtest 361
Software-Qualitätssicherung 373
Statische Instrumentierung 384
Structured Walk Through 389, 166
Strukturiertes Gruppengespräch 391
Test-Treiber 411
Testabdeckungsgrad 411
Testdaten 411, 27, 278, 411, 412, 413, 417
Testfall 412
Testplanung 412, 411
Teststrategie 413, 278, 411
Testsystem 413, 27, 220, 224, 411, 412
Top-Down-Strategie 415, 96, 105, 312, 337, 388, 413
Wiederholungstest 440
Transportdienst 28
ACS 35
Advanced Communications Service 36
ARPANET 52, 93, 113
Bildfernsprechen 88, 88, 89
Bildschirmtext 90
BITNET 93, 113, 155, 189, 388
Bürofernschreiben 100
Briefkasten 97, 160
BTX 97, 14, 16, 37, 98, 99, 112, 159, 288, 409, 453
BTX-Inhouse 99
CSNET 113, 93, 140, 317, 388

Datex 137, 140, 169, 193, 410, 415
Datex-L 137
Datex-P 137
Deutsches Forschungsnetz 139
DFN 139
DIANE 143
Direktdatennetz 145
EARN 155, 93, 189, 388
EHKP 157
Electronic Mail 160, 52, 97, 155, 160, 186, 432
Elektronische Post 160
Elektronischer Briefkasten 160
EUNET 169, 388
EUNET DIANE 169
Europan Academic and Research Network 169
Externer Rechner 172
Fernmeldedienst 179, 145, 178, 193, 229, 409, 415
Fernschreiben 180
Geschlossene Benutzergruppe 193, 423
Mailbox 265
Satellite Business System 357
Telebox 409
Teledienst 409, 160, 179, 410
Telefax 409, 160, 180, 409, 410, 453
Telekommunikationsdienst **410**
Telepost 410
Teletex 410, 160, 229, 410, 453
Telex 410, 66, 409, 410
Trägerdienst 415, 179
Value Added Network 423, 36, 358, 445
Videotex 430
Wähldatennetz 435
Xerox Telecommunication Network 445
XTEN 445
Zentrale Netzwerkinformation 448, 155
Transportsystem 28
ASME-Symbolik 52
Ausgabebeleg 60
Beleg 71, 72, 120, 256
Belegsystem 73
Datenerfassungsbeleg 120
Datenträgeraustausch 132

535

Index

Datenzwischenträger 137, 107, 120, 300
Dialog 140, 31, 63, 64, 88, 103, 141, 142, 184, 202, 223, 224, 268, 273, 415, 437, 448
Eingabebeleg 158
Erfassungsbeleg 168
Urbeleg 120
Transporttechnik 28
ALOHA-Protokoll 39
Anpassungsrechner 44
Asynchronbetrieb 53
Aufgeteilte Datenhaltung 58
Bildkompression 89
bitparallel 93, 382
bitseriell 93, 382
Bussystem 100
Dateiübertragung 115
Dateitransfer 115, 52, 140, 155
Datenübertragung 133, 29, 37, 68, 92, 93, 120, 134, 137, 140, 157, 159, 169, 175, 176, 178, 200, 226, 230, 251, 280, 291, 310, 319, 344, 361, 384, 394, 417, 418, 433
Datenpaket 127
Datenquelle 127, 29, 121, 133, 175, 178, 291, 319
Datensenke 129, 29, 121, 133, 175, 178, 319
Datenverbund 136
Duplexbetrieb 151
FCS 173, 310
Fern-Stapelverarbeitung 178
Frame Check Sequence 184
Halbduplexbetrieb 197
HDLC 200
Herunterladen 200, 410
Hinaufladen 202
Kanal 230, 37, 231, 243, 272, 319, 398
Lastverbund 251, 428
Leistungsverbund 255
Leitungsausnutzung 255
Mehrfache Datenhaltung 271
Modem 282, 98, 409
Mulitplexkanal 287
Nachrichtenvermittlung 290, 379

Paket 310, 173, 233, 251, 253, 291, 310, 426, 430
Paketvermittlung 310, 36, 52, 137, 324, 361, 379, 437
Protokoll 336, 48, 155, 157, 179, 189, 226, 300, 353
Protokollanpassung 337, 423
Quittungsbetrieb 344
Redundanz-Reduzierung 349
RJE = Remote Job Entry 353
Robustheit 353
Rundsenden 355, 423
Sammelleitungssystem 357
Selektorkanal 364
Signalleitung 100
Simplexbetrieb 368
Start-Stop-Betrieb 384
store and foreward 388, 93, 113, 155, 169, 233
Straight-Foreward-Technik 388
Synchronisiereinheit 120, 134
Token 415, 251
Transfergeschwindigkeit 416
Transparenz 416, 387, 449
Überlastung 418
Übertragungsrate 419, 410
V.24 423
Verlustrate 426, 175
Wechselbetrieb 437
Wegwahl 437, 20, 310
X.25 445

V

Verarbeitungstechnik 29
Abrufbetrieb 32
Analogrechner 40, 145, 205
Anforderungsbetrieb 42, 33
Auftragsferneingabe 58
Auslösendes Ereignis 61
Betriebsart 85, 29, 32, 42, 59, 86, 141, 333, 347, 366, 384
Betriebsform 85

Index

Bürocomputer 100
Computer 107
Computertomographie 110
Datenbankmaschine 118
Datenbankrechner 118
Datenfernverarbeitung 140, 180
Datenflußrechner 121
Datenverarbeitungsanlage 440
Dialogbetrieb 140, 52, 58, 75, 85, 140, 141, 143, 153, 156, 224, 234, 326, 407, 408, 415, 437, 440
Dialogsystem 143, 168, 229
Digitaler optischer Computer 144
Digitalrechner 145, 40, 158, 205, 255, 267, 328, 338, 348, 431, 448
Echtzeitbetrieb 155
Einprogrammverarbeitung 159
Einzelplatzsystem 159
Feldrechner 178
Funktionsverbund 188
Gastrechner 189
Heimcomputer 200, 112
Hintergrund 202, 432
Host 204, 37, 58, 178, 189, 233, 235, 271, 324, 336, 410
Hybridrechner 205
IMP = Interface Message Processor 206
Industrieroboter 210
Intelligente Datenstation 223
Interaktiver Betrieb 224
Knotenrechner 233, 144, 155, 235, 253, 424
Kommandomodus 234, 234
Kommunikationsrechner 237
Kommunikationsverbund 238
Krypto-Hardwareeinheit 248
Lastverbund 251, 428
Leistungsverbund 255
Mehrbenutzerbetrieb 271
Mehrbenutzersystem 271, 112, 118, 136, 298
Mehrplatzsystem 272
Mehrprogrammbetrieb 272
Mehrprogrammverarbeitung 272, 58, 59, 202, 230, 298, 326, 402, 432
Mehrprozessorsystem 272
Mehrrechnersystem 272

Mikrocomputer 277, 104, 288, 314, 420
Mixed Hardware 279
Mixed Software 279
Multiplexbetrieb 287
Multiprocessing 288
Multitasking 288
MUPID 288, 98
Nutzungsform 296
Off-line 299, 288, 301
On-line 301, 103, 106, 143, 300
Optischer Computer 302
Parallelbetrieb 310
Parallelverarbeitung 311
PC 313
Personal Computer 314, 29, 67, 98, 112, 183, 197, 200, 282, 286, 313, 362, 375, 409, 414
Protokoll 336, 48, 179, 189, 226, 300, 353
Prozeßrechner 338, 29, 63, 278
Prozessor 338, 112, 253, 272, 279, 288, 298, 334, 342, 378, 423, 428, 430, 431, 437, 448
Reaktionszeit 347
Realzeitbetrieb 347, 35, 85, 107
Rechenwerk 348, 120, 178, 272, 278, 338, 431, 449
Rechner 348
Serieller Betrieb 366
Silbentrennung 368
Sprachannotationssystem 380, 382
Sprachnachrichtensystem 381, 382
Sprachverarbeitung 382
Stapelbetrieb 384, 58, 59, 75, 85, 106, 153
Statellitensystem 358
Systemabbruch 395, 176
Systemzusammenbruch 400, 80, 168, 328, 426, 440
Task-Management 402, 402
Teilhaberbetrieb 407
Teilnehmerbetrieb 407, 219
Teilnehmersystem 224
Textautomat 413, 36, 187, 414
Textverarbeitungssystem 414, 149, 380, 429

537

Index

Time-Sharing 414, 448
Transaktionsbetrieb 416
Verarbeitungsrechner 424
Verteilte
 Intelligenz 428
Verteiltes Datenverarbeitungssystem 428
Vordergrund 432, 202
Vorfeldrechner 432
Vorrechner 433
Vorschaltrechner 433
Wirtsrechner 442
Zentraleinheit 448, 26, 32, 42, 44, 61, 69, 95, 100, 133, 159, 230, 245, 252, 253, 264, 267, 272, 288, 302, 314, 318, 330, 347, 376, 380, 413, 414, 420, 431, 437
Zentralprozessor 449
Verhalten 29
Appetenzkonflikt 47
Außenkonflikt 62
Aversionskonflikt 65
Bedürfnis 70, 240, 440
Benutzerfehler 75
Benutzerillusion 77
Benutzerverhalten 80, 3, 76, 77, 273, 442
Divergierender Entscheidungsstil 146
Einfacher Entscheidungsstil 158
Entscheidungsstil 163
Entscheidungsverhalten 164, 29, 31
Feldabhängiger Entscheidungsstil 177
Feldunabhängiger Entscheidungsstil 178
Gefangenendilemma 190, 224
Informationsbedürfnis 213, 216
Informationsschock 216
Informationsverhalten 216, 29, 75, 377
Innenkonflikt 219
Kognitiver Entscheidungsstil 234
Kommunikationseigenschaft 235
Kommunikationsverhalten 238, 29, 141, 224, 377
Komplexer Entscheidungsstil 238
Konflikt 240, 12, 241
Konfliktpotential 241

Konvergierender Entscheidungsstil 243
Kooperation 243
Kooperatives
 Dialogsystem 244
Kooperatives
 Dialogverhalten 244
Leistungsmotivation 254
Mentales Modell 274
Motiv 285, 84, 422, 440
Motivation 286, 11, 49, 51, 225, 336, 414
Normenkonflikt 294
Objektiver Konflikt 298
Physiologisches
 Bedüfnis 317
Programmierverhalten 333, 304
Rollenkonflikt 354
Selbstverwirklichung 364
Sicherheitsbedürfnis 367
Soziales Bedürfnis 377
Sozialverhalten 377
Streß 389
Subjektiver Konflikt 393
Verantwortung 424, 238
Verhaltensmuster 426
Widerstand 439, 70
Zielkonflikt 450

W

Wissenschaftsdisziplin 30
AI = Artificial
 Intelligence 36
Akzeptanzforschung 38, 4
Allgemeine Wirtschaftsinformatik 38, 83, 85, 217, 430
Angewandte Informatik 43
Anwendungsinformatik 45
Arbeitswissenschaft 51, 2, 9, 51
Benutzerforschung 76, 84
Besondere Wirtschaftsinformatik 83, 85, 430
Betriebliche Datenverarbeitung 85
Betriebsinformatik 85, 38, 83, 87, 185
Betriebswirtschaftliche
 Datenverarbeitung 86
Betriebswirtschaftslehre 86, 18, 20, 25, 30, 57, 185,

Index

211, 215, 220, 235, 250, 260, 265, 280, 304, 306, 319, 323, 449
Bildverstehen 91
Bionik 92
Computerlinguistik 109
EDV-orientierter Ansatz 156
Informatik 210, 14, 25, 30, 87, 233, 249, 348, 374, 376, 443
Informationstheorie 216
Informationswissenschaft 217, 348
KI 232
Künstliche Intelligenz 249, 91, 143, 149, 201, 223, 336, 360, 381, 382, 442
Knowledge Engineering 233
Kognitionswissenschaft 233
Kryptographie 248
Kryptologie 249, 248
Kybernetik 250, 265, 306, 395
Linguistik 258
Linguistische Datenverarbeitung 258
Managementlehre 265, 13, 17, 265
Mentale-Modelle-Forschung 273, 3

Operations Research 301
Optimalplanung 302
Organisationsforschung 304, 305
Organisationslehre 305, 54, 56, 220, 306, 324
Organisationspsychologie 306
Organisationstheorie 306, 197, 305
Pragmatik 324
Psychologie 341, 223, 233, 250, 273, 289, 306, 443
Rechtsinformatik 348, 210
Semantik 364
Semiotik 364, 71, 122, 131, 250, 395, 443
Softwarepsychologie 375
Softwaretechnologie 376
Soziobiologie 377
Soziologie 377, 29, 87, 220, 250, 288, 306, 377
Synergetik 394
Syntaktik 395
Systemtheorie 399, 220, 265, 306, 370, 396
Telematik 410
Topologie 415, 20, 68, 101, 291, 352, 386
Verwaltungsinformatik 430, 38, 83
Wirtschaftsinformatik 441

Buchanzeige

Oldenbourg · Wirtschafts- und Sozialwissenschaften · Steuer · Recht

EDV
für Wirtschafts- und Sozialwissenschaften

Bechtel
BASIC
Einführung für Wirtschaftswissenschaftler
Von Dr. rer. pol. Wilfried Bechtel, Akad. Oberrat.

Biethahn
Einführung in die EDV für Wirtschaftswissenschaftler
Von Dr. Jörg Biethahn, o. Professor für Wirtschaftsinformatik.

Biethahn · Staudt
Datenverarbeitung in praktischer Bewährung
Herausgegeben von Professor Dr. Jörg Biethahn und Professor Dr. Dr. Erich Staudt.

Curth · Edelmann
APL
Problemorientierte Einführung
Von Dipl.-Kfm. Michael A. Curth und Dipl.-Kfm. Helmut Edelmann.

Wirtz
Einführung in PL/1 für Wirtschaftswissenschaftler
Von Dr. Klaus Werner Wirtz, Lehrbeauftragter für Betriebsinformatik.

Heinrich · Burgholzer
Systemplanung I
Prozeß für Systemplanung, Vorstudie und Feinstudie.
Von Dr. Lutz J. Heinrich, o. Professor für Betriebswirtschaftslehre und Wirtschaftsinformatik, und Peter Burgholzer, Leiter EDV/Organisation.

Heinrich · Burgholzer
Systemplanung II
Prozeß der Grobprojektierung, Feinprojektierung, Implementierung, Pflege und Weiterentwicklung.

Heinrich · Burgholzer
Informationsmanagement

Hoffmann
Computergestützte Informationssysteme
Einführung für Betriebswirte.
Von Dr. Friedrich Hoffmann, o. Professor der Betriebswirtschaftslehre.

Bechtel
Einführung in die moderne Finanzbuchführung
Grundlagen der Buchungs- und Abschlußtechnik und der Programmierung von Buchungs-Software.
Von Dr. rer. pol. Wilfried Bechtel, Akademischer Oberrat.

Schult
STEUERBASIC
Von Dr. Eberhard Schult, Professor für Allgemeine Beriebswirtschaftslehre und Betriebswirtschaftliche Steuerlehre, Steuerberater.

Oldenbourg · Wirtschafts- und Sozialwissenschaften · Steuer · Recht

Oldenbourg · Wirtschafts- und Sozialwissenschaften · Steuer · Recht

Mathematik
für Wirtschafts- und Sozialwissenschaften

Bader · Fröhlich
Einführung in die Mathematik für Volks- und Betriebswirte
Von Professor Dr. Heinrich Bader und Professor Dr. Siegbert Fröhlich.

Bosch
Mathematik für Wirtschaftswissenschaftler
Eine Einführung
Von Dr. Karl Bosch, Professor für angewandte Mathematik.

Hackl · Katzenbeisser · Panny
Mathematik
Von o. Professor Dr. Peter Hackl, Dr. Walter Katzenbeisser und Dr. Wolfgang Panny.

Hamerle · Kemény
Einführung in die Mathematik für Sozialwissenschaftler
insbesondere Pädagogen, Soziologen, Psychologen, Politologen.
Von Professor Dr. Alfred Hamerle und Dr. Peter Kemény.

Hauptmann
Mathematik für Betriebs- und Volkswirte
Von Dr. Harry Hauptmann, Professor für Mathematische Methoden der Wirtschaftswissenschaften und Statistik.

Horst
Mathematik für Ökonomen: Lineare Algebra
mit linearer Planungsrechnung
Von Dr. Reiner Horst, Professor für Mathematisierung der Wirtschaftswissenschaften.

Huang · Schulz
Einführung in die Mathematik für Wirtschaftswissenschaftler
Von David S. Huang, Ph. D., Professor für Wirtschaftswissenschaften an der Southern Methodist University, Dallas (Texas, USA) und Dr. Wilfried Schulz, Professor für Volkswirtschaftslehre.

Marinell
Mathematik für Sozial- und Wirtschaftswissenschaftler
Von Dr. Gerhard Marinell, o. Professor für Mathematik und Statistik.

Oberhofer
Lineare Algebra für Wirtschaftswissenschaftler
Von Dr. Walter Oberhofer, o. Professor für Ökonometrie.

Zehfuß
Wirtschaftsmathematik in Beispielen
Von Prof. Dr. Horst Zehfuß.

Oldenbourg · Wirtschafts- und Sozialwissenschaften · Steuer · Recht

Oldenbourg · Wirtschafts- und Sozialwissenschaften · Steuer · Recht

Statistik
für Wirtschafts- und Sozialwissenschaften

Bamberg · Baur
Statistik
Von Dr. Günter Bamberg, o. Professor für Statistik und Dr. habil. Franz Baur.

Bohley
Formeln, Rechenregeln und Tabellen zur Statistik
Von Dr. Peter Bohley, o. Professor und Leiter des Seminars für Statistik.

Bohley
Statistik
Einführendes Lehrbuch für Wirtschafts- und Sozialwissenschaftler.
Von Dr. Peter Bohley, o. Professor und Leiter des Seminars für Statistik.

Hackl · Katzenbeisser · Panny
Statistik
Lehrbuch mit Übungsaufgaben.
Von Professor Dr. Peter Hackl, Dr. Walter Katzenbeisser und Dr. Wolfgang Panny.

Hartung · Elpelt
Multivariate Statistik
Lehr- und Handbuch der angewandten Statistik.
Von o. Prof. Dr. Joachim Hartung und Dr. Bärbel Elpelt, Fachbereich Statistik.

Hartung
Statistik
Lehr- und Handbuch der angewandten Statistik.
Von Dr. Joachim Hartung, o. Professor für Statistik, Dr. Bärbel Elpelt und Dr. Karl-Heinz Klösener, Fachbereich Statistik.

Krug · Nourney
Wirtschafts- und Sozialstatistik
Von Professor Dr. Walter Krug, und Martin Nourney, Leitender Regierungsdirektor.

Leiner
Einführung in die Statistik
Von Dr. Bernd Leiner, Professor für Statistik.

Leiner
Einführung in die Zeitreihenanalyse
Von Dr. Bernd Leiner, Professor für Statistik.

Leiner
Stichprobentheorie
Grundlagen, Theorie und Technik.
Von Dr. Bernd Leiner, Professor für Statistik.

von der Lippe
Klausurtraining Statistik
Von Professor Dr. Peter von der Lippe.

Marinell
Multivariate Verfahren
Einführung für Studierende und Praktiker.
Von Dr. Gerhard Marinell, o. Professor für Statistik.

Marinell
Statistische Auswertung
Von Dr. Gerhard Marinell, o. Professor für Statistik.

Marinell
Statistische Entscheidungsmodelle
Von Dr. Gerhard Marinell, o. Professor für Statistik.

Oberhofer
Wahrscheinlichkeitstheorie
Von o. Professor Dr. Walter Oberhofer.

Patzelt
Einführung in die sozialwissenschaftliche Statistik
Von Dr. Werner J. Patzelt, Akademischer Rat.

Rüger
Induktive Statistik
Einführung für Wirtschafts- und Sozialwissenschaftler.
Von Prof. Dr. Bernhard Rüger, Institut für Statistik.

Schlittgen · Streitberg
Zeitreihenanalyse
Von Prof. Dr. Rainer Schlittgen und Prof. Dr. Bernd H. J. Streitberg.

Vogel
Beschreibende und schließende Statistik
Formeln, Definitionen, Erläuterungen, Stichwörter und Tabellen.
Von Dr. Friedrich Vogel, o. Professor für Statistik.

Vogel
Beschreibende und schließende Statistik
Aufgaben und Beispiele.
Von Dr. Friedrich Vogel, o. Professor für Statistik.

Zwer
Einführung in die Wirtschafts- und Sozialstatistik
Von Dr. Reiner Zwer, Professor für Wirtschafts- und Sozialstatistik.

Zwer
Internationale Wirtschafts- und Sozialstatistik
Lehrbuch über die Methoden und Probleme ihrer wichtigsten Teilgebiete.
Von Dr. Reiner Zwer, Professor für Statistik.

Oldenbourg · Wirtschafts- und Sozialwissenschaften · Steuer · Recht

Oldenbourg · Wirtschafts- und Sozialwissenschaften · Steuer · Recht

Wirtschaftslexika von Rang!

Kyrer
Wirtschafts- und EDV-Lexikon

Von Dr. Alfred Kyrer, o. Professor für Wirtschaftswissenschaften.
ISBN 3-486-29911-5
Kompakt, kurz, präzise: In etwa 4000 Stichwörtern wird das Wissen aus Wirtschaftspraxis und -theorie unter Einschluß der EDV für jeden verständlich dargestellt.

Heinrich / Roithmayr
Wirtschaftsinformatik-Lexikon

Von Dr. L. J. Heinrich, o. Professor und Leiter des Instituts f. Wirtschaftsinformatik, und Dr. Friedrich Roithmayr, Betriebsleiter des Rechenzentrums der Universität Linz.
ISBN 3-486-20045-3

Das Lexikon erschließt die gesamte Wirtschaftsinformatik in einzelnen lexikalischen Begriffen. Dabei ist es anwendungsbezogen, ohne Details der Hardware: Zum „Führerscheinerwerb" in anwendungsorientierter Informatik in Wirtschaft und Betrieb geeignet, ohne „Meisterbriefvoraussetzung" für das elektronische Innenleben von Rechenanlagen.

Woll
Wirtschaftslexikon

Herausgegeben von Dr. Artur Woll, o. Professor der Wirtschaftswissenschaften unter Mitarbeit von Dr. Gerald Vogl, sowie von Diplom-Volksw. Martin M. Weigert, und von über einhundert z. Tl. international führenden Fachvertretern.
ISBN 3-486-29691-4
Der Name „Woll" sagt bereits alles über dieses Lexikon!

Oldenbourg · Wirtschafts- und Sozialwissenschaften · Steuer · Recht

wisu

Die Zeitschrift für den Wirtschaftsstudenten

Die Ausbildungszeitschrift, die Sie während Ihres ganzen Studiums begleitet · Speziell für Sie als Student der BWL und VWL geschrieben · Studienbeiträge aus der BWL und VWL · Original-Examensklausuren · Fallstudien · WISU-Repetitorium · WISU-Studienblatt · WISU-Kompakt · WISU-Magazin mit Beiträgen zu aktuellen wirtschaftlichen Themen, zu Berufs- und Ausbildungsfragen.

Erscheint monatlich · Bezugspreis für Studenten halbjährlich DM 48,– zzgl. Versandkosten · Kostenlose Probehefte erhalten Sie in jeder Buchhandlung oder direkt beim Deubner und Lange Verlag, Postfach 41 02 68, 5000 Köln 41.

Deubner und Lange Verlag · Werner-Verlag